营改增的大时代 II

GREAT ERA OF TAX REFORM

FOR REPLACING BUSINESS TAX WITH VALUE-ADDED TAX

郝龙航 主编

中国市场出版社
China Market Press
·北京·

图书在版编目（CIP）数据

营改增的大时代．Ⅱ/郝龙航主编．—北京：中国市场出版社，2016.9
ISBN 978-7-5092-1509-8

Ⅰ．①营…　Ⅱ．①郝…　Ⅲ．①增值税-税收改革-税收政策-研究-中国
Ⅳ．①F812.422

中国版本图书馆 CIP 数据核字（2016）第 177306 号

营改增的大时代Ⅱ
YINGGAIZENG DE DA SHIDAI Ⅱ

主　　编	郝龙航		
责任编辑	张　瑶　顾斯明		
出版发行	中国市场出版社		
社　　址	北京市西城区月坛北小街 2 号院 3 号楼（100837）		
电　　话	（010）68032104/68021338/68022950/68020336		
经　　销	新华书店		
印　　刷	河北鑫宏源印刷包装有限责任公司		
规　　格	185mm×260mm　16 开本		
印　　张	44	**字　　数**	1 005 千字
版　　次	2016 年 9 月第 1 版	**印　　次**	2016 年 9 月第 1 次印刷
书　　号	ISBN 978-7-5092-1509-8		
定　　价	128.00 元		

编　委　会

感谢大家无限的力量，因大力税手，我们将继续爆发。

翰邦研究院战略投资者名录

知识的开放，远非我们见到的，更多、更深入。

1. 郝龙航　中翰联合（北京）
2. 刘晓忠　中翰联合（北京）
3. 王　骏　中翰联合（北京）
4. 郝顺利　中翰泽众（呼和浩特）
5. 陈　仁　中翰鑫金（福州）
6. 王　蓓　中翰海阳（上海）
7. 刘　荣　中翰荣谊（昆明）
8. 王　战　中翰盛胜（郑州）
9. 王　琼
10. 薛行生　中翰通华（南京）
11. 李存周　中翰英特（天津）
12. 于文清　中翰双瑞（淄博）
13. 杨国涛　中翰锦源（广州）
14. 王殿梅　中翰中瑞（廊坊）
15. 李文贤　中翰中天（银川）
16. 杜建国　中翰地瑞（青岛）
17. 裴　华　中翰九略（重庆）
18. 朱志春　中翰益商（长沙）
19. 骆恩新　中翰天永信（济宁）
20. 朱星华　中翰德畅（太原）
21. 王艳华　中翰天道（石家庄）
22. 赵述强　中翰中正（中山）
23. 吴鸿雁　中翰钧正（秦皇岛）
24. 王秀娟　山东东方税务师事务所（临沂）
25. 徐　进　南通国源税务师事务所（南通）
26. 庄元红　四川华西税务师事务所（成都）
27. 王书红　海口红日诚税务师事务所（海口）
28. 靳黎娜　北京希瑞杰会计师事务所（北京）
29. 石　雨　威海正德税务师事务所（威海）
30. 李　智　佛山南峰税务师事务所（佛山）

PREFACE

序

第三只眼今年努力修订了一本有品质的企业所得税的书——《企业所得税政策与实践深度分析 2016 版》，个人满意度 80%。所得税太繁杂，因此小编希望将书中内容分享到网上。以此为契机，2016 年 2 月 29 日，第三只眼领衔开发的税务知识分享平台——大力税手（www. dlsstax. com）正式上线了，实现了一个产品线下使用，线上随时更新，手机和电脑方便查询。这是一个新的尝试，也是一个挑战，但我们坚信，知识是我们持续成长的阶梯。

营改增最后的冲刺终于来了，如何应对？我们在持续不断地学习、思考、行动。《增值税法规解读白宝书》线上（www. dlsstax. com）与线下同时发布，这是基于每一条法规的解读。之前国家税务总局的培训解读版本，更多侧重规定与立法思考方面，小编的解读，是想让不懂税的人先读懂税法条款，迈出学好税法第一步，才能走好实践第二步。方法对了，再加上自我的修炼、思考，成长自然就快。

第三只眼相信，好的产品，必须有深厚的专业积累，和真心为用户需求着想的用心。面对营改增，很多企业茫然不知所措，“投名医、走捷径”。营改增培训市场彰显了“浮躁时代”的所有特征，听上去很漂亮，却没法落到实处。钱花了，培训结束了，大师走了，工作却仍然一筹莫展。国税机关对于营改增企业的业务，了解得还不够全面和透彻，如何进行“合规”管理，任重道远。

各地公布不同的解释、答疑，国家财税部门不断下发补充文件，应接不暇。热切盼望着主管部门统一一些口径解释。各地政策解释“满天飞”，既搞得人心不安，也让应对营改增的同志，把口径学习当作“服务”的最高品质，舍本求末。小编认为，这些都是不容忽视的问题。

无论如何，努力、不断追求，是第三只眼永远不变的方向，让我们一起前行！本书采用一种新的展现方式，来轻松呈现营改增的内涵、风险及税务机关的关注点。

书中的观点，难免存在错误，恳请各路同仁多多指教！鉴于营改增试点政策补丁文件不断，敬请及时关注我们的同步在线平台。为您推送最新政策，提供最前沿的知识和冷静、理性的思考，是大力税手的不懈追求。

真诚感谢复核文稿并提出宝贵意见的编委同仁！尽管大家的观点不尽相同，但是表达出这种差异更能反映出税收实践的真实。

郝龙航（第三只眼）
2016 年 8 月 31 日

目　录

CONTENTS

GREAT ERA OF TAX REFORM FOR REPLACING BUSINESS TAX WITH VALUE-ADDED TAX

认识本轮营改增

2012年营改增于上海开始试点，而后快速在全国推进，营改增的政策也如“试点”这个名字一样，每一次变化都有一些增加或修订，这就给企业、税务从业人士带来了必须时时关注、学习政策、实践政策的要求。其间的发展历史我们就不去一一追溯了，现在是要解决未来的问题，小编向来对于说历史不是很“重视”，还是直接来点不浪费时间的“干货”为好。

1.1 营业税自 2016 年 5 月 1 日退出历史舞台

2016 年 3 月 5 日，李克强总理在做 2016 年政府工作报告时提出，今年全面实施营改增，从 5 月 1 日起，将试点范围扩大到建筑业、房地产业、金融业、生活服务业，并将所有企业新增不动产所含增值税纳入抵扣范围，确保所有行业税负只减不增。

本来预期在 2015 年底全面实施的营改增，一拖再拖，个中原因不再细表，至少现在是来真的了。但是区区一个多月，让那些还一直未看到文件"真经"的企业如何是好？其间道听途说的太多了，毕竟没有文件，大家也"急"不起来。由于是刚性的日期，因而税务机关的同志是"拼"了，这既是经济上的考验，也是政治任务，因此我们看到了越来越"人性化"的服务、宣传，更有为达到李克强总理"确保所有行业税负只减不增"的目标，也在税收政策上，突破了更多的"保守"，毕竟税制改革需要企业参与，而不仅仅是税务机关征管层面的改革。

上面提到的"四大行业"，是主流，还有一些根本排不上"座号"的经营活动，也必须"营改增"，从此陪伴我们二十余年的营业税真正同我们告别了，同时也告别了地方税务机关的征管体系。营业税也尝试进行了一些"差额"式模拟增值税方式解决重复纳税的问题，但是毕竟"名不正"，关键是没有体系化，只是谁"喊"的声音大些，就给谁一些政策突破，而且各省份搞得花样百出，让我们如何好好"尊敬"一下呢？从这一点看，营业税让位于增值税，也是走到了这个历史的转折点。至于由国税机关来征收，同志们会不会有职业"危机"，这也是有可能的。但大家还是要从发展的角度来看未来更大的税制改革的调整，当然，国税机关成熟的增值税征管体系也有利于行业在执行税收政策方面的"一致性"，避免两家税的"争议"；于纳税人也是有利的，不必再花钱建各个地方复杂的营业税系统，节约纳税人的钱，也是资源的整合利用，因此小编认为，从这点看，是趋势，也利国利民。

1.2 为什么营业税的差额解决不了增值税的"增值"逻辑计算

有的同志说，为何非要改啊，我们这么多年过得挺"舒服"的，增值税专用发票的刑事责任又这么大，最好别营改增，而且我们还担心税负增加，又增加了很多实施成本。相信这是一些企业同志的真实想法。为何要改？这就要分析一下营业税的痛点了。

营业税的重复征税，被媒体说来说去多了，也是官方宣传的一个改制的原因。从全流程的角度看，确实存在营业税以营业额作为计税基数的问题，没有达到"增值"

部分计税的合理性。但是对于某一个环节来讲，是不是重复征税，其作用并不一定大，也不一定就不好。比如我们比较“聪明”地引入了营业税的“差额”管理，这一“差”就好多年，也没有统一的标准，谁都想“要”一个差额的政策，以致征管规范缺乏，税法的刚性也不复存在了。最重要的是，这个差额的利益只有享受的主体得到了，对于传递交易的购买方，并没有得到差额的税收利益，只能通过商务谈判“砍价”处理，因此差额的营业税政策，注定是无法走得更远的，这是因为它缺少计税的逻辑并且链条不连续，只是学会了增值税的“皮毛”之技。

比如建筑业的分包差额、旅游业的差额、代理业的差额、劳务派遣的差额，有很多这样的情形，以致让我们的营业税纳税人感觉到，只要花了成本，都想“差额”一下。这不是税法的刚性体现，也不是真正的营业税的本质，所以需要顺应增值税。这一次，尽管原来营业税下差额的同志过得比较“幸福”，但是不能光一个人幸福，要让商业伙伴们也幸福啊。

1.3 税负是不是必然“只减不增”

为何说全行业中的所有企业营改增的税负不一定都是“只减不增”呢？我们可以通过表1-1所示的情形分析一下：

表1-1
税负分析

情形	营业税税率	分析	结果
增值税是小规模纳税人	5%，营业税＝收入X×5% 3%，营业税＝收入X×3%	增值税的征收率通常是3%，增值税＝X/(1＋3%)×3%＝X×2.91%，如是5%，则增值税＝X/(1＋5%)×5%＝X×4.76%	结果都是相当得“美”，税负下降了，利润提高了
增值税是一般纳税人	5%，营业税＝收入X×5%	若增值税税率是6%，增值税＝销项税额－进项税额＝X/(1＋6%)×6%－进项税额＝X×5.66%－进项税额	如果进项税额的取得能够达到X×0.66%，则增值税与营业税是持平的，其他税率的分析与此类似

所以，此时有的人“美”，有的人有些许的“不安”，不过呢，要想想营改增对大家还有没有别的好事（此处先保密，后续再说），不要计较这点啊，好事一定要读下去才知道。

1.4 营改增虽是试点，但却是全方位的单位和个人适用

原来的增值税纳税人有两种，一种是“根正苗红”的1994年开始确认的增值税

纳税人，一种是 2012 年开始不断营改增试点被“拉进”增值税阵营的纳税人。现在最后这几个行业的纳税人，是不是这一次政策就是你们自己的事了，切不可掉以轻心，营改增与所有的单位或个人都是有关系的。

一是，有一些单位原来是部分增值税、部分营业税，那就是混合型的关系人；

二是，有一些单位是纯增值税的纳税人了，这一次也有相关性，因为不仅改了《增值税暂行条例》的规则，同时也修订了部分营改增试点的政策；

三是，现在企业多业经营的情形非常多，跨业经营的情形也非常多。

所以不要以为只有提到的行业才是这一批营改增的“行动军”，而是各行各业、新老增值税的纳税人，基本上全都融入其内，无法“独善其身”。

1.5 营改增单位原来就没有增值税吗

本轮营改增的单位，其实原来就有增值税的适用，比如四大银行，它们原来做的是黄金销售业务，大多早就认定为一般纳税人了，而有了这个身份之后，这次也不用营改增登记了。只是对于总部什么的，可能没有认定，还是需要进行营改增业务对接的，同时对于金融业务，本身 2016 年 5 月 1 日前也没有进行营改增，这仅仅是业务上的选择，但是身份却是增值税纳税人。

但是有的营改增单位，原来就经常发生增值税的业务，只是可能存在“错误”，为何？有的企业原来有变卖废旧物品的，那就是增值税的业务，必须计算缴纳变卖收入的增值税，而有的同志可能不知道这个事，光知道计算缴纳营业税去了，这是不对的。只是原来国税机关很少来管，因为大家还是营业税的问题，所以不重视，但是要是重视一下，可能就存在这个问题了，必要时可以关注一下。

还有一些本轮营改增的单位，其实原来也有营改增的机会，只是想办法“拖”着，为何？怕抵扣不足多计税啊。比如原来金融企业的咨询服务费，2012 年就应该进行营改增了，但有的企业的这项业务就不叫咨询了，叫金融服务，这就是“花招”，不认就不认吧，反正营改增的范围有时也是模糊的。当然有的财务公司的咨询服务也是认了增值税一般纳税人的，试点，是乱了点，但这一次，没有机会再去“逃避”了。对于一些行业，原来有生存空间，但是营改增之后，可能连生意都没有办法做了，这才是营改增最厉害的影响，而不仅仅是对税负的影响。

1.6 如何理解本轮营改增的增值税政策应用

我们首先要了解，虽然从 2016 年 5 月 1 日这一天开始，增值税“一统江湖”了，那为什么财税〔2016〕36号[1]文件还叫“试点”呢？这主要是基于如下两个方面的原因：

一是，现在的政策还是“摸着石头过河”，特别是总理安排得这么紧，时间上难以充分地调研与听取大家的声音，所以还是叫“试点”吧，说不定哪天有情况随时还可以变一下，也是一种制度性的应对方式；

二是，增值税的规则还是两个“阵营”，一个是基于货物、加工修理修配，以《增值税暂行条例》为核心的法规体系，另一个是基于营改增适用的其他行业或事项，当下就是基于财税〔2016〕36号文件，尽管两者基本上是接近的，但是切记不可互相“借调”，不公平之时也不要串了，是什么事项就找相应的规则去参照。

说完了这些，我们来看看，如此短的时间之内，我们的制度是如何落实的？2016年3月23日财税〔2016〕36号文件发布，一个月多点时间，让这些行业全部照此营改增？不得不说有些太匆忙的感觉！而且之前各种“消息”满天飞，人们似乎有点茫然了，以至于有的咨询机构经常就利用小道消息为纳税人服务。因此小编建议，一些政策还是多多征集纳税人的部分建议或提出一个方向，规则虽然是适用于纳税人，但也让纳税人参与，听取意见，这样更好。纳税人有怕改变的不安心理，但相信制定这么复杂的规则，还是很有压力的，大家也能够理解。

未来，我们期待增值税的立法，同时也期待我们的规则能够更加完善，不至于因某些行业的呼声大而给出些特殊的政策。一个基于增值税“链条”规则，且可以有中国特色的增值税体系，是值得期待的。当然，也希望能够在增值税的立法（规则）过程中，减少地方过多的意见表达，避免因不同地方的差异，给税收法规的刚性带来不好的影响；希望能够一并明确一些规则口径，尽管有时有的严格口径可能多“收”一些税，于纳税人来讲可能是有负面认识的。还希望与时俱进，及时修订一些“不适宜”当下经济发展的条文，以免基层同志照“文”定事，而不是以发生的经营事项分析应用，简单套用规则文字。这也是现实当中争议比较多的案例发生之事。

对于各地税务机关制订的一些口径、回复意见，甚至通知，严格来讲，这些就是一种理解，因此纳税人、税务机关要理性应用，不要过多地在财政部、国家税务总局的文件基础之上附加更多条件，看似为税收而贡献了青春与知识，但是还是要基于总理的安排，服务于纳税人并且把握试点期间“只减不增”的目标，这也是完善中国税

[1] 财税〔2016〕36号，即《财政部 国家税务总局关于全面推开营业税改征增值税试点的通知》。

法不断前行的力量。

1.7　营改增对于纳税人的影响

应该说，最后这一批营改增，数量多，还有很多体量大的，业务也很复杂，没有“国际经验”可以借鉴，因此对税务机关自然是很大的挑战，这是真正的对于税务机关同志的一个工程考核，涉及政策、征管、发票、系统、培训、登记，等等，非常不易。

再说说纳税人。纳税人面临这一轮的营改增，是不是就等着税务机关做好“菜”而等“餐”中？绝对不是，应该说无论税务机关做的准备工作有多充分，风险都是“纳税人”的，这可是实话！

说到风险，恐怕现在的纳税人对于增值税早就听闻有判刑的案例，再加之培训机构的宣传，更是不知所措，因此本书就让你来了解一下，到底面临的风险如何。一定程度上，我们还是要有很大的信心的，为何呢？历来营改增试点已有几批，也没有看到有几个人“跳楼”，所以虽然时间很紧张，但是知道事情如何有步骤、有规则地做，这才是我们这本书希望给你的价值。

比如表 1-2 所示的几个方面，是纳税人需要考虑的，并结合后面的章节，发现你可以使用的“弹药”。

表 1-2
营改增风险事项及分析

风险事项	风险级次（最高五级）	分析	税务机关关注的事项
虚开增值税专用发票	五级	受刑法责任的规定，故意发生的虚开行为，是正当单位、从业人员必须要去预防的；对于非故意的，则有适当的解释空间，不过仍需十分谨慎	由于大量生活服务业纳入营改增，虚开的事项可能有数量不可控的潜在发生的可能
营改增前后缴（计）“错”税	四级	其实不是缴错税，而是因为营改增就从这一天开始，营改增前后营业税与增值税的切割点是分不清的，是按收款、权责？还有许多争议未开发票、不付款之类，理想的境地是达不到的，因此争议在营改增后就可能会多起来，毕竟地税、国税分别管，而且各管一摊，企业“挤在中间”就比较难受	地税机关关注营业税，国税机关关注增值税，发票、付款、纳税义务发生时间，这些都需要关注，当然每个人的理解还可能不一样

续表

风险事项	风险级次（最高五级）	分析	税务机关关注的事项
取得专用发票抵扣的问题	五级	企业的采购业务是连续的，对于营改增之前的扣税凭证是否抵扣了、之后的凭证是不是有了都可以抵扣，税务机关可能有不同的理解尺度，但是却没有法规说得那么清楚，只是让营改增了，这个风险需要更多专业理解与经验积累的应对处理	之后税务检查可能就会“追溯”这个问题，当下纳税人可能“筹划”、处理得挺有“节税价值”了
应对的成本	五级	这个其实不是花多少钱的问题，而是纳税人的组织系统性地应对营改增。从开具出一张增值税发票开始，对于一些企业来讲，都是经过复杂的应对过程的，比如金融机构，离了系统“玩”不转。 应对包括国税申报的软硬件准备、技能学习、系统改造（如有）、合同修订、制度调整、核算变化，政策如何落地，是一个很大的时间、金钱的支付成本	处理的合规性，如对于未明确事项，纳税人是如何计税的，这就成了一个未来比较明确的检查事项了
资本市场解释	三级	这属于重大的政策变化，对于股价有何影响，要对投资者有一个解释，所以评估一下“差不多”也要表达一下，这还是需要专业技术支持的，有的行业可能例行公事地写写，这种情形也比较多	税务同志可能并不是很关注“写”得如何
商务对接是个“解释”的活	四级	选择供应商、跟供应商要专用发票和比价、涨价应对，对接中采购人员如何更有利地理解税收的影响，对于客户如何服务到位，同时考虑商务成本、方案及涨价的可能性分析，客户要专用发票与自己本身免税或者选择简易计税方式的说明等	税务同志关注度可能并不强，这是企业经营发展需要自己解决的，必要时可以通过向税务部门反馈困难，申请政策支持
内部要求及规范	三级	内部报销的规则是不是说得清楚、财务部门是不是能够充分支持业务部门、IT部门落实政策，规划到位，同时减少发生利益损失、法律责任的风险，这也是要有序、有步骤地开展不同层级、内容的专项培训、讨论事项的	一些内部的文档未来可能引起税务机关的关注，需要关注表达的方式、用语

1.8 营改增对于合规经营环境的潜在影响

将建筑业纳入营改增，将生活服务业纳入营改增，这是两个很易发生“税事”及存在某些行业潜规则的行业，而营改增，会如何呢？首先，原来只要有票入成本费用，套现与规避税收监管没有多厉害的影响，而如今，我们知道，鉴于增值税专用发票抵扣的存在，纳税人是需要有条件的供应商的，这就必定给小的不合规操作的单位带来经营的直接影响，此时价格便宜也就不一定“大行其道”了！其次，这些行业本身也因为增值税专用发票的链条、法律责任，而将减少一些“玩法”，纵然我们可能已经习惯了这些潜规则，但是营改增无疑带来了经营的良性转化，促进人们的理念的转变，而这种转变是靠更严厉的手段来起到“威慑”作用的，这才是深度的影响，而不仅仅是大家所担心的开具发票、涨涨价这么简单的事。因此我们对于营改增应是充满期待的，尽管仍然不得不在“以票控税”的角度下设计征管思路，不过这可能仍是有效的、适合国情的一个现状，很难一下子突破到无为的境界。

有了上面的这些情形、困难、成本，还有机会，我们就从专业的力量出发吧，请看第 2 章，了解从营业税到增值税的转变。

1.9　理解增值税税收的法规政策

我们关注到，历次营改增的法规、规则，是以财税号发布的，一方面说明我们的立法进度跟不上营改增的试点调整，另一方面也说明我们的政策本身需要提高立法层级。

历次营改增的文件如表 1-3 所示。

表 1-3

历次营改增文件汇总

序号	文件号	文件名	适用日期
1	财税〔2011〕110 号	财政部 国家税务总局关于印发《营业税改征增值税试点方案》的通知	有效
2	财税〔2011〕111 号	财政部 国家税务总局关于在上海市开展交通运输业和部分现代服务业营业税改征增值税试点的通知	2012 年 1 月 1 日—2013 年 7 月 30 日
3	财税〔2013〕37 号	财政部 国家税务总局关于在全国开展交通运输业和部分现代服务业营业税改征增值税试点税收政策的通知	2013 年 8 月 1 日—2014 年 12 月 31 日
4	财税〔2013〕106 号	财政部 国家税务总局关于将铁路运输和邮政业纳入营业税改征增值税试点的通知	2014 年 1 月 1 日—2016 年 4 月 30 日
5	财税〔2016〕36 号	财政部 国家税务总局关于全面推开营业税改征增值税试点的通知	2016 年 5 月 1 日开始生效

有的同志不解了，为何营改增的政策是一段一段的？这主要是因为我们的营改增试点也是不断推进的，从地区试点、行业试点，到现在的全国、全行业。当然，其中的营改增政策，也多有调整，而且有时还挺晕人的。不过既然是区段型的政策，我们就一定要关注在什么期间适用什么样的税收规则，这个一定得理清楚。

但是有的同志说了，还有一个《中华人民共和国增值税暂行条例》及其实施细则，那是做啥的？是一样的吗？那是第一批增值税的纳税人，相当于1994年税制改革，立起了增值税、营业税两大阵营之后，将货物销售、加工和修理修配纳入了增值税的体系，其余都划入了营业税的体系，所以营改增其实就是将当初营业税体系中的征税范围纳入增值税的体系中来，原来已纳入增值税的部分，还是老规则，不适用当下营改增的政策，这个上面有解释，千万别“串门”了。各管各的事，如果营改增政策修订了原来增值税暂行条例的条款，那就明确改着，其余的实务性的政策不要跨界思考。

1.10 政策不明确情形下如何认识各地营改增的解释口径

财税〔2016〕36号文件及后续的系列法规，虽然篇幅已经很长了，但是仍然难以满足这么多行业中发生的各种各样的事项，况且有很多问题原来营业税下就一直没有解决，这次也多有延续不明确的。这种情形之下，新问题如何解决、旧问题如何协调新条件，也在考验着我们财税机关的智慧。从当下各地颁布的一些口径来看，小编认为一是货劳部门的作为明显提升，这是好事，值得鼓励；二是有的人士质疑其解释权如何，以及认为层级不高之类的，其实实话实说，无论是多么厉害的能人，真要去管管税，估计也是“纸上谈兵”的多，有总比没有好；三是各地的口径，这次明显有了中立的考虑，即不再从单方面考虑财税机关有利征税的角度出发，有的时候也站在对纳税人有利的角度思考了，这不能不说是一大进步，特别是来自基层的进步。

但各地的政策毕竟还是有“差异”的地方，这就会让纳税人感到“迷惑”，也影响了税法的严肃性，从这个角度讲，小编认为正好基层有了试验，我们财税机关也可以好好地发挥一下魄力，毕竟李克强总理全力以赴推进营改增，我们的财税政策制订部门也应具有不断推动的力度，不宜让更多的问题积攒下来，以致纳税争议不断，纳税人也会有不满意的地方；更不宜放手让地方处理，认为征到的就征到了，这种想法也应有一次质的飞跃。

1.11 本轮营改增试点还有财政补贴税负增加的情形吗

大家或许有所了解，2012年营改增的时候，很多单位还是挺幸福的，为什么呢？因为按照每个月或季的税负测算，是可以有财政补贴的！因为当时对于营改增的重视程度还是很大的，给财政支持。很多单位估计几千万元的补贴都拿过，但是现在，纳税申报表中还增加了《营改增税负分析测算明细表》，这是不是有财政补贴的节奏呢？

首先我们来看看哪些企业要填写：由从事建筑、房地产、金融或生活服务等经营业务的增值税一般纳税人在办理增值税纳税申报时填报，具体名单由主管税务机关确定。看来这个名单还不是全部的，而是需要确认的。但填了这个有何利益呢？估计是没有财政补贴的利益，原因有二：一是当下的地方财政收入的压力较大，二是全行业营改增后实施的数量也很大，难以承受量这么大的财政支出。

从税负比较的角度看，这个逻辑也是有问题的。比如我们知道，增值税是波动性的，并不是线性的关系，这是因为其随着采购的数量发生变化，而采购并不是政府说了算，完全是企业的经营行为，就因为多采购产生较多的进项税额就税负降低了？或者不采购税负就增加了？故短期看，这种税负比较还是逻辑性不强的，现在不要财政补贴也罢。所以，后续的营改增的单位认认真真地做好营改增才是根本，而不是还依赖于政府的补贴。

不过我们当下还是有即征即退等优惠政策的，此时在应用上如果是按月算，那可能就有不均衡的问题，因为即征即退通常是按月为当期计算的，而抵扣是不均衡的，这种情况下可能有人为安排的空间存在。

1.12 本轮营改增对于原增值税纳税人和已试点营改增单位的影响

2016 年 5 月 1 日营改增，让我们不再纠结于那些服务于营业税不得抵扣的事项，也不用再考虑什么不动产以及不动产在建工程不得抵扣的界定标准。这儿说的原增值税纳税人，是指 1994 年税制改革确定的增值税的纳税人，即销售货物、提供加工修理修配劳务的纳税人，在描述中，我们将其界定为原增值税纳税人，而 2012 年开始进行试点的营改增单位，我们称其为已试点的营改增单位。

对于上述两类纳税人来讲，本轮营改增有何影响呢，这就要结合它们增值税纳税人的身份来确定：

一是如果是小规模纳税人，则相当于影响基本上没有，除非其原来有营业税的事项，本轮要全部改为增值税事项了，这一点需要对应适用新政策；

二是如果是一般纳税人，则对于它们是利好的消息。首先抵扣增多了，而且本次也没有因为抵扣增多调增适用的税率，相当于房产的成本、一些人力服务成本、建筑服务成本等，都可以抵扣了，这肯定是利好消息啊。其次这些单位的增值税纳税人的客户增多了，需要准备好给这批营改增的单位增加开具专用发票的工作。再次是这些纳税人需要结合本轮营改增的政策，调整新的报销流程、抵扣规则、核算规则及会计科目，以满足新政策下抵扣事项的应用。不过好在这些单位有增值税的票据管理、申报经验，所以应对起来比新的营改增单位更有经验。

GREAT ERA OF TAX REFORM FOR REPLACING BUSINESS TAX WITH VALUE-ADDED TAX

第 2 章

从营业税到增值税，这些事项要理清楚

对于习惯了营业税的同志而言，几十年如一日，今天营业税终于走到了尽头，我们不得不说，这确实是历史的进步。本章将让你了解一下，到底这两个税种的差异、征管思路有哪些浅层次乃至深层次的变化。

2.1　框架式比较

我们先来看看营业税与增值税两者之间大的方面的比较（见表 2-1）。

表 2-1

营业税与增值税的比较

比较因素	营业税	增值税
纳税人	无论大小、何种行业，都叫营业税纳税人	有身份之别：小规模纳税人和一般纳税人，适用不同的计算规则、征管规则
征管机关	基本是地方税务局	国家税务局[a]
税率/征收率	都叫税率	适用一般计税方法的叫税率，适用简易计税方法的叫征收率，虽然都是"率"，但是增值税的计税收入基数是"不含税收入"，营业税的是"含税收入"，前者略小，后者略大
发票开具	开的发票都是用来给对方入成本费用列所得税税前扣除的，各地可以印各地的发票，下放权力比较大。同时还存在定额发票	开具的发票分两类： 一是增值税专用发票等扣税凭证，用于对方抵税和入成本费用（抵税后部分）； 二是增值税普通发票、定额发票，用于对方入成本费用； 不同发票印制权限不同[b]
销售额	包含营业税在内，是总收入的概念，如 100 元应税收入额，税款是 100×5%＝5（元）	无论是小规模纳税人还是一般纳税人，销售额是不含税收入额，如小规模纳税人是 100 元应税收入额，100/(1＋3%)＝97.09（元），此为不含税收入额，税款是 97.09×3%＝2.91（元）
计税方式	直接以应税收入额×税率计算营业税	小规模纳税人：应纳税额＝销售额×征收率 一般纳税人：应纳税额（留抵税额）＝销售额×税率－进项税额
纳税申报缴税	月或季居多，次月 15 日内	月或季，根据税务机关的规定及征管安排，次月 15 日内
汇总纳税	部分国有特大型企业营业税汇总	省内可以申请汇总，国家层面合并纳税需要根据财税政策确定
财政分配方式	营业税属地方财政收入	(1) 以 2014 年为基数核定中央返还和地方上缴基数。 (2) 所有行业企业缴纳的增值税均纳入中央和地方共享范围。 (3) 中央分享增值税的 50%。

续表

比较因素	营业税	增值税
财政分配方式	营业税属地方财政收入	(4) 地方按税收缴纳地分享增值税的50%。 (5) 中央上划收入通过税收返还方式返给地方，确保地方既有财力不变。 (6) 中央集中的收入增量通过均衡性转移支付分配给地方，主要用于加大对中西部地区的支持力度
财务报表	以价内税为计量口径	增值税法规决定了财务报表的数据变化，并非会计与税务是各一条线了，以价外税为计量口径

注：a. 个别地方没有分国、地税机关独立设置，忽略之。

b.《税收征收管理法》规定：增值税专用发票由国务院税务主管部门指定的企业印制；其他发票，按照国务院税务主管部门的规定，分别由省、自治区、直辖市国家税务局、地方税务局指定企业印制。未经前款规定的税务机关指定，不得印制发票。

有了上面这些基本的比较之后，相信我们的财务工作者结合自己过往时间的理解，已经有了一些更加清晰的认识。但这还不够，我们还要更进一步确定。

2.2 从营业税的价内税到增值税的价外税，到底谁是纳税人

我们从媒体上经常看到营改增的表述是什么呢？就是“价外税”。营业税原来是价内税，如何一下子变成价外税了呢？而且培训的老师还告诉我们，增值税的负税人是最终的消费者，与服务者或生产者没有关系，真是这样吗？那这个纳税人岂不是变成消费者了？我们不应叫纳税人了吧？

如果说作为价内税的营业税，税是从自己身上“割”肉，这还真不好解释，交税人不是纳税人，而转一个概念，你们就不是纳税人了，企业可能就不知道是不是真的“好事”了。其实我们只要说一句话：税是谁交的，那就是利益的“割肉方”。

第一，任何的货物或服务的消费买单，都是来源于消费者（公司或个人），价内税与价外税没有区别；

第二，单位收到的钱，如果国家不要，享受免税，那就是自己的，无论会计核算如何，也无论对方给的名义如何；

第三，如果客户不给钱，纳税义务是既定的，价内税与价外税都一样要掏“银子”，此时更没有什么差异。

所以从利益的角度，不要考虑企业仅仅是“税”的搬运工，而是纳税人，取得的“利益”，是从自身的角度剥离出去给国家的，那就是纳税人。自然收入是来自于消费者，说他们是负税人，当然也是对的，因为企业要是没有消费，也就没有收入，自然没有应税事项，所以这是纳税人的应税义务，而不是消费者的应税义务，不要混淆了这两个概念，更不能认为税不是自己的“肉”，是光拔别人的羊毛。

价内税与价外税，更多是改变了一个计税规则，再者我们国家的消费观念不像一些发达国家一样，在发票上要列清税款是多少，价款是多少，从而建立起消费者的税收观念。但就算现在的增值税发票上有税款列示，价格中也可以含税收成本的，光算一个增值税也没有意义呢？正如之前有一个报道中提到的“馒头税”，买馒头的人哪还有去检查一下其中含了多少税款的？因此征税的理念与中国的消费理念，两者并不是融合在一起的，而且有时也是理不清的一个税事。

2.3 从营业税的“一维”到增值税的“二维”，计税方式增加

原来营业税的计算，其基数是什么？是应税收入，只有一个线型的来源，增值税呢？

2.3.1 小规模纳税人，保持单一性

有人认为，小规模纳税人的基数不也是收入吗？这不是“换汤不换药”吗？无非就是从地税机关转到国税机关去交税了！（注意，有的地方国地税从来没有分过家。）这不还是营业税吗？似乎有一点儿“老江湖”的感觉，如果是这样，那真是没有完全理解增值税的“博大精深”。

(1) 从含税价格到不含税价格的“计量”改变。

首先算法要变吧，比如原来收入100元，营业税税率是5%，现在收入还是100元，增值税的征收率是3%，则营业税=100×5%=5（元），增值税=100/(1+3%)×3%=2.91（元）。这就是简易计税方法，不考虑增值，虚拟在征收率上评估降了一点儿，所以视同已经考虑增值了，这是一个处理规则。

这个算法改变了，同志们也知道了，就是折个价而已。那还有什么变化呢？

(2) 开具发票的规则及方式。

还有一个就是小规模纳税人给客户开具发票的改变，一是开具的增值税普通发票，这是商事收付款凭证，在税收上也发挥着入账企业所得税前扣除的举证作用；二是“开具”的增值税专用发票，对于小规模纳税人来讲，对其自己开具增值税专用发票“不放心”，所以如果客户要专用发票抵税，小规模纳税人就需要到税务机关代开专用发票，且当场就要缴纳税款，这是对于小规模纳税人的“考验”之处。

2.3.2 一般纳税人计税规则：真正的“二维空间”

如果说小规模纳税人计税方式还是“继承”了营业税的一维关系，那一般纳税人的计算规则，则是真正地改变了这种规则，不仅跟销售业务挂钩了，还跟采购联系上了。那么，考验来了。本来财务人员一个人就能做的工作，现在需要从供应商那儿取得抵扣凭证，来抵扣销售的税款，这样上游和下游都结合起来了。但是要真正理解这个逻辑，好多人做的资料也没有说清楚，结果让采购人员光知道要专用发票去了，搞得有点“简单”化的囫囵吞枣的感觉。且看小编如何解说。

(1) 理解一般纳税人的一般计税方法。

一般计税方法是基于增值的逻辑，其公式是这样的：

当期应纳税额＝当期销项税额－当期进项税额

收入还是有计税的，相信销项税额是清楚的，但进项税额从哪来呢？我们来看如下的案例：若某金融企业当季利息收入是1 060元（含税），税率是6%，当季采购物资234元（含税），税率是17%，取得抵扣票据，分析如下：

第一步，计算销项税额：1 060/(1＋6%)×6%＝60（元）；
第二步，计算进项税额：234/(1＋17%)×17%＝34（元）。

我们来看如下的图示（见图2-1）。

这相当于说，企业收到的60元不是自己的，直接算欠国税的税，而从别人手中买东西采购，别人相当于又收了我们34元税款，相当于花的234元中，真正花的是200元，34元是去抵自己从别人手中取得的60元，只要交26元即可。

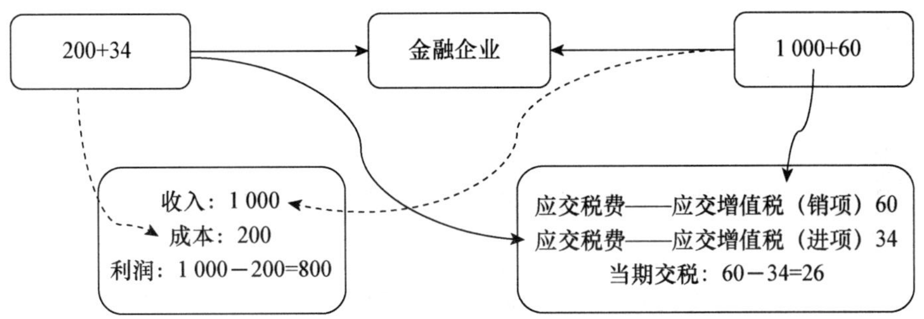

图 2-1　销项税额和进项税额的计算

这是很清楚的，但是如果从别人手中取得 34 元没有抵扣呢，自己就要掏 60 元交税，但不能说 60 元不交了，这是肯定不可以的。而是否抵扣，纳税人可以有主观或客观原因导致无法抵扣，这才是损失之所在。如 34 元不抵了，直接形成成本 234 元，什么结果？利润没有了、钱也少了，这就是要专用发票抵扣的意义所在，具体的内容我们会在价值篇中进一步讲解。

(2) 一般计税方法的二维空间是一个复杂的体系。

既然营业税是收入的一维空间，这儿是收入和采购的二维空间，那变化就非常大了，因为采购涉及人员、合同、对方企业的情形，还有一些是规定不得抵扣的。如此链条多环节，而且计算上还有诸多的技术要领，非一般人员所能即时掌握，并且其中的“陷阱”、法律责任绝非财务人员所能掌握得住的，所以增值税其实是一个真正暴露企业经营风险的事，稍有不合规的操作，就可能在增值税的票据上显示出来，这才是可怕之处。

2.4　全面转为增值税之后“争议”的事项消失了

这是一个非常有利的营改增的利好，为何呢？单说营改增以来，很是热闹，仅某个服务事项是不是属于营改增的范围，就让各地国税机关忙得很晕。经常需要解释这个营改增了，那个没有营改增，最后搞得各个省份还有不一样的地方。在营业税与增值税并存之下，对于涉及货物和营业税劳务的事项，规则不知如何定是好！纳税人也是不知所措，所以这下好了，营业税没有了，增值税成为一统天下的税种，也就减少了纳税人在国税机关与地税机关之间的“被动”，当然也给一些纳税人的“筹划”带来了影响（原来可能是存在一些游走于两边的筹划空间的）。

比如对于外购货物或自产货物并提供建安工程的，现在这个问题就不存在了；

对于增值税与营业税混合销售的界定，现在也不存在如何判定属于哪一边了。这就是简化税制的好处，减少了征管成本、争议成本，也让纳税人可以好好地做好经营了。

2.5 营改增之后利润表是不是变得不好看了

有的同志认为，我们原来收入高高的，就因为营改增，将总收入一下子“砍”去一块税，好像让人家看到我们的经营不得利了呢！其实这就是形式主义，一个公司流水做得再大，如果天天亏本，也没有意义，所以这一次的营改增，是政策性的收入减少，但不能光看这一个啊，还要看看你的营业税有没有了，你的成本费用中可以抵扣的进项税有没有减少，这是三个因素的变化，其最终是利润的变化结果。因此不能光看某个指标，而是多个指标结合起来进行分析。

2.5.1 营改增之后报表的变化因素

上面我们直观的感觉是收入指标因税而下降了，营业税也没有了，不过千万要记着，营业税没有了，附加税费却还是有的，别以为地税部门以后就不相往来了，只要有增值税，就要以增值税作为计算附加税费的基数。鉴于一般计税方法下，成本费用也是减少的（相当于增加了利润），成本费用来源于两个方面：

一是，直接费用化的支出，比如支出 234 元，承上例，200 元入成本费用，34 元记到应交税费借方抵税去了，这明显是成本费用减少了。

二是，资本化的支出，比如购入电脑一台，2 340 元，2 000 元入资产原值，340 元记到应交税费借方抵税去了，即会计分录如下：

借：固定资产　　2 000
　贷：应交税费——应交增值税（进项税额）　　340
　　银行存款　　2 340

则未来 2 000 元进行折旧时，自然成本费用也是减少的，这是间接地减少了成本费用的支出，自然有利于利润的增加。

所以营改增后就是基于三个因素的变化，我们用如下的案例（见表 2-2）进行分析：

表 2-2

营改增后税金及附加、成本、利润的变化

事项	营业税（a）	增值税（b）	一致的结果（a－b）
收入	100	100/1.06＝94.34	－5.66
税金及附加（12%）	5×1.12＝5.6	0.6	5
成本	x	x－0.66	0.66
利润	94.4－x	94.4－x	0

2.5.2　关于税负增加或减少的评估

李克强总理提出让营改增的纳税人税负“只减不增”，因此积极推动营改增，让纳税人产生动力才是根本。就此我们的税务机关同志也是想了很多办法，又如“差额”方法的大量应用，又如原来一些不明确的方法的再“让步”明确，再如给了纳税人充分的“选择”余地，这些是很有创意的。且不要看什么不符合增值税的逻辑了，破坏增值税的理论了。首先小编想问一下，增值税的理论是哪里来的，不就是人创造的吗？只要是达到李克强总理要求的营改增，就是好的增值税，是不是有点不符合“学者”的追求了。

上面我们分析过，小规模纳税人，即年收入在 500 万元以下的，通常是税负下降的，这都是以收入总额为标准做比较的，所以这是好事，特别是众多服务业的小型企业，原来营业税税率是 5%，现在的征收率是 3%，这是明明白白的降税啊，只是人家是在“悄悄偷着乐”呢。

对于一般纳税人，那就复杂了。小编认为，对于一般纳税人，谈“税负”要看如何理解。如果是当期谈税负，那就易“盲人摸象”，如果是站在长期的立场，那税负还是要看看的。

首先，销项税额是相对增加的，比如在表 2-2 中的内容，假设 6%的税率下，收入下降了 5.66%，同时营业税也没有了，少了 5，那成本当中只要抵扣 0.66 就可以扯平营改增前后的利润了，这是一个理论上的分析。原因有二：

（1）增值税的进项税额并不全来自成本费用，部分来自资本化的资产，所以这个附加税费及进项税额并不限于利润表中的成本费用；

（2）纳税人取得增值税专用发票等扣税凭证之后，认证抵扣的时间不一造成错位，这是人为造成的，因此这也必然影响着企业的税负问题。

还有一个问题。进项税额是从哪儿来的？自然是从纳税人的采购而来的，说白了就是花钱而来的。比如一个税务师事务所，其为一般纳税人，收入是600万元（不含税收入），由此销项税额是600×6％＝36（万元），但企业要降低增值税税负啊，老板一声令下，每个月购入100台电脑，价格1 000万元，取得进项税额170万元，一年算下来，增值税一分钱都没有，老板非常高兴，终于找到节税的筹划空间了，于是包装成“筹划工具”给企业做节税筹划去了。

这儿其实说明，对于增值税一般纳税人而言，一定是慎谈税负，因为在上述的这个案例中，增值税是没有交过，但是企业快黄到底了，这不是折腾吗？因此还是要归属到企业的经营发展阶段。如果是成长期的企业，那采购必然量大，所以税负是可能偏低的，但是对于成熟期的企业，更多是人员的支出、日常经营的支出，此时抵扣的权重是低的，税负也可能高些。这既是一个误区，又是一个企业不同发展阶段的事项，因此评估一般纳税人的增值税税负千万别入误区。

但是税务机关还是以期间进行税负评估的，这有科学的一面，不过企业也是可以平衡的。比如有的企业将抵扣时间故意延续一点儿，而税负看着正常，这是企业故意为之；有的企业连续几个月不交增值税，税务评估就认为有问题，这也是不对的，都很容易因所谓的指标走入“误区”，这是增值税征管手段应用不恰当的问题。

2.5.3　“营业税金及附加”科目的名称要不要改变

利润表中有一项，企业会计准则是这样描述的：

6403　营业税金及附加

一、本科目核算企业经营活动发生的营业税、消费税、城市维护建设税、资源税和教育费附加等相关税费。房产税、车船使用税、土地使用税、印花税在“管理费用”科目核算，但与投资性房地产相关的房产税、土地使用税在本科目核算。

二、企业按规定计算确定的与经营活动相关的税费，借记本科目，贷记“应交税费”科目。

三、期末，应将本科目余额转入“本年利润”科目，结转后本科目无余额。

有的同志说这里面有一个“营业税”，要不要改为增值税，这就对营业税三个字有点“痛恨”了。注意，这儿的意思是“营业”税金及附加，千万不要看到营改增，就不管前后文的理解了，能组合的都进行改，这就有点没有专业水平了。

2.5.4 附加税费该交还是要交的

因为营改增，有的企业可能会有这样的认识：地税机关不收税了！这就很容易产生错误。因为如城市维护建设税、教育费附加、地方教育附加，这些是以实际缴纳的流转税（增值税、营业税、消费税）为计税基数的，现在呢，营业税没有了，那附加税费的基数就落在另外二者身上了。绝不是有的同志认为的那样：地税机关不收此税了，一了百了。

附加税费通常是仍保留在地方税务机关缴纳的，但是有的地方创新了，附加税费由国税机关代征，这样好“验证”，省得彼此信息不交换，交了增值税不交附加税费，也不利于时时发现问题。这似乎又说到国地税的合作、合并问题上来了。流转税全转到国税机关管理，确实有一定的便利之处，起码同志们买发票不用再跑多个地方了，也不用咨询两面交税的种类问题了。

2.5.5 纳税主体的问题

增值税与营业税的纳税主体，常规来看，就是看户口——税务登记证号，如果有，那就作为独立纳税人，通常是这样的。这跟企业所得税不同，企业所得税基本上是以法人为纳税主体，分支机构分摊缴纳，跟这个机构自己的经营业务没有直接的关系。

因此当下有的企业的分公司，往往就是自己作为独立增值税纳税人来进行计税、申报、缴纳，这与营业税下基本是一样的。但是增值税下，收入仍然是各自的，不过采购可能并不是各自的，而是有分摊共享的方式，这就有问题了，比如下面这个例子：

某公司总部购入大楼一幢，价值5亿元（不含税），进项税额是：5×11%＝0.55（亿元），总部没有收入，分公司有经营收入，但是办公地是租的。如此来看，如果总部和分公司都是独立的增值税纳税人，就不合算了，因为销项产生缴税，进项得不到抵扣，很是难受，更怕总部的大楼一直得不到抵扣，“有名无实”，就更不好了。这就是财税〔2016〕36号文件中提及的汇总纳税或合并纳税的取得的考虑。

（1）固定业户应当向其机构所在地或者居住地主管税务机关申报纳税。总机构和分支机构不在同一县（市）的，应当分别向各自所在地的主管税务机关申报纳税；经财政部和国家税务总局或者其授权的财政和税务机关批准，可以由总机构汇总向总机构所在地的主管税务机关申报纳税。

属于固定业户的试点纳税人，总分支机构不在同一县（市），但在同一省（自治区、直辖市、计划单列市）范围内的，经省（自治区、直辖市、计划单列市）财政厅（局）和国家税务局批准，可以由总机构汇总向总机构所在地的主管税务机关申报缴纳增值税。

（2）属于固定业户的试点纳税人，总分支机构不在同一县（市），但在同一省（自治区、直辖市、计划单列市）范围内的，经省（自治区、直辖市、计划单列市）财政厅（局）和国家税务局批准，可以由总机构汇总向总机构所在地的主管税务机关申报缴纳增值税。

（3）两个或者两个以上的纳税人，经财政部和国家税务总局批准可以视为一个纳税人合并纳税。具体办法由财政部和国家税务总局另行制定。

目前来看，合并纳税的情形还没有明确，但是涉及一个省份内的，如金融企业等，多是主动申请进行汇总纳税，以充分享受抵扣的利益，当然也有计算便利、减少税务管理成本及投资成本的益处，都是相关的。

GREAT ERA OF TAX REFORM FOR REPLACING BUSINESS TAX WITH VALUE-ADDED TAX

第 3 章

认识营改增中增值税的要素，从基础出发才是根本

由于纳税人已经习惯了营业税的计算、发票开具与缴税的方式，因此现在说到增值税，一切都是模糊的，而且营业税下有许多是可以“调节”、“商量”的，票如何开具，也没有人如何管过，“自由习惯”了。这一下子纳入很吓人的增值税体系中，有些问题就得严肃对待了。所以大家的问题更多是“幼儿园级”的水平，不过这也没有关系，有一些可能是“高年级”同学也一样没有注意到的。今天，第三只眼就带领大家来看看增值税的基本功。

3.1 你是什么样的纳税人

营改增之后，没有营业税纳税人了，如果有应税行为，那必将都是增值税的纳税人。那我们来看看财税〔2016〕36号文件中是如何来描述纳税人的定义的：

在中华人民共和国境内（以下称境内）销售服务、无形资产或者不动产（以下称应税行为）的单位和个人，为增值税纳税人，应当按照本办法缴纳增值税，不缴纳营业税。

单位，是指企业、行政单位、事业单位、军事单位、社会团体及其他单位。

个人，是指个体工商户和其他个人。

首先要确定你是纳税人，有两个要素：在哪、做什么，即“境内＋销售服务、无形资产或者不动产”，无论是单位或个人，都是纳税人。

那有的同志说，行政单位和军事单位也是纳税人吗？答案是肯定的，当然让税务机关的同志去检查一下行政单位有没有“偷漏税”，去军事单位考察一下，这不大可能啊，除非是城管的同志没收的东西要拍卖，那可能就要计算缴纳增值税了，这个我们权当探讨。

不属于企业所得税的纳税人的个人独资企业、合伙企业，都是增值税的纳税人了。比如对于信托公司，有人认为是不是将每个信托项目作为纳税人呢？这也不现实，因为每个信托项目并没有进行税务登记，如何管理，如何申报？这不是异想天开吗？所以对于纳税人，基本上只要有税务登记证号的，都是一个纳税人，至于是不是合并或汇总纳税，那得再议。比如有的银行有自立的培训中心或食堂等机构，招待其他分行的同志开会时，往往是需要开具发票结算的，此时食堂相当于是这个分行提供的一种服务，那就要计税。如果食堂是招待自己人，那相当于内部的行为，并不需要视为应税行为，但是如果分行间是跨省的，那是需要计税的，具体的分析请继续看下面的应税行为分析内容。

3.1.1 纳税人分两种，各有特点

上面我们聊到了成为纳税人的条件，但是这就可以了吗？肯定还没有完。我们再来看增值税对于不同标准的纳税人是如何明确身份的，即不同身份的纳税人，其计税方法、运用税率或征收率、纳税申报、发票开具的方式是不同的。

财税〔2016〕36号文件对增值税纳税人身份的界定如下：

纳税人分为一般纳税人和小规模纳税人。

应税行为的年应征增值税销售额（以下称应税销售额）超过财政部和国家税务总局规定标准的纳税人为一般纳税人，未超过规定标准的纳税人为小规模纳税人。

年应税销售额超过规定标准的其他个人不属于一般纳税人。年应税销售额超过规定标准但不经常发生应税行为的单位和个体工商户可选择按照小规模纳税人纳税。

一般纳税人与小规模纳税人的确认标准如图 3-1 所示。

小规模纳税人	年应税销售额<500万元
一般纳税人	年应税销售额≥500万元，必须为一般纳税人

年应税销售额未超过规定标准的纳税人，会计核算健全[a]，能够提供准确税务资料的，可以向主管税务机关办理一般纳税人资格登记，成为一般纳税人。
年应税销售额超过规定标准但不经常发生应税行为的单位和个体工商户可选择按照小规模纳税人纳税。

图 3-1　一般纳税人与小规模纳税人的确认标准

说明：会计核算健全，是指能够按照国家统一的会计制度规定设置账簿，根据合法、有效凭证核算。

注意，这儿的“年”，可不是农历年春节的意思，也不是公历年 1 月 1 日至 12 月 31 日的概念，而是连续 12 个月的概念。因此我们有必要对此进行一个评估，关注如下的几个事项：

（1）关于年的理解。

这个其实有点个性，一般人的理解是公历的意思，企业所得税的年度汇算清缴，都是这样。但增值税却不是这样。

营改增试点实施前（以下简称试点实施前）销售服务、无形资产或者不动产（以下简称应税行为）的年应税销售额超过 500 万元的试点纳税人，应向主管国税机关办理增值税一般纳税人资格登记手续。

由于增值税是价外税，500 万元是增值税不含税销售额，此外要换算为营业税的价内税销售额确定标准。

试点纳税人试点实施前的应税行为年应税销售额按以下公式换算：

$$\text{应税行为年应税销售额}=\text{连续不超过 12 个月应税行为营业额合计}\div(1+3\%)$$

按照现行营业税规定差额征收营业税的试点纳税人，其应税行为营业额按未扣除之前的营业额计算。试点实施前，试点纳税人偶然发生的转让不动产的营业额，不计入应税行为年应税销售额。

(2) 关于折算为营改增单位年所得的认定标准。

连续 12 个月应税行为营业额为 515 万元（500×1.03＝515），因为营改增之前还是营业税纳税人，因此折为营业额换算。那有的同志说，为何是 3%呢？不用 11%或 6%吗？其实这是假设用小规模纳税人的简易征收率来衡量的，因为先假设是小规模纳税人，这个得明白一下，而且人家也是比较讲道理的，500 万元是不含税收入额，所以营业额达到 515 万元时才需要登记成为一般纳税人。

(3) 自然人。

财税〔2016〕36 号文件中的个人，是指个体工商户和其他个人，其他个人是指自然人，那自然人自然不能成为一般纳税人，因为个人也不大可能天天接受税务机关的检查、自己申报纳税，所以就直接明确不会认定为一般纳税人。

那么自然人是小规模纳税人吗？其实一定程度上可以这么说，但又不完全相同，小规模纳税人是履行正常申报程序的，个人在计税方式上使用的是小规模纳税人的方式，这一点需要关注一下。其实也没有必要一定明确属于什么，知道什么情形之下如何算税就行了。

3.1.1.1 小规模纳税人和一般纳税人认定中的“特例”

上述年应税销售额的标准我们已经了解了，但这可不是绝对区分小规模纳税人和一般纳税人的认定标准，例如：

(1) 不达 500 万元标准的也可以登记为一般纳税人。

年应税销售额未超过规定标准的纳税人，会计核算健全，能够提供准确税务资料的，可以向主管税务机关办理一般纳税人资格登记，成为一般纳税人。

虽然你们比较小规模，但是你们核算规范，那也欢迎成为一般纳税人，因为我们的系统很严密，可以很好地管理好大家的风险，这就是鼓励成为一般纳税人了。

有的同志奇怪了：你们好好的小规模纳税人不当，想多交税吗？是不是脑子有问题呢？其实人家脑子灵光着呢。为何呢？人家是为了做大做强的，多交点税怕什么，关键得有生意做啊。因为现在一般纳税人的客户懒得搞懂或者搞不懂一般纳税人和小规模纳税人的比价，因此人家就要专用发票，没有专用发票？对不起，不做生意。这就是小规模纳税人要成为一般纳税人的动力，必须得有商业机会，不然小规模纳税人天天去解释，我们便宜，我们品质好，但谁会费那么长时间去比较呢？

(2) 达到500万元也可以保留小规模纳税人身份。

年应税销售额超过规定标准但不经常发生应税行为的单位和个体工商户可选择按照小规模纳税人纳税。

这个规定不错，但是营改增之后，谁说得清楚什么是“不经常发生”呢？其实这个内容在营改增之前就存在，《增值税暂行条例》也有相应的说法，我们来看看有哪些理解。

国税函〔2010〕139号文件规定：

不经常发生应税行为是指其偶然发生增值税应税行为。

川国税函〔2009〕306号文件规定：

问：《增值税暂行条例实施细则》第二十九条规定的“不经常发生应税行为的企业”如何界定？

答：在国家税务总局未明确前，“不经常发生应税行为的企业”可暂按以下原则掌握：一是企业的主营业务为非增值税应税业务，二是年度内发生应税业务的月份累计不超过5个月。但应同时具备上述两个条件。

《宁波市增值税一般纳税人资格认定管理办法》（甬国税发〔2010〕90号）将其量化为“连续6个月内未发生增值税应税行为”。

但是营改增之后，没有营业税了，只有增值税，很难说不经常发生了，因为谁也不知道未来如何，“不经常发生应税行为”本身就是税法当中一个“理解”规定，强烈建议进一步明确一下，减少理解空间过大的描述规则，也减少现实当中征管人员的弹性空间。不过对于行政单位、军事单位，这一规定还是有着积极的意义的，一下子认定为一般纳税人，也没有这个必要，而且这些单位还要雇几个企业会计，这不是增加“预算支出”吗？所以这一条还是有其应有的作用的。

(3) 本次营改增政策中对于一般纳税人认定的“特殊”情形。

试点实施前，试点纳税人偶然发生的转让不动产的营业额，不计入应税行为年应税销售额。

试点实施后，符合条件的试点纳税人应当按照《增值税一般纳税人资格认定管理办法》（国家税务总局令第 22 号）、《国家税务总局关于调整增值税一般纳税人管理有关事项的公告》（国家税务总局公告 2015 年第 18 号）及相关规定，办理增值税一般纳税人资格登记。增值税小规模纳税人偶然发生的转让不动产的销售额，不计入应税行为年应税销售额。

这儿是说明，现在不动产价格这么高，所以如果企业不是经营房地产开发的，偶然发生的转让不动产的销售额，可以不计为年应税销售额，去和 500 万元的标准比较，这也算是明确了一个关于不动产销售方面的特例。但是有的同志可能会问，如果有别的临时性的业务呢？比如偶然做成了一单大业务，能不能申请呢？这个暂时是没有特例的，不宜做过大口径解释。

虽然有 500 万元的标准，但这个标准不是强制性的，不是永远的标准，还是有特例可以在小规模纳税人与一般纳税人之间有点选择的，也利于我们例外情形的考虑，使我们有了一个可以依靠的政策来源。

3.1.1.2　小规模纳税人和一般纳税人之间的转换

财税〔2016〕36 号文件规定得很清晰：

符合一般纳税人条件的纳税人应当向主管税务机关办理一般纳税人资格登记。具体登记办法由国家税务总局制定。除国家税务总局另有规定外，一经登记为一般纳税人后，不得转为小规模纳税人。

这段话说明了什么？小规模纳税人达到条件，“应当”办理一般纳税人资格登记，而不是“选择”，这是强制性的，因此不能含糊。同时也规定得很明确：一经登记为一般纳税人，那就永远不会改为小规模纳税人了（除非有国家税务总局另外规定的特例，但至少当下是没有的）。

3.1.1.3 小规模纳税人达到条件不转换的“后果”

对于小规模纳税人达到条件不转换的“后果”，财税〔2016〕36号文件也规定得比较清晰：

有下列情形之一者，应当按照销售额和增值税税率计算应纳税额，不得抵扣进项税额，也不得使用增值税专用发票：

（一）一般纳税人会计核算不健全，或者不能够提供准确税务资料的。

（二）应当办理一般纳税人资格登记而未办理的。

应该办而没有办的，结果就比较惨：一是不得抵扣进项税额（多数也无法认证抵扣，这是针对第一种情形的），二是不得开具增值税专用发票。如果能开专用发票，这个税是可以转出给别人的，实在不行找个关联方抵扣了，利益也没有损失。因此结果是纳税计算的结果很不“划算”，利益损失惨重，想必任何人都不想发生这样的事。

但这儿有一个很现实的问题，如下面的案例：

某企业在2016年6月份做成了一单大业务，收入总额为1 000万元，此时问题来了，试问这1 000万元是大于515万元的，那这个月的1 000万元，是按一般纳税人计算增值税还是按小规模纳税人简易计算增值税？

为此小编也咨询了全国各地的一些同行，说法还真不一样。有的地方的解释是，这个必须按一般纳税人计算，但我们知道，都没有认定为一般纳税人还让人家按这个交，是不是有点“不合理”呢？也确实是，小编认为在没有身份之前，还是要作为小规模纳税人来计算增值税的，因为人家这个月做的业务就一笔，登记为一般纳税人从下个月开始生效，不是从当月就生效，为此，我们来看看相应的法规是如何说的。

《增值税一般纳税人资格认定管理办法》规定：

第十一条　纳税人自认定机关认定为一般纳税人的次月起（新开业纳税人自主管税务机关受理申请的当月起），按照《中华人民共和国增值税暂行条例》第四条的规定计算应纳税额，并按照规定领购、使用增值税专用发票。

相当于说，当月去办理的认定，只有从次月起才是一般纳税人身份，按一般纳税人标准去计算应纳税额，当月还是属小规模纳税人。因此如果税务机关认为超过500万元，那就全额按一般纳税人算，或者500万元以内按小规模纳税人，超过按一般纳税人，至少是不符合认定程序的，因此小编认为还是要作为小规模纳税人计算，而不能仅仅看金额来操作“认定”。

可是现实当中，我们还有如下的事：比如企业少计收入影响一般纳税人的认定如何处理；比如因纳税评估、税收检查出现的收入额的调整。我们可以来看看如下一个国家税务总局、一个广东省国家税务局的意见。

国家税务总局关于界定超标准小规模纳税人偷税数额的批复

（税总函〔2015〕311 号）

黑龙江省国家税务局：

你局《关于界定超标准小规模纳税人偷税数额的请示》（黑国税发〔2014〕85 号）收悉。根据《增值税一般纳税人资格认定管理办法》（国家税务总局令第 22 号）、《国家税务总局关于明确〈增值税一般纳税人资格认定管理办法〉若干条款处理意见的通知》（国税函〔2010〕139 号）有关规定，批复如下：

稽查查补销售额和纳税评估调整销售额计入查补税款申报当月的销售额，以界定增值税小规模纳税人年应税销售额。

纳税人年应税销售额超过小规模纳税人标准且未在规定时限内申请一般纳税人资格认定的，主管税务机关应制作《税务事项通知书》予以告知。纳税人在《税务事项通知书》规定时限内仍未向主管税务机关报送一般纳税人认定有关资料的，其《税务事项通知书》规定时限届满之后的销售额依照增值税税率计算应纳税额，不得抵扣进项税额。税务机关送达的《税务事项通知书》规定时限届满之前的销售额，应按小规模纳税人简易计税方法，依 3%征收率计算应纳税额。

你局对所属企业实施税务检查，发生的具体涉税事项，应按上述原则处理。其中，涉及滞纳金和罚款的计算等问题，仍按照相关规定执行。

国家税务总局

2015 年 6 月 11 日

广东省国家税务局关于增值税小规模纳税人查补税款适用税率有关问题的通知

（粤国税函〔2008〕270 号）

近接部分地方反映，税务机关对实际年应税销售额已超过小规模纳税人标准的纳税人，应如何计算补缴增值税问题，现行规定没有明确。经研究，在国家税务总局未有明确规定之前，省局明确如下意见：

一、除国家税务总局另有规定外，无论税务机关是通过实施税务检查，开展纳税评估，还是纳税人自查补税，发现小规模纳税人隐瞒销售收入或漏报销售收入的，均按该小规模纳税人适用的征收率计算补缴增值税。

二、纳税人实际年应税销售额超过小规模纳税人标准的，应在检查（或自查）结束（检查处理决定书下达后）的次月底前向主管税务机关提出一般纳税人认定申请，逾期不提出申请的，主管税务机关按认定管理有关规定处理。上述年应税销售额包括纳税人一个公历年度内原申报的应税销售额、检查和自查发现应补报的应税销售额之和。

三、本通知自文到之日起执行。之前的税务处理与本通知不一致的，不作调整。

这两份意见想必对于纳税人来讲还是有相应的支持的，因此我们也可以作为必备的知识了解，以免出现问题。

3.1.1.4 总分机构的一般纳税人认定

通常，总机构、各个分支机构都是独立的增值税纳税人，都要各自看是否符合一般纳税人或小规模纳税人的条件。这儿的各个机构，是对应的不同的税务登记证号的单位，不是整体看的，是独立的，各自计缴各自的税款。

但是如果有大企业要进行汇总纳税，那就需要统一按一般纳税人对待，不能有的机构是小规模纳税人，有的是一般纳税人，这样也没法汇总纳税。所以鉴于这一点，即使是刚成立的机构，也去登记为一般纳税人才好。

3.1.1.5 认定为一般纳税人的“辅导期”实际上是考验期

国家税务总局公告 2016 年第 23 号规定：

试点纳税人在办理增值税一般纳税人资格登记后，发生增值税偷税、骗取出口退税和虚开增值税扣税凭证等行为的，主管国税机关可以对其实行 6 个月的纳税辅导期管理。

何为辅导期？这个还是有点学问的。如何呢？且往下看。

辅导期管理的是一般纳税人，不是小规模纳税人；《国家税务总局关于印发〈增值税一般纳税人纳税辅导期管理办法〉的通知》（国税发〔2010〕40 号）对此专门进行了规定，因为营改增之前就有规定了，所以本次营改增也不需要单独再说。

最主要的影响就是抵扣的管理。相关规定如下：

第七条　辅导期纳税人取得的增值税专用发票（以下简称专用发票）抵扣联、海关进口增值税专用缴款书以及运输费用结算单据[1]应当在交叉稽核比对无误后，方可抵扣进项税额。

第八条 主管税务机关对辅导期纳税人实行限量限额发售专用发票。

第十一条 辅导期纳税人应当在“应交税金”科目下增设“待抵扣进项税额”明细科目，核算尚未交叉稽核比对的专用发票抵扣联、海关进口增值税专用缴款书以及运输费用结算单据（以下简称增值税抵扣凭证）注明或者计算的进项税额。

辅导期纳税人取得增值税抵扣凭证后，借记“应交税金——待抵扣进项税额”明细科目，贷记相关科目。交叉稽核比对无误后，借记“应交税金——应交增值税（进项税额）”科目，贷记“应交税金——待抵扣进项税额”科目。经核实不得抵扣的进项税额，红字借记“应交税金——待抵扣进项税额”，红字贷记相关科目。

第十五条 纳税辅导期内，主管税务机关未发现纳税人存在偷税、逃避追缴欠税、骗取出口退税、抗税或其他需要立案查处的税收违法行为的，从期满的次月起不再实行纳税辅导期管理，主管税务机关应制作、送达《税务事项通知书》，告知纳税人；主管税务机关发现辅导期纳税人存在偷税、逃避追缴欠税、骗取出口退税、抗税或其他需要立案查处的税收违法行为的，从期满的次月起按照本规定重新实行纳税辅导期管理，主管税务机关应制作、送达《税务事项通知书》，告知纳税人。

在填写纳税申报表的时候，也要关注并不是当月认证当月抵扣的处理规则，而是待税务机关确定之后才能抵扣。

3.1.1.6 新老增值税规则之下的一般纳税人认定标准，各管一摊，身份共享

国家税务总局公告2016年第23号[2]规定：

试点纳税人兼有销售货物、提供加工修理修配劳务和应税行为的，应税货物及劳务销售额与应税行为销售额分别计算，分别适用增值税一般纳税人资格登记标准。

兼有销售货物、提供加工修理修配劳务和应税行为，年应税销售额超过财政部、国家税务总局规定标准且不经常发生销售货物、提供加工修理修配劳务和应税行为的单位和个体工商户可选择按照小规模纳税人纳税。

[1] 营改增后运输票据不再存在。

[2] 国家税务总局公告2016年第23号，即《国家税务总局关于全面推开营业税改征增值税试点有关税收征收管理事项的公告》。

这个说的是什么呢，就是依照《增值税暂行条例》的规则认定为一般纳税人的，比如试点应税服务纳税人，如果因为经常变卖废旧物资，也是可能被认定为属于增值税一般纳税人的。此时尽管服务的收入额可能是0，也必须使用一般纳税人的身份，因为达到了另外一个标准。一个纳税人不能既是一般纳税人，又是小规模纳税人，那样税务机关的系统是没有办法设置的，而且会乱的不行。

上面我们已经明确了营改增一般纳税人认定标准，但原增值税纳税人认定为一般纳税人的条件又如何呢？不妨我们也列示一下，让大家比较一下《增值税暂行条例实施细则》的规定：

第二十八条　条例第十一条[1]所称小规模纳税人的标准为：

（一）从事货物生产或者提供应税劳务的纳税人，以及以从事货物生产或者提供应税劳务为主，并兼营货物批发或者零售的纳税人，年应征增值税销售额（以下简称应税销售额）在50万元以下（含本数，下同）的；

（二）除本条第一款第（一）项规定以外的纳税人，年应税销售额在80万元以下的。

本条第一款所称以从事货物生产或者提供应税劳务为主，是指纳税人的年货物生产或者提供应税劳务的销售额占年应税销售额的比重在50%以上。

第二十九条　年应税销售额超过小规模纳税人标准的其他个人按小规模纳税人纳税；非企业性单位、不经常发生应税行为的企业可选择按小规模纳税人纳税。

同时《增值税暂行条例》已有规定：

第十三条　小规模纳税人以外的纳税人应当向主管税务机关申请资格认定。具体认定办法由国务院税务主管部门制定。

小规模纳税人会计核算健全，能够提供准确税务资料的，可以向主管税务机关申请资格认定，不作为小规模纳税人，依照本条例有关规定计算应纳税额。

我们可以看到，认定为一般纳税人的收入额远远低于营改增的单位，这是很容易达到的，这一点需要好好关注。注意，在原增值税的体系下，“非企业性单位”可以直接选择为小规模纳税人，而不用考虑是不是不经常发生，这是两者的区别之处。

3.1.1.7　本次营改增单位选择一般纳税人和小规模纳税人的考虑

先要看看过去12个月或2015年的收入额是否达到515万元（营业额），如果达

[1]　第十一条　小规模纳税人销售货物或者应税劳务，实行按照销售额和征收率计算应纳税额的简易办法，并不得抵扣进项税额。应纳税额计算公式：应纳税额＝销售额×征收率，小规模纳税人的标准由国务院财政、税务主管部门规定。

到，一般税务机关的同志会要求认定为一般纳税人；如果税务机关在过渡时点管得不是很严格，如何考虑身份的取舍呢？这时需要考虑如下两个因素：

（1）选择一般纳税人，是否有充分的进项可以抵扣；

（2）选择小规模纳税人，是否有管理成本的简化处理及客户需要专用发票的预期评估。

单就服务业来看，通常其进项取得不稳定，且不易取得，所以多有企业希望保留小规模纳税人的身份，而且可能直接是减负的。如果金额差不多，就多坚持一下小规模纳税人的身份，至于以后是否会发展壮大，那就再说吧。

3.1.1.8 企业保留小规模纳税人的“手法”

为了保留小规模纳税人“减负”和管理成本的利益，有的企业不想成为一般纳税人，于此，有的老板就采取比较极端的做法：一个企业快成为一般纳税人了，就新开一个企业，如此循环处理；有的企业是采用设立分公司的形式，让分公司独立作为纳税人，也不申请汇总纳税，于是每个分公司都是小规模纳税人，这也是可行的。毕竟对于利益的“追求”还是会让人去想一下这样的办法的。

当有的客户非要增值税专用发票的时候，就去代开，因为小规模纳税人自己是不能开具专用发票的，这样在做生意的路上可能会弱一些，所以企业也要考虑做大之后的安排。

3.1.1.9 从小规模纳税人到一般纳税人，仍相当于是一次小“营改增”

为何这样说呢？小规模纳税人不需要核算进项税额，但是如果在转换时点，有一些采购、销售还在进行，这就相当于人为将业务分为两段了，虽然都是增值税，但“率”却是不同的，一个是征收率，一个是税率。此时对于小规模纳税人时采购的物品，转为一般纳税人之后取得的专用发票，能否抵扣，就是一个现实的问题。从小编的理解来看，还是要看使用目的，而不是仅看时点的划分，当然这也是一个管理空白，没有什么明确的政策，看各自主管税务机关的理解了。

另外，转换为一般纳税人之后发生的退款，抵哪块“率”的收入，也是一个值得思考的问题。但是由于纳税人的身份不可能回到小规模纳税人了，因此这种情形也是有可能“得便宜”的，即原来是简易征收率，现在是税率红字，无论如何，这是不匹配的，至于系统如何做，税务机关需要好好关注一下，不能简单地看纳税人当下的归属期的身份如何。

3.1.2 两种身份，两种计税的“率”

我们已经知道，增值税的纳税人分为一般纳税人和小规模纳税人，还有两个“率”，即税率和征收率（见表 3-1），我们再结合纳税人情况来深入了解一下。

表 3-1

增值税的税率和征收率

税率	17%、13%、11%、6%	限适用于一般计税方法的一般纳税人
征收率	3%、5%	适用于小规模纳税人和一般纳税人的简易计税项目

上面我们讨论过，税率档次还是挺多的，其实原来就 17%和 13%，11%和 6%是营改增以来新加的，为何不选择 17%或 13%呢？这是因为，营业税缴了这么多年，大家都是习惯的，一下子将习惯的税负拉得这么高，也不利于税收政策的稳定，企业也不一定支持，只好以营业税的税负来测算增值税的税率。由此我们就只能这样处理，所以这些税率是测算出来的，并不是整体科学地事前设置好的，这也是所说的试点的功能所在，先走起来再说，麻烦点也不怕，以后再慢慢调整吧。

征收率，从字面上可以看出，是直接征的意思，就是只看销售额，不看进项，所以叫征收率，也利于与税率有所区别。征收率通常是小规模纳税人使用，即小规模纳税人必须使用征收率。但是一般纳税人呢？特定项目是可以选择使用征收率的，这主要是考虑了原来没有进项税额的抵扣，此时只形成了销售收入，又没有进项税额，为公平起见，所以允许使用征收率，还是比税率低一些。

财税〔2016〕36 号文件关于营改增下税率和征收率的规定如下：

第十五条　增值税税率：

（一）纳税人发生应税行为，除本条第（二）项、第（三）项、第（四）项规定外，税率为 6%。

（二）提供交通运输、邮政、基础电信、建筑、不动产租赁服务，销售不动产，转让土地使用权，税率为 11%。

（三）提供有形动产租赁服务，税率为 17%。

（四）境内单位和个人发生的跨境应税行为，税率为零。具体范围由财政部和国家税务总局另行规定。

第十六条　增值税征收率为 3%，财政部和国家税务总局另有规定的除外。

这儿规定得还挺复杂的，其实就是事项多，应用时各找各的适用对象。至于具体的范围，则要看附件中《销售服务、无形资产、不动产注释》的解释，不一定就是按常规的理解来判断处理。注意，这里只提到了征收率为 3%，而我们看到，财税〔2016〕36 号文件中规定的很多情形下是 5%的征收率，这是何由呢？这也是所说的“财政部和国家税务总局另有规定的除外”。其实是平衡营业税转换到增值税时，原来缴纳 5%的营业税，现在一下子变为增值税的征收率 3%，这可受不了，所以只能考虑财政利益的因素，另行规定一个 5%的征收率，除了 3%、5%，再没有其他的。

营改增单位并不是单纯的只有自己的内容，而是要采购或销售不同的东西，即仍然是与《增值税暂行条例》下的应税行为融合在一起的，所以我们还需要再补充一下，不仅是原增值税纳税人，还有营改增的单位同样可能适用的货物、加工修理修配等应税税率和征收率的问题。

《增值税暂行条例》规定：

第二条　增值税税率：

（一）纳税人销售或者进口货物，除本条第（二）项、第（三）项规定外，税率为 17%。

（二）纳税人销售或者进口下列货物，税率为 13%：

1. 粮食、食用植物油；

2. 自来水、暖气、冷气、热水、煤气、石油液化气、天然气、沼气、居民用煤炭制品；

3. 图书、报纸、杂志；

4. 饲料、化肥、农药、农机、农膜；

5. 国务院规定的其他货物。

（三）纳税人出口货物，税率为零；但是，国务院另有规定的除外。

（四）纳税人提供加工、修理修配劳务（以下称应税劳务），税率为 17%。

税率的调整，由国务院决定。

3.1.3　两种身份，两种计税的方式

身份很重要，因为这决定了增值税下不同的涉税处理规则，有很大的不同，下面我们就两者的计税方式做进一步说明。

3.1.3.1　税收法规的规定

财税〔2016〕36 号文件规定：

第十七条　增值税的计税方法，包括一般计税方法和简易计税方法。

第十八条　一般纳税人发生应税行为适用一般计税方法计税。

一般纳税人发生财政部和国家税务总局规定的特定应税行为，可以选择适用简易计税方法计税，但一经选择，36 个月内不得变更。

第十九条　小规模纳税人发生应税行为适用简易计税方法计税。

首先要确定纳税人的身份，其次要选择适用的方式及税率或征收率，这是三个要素。注意，对于一般纳税人而言，财税〔2016〕36 号文件中多处提到的“可以选择”适用简易计税方法，是纳税人的权利，如何有利看纳税人的选择，这也是充分考虑了李克强总理的税负只减不增的目标。但注意，这儿更多只是过渡前后的临时政策，有的随着时间的推移，就没有什么选择的路子了。

这儿有说法，即一般纳税人“可以”选择简易计税方法的，一经选择了，36 个月不得变更，不然这征管成本很高，而且利益的漏洞也很大，规则是不会随意被这样利用的。

还有一点需注意，即特定应税行为，假设有 10 个业务合同，能否其中 1 个适用一般计税方法，9 个使用简易计税方法呢？这基本上不是以业务来分，而是以应税行为来分的，这也是一个漏洞，需要明确好规则。但是这次建筑业、房地产业的老项目，即使允许以项目为选择，也并不是否定这个规则，而规定就是以项目作为判断标准，所以这也算是比较宽容的征管认可了，也是有利于纳税人的事项。

3.1.3.2　简易计税方法

这个比较容易理解，简易自然要求简单，财税〔2016〕36 号文件是这样描述的：

第三十四条　简易计税方法的应纳税额，是指按照销售额和增值税征收率计算的增值税额，不得抵扣进项税额。应纳税额计算公式：

应纳税额＝销售额×征收率

第三十五条　简易计税方法的销售额不包括其应纳税额，纳税人采用销售额和应纳税额合并定价方法的，按照下列公式计算销售额：

销售额＝含税销售额÷(1＋征收率)

以下是我们对此的解释：

(1) 在消费环节，通常都是以价税合计来定价的，很少有人去餐馆吃饭，在报价表上写着不含税价、税额，而且有的企业是一般纳税人，有的企业是小规模纳税人，标出来也是误导大众，为什么你们的不含税价高，为什么你们多收税？估计也会扰乱市场的秩序。所以用总的收入折算为纳税人“自己”的不含税收入，再直接乘以征收率，即可算出应缴的税款，就是这样简单。

（2）上面我们清楚地知道，简易计税的基数就是收入额和征收率，跟进项税额抵扣有没有关系呢？这儿就明确了，如果你是小规模纳税人，就不需要增值税专用发票等扣税凭证了，要了也不允许抵扣，因为本身征收率就定得比较“低”，再抵扣，对一般纳税人不公平。因此小规模纳税人只需要普通发票，发挥企业所得税税前扣除的作用就行了。

（3）如果小规模纳税人很快要成为一般纳税人了，那此时就要规划好服务收费，该结的结，该滞后采购的滞后采购，这样才有利于转为一般纳税人之后的规划。

［案例］ 某餐馆为小规模纳税人，年收入 100 万元，本季收入 30 万元，计算当季应纳增值税是多少？

分析： 小规模纳税人的纳税期限是季度，因此按季度计算缴纳增值税，30 万元折为不含税价格：30/(1＋3%)＝29.13（万元），增值税为 0.87 万元。

会计处理：

借：现金	30
贷：主营业务收入	29.13
应交税费——应交增值税	0.87

注意：对于小规模纳税人而言，除财税〔2016〕36 号文件规定之外适用征收率 5%的情形，都是适用 3%的征收率，不管是销售货物、提供劳务、提供营改增服务等，所以这里我们不要怀疑自己用错征收率，因为小规模纳税人对于全部应税事项都用的是征收率，不是税率，这一点需要明确。

而对于一般纳税人选择或应当适用简易计税方法的，因相关内容涉及比较多，我们在后面的章节中再进一步解释。

3.1.3.3 一般计税方法

（1）一般计税方法的税法规定。

一般计税方法才是真正反映了营改增的真实价值所在，这是基于增值的考虑进行的设置。同样，我们来看看一般计税方法的内容。财税〔2016〕36号文件规定：

第二十一条　一般计税方法的应纳税额，是指当期销项税额抵扣当期进项税额后的余额。应纳税额计算公式：

应纳税额＝当期销项税额－当期进项税额

当期销项税额小于当期进项税额不足抵扣时，其不足部分可以结转下期继续抵扣。

第二十二条　销项税额，是指纳税人发生应税行为按照销售额和增值税税率计算并收取的增值税额。销项税额计算公式：

销项税额＝销售额×税率

第二十三条　一般计税方法的销售额不包括销项税额，纳税人采用销售额和销项税额合并定价方法的，按照下列公式计算销售额：

销售额＝含税销售额÷（1＋税率）

第二十四条　进项税额，是指纳税人购进货物、加工修理修配劳务、服务、无形资产或者不动产，支付或者负担的增值税额。

我们在理解上面的内容时，要关注如下几点（见表3-2）：

表3-2

一般计税方法的关注点

应纳税额＝当期销项税额－当期进项税额	如果大于0，就缴税，如果小于0，就"留抵"，留在未来继续抵减销项税额，税务机关是不会退税的，虽然相当于通过供应商"纳税"了，但是要自己消化才行。即使最后关门了，也不会退税[a]	限于当期的销项－当期进项，如果上月有留抵，则继续扣减
当期	规则中对于当期的解读就是纳税期间，如按季度、月份	涉及后面相关的当期都是指这个意思
销售额	不含税销售额的意思	
税率	适用不同对象的税率，并不是以企业、而是以企业从事的应税事项来判断适用	

续表

进项税额	是支付或负担的增值税税额	只有取得扣税凭证才允许抵扣，而不是全部实际支付的税额

注：a.《财政部 国家税务总局关于增值税若干政策的通知》(财税〔2005〕165号）曾提出这样一个处理规则：一般纳税人注销或被取消辅导期一般纳税人资格，转为小规模纳税人时，其存货不作进项税额转出处理，其留抵税额也不予以退税。这也是征管上一种可以借鉴的方式。

(2) 理解一般计税方法的计算逻辑。

我们看到增值税是：应纳税额＝当期销项税额－当期进项税额。

那么问题来了。比如酒店住宿服务的税率是6%，但平时采购的消费物料，税率是17%（货物类），也有一些是13%（如必要生活用品），6%来抵17%、13%，是不是不正常呢？比如100元的收入，80元的采购，按税率与抵扣税率计算的结果可能是负数，这样岂不是国家吃亏了？

其实这样理解就有点想复杂了。试想，作为酒店能天天采购这么多吗？取得利润还需要人工，人工是没有进项的。所以这只是理论上的，而且有一些是能够取得扣税凭证的，有一些是取得不了的，在综合评估之后，预计可能取得的进项，确定了一个6%，这是考虑了增值中有一些是没有进项的比重的，如果认为国家吃亏了，那可以直接定税率为17%了，但是进项不充分时，可能税负就缴到15%的水平了，酒店估计更承受不了了，所以这个理解是过于“担忧”国家大事了。

但是不排除有所谓国家吃亏“倒挂”的现象，即因为销项税率低，进项税率高，而两者又具有相当高的成本比较率，这确实也有没想明白的地方，写文件的同志也无法穷尽每一类的事项，出现问题了，就改吧！比如财税〔2013〕106号文件中有货物运输代理的事项，代理商没有运输工具，但在定税率的时候货代用6%，运输服务的税率是11%，这一笔生意一做，倒挂很严重，结果有的同志说，我们光倒挂了，如何办啊？税也退不回来！有的人就说，转成本，不抵扣了，这纯是自己“想当然”的处理，并没有依据，除非自己不认证抵扣，这没招！但这个问题出来之后，财税〔2016〕36号文件对此进行了修订：没有运输工具的货代用11%的税率，这样就解决了这个税务“老大难”问题。

还有一个问题：上面的销项与进项的抵扣，是否要分业务类型，甚至有人提出来是否要按税率类型，这就有点想多了。对于一个纳税人而言：

一是销项税额是当月全部的销项合计；二是进项税额是当月全部认证抵扣的进项税额合计。

不需要区分业务类型，不需要区分税率“配比原则”，这样理解后，自己是不是轻松多了呢。

(3) 一般计税方法和简易计税方法的共同使用。

上面我们了解到，简易计税方法一般纳税人也是可以用到的，举例如下（见表 3-3）：

表 3-3

一般纳税人简易计税方法举例

当月销项 100 元，进项 200 元，简易 5 元	应纳税额＝100－200＝－100（元），下月留抵简易应纳税额 5 元	缴纳 5 元
当月销项 200 元，进项 100 元，简易 5 元	应纳税额＝200－100＝100（元） 简易应纳税额 5 元	缴纳 105 元
当月销项、进项都是 0，简易为 5 元	应纳税客＝0－0＝0 简易应纳税额 5 元	缴纳 5 元

为什么会出现上面的结果呢？这就是“征收率”的关键所在了，我们可以来看看纳税申报表的逻辑（摘录）（见表 3-4）：

表 3-4

纳税申报表的逻辑（摘录）

项目	栏次
应纳税额	19＝11－18
期末留抵税额	20＝17－18
简易计税办法计算的应纳税额	21
按简易计税办法计算的纳税检查应补缴税额	22
应纳税额减征额	23
应纳税额合计	24＝19＋21－23

我们可以看到，一般计税方法的应纳税额，与下面的简易计税方法是分开的，最后的应纳税额是合计的，如果有留抵，也是不参与汇总计算的。

所以一般纳税人虽是可以两种方法共用，但是却是各自算各自的税款，并不是混在一起来计算当期应纳税款的计算方式。

3. 1. 4 “选择”有利的计税方式

在上面的纳税计算方式中，我们看到，一种是简易的依赖于销售额的计算，一种是使用销项税额减去进项税额的计算方式。理论上两者有一个平衡点的，但现实当中多不是这样简单的，而且选择起来并不那么自由。

3.1.4.1 利用组织架构进行选择

比如有的公司，其组织架构是可以进行调整的，对于是不是要设立独立的分公司、是不是设立子公司，这些都是纳税人自由的商务处理权利。由此增值税的纳税人主体自然是不同的。

化大为小，或者化小为大，这是最常见的选择方式。大不了注销合并之类的调整。

3.1.4.2 选择汇总计算纳税的方式

汇总纳税也是一种有效的计算方式，这有点像“联合体”，虽然是不同的增值税纳税人，但是允许一同计算增值税的销项税额、进项税额，算出应纳税额。这样做的好处是，留抵税额能够充分利用起来。比如下面的案例：

某金融企业总部有集中采购系统，花费2亿元，该系统由所有的分支机构使用，企业内部进行了费用分摊。此时，如果进项税额无法汇总计算增值税，这个进项可能就很难消化，因此汇总纳税自有其及早消化的好处，也有其计算简单、人力优化的好处。

关于汇总纳税的计算方式，当下更多是限于省内的处理；如果涉及全国范围，则需要由财政部、国家税务总局来下文要求，正如之前一些特大型的国有企业全部在北京市计缴营业税一样，当下我们仍需进一步等待政策的明确。总分机构汇总纳税的方式，之前在电信企业得到广泛应用，有的是通过预缴的方式，有的是预缴和年度清算结合的方式，企业需要依照税务机关确定的汇总纳税方式进行计算。

3.1.4.3 一般计税方法和简易计税方法的法定“选择权”

财税〔2016〕36号文件及后续多个财税文件提出了对不同企业、项目等，让企业可以选择简易计税方法的权利，这一是出于进项不足因素的考虑，二是对部分企业特定给予的一种权利，由此纳税人可能多“喜欢”选择简易计算方法，同时客户可能更“喜欢”这些企业开具适用税率的增值税专用发票，即要求其选择一般计税方法才能满足这个条件。营改增的过程中，必然有这样的一些“磨合”，其实未来一定会归于某个平衡点上，客户索要的利益大，供应商的利润自然就得压缩，如果亏本那是做不好品质保障的，因此这一是要看行业的竞争力，二是对彼此利益的较量之后的趋同化。

当然纳税人也可能自己选择一般计税方法，因为利润空间很小，又取得了充分的进项税额，就会放弃简易计税方法，更多的利益出发点来自纳税人的评估。

3.1.5 中国企业海外机构的增值税纳税人身份

首先增值税上绝没有企业所得税上的“实际管理机构”在境内，从而认定境外注册中资企业为中国的增值税纳税人的情形，境内、境外的纳税人完全依照注册的意义来界定。中国企业走出去，一是涉及海外子公司，二是涉及海外分公司，还有一些办事机构，这种情形之下，与通常意义上的境外单位和个人没有什么差异，并不是其属于中国企业的管理就属于增值税的纳税人，而是在境外的就依照境外的税收法规界定其纳什么税。

只有符合发生向境内提供服务等行为产生收入时，中国的企业履行代扣代缴的义务即可，这一点我们需要严格与企业所得税区分开来。

3.2 发票与纳税的关系

发票，特别是增值税专用发票，是增值税的责任核心、供需交易核算核心，也是价值核心，更是征管核心，因此为了更好地理解发票和纳税的关系，我们特此进一步说明如下。

3.2.1 增值税发票有哪些

《国家税务总局关于全面推行增值税发票系统升级版有关问题的公告》（国家税务总局公告2015年第19号）规定：

（一）一般纳税人销售货物、提供应税劳务和应税服务开具增值税专用发票、货物运输业增值税专用发票[1]和增值税普通发票。

（二）小规模纳税人销售货物、提供应税劳务和应税服务开具增值税普通发票。

税务机关为小规模纳税人代开增值税专用发票和货物运输业增值税专用发票，按照《国家税务总局关于印发〈税务机关代开增值税专用发票管理办法（试行）〉的通

[1] 《国家税务总局关于停止使用货物运输业增值税专用发票有关问题的公告》（国家税务总局公告2015年第99号）规定：“一、增值税一般纳税人提供货物运输服务，使用增值税专用发票和增值税普通发票，开具发票时应将起运地、到达地、车种车号以及运输货物信息等内容填写在发票备注栏中，如内容较多可另附清单。二、为避免浪费，方便纳税人发票使用衔接，货运专票最迟可使用至2016年6月30日，7月1日起停止使用。三、铁路运输企业受托代征的印花税款信息，可填写在发票备注栏中。中国铁路总公司及其所属运输企业（含分支机构）提供货物运输服务，可自2015年11月1日起使用增值税专用发票和增值税普通发票，所开具的铁路货票、运费杂费收据可作为发票清单使用。”

知》（国税发〔2004〕153号）和《国家税务总局关于在全国开展营业税改征增值税试点有关征收管理问题的公告》（国家税务总局公告2013年第39号）有关规定执行。

（三）一般纳税人和小规模纳税人从事机动车（旧机动车除外）零售业务开具机动车销售统一发票。

（四）通用定额发票、客运发票和二手车销售统一发票继续使用。

（五）纳税人使用增值税普通发票开具收购发票，系统在发票左上角自动打印“收购”字样。

所以未来主流的发票就是增值税专用发票和增值税普通发票，另外还有一些行业的特殊票据，如机动车销售统一发票等。而之前小规模纳税人使用的增值税通用机打或手工发票，也因增值税系统的升级而被废止，减少这个发票的“名称”，也有利于纳税人减少管理成本，是一件好事。

那么，发票和纳税、索要与取得有什么关系呢？

3.2.2　开具发票与纳税的关系

首先我们必须明确一个原则（这个原则是从《发票管理办法》延伸而来的）：发票只是一个结算凭证。但是后来发展着，就有点“变了性质”，开具发票跟应税义务产生了“联想”并且关联在一起了，因为税务机关是可以以票来查看纳税人的计税情形的，因此这个票就成了一个“工具”。当然，增值税的一个核心是“扣税凭证”的抵税作用，这比支票还管用，因为支票还有空头，这个基本上假的少，所以有利益，必有漏洞或者造假的利益驱动，以致于现在听到虚开增值税专用发票的案子都认为“平常”了，这也是营改增之后大家有意或无意会接触到的。

3.2.2.1　开具发票与纳税义务发生时间

首先我们来看一下财税〔2016〕36号文件规定的纳税义务发生时间的条款。

第四十五条　增值税纳税义务、扣缴义务发生时间为：

（一）纳税人发生应税行为并收讫销售款项或者取得索取销售款项凭据的当天；先开具发票的，为开具发票的当天。

收讫销售款项，是指纳税人销售服务、无形资产、不动产过程中或者完成后收到款项。

取得索取销售款项凭据的当天，是指书面合同确定的付款日期；未签订书面合同或者书面合同未确定付款日期的，为服务、无形资产转让完成的当天或者不动产权属变更的当天。

（二）纳税人提供建筑服务、租赁服务采取预收款方式的，其纳税义务发生时间为收到预收款的当天。

（三）纳税人从事金融商品转让的，为金融商品所有权转移的当天。

（四）纳税人发生本办法第十四条[1]规定情形的，其纳税义务发生时间为服务、无形资产转让完成的当天或者不动产权属变更的当天。

（五）增值税扣缴义务发生时间为纳税人增值税纳税义务发生的当天。

要理解这句话，小编认为要从如下几个方面考虑：

(1) 收款决定了纳税义务的基本原则。

因为有收款，才有钱纳税，这是一个基本的出发点，但这个收款并不是收款行为真实发生。一手交钱一手交付服务，如餐馆，就是直接收款，发生了纳税义务。但是如果吃饭的人欠钱，那对不起，此时是有欠条的应收款权利，也要计税。所以如果企业有坏账，也不能据此得出不纳税的结论。国家不会承担企业之间欠账带来的税款的损失，因为国家财政是控制不住坏账的，尤其是现在这种欠账的情形还挺多见，同志们的信任度及经济的风险度还是非常高的。

如果约定了分期收款，到了约定的日期，如提供技术服务、建筑服务、贷款服务，约定下个月的20日付款，那就按这个日期确定应税义务。客户如果提前还款，纳税人还可以坚持到“约定日期”再确定纳税义务吗？显然不是，给了这个日期就是考虑资金的取得，已经充分考虑了呢！

(2) 看似有收款日期，其实不符合条件的收款确定。

如某纳税人与客户约定的付款条件是“收到开具的发票后10日内付款”，这看似是一个付款条件，其实并不是约定的付款日期，因为开具发票本身就不是一个确定的日期。因此我们有理由推翻这样一个所谓的收款日期的“纳税义务”。

(3) 先开具发票的为开具发票的当天。

先开具发票的为开具发票的当天。这是什么意思？之前对此大家还是理解的，但

---

[1] 第十四条　下列情形视同销售服务、无形资产或者不动产：

（一）单位或者个体工商户向其他单位或者个人无偿提供服务，但用于公益事业或者以社会公众为对象的除外。

（二）单位或者个人向其他单位或者个人无偿转让无形资产或者不动产，但用于公益事业或者以社会公众为对象的除外。

（三）财政部和国家税务总局规定的其他情形。

经过国家税务总局本次就营改增培训之后，大家就有点糊涂了。为何？其实小编认为国家税务总局的解释在执行层面很难落实到位，也不一定能得到有效的应用。

为何有这个规定？说白了就是一方开具了专用发票，另一方进行抵扣，但是如果一方未产生应税义务，未计税，另一方还是可以抵扣的！显然这样国家就亏了，得贴钱给另一方抵扣。

基于此，让开具发票的一方先计算缴税，就是让另一方得到抵扣有财政的保障。但现在按照本次营改增的解读，是先开具发票的，前提是产生了应税义务。这都产生了应税义务，但是比约定的时间早开具了发票？这种理解显然无法满足当下的经济需要。比如家乐福超市销售的预付卡，开具增值税普通发票，不计税？恐怕还不敢据培训做出改变吧！当然这儿可能有一个解释，即开具发票与纳税义务都在一个期间，所以先开具发票，是指一个期间内的先开，这是一个缩小的有利理解的解释，不过显然也是不大通的。

有同志提出，"你这个是一家之言，谁会相信？又不是官方解释"，那我们来看看《中华人民共和国增值税暂行条例释义》当时的解读：

销售货物或者应税劳务时先开具发票的，纳税义务发生时间为开具发票的当天。

增值税实行凭发票抵扣税款制，即纳税人抵扣进项税额以增值税扣税凭证上注明的增值税额为准，购买方在取得增值税扣税凭证后，即便是尚未向销售方支付款项，但却可以凭增值税专用发票去抵扣税款，这时如果再强调销售方的纳税义务发生时间为收讫销售款项或者取得索取销售款项凭据的当天的话，则会造成税款征收上的脱节，即一边（指销售方）还没开始纳税，一边（指购买方）却已经开始将税务机关未征收到的税款进行抵扣。此外，由于普通发票与增值税专用发票均属于商事凭证，征税原则应当保持一致。所以，为了避免此类税款征收脱节现象的发生，维护国家税收利益，同时保证征税原则的一致性，本条第（一）项规定，如果纳税人销售货物或者应税劳务时先开具发票的，纳税义务发生时间为开具发票的当天。

所以，小编认为这是当时的立法本意所在，但是很可惜，当时更多是考虑了增值税专用发票的情形。这儿是说，先开具发票的，不管是专用发票，还是普通发票，都一网打尽了，再解释说不含普通发票？那最好是改一下法规的规定字样，不然在行文法中是无法得到认可的，哪有这么多高水平的人体谅纳税人的利益呢？

(4) 预收款产生的纳税义务。

纳税人提供建筑服务、租赁服务采取预收款方式的，其纳税义务发生时间为收到预收款的当天。这也是一个特例。但是这个预收是不是有一个时点呢？

［案例］ 2016 年 5 月 1 日双方约定提供租赁服务，约定租赁期从 2016 年 12 月 1 日起，但当下对方必须先预付 100 万元，用于出租方去采购设备，此时纳税义务的发生时间如何确定？

分析：2016 年 5 月即应按预收的 100 万元计算缴纳增值税，而不是等到 2016 年 12 月 1 日产生纳税义务后才计算税款，不然这个预收款项的纳税义务条款就没啥用处了。至于 2016 年 12 月 1 日起的纳税义务发生判断标准，用正常的收款条款进行确认即可。

(5) 纳税义务发生时间并不是即时计税。

纳税义务发生时间往往是基于某一天的，但是在这一天就要到税务机关缴税吗？显然不是的，而且每个公司不可能天天结账，这也不现实，所以纳税义务发生时间有了，但是税款的申报缴纳却是在月或季度结束后，一起计算整个期间发生了多少需要纳税的业务，这个一点问题都没有。

3. 2. 2. 2　开具发票与纳税义务的差异理解

有一个观点，必须进行有效的制止，即开具发票纳税论，认为开具发票才有税，这是不对的。我们基于上面的纳税义务发生时间讨论分析如下：

首先，必须有纳税义务发生，此时就要计税、算税与缴税；先开具发票的，一视同仁处理。所以，发生了纳税义务，不管开不开具发票，不影响计税的处理。即有纳税义务，开不开发票不影响，在此之前先开具发票，则直接判断为产生纳税义务。

其次，纳税人发生纳税义务，开具增值税专用发票与增值税普通发票，一点都不影响其纳税义务的判断。这两种发票，也是基于客户的不同需求而开具的，毕竟依照规定，某些条件下，是不可以开具增值税专用发票的，所以只能开具普通发票。但是开具何种发票不要紧，计税的条件及标准并不变，该价税分离、该计税算税，在不开具发票、开具专用发票、开具普通发票三种情形下完全一样。

3. 2. 2. 3　给客户开具何种发票的问题

财税〔2016〕36 号文件规定了一些不得开具增值税专用发票的情形，此时纳税人要不要就全额给对方都开具专用发票？没有必要。如果这个采购属于不得抵扣的事项、属于小规模纳税人采购用不到抵扣等，不给开具专用发票为好，毕竟要减少一些业务的危险性，开具普通发票，没有抵税功能，风险小，违规的可能性也小，对方最多入个成本费用，而且也不用经常跑到税务机关去买专用发票、办增量或增额的申请，就更多了一些事做。

3.2.2.4 税务机关在理解经济交易中发生业务与开具增值税发票的脱节

为何说有脱节？这个问题说大还真大，说小也挺小。关键看税务同志能不能上升一个层级来理解现在经济交易中的市场行为，而不是高高在上的思考方式。

在营业税下，进行申报时，往往是综合申报，不需要填写开具发票的数据并进行核对，最多在领购发票之时，负责的同志看看缴税与开具发票有无差距（见图 3-2）。当我们习惯了这种“正常”的纳税申报方式之后，再来看增值税，恐怕就可能遇到“非正常”的征管方式。

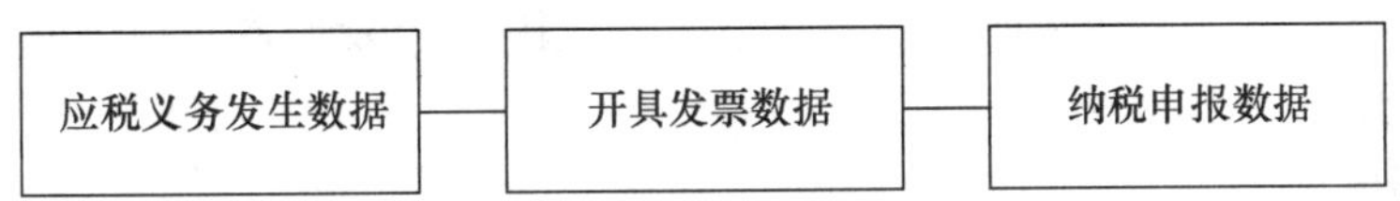

图 3-2 增值税纳税申报数据的协调关系

比如当月的纳税义务发生 100 万元，其中 80 万元开具了增值税发票，当月申报 100 万元收入。这三者的统一是税务机关征管体系中的一种潜规则的要求。

我们再来看看增值税专用发票的管理规则。《国家税务总局关于修订〈增值税专用发票使用规定〉的通知》（国税发〔2006〕156 号）规定：

> 第十一条 专用发票应按下列要求开具：
> （一）项目齐全，与实际交易相符；
> （二）字迹清楚，不得压线、错格；
> （三）发票联和抵扣联加盖财务专用章或者发票专用章；
> （四）按照增值税纳税义务的发生时间开具。
> 对不符合上列要求的专用发票，购买方有权拒收。

这里规定了什么？依增值税纳税义务发生时间开具增值税专用发票（当然这儿没提普通发票的事），那此时，我们理解上面的 100 万元是销售额，80 万元开具发票，20 万元属未开具发票，同时当月申报收入 100 万元，这是理想主义的做法。敢问如果次月开具上月的增值税发票呢？那这个事就复杂了，有的地方搞得很严肃，有的地方搞得挺人性。对这个问题，有的税务同志解释说，增值税专用发票不得跨月开具。

这真的就是子虚乌有了。

有的同志害怕，说我们有一张1元的发票跨期开具了，大事啊，法律责任有多大啊？这个就是发票管理办法中的未按规定开具发票，那就罚点款？当下的法律责任是这样的，没有说刑事责任，有人身的限制的风险。而且这种情形还真挺多的。

有的税务基层的同志就替纳税人想到了一个万全之策，即如果上述案例中，100万元，其中开具发票80万元，20万元是要次月开具，该同志让企业这个月先用普通发票开具出来，发票放在自己手中，下月用红字冲回，再开具正式的增值税专用发票。这不是折腾吗？也没有意义，但是确实有这样的事发生，为了一个发票核对去造假也没有意义。同时如果真的违背了税法的这个规则，也说明这个规则与现实的真事是脱节的，没有为经济而服务，而是要因税而改变经济交易方式，逼着纳税人开具发票给对方，这也是不大合理之处，建议对此条款进行适当修订。至于申报的要求，那不就是个表吗？税都计缴了，就因一个发票滞后开具就要罚款等，确也须与时俱进。

3.2.3 索要发票与纳税的关系

讲完了开具发票的事，再来说说索要发票的事。对采购方来说，索要发票也是一门学问，下面我们考虑几种情形来分析财税〔2016〕36号文件中的条款，同时也结合我们日常应用的实务处理。

3.2.3.1 不得抵扣是否就不能索要专用发票

财税〔2016〕36号文件中规定了一些不得抵扣的情形，有分业务的，如用于免税项目；有分事项的，如餐饮服务不得抵扣，基于此二类，有的税务机关的同志在解释时，认为不得抵扣的事项就不得开具增值税专用发票，这是无依据的，对于开票人、采购要票人都要面对这种情形，到底如何把握呢？且看具体分析（见表3-5）。

表3-5

对“不得抵扣事项”的说明

事项	说明	备注
索要专用发票和索要普通发票对对方有何影响	没有影响，对方纳多少税并不是发票决定的，普通发票与专用发票没有税的影响差异。专用发票与普通发票都可以作为报销的凭据处理	只是因专用发票有额度或数量限制，对方不愿意多跑税务机关申请所以宁愿开具普通发票

续表

事项	说明	备注
不得抵扣事项	并没有任何条款规定不得抵扣的事项，是不能开具专用发票的，这是一种误解。当然有的时候要了专用发票也没有什么用处，就是一个报销凭证，于是按我们的理解就认为不得开具，但开具了，对方抵扣的风险就加大了	有时候是共用的抵扣用途，在做进项税额转出时，必须要取得专用发票先抵扣着，所以能先要就先要，而不是非要去分析能否抵扣，因为有的时候是无法预先知道是否用于不得抵扣的事项
小规模纳税人能否索要专用发票	可以索要，同上，要了也没有用处，抵扣不了，所以聪明的做法是不要，省得折腾	有的营改增单位在营改增前作为小规模纳税人时就索要专用发票，储备用于营改增之后的抵扣，这是行不通的，税务局不认可抵扣处理

3.2.3.2　不同纳税人索要专用发票的权利

基于上述分析，小规模纳税人没必要跟供应商索要专用发票，而一般纳税人，除非非常明确是用于不得抵扣的事项，否则一般要取得专用发票，备用，大不了以后做进项税额转出，至少把抵扣的权利先拿到再说。通常企业会制作抵扣清单，方便采购人员使用。

3.2.3.3　不同供应商提供专用发票的方式

一般适用简易计税方法的小规模纳税人，其专用发票只能向税务机关申请代开，并在代开时就缴纳增值税，此时代开的增值税专用发票抵扣率即是征收率，并不是税率，如3%。缴纳了多少增值税才允许采购方抵扣多少，不能简单地认为增值税专用发票一定是税率。

而选择简易计税方法的一般纳税人，是可以自行开具简易征收率可抵扣的增值税专用发票的（除非特别明确不得开具专用发票），如果选择一般计税方法，则可以自行开具适用税率的增值税专用发票供采购方抵扣。

有的供应商根本提供不了发票，如一些行政事业的收费、社会保险等，不是应税行为发生，不是服务，所以此时若非要拿着财税〔2016〕36号文件去找人家理论，也找不到依据。只有对方有增值税应税义务发生才能开具增值税发票。

3.2.4　销项税额与进项税额抵扣的关系

一方产生销项税额，另一方产生进项税额，这是增值税设计的“平衡”，由此以销定进，国家财政也是平衡的。但是并不是销售方交多少钱，抵扣方才能抵扣多少，我们要从更广阔的角度理解这个原则。

［案例］ A公司是一般纳税人，当月提供服务106万元，销项税额6万元，当月取得进项税额10万元。B公司当月从A公司取得6万元的进项税额，试问能否抵扣。

分析： A公司当月留抵税额＝6－10＝－4（万元），B公司当月的进项税额票据显示6万元，能否抵扣？注意A公司当月没有缴税呢。

其实不必担心，A公司是计量过税的，也可以通俗地讲是“缴”过税的，不然为何进项税额减少6万元呢。故B公司可以大大方方地抵扣，不需要考虑供应商的缴税结果如何！

3.2.4.1 特定情形下没有销项的进项税额

有的同志可能有疑问，没有销项哪有进项呢？这是有的，比如农户销售自产农产品，是免税的，但是财税〔2016〕36号文件提到农产品收购发票是可以按13%计算抵扣进项税额的，不然采购方承受不了，因为对方是免税的，不让另一方抵扣，就得全额计税缴税，所以“虚拟”了一个进项税额。而立法的考虑是农户本身有投资，也采购物资，因此也相当于为国家缴纳了增值税，所以虚拟一个也是可以说得通的，这是一种特殊情形。

此时正因为是虚拟的，所以有的采购单位就真的“编”了，以致虚假严重。现在税务机关采用的征管方式是核定，与销售进行挂钩，这也是被逼着放弃以票抵扣处理的手段，因为利益的驱动下，企业冒险做假，而当下人工管理的手段又无法实施到位。

3.2.4.2 特定情形下不得抵扣的情形

虽然有的时候向供应商支付了货款，相当于纳税人是“花钱”买的进项税额，但是因为对方出了问题，比如对方走逃了，发票“失联”了，此时就延伸过来不允许抵扣了，纳税人可能会感觉到“无辜”。这种情形下，有的供应商因为是新发生的业务，彼此的了解不够，而且对方可能同时送货和发票，防不胜防，是真票，但是业务发生后对方没有影了，此时这种纳税人被动的风险就可能发生，因此找到靠谱的供应商也是纳税人的一种避免虚开的应对手段，而不仅仅是建立在增值税的技术之上。

但是失控票也是可以“重新做人”的，如下的文件大家可以参照一下。

国家税务总局关于失控增值税专用发票处理的批复

（国税函〔2008〕607 号）

深圳市国家税务局：

你局《关于明确增值税失控发票后续处理的请示》（深国税发〔2008〕74 号）收悉，批复如下：

在税务机关按非正常户登记失控增值税专用发票（以下简称失控发票）后，增值税一般纳税人又向税务机关申请防伪税控报税的，其主管税务机关可以通过防伪税控报税子系统的逾期报税功能受理报税。

购买方主管税务机关对认证发现的失控发票，应按照规定移交稽查部门组织协查。属于销售方已申报并缴纳税款的，可由销售方主管税务机关出具书面证明，并通过协查系统回复购买方主管税务机关，该失控发票可作为购买方抵扣增值税进项税额的凭证。

国家税务总局

二〇〇八年六月十九日

抄送：各省、自治区、直辖市和计划单列市国家税务局。

3.2.4.3 供应商免税能否让采购方抵扣

现实当中，我们还发现一些享受免税的单位，比如享受免税待遇的蔬菜批发单位，或者享受免税的技术开发服务公司等，此时由于免税，依照财税〔2016〕36 号文件的规定，适用免征增值税规定的应税行为是不得开具增值税专用发票的。

因为不能开具增值税专用发票，所以另一方自然只能取得增值税普通发票，因为免税是可以开具增值税普通发票的，最多税率写个 0，没有税。但是如果采购方就是看准要求，具有相当大的议价能力，那就没有办法了，供应商只能放弃免税待遇。依照财税〔2016〕36 号文件的规定：

纳税人发生应税行为适用免税、减税规定的，可以放弃免税、减税，依照本办法的规定缴纳增值税。放弃免税、减税后，36 个月内不得再申请免税、减税。

因此如果纳税人放弃免税，要缴税，同时另一方能够抵扣，这是没有问题的，本身也是正常的，不用担心违背国家的相关规定，大胆做吧。只是价格方面双方需再进一步商议。营改增的过程中，多数的软件公司已经因此改变了性质，从免税到应税，发生了很大的变化。所以营改增是真正的链条制，某一个链条发生变动，就可能对原来的生态系列产生变化。

3.3 你的销售额

知道了纳税人、税率/征收率之后，那我们如何计税呢？这就要明确销售额了，即哪些情形下产生的收入要计税。这个也是有相应规则的，注意，不是说收到多少钱，也不是会计上做了多少收入就是销售额。

3.3.1 关于销售额的税法规定

财税〔2016〕36号文件附件1《营业税改征增值税试点实施办法》规定：

第三十七条　销售额，是指纳税人发生应税行为取得的全部价款和价外费用，财政部和国家税务总局另有规定的除外。

价外费用，是指价外收取的各种性质的收费，但不包括以下项目：

（一）代为收取并符合本办法第十条规定的政府性基金或者行政事业性收费[1]。

（二）以委托方名义开具发票代委托方收取的款项。

第三十八条　销售额以人民币计算。

纳税人按照人民币以外的货币结算销售额的，应当折合成人民币计算，折合率可以选择销售额发生的当天或者当月1日的人民币汇率中间价。纳税人应当在事先确定采用何种折合率，确定后12个月内不得变更。

第三十九条　纳税人兼营销售货物、劳务、服务、无形资产或者不动产，适用不同税率或者征收率的，应当分别核算适用不同税率或者征收率的销售额；未分别核算的，从高适用税率。

第四十条　一项销售行为如果既涉及服务又涉及货物，为混合销售。从事货物的生产、批发或者零售的单位和个体工商户的混合销售行为，按照销售货物缴纳增值税；其他单位和个体工商户的混合销售行为，按照销售服务缴纳增值税。

本条所称从事货物的生产、批发或者零售的单位和个体工商户，包括以从事货物的生产、批发或者零售为主，并兼营销售服务的单位和个体工商户在内。

第四十一条　纳税人兼营免税、减税项目的，应当分别核算免税、减税项目的销售额；未分别核算的，不得免税、减税。

---

〔1〕指行政单位收取的同时满足以下条件的政府性基金或者行政事业性收费：1. 由国务院或者财政部批准设立的政府性基金，由国务院或者省级人民政府及其财政、价格主管部门批准设立的行政事业性收费；2. 收取时开具省级以上（含省级）财政部门监（印）制的财政票据；3. 所收款项全额上缴财政。

第四十二条　纳税人发生应税行为，开具增值税专用发票后，发生开票有误或者销售折让、中止、退回等情形的，应当按照国家税务总局的规定开具红字增值税专用发票；未按照规定开具红字增值税专用发票的，不得按照本办法第三十二条和第三十六条的规定扣减销项税额或者销售额。

第四十三条　纳税人发生应税行为，将价款和折扣额在同一张发票上分别注明的，以折扣后的价款为销售额；未在同一张发票上分别注明的，以价款为销售额，不得扣减折扣额。

第四十四条　纳税人发生应税行为价格明显偏低或者偏高且不具有合理商业目的的，或者发生本办法第十四条所列行为而无销售额的，主管税务机关有权按照下列顺序确定销售额：

（一）按照纳税人最近时期销售同类服务、无形资产或者不动产的平均价格确定。

（二）按照其他纳税人最近时期销售同类服务、无形资产或者不动产的平均价格确定。

（三）按照组成计税价格确定。组成计税价格的公式为：

组成计税价格＝成本×（1＋成本利润率）

成本利润率由国家税务总局确定。

不具有合理商业目的，是指以谋取税收利益为主要目的，通过人为安排，减少、免除、推迟缴纳增值税税款，或者增加退还增值税税款。

这个规定的内容其实挺复杂的，为了更深入地分析，我们分为如下几个层级进行说明。

3.3.1.1　对于销售额和价外费用的理解

关于销售额的理解，必须明确如下三个事项：“发生应税行为”＋“取得的”＋“全部价款和价外费用”，这三个因素是必不可少的。

(1)“发生应税行为”，这是基本的前提。如果没有发生应税行为，如收到的政府补助、收到的捐赠等，虽然取得了相应的收入，却不是增值税的应税收入，恰当地讲，只是企业所得税的应税收入，是一种利得，而不是一种收入，并不是经营活动中产生的。

(2)“取得的”，注意这儿并不是取得真正的银行存款和现金。根据上述我们对于纳税义务发生时间的规定，只要是如合同约定应收的就算是“取得的”，而对于没有约定但服务完成时，也视为取得的。所以要准确理解取得，并不是收付实现制，应收制更恰当一些。财税〔2016〕36号文件也规定了一些特例，如银行的表外利息的收入确认，对于超过90天转表外核算的应收利息，是不作为应税收入的，这是应收未收到之时可以不作为应税收入判断的一个突破。

（3）“全部价款和价外费用”，即是销售额。关于价款，这是容易理解的，就是交易的价格，但对于价外费用，就“说来话长”了。财税〔2016〕36号文件对于价外费用的解释如下：

是指价外收取的各种性质的收费，但不包括以下项目：
（一）代为收取并符合本办法第十条规定的政府性基金或者行政事业性收费。
（二）以委托方名义开具发票代委托方收取的款项。

这儿可是一个大大的“陷阱”，即雷锋做好事，有可能多交税。那有的人理解，不就是收费嘛，就是价外收到一些额外的收入吗？绝非这样简单的理解。财税〔2016〕36号文件对于价外费用解释得较少，我们还是引用一下《增值税暂行条例实施细则》的解释：

价外费用，包括价外向购买方收取的手续费、补贴、基金、集资费、返还利润、奖励费、违约金、滞纳金、延期付款利息、赔偿金、代收款项、代垫款项、包装费、包装物租金、储备费、优质费、运输装卸费以及其他各种性质的价外收费。

据此理解，价外收费不仅仅是自己的收入，还有可能包括“代收款项”在内，即挂往来的转付款都有可能并到这个代收主体的增值税销售额当中，其实营业税下也存在，只是增值税下管理的趋势似乎更严格了。例如一些银行收的POS机手续费，对于分给其他行或银联的部分是挂往来的，但对于客户来讲这就是银行收的，因此这个过程当中，一律作为应税收入是符合这个规则的。之前营业税下可能就把差额作收入了，增值税是环环相扣，所以这个问题就出现了，这也是价外费用的“功劳”。

对于特定的可以不并入价外费用的事项，财税〔2016〕36号文件已明确了两种情形：一种是符合条件的政府性基金或行政事业性收费，一种是以委托方名义开具发票代委托方收取的款项。前面这种情形如运输企业收的政府性基金，后面这种情形如银行代收的水电费等，所以这种代收代转的款项，就不需要作为增值税的价外费用，当然企业也并不作为收入核算，只是税收法规上认为属于收入，这个收入的口径是大于会计的，包括了转收转付的情形，所以有时想当然地认为会计上没有做收入，就不属于增值税的收入，那就“错怪”增值税的威力了。

价外费用对于经济性交易的影响恐怕是很深远的，例如一些交易可能因税的影响而无法操作，因为要是敢于操作，那可能赔本多了，关于此因素的特殊列举我们在后面的章节中说明。

关于价外费用的剔除，随着问题的出现，很多诉求估计都会向财税部门提出这样的要求，毕竟这是“多”出来的税，并不是符合经济利益上的税。因此为了防止有问题，而设置的这样一个规则，从小编的理解看，有其保障财政收入的好处，但无疑不大符合一个经济性主体的利益及其税款计量。但不管如何，当下的这个规则仍是需要进行预防。财税〔2016〕36号文件同时提出了如下的几个可以不并入的例外事项：

航空运输企业的销售额，不包括代收的机场建设费和代售其他航空运输企业客票而代收转付的价款。

不过，我们要深刻地理解，所谓价外费用，必须得有价，才有外，没有主体，就没有依附的衣服。比如之前我们多有讨论的违约金问题，如果有业务发生，如电信企业收取的客户晚付款的违约金，那是作为价外费用计入应税收入的，同样也有银行收取的违约金或罚息等，都属于价外费用，应计入销售额，而不管这个价外费用是计入营业外收入还是什么科目。如银行代收的水电费，财税〔2016〕36号文件本身也给出了相应的例外“保护”，但是大家知道，有的时候是没有委托方的发票开具的，难道不认可？比如之前我们有一个规则，即《国家税务总局 中国人民银行关于银行代收费业务使用税务发票有关问题的通知》（国税发〔2007〕108号），现实当中开具发票这得开具多少，不过这个文件早已于2011年1月4日被废止。不过从银行代收的业务来看，银行本身并不跟交水电费的人收手续费，而是跟水电公司，因此就没有价，何来价外费用，故此代收水电费也不成问题，并不属于价外费用。与一个企业的集团财务中心收的子公司的货款一样，本身并没有服务性收入取得付款方，所以此时就是代收款项，并没有与服务的销售额关联，所以也并不属于价外费用。

（1）对价外费用的过渡“消费”。

注意，有时对于价外费用的理解，会让人大跌眼镜，什么情形呢，比如原来营业税下不动产租赁的企业，在出租后收取“押金”，地方税务机关让其缴纳营业税，名叫“价外费用”，企业认为没有道理啊，这又不是我们收取的属于我们所得的收入，只是一个往来款项，但是经过多重请示，认为税务机关做得没有问题，是对的。从这儿来看，增值税下，不是也一样吗，不动产租赁企业的押金，是个大问题了。

所以，我们来看，基于财税〔2016〕36号文件及借鉴《增值税暂行条例实施细则》的列举事项，我们有理由相信，关于价外费用的范围理解将可能是过度消费的！难道与业务发生相关的所有的钱都不属于价外费用吗？这是一个可怕的想象。如上面我们提到的押金，有的同志认为这不是价外费用，只有将来不归还之时，才作为价外费用处理。但是如果人家就将其作为价外费用，试问如何应对呢？恐怕亮不出底牌来一比高下，尽管理由多多，但是税务机关如果真有要求，也是可以说道一二的。

(2) 关于价外费用，不要看走眼。

对于一些以货币做生意的单位，比如小贷公司给客户发放贷款，贷款 100 万元，收利息 10 万元，应税收入做了 10 万元。某同志发现后，说企业的处理不对，100 万元价外费用还没有作应税收入，应该补税。这个就有点“看走眼”了。贷款本金就是钱，借出去后又还回来了，所以还是原来的东西，虽然是钱，但跟税收的收入是两码事，别看到钱就是税，这里钱是商品，跟收入不沾边。

3.3.1.2 外币的折算处理规则

纳税人按照人民币以外的货币结算销售额的，应当折合成人民币计算，折合率可以选择销售额发生的当天或者当月 1 日的人民币汇率中间价。纳税人应当在事先确定采用何种折合率，确定后 12 个月内不得变更。

这一条小编认为重点是对于会计折算的标准与税法的规定是否一致，因为重新计量一次的成本是很高的，所以我们来看看会计上对此的核算规则：依照会计准则的规范，利润表中的收入和费用项目，采用交易发生日的即期汇率折算；也可以采用按照系统合理的方法确定的、与交易发生日即期汇率近似的汇率折算。当然，由于增值税应税收入和会计收入可能不是一个范围，因此如果存在差异，则需要进行调整。通常企业可以按照发生日的即期汇率进行折算，当然也多用汇率中间价进行处理。这一条也满足税法的规则，不需要再做调整处理。

一般的企业还好处理，但是对于一些银行等金融机构，可能采取的是分账制的核算方式，即外币账是独立的，此时银行等平时也不折算为人民币，如何计税处理呢？由于平时不进行发生日汇率的折算，因此可以用当月 1 日的汇率中间价进行统一处理。不过这个以后会有差异，即当时折算的计税收入与未来给客户开具发票结算的汇率可能用的不一样，金额也不一样，这也属正常，因为这本身就是汇兑损益的一部分。

但是我们要知道，外币汇兑损益的调整，并不属于增值税的应税收入与抵减收入，特别是对于金融企业来讲，尽管其属于利润表的收入组成部分，但并不属于增值税的应税收入。

3.3.1.3 兼营的业务处理

财税〔2016〕36 号文件中对于兼营的要求是这样描述的：

第三十九条　纳税人兼营销售货物、劳务、服务、无形资产或者不动产，适用不同税率或者征收率的，应当分别核算适用不同税率或者征收率的销售额；未分别核算的，从高适用税率。

第四十一条　纳税人兼营免税、减税项目的，应当分别核算免税、减税项目的销售额；未分别核算的，不得免税、减税。

同时，在附件2《营业税改征增值税试点有关事项的规定》中进一步解释为：

（一）兼营。

试点纳税人销售货物、加工修理修配劳务、服务、无形资产或者不动产适用不同税率或者征收率的，应当分别核算适用不同税率或者征收率的销售额，未分别核算销售额的，按照以下方法适用税率或者征收率：

1. 兼有不同税率的销售货物、加工修理修配劳务、服务、无形资产或者不动产，从高适用税率。

2. 兼有不同征收率的销售货物、加工修理修配劳务、服务、无形资产或者不动产，从高适用征收率。

3. 兼有不同税率和征收率的销售货物、加工修理修配劳务、服务、无形资产或者不动产，从高适用税率。

兼营是指一个纳税人中，有不同的经营业务事项，有的时候尽管某个业务是跟一个客户发生的，但从区分的角度看是可以分开的，那就是兼营。比如一般纳税人的税务师事务所销售咨询服务，同时又卖了一些书，这就是两项交易行为，而不是一个交易，基于此，书的税率是13%，而咨询服务的税率是6%，所以如果分不清，则需全按13%计税。但是谁能分不清呢？毕竟价格是分开谈的。但如果不分开，一口价，那就是撞“枪口”上了，得从高适用税率。还有比如银行提供贷款服务，同时又卖了一个POS机，这要说分不清，估计就不用做这个工作了。因为分不清自愿去按17%的税率计缴销项税额，就是自己的麻烦了。

对于小规模纳税人，其征收率多是3%，不用多考虑什么分不开，比如卖的废旧物品，提供的咨询服务，征收率都是3%，也有5%的情形，如不动产的租赁等，这个也要分开，而且最好是签订两份合同才好，避免从高计税。

3.3.1.4　混合销售的业务处理

对于这个事项很多人的理解有差异，从小编的经验来看，还是有一些理解的，且看如下两个例子：

一是某集成公司为客户提供服务，货物价格 1 000 万元，技术服务 300 万元，签订两份合同，如何计缴增值税？

二是某建筑安装企业，为客户提供 EPC（工程总承包合同）[1]，其中提供设备、技术服务、建筑安装服务，如何计缴增值税？

基于上面的两个问题，我们再来看财税〔2016〕36 号文件的规定：

第四十条　一项销售行为如果既涉及服务又涉及货物，为混合销售。从事货物的生产、批发或者零售的单位和个体工商户的混合销售行为，按照销售货物缴纳增值税；其他单位和个体工商户的混合销售行为，按照销售服务缴纳增值税。

本条所称从事货物的生产、批发或者零售的单位和个体工商户，包括以从事货物的生产、批发或者零售为主，并兼营销售服务的单位和个体工商户在内。

对此要从如下几个方面进行理解：

(1) 混合销售的特点。

一项销售行为：服务＋货物，为混合销售，那如何计税呢？看谁是“大头”，如果是货物的生产、批发或零售的单位，则虽然服务税率可能是 6%，但必须按货物为主判断适用税率 17%。上面的集成服务企业肯定不满意，我们分别签订了两个合同，我们是兼营，不是混合。这就提出了一个挑战，兼营与混合要先界定清晰，而后再考虑如何判断适用主体的优先为主处理。

不过从集成服务的角度看，确实是一项业务，满足货物＋服务的模式，划为混合销售也不差什么。但是集成企业是不是还可以解释为，我们不是以销售货物为主呢？这也难，毕竟货物收入占的比例很大。

如果是多个服务组成的，则不需要考虑混合销售。不符合这个规定的标准，不需要考虑，走兼营能分开就可以了，切记勿混淆着适用最高税率或征收率。

(2) 历次营改增政策对于混合销售放弃的处理。

2009 年增值税和营业税条例修订之时，对于混合销售明确了一些规则，既然营

---

〔1〕 EPC（Engineering Procurement Construction）是指公司受业主委托，按照合同约定对工程建设项目的设计、采购、施工、试运行等实行全过程或若干阶段的承包。通常公司在总价合同条件下，对所承包工程的质量、安全、费用和进度负责。在 EPC 模式中，Engineering 不仅包括具体的设计工作，而且可能包括整个建设工程内容的总体策划以及整个建设工程实施组织管理的策划和具体工作；Procurement 也不是一般意义上的建筑设备材料采购，而更多的是指专业设备、材料的采购；Construction 应译为“建设”，其内容包括施工、安装、试车、技术培训等。

业税没有了，就不要再拿来说事了，再说也是历史了。

自2012年开始实施的营改增政策，就放弃了“混合销售”的概念与处理规则，但本次财税〔2016〕36号文件重新拾起这个处理规则，实则很有道理，小编是赞同的。只是现在带来的问题是现实的，有的人说我们不并成一块，有的人对于纳税人“什么是以货物销售为主”觉得说不清，这才是我们要解释的地方所在。

历次营改增中用的是“混业经营”的概念，即上面提到的货物和服务可以分开，对于不同事项，混业分开是这样要求的，这次混业经营的概念没有了，而是代之以混合销售，这一合，有道理，如：

餐馆的一盘菜，在客人于餐馆中消费时，认为是属于销售货物还是提供服务？这个从增值税的角度来看，完全是可以争议的，而有的同志必定也有这样的想法，做出利于自己的判断。其实餐馆当中的消费，无论是酒、烟，还是菜或馒头等，都不是货物销售，而是餐饮服务，不然我们的增值税规则根本无法执行。只能这样定规则才有可能定好征纳双方的界线，而不宜过多地考虑制订政策本身的“正义”，但肯定有很多专家为“正义”而“战”，小编并不是很赞同所谓自己的理解是如何的就肯定如何，本身这个就没有规定清晰。

(3) 什么是以货物的生产、批发或者零售为主，这本身就是“打架”的地方。

其实关于混合销售，这就说明，营改增的单位，并不限于四大行业中业务的增值税，而是这个四大行业中的企业，基本上都会面临整个的增值税业务，法规制度跨越1994年至2016年的全部，都可能用上，而不仅仅是几个营改增的法规这样简单。

有的同志说看销售比重，那请问，是看每一笔业务的销售货物的比重，还是一年的，还是一个月的？基本上在传统增值税和营业税下的混合销售就对此分不清，争议多。其实之前还是有一个“像样”的规则的。

《财政部 国家税务总局关于增值税、营业税若干政策规定的通知》（财税字〔1994〕第26号）规定：

（一）根据增值税暂行条例实施细则（以下简称细则）第五条的规定，“以从事货物的生产、批发或零售为主，并兼营非应税劳务的企业、企业性单位及个体经营者”的混合销售行为，应视为销售货物征收增值税。此条规定所说的“以从事货物的生产、批发或零售为主，并兼营应税劳务”，是指纳税人的年货物销售额与非增值税应税劳务营业额的合计数中，年货物销售额超过50%，非增值税应税劳务营业额不到50%。

但“可惜”，这个条款在2009年被废止了。本来好好的规则，为何要废止呢？且不去追究，至少现在说明对于一个纳税人来讲，如果是多业经营，比如居民楼下一个建安小店，既销售装修材料，又作施工（没有大工程的施工许可证，家用的装修业务），那此时如何来界定其“用料＋用工”之时适用混合销售的哪一类呢？通常我们的同志说，人家就是装修的，适用建筑安装服务，但有的人可能会说，这是销售材料在先，加建安服务，所以适用货物销售，这不就麻烦了吗？所以税法的“理想”与实务经常是存在脱节的。之前还有一个规定50%，但是这个50%也是历史数据，谁也无法知道未来一年比例会如何，所以我们看到文件作废也是有其道理的。

但是有的同志又解释了，借鉴所得税之类的法规，看营业执照，第一个肯定是主业，按主业来分是货物销售还是服务销售作为计税规则。这本身就是一个利益之战。按货物税率高，肯定愿意选择建筑安装服务，那此时政策的税率差异漏洞也好，规则也好，纳税人自然是可以选择的，而这种选择又是如此的没有标准，这就是在执行层面“谈”了。

(4) 混合销售和兼营（正常销售）的区分与迷糊。

有的同志说了，兼营与混合销售不是说得挺清楚吗，只要不是一个业务同时发生就可以不是混合。比如建安企业自制的货物，同时提供建筑服务，在旧营业税的“治理”之下，是必须作为销售货物和提供服务两项业务处理的。尽管是一项业务同时发生，这是一个混合销售的“另类”，但是现在还遵照这个规则吗？至少用现在的财税〔2016〕36号文件来判断，是无法得到相同的结论的。但是我们人也是喜欢怀旧的，没有新的，就要用旧的思考，所以有的人还写文章说不动产出资遵照营业税规定是不征的，营改增了就要征，没有依据，马上就被财税部门给驳了。所以怀旧风偶尔可以来一下，但不容易以理服人。

那有的同志说，我们就先签一个销售合同，过半个月再签一个建安服务合同，这样就是两个业务行不行？至少是可以做做的，但也保不齐税务机关就是不认呢，或者按17%缴了税，税率还高呢，人家也不追究非给计算“退税”了，这也能被“接受”。

从当下讲，建筑服务并没有说是外购的、自制的设备，或者材料之类要区分并入的问题，就是混合销售，靠建筑服务，设备、材料一并拉进来，作为建筑服务的销售额确认增值税的税率或征收率。

所以小编写的这个标题，既说明了一个处理规则，同时也说明了不同的人有不同的理解，但所有的理解，小编认为应遵照当下的税收法规，而不是以前的税收法规。

3.3.2 销售额与会计收入额的差异是自然存在的，不必惊讶

最近碰到一个案例，某税务稽查局在检查某企业的涉税问题时，发现企业的增值税申报收入与会计的收入并不相同，由此发现纳税人有大量的少交税情形。那我们的营改增单位可能要疑惑了，是不是必须这两者一致才合规呢？其实不然，这两者的差异是天然就存在的，如下两种认识是错误的：

会计确认了收入，就必然达到了纳税义务发生时间；
会计未确认收入，就必然不需要缴纳税款。

虽然这是税务稽查同志常用的一种手段，但并不代表有差异就存在问题，我们来看看其差异可能表现在哪里。

3.3.2.1 有了会计收入并不代表有增值税的应税收入

我们税务同志往往习惯于，有会计收入，那可不能轻易让其不缴税。殊不知，两个的原则是不同的，虽然我们强调税会差异两条线，但往往还是从会计思维出发来理解税务问题。

估计这个是有争议了，所以国家税务总局就对这种情形发表了一个意见。

《国家税务总局关于增值税纳税义务发生时间有关问题的公告》（国家税务总局公告2011年第40号）规定：

纳税人生产经营活动中采取直接收款方式销售货物，已将货物移送对方并暂估销售收入入账，但既未取得销售款或取得索取销售款凭据也未开具销售发票的，其增值税纳税义务发生时间为取得销售款或取得索取销售款凭据的当天；先开具发票的，为开具发票的当天。

为何会计上做了收入而税收上不做呢？比如一般判断发货是没有问题的，但是客户却要求货物验收后才能同意付款，此时我们就可以依据这个解释来判断什么是“取得索取销售款的凭据”来解释两者的差异。对于服务也是一样，会计上按完工百分比之类的方法确认收入，税法上按照收款时点确认应税收入，存在期间和某一点的体系性差异，因此这两者有差异完全是正常的，因为其确定的规则是不一样的。至于非要让其一样，那基本上就可能存在“假”的问题了，不过我们往往认为对上了就是正常的，说明我们本身就是以“错误”的理解去认识这个问题的。

3.3.2.2 有差异是非常正常的，核心是要做好税会差异的管理

比如视同销售，会计上是没有的，但是税法上必须作为应税收入填写，这也是差异的一种，所以我们就此梳理一下两者之间的差异(见表 3-6)，以利于我们快速地理解差异所在。

表 3-6

会计和税法的处理差异

比较事项	会计	增值税
视同销售	没有	有，增加应税收入
服务中止、退款已开具专用发票的	直接冲减收入	如开具的是专用发票，必须是开具红字专用发票之后才能冲减应税收入
风险确认的判断	会计上在判断收入流入的可能性比较小时是不确认收入的	税上并不认同“坏账”倾向的收入不确认，不管有没有收到款，到了纳税义务点，都必须计算销项税额

所以，这个差异的管理，就非常有必要一对一地产生比较查询功能，如原来收款一次性缴税了，但是会计上分期确认收入，那之后要是不记得之前这笔收入缴税了，再缴一次税，岂不是很“土豪”?

表 3-7 所列情形是必须进行关注调整的。

表 3-7

必须进行关注调整的事项

比较事项	会计	增值税
先开具发票缴税	确认收入时不再缴税	开具发票时一次性计算缴纳
一次性收款，分期摊销收入	后续分期摊销时不再缴税	一次性收款时计算缴纳

续表

比较事项	会计	增值税
开具专用发票之后退款[1]	直接冲减收入，但是如未开具红字专票，不得冲减当期收入	在办理红字专用发票时才能冲减，别忘了冲

3.3.3　销售额的冲减处理

我们都了解，会计和企业所得税上对于折扣、折让或退款的发生处理，基本上遵照了发生年度处理冲减收入的规则，而不是追溯之前年度的处理。其实也没有办法追溯，因为这本身就是当年新发生的，并不是之前年度处理不恰当而产生的问题，自有其道理。那我们来看看增值税对此的要求和处理规则：

第三十二条　纳税人适用一般计税方法计税的，因销售折让、中止或者退回而退还给购买方的增值税额，应当从当期的销项税额中扣减；因销售折让、中止或者退回而收回的增值税额，应当从当期的进项税额中扣减。

第三十六条　纳税人适用简易计税方法计税的，因销售折让、中止或者退回而退还给购买方的销售额，应当从当期销售额中扣减。扣减当期销售额后仍有余额造成多缴的税款，可以从以后的应纳税额中扣减。

第四十二条　纳税人发生应税行为，开具增值税专用发票后，发生开票有误或者销售折让、中止、退回等情形的，应当按照国家税务总局的规定开具红字增值税专用发票；未按照规定开具红字增值税专用发票的，不得按照本办法第三十二条和第三十六条的规定扣减销项税额或者销售额。

第四十三条　纳税人发生应税行为，将价款和折扣额在同一张发票上分别注明的，以折扣后的价款为销售额；未在同一张发票上分别注明的，以价款为销售额，不得扣减折扣额。

3.3.3.1　纳税人处理红字发票冲减收入的规则

看着是很简单的几句话，但里面的说法及暗藏的“陷阱”多多，增值税也是遵照了会计和所得税的处理规则，根本不需考虑之前销售时如何，而且增值税本来就是行

[1]　注意，开具普通发票没有这样的要求，因为这是考虑了对方原来已抵扣，这边又冲了收入未办红字，这边销项小，对方抵扣多，国家的利益明显吃亏了，所以有了这个规定限制条件。

为的事，也没有追溯的理论。即发生折让、中止或者退款时，就从当期销售额中冲减，如果不够的继续转以后处理。

开具红字发票的处理规则见表3-8：

表3-8

开具红字发票的处理规则

事项	处理规则	备注
之前未开具发票的销售额	当期直接冲减销售额	没有时间限制
之前开具过普通发票的销售额	直接开红字普通发票冲减销售额	没有时间限制，也不需要申报程序
之前开具过增值税专用发票	开具红字增值税专用发票才能冲减销售额，不然会计上冲减了，增值税上不认可减少当期的销售额	有的同志认为可以用红字普通发票去开抵原来增值税专用发票，这是不对的，条款中规定得很清晰。 相应的依据是国家税务总局公告2014年第73号[a]

注：a. 国家税务总局公告2014年第73号，即《国家税务总局关于推行增值税发票系统升级版有关问题的公告》。

［**案例**］甲公司（一般纳税人）2013年度销售货物一批，销售价格是100万元，增值税金额是17万元，开具了增值税专用发票。2015年，客户说质量出现了问题，甲公司同意让价20万元，增值税金额是3.4万元，此时我们应如何进行处理？

2013年的会计处理如下：

借：应收账款　117

　贷：主营业务收入　100

　　应交税费——应交增值税（销项税额）　17

2015年发生折让时：

借：应收账款　—23.4

　贷：主营业务收入　—20

　　应交税费——应交增值税（销项税额）　—3.4

注意，如果要能够冲减销项税额，前提是必须有购买方从其主管税务机关取得"红字发票信息表编号"的《信息表》。如若无法取得，则不能冲减销项税额，此时会如何处理呢：

借：应收账款　　　　　　　　　　　　　　　　　　　　　　　　　　　　—20
　贷：主营业务收入　　　　　　　　　　　　　　　　　　　　　　　　　—20

此时相当于这3.4万元销售方是可以不退给购买方的，因为这是税款，是购买方的责任引起的税款的影响金额。如果购买方非不给此3.4万元，则只能自己计入营业外支出来处理。

从上面的案例中我们可以看到，2013年度与2015年度的企业所得税纳税申报均不需要进行纳税调整处理，虽是跨年度的事项，但是销售折让就是这样规定的，发生时就记录在发生时的年度，会计与税法的处理基本是一样的。同样，对于增值税的服务也是一样的逻辑处理。

3.3.3.2　税务机关对于红字发票的审核关注点

通常企业发生冲减收入的情形，往往是直接冲减收入，但是如果存在过去开具过增值税专用发票的情形，而没有当月或永远不能开具出红字增值税专用发票，则不得冲减增值税的应税收入额。尽管会计上、企业所得税上可以大大方方地冲减，增值税却只认开具了红字专用发票才让冲减，这就是形式上的要求。其目的当然是基于让对方办理红字开具的程序并转出原来抵扣的进项，省得对方拿原来的专用发票去多抵，这是考虑的利益出发点。

至于开具红字专用发票是不是必须与原来一样的金额，是没有限制的，可以小额地开具，只要不大于原来开具增值税专用发票的金额即可。

因此税务机关只要看看当期纳税人是不是有存在冲减收入的情形，再确认是不是有开具过专用发票的情形，就能发现此问题，进而确定是否存在税收风险。

3.3.3.3　关于折扣额的规定与实践当中的处理

有这样一句话："纳税人发生应税行为，将价款和折扣额在同一张发票上分别注明的，以折扣后的价款为销售额；未在同一张发票上分别注明的，以价款为销售额，不得扣减折扣额"。有时怎么想也想不明白，主要是已经市场经济了，还搞得像传统计划经济的价格，实属不再适用了，但既然写了，我们还是来分析一下，避免发生马失前蹄的事。

原增值税体系下，国税发〔1993〕154号[1]文件指出，纳税人采取折扣方式销售货

[1] 国税发〔1993〕154号，即《国家税务总局关于印发〈增值税若干具体问题的规定〉的通知》。

物，如果销售额和折扣额在同张发票上分别注明的，可按折扣后的销售额征收增值税；如果将折扣额另开发票，不论其在财务上如何处理，均不得从销售额中减除折扣额。

国税函〔2010〕56号[1]文件指出，《国家税务总局关于印发〈增值税若干具体问题的规定〉的通知》（国税发〔1993〕154号）第二条第（二）项规定："纳税人采取折扣方式销售货物，如果销售额和折扣额在同一张发票上分别注明的，可按折扣后的销售额征收增值税"。纳税人采取折扣方式销售货物，销售额和折扣额在同一张发票上分别注明是指销售额和折扣额在同一张发票上的"金额"栏分别注明的，可按折扣后的销售额征收增值税。未在同一张发票"金额"栏注明折扣额，而仅在发票的"备注"栏注明折扣额的，折扣额不得从销售额中减除。

从上面的规定来看，一直是比较重视这个事的，但我们不得不考虑如下两个事实：

一是，现在是市场经济，有几家企业还在发票上写折扣额？比如京东，一天可能好几个价，有谁听说过因此税务机关检查其不合规开具发票罚款？

二是，事后的折扣，难道就无法得到认可了吗？必须将原来的发票收回，再打一折扣吗？这不是折腾吗？当然至少当下是不认可企业自己单独再开一张红字折扣给客户的，或者自己手写一个证明之类的，可不予认可处理。当然，当下来讲，我们还是有办法的，比如下面的这个规定：

《国家税务总局关于纳税人折扣折让行为开具红字增值税专用发票问题的通知》（国税函（2006）第1279号）规定：

各省、自治区、直辖市和计划单列市国家税务局：

近接部分地区询问，因市场价格下降等原因，纳税人发生的销售折扣或折让行为应如何开具红字增值税专用发票。经研究，明确如下：

纳税人销售货物并向购买方开具增值税专用发票后，由于购货方在一定时期内累计购买货物达到一定数量，或者由于市场价格下降等原因，销货方给予购货方相应的价格优惠或补偿等折扣、折让行为，销货方可按现行《增值税专用发票使用规定》的有关规定开具红字增值税专用发票。

国家税务总局

二〇〇六年十二月二十九日

[1] 国税函〔2010〕56号，即《国家税务总局关于折扣额抵减增值税应税销售额问题通知》。

这个规定也解决了相应后续折扣开具红字增值税专用发票的情形，相当于是给了一个突破的方式，不要抱着一棵树不动，可以跳跃一下，有个适应经济发展的需要。

但是现在可能真出事了，对于国税函〔2006〕1279号文件来讲，有的人认为这种折扣限于文件中所说的“市场价格下降，达到一定数量”，而不包括别的。同时呢，对于因为客户的一些市场活动的支持，要求去套国税发〔2004〕136号[1]文件的规定，不过好在，这个国税发〔2004〕136号文件当时是限于货物，与服务的营改增还离着一段“文字”没有写出的距离，所以可以说不适用，白纸无黑字。即使有的同志可能也引用，比如这个文字里的营业税没有了，要改为增值税了，这可以，但是销售服务相关的返利，至少可以明确地说没有规定，不宜“套”用。

同时我们要看到，关于收不回款的风险，国家是不会承担的，不会因此减少增值税的缴纳（金融机构超过90天的表外利息部分是特别给予豁免的）。那此时纳税人是自己用从其他收入中取得的现金部分来完成计缴税款，这显然是不利的。这种情形之下，其实企业可以考虑放弃权利（明知道收不回了），采用折扣折让的方式，通过抵减本期的收入来达到减少计缴税的目的，因为原来确认收入时已计缴过增值税了，现在相当于是给予了折扣折让，只要对应的发票处理上达到处理规则就可以。同时也真的要放弃收的权利，毕竟纳税人还在想着追款的权利，因此需要充分地结合实际情形来考虑。

3.3.3.4 关于现金折扣是否是应税收入的问题

现金折扣也是现实业务中经常发生的事项，问题是现金折扣在会计上是作为财务费用的冲减或支出处理的，对于这个业务，是不是双方的一个交易呢？即属于贷款服务的内容呢？

在营业税下这个问题就存在，有的税务机关要求纳税人取得发票才让计入财务费用中于所得税前扣除，其实这是不对的，现金折扣本身并不是一个基于服务发生的情形下产生的费用。相当于款项的打折处理。其间并没有以融资借款行为为前提，自然不是服务行为，也不需要开具发票。

那么现金折扣发生时，如供应商原来开具的增值税专用发票是10万元，增值税税额是6 000元，如果对方早付了10天，发生现金折扣1 000元，不给供应方了。此时购买方对1 000元作为冲减财务费用处理，取得专用发票是10.6万元，实际支付额是10.5万元，那0.1万元对应的增值税进项税额能否抵扣呢？

---

[1] 国税发〔2004〕136号，即《国家税务总局关于商业企业向货物供应方收取的部分费用征收流转税问题的通知》。

小编认为，上面的现金折扣的比率通常是基于自已本身的销售额而定的，而不应包括销项税额，因为销售方本身是必须要计算 6 000 元销项税额的，相当于自己的不含税收入会减少 1 000 元。由此也不影响购买方的抵扣。至于有的企业解释说我们就按不含税收入计算现金折扣率，这个是更清晰的表达，更好一些。但是对于现金折扣要不要由供应方开具红字的增值税专用发票，小编认为并没有触发的条件，就是对方不要货款而已，不是降价，不是退货，也不是返利，自然不存在开具红字专用发票或转出进项的要求来。

3.3.4 关于价外费用中延期支付款项利息的营改增理解误区

这个问题呢，其实一直就有，只是我们鲜少考虑到这个。这是为什么呢？我们看如下这个案例：

某公司提供营业税服务，款项分三次支付，总金额是 5 000 万元，第一个月月底付 2 000 万元，第二个月月底付 2 000 万元，第三个月月底付 1 000 万元，但是双方经过协商，这个晚支付不能白晚啊，必须多付“利息”，即第二个月月底付利息 20 万元，第三个月月底付利息 10 万元，与款项一并结算。试问，这个利息，是不是借款利息的性质呢？要计算缴纳单独的营业税呢！又一想，不对，这个利息还是营业税的价外费用，还要计算缴纳一次营业税啊！有点晕了，这相当于是算了两次营业税呢，到底哪个对啊？

这个问题，其实还真是个事。这个晚付款的利息，名字叫“延期付款利息”，通常我们认为，这是占用资金形成的利息。小编认为，这哪有借款呢，没有借的行为呀，这就相当于以利息名义付的款项的组成部分，只是叫利息罢了！但是，现实当中，会计处理上还真当成利息处理了。这如何是好？因为收到的一方作为财务费用冲减了，而支出一方作为财务费用处理了，并不是作为正常的服务收入和服务成本管理（这儿可能也有这样做的：跟着发票的金额走了，因为发票上价外费用是开具在一起的）。这不是更做实了是借款产生的利息吗？此时往往有口难辩。

但是在企业所得税上，小编认为这种延迟付款利息构成服务或资产的成本，不宜认定为属于财务费用，因为本身这就是交易价格的一种形式，就有必要进行税会差异的调整，因为财务费用是一次性处理的，但是如果涉及折旧摊销就有期限的问题，这个问题我们的税务同志可以好好地理解关注一下。

再来看看延期付款利息的意思，这相当于是一种“惩罚性”的付款内容，当然也可以解释为付了款，又拿回来用这样一个曲折的理解，但现实却并不是。之前国家税务总局货劳同志对于营业税释义的说明中是这样描述的：纳税人因为提供应税行为而收取的罚息、滞纳金、延期付款利息，一般是并入提供应税行为的营业额按照其适用税目缴纳营业税，不单独按照“金融保险业”税目缴纳营业税。

这儿是说了一般，那营改增之前的事，我们基本上算是搞定了。当然上面的付款条件中也有的是直接约定，第二期付款 2 010 万元，这相当于直接增加了服务款项，如此就没有上面的这个周折的事了。

现在营改增了，在增值税的体系下，我们如何应用延期付款利息的增值税问题呢，其实历来增值税都有这个问题。即基本上我们都参照上面的营业税的说法，列为价外费用，也没有说增值税下的延期付款利息还要去交营业税的，这是增值税的老做法。现在没有营业税了，那是不是说这是“贷款服务”呢？基本上正常的理解不会这样去思考的，如此还要单独开具增值税发票且不得抵扣了呢？但是作为价外费用是可以很正常地开具增值税专用发票让对方用于抵扣的。所以呢，这一点别想得复杂了让自己走入迷途。

3.3.5 价外费用开具发票中的“另类”问题需要放心对待

关于价外费用的适用内容实在是太多，以至于我们在思考价外费用的时候，不得不考虑两个问题，一是价外费用认定适用税率或征收率的问题，二是价外费用的“陷阱”问题，或许这两个在实践当中具有很高的解决实在问题的能力。

3.3.5.1 关于价外费用适用税率或征收率的问题

这个问题也是非常有代表性的，之前小编也曾为此探讨过，当然也是让客户得到放心，毕竟有时事与税结合在一起的时候，不懂的同志易对自己产生怀疑。我们来看一下下面的这个案例。

某企业从深圳某电视机厂家购买设备一批，对方给开具的增值税专用发票上写有货物 11 700 元一行，其中货物 10 000 元，增值税销项是 1 700 元，同时另有一行是运费 100 元，增值税销项是 17 元，企业收到此增值税专用发票后，认为可能存在技术上的问题：运费的税率是 11%，而这儿开具的是 17%，如何能够抵扣？开具发票不合规吧？想必这个问题是很会让我们多想几次的，心里不放心。

那问题在哪里呢？就在这个价外费用中，这个电视机厂的销售是货物，其找的是第三方的物流运输公司进行运输的，自己并不运输，相当于是自己采购运输，取得 11%的进项税额抵扣，但是随货物销售出来加收用户的运费，如果是同样的价钱，那是吃亏了，可能要多加一点儿才行，因为作为货物的价外费用，其适用的税率是货物的税率，故此这儿虽然写的是运费，但只是个价外费用的包装名称，并不是真正的经营的运输，所以这儿开具的17%的增值税专用发票是没有问题的，可以正常地抵扣处理。

3.3.5.2 价外费用的“陷阱”不得不防的问题

为什么说价外费用是“陷阱”？因为：一方面这是政策规定的属于价外费用的情形之下要并入销售额中计算增值税，其实这个价外费用有的时候并不属于自己所有，只是“过路钱”。另一方面这个价外费用的收取是属于自己决定的事，因为税收法规就在那儿规定着，是不是并入有时全是自己的意愿表达与实施方式。由此我们知道，这个价外费用并不是必须的，也不是必然的，故此我们称之为利益“陷阱”，因为其本身仅仅涉及是不是并入销售额的确定问题。

比如下面我们接触的案例。

［案例］ 某高尔夫企业，营改增之后提供娱乐业服务，适用税率是6%，经过与球具供应商达成合作协议，约定提供服务时一并可以代销其产品，但是约定相应的发票是由供应商直接开具给会员的，款项却是由高尔夫球场代收取转付处理，双方签订的是代理销售协议。如6月份高尔夫球场销售额是500万元（不含税），代销售的器具价格是100万元（不含税），企业申报是按500万元作增值税收入处理的，但主管税务机关认为这100万元代收的款项也属于其销售额，属于价外费用。此时企业该如何理解呢？

分析：从上面的案例看，一下子界定为属于价外费用，也有其依据性。因为这属于代收性质的款项，但是企业却认为是“无辜”的！从税务机关的理解来看，属于价外费用，则相应的税率是用6%套用的，但企业没有匹配的进项，由此一下子少了这么多钱，肯定是不合算的。此时高尔夫球场该如何应对呢？这就要学一学“淘宝”的模式。淘宝网在运营中，从来没有提到说其有代收小店主的款项属于价外费用的问题，当然淘宝网本身也不提供服务，这只是借鉴一下方式。隔离开提供服务和收款主体的问题，比如让这个供应商直接在高尔夫球场这边开一个专门收款的银行账户，收到款项直接打入其账户内，而根据提供推销服务的代理行为，作为经纪代理服务适用增值税6%的处理，此时就单指企业属于自己收入的计税部分了，这没有疑义。有人可能有疑惑了，难道这种形式上的改变就是税法规定的本意？税法的规定是不是有问题呢？这确实是一个需要思考的问题，因为过于形式主义的东西，如果能左右税收法规对于实质的定性和利益差异的话，则只能说明这是“陷阱”，知道的人可以规避，不知道的人只能做贡献了。

但从上面的案例来看，税务机关也可以从另一个角度思考，即认为你们之间是代理销售的行为，高尔夫球场应按销售货物适用17%的增值税，而不管其发票是如何开具的。估计这种想法也可以彼此 PK 一阵子了。这儿只能套用一下老传统下增值税与营业税划分的一个处理规则，即这个代销协议是不是真的销售，如果真的是高尔夫球场先付款采购的话，就不好说清楚了。如果不是，相当于收了钱再给供应商结算，这就是所谓的“代购”行为，即不是销，是服务！之前我们关于代购的规定，估计营改增之后还是可以延续发挥一段功能的，即区分是销售货物或是服务的划分。但是如果是这个高尔规球场在自己开具的发票上写上球具，那更是界定属于销售行为了。

下面我们来列示一下关于代购规定的文件，必要时可以据此思考一下。

《财政部 国家税务总局关于增值税、营业税若干政策规定的通知》(财税〔1994〕26 号）规定：

五、关于代购货物征税问题

代购货物行为，凡同时具备以下条件的，不征收增值税；不同时具备以下条件的，无论会计制度规定如何核算，均征收增值税。

（一）受托方不垫付资金；

（二）销货方将发票开具给委托方，并由受托方将该项发票转交给委托方；

（三）受托方按销售方实际收取的销售额和增值税额（如系代理进口货物则为海关代征的增值税额）与委托方结算货款，并另外收取手续费。

这个规则现在被很多地方税务机关应用到了物业公司代收水电费上，这是增值税常规思维的一个延续，不过也确实有其合理性解释。

所以价外费用的陷阱本身是对于技术的理解与对于经济业务操作的偏差所引用的，有很多的“不宜”需要在事前想明确，比如我们有提及的关联方共同为客户提供服务，出于客户结算便利的需要，往往让集团或主要的业务方一并代收款项的话，那就真是做了好事，但是赔了利益。

3.3.6　销售额不包括销项税额的部分

营改增之后，我们要牢记一个基本原则：除非特别说明含税销售额，在所有的法规行文或语言表达中，都应是不含税销售额的意思。对于营业税的传统纳税人，这可能需要一个适应的过程。

销售额不包括销项税额或税额在内，因为增值税的一般纳税人是叫销项税额，而小规模纳税人就是指应纳税额，这是两个不同身份的纳税人的应用，其实都是税额的本质。但我们一定要知道对于不同的纳税人，其税额的剥离并不一致，需要关注的是适用的税率或征收率的问题。

比如我们看下面的举例(见表3-9)：

表 3-9

销售额不包括销项税额举例说明

价税合计	纳税人身份	税率或征收率	计算销售额
100	小规模纳税人或适用简易计税的一般纳税人	5%	100/1.05=95.24
		3%	100/1.03=97.09
100	一般纳税人	6%	100/1.06=94.34
100	一般纳税人	11%	100/1.11=90.09
100	一般纳税人	13%	100/1.13=97.09
100	一般纳税人	17%	100/1.17=85.47

从上面的例子中我们发现，其实在看剥离税额的时候，要注意看不同的纳税人身份及适用的税率或征收率，而不是以货物、服务等对象来区分如何剥离，其实对于这个只要熟悉一次就会明白。

3.4 你的纳税地点

税算出来了，但是在哪儿纳税呢？有的同志认为很简单，但是有人却遇到了“事”，认为很难协调。那又是什么事呢？恐怕我们不得不沉重地来面对这样一个现实的基于财政利益“考虑”的跨地区问题，谁让中国这么大呢，财政问题是钱的问题，那钱是税收收来的，所以这个问题的爆发点还是在哪儿缴税、哪儿可以收税的问题。

3.4.1 纳税地点的税收政策规定

财税〔2016〕36号文件规定：

第四十六条　增值税纳税地点为：

（一）固定业户应当向其机构所在地或者居住地主管税务机关申报纳税。总机构和分支机构不在同一县（市）的，应当分别向各自所在地的主管税务机关申报纳税；经财政部和国家税务总局或者其授权的财政和税务机关批准，可以由总机构汇总向总机构所在地的主管税务机关申报纳税。

（二）非固定业户应当向应税行为发生地主管税务机关申报纳税；未申报纳税的，

由其机构所在地或者居住地主管税务机关补征税款。

（三）其他个人提供建筑服务，销售或者租赁不动产，转让自然资源使用权，应向建筑服务发生地、不动产所在地、自然资源所在地主管税务机关申报纳税。

（四）扣缴义务人应当向其机构所在地或者居住地主管税务机关申报缴纳扣缴的税款。

要理解纳税地点的问题，承营业税原来的政策，在营改增之后发生了改变，特别是涉及建筑服务、销售不动产的情形，都是向业务发生地、不动产所在地办理缴纳营业税，并开具发票的。但是现在增值税不完全这样了，加入了机构所在地的因素，具体我们将在后面专章说明。

3.4.1.1 总机构和分支机构的纳税地点

上面我们在纳税人章节分析时，提到总机构和分支机构，通常是独立的税务登记证号，因此从增值税的纳税人身份上看，是独立计算、独立计税申报的。彼此不视为一个整体计算，但是如果经过批准汇总纳税，则不需要独立计算，但可能在分支机构要求预缴或者按收入额分摊缴纳增值税的金额，这是财政利益分配的方式，一方面考虑了纳税人整体计算的简便，另一方面平衡了地方利益，所以也是可以接受的一种中间处理方式。

上面说到总机构和分支机构不在同一县（市），其实就算在同一个县（市），如果是不同登记的税务登记证号，通常也是分别计算缴纳增值税的。比如总公司下面又成立一个分公司，在一个楼里办公，一个区里，一个税务所申报，那也是两个纳税人，所以不宜只看跨县（市）。

至于涉及母公司和子公司的情形，则必然是独立的纳税人了，这个是没得说的，除非国家税务总局和财政部特别批准合并纳税，但这种情形还没有明确过。

3.4.1.2 “非固定业户应当向应税行为发生地主管税务机关申报纳税”是何意

大家可能对于什么是非固定业户不是很理解，小编引用一下增值税暂行条例释义中对此的说明。

区分固定业户与非固定业户。销售货物和应税劳务与进口货物的区分很明显，需要注意的是固定业户与非固定业户之间的区分。固定业户与非固定业户是实践中一直沿用的概念，主要是看纳税人的增值税纳税义务状况，是否在主管税务机关登记注册为增值税一般纳税人，不是看纳税人的机构所在地是否经常变化，也不看纳税人是单位还是个人，所以“固定”与否不能作通常含义上的理解。

由于非固定业户通常未向其所在地的主管税务机关登记有关纳税信息，而且纳税义务也不经常发生，不宜像固定业户由其机构所在地的主管税务机关征收增值税的那样规定纳税地点，所以本条规定非固定业户销售货物或者应税劳务的，应当向销售地或者应税劳务发生地的主管税务机关申报纳税，没有向发生地的主管税务机关申报纳税的，则由非固定业户机构所在地或者居住地的主管税务机关补征税款。

所以这条其实是原则性的规定，并没有特指某种可以“突破”的例外情形，作为一个正常的纳税人，基本上还是靠第一款的规定就可以了。

3.4.1.3 自然人特定业务在直接发生地完税即可，无须考虑居住地因素

其他个人提供建筑服务，销售或者租赁不动产，转让自然资源使用权，应向建筑服务发生地、不动产所在地、自然资源所在地主管税务机关申报纳税。想必办理过户的时候，或者代开发票的时候，就被征了，所以这两个环节基本上就保证了纳税人“难逃”的一个权证办理的控制。

3.4.1.4 纳税地点的争议远非想象的那么简单

从纳税地点的规定来看，看似很清楚，但是对于总机构与分支机构的收入界定属于谁，这个事就复杂了。比如我们先来看一个营改增之前营业税最后“绝唱”的文件，它解决了一个争议很大，却让税务机关与企业都认为自己“无比有理”的问题。

《国家税务总局关于融资融券业务营业税问题的公告》（国家税务总局公告2016年第20号）规定：

现将证券公司开展融资融券业务营业税问题明确如下：

证券公司开展的融资融券业务，是指由证券公司与客户签订融资融券合同，以证券公司名义开设专用资金账户和专用证券账户向客户融出资金和证券，并向客户收取融资融券业务收入。证券公司在异地设立的营业部负责接收客户申请、在系统内录入客户资料、协助开户等辅助工作。

按照《中华人民共和国营业税暂行条例》规定，证券公司应作为融资融券业务的营业税纳税人，就其取得的融资融券业务收入向其机构所在地主管税务机关申报缴纳营业税；证券公司在异地设立的营业部并非融资融券业务的营业税纳税人，不应就融资融券业务收入缴纳营业税。

本公告自公布之日起施行。此前已发生未处理的事项，按照本公告的规定执行。

特此公告。

国家税务总局

2016 年 3 月 31 日

我们可以想象，这是一个“将在外军令不可受”，或者是“诸侯割据”之下的政策理解，即属地政策的理解权和解释权是当下我们国家财税政策一个不可忽略的问题，它带来了很多对于政策执行口径不一的“担忧”与企业管理的困惑，也影响到税法的刚性与严肃性（见图 3-3）。

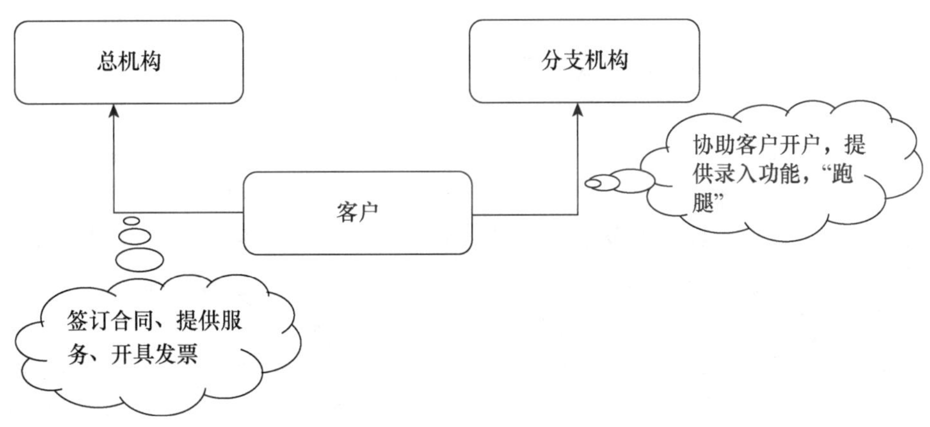

图 3-3　总分机构与客户的经济交易关系

现在出现的问题是：

（1）我们“承认”以机构所在地作为纳税地点，这个是认真负责地执行到位，支持中央政策；

（2）但我们不承认这个收入是属于总机构的收入的界定，因为与客户的业务发生地是在分支机构、干活的也是在当地，总机构只是一个名义上的服务提供方，真正的服务提供方是分支机构的地方，我们要“穿透”，要“实质重于形式”进行判断！此收入属于分支机构的确是真实可靠、有证据可以证明的。

（3）基于上述的意见，我们该如何作想呢？我们要迷惑了，到底收入归属地如何确认呢？这跟企业所得税不一样，分支机构的收入并不属于当地，因为是基于汇总纳税法人整体计算，以当地收入为基数分摊的（当然对于基数的争夺也是有的案例）。而增值税，如果不是省内汇总纳税，这个事产生的矛盾就非常大了。

国家税务总局公告2016年第20号[1]最终出台，显示出总局在整体考虑的基础上给出的意见，这相当于否定了在哪儿发生、客户来自哪里的一个判断想法，是不支持的。其实大家想，这儿明确的是总机构的人做的融资融券业务（资金、金融商品等）归属，并不是分支机构的服务基础，就算当地有几个人跑腿为这些客户提供“倒水”或“填表”服务，那你们也可以从这些人为总机构提供服务的角度发起挑战，而不是一口吃掉整个业务，这个发起的方向不对，认为总分机构之间存在视同销售，这个事不就结了吗？至少可以吃一口，而不是一口吃这个业务。所以基于财政的压力，这种类似的问题也是很奇怪地发生了，你说这个纳税地点是不是个问题呢？

拓展延伸

这个问题应该说现在的争议还是挺多的，比如税务师事务所、会计师事务所、律师在异地发生审计业务，从北京跑到广东做审计业务等，广东的属地税务机关是不是可以据此认为其是非固定业户之类让在当地履行纳税义务呢，即纳税地点在广东，因为业务在当地发生呀。其实这个理解是错误的，除财税〔2016〕36号文件规定的特定情形之外，服务的发生并不代表纳税地点，而是回到北京来计算缴纳增值税。

那有哪些情形可以确定在发生地有纳税义务呢：

跨区（县）提供建筑服务、不动产经营租赁及转让不动产的情形，涉及在异地预缴的问题（自然人除外，全部在异地履行纳税义务），这也是平衡地方财政的一种方式，这种方式是由纳税人的工作来完成的，而不是国家财政再算账进行后续单独核算处理。

之前发生过此类案例，比如有的公司在异地设立的分公司（或老办事处），主要提供当地市场拓展与售后服务的工作，但是并不是独立核算的，所有的费用支出都由总机构负责。某一日，税务机关来访，认为其规模还挺大，人也挺多，应该在当地履行增值税的纳税义务。由此企业也经常担心，向税务机关解释太困难了，毕竟事、人在这儿摆着，但就不在当地纳税，所以此时只能是装“小”可怜来处理了。此时建议合同、收款都由总机构完成，发票自然也是总机构开具，这才可行。原增值税体系下有总分机构移送货物用于销售的规定，也是“争议”了很久才明确

[1] 国家税务总局公告2016年第20号，即《国家税务总局关于融资融券业务营业税问题的公告》。

下来，即明确分支机构不开具发票、不收款，就可以不算分支机构的销售货物收入，有兴趣的同志可以继续查询一下。

还有下面这样的问题，大家可以关注。比如北京某公司提供信息技术服务，购买了一些资产，如放置于内蒙古的工业园中，这些资产是提供信息转化的，相当于电信企业的发射塔一样。但是现在有的税务机关可能就有想法了，公司在北京，发射塔在我们这儿，这不是相当于在我们这儿工作吗？天天机器轰响，还占用我们的资源，不在我们这儿纳税似乎说不过去吧。想想也有道理，为何呢？占地用水用电，就是不在当地纳税，不是让人嫉妒吗？同上面的问题一样，这个公司在内蒙古设立了分公司，但是业务、资产、合同、发票都是由总公司处理的，分公司的同志更多是照顾这些资产，以免被偷了，维护使用，这不是跟上面营业部一样的事吗？于是，我们理解，增值税的规则就是纳税地与业务发生地并不是重合的，也不是一致的，不然中国电信企业这么多信号站不是都要成立公司了，这个税收成本也算不清啊。这就需要税务机关既要考虑规则，还要考虑方法来要求企业在当地有所“贡献”，比如这个无法认定是企业在当地缴纳增值税，那可以让分公司来承接业务，开具发票，同时把资产转移到分公司，可以分摊点所得税，这是正确的套路，而不是去挑战一个让企业难受，产生重复纳税，或者是挑战一个税收法规规定的常规理解，这对于地区的招商引资也不利呢。

所以纳税地点的问题，在增值税规则下，既是纳税人的一种选择权，又是一个税务机关关注的地方。在税法文字层面之外，我们面临的恐怕有“人的感觉”层面的东西，或许会影响到我们对法规的理解，这是我们不希望看到的，也不宜以此来“压”企业“合规”。

3.4.2 经营地与注册地不一产生的现实问题

一个不容忽视的问题是，我们当下很多的公司有迁转的现象，比如有这样的情形，因为跨区迁户，工商是变更了，地税也变更了，但是国税无法变更，后来涉及营改增，地税将营改增户转至本区的国税办理业务，这倒好，一个企业在一个城市，两个国税管理所，一个地税所，这也是营改增过程中出现的因财政利益而产生的问题。

其实我们知道，工商登记变更之后，税务变更亦应进行，同时可以在变更后的地方进行涉税办理，但是由于大家共同存在的问题，转出区域就是不给放走，这样只能“违规”跨区经营了。按理讲，转入的地方税务机关可以跟转出方要的，但既然大家都这么做，就没有必要再要来要去了。

这还算好的，现在还有一些企业，是跨城市的问题。比如大家都知道前海是个好地方，有优惠有补贴，由此我们很多企业就奔这个去注册公司了，但没有人在啊，其实实际经营的地方是在上海或河北等地方。那试问这种情形之下，纳税地是在哪里呢？基本前提是大家都在前海办理税务登记缴税，开具发票什么的，但是办公大楼却是在北京建的，北京当地是不是可以跟这个企业要税呢？这是可以的，因为其经营活动就是在北京啊，首先应进行工商的登记，明确可以进行经营活动，登记之后税务登记要同步，那自然要看收入是不是这样存在的了。

3.5 你的纳税期限

财税〔2016〕36号文件规定：

第四十七条　增值税的纳税期限分别为1日、3日、5日、10日、15日、1个月或者1个季度。纳税人的具体纳税期限，由主管税务机关根据纳税人应纳税额的大小分别核定。以1个季度为纳税期限的规定适用于小规模纳税人、银行、财务公司、信托投资公司、信用社，以及财政部和国家税务总局规定的其他纳税人。不能按照固定期限纳税的，可以按次纳税。

纳税人以1个月或者1个季度为1个纳税期的，自期满之日起15日内申报纳税；以1日、3日、5日、10日或者15日为1个纳税期的，自期满之日起5日内预缴税款，于次月1日起15日内申报纳税并结清上月应纳税款。

扣缴义务人解缴税款的期限，按照前两款规定执行。

要理解这个规定，则需要从以下两个方面来进行考虑：

（1）通常纳税人的纳税期限是1个月一纳，次月15日内进行申报，如有税则进行缴纳。

（2）对于小规模纳税人，则是以1个季度为纳税期限计税，即1个季度缴纳一次申报与缴纳税款，注意这儿可并不需要每个月零申报。如北京市国家税务局对此进行了明确。

问：什么是小规模纳税人按季申报？

答：小规模纳税人按季申报是指增值税小规模纳税人（以下简称小规模纳税人）以1个季度为1个纳税期，并自期满之日起15日内申报缴纳税（费）款。

实行按季申报的小规模纳税人应于每年1月、4月、7月、10月，按规定的申报期限办理上一季度的增值税、消费税和文化事业建设费的纳税申报并结清应纳税（费）款。

如某户小规模纳税人从2016年4月起实行按季申报，则5月和6月申报期，纳税人无须再进行所属期4月和5月的申报，直接在7月申报期内进行第二季度（所属期4—6月）的申报即可。2016年4月份申报期，小规模纳税人仍须申报缴纳所属期为2016年3月份的税（费）款。

（3）对于季度纳税的非小规模纳税人来讲，银行、财务公司、信托投资公司、信用社，以及财政部和国家税务总局规定的其他纳税人，这是明确规定的，至于金融类企业当中的融资租赁公司、证券公司，就没有这个待遇了。

3.6 你的应税范围

知道了如何确定纳税义务人、税率、销售额、纳税期限和纳税地点之后，我们还要知道有一个权利，即并不是所有的收入都属于征税范围，当然也不是说没有得到的利益就不需要纳税，因此这两个口径在理解当中还是有一些困惑待解的。

那下面我们来看看，一个是应税行为判断口径，一个是应税地域口径，这两个是决定中国税务机关是否有权征税的前提。

3.6.1 应税行为判断口径

我们先列示一下财税〔2016〕36号文件的原文：

第九条　应税行为的具体范围，按照本办法所附的《销售服务、无形资产、不动产注释》执行。

第十条　销售服务、无形资产或者不动产，是指有偿提供服务、有偿转让无形资产或者不动产，但属于下列非经营活动的情形除外：

（一）行政单位收取的同时满足以下条件的政府性基金或者行政事业性收费。

1. 由国务院或者财政部批准设立的政府性基金，由国务院或者省级人民政府及其财政、价格主管部门批准设立的行政事业性收费；

2. 收取时开具省级以上（含省级）财政部门监（印）制的财政票据；

3. 所收款项全额上缴财政。

（二）单位或者个体工商户聘用的员工为本单位或者雇主提供取得工资的服务。

（三）单位或者个体工商户为聘用的员工提供服务。

（四）财政部和国家税务总局规定的其他情形。

第十一条　有偿，是指取得货币、货物或者其他经济利益。

《财政部 国家税务总局关于进一步明确全面推开营改增试点有关再保险 不动产租赁和非学历教育等政策的通知》（财税〔2016〕68号）进一步规定：

五、各党派、共青团、工会、妇联、中科协、青联、台联、侨联收取党费、团费、会费，以及政府间国际组织收取会费，属于非经营活动，不征收增值税。

要理解这个规定，我们需要从如下几个方面进行分析。

3.6.1.1　应税服务的范围

首先我们要知道，范围的外延一定存在文字无法究尽的地方，但是我们整体还是要确定一个范围，基于财税〔2016〕36号文件规定的范围，即《销售服务、无形资产、不动产注释》，相应的内容请一并查阅附件。

比如下面几个事项，说起来还是很有价值的：

（1）不动产、无形资产投资，在营业税下，如果是承担投资风险的情形下，是作为征收营业税处理的，但是增值税已放弃了这样一个“优惠空间”。而且税务机关还特别解释了投资也是取得收入的一种表现形式，只要是对此没有特别明确的，则如果是应税对象，就属于应税收入。比如国家税务总局的政策解答中的如下内容：

以不动产、无形资产投资入股是否要征收增值税。

有的地区提出这一问题，我认为主要是基于以下两点：一是增值税条例规定了以货物作为投资应视同销售征收增值税，二是原营业税对不动产和无形资产投资入股不征收营业税。而这次营改增下发的文件中没有明确不动产和无形资产投资入股是否征收增值税。

此次营改增的实施办法中明确规定了销售不动产和无形资产的概念，即有偿转让。有偿的概念包括取得货币、货物和其他经济利益。与增值税条例规定的有偿是一个概念。这个基本规定实际上就解决了以不动产和无形资产投资入股是否征税的问题。投资入股一定有所有权转移，同时取得股权就是取得了经济利益。

下面的问题就是既然要征税，计税依据是什么。很明显，就是其取得的股权价值。任何一个股份制企业的股权价值都是明确的。

关于这个问题大家可能还有一个疑虑。以前对货物投资入股是视同销售征税的。这次为什么不对不动产和无形资产投资入股做同样的安排，以便于比照掌握。这里想告诉大家的是，对增值税税制的认识，需要一个过程。原来的增值税条例形成于1994年，现在来看还是存在一些需要修正的地方。这个问题就是其中之一。老的增值税条例其实对有偿转移货物所有权的“有偿”做出了原则性的表述，包括取得货币、货物和其他经济利益。其实“有偿”的概念已经涵盖了货物投资入股征税的问题，取得股权就是取得了经济利益。既然认识到了这个问题，在这次起草实施办法的过程中，不动产和无形资产投资入股的问题就没有单独明确。

大家也不用过多分析认证，基本知道是这样解释的，最终政策没有明确，那就属于在征收范围之内了。

(2) 股权转让收入。

有趣的是，我们发现，虽然上面将不动产出资列为应税范围，但是对于股权转让，在营业税下是不征收的，在增值税下也没有明确呢！这到底是要征还是不征呢？首先我们知道，股权当然不属于金融商品，未纳入应税的范围描述之内。但有的同志可能要问股权未来形成股票后（上市之后），是否会有限售股一样的营业税的“遭遇”？想必仍是会有的，原来的限售股营业税各地征的也是花样百出，且作为一种主要的收入来源在追征，希望营改增之后不要再停留在属地做主的份上了。

财税〔2016〕36号文件最终确定的营改增的范围是销售服务、无形资产和不动产，与原增值税暂行条例一并合为完整的增值税的规则体系。上面介绍了发生应税行为的范围，那还要有收入，即“有偿”，只有这样才有征税的销售额。上面我们有提到销售额，但对于有偿我们在此进一步明确一下。

(1) 非经营活动的不算应税行为。

财税〔2016〕36号文件规定：

下列非经营活动的情形不属于应税行为：

（一）行政单位收取的同时满足以下条件的政府性基金或者行政事业性收费。

1. 由国务院或者财政部批准设立的政府性基金，由国务院或者省级人民政府及其财政、价格主管部门批准设立的行政事业性收费；

2. 收取时开具省级以上（含省级）财政部门监（印）制的财政票据；

3. 所收款项全额上缴财政。

由于行政单位本身也是纳税人，理论上税务机关也是要检查其是不是有“少”交税的问题的，但是鲜有这样的机会了，包括税务机关本身也是纳税人的身份。但要说税务机关收的税是不是增值税应税收入呢？这肯定不是了，因为税本身也不是一种有偿服务产生的，是国家强制性取得的，理论上是利得的分配了，那是靠不上边的。

那么收取的政府性基金、行政事业性收费，同时开具规定的财政票据，而且收的款还要全额上缴财政，这些是不属于增值税的应税行为的。但是我们也知道，有一些非财政部批准设立的政府性基金，如一些地方收取的价格调节基金，也是人民政府文件下的要求，但是却并不属于财政部批准的事项，国务院已要求进行清理，没有清理掉或结束的，则可以明确是要征增值税的。同时，企业可能还比较“苦”，因为有如下的规定，即《财政部 国家税务总局关于财政性资金、行政事业性收费、政府性基金有关企业所得税政策问题的通知》（财税〔2008〕151号）规定：

二、关于政府性基金和行政事业性收费

（一）企业按照规定缴纳的、由国务院或财政部批准设立的政府性基金以及由国务院和省、自治区、直辖市人民政府及其财政、价格主管部门批准设立的行政事业性收费，准予在计算应纳税所得额时扣除。

企业缴纳的不符合上述审批管理权限设立的基金、收费，不得在计算应纳税所得额时扣除。

单就这一条，税务机关如果要征税，估计也可以发现一大片，当然政府部门收了基金，再不让企业扣除，那就真成“捐赠”了。所以税有税的规则，但不宜让纳税人一个人扛。

(2) 不属于应税行为的其他事项。

财税〔2016〕36号文件还规定了下列不属于增值税经营活动的事项：

（二）单位或者个体工商户聘用的员工为本单位或者雇主提供取得工资的服务。

（三）单位或者个体工商户为聘用的员工提供服务。

（四）财政部和国家税务总局规定的其他情形。

这个规定其实还是很有积极意义的，为何呢？因为说不定很多同志就自己“穿越”到征税国度去了，毕竟是付费了，还是有偿的。这是非常及时有效且成功的一个规定。

员工为单位或雇主提供取得工资的服务，这本身就是工作，是单位的工作，彼此之间是服务，但不是应税服务，这一条也很明确、很清楚。注意这儿明确的是取得工资的服务，而取得工资是多方面体现的，比如员工加班、出差补贴、销售公司服务的提成等，都是一种基于工资薪金层面的服务。

《财政部 国家税务总局关于个人提供非有形商品推销、代理等服务活动取得收入征收营业税和个人所得税有关问题的通知》（财税字〔1997〕103号）有这样的规定：

雇员为本企业提供非有形商品推销、代理等服务活动取得佣金、奖励和劳务费等名目的收入、无论该收入采用何种计取方法和支付方式，均应计入该雇员的当期工资、薪金所得，按照《中华人民共和国个人所得税法》及其实施条例和其他有关规定计算征收个人所得税。

就是说尽管有的员工是为单位打的“零工”，相当于做了工作以外的事，挣的比工作报酬多了一块，但是这仍属于个人所得税的工资薪金。那有的同志说这两个工资的定义是不是不同呢？增值税的工资是不是范围小？小编认为在没有规定之前，就算是工资性的收入，也不宜让个人再算提供增值税服务认定。

但是，如果员工的汽车、房子、商品等租赁或出售给公司，那就算正常的交易了，谁说单位与员工不能做生意呢？比如员工家里开饭店，也可以提供服务的，属于正常的交易。该计税就计税，不能再套用这个条款来说事。

至于为聘用员工提供服务，这个范围可能有点大了。但也要恰当“理解”。比如饭店员工用餐免费、提供住宿免费，这算不算提供服务呢？从目前来看，不宜认定为属于应税行为，相当于“内部交易”，不要算交易，就像企业所得税的法人内部交易一样，不算为彼此之间的收入和成本，增值税这儿的规则，有时也易混淆。比如饭店员工用餐，相当于是服务，但是因发生在单位和员工之间，就不视为应税行为了。不过此时相当于是集体福利，因此相应的进项采购是不得抵扣的，比如发生的水电、物料等成本，但是员工吃饭在饭店，有核算为福利的吗？可能直接就走成本了，因为吃多少谁也不知道，比如可能吃客人余下的也够了，没有成本发生啊，这真不好管到位，估计只能是发现一个算一个了。

我们可以用国家税务总局检查电信企业营改增的相关解读作为我们对本条的理

解，《国家税务总局稽查局关于营改增专项稽查工作的函》提出：“（五）关于向内部人员提供免费通话问题：根据《营业税改征增值税试点实施办法》第九条相关规定，单位为员工提供应税服务，属于非营业活动中提供的应税服务，不应对这部分服务视同销售征收增值税”。

但我们要进一步理解，这儿描述的是适用于服务，并没有销售无形资产、不动产情形，那是正常的交易处理。说到原增值税下，是这样规定不适用于应税劳务的情形的，即“单位或者个体工商户聘用的员工为本单位或者雇主提供加工、修理修配劳务，不包括在内”。这儿也只说了劳务，并没有说货物。如果货物发生了，则要么是外购货物用于福利不得抵扣，要么是自产货物用于福利时的视同销售，两个适用方式判断。如果是员工购买单位的货物，那最多有个折扣价，也属正常的销售行为。当然税务机关是不是可以质疑定价不合理之类的情形，这也保不齐，因此要多考虑别折扣太大，省得有类同的质疑一下子就出来。

关于此处的理解，还要关注一下，到底什么是员工？有的同志可能又提出来了，看劳动合同！其实员工与外部劳务是有区别的，外部劳务本身属于服务，则如何计税正常来，如保险公司的保代人员，并不属于公司的员工，就相当于业务提成的方式。但有的公司还有返聘离退休人员、临时工等，比如饭店，那估计有较多没有劳动合同的情形，不承认其员工身份，按提供服务处理？小编认为应承认事实，员工本身工作与劳务人员是不同的，个人所得税计算方式也不同，只看劳动合同、是否缴纳社保显然是自己缩小了“理解”口径，在企业所得税上，原来有的地方坚持工资薪金的劳动合同举证，现在国家税务总局连劳务派遣工直接发放的钱都算工资薪金了，何苦再坚持增值税的员工呢？

3.6.1.2 对有偿的理解

有偿，这基本上成套路了，就是有偿不仅仅是钱，而且还包括货物或者其他经济利益。那这儿的其他经济利益范围就大了。上面我们提到，不动产投资也是“销售”的一种，也是应税行为，因为满足了“行为＋有偿”的判断条件，即“有偿提供服务、有偿转让无形资产或者不动产”，这就满足纳税计量条件了。至于说计量的公允价值，那可不考虑取得的其他经济利益是不是钱，是不是有纳税必要资金，因为增值税可没有像所得税一样，非货币性出资所得分五年平均计入所得的适用条件。因此对于不动产出资，其应税行为发生了，其增值税就产生了，此时虽没有货币收入，也要拿自己的钱去计税、缴税，而不能说未实现货币变现就不纳税。这个跟国家不承担坏账风险一样，应税行为与钱的取得并不挂钩，只与是不是有偿、是不是应税范围有关。当然还有下面我们要继续聊到的应税地域范围的确定。

3.6.2 应税的地域范围判断口径

平时我们的纳税人都是在境内做生意，可能不大关注这个因素，但是如果涉及境外单位或个人与中国企业发生业务有收入等情形之时，那这个问题就必须要明确清楚了，因为这一是涉及中国的税收主权，二是涉及境外单位或个人的利益，明确清晰是关键，同时也要考虑国家与国家之间的税收主权的协调，三是涉及中国企业“走出去”，在境外发生业务时，或有跨境业务时，如何适用税法的征、免规则判断。

财税〔2016〕36号文件是这样规定的：

第一条 在中华人民共和国境内（以下称境内）销售服务、无形资产或者不动产（以下称应税行为）的单位和个人，为增值税纳税人，应当按照本办法缴纳增值税，不缴纳营业税。

第十二条 在境内销售服务、无形资产或者不动产，是指：

（一）服务（租赁不动产除外）或者无形资产（自然资源使用权除外）的销售方或者购买方在境内；

（二）所销售或者租赁的不动产在境内；

（三）所销售自然资源使用权的自然资源在境内；

（四）财政部和国家税务总局规定的其他情形。

这儿重点解释的是“境内”，在境内销售服务、无形资产或者不动产。如果美国的IBM公司在美国提供技术服务，中国肯定是无法去境外收人家的税的，这是最简单的一个举例。但由于跨境业务，显然这个举例过于理想化了。我们再往下看。

（1）主体提供方属性：即如果这个单位是在中国的，从事了应税的行为：服务（租赁不动产除外）或者无形资产（自然资源使用权除外），计税没得说；

（2）不动产租赁和销售：只要在境内，不管是境内、境外的单位或个人，都属于应税行为范围，因为东西在中国，中国就有对其收入的征税权；

（3）自然资源使用权（此归类于无形资产）在境内，转让收入也属于增值税的应税范围，因为也是在中国境内的东西，中国的税收利益得纳进来。

（4）主体接受方属性：服务（租赁不动产除外）或者无形资产（自然资源使用权除外）的销售方或者购买方在境内。这句话有时让人迷惑，销售方我们明白，为何要明确购买方呢？这个只能说，是我们的税收主权维护的好，本来对方可能没有在中国境内提供服务，但是因为购买方在境内，那对不起，视为你们在中国提供应税行为发生，征税！这也是2009年营业税暂行条例修订以来，我们进一步强化了征税权的范围，延续到现在，我们要习惯于这样理解销售方的纳税义务，通常是代扣代缴的方式（或者是购买方承担“包税”的方式处理）。尽管有“包税”，但是纳税人的身份是不能转移的，承担税费只是一种经济交易关系的利益而已。

在此补充一下，这里的“境内”，并不是中国政治意义上的境内，即对于中国香港、中国台湾、中国澳门三个地方，在税收上是视为“境外”确认应税义务发生的，即这三个地方的单位和个人，我们的税法征税范围是不包括在内的，三个地方是独立定规则，独立有税收管辖权的，通俗地讲是视为“境外单位或个人”身份对待的。

尽管有了上面第（4）项规定的因购买方在境内，但是我们也不能“扩围”太大了，因为有些业务我们是无法把收税权伸到境外去的。因此有必要进行一些“例外”的解释。财税〔2016〕36号文件规定：

第十三条　下列情形不属于在境内销售服务或者无形资产：

（一）境外单位或者个人向境内单位或者个人销售完全在境外发生的服务。

（二）境外单位或者个人向境内单位或者个人销售完全在境外使用的无形资产。

（三）境外单位或者个人向境内单位或者个人出租完全在境外使用的有形动产。

（四）财政部和国家税务总局规定的其他情形。

也就是说，境外的单位或者个人是有例外情形的，而对于境内单位或个人是没有的，因为人是“中国的”，所以应税义务是基于主体归属的，但对于“外人”，就不能太“管”人家。比如中国人到境外旅游，则在境外就餐，这自然是征不到人家增值税的，不然中国的海外游、留学生这么多，还不把人家对方的单位征遍了。故这是行不通的，必须在上面的基本的规则之外明确这些是无法含在内的，这并不是说税收优惠，因为根本征不到人家身上。不过这儿规定了几类：完全在境外发生的服务、完全在境外使用的无形资产、完全在境外使用的有形动产。至于租赁人家境外的不动产，那根本都不在范围之内，为何将服务（不含不动产租赁）和无形资产（不含自然资源使用权）纳入，就是这是无形的更多，如果是在境内发生全部或部分，那没有办法，中国有完全的征税权。不过对于上面的情形，依然有可能存在争议，如中国的企业多有到美国、中国香港上市的，那对方的律师、会计师有提供相应的咨询服务，事是发生在境外，能不能认为属于“完全在境外发生”呢？

例如，上海税务机关对此的解读是这样的：

本条是对不属于在境内销售服务或者无形资产的具体规定，采取排除法明确了不属于在境内提供应税服务的三种情形，具体如下：

（一）境外单位或者个人向境内单位或者个人销售完全在境外发生的服务。

例如：境外单位向境内单位提供完全发生在境外的会展服务。

（二）境外单位或者个人向境内单位或者个人销售完全在境外使用的无形资产。

例如：境外单位向境内单位销售完全在境外使用的专利和非专利技术。

（三）境外单位或者个人向境内单位或者个人出租完全在境外使用的有形动产。

例如：境外单位向境内单位或者个人出租完全在境外使用的小汽车。

对上述三项规定的理解把握三个要点：一是应税行为的销售方为境外单位或者个人；二是境内单位或者个人在境外购买；三是所购买的应税行为的必须完全在境外使用或消费。

小编认为，上海税务机关的解读还是比较靠谱的，比如上面的境外上市的咨询服务，如果这个上市公司在香港有办事处之类的人员，则采购的咨询服务是在境外发生的。但是多数情形之下，对方收款开具收据对应的是境内的企业，由此就不属于完全在境外发生，因为服务的交付“穿越”了中国的“空间”，所以，不认为属于例外情形。而如上海税务机关的举例，完全在境外的会展服务，因为人是到境外去的，在境外花的钱买的服务，相当于在境外喝杯咖啡一样，这是满足条件的。同时我们也不宜直接认为境内付汇就是不满足例外的条件，因为付汇与否只是结算的行为，并不代表是不是在境外采购境外的服务的判断。

但我们同时要把眼光放在原增值税的应税劳务上来。

《增值税暂行条例》规定：

在中华人民共和国境内（以下简称境内）销售货物或者提供加工、修理修配劳务，是指：

（一）销售货物的起运地或者所在地在境内；

（二）提供的应税劳务发生在境内。

这儿说到劳务，说的是什么？应税劳务的发生在境内，可并没有说购买方在境内就算达到“境内”的判断，所以这就是老规则下未考虑特别像现在这样的方式，而我们应该用不同的方式来处理劳务的增值税代扣代缴问题。即如果我们有一个物品坏了，发到境外维修，是在境外发生的劳务，那付汇时根本不用考虑代扣代缴，因为判断条件只有发生地的标准。

3.6.3 增值税并不考虑境外注册居民企业的身份认定

《国家税务总局关于境外注册中资控股企业依据实际管理机构标准认定为居民企业有关问题的通知》（国税发〔2009〕82号）规定了依照程序办理境外注册，但实际管理机构在中国境内，从而依照《企业所得税法》认定为属于中国企业所得税的居民企业的认定。这是突破的地域范围，认定为中国的居民企业了，就跟在中国境内成立的企业一个身份了。但这只是企业所得税的认定，增值税上却并没有居民企业的概念与认定程序之类，对于境外的单位，即使境外注册的中资控股企业认定为居民企业了，仍属于增值税上的境外单位，这就是看形式主义，并不看“实质重于形式”或者是看核心的穿透处理，这一点应引起不同税种间协调的关注。

3.7 本章小结

这一章重点介绍了增值税的基本因素，包括身份认定、税率或征收率、销售额确认、计税方法、纳税义务发生时间、纳税地点、纳税期限、征税地域范围的确认等问题。这是理解营改增的“基本功”，也是基本装备，如果不了解这些，直接奔绝招而去，那也是皮毛。增值税本身看似就几个条款，但是增值税本身的风险在于征管中各种问题的处理，没有成文的规定，所以我们碰到的问题，更多是摸索前行。

对于其中内容的探讨，部分是第三只眼自己的理解，或者经过案例之后的总结，希望经过我们的专业加实践的积累，能够继续在下面的章节中给您带来更有价值与更精彩的内容。这也是小编的“看家本领”。

GREAT ERA OF TAX REFORM FOR REPLACING BUSINESS TAX WITH VALUE-ADDED TAX

第 4 章

营改增的商业价值

小编历来重视学习营改增对于商业价值的影响，其实可以说，营改增其实并不是简单的计税方式的改变，而是一次对商业模式的重新塑造及利益平衡的再次梳理、习惯。这是因为当增值税从交易价格当中剥离出来，交易的收入、成本发生了改变，同时营改增也改变了营业税下一些不正规的操作实践，重新修订了一些计量规则，由此对某些业务的做与不做都带来了绝对的影响。所以我们还是需要好好地来看一下营改增的商业价值的理论与应用。

4.1　营改增商业价值的改变

从营业税到增值税，因为价税分离，并且基于此，无论是利润和税负、交易模式、内控管理以及组织架构、商务合同等，都产生了一系列的联动，这一章，我们就来告诉大家小编的理解。

营业税、增值税商业影响分析见表 4-1。

表 4-1

营业税、增值税商业影响分析

税项	基本的商业影响	进一步的分析
营业税	依附于应税营业额计税，交易中的价格是含税价格。基于销售与采购，交易价格的发票开具只具有报销、税前扣除的功能	没有绝对值和时间性的价值，只有是或否的价值
增值税	基于纳税人身份不同，商业价值亦有差异；基于取得专用发票与否、抵扣与否、何时认证抵扣等，对利润表、现金流带来影响；基于税负变化，供应商与自身是否有转嫁税负成本的选择与商务改变	区分销项端、进项端及商务的环节分别进行分析

所以我们可以看到，营业税下的商业规则是单一的，但是增值税下的商业规则是多纬度空间的，彼此之间融入链条及商务的“较量”与“牵制”，这是基于价值取舍本身的形式表现，所以增值税是这样一个看似只是税制改革，但实质是经济改革的大问题。因此应对营改增，如果认为只是财税部门的职责，那基本上就会成为“食物链”中“吃亏”的一环。看看下面的价值分析，或许会给我们的负责人带来改变思考的影响。

4.2　因为抵扣产生的价值计量改变

相较于纳税人销售端，无论是否开具发票，或是开具普通发票也好、专用发票也好，并不影响计税的规则。但是对于一些纳税义务发生时点的主观确定影响、纳税人身份与架构的调整、是否汇总纳税、经营业务适用范围的对应“调节”、关联交易的处理等，却是非常有趣的选择空间。

下面我们先来看看进项税额抵扣情况下，有哪些打开脑洞的思路，值得我们好好去理解，并应用到实践当中。

4.2.1　增值税专用发票抵扣与否与企业所得税成本费用转化有无限制

首先我们知道，增值税专用发票，首先是一张发票，发票是报销之用与税前扣除成本费用得到认可的前提，同时它又如同一张支票，可以去抵减自己销售收入产生的销项税额。这两者之间的界限如何确定呢？即会不会因纳税人一不留神，抵扣没有得到税前扣除又不认可的情形呢？即税务机关有没有同志认为，增值税专用发票的进项是用于抵扣，不是用于企业所得税税前扣除的？所以如果自己故意或无意造成应抵扣未抵扣的事项发生，那就不得在企业所得税税前扣除。

其实可能有很多人这样理解过或要这样理解，这个逻辑是不存在的，抵扣与扣除，两者并不矛盾，主要是基于如下两个原因：

(1) 不得抵扣的事项，或不得抵扣后续又符合抵扣条件的事项。

这种情形，应是指增值税与企业所得税之间转换的事，我们可能自己也怀疑自己，这不是太自由了吗？增值税是这样规定的，那企业所得税是不是支持我们可以这样做呢？其实并不是自由的，看看企业所得税的相关规定就知道了。

《企业所得税法》规定：

第八条　企业实际发生的与取得收入有关的、合理的支出，包括成本、费用、税金、损失和其他支出，准予在计算应纳税所得额时扣除。

《企业所得税法实施条例》规定：

第三十一条　企业所得税法第八条所称税金，是指企业发生的除企业所得税和允许抵扣的增值税以外的各项税金及其附加。

在这儿我们继续引用《企业所得税法实施条例》的释义的解释，以进一步理解表示的意思：

增值税是以商品在流转过程中的增值额作为计税依据的一种商品税，它的主要特征就是税不重征，能避免重复征税，而且增值税能够通过一定的方式，转嫁给购买方，是一种价外税，实际上并非由企业所负担，根据企业所得税税前扣除中的实际发生和负担原则，这部分支出的所谓增值税税金，是不允许税前列支扣除的。对于企业未实际抵扣，由企业最终负担的增值税税款，按规定允许计入资产的成本，在当期或以后期间扣除。如我国实现的生产型增值税，企业购置固定资产所发生的增值税税款，由于不允许抵扣增值税进项税款，成为企业实际发生的支出，按规定计入购置固定资产的成本，在当期或者以后期间通过固定资产的折旧得到扣除。所以，根据本条的规定，在我国目前的税收体系中，允许税前扣除的税收种类主要有消费税、营业税、资源税和城市维护建设税、教育费附加，以及房产税、车船税、耕地占用税、城镇土地使用税、车辆购置税、印花税等。

这儿解释了两个事，一是销售额产生的价外税，由于以不含税价格体现为收入，所以自然不允许税前再扣除，而企业所得税也认可不含税价格体现的收入。要解释的是，从2009年1月1日起我们的《增值税暂行条例》及其实施细则修订之后，已放弃生产型增值税，转变为消费型增值税，即购置固定资产支付的增值税允许抵扣。这是释义中当时一种不允许抵扣的表达意思。但是我们也知道，对于增值税什么是“不允许抵扣”，那情形可多了，因此我们需要充分地理解。如果能抵扣，哪个纳税人愿意放弃呢?

我们知道，税金可不仅仅在“营业税金及附加”中归集，而是分散于不同的科目当中，这里解释的“允许抵扣的增值税”是不得税前扣除的，但是允许抵扣可不是简单的几个字，包含的情形很多。“允许抵扣”的情形见表4-2。

表4-2

“允许抵扣”的情形

情形	是否税前扣除的描述	备注
直接属于不得抵扣事项	直接记入相应的成本费用科目，再合计考虑是否属税前扣除标准的限制	价税全部计入成本费用
事后用于不得抵扣事项转出的进项税额	同上	同上
未取得可以抵扣的凭证	同上	同上
认证之后忘记抵扣，或超过认证期等未抵扣	纳税主观原因，理解上也是属于不得抵扣，是行为发生之后引起的不得抵扣。存在税务机关认为是“允许抵扣”，但纳税人没有抵扣，那是纳税人的事，不得允许其在企业所得税前扣除	可能有争议，但我们认为不宜两个税种都限制纳税人，减少文字式的理解税法

所以从上面的分析来看，增值税并不是简单的就是价外税这样清晰，而是在有的时候发生“抵扣”与“成本费用”的转化或变更，因此需要恰当地理解增值税是价外税的意思。

不过在现实当中，有的企业还有如下的情形：

(1) 被“强制”要求缴纳的增值税。

比如有个案的情形，因税务机关可能存在考核的原因，对长期低税负或没税的增值税纳税人，要求其缴纳一定税额的税款，如2015年12月强制要求缴纳2 000

元增值税，那企业没有收入，也没有销项扣除进项得出，如何做账啊，故只能自己掏腰包交税了。

会计处理：

借：营业外支出　　2 000
　贷：银行存款　　2 000

这就算为国家做“贡献”了。那这 2 000 元企业所得税前能否扣除呢？非要从所得税主管部门的回复来看，扣除倒显得是不对了。因为是没有理由的税金交付啊。但是不让扣除，企业不是惨了吗？于是，我们理解，这种事情，只能是先扣除着，有问题再说，持这种观点的人估计也不在少数。不过我们也要注意到一些地方收取的价格调节基金，并没有国家批准，税务机关自然可以认为不让扣除，但我们不宜这般“简单化”处理了之。

(2) 利润表中看似列支的情形。

某银行变卖固定资产，适用简易计税方式，变卖了 103 元，计算出增值税是 2 元 (103/1.03×2%=2)，企业进行如下的会计处理：

借：现金　　103
　贷：营业外收入　　103
借：营业外支出　　2
　贷：应交税费——应交增值税　　2

那此时有的人士说，这 2 元是增值税，不得税前扣除。我们看一下这个处理：其实企业的营业外收入处理是不对的，只是相当于“虚列”一个支出，实际是营业外收入的抵减功能而已，并不是真的列支了增值税。所以此时就默认结果是对的，就认可了才是。

还有一种纳税人，在收到收入款项时，先全额价税合计记入收入项下，在月底一并计提销项税额（一般纳税人）或应交增值税（小规模纳税人），此时的情形与上面相近，绝对不是税前扣除的简单的认定，从而产生不让人家剥离出来的认识。

整体来讲，如果属于不得抵扣的事项，那是可以税前扣除的，只是不一定是在企业所得税的税金项下列示。上述企业所得税的相关描述只是一种窄口径的解释，但同时也提供了因为各种原因没有得到抵扣的一种支持。不过有的企业也确实是有问题的，可能也有得到税务机关某些人士的“认可”。如营改增之后国内货运代理，其适用税率是 6%，但同时取得的运输费用的进项税率是 11%，那必须是“倒挂”，以致留抵越来越多，国家也不会给退税，自然是难受，看似不交增值税，但也没有经济价值。以此，有的企业或人士提出，这种情形之下可以将留抵进项税额转入“成本”中去，以小编的理解，这种情形才不让税前扣除呢！所以有的同志非要跟小编探讨此问题，并引用专家的意见，有时专家并不一定就是“光明大道”，而多“了”只会折磨自己：为什么自己不这样理解呢？应该说税收政策的理解是多样的，可以参考，千万别当成大道理去宣传，一个地方可以做的事，并不代表是正确的，也不代表是对的。略作一点个人看法的表述，不代表对具体人员，包括小编的书也是一样，不代表就是绝对没有问题的，但是代表了小编的一种判断思考。

4.2.2 抵扣如何产生了价值并节约了现金

当下我们在微信圈看到 N 多的企业宣传秀，要求我们的采购人员要专用发票，说明了专用发票抵扣的重要性及把这作为营改增应对的大事来做。但是诸位大侠可能没有好好解释，为啥要增值税专用发票就好了，抵扣了又如何对纳税人有好处了，而对于小规模纳税人又如何要专用发票呢，小编认为还是要说得清楚，大家才能“主动”去要增值税专用发票，如果再能够给点价值创造的奖罚机制、评估机制，也不妨一试呢。

4.2.2.1 小规模纳税人不要掺和了

上面我们已提到，小规模纳税人是按简易征收率计税的。那问题来了，这个征收率只跟收入，即销售额相关，跟进项抵不抵扣不相关，而且也不让抵扣。所以作为小规模纳税人来讲，还去要那个专用发票，跟普通发票一样，也只不过是一个报销凭证而已，不代表有何价值。而且可能人家开具发票方还跟你要一般纳税人资质呢，所以想要也不是那么简单的。

4.2.2.2 一般纳税人必须要考虑增值税专用发票抵扣的问题

［案例］ 若某纳税人当月不含税销售额是 15 000 元，假设税率是 6%，当月采购物品总价格是 11 700 元，其中不含税价格是 10 000 元（11 700/1.17=10 000 元），税额是 1 700 元，则我们在分析其能够抵扣和不能抵扣两种情况下，对于公司净利润及现金的影响如何？

表 4-3 为利润表：区分得到抵扣和未得到抵扣的情形。

表 4-3

利润表

事项	未取得专用发票（a）	取得专用发票（b）	差额（a－b）
收入	15 000	15 000	0
成本费用	11 700	10 000	1 700
利润	3 300	5 000	－1 700
所得税（25%）	3 300×25%＝825	5 000×25%＝1 250	－425
税后利润	3 300×75%＝2 475	5 000×75%＝3 750	－1 275

表 4-4 为资产负债表：区分得到抵扣和未得到抵扣的情形。

表 4-4

资产负债表

事项	未取得专用发票	取得专用发票	差额（a－b）
应交税费	825＋15 000×6%＝1 725	1 250＋15 000×6%－1 700＝450	1 275
未分配利润	2 475	3 750	－1 275
合计	3 300＋15 000×6%＝4 200	3 300＋15 000×6%＝4 200	0

分析：我们可以看到，利润表中的成本费用是有差异的，差异的金额是1 700，那另一个扣 10 000 的 1 700 在哪儿呢？是记在了“应交税费”的借方，相当于“预缴”了国家税款，有抵税功能。

从上面的比较结果来看，尽管未抵扣 1 700 在税前得到扣除，有抵减企业所得税少缴的情形，但是对于净利润的影响是 1 700 的 75%减少了，即 1 275 元是减少的净利润，这就是 1 700 在抵扣和未抵扣之时对于公司利润表贡献的影响。这个利润最终就是直接影响现金减少，因为税款是与现金对接的，此时国家收税只要货币支付。

但是这就完结了吗？还不够，我们还要进一步分析增值税抵扣的价值。大家可以发现，上面的 1 700 只是抵扣的增值税，我们还有抵扣后减少的附加税费，假设合计是增值税的 12%，因为抵扣将少计的附加税费是：1 700×12%＝204，同样对于净利润的影响是：204×75%＝153。综合上述的合计是：153＋1 275＝1 428，即可抵扣税金的 84%即为对净利润的利益。

4. 2. 2. 3　面临不同身份供应商时的采购比价的问题

其实这是个“伪”命题，为何这样说呢？因为根据小编的经验，我们单位也是营改增了，但很少有说让选择三个供应商进行比价，买到好东西，买到有业务关系的单位，多是第一选择。当然对小企业来讲更多是这样。但是对于有招标要求的大型企业来讲，采购的数量金额大，就有必要进行选择比价了。

如果要求的供应单位都是一般纳税人，基本上只要考虑哪个价格低就好，但是如果面临着小规模纳税人与一般纳税人时，要如何办呢？

［案例］ 一般纳税人供应价格是 100，提供增值税专用发票，则不含税价格是：100/1.17＝85.47，增值税额是 14.53，由此：

成本是 85.47，因为 14.53 增值税是进项税额，可以抵 12％（假设是城建 7％、教育费附加 3％、地方教育附加 2％），即 14.53×12％＝1.74，这也减少了利润表中的附加税费的支出。

综上，85.47－1.74＝83.73，即这是最终的一个成本费用的列支，此时如果小规模纳税人供应价格在无法提供专用发票的时候，其价格在 83.73 以下就是可以的，这是理论上的经济平衡点。

当然，如果说这个供应商就是独一份，而且每年在银行存款数亿元，人家不给专用发票，我们还是要高兴地去说，你们的筹划做得真好，要好好跟你们学习！

对于不同的情形，小编总结如下（见表 4-5）：

表 4-5

不同抵扣率的价格优惠临界点

一般纳税人抵扣率	小规模纳税人抵扣率	价格优惠临界点（含税）
17％	3％	86.55％
	0	83.73％
13％	3％	90.05％
	0	87.12％
11％	3％	91.90％
	0	88.90％
6％	3％	96.82％
	0	93.66％
11％	5％	93.91％
	0	88.90％

即一般纳税人开具17%税率的扣税凭证，小规模纳税人只能开具普通发票时，则小规模纳税人供应价格（总价）在一般纳税人供应价格（总价）的83.73%时，即对于利润表结果是一样的，如果再低就更有利了。表4-6说明了利润表的比较情形。

表4-6

利润表的比较情形

利润表项目	17%	0%
收入	1 000	1 000
税金	60－100/1.17×17%×12%＝58.26	60
成本费用	100/1.17＝85.47	83.73
利润总额	856.27	856.27

之前有一位企业的负责人告诉我们的咨询师，这个供应商同时又是我们企业的大客户，对方就是不给开具增值税专用发票，那我们也不能因营改增的比价因素给人“废”了，还要综合考虑业务的影响，这是站得高看的利益，而不仅仅是我辈们考虑税的因素重于泰山的思考逻辑。还有的小规模纳税人，如果要开具增值税专用发票，自己不能开具，必须到税务机关代开，因为小，人家还不相信自己开具的安全性，怕跑了，由此为了200元再去税务机关跑一次，打车费都50元，岂不是更亏本了，所以此时就宁可降价吧！这就是说，比价是比价，商业的因素是很复杂的，关键一点是有生意做、有钱挣，至于能不能挣得多一点，就看天时地利人和了。

4.2.2.4　增值税抵扣的时间性价值

什么是时间价值？想必银行界的同志是了解的，钱在自己腰包中，不如贷出去挣钱。税也是一样，宁可晚些时间缴税，存在银行也多些利息啊，而且有时做得不好，真是缴不起税啊。

表4-7是增值税扣税凭证抵扣的抵扣时限要求（有的是无要求的）。

表4-7

增值税扣税凭证抵扣的抵扣时限要求

扣税凭证	认证期限要求	申报期限
增值税专用发票、货物运输业增值税专用发票、机动车销售统一发票（税控）	开具之日起180日内	次月申报期内申报

续表

扣税凭证	认证期限要求	申报期限
海关进口增值税专用缴款书[a]（这儿要注意是谁取得的专用缴款书[b]）	自开具之日起 180 天内向主管税务机关报送《海关完税凭证抵扣清单》（电子数据），申请稽核比对，逾期未申请的其进项税额不予抵扣	开具之日起 180 日后的第一个纳税申报期结束以前
农产品收购发票或者销售发票、税收缴款凭证[c]	没有具体要求	通常认为次月申报期内申报
2016 年 5 月 1 日至 7 月 31 日，一般纳税人支付的道路、桥、闸通行费[d]	没有具体要求	同上

注：a.《国家税务总局 海关总署关于实行海关进口增值税专用缴款书“先比对后抵扣”管理办法有关问题的公告》（国家税务总局 海关总署公告 2013 年第 31 号）规定：“一、自 2013 年 7 月 1 日起，增值税一般纳税人（以下简称纳税人）进口货物取得的属于增值税扣税范围的海关缴款书，需经税务机关稽核比对相符后，其增值税额方能作为进项税额在销项税额中抵扣。二、纳税人进口货物取得的属于增值税扣税范围的海关缴款书，应按照《国家税务总局关于调整增值税扣税凭证抵扣期限有关问题的通知》（国税函〔2009〕617 号）规定，自开具之日起 180 天内向主管税务机关报送《海关完税凭证抵扣清单》（电子数据），申请稽核比对，逾期未申请的其进项税额不予抵扣。三、税务机关通过稽核系统将纳税人申请稽核的海关缴款书数据，按日与进口增值税入库数据进行稽核比对，每个月为一个稽核期。海关缴款书开具当月申请稽核的，稽核期为申请稽核的当月、次月及第三个月。海关缴款书开具次月申请稽核的，稽核期为申请稽核的当月及次月。海关缴款书开具次月以后申请稽核的，稽核期为申请稽核的当月”。在此之前，“先比对、后抵扣”在河北省、河南省、广东省和深圳市实施过试点，现在是全国予以推广。

b.《国家税务总局关于印发〈增值税问题解答（之一）〉的通知》（国税函发〔1995〕288 号）规定：“三、问：代理进口货物应如何征税？

答：代理进口货物的行为，属于增值税条例所称的代购货物行为，应按增值税代购货物的征税规定执行。但鉴于代理进口货物的海关完税凭证有的开具给委托方，有的开具给受托方的特殊性，对代理进口货物，以海关开具的完税凭证上的纳税人为增值税纳税人。即对报关进口货物，凡是海关的完税凭证开具给委托方的，对代理方不征增值税；凡是海关的完税凭证开具给代理方的，对代理方应按规定增收增值税”。

《国家税务总局关于加强进口环节增值税专用缴款书抵扣税款管理的通知》（国税发〔1996〕32 号）规定：“一、对海关代征进口环节增值税开据的增值税专用缴款书上标明有两个单位名称，即，既有代理进口单位名称，又有委托进口单位名称的，只准予其中取得专用缴款书原件的一个单位抵扣税款。

二、申报抵扣税款的委托进口单位，必须提供相应的海关代征增值税专用缴款书原件、委托代理合同及付款凭证，否则，不予抵扣进项税款”。

c. 关于税收缴款凭证，现实当中应存在两种形式，一种是去税务机关办理代扣代缴备案手续时，取得的税务机关代开的缴款凭证，还有一种是税务机关不给开具了，直接从银行自动划款，银行的回单上自动列示出缴款书的编号，此时也可以作为抵扣凭证，当然如果不放心，还是尽量从税务机关开具一张最保险。

d. 财税〔2016〕47 号规定：

“收费公路通行费抵扣及征收政策

（一）2016 年 5 月 1 日至 7 月 31 日，一般纳税人支付的道路、桥、闸通行费，暂凭取得的通行费发票（不含财政票据，下同）上注明的收费金额按照下列公式计算可抵扣的进项税额：

$$\text{高速公路通行费可抵扣进项税额}=\text{高速公路通行费发票上注明的金额}\div(1+3\%)\times3\%$$

$$\begin{matrix}\text{一级公路、二级公路、桥、}\\\text{闸通行费可抵扣进项税额}\end{matrix}=\begin{matrix}\text{一级公路、二级公路、桥、}\\\text{闸通行费发票上注明的金额}\end{matrix}\div(1+5\%)\times5\%$$

通行费，是指有关单位依法或者依规设立并收取的过路、过桥和过闸费用”。

《国家税务总局关于全面推开营业税改征增值税试点有关税收征收管理事项的公告》（国家税务总局公告 2016 年第 23 号）规定：门票、过路（过桥）费发票、定额发票、客运发票和二手车销售统一发票继续使用。所以这儿的发票，目前来看主要是地税的，并不是国税的，8 月份相关政策进行了延续。

那我们就知道了，扣税凭证的抵扣，有的是有时间限制期限的，有的没有。如纳税人抵扣增值税专用发票，在开具发票日期的 180 日内，只要进行了认证（部分企业已无认证环节）并在次月抵扣就可以，并不要求企业在入账当月或者是在取得当月进行处理，因此这是一个自由选择的期间，财务人员可以掌握抵扣还是不抵扣、何时抵扣的处理。

［案例］ 某企业在销项、进项的处理上，可以有如下两种结果（见表 4-8、表 4-9）：

表 4-8

某企业销项、进项处理（一）

项目	一月	二月	三月	四月	合计
销项税额	25	25	25	25	100
进项税额	10	10	10	50	80
应纳或留抵	15	15	15	—25	20

表 4-9

某企业销项、进项处理（二）

项目	一月	二月	三月	四月	合计
销项税额	25	25	25	25	100
进项税额	25	25	25	5	80
应纳或留抵	0	0	0	20	20

从上面的表格中我们可以发现，尽管合计的结果是一样的，但是增值税的区间操作是不一样的，即月份中的进项税额分布是不同的，由此对现金流产生影响是必须的。表 4-8 中腰包中的钱要掏出去 45，表 4-9 中腰包中的钱要掏出去 20，这就是时间价值所在。不过这儿也需要进一步考虑附加税费的影响，这儿也有时间性的影响因素。

不过一不留神，可能时间性价值就变成永久性价值损失了，即有时间期限要求的，至少大家期待已久的放开 180 天的问题，现在还保留着这个规定，一旦这个天数过了，基本上再正常申请就难了，除非依照国家税务总局公告 2011 年第 50 号[1]的规定才可以再次申请，但其难度可想而知，程序、证明很难一下子靠上，有时候企业只有“瞎编”才能够满足相应的条件。

4.3 供应商涨价的商务谈判应对

前段时间搞得挺热闹的上海酒店因营改增涨价的事，一时让我们的税务部门很着急，因为总理都讲了税负“只减不增”，但是你们还涨价，这不是不配合国家的税制改革吗？所以包括上海税务局、国家税务总局的信息渠道也对此费心不少，好好解释、苦苦相劝不要借营改增涨价，而且真不是营改增惹的“祸”。那我们再看看当时

［1］ 国家税务总局公告 2011 年第 50 号，即《国家税务总局关于逾期增值税扣税凭证抵扣问题的公告》。

税务部门的解释。

近期，《第一财经日报》等媒体反映，“五一”假期期间，凯悦、洲际、万豪、希尔顿等国际酒店集团纷纷以营改增为名进行“五一涨价”，引起舆论广泛关注。据称，上海希尔顿酒店员工还举例说明涨价的理由是营改增，涨价的幅度是原房价的6.9%。就此问题，记者走访了财政部税政司、国家税务总局货物和劳务税司，两司负责人回答了记者有关提问。

一、营改增后是不是意味着对酒店业在原征收营业税的基础上增加征收了一道增值税？

答：全面推开营业税改征增值税，就是由征收营业税改为征收增值税，而不是在原征收营业税的基础上再征收一道增值税。也就是说，酒店业的纳税人，在今年“五一”之前缴纳的是营业税，从今年“五一”之后，将不再缴纳营业税，改为缴纳增值税。

增值税与营业税的计算方式不同：营业税直接依据销售额乘以税率计算应纳税额；而增值税按销售额乘以税率计算出销项税额后，还要扣减成本费用中的进项税额，才是最终的应纳税额。并且，增值税的计税销售额为不含税销售额，而营业税的计税销售额为含税销售额。

二、与原先缴纳营业税相比，酒店业改为缴纳增值税后，税收负担是增加了还是减少了？

答：我们作一个简单的比较。酒店业征收营业税时，纳税人无论其经营规模大小，都应以其取得的全部收入（销售额），包括房费、服务费等，按照5%的税率计算缴纳营业税。改征增值税后，酒店业的纳税人可以分为两类：

第一类，年销售额在500万元以下的酒店，将其归为增值税小规模纳税人。按政策规定，这部分纳税人适用简易计税方法依照3%的征收率计算缴纳增值税（即：销售额×3%），与原先5%的营业税税率相比，其税收负担直接下降约40%。

第二类，年销售额在500万元以上的酒店，将其归为增值税一般纳税人。这部分纳税人适用6%的增值税税率，增值税是价外征收而营业税是价内征收的，因此，6%的增值税税率按营业税口径返算，相当于5.66%的营业税税负水平。也就是说，营改增后酒店业增值税一般纳税人，即使没有任何进项税可以抵扣，税负最多也只比营业税制度下增加0.66个百分点。而改革后，酒店的材料采购、设备采购、服务采购、不动产购置和租赁、办公支出等都可以获得进项抵扣，总体上看，纳税人的税收负担一般都有不同程度的下降。

例如，某酒店为增值税一般纳税人，当月销售收入（含税）106万元，同期采购设备、材料等成本支出11.7万元，取得增值税专用发票上注明的进项税额为1.7万元。在营业税制度下，纳税人当期应缴纳的营业税为：106×5%=5.3万元；在增值税制度下，纳税人当期应缴纳的增值税为：106÷(1+6%)×6%-1.7=4.3万元。同样的收入水平，改革后增值税相比较营业税少负担税款1万元。

三、5月1日全面实施营改增试点在即，如何确保酒店业税负只减不增？

答：在营改增制度设计过程中，已充分考虑了酒店业特点，只要把政策不折不扣落实好，一般来说，酒店企业税负水平将会出现不同程度的下降。但由于酒店业业态多样，包括住宿、餐饮、理发、健身、休闲等多种服务，政策适用、税收征管比较复杂，财税部门将重点对其进行纳税培训和政策辅导，税务部门将在增值税发票的领取、开具以及进项发票的取得等方面，做好纳税服务工作，帮助企业尽快适应增值税制度。

企业也要做好充分准备，在规范经营活动特别是财务核算上及时调整，以迅速适应税制转换。同时，酒店业采购的进项种类也较多，既有服务又有货物，货物中还包括设备、房屋、农产品等，企业应当加强采购环节的管理，充分取得进项发票，实现税负合理降低。

上面的解释，大家可以看明白了，什么是营改增，营业税改征增值税，现在对方要在原来的价格基础上直接加上增值税，这倒挺像“价外税”的，但是这个价并不是原来的价，而是增值税的不含税价，这就是供应商“偷梁换柱”了！上面的内容中也做了解释，但是我们可以再进一步关注一下如下两个口径：

(1) 若酒店就是涨价6%。

原来是价格100元，现在加价6元，是106元，同时开具增值税专用发票，购买方抵6元，入成本费用还是100元，这倒跟营业税下是一样的，基于成本扣除，这跟营改增没有什么区别，而且抵扣的6元，花出去，回来还能抵减附加税费，又得到了一块利益。从这个角度说，如果是购买方自己想这个事，那营改增之后人家涨价，自己没有吃亏，还得了点便宜。

但如果这样想，就真有些活雷锋的感觉了，注意，不要考虑自己，要考虑对方的税负变化，正如我们官方渠道解释的那样考虑。

(2) 对方涨价前后的利益空间。

对方原来的价格是100元，营业税是5元，余95元；如果营改增之后，销项税额是：100/1.06×6%=5.66元，相较之前差：5.66-5=0.66元，则我们再来看，酒店的进项税额不能一分钱没有吧，平均下来如果有0.66也不亏啊，与之前是一样的结余利润。就算进项一分钱都没有，那酒店最多可以涨0.66元啊，所以从对方的角度来看是不是涨价的可行性分析，才是一个计量的方式。

其实市场经济，酒店该涨价就涨吧，但不好的是拿“营改增”来说事，这可是政府的税制改革，由此混淆了是非，不是怪政府的行为了吗？那是误导视听了，必须纠正，所以我们后续也看到有关部门也去约谈了。所以我们酒店财务同志啊，也多注意一下表达涨价的方式，不要一下子让营改增为企业担责，就不能换个别的理由吗？用这个，最后没有涨成，还落了个不是，岂不是不好？

4.4 自己对外的涨价空间如何

聊完了对应供应商的涨价商务对接，那自己作为想涨价的主体，是不是也可以思量一下呢？其实市场经济本身一定是趋于正常的，不管能不能涨价，那是企业的主观行为，但最后要考虑的是客户的接受程度，市场趋于一个新的平衡出现，这才是根本。所以营改增的过程中，只能说可以涨，但必须考虑同行的竞争手段，以及企业在行业中的影响力。如果只是一个随大流走的企业，那最好是不要涨了，本身还是考虑生存，同时以静制动为好。

4.5 营改增对于商业模式的影响

有的同志可能质疑，为何营改增还能够影响商业模式？这话说得太大了，我们的老板不懂税，生意做得很大啊，而且人家有时候还“买”点发票什么的，不是也是精英一族吗？很潇洒的！这儿“买”发票这事就不提了，撞枪口上的话估计财富都可能做贡献了，更有牢狱之灾。且来看看对于商业模式有哪些影响。

4.5.1 对于经营链条的影响

首先我们知道，增值税是链条税，比如有的企业采用的是图4-1所示的经营方式：

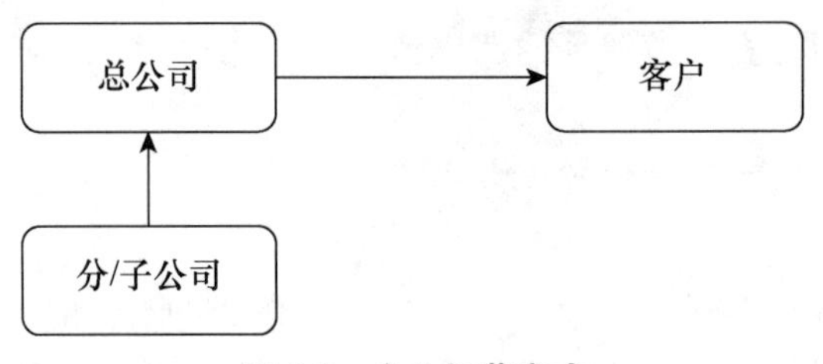

图 4-1　企业经营方式

图 4-1 的交易模式是，所有的业务都由总公司接单签合同，所谓对外一个接口，所有的收入都放在总公司，这样做的目的是什么呢？或许是为了总公司的收入口径，或者是总公司为了把溢价充分放在自己的账上，而只是让分/子公司挣点劳动力的钱，这也是一种常用的商业模式。

这种商业模式必有其存在的理由，但是增值税后，我们就要注意，内部交易的部分要注意销抵的平衡，省得一方计了销项税额，另一方没有及时入进项税额，从而带来当期利益的外流，这就不大好了。因此对于集团型的公司，在内部对账系统中可以加入销项发票抵扣与进项税额抵扣的对比，发现出现差异的，必须对进项提出考核，这是一个硬性的工具，值得我们去有效推广集团内的增值税利益管理。

如果遇到上述情形之时，分/子公司在某些情形之下，是可以先开具发票给总公司抵扣的，因为啥？只要后续有业务发生就行了，而是虚开增值税专用发票，而是为了充分利用进项利益的平衡。

如果存在内部交易链条过多，则我们还不如采用与客户直接对接的方式：

这种方式是直接式的（见图 4-2），直接有效率地面对客户，单独结算、开具发票、业务交付、收款等，这比较符合增值税的传统思路，每个机构都是一个纳税人，集团内没有彼此的关联交易。注意此时有如下的风险必须要关注、再关注：

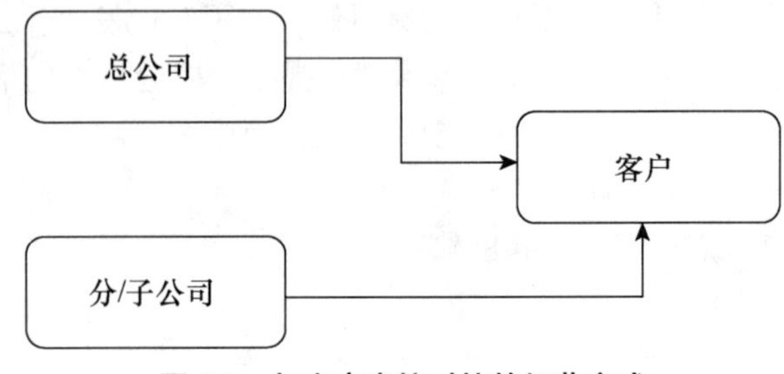

图 4-2　与客户直接对接的经营方式

（1）资金。切忌，总公司为了管钱，将分/子公司的业务钱一块收进来，这就不好了，可能落入“价外费用”的“陷阱”，不行就分/子公司收进来，再转过去吧。此时哪怕解释为是“内部银行”，也不一定灵，那只是内部的叫法，别人很难认可的。

（2）合同。此时可以由总公司与客户签订一个集团服务合同，但列明是由各个服务主体与对方发生业务，总公司只是发挥一个法人主体签合同有效的身份，这并不违背合同主体不一样的情形，因此我们不用担心有人说的必须“四流一致”之类的警示用语。

（3）货物、劳务或服务。在具体实施过程中，有的货物销售是无法在集团内随便调度的，但是服务可不一样，比如总公司签的合同，实施的项目收入、开具发票，但是实际服务并不是总公司做的，而是直接让分公司或子公司的人来项目服务的，此时理解上是服务外包，但是往往有的企业就装“糊涂”了，反正别人也难以知道，做了就做了吧。此时如果分/子公司税务机关的同志发现，是可以明确要求其补税的，而不是视其为一家人，“清官不去判家务事”，可以判的。

（4）客户的接受程度。有的客户就是牛，人家才不理与一帮“小朋友”的公司结算这么多呢，就跟总公司要发票、结算，小不点不理，这也没有办法，只能采用上面的交易模式来处理。现实当中有的集团公司没有招，虽然集团公司没有业务发生，但为了牛客户，相当于“皮包公司”，做业务全外包给分公司或子公司做，中间就是“走票”，这其实不用害怕，不是虚开，因为业务本身就是真实的，只是买进来服务再直接卖出去而已，虽然现场施工工作的人员是分/子公司的，并不代表总公司开发票结算计税不对。

这就是增值税的链条问题，要把这个链条打通，才能够促进各个环节的流通。而过去营业税才不理这一套呢。所以小编认为增值税能够充分发现各个主体的纳税义务的履行情形，是基于客户倒逼产生的税务合规的升级。

4.5.2 增值税的销售是不是必然带来工商经营范围的变更

小编在现实当中经常遇到类似的问题，特别是本次营改增过程中涉及的物业公司代收水电费的事，这个“矛盾”就更突出了。其实这个事营改增之前就存在，只是代理服务的物业公司本身还没有“趟”进这个水中。而之前已有企业因此被税务机关就分摊水电费作“转售”水电补增值税税款的案例发生，而其应对的结果说起来也是很惨的，根据曾经接触的案例，各级税务机关评估下来认为不缴的可能性是非常渺茫的！

至少现在的物业公司还在迷茫地等着营改增新政策的“宽容”理解，给个差额吧！给了这么多也不差我们了，但是大家知道，由于水电公司本身也是增值税纳税人，给这个差额好像有点说不过去，因为并不是取不到增值税专用发票抵扣啊。某些税务机关的宣传是，取得抵扣，转售作销项。还有的借用历史上的“代购”概念，认为只要物业公司将水电公司开具给客户的发票转手给客户，只收手续费的，那就不属于转售！这个理论的前提是水电公司要能够给物业公司的众多客户开具发票才行。这有点难了吧，让水电公司配合国家营改增税制改革，是不是还要买许多电表、水表等，这该由谁买单呢？说到钱了才是根本！所以这个事，不是这么轻易说句话就能解决的。

4.5.2.1 物业公司转售水电的案例理解

我们以物业公司为例，来考虑其转售水电带来的系列营改增的问题。这种情形需要考虑主体的增值税纳税人身份来确定，即分一般纳税人和小规模纳税人两种情形。我们以100元为采购价格来评估各链条的业务处理方式。

（1）小规模纳税人（见表4-10）。

表4-10

物业公司转售水电的情形分析（一）

事项	采购价格	分摊价格	征收率	应纳增值税	备注
自来水	100	100	3%	3	一分钱没有挣，“赔”了3元钱
电	100	100	3%	3	同上

表中“应纳增值税”其实是用100元作为销售价格算出来的，之前有保险公司在宣传资料中认为计入成本费用多少就是多少销售额，小编不大认同，此处宜用100/1.03×3%来计算，而不是用取得水电公司的增值税票据上的不含税价格来套用，总价的角度是合适的。一般纳税人也有这个问题。这个小规模纳税人就晕了，我们一分钱没有挣，还让我们倒贴3元钱给国家交税，这不对啊！没有啥不对，当下只能这样。如果下家是一般纳税人，此时物业公司是可以去税务机关代开增值税专用发票的，征收率是3%，相当于103元价税合计收费，收入100元，3元让下家抵扣，人家相当于也没有浪费3元，因为付了又抵了回来，利益上没有亏着。不过此时，上一链条100元中的增值税可能是多于3元的，如电，17%的税率，增值税额是14.53元，但因为小规模的物业公司中间切入了一下，则这个抵扣利益就没有了。

但是如果下一家是小规模纳税人，这3元就真消化不了了！这才是让我们找不到解决方案的地方。除非下家自己想招单独安装电表。

(2) 一般纳税人。

首先一般纳税人如果取得水电公司的增值税专用发票，是可以抵扣的，因此先要保障取得增值税专用发票，不然就比小规模纳税人还惨！假设不含税价格是100元，征收率或税率依表4-11中的比率。

表4-11

物业公司转售水电的情形分析（二）

事项	采购价格	征收率或税率	销售价格	税率	进项税额(a)	销项税额(b)	应纳税额(a－b)
自来水	100	3%[a]	100	13%	3	13	10
自来水	100	13%[b]	100	13%	13	13	0
电	100	100	100	17%	17	17	0

注：a.《财政部 国家税务总局关于部分货物适用增值税低税率和简易办法征收增值税政策的通知》（财税〔2009〕9号）规定：对属于一般纳税人的自来水公司销售自来水按简易办法依照6%征收率征收增值税，不得抵扣其购进自来水取得增值税扣税凭证上注明的增值税税款。（自2014年7月1日起，依财税〔2014〕57号文件征收率由6%改为3%）。

b. 依照《增值税暂行条例》的规定，自来水的适用税率是13%。

从表4-11的分析来看，如果自来水公司选择的是简易征收率3%计算增值税的情形，此时物业公司取得的只能是3%的抵扣，而自己由于不是自来水公司，这个待遇税务机关基本不予认可，所以只能“认真”地执行13%的税率。试想哪个物业公司愿意因税多缴纳10元的增值税？而且还有附加税费的部分？

(3) 为什么营业税下物业公司相安无事呢？

这是因为营业税下是有非常明确的政策支持，这就是财税〔2003〕16号[1]文件的规定：

从事物业管理的单位，以与物业管理有关的全部收入减去代业主支付的水、电、燃气以及代承租者支付的水、电、燃气、房屋租金的价款后的余额为营业额。

原来物业公司是可以开具地税发票的，直接用转支付的款项差额计算营业税的营业额，没有增值税下因征收率抵扣的差的利益问题。所以如果要破解上述问题，只有用差额的方式延续，才会出现让物业公司“满意”的“历史传统”，但还是要看推动的力度如何。

---

[1] 财税〔2003〕16号，即《财政部 国家税务总局关于营业税若干政策问题的通知》。

(4) 适用税率的问题。

这儿一并补充一下，有人认为，你们不是物业公司吗，与物业服务同时发生的业务不是混合销售吗？可以全用6%的税率啊，不用13%或17%什么的！这就错了，虽然看似是一个业务中发生的，但这不是同时在一个具体的业务中发生的，说白了，这是一个合同交易中发生的两件事，一个是服务，一个是水电的转售，是两件事，相当于兼营，因此有人认为，服务企业用什么税率，其他什么的货物之类都用这个税率，这是对增值税理解的误区。

基于此，就是服务、货物分别适用不同的税率的问题，也是不同的定性业务，这一点需要充分的理解，并应用到其他相类似的业务当中去。

(5) 转售价格的问题。

关于转售价格，我们在视同销售章节会进一步分析，在这儿有的同志可能又有疑惑了。说这儿的100元价格，为何没有溢价呢？财税〔2016〕36号中说明的，公允价格是如何考虑的呢？要不要加成？其实这儿有一个可以思考的地方就是，既然物业公司不是自产水电，那就按其他纳税人的销售价格确定，其他纳税人的销售价格多少呢？谁也举证不了哪个中立啊，所以就借鉴供应方的价格来处理吧，这也不失为一种没有占国家“便宜”的涉税处理方式。只是有的人感觉这不是没有为国家做贡献吗？所以依照增值税的链条，其价格得到了非营利状态之下的延伸，不失为一种有效的处理方式。

就算平价转让，企业已经因税为国家做了“贡献”，这让纳税人不高兴的事，估计纳税人也会想招去应对的，毕竟物业管理收不到几个钱的。比如厦门当地的政策是这样理解推动的，意思是企业要自己想招，不要让税务解决经济交易中的事：

物业公司：营改增后，物业公司代交的水电费如何交税？水费是由物业公司代交给水务公司后再向业主收取，这样要开具什么样的票据给业主，是要开增值税普通发票，还是开收据呢？

戴副局长：目前厦门水务已经全面推广了一户一表，物业公司可以联系水务公司由水务公司分户开具水费发票给业主，物业公司不需要开具水费的增值税发票给业主。

而营改增之前，比如有的地方就明确了物业的事，只是上面提到，我们的国税机关是可以考虑一下追征之前的转售水电补增值税的事的，但人家没有挣到钱，是不是可以“网开一面”呢？法理，也要有个理，如此思考。

《河北省国家税务局关于增值税若干问题的公告》（河北省国家税务局公告2011年第7号）规定：

十九、关于多个纳税人共用水（电）表，发生水（电）转售行为，其发票开具问题

多个纳税人共用水（电）表，水（电）部门只对水（电）表所有权人开具增值税发票，水（电）表所有权人可根据其他共用水（电）表纳税人的实际水（电）耗用情况，开具转售水（电）的增值税发票。

物业公司可能也存在这样的情形，但小编未遇到，就是拉的居民用电，人家供电公司不给开具增值税专用发票，因为对于消费者个人的消费对象是不能开具的，此时讲理也不一定讲得通人家内部的风险管理口径，这一点儿还是要自己想办法解决。

4.5.2.2 转售水电的经营范围问题

如果物业公司为了做生意，“接受”了上面的转售的增值税处理，开具增值税专用发票，但是物业公司又担心了，我们转售水电有这个资质吗？工商机关会不会因此罚我们款啊？得给个说法吧。

那我们就来看看工商管理部门的规定。《企业经营范围登记管理规定》对此提出了明确的规则：

企业未经批准、登记从事经营活动的，依照有关法律、法规的规定予以查处。

《中华人民共和国公司登记管理条例》规定：

公司登记事项发生变更时，未依照本条例规定办理有关变更登记的，由公司登记机关责令限期登记；逾期不登记的，处以1万元以上10万元以下的罚款。其中，变更经营范围涉及法律、行政法规或者国务院决定规定须经批准的项目而未取得批准，擅自从事相关经营活动，情节严重的，吊销营业执照。

小编对于企业经营范围管理规定也看不出个相关法规是什么，但从当下的情形来看，如电那是有电力法规定的，不得随意经营，有特许经营的必须有前置特许，而一些常规的事项，当下的工商政策也越来越宽松，只要不是违法的事。不过从上面物业公司所担心的转售电的事来看，要不要去办理电的许可经营呢？

注意，小编并不这么认为物业公司大马路上吆喝“卖电了”，为什么呢？因为是增值税逼着人家“卖”，其实人家就是费用分摊，真正的供电企业只是通过这个物业

公司的电表流向了用户，实质上是只是税上视为“卖”，这个电也不是物业公司发出来，也不批发，所以从性质上看它并不属于经营中的销售电、水，而是增值税中的“销售”链条传递，小编认为这种情形之下根本不需要做经营范围变更。真要定经营范围，政府部门也得敢批才行啊，有这个批文是不是也可以挣钱了呢？所以营改增就好好处理税的事吧，别想得过于复杂。

4.6 内部利益主体的“转让定价”问题

应该说财税〔2016〕36 号文件进一步深化防范了营改增试点及原增值税政策下的纳税人规避增值税的一种行为。为何这样说呢？我们先来看看其中的规定。

第四十四条　纳税人发生应税行为价格明显偏低或者偏高且不具有合理商业目的的，或者发生本办法第十四条所列行为而无销售额的，主管税务机关有权按照下列顺序确定销售额：

（一）按照纳税人最近时期销售同类服务、无形资产或者不动产的平均价格确定。
（二）按照其他纳税人最近时期销售同类服务、无形资产或者不动产的平均价格确定。
（三）按照组成计税价格确定。组成计税价格的公式为：

组成计税价格＝成本×(1＋成本利润率)

成本利润率由国家税务总局确定。

不具有合理商业目的，是指以谋取税收利益为主要目的，通过人为安排，减少、免除、推迟缴纳增值税税款，或者增加退还增值税税款。

其实从小编的理解来看，这个规定说的范围还是有点宽了，为什么这么说呢？大家都知道，“转让定价”中的反避税是企业所得税的概念，这几年我们在国内或国际上对于反避税的动作频繁，这也是中国力量的表现。在企业所得税上，我们注意到，是有一个范围的，即只针对关联方，对于关联方交易是非常敏感的，但是对于非关联方，并没有一个规则说企业的定价不合理要进行调整的依据。之前我们曾经讨论过，征管法当中的转让定价，一直以来也多是从企业所得税来理解的，但征管法当中是没有特别限制于企业所得税的。流转税一直以来也在不同的税务机关操作层面进行着大胆的开发尝试转让定价的调整。这不财税〔2016〕36 号文件提出了“不具有合理商业目的”的概念，之前我们光讲偏低，这次还讲起偏高来了，显然这是进一步强化了征管的识别范围，给税务机关更多的执法空间了。但小编认为，在征管法的层面，我们还是要多关注关联方，而不宜对非关联方提出更多的调整“挑战”。

4.6.1　纳税人在组织架构及功能、优惠政策上使用转让定价的问题

一个比较明显的情形是，纳税人基于中国税收优惠的政策，合理布局其产业链条，从而享受更多的税收优惠，进一步补充其商业利益的竞争力量，确实是一些新锐企业的税收规划深度所在。

4.6.1.1　利用税收优惠的主体进行安排

如下的案例是纳税人自己的选择，比如按照我们国家企业所得税对于软件企业的优惠，以及增值税上对于软件销售即征即退的优惠政策，很多企业就利用软件企业作为利益体进行优化产业链条，从而创造出来税收利益的最大化。

比如现在的平台运营的企业，如果是自己来进行平台技术开发或委托外部开发，则享受的往往是企业所得税上的研究开发费用加计扣除政策；或者有的企业有软件开发，但是作为一个部件应用在硬件之上的，往往达不到软件企业的收入比例，或者是在享受嵌入式软件的优惠政策时，无法达到单独作价给客户开具发票的目的，所以只能是自己想办法分拆功能主体进行优惠利益的安排。

其常规的组织架构如图 4-3 所示：

图 4-3　企业常规的组织架构

［案例］　子公司销售软件使用权 1 000 万元（不含税价格）给总公司，增值税额是 170 万元，给总公司开具增值税专用发票，当期无进项税额。

分析：一是子公司可以享受软件企业“二免三减半”的企业所得税优惠；二是子公司缴纳 170 万元增值税之后，可以享受实际税负超 3%返还的即征即退优惠。缴纳了 30 万元后，总公司抵扣了 170 万元。相当于 140 万元是国家给予的补贴。三是这个 140 万元在企业所得税上是可以作为不征税收入处理的，又可以享受到一定的时间性的价值优惠，当然企业也可以放弃，尽管可能存在企业所得税的征收，但还是有利益的，因为可以再继续享受加计扣除的利益规划。

比如当下我们的商务网站，哪个离得开软件技术的开发应用？如果算作自己的成本，这就太不给力了。因此通过软件的方式体现出这部分的税收价值来就可以考虑了。有的同志认为软件的版权对于经营主体有风险，只要是企业在一个集团内是可以控制的，就没有风险所在，因此这是很成熟的一个组织架构的方案在实践当中使用。

当然这种方式也不能太离谱了，比如小编曾接触过一个企业，一个几万元成本的软件，在集团内部定价要作 3 000 万元的标价，这不是没事找事吗？国家财政的钱也不是乱给的。所以税收政策虽然是刚性的，但也有弹性的征管应对措施，这不，上面的政策就给出了这样的方式去发现纳税人有无“恶意”谋取税收利益的事儿发生。而且财税部门也注意到了这方面存在的问题，宜引起特别关注，所以在实施时，有合理的商业行为及纳税人主观设置架构的权利，但相应的交易价格也要进行合理的安排。

4.6.1.2 企业所得税转让定价调整对于增值税的影响

至少从目前来看，企业所得税的转让定价调整，涉及增值税应税的相关业务的，并没有绑定的同步调整要求，而且在管理上也是各属不同的征管部门来进行管理，所以也难以有效地一次性复核、确定。

从技术上来看，企业所得税更多采用的是“交易净利润法”来调整，这可并不是只调整收入这么简易，这是调整结果的行为。所以我们用企业所得税的调整结果去调整增值税的收入，也没有逻辑性。比如企业所得税可能涉及费用列支方面的问题。这就可能涉及对外付汇要不要虚拟代扣代缴的问题。这些问题，估计目前还未深入到此，还是先把各自的事项理清、执行清为好。

不过从当下几个省的解释口径来看，认为集团内无偿借款，也要按照公允定价的方式进行计税，毕竟这是进行了增值税的应税行为，没有收不代表不计核应税收入。但是利率标准如何核定？税务机关估计就算套一个基准利率或同期同类的标准，也是无依据的。因此对于企业来讲，既然过去营业税基本不管这块，增值税就不要搞无偿了，就搞点有偿不行吗？比如利率通常 5%，你就可以定个 0.5%，因为你们的风险低啊，这都是一种可以解释的“市场行为”。即是无偿就风险高，定了点至少风险就低了，同时准备好一些合理的定价资料之类的东西。

4.6.1.3 利用不同税率对应的业务进行的规划处理

比如某进行集成服务的企业，或者建筑安装的企业，涉及对外报价之时，就有这样的问题：既有服务又有货物，但是货物本身税率 17%，而信息服务税率为 6%，则一个服务的报价为 5 000 万元，如何分配这个货物和服务的报价就非常关键。

自 2012 年以来，营改增基本上是支持集成服务企业将服务和货物分开的，因此这里面的空间，即人为调节适用税率的销售额就灵活了。但这一次财税〔2016〕36 号文件进一步收紧了范围，即重新引入了混合销售的概念，依照主体业务进行判断适用税率，而不能再进行拆分对待。这就给集成信息服务企业带来很大的风险，是不是现在就要变啊？

不过有的人士，甚至有的地方税务机关也提出这样的观点：比如混合销售，如果企业会计上是独立核算的，也认可分开，不用混在一个应税行为下进行销项税额的处理。这个应该说是没有依据的，至少给了这样一个人为调整的空间，小编认为这不是很合适的一个突破。当然纳税人可能就开心了，对于这个解释将来一定仍存在混合销售的巨大争议，包括认证标准及能否划分开的处理方式。

4.6.1.4 利用混合销售的主体转移来规划涉税处理

比如一个生产钢材的企业，提供了建筑安装服务，此时严格来讲，在放弃旧流转税必须要分开核算的规则之下，新政策就是混合销售，此时就须按销售货物整体计算增值税销项税额，适用 17%的税率。但是，正如我们在以前章节所讨论的那样，混合销售的主体规则不明确，这个钢材的企业人家可以好好地利用这个政策，如再成立一个施工企业，专门做建筑安装，此时适用的混合销售的税率就可能是 11%，甚至是 3%了，这里面的空间就太自由了。

［案例］ 某钢材厂提供钢材 1 000 万元，同时提供建筑服务收取 500 万元，且均为含税价格，此时我们来比较一下两者的利益差异（见表 4-12）：

表 4-12

直接销售施工与间接施工的差异

情形	适用税收政策的应用案例	备注
直接销售施工	混合销售：(1 000+500)/1.17×17%=218（万元）	整体适用 17%
间接施工，分步提供服务	(1) 销售钢材：1 000/1.17×17%=145（万元） (2) 施工企业的增值税：1 500/1.11×11%−145=148−145=3（万元），合计共 148 万元，或者 施工企业的增值税（对方供点货，形成甲供）：1 500/1.03×3%=43（万元），合计共 188 万元	甲供工程的可以适用 3%的征收率（只要甲供一点儿都算），反之则适用 11%的税率

上面出现的问题在哪儿？一是国家的税率差异客观存在，二是税收政策对于标准的适用空间过大，或者是没有明确的规范，会很容易让纳税人找到突破的“筹划”手段，而这种方式很难在稽查层面认定纳税人有问题。

4.6.2 跨境服务存在规划的巨大空间

由于我们跨境税收优惠的扩大，如没有实物特征的服务的出现，而服务本身可以享受免税待遇等优惠利益，所以利用跨境交易也是未来的一大挑战。比如，某企业每年进口境外母公司的设备，关税及增值税（增值税是可以抵扣的，但海关代征的增值税是没有附加税费的）很高，这不，营改增的优惠利益来了吗！将其中一部分拆出来作为一种咨询服务，由境内向境外提供，也是支付款项，但可以享受增值税的免税，又没有关税，这不是很美吗？其实对于中国走出去的企业也是一样的，本身也是一种技术保障的输出，这些空间需要税务机关在管理税收优惠的落实之外，更要发现一些利用漏洞进行“筹划”的手段。

4.6.3 利用组织架构防止涉税风险的管理

由于涉税风险的存在，或者政策本身的不完善，有的纳税人主动或被动地采用了一些有利的管理方式来应对。比如我们知道，对于快递业务，同城内的业务是按税率6%走，但是对于跨城的就按11%走货物运输。这就怪了，一个业务搞两个税率，这也是减少快递业务与运输业务之间的不平衡而想出来的“政策”。

但是企业却在想办法，比如原来是在一个公司的账上核算，税务机关一来估计就得解释这个划分的事，以及如何公允之类的问题，此时如果通过分拆公司，一个做城内，一个做城际，不就结了？只是内部定价要充分平衡才行，不要形成其中一个主体的留抵过大就好。

还有，比如上面我们聊到的集成服务公司，实在不行将货物经销与服务拆分为两个公司，不要混合了，就要两个业务，对此还真没有招。所以对于增值税本身的争议，如果非要等着国家政策给个说法，那有时得铁等，但是自己的主动性是可以提前安排的，有利益、减风险，这不是很容易吗？这也给我们大家提出了一个新的应对营改增的思路，而不仅仅就是技术层面的营改增。营改增实施这么久，也要提高一下“档次”才行呢。

4.7 本章小结

增值税的商业价值更多是因为抵扣与否而产生的，当然有一些事项是“天生”不允许抵扣的，那就不存在上面的这些问题。但是如果涉及抵扣，则需要考虑上面的问题。

因为抵扣就涉及扣税凭证与非扣税凭证，涉及供应商身份的选择，这些是一个基本的处理规则。同样，作为链条中的一环，企业作为进、销主体，必须涉及商务价格调整等因素的影响，则此时市场上也有一个消化的过程，无论做得对与错，这是没有标准的，只有市场最后的供需平稳，才是一个接受的结果。在此过程中，供需双方的涨价矛盾、要票矛盾一定是持续存在的，关于此方面的深入分析，我们将在后面的章节中进一步呈现其精彩之处。

至于组织架构的调整，内容则更加丰富，更是对于政策征管及落实的挑战，需要我们突破天天讨论的技术问题，进一步思考营改增在商业环境中的应用价值和应用风险问题。

GREAT ERA OF TAX REFORM FOR REPLACING BUSINESS TAX WITH VALUE-ADDED TAX

第 5 章

营改增的过渡期

为何要讨论营改增的过渡期，因为这是一个大事，但是我们的政策却并不充分考虑这个，而是直接明确增值税的政策如何处理。至于从营业税过渡到增值税，那更多成了征管之中做的事了。从小编的了解看，有很多人因为过渡期困惑了、吃亏了！或者税务机关后面检查中不认可了，这都是现在要考虑清楚的。尽管现在税制改革的时候，没有人来找涉税的检查之类，但是这个账还是要记录下的，稍有不慎，恐怕就是麻烦事，而且可能不是小事，往往最后税费的承担者是纳税人。

其实增值税是没有过渡期的，就是过渡时点，即 2016 年 4 月 30 日的 24 点，这一点前是营业税，这一点后就是增值税。我们看到对这一时点，有好多的税务机关或企业发布了零点开具增值税专用发票成功的新闻，这倒好，你开具得对不对呢？增值税业务还没有发生，票先开具出来了，如果是开具之前营业税的，那对吗？是不是不应开增值税发票而仍应开具地税的发票呢？而且有人质疑，这是虚开，不过好在企业可以进行作废处理，这个还有“悔过”的安排，所以这更多是“秀”一下，多数不是真正地开具有业务性质的发票。

但这就产生了一个问题，关于营改增的过渡时点，政策好定，但是企业的采购业务、销售业务却是不停止的，如何来确定纳税义务、开具何类发票、能否抵扣，这些问题无时不影响着企业的业务处理规则，这就是本章我们想告诉大家的。过渡时点，其实是纳税的一个过渡期的营改增政策应用的问题，这个问题还要持续一段时间才能够结束。当然保不齐明年开始我们的国税机关就要安排增值税的风险检查评估的事，这才是痛苦的来临，毕竟现在还只是多流点汗水和泪水，到时可能就是“伤心”的情形了，还是要好好地谨慎地处理好本章所聊的事。

过渡期无非就是三个方面的事项：销售端业务、进项端业务、发票，当然也有纳税人努力顺利办理好在国税的登记、领取开具发票的机具及报税盘之类，还有就是学会使用，同时也要告诉我们的业务人员、采购人员如何给客户发票及取得发票的处理。

5.1 销售收入的过渡期：视行业而有所偏见

销售收入的过渡，为何出现了营改增的问题呢？主要有以下几种问题：

（1）4月30日前业务做了没有给钱；（2）4月30日前收款了没有提供服务等；（3）4月30日之前做了营业税应税收入申报，但是收入是在营改增之后处理的；（4）4月30日之前计提收入但营改增之后收款的；（5）工作进度跨营改增时点而无法区分前后各多少也未进行结算的；（6）营改增前后开具发票的问题等，问题非常复杂多样，并没有大家想象得那样美好，有点像“雄鸟一唱”变了模样。虽然我们的营改增文件并没有对此着墨多少，甚至提出过一个规则也好，但结果基本上不多，因此对于上述的情形，需要结合各地的口径、理解之类进行实践性理解，目的只有一个，营业税不要来追，增值税不要缴多，不要因客观原因缴了营业税又缴增值税，这就不好了。所以我们下面分不同行业的情形来分析。

5.1.1 区分营改增前后应税义务的基本规则是纳税义务发生时间

在税言税，不搞高大上的虚拟论调。如果说营改增之前，营业税有没有缴纳，这是什么说了算？那必须是营业税纳税义务发生时间。如果发生了营业税纳税义务，那对不起，尽管总理及财税部门也要求一切以平衡过渡为主方针，但总不能让地税同志看到纳税人未按规定缴税吧！这是国家赋予税务机关的职责，后续估计仍然会有检查之类使未合规纳税的企业出现被动局面的。

我们还是来追忆一下营业税的纳税义务发生时间，尽管这已经是历史了，但历史也有价值，过去的事还是要以过去的规则来评价的。

(1)《营业税暂行条例》的相关规定。

第十二条　营业税纳税义务发生时间为纳税人提供应税劳务、转让无形资产或者销售不动产并收讫营业收入款项或者取得索取营业收入款项凭据的当天。国务院财政、税务主管部门另有规定的，从其规定。

营业税扣缴义务发生时间为纳税人营业税纳税义务发生的当天。

(2)《营业税暂行条例实施细则》的相关规定。

第二十四条　条例第十二条所称收讫营业收入款项，是指纳税人应税行为发生过程中或者完成后收取的款项。

条例第十二条所称取得索取营业收入款项凭据的当天，为书面合同确定的付款日期的当天；未签订书面合同或者书面合同未确定付款日期的，为应税行为完成的当天。

第二十五条　纳税人转让土地使用权或者销售不动产，采取预收款方式的，其纳税义务发生时间为收到预收款的当天。

纳税人提供建筑业或者租赁业劳务，采取预收款方式的，其纳税义务发生时间为收到预收款的当天。

纳税人发生本细则第五条所称将不动产或者土地使用权无偿赠送其他单位或者个人的，其纳税义务发生时间为不动产所有权、土地使用权转移的当天。

纳税人发生本细则第五条所称自建行为的，其纳税义务发生时间为销售自建建筑物的纳税义务发生时间。[1]

我们可以清晰地发现，基本上（没有单独列示的情形下）纳税义务发生时间规则是参照收款或约定的收款时间来表述的。如果未约定，则在应税行为完成的当天，当然对于大项目，谁这么无私不讲价格呢，故这个就是一个例外，多数情形之下是约定了收款的日期进行推进的。

5.1.2　金融业营改增前后那点事儿

金融企业是比较另类的一个税的“核算”主体，这儿有两个方面的原因：

一是金融业务的特殊性，是一般人难以理解的，因为我们习惯了销售啊、服务啊，独对于金融这块非专业人士有点整理不明白。二是金融行业的系统，也是一般人整理不明白，你说在系统中少计10亿元收入，谁能搞明白？所以要检查金融企业，没有软件高手就最好不要来了，因为那不是检查金融企业，那是检查商品销售企业去了，这就是一个所谓的套路的问题。

5.1.2.1　营改增之前就存在的事项

试问：原来金融企业，如有利息收入，谁按营业税条例的规定，以合同约定的收款时间点来确认收入？如果是权责发生制计提制的，那估计没几个调整过的案例！就算有，也多是小金融企业按实际收到利息的时间来做收入，有点误打误撞了，但小心，应收未收的在哪儿呢？注意我们的小贷公司，你们虽然未被接收到金融企业的税收大家庭中，但是你们的收入口径要跟人家高标准的金融企业看齐啊，不然税务机关

[1]　这一政策在营改增之后，增值税没有对此进行延续，其实也没有延续的存在基础了。

可以让这种情形下应记收入未记的进行补缴营业税，还有企业所得税。有的金融企业，往往是一次性收了几个月的咨询费或利息收入，结果就按会计上分摊的收入来计营业税收入，这就有点不好了，不然补税的金额会吓晕宝宝的。

还有，企业所得税下，我们金融企业用实际利率法核算收入时，有按企业所得税的规则按合同约定的时间确认收入调整，以及用名义利率来计量所得税收入调整了吗？想必很少有这样做的。还有金融企业发生的债券利息、存款人的利息支出，有几位会去看看这些利息是不是真正支付了，才让人家扣除？如果我们还用"管"一般企业的利息扣除方法、收入中合同约定的债务人应付利息的时间确认收入，估计银行的系统也晕了。但上面提到，让人家将未支付的利息做纳税调整，那银行估计就接受不了了，凡此种种，我们面临的是这样的情形：

按实际利率法、计提利息作收入的方法，反正也是你们早交税，"认可"了，如果晚交，估计这事就不好说了。由此我们不得不思考一个法治与实践的问题，我们常规上理解说，金融企业是权责发生制计算流转税，这是认可的，试问这是谁认可的？法规规定了吗？所以我们还是要勇敢一点，说你们虽然不遵照法规规定的纳税义务发生时间，但我们认可你们早做贡献！当然有的同志也认为，权责发生制就是纳税义务发生时间，那如何去套我们营业税条例中的收款时间的判断呢？还真看不出来呢。从教条主义来看，小编还是认为，法规规定的就是约定的收款时间或未约定但是应税行为完成的时间，这是唯一有依据的一个表述。

5.1.2.2 营改增之后，这事儿还继续着

小编唠叨了营改增之前的事儿，有点追忆过去的事去了，现在可是营改增啊，还是要来说营改增后如何处理的事。基本上我们可以说，还可能是"老一套"认识。对于贷款服务，增值税之下的规则与营业税纳税义务发生时间是继承下来的。

这儿包括 5 月份收的营改增之前的利息，不管是 4 月的，还是 3 月的，因为有季度结算利息的情形，甚至更长，但是既然大家"同意"计提的是计算营业税，那是好事啊，因为毕竟 5%的营业税税率是低于增值税计算的销项的，进项也可以好好地去抵以后的销项，这不是好事吗？

但是 2016 年 5 月或以后收息的时候涉及开具发票的，别按发票额缴税，要记得将发票（如收息 100 万元，营改增之前利息计算是 80 万元）多出来的 80 万元剔除，在未开具发票的栏次负数填上，轧平这个就可以了，若缴重了，这个贡献也不是遵照税法执行啊。

至于营改增之前如票据贴现、一次性收的咨询费，主动或被动计算缴纳过营业税的，那不要再跟着营改增后会计上的摊销数去计缴增值税，不然真惨了可没有人心疼。

5.1.2.3 营改增之后客户要专用发票的事

虽然企业与税务机关是这样认为的，但是作为客户，人家可能就不这样认为了，人家坚持营改增之后付的款就要专用发票用于抵扣，金融企业如何应对呢？关于技术方面的应对请查阅本章进项抵扣过渡期的处理。对于金融企业来讲，贷款服务不得抵扣进项及金融商品转让不得开具增值税专用发票，这大头没有了，所以客户的需求一下子也少了，不用担心客户大批量地涌来要专用发票了！

至于一些咨询费，基本上都是先收款，所以这种情形也不多见，看来贷款服务不得抵扣是让银行等金融机构“幸福”了，但是让利息支出方不高兴了。但这也不是多大的事，不用担心出现应对营改增中的头疼的事出现。如果有的客户就是“磕”要增值税专用发票，即不让抵扣我们也要，那就真得好好“引导”一下了。

5.1.3 建筑服务营改增前后那点事儿

建筑服务业的营改增，说起来现实情形就更多了，比如小编在为购销双方服务时，发现了很多奇葩的事儿，这就来说道一二，大家也来了解一下其风险如何。当然，基于营业税的纳税义务发生时间是判断的“标准”。

5.1.3.1 购销双方基于利益、风险的应对方式

表 5-1 是我们了解的几种情形，我们来分析一下其中的风险及税务机关可以关注的事项。

表 5-1

购销双方基于利益、风险的应对方式

处理	备注	建议
4 月 30 日前（含）约定收款未收款	如果企业不缴纳营业税，那是不合规的，营改增尽管国家支持，不让地税收过头税，但并不限制人家“合规”地收税，也不能让纳税人“随意交”选择，占国家的利益呢。 此属未合规交纳营业税，如果硬要营改增之后开具增值税专用发票给对方，对方抵扣也是有风险的，尽管当下建设方比较“冲动”让服务方这么做，未来就可能“惨”了，双方都有问题。	建议向建设方明确“秋后算账”的道理，最好是计缴营业税，如果说真收不到，那好好看看合同的约定是不是要改一改以满足真实的情形，再看是不是营改增之后收款。

续表

处理	备注	建议
4 月 30 日前应收未收款，开具营业税发票，对方坚持要营改增之后的增值税专用发票	开具了营业税发票，通常是计缴了营业税，对方不要，这是不是可以考虑“举报”一下自己，让地税给自己下一个必须当下缴纳的意见，让对方也别想的太多了？	让地税机关退税，这不是自己找问题吗？
服务方要提前开具发票	其实这是自己没有想明白，本来是选择简易营改增后划算，非要开具营业税发票，难道是自己预缴了营业税，这个情形发生了？	那是服务方缴税多了，不想再营改增之后多缴增值税的结果。
对方要求将付款、发票全压在营改增后	同上，这就是自己找“陷阱”，为了利益而冒风险了。	只能依照“事实”改合同了。
会计上计提的营业税	依照会计上的完工百分比法确认的收入，及预提的营业税，要不要缴纳并开具营业税发票，这根本就不是营业税的纳税义务发生时间，真要为国家做贡献，也要遵守规则啊。	建议冲回，会计是“编”出来的营业税，真正要计缴增值税才是，所以利润表也继续“改编”一下。非要缴，那对方人家可会遵照规定“逼”要营改增之后的专用发票，重复缴纳，人家做的一点都不过分。

所以，建筑业有其特殊之处，我们再进一步说明如下：

（1）建筑服务的纳税义务发生时间，在服务提供之前，是收到预收款时，则营改增之前如果有收到预收款的，那没有办法，必须计算缴纳营业税，地税部门是可以来追缴的；

（2）如果是服务提供之后，则根据合同约定的收款时间来确认（注意这儿是应收的概念，并不是因对方拖欠款项而不给的情形）缴纳营业税或增值税，这儿就基本上放弃了看这个工程 2016 年 4 月 30 日前完工多少，应分摊的收入是多少，5 月 1 日后工程量是多少，应分摊的收入是多少，从而分别计缴营业税或增值税。这跟金融业所谓的“权责发生制”是有差异的，这里是只以收款为导向，这是不是有点“二”呢？非也，真的是这样处理的，也是一个没有“严谨”逻辑的营改增前后的事儿，就这么办了。

（3）对于老项目（后续专门分析），涉及过渡期的是可以选择简易计税的（征收率 3%），而且还可以让下家抵扣，这种好事还不赶快争取？所以上面的那些要早开具发票的，可能是被“逼”的要开，因为可能已缴过营业税了。

5.1.3.2 建筑服务的税会差异及确认的误区

其实我们在表5-1中已有提及，但是为了严肃地说明此事，我们在此还是进行单独介绍。依照企业会计准则，建筑服务的收入确认规则如下：

第五章 合同收入与合同费用的确认

第十八条 在资产负债表日，建造合同的结果能够可靠估计的，应当根据完工百分比法确认合同收入和合同费用。

完工百分比法，是指根据合同完工进度确认收入与费用的方法。

第十九条 固定造价合同的结果能够可靠估计，是指同时满足下列条件：

（一）合同总收入能够可靠计量；

（二）与合同相关的经济利益很可能流入企业；

（三）实际发生的合同成本能够清楚地区分和可靠地计量；

（四）合同完工进度和为完成合同尚需发生的成本能够可靠地确定。

第二十条 成本加成合同的结果能够可靠估计，是指同时满足下列条件：

（一）与合同相关的经济利益很可能流入企业；

（二）实际发生的合同成本能够清楚地区分和可靠地计量。

第二十一条 企业确定合同完工进度可以选用下列方法：

（一）累计实际发生的合同成本占合同预计总成本的比例；

（二）已经完成的合同工作量占合同预计总工作量的比例；

（三）实际测定的完工进度。

现在我们看，这基本上是按完工进度确认的节奏，但是我们增值税上的规则是按收款，会计上并不按收款，因为收款只是一个收入的结果，会计上讲究的是交付的成果应收或收到的款项，都算一种计量收入，这也符合心理作用，即我们做了这么多活，将来“一定”会收这么多钱的，至于评估下来说收不到，那可以不做预计收入的利润部分，只做成本或不做的方式处理。同样，企业所得税也是采用了和会计上相近的处理方式进行确认的，但是增值税却不理这个方式。

［案例］ 某建安企业2016年5月1日前账上按完工百分比法确认的收入为1 000万元，计提的营业税及附金为：1 000×3%×(1+12%)=33.6（万元），如果这1 000

万元还没有收到（营业税下是总额法计算的），则此时这个营业税是不缴纳的，企业所得税的扣除上基本也难以认可允许税前扣除，毕竟是没有缴纳的（如次年5月31日前缴纳出去认可有合理的解释）。

企业的会计处理如下：

借：营业税金及附加　　33.6
　贷：应交税费——营业税　　30
　　　应交税费——附加税费　　3.6

但是马上营改增了，这笔挂账的应交营业税到底要不要缴纳呢？如果我们认为，这是旧时代的产物，就算营改增了，那我们也应缴纳营业税啊！其实这是不对的，因为营业税下是没有达到纳税义务发生时间的，营改增之后达到了增值税的纳税义务发生时间，则不管前后干活各占多大的比例，就看收款的条件了。所以这个营业税不需要再缴纳（虽然已经计提出来了）。我们的处理如下：

借：营业税金及附加　　−33.6
　贷：应交税费——营业税（待缴纳）　　−30
　　　应交税费——附加税费　　−3.6

再计提增值税出来（由于要看最终计算的应纳增值税是多少，即销项减进项之后是多少才知道计提多少附加税费，故附加税费暂不做处理），若选择了3%简易征收，则此时是明确的增值税及附加税费的：

借：营业税金及附加　　3.48
　贷：主营业务收入　　−29
　　　应交税费——待缴纳增值税[1]。　　29（1 000/1.03×3%=29）
　　　应交税费——待缴纳附加税费　　3.48

因为不含税收入必须明确地计算出来以确认利润表的数据，所以必须将增值税拆出来挂账，而现在还没有到收款的时间，增值税的纳税义务还未发生，只能放在待缴纳的二级名下，当然有的企业可能是放在其他应付款之类的名下，也可以，只要区分清楚别自己当时就缴完了。等到未来收款了再转到“应交税费——未交增值税”科目中，再申报缴纳。

[1] 也可以叫“待转销项税额”。

这是对于建安企业来讲比较另类的一种情形。上面我们聊到的金融企业，4月份计提的营业税，基本上就当增值税进行缴纳了，才不跟建安企业一个样呢。这是当下营改增过渡期，在政策没有规定之前，我们结合实践理解及一定的理论基础确认的一种处理方式。

5.1.4 生活服务业面临的过渡期的问题

生活服务业的营改增相对比较简单，为何呢？这是因为其业务的发生有相对的固定性，如按月结算、按事结算的交易惯例，因此不会像上面金融业和建筑业那样复杂，生活服务业本身过渡期的事项主要有如下几个方面需要关注：

（1）饭店、餐饮企业：由于餐饮服务不得抵扣，所以要专用发票的可能性也不大。对于企业可能没有多大影响，但是对于征管可能就复杂了，这主要是餐饮中现场消费与打包外卖两种方式划分为：餐饮服务增值税税率是6%，而打包外卖适用的税率是17%，属于销售货物，一个事两个率，估计这也是有点“晕”的节奏。但是作为征管机关，只能给出这样一个结论，不然于理论上也不通，尽管看着感觉有点儿“迷惑”，但是当下的政策规则下只能是这样一个结果。至于能否分得清，那就再说吧。

（2）酒店：提供多业消费、销售的问题，是一个需要划分应税适用项目的现实问题，这个我们将在后面章节进行详细说明。

（3）差额政策的延续：营业税下的差额政策适当地进行了延续，如旅游行业的差额计税仍然进行了延续。但是差额本身如何开具增值税专用发票是一个现实的问题，需要考虑自身、也要考虑客户沟通方面的工作。

（4）对于纳税人身份的掌握：通常生活服务业本身小规模纳税人居多，是本轮营改增的主要受益群体，为何这样说呢？比如原来的营业税税率是5%，如饭馆的税率是5%，但是营改增了，如果其属于增值税上的小规模纳税人，征收率是3%，那我们来考虑一下小规模纳税人营改增前后的比较（见表5-2）：

表5-2

小规模纳税人营改增前后的税负比较

营改增前适用税率	营改增后适用征收率	比较结果
5%	小规模纳税人征收率3%，1/(1+3%)×3%=2.91%	税负直接下降41.8% =（2.91%−5%）/5%
3%	小规模纳税人征收率3%	税负直接下降3% =（2.91%−3%）/3%

如果营改增之后是一般纳税人，则税负有可能多也有可能少，这一点我们不再以详细个案进行多样分析，相关情形各类型企业可自行测算。

5.1.5 不动产经营面临的过渡期的相关问题

对于不动产的经营活动，主要涉及三个方面，一个是房地产开发企业销售商品房，一个是不动产的租赁，一个是非房地产开发企业的不动产转让，这三个问题应该说各有特点，我们就相关问题分开说明。

5.1.5.1 不动产经营过渡期政策的思考逻辑

我们都知道，不动产经营需要大量的采购投入成本、采购建筑服务等事项，而如果这些事项在营改增之前是进行当中的，那相当于进项没有得到充分的抵扣，在链条上如果营改增之后让按适用税率11%去计算销项税额，可能对于这些纳税人来讲，是有很大的压力的，所以我们的营改增政策给出了一个很弹性的过渡期适用的简易征收办法，用征收率5%来计算应纳税额，当然此时也不能允许抵扣了。

我们可以看到，增值税的简易征收率一直以来就是3%，但是这儿为何出来5%呢？这也是参照旧营业税下的税负来考虑的，而且这块体量很大，一下子从5%降低到增值税的3%，显然利益在这儿摆着，而且差异很大，也不是很好平衡不同纳税人的利益位置，索性就定一个5%征收率，特殊情形就特殊对待一下吧。其实就算是征收率5%，也比营业税下划算，因为折算后：1/1.05×5%=4.76%，也非常有减税效应，所以不动产的相关企业，这会儿多是高兴的，真正落实了李克强总理的“只减不增”的目标。至于以后再进行新的经营项目的时候，多是11%的税率了，那时候就看各家的经营水平、规划及实际运营成本的因素考虑了。

5.1.5.2 不动产租赁经营面临的过渡期问题

这儿涉及如下两个问题：

（1）一般纳税人出租2016年4月30日前取得的不动产，可以选择适用简易计税方法，按照5%的征收率计算应纳税额（计算出来直接缴纳）。这儿注意，“可以”选择，并不是强制使用，因为如果有的人出租不动产进项还挺大的话，那选择11%的一般计税方法说不定也划算呢。同时这儿的4月30日，其实是包括4月30日在内的，但是对于什么是“取得”，就没有标准了，因为现实当中大家知道，商品房的产权证“拖”的时间都比较长，同时呢，实际性取得是不是也是上面定义中的“取得”，显然我们还需要进一步解释这个名词，因为刚营改增，不可能说明得这么细致，目前来看，只能理解为实际性取得才是更合理的，而不仅仅只看一个“证”。

(2) 对于小规模纳税人，那就没有什么选择的了，营改增前后的适用征收率都是5%，不存在选择与非选择的问题，也不存在进项税额的抵扣，所以这一点跟一般纳税人选择简易计税方法是一样的结果。

但是我们在这儿也要提一下不动产租赁存在的跨时点结算的问题，比如我们看如下的案例。

[案例] 某企业出租不动产，季度结算付款，2016 年 4 月 1 日至 6 月 30 日的租金是 120 万元，于 2016 年 6 月 30 日支付，此时由于 2016 年 5 月 1 日营改增，则上述的营业税与增值税如何计算缴纳?

分析：小编看到有的税务解释口径认为按权责发生制，4 月份 40 万元应计算缴纳营业税，5、6 月份应计算缴纳增值税。小编还是老观点，其一，增值税下哪有说权责发生制观点的，这是俺的反对意见；其二，营业税下没有发生纳税义务，6 月份收到钱也不是硬给地税机关拆出来计算缴纳 40 万元收入对应的营业税，而是可以直接计算缴纳增值税，以 120 万元作为增值税的应税销售额。此时可以选择简易 5%征收率计算，也可以选择 11%税率同时计算抵扣进项税额计算应纳税额。同样有的企业是 4 月份计提出来营业税了，那为了账面“好看”缴纳了营业税，这也未尝不可，毕竟是试点啊，也没有一个标准说一定要如何，只是未来开具发票给对方时，40 万元只能开具增值税的普通发票，这是营业税的事项下使用，这样也不用缴纳增值税，千万别给开具增值税专用发票，开了就得“重复”计算缴纳增值税了。

5.1.5.3 不动产转售的问题

在营业税下，非房地产企业转让不动产时，主要的依据是财税〔2003〕16 号文件中给出的计算方式：

单位和个人销售或转让其购置的不动产或受让的土地使用权，以全部收入减去不动产或土地使用权的购置或受让原价后的余额为营业额。

单位和个人销售或转让抵债所得的不动产、土地使用权的，以全部收入减去抵债时该项不动产或土地使用权作价后的余额为营业额。

这儿说明了两个事：不动产往往是房产，这是属于营改增中的“不动产”的范围；但是对于土地使用权，却是属于“无形资产”的范围，在隶属关系上我们必须知道其在法规中的理论确认。但是对于涉及转让，其属性又是相同的，因为都是地与房的问题。

营改增之后，对于营改增之前取得的不动产，区分自建与非自建，给出了简易计税与一般计税方法的选择，故非自建就与营业税下的方法基本一致了。具体的计算情形，我们在后续章节中进行详细说明。

5.1.5.4 房地产开发企业面临的过渡期问题

房地产开发企业存在的问题，主要涉及营改增前预售已缴纳营业税的部分衔接处理，《营业税暂行条例实施细则》规定的纳税义务发生时间是这样的：

> 纳税人转让土地使用权或者销售不动产，采取预收款方式的，其纳税义务发生时间为收到预收款的当天。

但是增值税下放弃了这样一个规则，因为增值税下涉及一个预缴的问题，代替了原来的预缴时全额计税的规定。对于这部分涉及的开具发票的问题，有的地方要求开具出营业税的发票，其实营改增已经给出了之前缴纳营业税之后开具增值税普通发票的过渡期解决方案，最多未来客户取得的是两张不同的发票（一张是普通发票，一张是专用发票）。

对于房地产企业同样也给出了老项目的过渡期选择简易计税的方法，关于这一点我们在后续章节中详细说明。

5.1.6 营改增时点前后税务机关关注要点及纳税人常“犯”错误

营改增前后涉及政策不明确、纳税人操作失误等问题，在历次营改增的过程中，出现了一些纳税人“重复”缴纳税款、税务机关补征税款的情形。本次营改增涉及面大、纳税人水平也千差万别，小编将营改增过程中出现的问题汇集于此，让我们的纳税人进行“认真”的关注，因为一旦形成结果，想改变往往就身不由己了。

5.1.6.1 税务机关“预征”税款

营改增之前，有的地方税务机关可能存在让企业预缴税款的情形，此时就存在一个问题，如果持续缴纳营业税，则是可以抵补回来的。但是营改增了，征管的体系都变化了，没有机会抵了，如何办呢？只有想办法退回来了，这可能是唯一的方法。而有的同志提出能否用个人所得税、房产税之类去抵减呢，这基本上也不可行，因为这不是跟做生意一样看大账，而税务的征管体系是按“套路”来的，如果存在这样的情形，我们必须谨慎地处理好这部分预缴的税款。

5.1.6.2 纳税人给自己设置的“陷阱”的问题

说白了，这部分产生问题是因为纳税人没有严格地执行营业税的纳税义务发生时间。比如下面的案例。

［案例］ 某外资企业从事安装服务，营改增之前计缴营业税的方式是按会计计提同步缴纳的，营改增之后，要跟客户结算款项，客户坚持要增值税专用发票，以致双方产生矛盾，如何处理?

分析：这个问题非常具有普遍性，这就是没有严格执行营业税纳税义务发生时间造成的，本来会计计提并不是计缴营业税的时间，只是为了计算会计利润数据预提营业税的概念。问题是，不给对方开具，对方钱不好要，开具了，原来的营业税就算白缴了，还想退税吗？估计难度是非常大的。

企业的方案一：开具增值税专用发票，同时将对应的收入用负数填写在纳税申报表收入下的“未开具发票”的栏次，这样也相当于不多缴税的结果。那问题来了，开具了增值税专用发票不缴税，这个逻辑上基本不通，除非原来是未开具发票缴过增值税，只是时间差跨期开具了专用发票，这都是国税机关一家自己的账，所以还能解释一下。但是当下是用增值税去抵营业税，国、地税两家再去结算？这基本是不可能实现的，而这种情形在后期税务机关的评估比对当中，可能直接就会发现负数的“嫌疑”问题，由此再补税就比较惨了，还有滞纳金之类的结果出现。

企业的方案二：降价开具增值税普通发票，作为本次营改增的征管突破，也是可以靠得上的一种方法，开具了但是可以不计缴增值税，征管上行得通。但是如果国税机关将来进行检查，发现此部分收款没有缴纳增值税，如果这样解释：我们原来缴纳过营业税！那是因为过去错误地缴纳了营业税，国税机关当然可以不予认可的，这是两家的事，不能用地税的结果来说明增值税不缴的理由，税务机关也是可以要求企业补税的，所以这种情形也是可能出现问题的。

5.1.6.3 营改增之前开具了地税发票但税没有缴

小编遇到过这样的案例：某金融企业提供咨询服务，开具了地税发票，但是营业税却是按会计上摊销的金额进行计缴的。营改增之后该怎么办呢?

如果从发票管理办法的角度，发票就是结算的凭据，地税开具的发票并不决定就要缴税，因为地税的系统还未支持增值税下这样的规定“先开具发票的情形”作为纳税义务发生时间。尽管现实当中我们去买发票时，有的同志会检查一下当月缴税的收入额是多少，但不是强制的，特别是金融机构缴税的基数远大于开票的金额，更发现不了问题了。

回到根本上来，原来一次性收取的咨询服务费用，属于营业税的纳税义务发生时间，全额计税，这说明该企业原来处理得不对，少缴营业税了！所以这种情形之下，建议就补缴一下，不然可能形成一个很惨的结果：营改增之后按会计收入结转计缴增值税的部分，回头地税机关检查，仍然需要补缴营业税，这就是让自己得到按会计收入结转不开心的结果了，而且基本上也无解，只有想招去退增值税才是。

5.1.6.4 税会差异处理不恰当产生的问题

以收款为导向的增值税计税时点确定与以权责发生制为导向的会计确认规则，两者是存在时间性差异的，这部分的管理，一般开始都挺清楚的，时间长了估计就乱了。因此我们可以看到，一个完善的时间性差异管理系统是非常必要的。这一次金融业开发的增值税系统基本上可以管理好这部分，但是对于大多数的企业，难以花这么多钱去开发系统，因此手工的管理就是一个很大的风险点。

最基本的要求就是会计的收入与增值税应税收入的“两套账”问题，当然这儿可不是少交税的两套账，而是准确地计税的两套账，而我们的计税手段，往往是以会计为基础的调整，所以这个信息的差异管理往往是附加于会计数据之上的、多或少的调整。

而税务机关当然也可以以此为突破口，发现企业有没有缴错增值税，比如当月收入1 000万元，但是增值税申报收入是800万元，差异200万元企业解释吧，解释得清楚没有事，是正常的，但解释不清楚，就易被发现补税的可能。但是切记一点：差异是正常的，而不是不正常的，不要害怕有差异的出现。而渴望“税会一致”反而可能有问题，只是看着“顺眼”认为可能是对的，反而掩盖了很多可能“滞后收入”的问题。

5.1.7 营改增过渡期中的“利益”享有者与接盘者

为何会出现这个问题，想必我们思考得还不多，但是小编遇到过几个案例，感觉会对纳税人产生涉税影响，因此商业交易中必须充分认识到其影响因素。这是因为过渡期的政策中，对于一些事项，由于涉及营改增前抵扣不足，所以国家给予了简易征税的方式，但第一个人可能是享受了这样的税的利益，那第二个接手人呢？从税的角度自然无法管这样久远，而只能考虑营改增前后短期内的过渡期的政策。

那我们重点来分析下面几种情形：

(1) 建筑服务的过渡期。

对于老项目的建筑服务，营改增后延续的，可以按简易征收率3%继续计算增值税。如果涉及分包的，则通常意义上参照一些地方的口径也是认可可以适用简易征收率3%的，这一点比较可行地延续了这一利好的选择。

(2) 老不动产的出租。

对于营改增试点前取得的不动产，营改增之后出租的，可以选择5%的简易计税方法，但是如果营改增之后再有转租的行为，则不给延续了，相当于转租是新的经营业务，如果是一般纳税人，不能选择5%而只能选择11%的税率，这就有可能带来销项与进项的差异成本，这个必须引起关注。

(3) 销售不动产。

比如一般纳税人销售其营改增之前取得的不动产（不是自建），可以选择适用简易计税方法，以取得的全部价款和价外费用减去该项不动产购置原价或者取得不动产时的作价后的余额为销售额，按照5%的征收率计算应纳税额。

那如果第二个一般纳税人接手之后，再转让就只能用11%的税率，而不能享受简易的5%。此时有的人可能就不高兴了，待遇不一样啊，我们是营改增的“受害者”！其实我们不否认这确实有所影响，但是我们不得不说，这不全是营改增的“罪过”，因为一切的结果都是市场的接受度，如果能挣钱，税再多点又如何呢？所以这就需要双方从商业价格上去争取了，税的因素决定了其评估商业利益的方法，至于生意做了还赔钱，那就顺势不做了，因为谁遇到这个情形也是这样的结果，这是公平的。

(4) 变卖使用过的固定资产。

财税〔2016〕36号文件指出，一般纳税人销售自己使用过的、纳入营改增试点之日前取得的固定资产，按照现行旧货[1]相关增值税政策执行。使用过的固定资产，是指纳税人符合《试点实施办法》第二十八条规定并根据财务会计制度已经计提折旧的固定资产。

---

[1] 纳税人销售旧货，按照简易办法依照4%征收率减半征收增值税。纳税人销售旧货，应开具普通发票，不得自行开具或者由税务机关代开增值税专用发票。依据财税〔2014〕57号，“按照4%征收率减半征收增值税”调整为“按照简易办法依照3%征收率减按2%征收增值税”。

注意，这儿限于固定资产，这里的固定资产是指使用期限超过 12 个月的机器、机械、运输工具以及其他与生产经营有关的设备、工具、器具等有形动产。并不包括不动产在内，这是增值税的特别事项。但是如果销售的不是固定资产呢？那只能按货物销售以 17%的税率计算销项税额。

［案例］ 某财务公司于 2016 年 5 月 1 日营改增后认定为一般纳税人，2016 年 6 月处置固定资产设备一批，变卖价格是 800 元，处置废旧纸品一批，变卖价格是 100 元，试计算其相应的增值税。

分析：变卖固定资产，之前基本上是提过折旧的，故 800/(1＋3%)×2%＝15.53（元），此时不得开具增值税专用发票，最多开具增值税普通发票。依据国家税务总局公告 2015 年第 90 号[1]，可以放弃 2%，按照 3%计算缴纳增值税，并可开具增值税专用发票。并且此为简易计税方法计算的应纳税额，需要单独计算填表于相应的栏次缴纳。变卖废旧纸品，则按 17%计算增值税销项税额：100/1.17×17%＝14.53（元），此为增值税的销项税额，需要合并到当季所有的销项税额中再抵减当季所有的进项税额，进而计算其应纳税额（可能为正，形成应纳税额，也可能为负，形成留抵税额）。

上面我们提到的是一般纳税人的事，那小规模纳税人的事呢？没有人管了吗？其实小规模纳税人销售自己使用过的固定资产，在财税〔2009〕9 号文件中，明确是减按 2%征收率计算增值税，即 x/1.03×2%，这与一般纳税人是一样的，但是如果小规模纳税变卖的是废旧纸品，不是固定资产的属性的货物，那就是以 x/1.03×3%的方式来计算应纳税额。

所以过渡期中的政策确实有特例给予考虑的因素，或有所谓的税收因素享受的不平衡存在，但是我们不得不说，这些也多是技术方面的影响因素，最终将在市场经济中得到消化，而不是再出税收政策给予消化。

5.2　进项税额抵扣的过渡期：乱但有规则可循

应该说，任何一个营改增的单位，只要它是一般纳税人，都在进项税额抵扣上很有文章可以做，这也是应对营改增的一个很好的规划手段。但凡事皆有规律可循，我们来看看过渡期抵扣的风险点，这些风险点可能会形成下一步营改增稽查过程中的问题点，这既可以用于纳税人抵扣风险的评估，也可以作为税务机关进行税务检查的参照情形。

[1] 国家税务总局公告 2015 年第 90 号，即《国家税务总局关于营业税改征增值税试点期间有关增值税问题的公告》。

5.2.1 营改增之前采购的抵扣基本已无法实现

任何一个营改增的单位，包括 2012 年以来的营改增单位，都是一个结果，营改增之前采购的存货或资产中包括的增值税额，基本上已无法达到抵扣的条件。即尽管购买的货物中是含增值税的，此时往往是两种结果：

一是取得普通发票，这都属于成本费用了，也不会给计算税额抵扣的机会，营改增前就是前，不管了，这不像 1994 年增值税税制改革之时，让各家报期初存货估计进项税额那样，1994 年之后再无这样的机会了。当然那时有的就有瞎估的可能，得了国家的便宜也是有的，但这是违反规定的事，作为合规纳税人的企业就不要花太多心思这样去做了。

二是营改增之前也有取得专用发票的情形，这时能抵扣吗？专用发票的期限在营改增之后还是 180 日之内，但是这种情形下，小编认为最好是不抵扣了，毕竟是营改增之前的事项，抵扣于理不通顺，建议对于营改增之前取得的专用发票等扣税凭证不做抵扣处理。

我们再来考虑一下营改增前后采购事项的用途归属问题。有的人认为营改增之前成本费用化的，那是有消耗性质的，是用于营业税目的的，不抵扣就算了，也符合使用目的不属于增值税的理解。但是有一些资产类的、资本化的费用，这些支出是为营改增之后的业务服务的，不让抵扣没有道理啊！其实理是这个理，但是这要放开，估计纳税人、征管就都乱了，所以营改增前后的抵扣，基本上要分两个方向看：看取得的增值税专用发票等扣税凭证的时间，看使用的目的，把这两者结合进行分析。

5.2.2 营改增过渡时点抵扣的基本情形分析

小编总结了一下营改增前后抵扣的意见（见表 5-3），这也是参照之前税务稽查的经验，希望对于我们的纳税人提供有利的借鉴作用。

表 5-3

营改增过渡时点抵扣的基本情形分析

情形	抵扣的可行性分析	税务机关风险识别
营改增前已购入已取得专票	认为不可以用于营改增之后的抵扣，看当下的用途是关键，要看未来的潜在用途，管不过来了	开具日期为 2016 年 4 月 30 日之前的扣税凭证，一张一张过吧

续表

情形	抵扣的可行性分析	税务机关风险识别
营改增前已购入，营改增后取得专用发票	理论，注意是理论，对方的纳税义务发生时间决定购买方的抵扣，都是营改增之后，但是事实是采购的东西是营改增前用的，所以理论上我们可以说，这个没有问题，但是发生的稽查案例说明这个事不靠谱	税务的同志能不能给个解释口径啊，非要事后检查出来不予认可吗
营改增前已购入部分，但仍处于在建状态，尚未验收	2016年4月30日前的结算、票据是抵扣不了，但是之后取得的，根据这个业务还在发生中，从理解的角度，营改增后取得的扣税凭证是可以抵扣的（建安的简易计税的情形也是可以要专用发票抵扣的）	注意看验收、会计处理及票据日期等
常规次月结算的情形	如水费、电费、租赁费等，如果明确的就是月结之类的情形，营改增的月份结算上月的，人家给开具的专用发票，建议不做抵扣，为什么？应用目的不一样的	税务机关进行常规业务的检查可以关注
次日结算的事项	比如住宿、会议费，第二天（2016年5月1日）结账，则住宿毕竟还是有半夜营改增时间啊，如何认？此时建议灵活处理，谨慎起见，不认也好	
年度合同，分期结算	如有的保险公司认为4月30日前起保的，分期收款的，不予开具营改增之后的专用发票，这就错误理解了增值税的纳税义务，也不符合保险的期间问题	是权利也要勇敢保护才是

对于上面的内容，小编重点解释一下里面的纳税义务发生时间决定抵扣事项的问题，这个问题小编原来理解还是通的，但是从稽查的案例来看，得到认可的难度还是比较大的。即“纳税义务决定抵扣时间说”还是存在实践认可困难的情形的。

［案例］ 某供应商为某证券公司销售电子设备一批，价格为1 000万元（不含税价格），增值税额为170万元，约定4月20日交货，企业已计入固定资产账上，同时约定4月20日付款50%，5月1日付款50%，供应商分二次开具了增值税专用发票（或前一个为增值税普通发票，后一个为增值税专用发票），则两个的抵扣判断标准如何？

分析： 且不考虑理论的分析角度，就说实践处理，第一个50%即使取得增值税专用发票，在5月1日之后得到抵扣的难度也是比较大的，当然有技术的处理条件是满足的，谨慎起见，建议不做抵扣，从严口径，因为我们不是等待理论的检查，而是迎接税务机关的检查，这才是当前需要面对的。至于理论上，当然从应税收入创造角度是增值税的目的，那抵扣是有条件的，不宜简单地以日期决定“英雄”。而第二个50%，理解起来也很有逻辑性。营改增之后取得的增值税专用发票，对方依分期收款确认应税收入也是5月计算缴纳增值税的，可以大胆地抵扣啊？但是我们不得不承认，这种情形下的抵扣也受到很大的挑战，即有的同志认为实际货物是营改增之前发生的，这只是一个附属的发票的问题，不能让形式决定实质，不得抵扣！所以对于这种情形下的抵扣，建议我们的企业谨慎对待，看当地接受的口径，以决定抵扣利益的评估操作。至少从当下的稽查案例来讲，抵扣也是存在风险的。

进一步分析，那为何对于在建工程那种，就基本上认可了，这不是一个性质吗？不应有区别啊。这只能说是现实当中的一种处理结果，无法提供有效的法规依据作为理论支持。因为从在建工程有用的角度，那是用于营改增之后的，不让抵扣说不过去啊，因为并没有对营业税下的收入产生利益的增长作用。所以从这个角度讲，还是有一些逻辑在里面的，分不清的就依照上面的规则，分得清的就依这个。

5.2.3 应对营改增，抵扣的手段多种多样

为了达到抵扣的目的，各营改增单位施展的手段也是“百花齐放”，比如我们分析一下如下的几种情形，估计同志们会进一步判断自己的做法是不是有底。

5.2.3.1 采购行为延后只为抵扣这一目的

应该说这是一种成熟的应对手段，毕竟我们知道，营改增之前采购比营改增之后采购，利润与现金都会有很大的利益空间，只差这几天，何乐而不为呢。即将采购行为延迟到营改增之后，这是企业的经营行为，而税收法规并不能限制企业必须在营改增之前采购，所以税法上基本无力去反对，说这是企业的不恰当“避税”之处。

但是有的纳税人可能处理得不完善，就可能被我们的税务同志找到破绽，即如果纳税人合同约定、会计处理、付款、发票、验收入库等几项没有系统地连接好，则可能出现被否定的结果。如营改增之前入库了，还让人家营改增之后开具发票再入账，这是明显的技术型的后续处理，而不是根本型的，就不好了，人家可以轻松地突破，当然我们的税务机关检查也不能只看发票，要串联检查，这样才能发现可能补缴税款的机会。

5.2.3.2 办理退货的“曲线救国”之路

对于服务，往往是发生了就发生了，无法回到从前，但是对于期初存货，则可能就有找到抵扣机会的办法，即办理退货再购进的处理。

［案例］ 某建筑工程公司期初有存货钢材等数吨，采购价格为 1 170 万元，当时计入工程材料中，现在营改增了，企业采取了下列方法进行应对：

4 月份将货物退货，同时 5 月份再将货物采购回来。从而将存货当中的进项分解又得到了抵扣。这样做的可行性前提是当初基本上对方开具的是增值税的普通发票，而普通发票的红字是可以不受时限限制开具的，同时呢，供应方也没有利益损害，冲回收入再做一笔收入，税额并没有发生变化，由此完全是可以操作的。既然于供应商基本无损害，于购买方却可以抵扣，这样的好事何乐而不为呢？

这样做也有几个风险点需要重点来识别：

(1) 要有真存货，不能存货消费掉了，还办退货，这就是假退了，是不真实的操作；

(2) 要办理退货的程序，实在不行拉着货回去再进一批，不要货在仓库里还退，这给人留下把柄就不好了；

(3) 会计处理等要完整地处理，收付款也要完整地处理，以示真实之状。

不过有的人士仍认为是有风险的，风险就是这种做法本身明显是为了增值税的抵扣，但这种做法你说违规吗？没有哪一条说不允许企业这样做，实在不行就真退了，到需要的时候再采购一批新的回来，“回炉”一下，也许风险就在于人们的“想法”，而不是税法的规定上。这种方法不仅限于营改增之前，营改增之后依然是可以得到应用的，只是须谨慎确认得到实施，因为这有点儿“洗白”的嫌疑之处，其实是合规的操作，需要有勇有谋地应对。

于此，我们进一步理解，即使是以减轻税负，少缴税款为目的，真实地退货然后再购进，税务机关也没有现成的依据和理由去处罚你。但此事处理起来，并不容易，前提是要真实，真实是要有一定证据来支撑的。一是要原先的销售方同意并配合，二是要找一个合适的理由，三是要付出一定的成本，例如运输费、装卸费、印花税。如果你没有真退货，只是在形式上或者说只在合同上、单据上、发票上来处理，风险是很大的。在敏感的时间点，退货重新开具发票注定就是一件让国税机关非常敏感和关注的事，这点可要想好了。时间回到从前，2009 年 1 月 1 日起，一般纳税人购进固定资产允许抵扣进项税额，许多在此时间点以前购进固定资产的纳税人也是费了好多心思想少缴税，但又不是真退货，结果有可能是被税务检查查出来了，不但没有少缴还惹了不少麻烦。编委作者就查出好几个纳税人做了这样的事。

5.3　过渡期销售和采购涉及的商务对接及合同修订问题

从抵扣的需求角度，作为纳税人，其实面临着两个方向，一是跟供应商要专用发票抵扣，二是基于客户的需求提供增值税专用发票。

从采购的角度，我们在5.2.1节中已进行了一些分析，要保障这种抵扣的利益，首选要沟通，这是第一步，沟通的前提是认为取得专用发票的合规性之需；第二步是基于合同条款的修订，或信息的提供，让供应商能够顺利地开具出增值税专用发票；而对于客户我们需要提供积极的态度让对方能够取得，既然在存在纳税义务的基础之上，何不积极配合人家呢，客户开心了，纳税人的业务也会增长。

基于此，就涉及营改增的内部及外部对接的应对工作了，我们将在营改增的应对章节进行详细说明。比如有的单位想差额，对方不想让差额，这样就存在一个双方讲价的谈判问题了，取得彼此的理解，也是营改增的一个准备工作，而且要有理有据。还有的业务是可以享受免税待遇的，但是客户就要专用发票，此时就需要纳税人做出评估，是不是值得放弃免税待遇，因为客户如果比较强势，这生意不做了损失会更大。

那有的同志解释说，我们能不能“反卖回”销售方，再购回来呢？如营改增之前是小规模纳税人，一卖得到认可的简易征收率是3%，计缴了增值税后，再买回来时，取得了对方17%的增值税，这就不行了，因为算自己的账上是得利益了，但是对方可不“傻”，试想对方取得了3%征收率的增值税进项，再开17%的增值税税率的销项，这接受起来可难受了，亏本的事人家是不好做的。

5.4 财税〔2016〕36号文件中对于过渡期易引起误解事项的说明

这个事情的出现，也是小编在咨询过程中发现并思考的问题，想必也多是我们这一拨纳税人有所困惑的地方，因此小编再多动点笔墨，对此进行一个有针对性的解释，让我们理解得更透彻些。

5.4.1 营改增试点之日前发生的有形动产租赁是指哪一次试点

这不，试点试多了，就有可能不知道哪一次的试点日期了，那这是如何一个事呢，且看文件的规定：

一般纳税人发生下列应税行为可以选择适用简易计税方法计税：……4. 以纳入营改增试点之日前取得的有形动产为标的物提供的经营租赁服务。5. 在纳入营改增试点之日前签订的尚未执行完毕的有形动产租赁合同。

上面第4项中所列的试点之日前取得的有形动产为标的物的经营租赁服务，到底是指2012年1月1日试点，还是过程当中不展扩大地区的试点时间，还是这一次

2016年5月1日营改增的试点，既然一直说5月1日营改增试点，这很难让人分清是不是指这次呢。其实不是，为何呢？既然是这一批营改增试点的单位，如果之前营业税下已有有形动产租赁，那可也是计缴增值税的，而不是营业税，于此就可以理解，是指当初，即从前的营改增纳入之时（各地有不同的时间点）试点日期，如上海就是从2012年1月1日这个日期确定前后。在试点之后取得小规模纳税人应税身份的，那不得抵扣，一般纳税人的，那允许抵扣，自然不存在现在提简易计税办法的开始一说了。

再来看看第5项的适用情形，即横跨试点日的有形动产租赁合同，允许按简易计税方法计算增值税应纳税额。这个试点之日也要借鉴上面的内容理解，不再多述。但这个情形在之前的营改增文件当中，却是这样说的："试点纳税人在本地区试点实施之日前签订的尚未执行完毕的租赁合同，在合同到期日之前继续按照现行营业税政策规定缴纳营业税"。当然这儿包括经营租赁，也包括融资租赁的情形。2016年5月1日营业税都消失了，所以这儿就改为简计算增值税吧。

5.4.2 增值税期末留抵税额

增值税期末留抵税额，是这样规定的，营改增试点以来也一直是这样明确的：原增值税一般纳税人兼有销售服务、无形资产或者不动产的，截止到纳入营改增试点之日前的增值税期末留抵税额，不得从销售服务、无形资产或者不动产的销项税额中抵扣。

这儿说的"营改增试点之日"又是指什么时间呢？还是指什么情形呢？其实这儿还是有比较深远的想法的，我们的解读资料中是这样描述的：

纳税人在生产经营中，兼营的行为非常普遍。原增值税（即销售货物和加工修理修配劳务增值税）均为中央和地方共享税，营改增以后，为进一步理顺中央与地方的财政分配关系，《财政部关于营改增试点预算管理问题的通知》（财预〔2013〕275号）明确，试点期间收入归属保持不变，原归属地方的营业税收入，改征增值税后仍全部归属地方。也就是说，同为增值税，目前存在两种预算分配格局。一种为全额地方，一种为中央地方共享。为维持现有中央和地方收入分配格局的稳定，此条规定了原增值税的期末留抵税额，只能抵扣试点以后发生的销售货物和劳务产生的销项税额，不能抵扣试点以后发生应税行为产生的销项税额。

从这条来看，这是说事的，并不是说那一天的开始日之类的明确，相当于原增值税的应税留抵税不得抵营改增之后服务、无形资产和不动产的销项税额，这是一个规则，为了平衡国家和地方的利益考虑的。要不整得这么复杂一般人看不懂，原因就在这儿。

这里面可复杂了，2012年营改增以来可能已消化了一些的这样的事，但保不齐这一批营改增还是有啊，即如果是货物或劳务的应税事项，现在这一批刚纳入营改增之中，此时的进项税额留抵就在考虑处理了。具体的案例请参照本书后面解读中的举例说明。

5.5 试点前后营业税和增值税的清算问题

首先我们知道营改增之后，营业税消失了，但是仍然会发生之前营业税的退或补的情形，即营改增之后消失的是营业税的应征行为的产生，但是涉及之前业务的追溯，仍存在纳税人补缴或退营业税的事项，所以不要想象成真的没有营业税的事儿了。财税〔2016〕36 号文件规定：

1. 试点纳税人发生应税行为，按照国家有关营业税政策规定差额征收营业税的，因取得的全部价款和价外费用不足以抵减允许扣除项目金额，截至纳入营改增试点之日前尚未扣除的部分，不得在计算试点纳税人增值税应税销售额时抵减，应当向原主管地税机关申请退还营业税。

2. 试点纳税人发生应税行为，在纳入营改增试点之日前已缴纳营业税，营改增试点后因发生退款减除营业额的，应当向原主管地税机关申请退还已缴纳的营业税。

3. 试点纳税人纳入营改增试点之日前发生的应税行为，因税收检查等原因需要补缴税款的，应按照营业税政策规定补缴营业税。

5.6 营改增之后清理之前增值税法规有效性明确的问题

应该说这一次营改增之后，好多之前涉及增值税与营业税划分、进项税额转出等相应文件的时效实际上已结束了，如果这样理解，显然还是不够符合法治的精神，我们有必要就此再努力一下，让营改增的实施更加体系化一些。而且我们要更加注重法规引用内容的时效性，比如说起《财政部 国家税务总局关于固定资产进项税额抵扣问题的通知》(财税〔2009〕113 号）时，我们一直就有探讨其引用的《固定资产分类与代码》(GB/T14885-1994)，这个国家标准在 2010 年已经更新修订了，但是这跟写软件程序一样，这个相当于写进程序里了，不是可以进行设置的弹性字节，这就麻烦了！按道理说呢，既然当时引用了人家的标准，人家这个标准都不存在了，我们还说要用这个标准，这没有一个国家一体化的政策对接标准，由此纳税人会更加迷惑也有质疑；另外，如果我们坚持要执行呢，也是要进一步明确执行的规则，这样才理得顺一些。这一点要多参照一下企业所得税的政策，如对于六大行业的加速折旧政策，人家是这样规定的：六大行业按照国家统计局《国民经济行业分类与代码（GB/4754-2011)》确定。今后国家有关部门更新国民经济行业分类与代码，从其规定。

不过我们也知道，一些标准也是订出来的，可能也存在人为去推动修订了一些有利于纳税人可以抵扣的规则，这个毕竟制订部门也是考虑了合法性的因素，由此我们也不宜再用税法的角度去审核其合规性的问题。

当然像财税〔2009〕113 号文件这个当初不动产、不动产在建工程不得抵扣的规定，在营改增之后根本就没有意义了，所以清理这样的执行层面的规定显然是到了时候了。基于未来的增值税立法，希望我们的法规能够减少一些纳税人遵从税法的实施成本及风险的自我识别能力。

5.7 过渡期发票使用中的注意事项

《国家税务总局关于全面推开营业税改征增值税试点有关税收征收管理事项的公告》（国家税务总局公告 2016 年第 23 号）规定：

自 2016 年 5 月 1 日起，地税机关不再向试点纳税人发放发票。试点纳税人已领取地税机关印制的发票以及印有本单位名称的发票，可继续使用至 2016 年 6 月 30 日，特殊情况经省国税局确定，可适当延长使用期限，最迟不超过 2016 年 8 月 31 日。

纳税人在地税机关已申报营业税未开具发票，2016 年 5 月 1 日以后需要补开发票的，可于 2016 年 12 月 31 日前开具增值税普通发票（税务总局另有规定的除外）。

这儿是基于减少浪费及方便纳税人的角度，让营改增的单位原来已领取的营业税发票，可以继续使用到 6 月 30 日，特殊经过省国税局确定的，延长使用到 2016 年 8 月 31 日。这儿就有问题了：其一，这些单位如果领用了增值税发票，是不是还可以使用营业税的发票呢？其二，基于营业税发票根本无法达到抵扣的用途，如果对方要抵扣时，人家也不会要营业税的发票，所以这种情形之下，有一些“理想主义”在里面，基本上被逼着也不会用到 8 月 31 日这个截止点，被动情形之下的多被要求能够开具增值税的发票来。当然这儿更害怕未来在企业所得税中，有的人士以此认为纳税人取得的票据不合规而不能在税前列支操作，这儿还要关注开具发票的日期，避免落入这样的“陷阱”当中。

比如北京国税在《北京市国家税务局 北京市地方税务局关于营改增后发票管理衔接有关事项的公告》中是这样要求的：

二、关于地税机关已发放发票的缴销问题

（一）初次在国税机关领用发票的纳税人，须缴销地税机关已发放的发票后，方可领用。

（二）凡在国税机关已领用发票的纳税人，在开具国税发票之前，应将地税机关已发放的发票一律缴销。

（三）使用地税税控收款机开具发票的纳税人在办理发票缴销手续前，应先将已分发、未使用的空白发票做“作废”处理，并进行抄报。

（四）试点纳税人（除特殊情况外）应于2016年6月30日前办理地税结存发票的缴销手续。纳税人在国、地税均可办理发票缴销手续。

（五）试点纳税人办理完地税结存发票缴销手续后，应到原发放税控收款机的地税机关办理税控器具注销手续。

所以这个事还是不要想得太轻松，也不要太乐观，毕竟一是要领用增值税发票，二是客户之需，要想顺利地使用营业税的发票可能就会受到很大的内外压力。当然何必非要抱着地税发票不放呢，国税发票又不是不给，所以提前取得增值税发票是更好的事了，何乐而不为呢！

但是过渡期中有一个现实的问题，即对于原来异地施工、异地不动产租赁，在异地地税机关缴纳营业税并代开发票的事项，比如营改增之前本来是要在异地缴纳营业税代开营业税发票的，但是呢，由于营改增之后，这个开具发票的事项由机构自行开具了，此时是不是就解决了不用再“麻烦”异地的地税机关开票的问题呢？其实这儿不得不说，纳税人利用这个“漏洞”还是有些问题的，虽然可以用增值税的普通发票开具之前缴纳过营业税这个事是明确了，且可以延续到2016年12月31日，而且不用纳入增值税应税收入，相当于增值税普通发票帮营业税的发票去给企业结算用。但是这种情形下：

（1）如果在异地缴纳了营业税，此时小编认为在机构所在地开具增值税普通发票，还是可行的，毕竟地税机关不得再提供营业税的发票了，也不能再开具了吧；

（2）但是如果在异地没有缴纳营业税，想在机构地开具增值税普通发票解决异地纳税的问题，就不属于这种允许延伸的事项了。毕竟营业税的纳税义务如果在营改增之前已经发生了，那没有办法，异地地方税务机关是可以追征的。至于手段如何呢，毕竟我们异地施工的个人所得税还在人家那里管着呢！《国家税务总局关于建筑安装业跨省异地工程作业人员个人所得税征收管理问题的公告》（国家税务总局公告2015年第52号）依然将财政的事交给企业去承担了：

一、总承包企业、分承包企业派驻跨省异地工程项目的管理人员、技术人员和其他工作人员在异地工作期间的工资、薪金所得个人所得税，由总承包企业、分承包企业依法代扣代缴并向工程作业所在地税务机关申报缴纳。

总承包企业和分承包企业通过劳务派遣公司聘用劳务人员跨省异地工作期间的工

资、薪金所得个人所得税，由劳务派遣公司依法代扣代缴并向工程作业所在地税务机关申报缴纳。

二、跨省异地施工单位应就其所支付的工程作业人员工资、薪金所得，向工程作业所在地税务机关办理全员全额扣缴明细申报。凡实行全员全额扣缴明细申报的，工程作业所在地税务机关不得核定征收个人所得税。

从上面的规定来看，似乎异地施工地的税务机关并没有太大的自由权去核定个人所得税，至于印花税？要不要在施工地缴纳，之前小编也专门研究过，对于这种情形下，似乎施工地地税机关是可以一并征的，毕竟没有标准，这个权责似乎也可以“占用”一下。

从上面的分析看，一是施工地的税务机关也不要认为“管不住”施工企业，拿不住发票的“牛鼻子”就没有办法了，以后人家在这儿预缴税款是看人家的眼色了，而且“甲供材”的判定也没有了，心里可能会有些空，但是正是这种法治化及减少自由度的操作，才能让税法走得更稳健，也让纳税人更好地纳税而不是处于不停的“沟通”当中。

5.8　本章小结

正是因为营改增之后纳税人的身份起到了一个链条传递的作用，所以增值税就变得有意思起来，这一章的内容是从过渡期展开的，虽然我们的法规并没有完美地给出一些明确的规则，但我们的经验告诉我们可以做什么，不可以做什么，如何有效地做，这是本章希望给出的一个引导性的建议，以让我们更加实践性地认识营改增的应对。

GREAT ERA OF TAX REFORM FOR REPLACING BUSINESS TAX WITH VALUE-ADDED TAX

第6章 视同销售

企业所得税上有视同销售，增值税上也有视同销售，那这是如何来的呢？所谓视同销售，就是指那些提供货物、服务、无形资产或不动产的行为，其本身不符合增值税税法中对销售货物所定义的“有偿转让（取得货币、货物或者其他经济利益）”条件，或者不符合财务会计规定的“销售”条件，但按照增值税法规规定需要视同为销售一并征税的行为。因此，既然是“视同”销售了，那就必须存在“应该”计算增值税税额的问题，这才是要的结论，即虽然这个视同销售没有利益流入，但对不起，也要做计缴增值税的处理。

6.1 视同销售的法规规定

既然要说清这个事，那我们就有必要先看看法规规定是如何说的，这儿可并不只有财税〔2016〕36号文件自己的事，还有《增值税暂行条例》规定的事，为什么？因为“无偿”送的服务、货物是多样的，所以必须系统地对此进行理解，才是“全才”。

(1) 财税〔2016〕36号文件对于视同销售的条款规定。

第十四条　下列情形视同销售服务、无形资产或者不动产：

（一）单位或者个体工商户向其他单位或者个人无偿提供服务，但用于公益事业或者以社会公众为对象的除外。

（二）单位或者个人向其他单位或者个人无偿转让无形资产或者不动产，但用于公益事业或者以社会公众为对象的除外。

（三）财政部和国家税务总局规定的其他情形。

第四十四条　纳税人发生应税行为价格明显偏低或者偏高且不具有合理商业目的的，或者发生本办法第十四条所列行为而无销售额的，主管税务机关有权按照下列顺序确定销售额：

（一）按照纳税人最近时期销售同类服务、无形资产或者不动产的平均价格确定。

（二）按照其他纳税人最近时期销售同类服务、无形资产或者不动产的平均价格确定。

（三）按照组成计税价格确定。组成计税价格的公式为：

组成计税价格＝成本×(1＋成本利润率)

成本利润率由国家税务总局确定。

不具有合理商业目的，是指以谋取税收利益为主要目的，通过人为安排，减少、免除、推迟缴纳增值税税款，或者增加退还增值税税款。

(2)《增值税暂行条例实施细则》对于视同销售的条款规定。

第四条　单位或者个体工商户的下列行为，视同销售货物：

（一）将货物交付其他单位或者个人代销；

（二）销售代销货物；

（三）设有两个以上机构并实行统一核算的纳税人，将货物从一个机构移送其他机构用于销售，但相关机构设在同一县（市）的除外；

（四）将自产或者委托加工的货物用于非增值税应税项目[1]；

（五）将自产、委托加工的货物用于集体福利或者个人消费；

（六）将自产、委托加工或者购进的货物作为投资，提供给其他单位或者个体工商户；

（七）将自产、委托加工或者购进的货物分配给股东或者投资者；

（八）将自产、委托加工或者购进的货物无偿赠送其他单位或者个人。

所以我们现在面临着两个视同销售的确认体系，需要营改增的单位或个人综合掌握，我们对此特别做了如下的总结（见表 6-1）。

表 6-1

视同销售情形总结

事项	是否存在视同销售	单位或个体工商户	个人	例外事项
销售货物	是	适用	不适用	
提供劳务	否	*	*	
销售服务	是	适用	不适用	用于公益事业或者以社会公众为对象的除外
无形资产或不动产	是	适用	适用	用于公益事业或者以社会公众为对象的除外

所以纳税人首先要以自己是不是适用、行为是不是适用两个条件来判断，如提供加工、修理修配劳务本身就从来没有规定过视同销售的事，那就不要提这个成立的前提了，比如 4S 店免费提供的维护保养活动，那本身就不能有视同销售的事儿。

再比如上面用于公益事业或社会公众的营改增的事项是除外的，但原增值税的规则下对于货物是没有这个优惠的，比如我们企业捐赠给公益事业的货物，若没有国家特殊的政策豁免，仍是需要做视同销售增值税的处理的，这也可能会妨碍部分人做好事的行为。

6.2 视同销售存在的法理解释

我们可以借鉴《增值税暂行条例实施细则》的释义来大略理解一下视同销售到底为何要这样规定，没有利益计税，不合理啊，这个理解必须是存在的且受到纳税人质疑的，所以理论上必须得有“理”说一说。

[1] 营业税全部消失之后，“非增值税应税项目”这个说法基本上改变了意思表达，因为原来是照着营业税的方向描述的，至于免税收入等事项，人家在规则当中是单独说明的，并不归类于非增值税应税项目。

1. 为了使增值税凭发票注明税款抵扣办法的顺利实施，保证专用发票传递的链条不断。

我们知道，增值税实行凭发票注明税款抵扣的办法后，发票不只是纳税人记账的商事凭证，而且还是兼记销货方纳税义务和购货方进项税额的合法凭证。由于社会的生产活动是一个有机的整体，从增值税税款的征扣角度看，纳税人抵扣税款的权力是否成立，取决于他所购买货物的销货方是否履行了增值税的纳税义务。如果上一环节没有征收增值税，他就不能开具增值税专用发票，不但本环节购进货物时支付的税额不能抵扣，下一环节纳税人也不能享受税款抵扣。另外，由于增值税的征收采用了抵扣的原理，当在一个环节征收增值税时，纳税人如果不能提供有效的扣税凭证，其进项税额得不到扣除，从税收负担的角度看，他就成为全额纳税其产品的税负就高于增值税税率规定的税收负担。视同销售征税后上述问题都得到了解决，同时，由于纳税人支付的税款是向下一个环节的购买者收取的，而下一环节支付的税款在征税时又能够抵扣，对国家来说，并不增加税收收入；对纳税人来说，也不会增加税负。因此，对一项行为视同销售货物征税，其目的只是为了满足增值税税款抵扣制的实施需要，保证凭发票注明税款抵扣的链条不中断，体现增值税平税负的原则。

2. 为了平衡自制货物同外购货物的税收负担，堵塞逃税漏洞。

从平衡自制货物同外购货物的税收负担的角度考虑，如果对纳税人将自产或者委托加工的货物用于非增值税应税项目、集体福利或者个人消费，或者将自产、委托加工或者购进的货物分配给股东或者投资者、无偿赠送其他单位或者个人等方面的货物不视同销售征税，就会产生自制、委托加工货物同外购货物的税收负担不平衡的现象。

非应税项目由于不属于增值税的征税范围，其使用的货物是不能抵扣增值税税金的；用于集体福利或个人消费、无偿赠送他人以及分配给股东或投资者的货物，实际上其货物的用途已经转变，有些已经成为消费品。

从堵塞逃税漏洞的角度考虑，如果对自产、委托加工的货物不征税，纳税人就可能利用税收规定的漏洞，改变其生产方式，将用于上述方面的货物，由外购改为自产或委托加工方式，从而造成逃税的可能。

以上的说法，大家看个差不多就行了，其逻辑有一定的合理性，关键是我们如何来应用不同情形之下的视同销售的处理。

其实在货物解释中是有一些啰嗦了，为什么呢？比如以货物对外投资，那也是交易的一种形式，只是换回来的是股权，符合"取得经济利益"的概念，自然是收入，并不是视同销售的绝对解释，本质就是销售收入，只是提示纳税人关注这个要做增值税的收入处理。本次财税〔2016〕36号文件基本上就不这么啰嗦了，不然对于不动产出资都认为属于视同销售了，而其实只是提到了无偿转让的范围，这并不是说对于投资不做收入，而是说本来就是收入的范围，这是小编的一点理解。

6.3 视同销售本身的处理逻辑

下面我们具体来解释一下业务发生过程中对于视同销售的规则理解及实践处理的情形分析。视同销售本身的结果是什么？是形成销项税额或应纳税额，这一点是不区分一般纳税人和小规模纳税人的，即视同销售对于所有纳税人都是有效存在的。

6.3.1 视同销售的存在决定了进项税额抵扣的存在

无论是对于货物、服务还是不动产、无形资产，如果涉及视同销售的存在，则与其相关的进项税额是可以抵扣的，这对于一般纳税人来讲是一个基本的逻辑。对于小规模纳税人则只有视同销售的计算结果了，没有必要考虑进项税额抵扣的问题。

但上面的逻辑却是推导不出来，进项税额不抵扣就不需要做视同销售的处理。很可惜，从1994年以来，我们对于企业存在的很多视同销售情形未引起关注。比如我们很多企业存在的赠送礼品等相关业务的处理，基本上都是直接费用化，少有做视同销售处理，一是税务机关没有引起关注，二是大家潜意识认为，这都是费用了，何来视同销售呢？对于税法的理解还是不深入。

但是，我们不得不面对，有两个地方的税务机关对此进行过"理解"的接受的规定，是这样的。

安徽皖国税函〔2009〕105号文件规定：

一般纳税人在交际应酬中所赠送的自产、委托加工或外购的货物，其进项税额不得抵扣，但不需按视同销售中的无偿赠送征收增值税。

天津津国税外〔1998〕43号文件规定：

外购商品作为礼品赠送，原则上应该交纳增值税。但要视企业是否先期抵扣了进项税金。若将进项税金进行了抵扣，则应该征税；若没有抵扣进项税金，则可从宽掌握暂不征税，企业可按交际应酬费处理。

这两个文件还是尊重了纳税人的实际情况的，因此读来也颇为税务机关的宽容与机智鼓掌。不过“可惜”的是这两个文件当下已处于作废的状态了。所以视同销售与进项税额抵扣是一般纳税人计税规则的一个通用规则，即进项税额抵扣和销项税额是两个独立的事项，各自存在，至于抵扣与否和销项计提则是依各自的规则确定，因为是不是得到抵扣部分情形下是纳税人的一种选择，不会因此决定销项是不是产生的前提。

6.3.2　视同销售中的“无偿”其实是个难念的“经”

核心的视同销售产生的根源在于“无偿”提供服务或者是赠送货物，这个无偿，基本上从 1994 年税改以来就没有一个明确的说法，以至当下企业的促销手段多样，更加剧了对于视同销售判断的争议点。

比如对于销售服务中存在的很多赠送货物的情形，如何判断是不是属于视同销售，一直以来主流的征管观点认为只要是“送”，没有作价销售，就是无偿赠送，必须计算销项税额。而纳税人则认为，基本上我们没有无偿赠送啊，赠送的前提往往是客户购买了我们的服务或产品，何来无偿呢？这就是对于这一问题的广义和狭义理解的偏差之处。但是我们可以高兴地看到，部分税务机关对此已做出好的表率开头，但也有坚持老的“理想”的方面。

(1) 江西国税的规定。

信用卡积分兑换应当如何缴纳增值税？

答：纳税人对外发行信用卡的持卡人用积分兑换商品或服务的，属于无偿赠送货物或者无偿提供服务，纳税人应当视同销售按照适用税率缴纳增值税，同时，购进用于兑换的商品或服务取得增值税专用发票的，其进项税额允许抵扣。

(2) 河北国税的规定。

十三、关于保险公司销售保险时赠送促销品征收增值税问题

保险公司销售保险时，附带赠送客户的促销品，如刀具、加油卡等货物，不按视同销售处理。

(3) 山东国税的规定。

➢ 房地产开发企业“买房送装修、送家电”征税问题

房地产开发企业销售住房赠送装修、家电，作为房地产开发企业的一种营销模

式，其主要目的为销售住房。购房者统一支付对价，可参照混合销售的原则，按销售不动产适用税率申报缴纳增值税。

➤ 关于保险公司销售保险时赠送促销品征收增值税问题

保险公司销售保险时，附带赠送客户的促销品，如行车记录仪等，作为保险公司的一种营销模式，购买者已统一支付对价，不列为视同销售范围，按保险公司实际收取的价款，依适用税率计算缴纳增值税。

(4) 江苏国税的规定。

关于酒店赠送行为的税收处理

酒店提供住宿服务，在客户住宿期间赠送商品或服务，其赠送行为是否属于无偿赠送作视同销售？如赠送景区门票、大闸蟹、送机交通服务等。

意见：财税〔2016〕36 号文件规定：住宿服务，是指提供住宿场所及配套服务等的活动。因此，提供住宿服务同时赠送商品、服务，是否视同销售征收增值税，要结合赠送的商品、服务是否与提供住宿服务密切相关进行判断，如赠送的一次性牙刷牙膏、赠送的送机交通服务，属于提供的住宿配套服务，不视同销售；赠送景区门票、大闸蟹，则应按视同销售计算缴纳增值税。

如果我们从增值链条的角度来理解，随业务发生的赠送，必然有相应的服务为商业对价考虑，即使存在税率差导致这个业务的销项不够进项抵扣，那也是人家企业的经营现状，不能站在纳税人的这种行为导致国家税收“流失”的角度或得“便宜”的角度来理解这个问题，特别是在非关联方的业务进行过程中，更不宜扩大性地来支持视同销售的理论存在。

基于这类事项的考虑，在营改增的过程中，也出现了下面的处理方案，即对于电信企业特殊的销售处理意见：试点纳税人销售电信服务时，附带赠送用户识别卡、电信终端等货物或者电信服务的，应将其取得的全部价款和价外费用进行分别核算，按各自适用的税率计算缴纳增值税。这有点儿像企业所得税“买一赠一”的套路了（国税发〔2008〕875 号[1]），也是值得提倡的一种“中间路线”的方式，毕竟不能利用税率差来规避国家正常的税收逻辑问题。但这类处理规则则只当电信企业的“专利”了。

总体而言，无偿赠送本身的“无偿”本身就是个问题，至于地方勇敢地给予了明

---

[1] 国税发〔2008〕875 号，即《国家税务总局关于确认企业所得税收入若干问题的通知》，该文件规定：企业以买一赠一等方式组合销售本企业商品的，不属于捐赠，应将总的销售金额按各项商品的公允价值的比例来分摊确认各项的销售收入。

确，提出有利的纳税人意见也是好的，但是在全国层面，由于这个业务本身的复杂性，难以给出一个明确的规则，以免其中出现不可控的局面，这也是可以理解的，所以依赖于财政部、国家税务总局给出一个标准化的意见，以跟上企业所得税的步伐，可能还需谨慎地等待。

6.3.3 视同销售重货物轻服务的现状短期内难以改变

我们平时关注视同销售，一个现状是有痕迹可查才是保障，对于服务本身如何发现纳税人有视同销售服务的情形，估计就算天天盯着都无法有效地监控，所以从现状来看，纳税人视同销售的风险更多仍存在于货物，及本次营改增涉及的不动产、无形资产的方面，尽管财税〔2016〕36 号文件对于服务的视同销售明确的范围非常大，但对征管的要求仍难以有效地实施到位。

而对于货物，特别是费用化的赠送支出，往往是一查一个准，这是纳税人必须要想办法判断是不属于视同销售还是属于视同销售，包括借鉴一些地方口径，来看是不是未来有充分的解释空间。

6.3.4 业务招待费下的赠送货物到底是不得抵扣还是视同销售

首先我们要知道，增值税是链条制，对于最终的消费环节是不得抵扣的，这是基本的理解。但是对于业务招待下的支出，却有着不同的理解。小编认为，有的同志的理解过于照搬“字面意思”，没有真正地理解增值税上述的逻辑。

为何出现这样的观点呢？我们还是来看看财税〔2016〕36 号文件的规定。

第二十七条　下列项目的进项税额不得从销项税额中抵扣：

（一）用于简易计税方法计税项目、免征增值税项目、集体福利或者个人消费的购进货物、加工修理修配劳务、服务、无形资产和不动产。其中涉及的固定资产、无形资产、不动产，仅指专用于上述项目的固定资产、无形资产（不包括其他权益性无形资产）、不动产。

纳税人的交际应酬消费属于个人消费。

对于业务宣传费中的赠送物品，基本情形之下如属无偿赠送的，增值税上做视同销售没有问题，那个人消费中的“交际应酬消费”事项，如果也是送东西，与业务宣传费中的列支有何不同呢？这儿说的可是不得抵扣呢。我们能不能推导出只要是用于交际应酬消费的都是不得抵扣的，即得出不得抵扣自然没有视同销售的结论呢？

首先我们要承认，一个视同销售的判断标准，不可能因记入会计科目不同而产生不同的结论，所以小编认为要专业地对待“交际应酬”赠送的物品的视同销售。即消费的是不得抵扣的，如招待客户使用的茶叶之类这是不得抵扣的，因为这是“消费”的，增值税的链条在此终止了，但是如果这个茶叶打上公司宣传 logo，赠送给客户，那是要做视同销售的。既然是视同销售，那相应的进项税额也是可以抵扣，但是如果纳税人没有取得扣税凭证，就没有抵扣，只有视同销售了。

税务机关稽查过程中也提出了自己的观点。

尽管对于业务招待费的赠送礼品，多少年来没有几个人关注过，但是 2014 年《国家税务总局稽查局关于农业银行和建设银行检查工作指导意见（一）》对此提出了一个明确的观点：

> 四、赠送礼品视同销售问题
> 银行向客户或非客户无偿赠送的礼品，应当视同销售征收增值税。

但也别被这一句吓倒，因为这是营改增之前的事项，尽管银行当时金融业务缴纳的是营业税，但是对于赠送的礼品要求作为增值税视同销售，那这个意见至少指出了对于此类问题的处理意见。但当时营业税下，银行其实还是有“方法”应对的，因为如果是营业税下的“金融业”应税事项，在业务过程中发生的赠送，则属于营业税的混合销售，彼时的意见是营业税下混合销售赠送的物品，不缴纳增值税，也不缴纳营业税[1]，因为营业税的视同销售的范围非常小。只有纯是无偿赠送的礼品，才有必要做增值税视同销售。

但是营改增之后这个“保护功能”就没有了，因为视同销售的范围一下子加大了，估计这个时候有的人会无比“怀念”营业税的时代。

6.3.5 视同销售本身适用的销售额如何确认

既然是视同销售，那是没有交易价格的，如何来确定增值税的销售额呢？如果没有标准，这一定会引起税务争议且谁也不服谁，因此法规提出了如表 6-2 所示的指导意见：

[1] 2009 年税务检查的时候，企便函〔2009〕33 号文件（已不再发挥后续的法规功能，废止）曾提出如下的观点：金融保险企业开展的以业务销售附带赠送实物的业务，属于金融保险企业提供金融保险劳务的同时赠送实物的行为，按照现行流转税政策规定，不征收增值税，其进项税额不得抵扣；其附带赠送实物的行为是金融保险企业无偿赠与他人实物的行为，不属于营业税征收范围，不征收营业税。

表 6-2

税法对视同销售的销售额如何确认的指导意见

事项	描述
视同销售服务、无形资产和不动产	第四十四条 纳税人发生应税行为价格明显偏低或者偏高且不具有合理商业目的的，或者发生本办法第十四条所列行为而无销售额的，主管税务机关有权按照下列顺序确定销售额： （一）按照纳税人最近时期销售同类服务、无形资产或者不动产的平均价格确定。 （二）按照其他纳税人最近时期销售同类服务、无形资产或者不动产的平均价格确定。 （三）按照组成计税价格确定。组成计税价格的公式为： 组成计税价格＝成本×（1＋成本利润率） 成本利润率由国家税务总局确定。 不具有合理商业目的，是指以谋取税收利益为主要目的，通过人为安排，减少、免除、推迟缴纳增值税税款，或者增加退还增值税税款。
视同销售货物	第十六条 纳税人有条例第七条所称价格明显偏低并无正当理由或者有本细则第四条所列视同销售货物行为而无销售额者，按下列顺序确定销售额： （一）按纳税人最近时期同类货物的平均销售价格确定； （二）按其他纳税人最近时期同类货物的平均销售价格确定； （三）按组成计税价格确定。组成计税价格的公式为： 组成计税价格＝成本×（1＋成本利润率） 属于应征消费税的货物，其组成计税价格中应加计消费税额。 公式中的成本是指：销售自产货物的为实际生产成本，销售外购货物的为实际采购成本。公式中的成本利润率由国家税务总局确定[1]。

我们发现，这儿的视同销售价格，先从自身“最近时期”的平均销售价格确定；其次是其他纳税人的“最近时期”平均价格确定，最后是组成计税价格确定。但注意，这儿要明确一下，什么是“最近时期”，无解！无标准答案，只能是自己按经验摸索。这是中国式税法的规定方式，只能弹性地理解，因为可能有的企业三个月没有销售，有时还真不好定一个时限，只好是弹性规定、弹性掌握了。另外，这儿还有一个“成本利润率”的问题，货物类的是 10%，服务、无形资产和不动产，依照国家税务总局的解读资料说明也是 10%，可能这个最易接近吧，但是我们不得不说，这个后者的 10%还没有一个法规对此进行明确，只能说是参照。

如果是自己提供的服务，则参照自己的平均价格有其合理之处，但这个方面，有的企业可能就“瞎定”了，找一个最低的价格参照，其实这是有问题的，建议谨慎，同时税务机关也可以好好地关注。营改增后，税务机关对于如何认定一项服务价格是否合理，是一件非常困难的事情，例如，一项设计服务，有人认为其一钱不值，有人

[1]《国家税务总局关于印发〈增值税若干具体问题的规定〉的通知》（国税发〔1993〕154 号）规定：纳税人因销售价格明显偏低或无销售价格等原因，按规定需组成计税价格确定销售额的，其组价公式中的成本利润率为 10%。但属于应从价定率征收消费税的货物，其组价公式中的成本利润率，为《消费税若干具体问题的规定》中规定的成本利润率。

却如获至宝。而且设计服务往往也没有一个固定的标准，对于提供方而言，服务也有可能是多样性的，特别是对于一些合同价格较高的定制服务，基本上没有所谓的“最近时期销售同类服务”可以参照。对此，纳税人之间的合同约定、银行转账等相关证据，就显得尤为重要了！

6.3.5.1 外购服务或者货物的赠送适用的价格问题

上面我们聊到的更多是自有服务等情形下的视同销售的价格确认顺序与方式，但是纳税人也可能直接外购服务或货物赠送，少有购买无形资产或者是不动产赠送的，这个我们不多做讨论。

外购服务或者货物用于赠送，则通常认为购入的价格就是其他纳税人的销售价格参照，但有的同志可能又认真了：你们采购的价格是批发价，而视同销售是要做零售价格，这就说不清了，为何呢？因为现在批发与零售哪有分得清楚的，再说文件也没有说参照批发价格还是零售价格，对于批量赠送自然要适用批发的价格啊，这多顺啊，所以建议不要再追究这方面的认真研究的东西了，不然法无依据呢。

那基于此，我们可以认为，视同销售的价格就可以采用外购的价格，即所谓“平价”的流转处理。对此很多人认为这不是很简单了吗？平价转移，企业没有吃亏啊，进项与销项相抵，多完美啊！其实这个问题还复杂着呢，小编也是看到有的企业做的宣传小册子，感觉对这一部分说得不甚明白，于是小编在此也多写几句，以示我们对这个问题的进一步探讨。

先看下面有的企业做的小册子的分析逻辑（见表6-3），以货物、一般纳税人采购为例。

表 6-3

供应商	供应价格	进项税额（a）	销售价格	销项税额（b）	应纳税额（b－a）
小规模纳税人或一般纳税人无抵扣	100（价税合计）	0	100	17	17
小规模纳税人抵扣3％	100/1.03＝97.08	2.92	97.08	16.50	13.58
一般纳税人抵扣17％	100/1.17＝85.47	14.53	85.47	14.53	0

我们可以看出，一个货物，在不同的供应商、不同的抵扣情形之下，其视同销售价格差异这么多，这是不正常的，让供应商决定我们的视同销售价格？这个逻辑是不严谨的。我们知道，如果企业不是自产的货物，那就可以借鉴其他纳税人的价格计算

视同销售价格（不含税价格），其他纳税人的价格，就应是一般纳税人找一般纳税人，而不是一般纳税人去找小规模纳税人，更不宜从采购价格直接定自己的销售价格，这个逻辑是有问题的。

因此小编认为这个视同销售价格宜用85.47作为通用版本，而不是三个版本分别确认使用各自情形下的处理。不是很同意这样的理解。当然有的同志可能说如何理解成本利润率？成本是不一样的啊，所以视同销售价格自然不一样，不然利润表上出现负数我们如何办呢？个案分析是形成个案的结果，再说有时候也不知道一般纳税人销售的价格是多少，说不定高啊，故表6-3中的数据，在没有能力去充分了解市场的情形下，也是可行的。不过我们当然是充分支持纳税人从一般纳税人处采购了，因为视同销售价格存在有利的地方，当然人家小规模纳税人还可能降价呢，这就说不清了，所以我们还是客随主便，就依表中不认真的处理也罢。

6.3.5.2　税务机关要求最低加成10%的理解方案

有这种想法的人不在少数，比如有的同志认为平进平出不正常啊，国家的财政受到影响肯定是不合理的，如果这个问题提到桌面上来，该如何进行解释呢？

除了上面我们使用的其他纳税人的销售价格之外，从“人情”方面进行解释也是说得通过的，毕竟企业赠送东西，是不存在挣钱“企图”的，非要加计10%严重与事实脱节。小编曾接触过类似的案例，比如某电信企业对外赠送花生油，购入的价格是100元（不含税价格），税务机关非要加价10%，我们从人情方面进行了有效的解释，其实企业纯是白忙活，挣的钱也是在其他营收方面计了税的，所以遇到这种情形，同志们还是多多彼此理解一下才是。

这一点就要好好学习一下人家企业所得税的视同销售的“大度”，即对于外购的商品，其视同销售的价格可以按购入价格确认，这是多明确的参照物啊。

6.3.6　视同销售对于经营成本的影响

为何我们的同志不喜欢视同销售？因为这分明增加了纳税人的税收负担，因此明显是企业用自己其他业务挣的钱来交视同销售的税，这是客观存在的，下面我们通过案例来分析一下这个问题。

6.3.6.1　一般纳税人视同销售成本的影响

［案例］ 某银行营改增之前与之后都发生了一笔采购业务，总价款是11 700元，

此采购在营改增后取得了增值税的专用发票，试比较营改增前后对于企业成本费用的影响（见表 6-4）。

表 6-4

营改增前后对于企业成本费用的影响比较

前后	会计处理	成本费用金额
营改增前	借：管理费用　11 700 贷：银行存款　11 700	11 700
营改增后取得抵扣凭证，需视同销售处理	借：管理费用　11 700 应交税费——应交增值税（进项税额）　1 700 贷：银行存款　11 700 应交税费——应交增值税（销项税额）　1 700	11 700
营改增后取得抵扣凭证但不需要视同销售处理	借：管理费用　10 000 应交税费——应交增值税（进项税额）　1 700 贷：银行存款　11 700	10 000
营改增后未取得抵扣凭证	借：管理费用　11 700＋1 700＝13 400 贷：银行存款　11 700 应交税费——应交增值税（销项税额）　1 700	13 400

这个案例说明了什么？营业税下，迷迷糊糊地没有计缴增值税，也没有人管了，但是增值税下，视同销售产生的情形下，如果没有抵扣凭证，管理费用一下子多了 1 700元，对于净利润的影响就是 1 700×75％（若企业所得税税率是 25％），相当于自己再掏腰包交税了，所以这个案例说明了纳税人应重视取得进项税额的抵扣，并且在预算管理中明确花的钱不代表最后形成的成本中心的费用数，这个是营改增后更加突显出来的问题。

从小编的理解思路，如果涉及视同销售的成本测算，不宜将进项税额抵扣剔出去考虑，而是应将采购、视同销售结合起来考虑对于成本费用的影响。取得进销一致的税率的情形下，成本费用与原来是一样的。当然我们的纳税人也要关注并查阅当地税务机关有无不需要视同销售的口径理解，比如上面提到的保险公司销售保险产品时赠送的物品不需要做视同销售，那银行是不是也一样适用呢？其他的商品销售企业呢？这些都可以做有效的延伸。故两个方式，能不产生视同销售的则尽量争取，需要做视同销售的就尽量取得进项税额抵扣。

由于国家层面的政策不明确，因此对这一块，需要结合当地的征管环境进行评估，而不是只考虑增值税的利益，当下认为是为公司“省”税了，但一定跟“领导”说清楚这块可能有补税的风险，不要出了问题让我们应对营改增的同志们来承担责任，其实不是你们的责任，而是政策法规不明确的“责任”，但是买单的往往还是纳税人。

6.3.6.2 小规模纳税人视同销售成本费用的影响

上面我们聊的是一般纳税人面临的视同销售的多样情形，这儿我们简单看一下小规模纳税人的视同销售问题，这是明显地直接增加纳税人的成本费用的。

［**案例**］ 某小规模纳税人举办开业赠送活动，赠送了 100 个保温杯，购入总价是 10 000 元，企业进行如下会计处理：

借：业务宣传费 10 291.26

　贷：银行存款 10 000

　　应交税费——应交增值税 291.26（10 000/1.03×3%）

当然此处有的同志认为是直接用 10 000×3%＝300（元）来计算增值税，小编认为不是很好，为了多缴点税，也未尝不可呢。这儿的增值税明显就是企业自己承担的，一方面形成税款，一方面形成自己的费用，相当于自己掏腰包交税了。

6.3.7 视同销售对应的采购中的进项税额取得的难度

对于我们的财务同志来讲，理论上虽然上面理解顺了，但是在安排采购或销售人员取得增值税专用发票时就不好处理了，因为增值税专用发票必须写清楚物品名称，而取得增值税普通发票，则是可以写一个“办公用品”之类的虚拟的名称，别人也不好查具体的东西，易于处理。这就需要我们财务、业务部门共同明确一个规则，并且得到彼此的理解与协调，不致两方因为营改增而“打架”！

但是也不能想着视同销售增加税负的问题，如果业务上能把钱挣回来，也不失为一个好的主意呢，所以还是要恰当地理解营改增的利益影响。

6.3.8 对于视同销售增值税的错误理解

为何说错误呢，其实这事跟“买赠”是不同的，并不是上面聊到的事儿，而是实施成本的事。但这种情形之下，也可能被很多人误解为“视同销售”，包括本次营改增过程中一些地方口径的解读，小编认为也是有点理想主义的想法。

下面借鉴几个地方口径的例子，来分析一下其中的逻辑问题。

(1) 住宿送早餐、洗漱用品的处理。

如国家税务总局纳税服务司给出的解释口径：无偿赠送早餐和房间里的赠送食品饮料、洗漱用品，不能按兼营和视同销售征税。

这是什么意思？这是发生应税行为的实施成本，人家提供这个服务就提供这些东西，美其名为“送”，其实是全包价，所以这一次各地的口径对于住宿送早餐之类，对于售房送家电之类还是给予了不做视同销售的支持，实乃一大进步的体现。即组成服务实施成本的，不是视同销售，这是一个思考的逻辑。

于此我们理解，比如银行在办业务过程中，往往在柜台一办就半小时或一小时，做什么了呢？填单子呢，但这些单子并不收钱啊，要不要做视同销售呢。如果这都要收就真的是营改增“红”了眼，这只是实施的成本而已。

我们再延伸一下，比如我们去银行办理业务，提现人家不收费、ATM提现也不收费，不正常啊，这也不是“计划经济”啊，那税务的同志是不是据此可以判断，你们银行必须按视同销售计算增值税呢？这也有可能，无偿啊！虽然我们知道银行这儿不收费是套我们的钱在用呢，因为钱存在银行里他们挣得可是钱生钱的事儿，早算计好了。单就这种情形之下的不收费事项，如果真想套营改增视同销售的处理，估计还真是可以的。但是既然大家都是这样运营的，何苦再去为难已经形成的商业惯例呢！

(2) 并不是什么东西都是视同销售。

现实当中，我们经常看到餐馆发的一些宣传纸册，介绍其产品有多好多健康之类的信息。有时马路边还挺多。那这种情形之下，比如小编收到一张，这个餐馆是不是要做视同销售呢？

首先我们不否认宣传手册本身是货物，简单套这一个条款做视同销售是没有问题的，小编看到一个流传的但未见官方版本的浙江的解释是认为宣传纸册也是视同销售的解释。这个东西小编认为还要分情形，因为这种物品就是消耗性的，基本上我看一眼就扔了，我再拿这些纸去卖废品流转增值税到下一环节，这不是做梦吗？所以并不是任何交出去的东西都要做视同销售，没有变现价值的东西、消费性的支出，于受赠方没有什么价值时，可以考虑没有必要做视同销售处理，因此小编结合实际案例对此进行了这样的理解。

(3) 关于分开核算的要求。

财税〔2016〕36号文件中提到：试点纳税人销售电信服务时，附带赠送用户识别卡、电信终端等货物或者电信服务的，应将其取得的全部价款和价外费用分别进行核算，按各自适用的税率计算缴纳增值税。

那如上面的酒店赠送的牙刷之类，是不是要求酒店将价格拆分为一个是住宿服务，一个是销售货物呢？人家完全可以借鉴电信的规定处理啊，其实电信这个纯属奇葩的规定，对于服务不可能服务成本就是服务没有实物，不然餐馆没有办法做了，每一道菜都是销售货物，那我们的税务就不用做别的事了，光讨论征税理论就行了，税就是个计算办法而已，哪有这么多理论主义研究火箭一样上天，而且就算讲究公平主义，但是因为税法本身的强制性、无偿性等要求，是不可能有所谓的“爱”在里面的。当然这是一个国家的正常收入保障运转，也是没有问题的，只是小编并不是很赞同纯理论探讨所谓的税法公平问题。当然对于各地口径的理解，小编认为就要体现出统一，而不一定是公平，好的结果或坏的结果，给个结果就行。

6.3.9 视同销售中个人所得税代扣代缴的影响

比如企业在业务宣传中随机地向本单位以外的个人赠送物品时，依照财税〔2011〕50号[1]文件的规定：企业在业务宣传、广告等活动中，随机向本单位以外的个人赠送礼品，对个人取得的礼品所得，按照“其他所得”项目，全额适用20%的税率缴纳个人所得税。

那这儿营改增了，同志们可能有新的想法了，在计算代扣代缴个人所得税时，能否按“不含税价格”计算代扣代缴呢？其实这就有点儿想多了，因为这个事并不是本轮营改增才遇到这个理解，之前一直存在。含税价格和不含税价格都是针对销售方说的，对于个人而言，这个物品的价格就是含税价格，是总额的所得。所以这儿的其他所得是总额即含税价格的确定，而不是不含税价格，并未因营改增发生改变。

6.3.10 购物卡、消费卡的视同销售问题

预售卡、会员卡的纳税问题，我们对各地口径进行了一个梳理。

（1）河北国税的解释。

三、关于生活服务业试点纳税人以销售预存卡、储值卡方式销售服务纳税义务发生时间的问题

[1] 财税〔2011〕50号，即《财政部 国家税务总局关于企业促销展业赠送礼品有关个人所得税问题的通知》。

生活服务业试点纳税人以销售预存卡、储值卡（或其他具有预存功能的卡、折等）方式销售服务，应在发生应税服务的当天确认纳税义务发生；售卡时即开具发票的，为开具发票的当天。

(2) 湖北国税的解释。

5. 会员卡收入如何计税?

出售会员卡仅给顾客授予会员资格的，属销售其他权益性无形资产，适用6%的税率，其纳税义务发生时间为出售会员卡并取得收入或索取销售款项凭据的当天。

会员卡中既含会员资格费、又含货物或服务的，会员资格费按上述规定处理，货物或服务收入在实际发生时确认；先开具发票的，其纳税义务发生时间为开具发票的当天。

(3) 新疆国税的解释。

七、预售充值卡、会员卡，在销售时即开具发票，对于兼营多个不同税率增值税项目的纳税人，发票应当如何开具?

答：根据《关于全面推开营业税改征增值税试点的通知》（财税〔2016〕36号）附件1的规定，纳税人先开具发票的，增值税纳税义务发生时间为开具发票的当天；纳税人兼营销售货物、劳务、服务、无形资产或者不动产，适用不同税率或者征收率的，未分别核算的，从高适用税率。

如果纳税人在预售充值卡、会员卡时即开具发票的，纳税义务已经发生，应当缴纳增值税。因纳税人兼营多个不同税率增值税项目，无法分别核算，应从高适用税率缴纳增值税。

如果纳税人在预售充值卡、会员卡时未开具发票，在持卡人消费后再开具发票，且能分别核算的，按其适用税率或者征收率计算缴纳增值税。

(4) 江苏国税的解释（非官方渠道发布，仅供参照）。

1. 关于预付卡业务开票征税问题

纳税人取得《支付业务许可证》，核准支付业务类型为预付卡发行与受理，覆盖餐饮、购物、娱乐等多种形式消费。营改增后如何开票、征税?

意见：根据《非金融机构支付服务管理办法》（中国人民银行令〔2010〕第2号）第二条，本办法所称预付卡，是指以营利为目的发行的、在发行机构之外购买商品或服务的预付价值。对纳税人销售预付卡向购卡人收取的款项，只得开具普通发票，不得开具增值税专用发票，且开票内容为“预付卡”或“预收款”。如纳税人按照上述要求开具发票，则开票时间可不作为纳税义务发生时间，票面金额可不作为应税销售额全额计税。纳税人因销售预付卡并办理相关收付款业务，以实际收取的手续费收入为计税依据，按照“金融服务——直接收费金融服务税目”缴纳增值税。

上面的内容重点解释了卡的一些应税行为的理解，这只是购卡的行为本身发生的应税行为的识别：

一是购卡本身是一种预存款，并不代表应税服务发生，应在实际发生时确认应税收入，这是一个基本的理解。但是如果先开具发票了（不管是普通发票还是专用发票），那对不起，先计缴税款吧；

二是对于预付卡，认为江苏国税的规定中引用的办法还少了一句“支付机构接受客户备付金时，只能按收取的支付服务费向客户开具发票，不得按接受的客户备付金金额开具发票。”让售卡的机构开具增值税普通发票，这不存在基本的依据，主要是营业税下对他们差额习惯了，所以增值税下还这么做，一个基本的逻辑就出现问题了，不建议允许其开具增值税普通发票，因为开这个发票也是没有意义的，又或者主要是让买卡的人报销？这个售卡的人本身也不可能再做收入啊，看着有点晕，所以这次营改增对于第三方支付机构搞的预付卡发行，面对江苏的宽容，真是太幸福了。

6.3.10.1 送卡是否属于送货或送服务计算视同销售的增值税

某日某君问道：我们公司小小地买了点购物卡，送给业务单位，或者是购买的电信的充值卡，随客户购买服务进行了赠送，那此时，我送的这个卡，会不会被认为是赠送的“物”，或“服务”呢？要不要做视同销售呢？包括企业所得税的视同销售及增值税的视同销售吗？

买入的卡是不是一种可交易的物品或服务？

首先我们来了解，当下什么情形下可以售卡。售卡的前提是有权销售，购买者多是要求取得发票，当两者达到一致时，交易就发生了。

那售卡时是不是真实的交易呢？从小编的角度来讲，售卡其实就是预存款项，花钱占个消费的“坑”，并不是真正的销售行为发生。那此时有人问了，如果不是销售，那你开具这个发票是不是虚开？这是因为未来有货物的发出，尽管现在还不知何时消费，或者是不知道购买者买什么，当下并没有说这个是违法的行为，即这个时候开具发票反而是得到了认可，反正开具了发票缴流转税就行。

不过我们知道，在购买第三方“皮包公司”发的卡时，他们自己是不敢开具增值税的专用发票的（江苏省例外支持开具普通发票可以不计税），营改增之前通常是开具一张营业税的发票（当下还有路子），再开具一个代收款项的名目，这个事就办了。或者有的人要求取得消费地的发票，“皮包公司”再从供应商那边要一些发票过来（多不是真正的消费对象）转给购卡人，此时改头换面了，存在问题不？存在，但是这个过程中好像没有少交国家的税，只是发生了发票的错位取得，当消费者与购买者也错位时，相当于赠送的环节得到了隐藏，只是为了一张扣除的发票来保证所得税前的扣除目的，预计各地或许会允许开普票，相当于“默许”式，但专用发票开具的底线估计难突破。

对于上述未消费的卡，小编认为就是纯粹的赠送现金的转移形式，并没有兑现匹配的物或服务，不过对于这种情形，这么多年来，我们也一直未明确所得税扣除中认可的底线在哪里。

如果买入的是一种家乐福这样超市的消费卡，对方开具了普通发票也缴纳了增值税（通常不知17%还是13%税率，售卡时暂按17%计算销项税额，未来真正卖货时再轧差调整）。那此时这种卡送人，算不算送东西呢？此时小编认为缴纳增值税没有问题，因为其开具了发票，但是并没有发生销售货物本身产生的纳税义务，其所得税通常也是不需要确认的，因为其本身仍是预收款项的概念，会计上也不会确认收入，所得税上理解也是不需要确认的。基于此，对方取得发票却得到扣除了，相当于是先扣了费用支出，再后续才有国家税款的利益补偿回来，这也是一个政策的时间差问题，也是存在问题的。那此时送人了，小编认为送的仍是“钱”，而不是货物。

如果买入的是一种商品的提货券，相当于是卖了东西了，此时是有东西的所有权的，只是在人家的地方存着，所以小编的认识是，这就是送的东西，因为东西在那儿放着，货物指向也是购买人，只是提货人不是本单位，是要送的人或单位而已。此类情形之下，这样理解也是通的。

再说上面涉及的电信充值卡，依照人家当下的增值税专用发票开具方式，只会开具电信自印的发票，而不会开具专用发票，因为其本身还没有消费。对于加油站的油卡，尽管可以视为是一种购入油在油站放着，但是小编认为这都是预存卡，加油卡会计上并没有确认收入，此时跟我们说的提货卡还是略有不同的。

于此，小编理解，我们购入的这些卡，更多是取得了符合流转税的发票，但是却并不是购入货物或服务的库存，不宜直接定性为视同销售做申报表的调整，即使调整了，也是没有视同销售利润的，因为是外购的可以套一套无利润的考虑，另外也可以套“买一赠一”的方式（虽然文件只规定了商品的“买一赠一”）。但是如果认为是视同销售，所得税没事，那增值税的销项税额就产生了，但是人家却并不给开具增值税专用发票过来，这才难受呢。

所以，我们可以叫多数的这些卡为“存折功能”，而不是“货物功能”提货那种情形。故此视同销售也基本上是不存在的。这也是小编个人的理解。

6.3.10.2 赠送卡下税务机关的口径借鉴分析

不排除有的地方税务机关不是这样认为的，比如湖北国税的这个意见：

保险公司在承揽业务时送的洗车卡、油卡等是否视同销售？

在承揽业务时送的洗车卡、油卡等，要视同销售处理。销售实现时间为洗车卡、油卡等消费卡实际赠送的当天。总局明确的销售货物时无偿赠送的服务，如销售空调同时免费安装所指的情形是指与销售货物密切相关的服务。视同销售的服务能够取得抵扣凭证且符合抵扣范围的，其进项税额可以抵扣。

海南国税也有这样的意见，看来是复制的样本了：

五、关于保险公司在承揽业务时送的洗车卡、油卡等是否视同销售的问题

在承揽业务时送的洗车卡、油卡等，要视同销售处理。销售实现时间为洗车卡、油卡等消费卡实际赠送的当天。

总局明确的销售货物时无偿赠送的服务，如销售空调同时免费安装所指的情形是指与销售货物密切相关的服务。

视同销售的服务能够取得抵扣凭证且符合抵扣范围的，其进项税额可以抵扣。

这儿立意是承揽业务，与上面的销售保险产品赠送略有区别，当然也有不同的理解。如果购入时取得了增值税专用发票，得到了抵扣，那再做一个视同销售也好，因为毕竟是一个链条的问题，但是就怕这个公司没有取得增值税专用发票。

从整个链条来看，一是如果赠送卡的纳税不做视同销售，发票仅入成本费用了，那增值税相当于是提供服务或销售货物人缴纳，客户是受卡人，有人交过增值税了；二是如果中间再转一道，赠送人一进一销抵平，也是一样的结果，只是怕赠送人是小规模纳税人或者作为一般纳税人但无法取得增值税专用发票抵扣，就惨了，税务机关

检查起来要补税还真是个问题。

所以这个问题，从成本发生的角度、没有得到利益补偿的角度看，抵扣是得到认可的，但是要不要作为视同销售，如果单从税收法规的角度，无偿两个字就可以进一步缩小这个范围，而不是带个“送”字就要视同销售，或者带个“送”字都需要税务机关确认不属于视同销售才算不属于，比如住宿送早餐的问题，这都是一种“感觉不属于”的判断，而不是严谨的逻辑思考。

6.3.11　服务能否视同销售的分析

通常我们在想，货物是可以无偿赠送的，那服务呢？当然是可以视同销售的，一是自己发生的供给服务的赠送，比如无偿赠送餐饮服务（非向社会公众的），如招待客户，那就要做视同销售了，至于知不知道吃了，估计就难验证了。二是从第三方购买的服务，比如某建筑安装公司买了一些公交卡，赠送给客户，此时虽然建筑公司本身并不提供运输服务，但是有可能被要求计算缴纳增值税，如果人家公交单位是按简易3%选择计算的增值税，那购买卡的纳税人可能就需要按11%来计算，因为没有享受简易的认可条件。由此来讲，服务本身也是可以转售的。

比如某建安企业承接的项目，让另外一个施工企业进行的服务，这可并不违背“三流一致”的问题，因为服务也是可以采购的，虽然现场可能都是这个施工企业的人，不代表是虚假提供服务，因为是可以让施工企业开具发票给建安企业，建安企业再开具发票结算于建设方的，这就是说明了服务也是可以形成采购进而形成视同销售的行为。

财税〔2016〕36号文件对于服务的视同销售更多理解为自己提供，外购提供的，在没有特别说明之前，仍有争议。

6.3.12　视同销售的适用税率并不随主营项目而参照适用

为何聊这个问题？因为我们经常接到企业的咨询，比如银行有赠送客户的礼品之类，大家可能就认为：赠送礼品适用的增值税税率是多少呢？我们金融服务的税率是6%，那是不是也按6%做视同销售收入的处理呢？这就错了，且听小编说明如下：

首先视同销售并不是混合销售，混合销售是一个业务发生的有货物和服务时，看谁为主就依其中一个税率走（当然现实当中有时也是走迷糊路的），但选择其一是基本的逻辑。说到视同销售呢，这就不同了，虽然可能与服务一块发生，也可能单独赠送，但是呢，在这儿是作为并列的事项存在的，即作为销售服务、销售货物单独存在的，要不说这就是增值税的“学问”吗？是挺折腾的，于是，我们看到的结果是，视同销售是服务就找服务适用的税率，是货物就找货物适用的税率，这个要找增值税上的规定，而不是跟着这个纳税人主业的税率或者服务的税率走。

比如上面金融企业的基本税率是6%，但发生的赠送货物，其税率却可能是17%，如小玩具，或是13%，如花生油之类，这个要看视同销售本身归属的税率了。

6.3.13 视同销售能否开具增值税专用发票的需求

其实遇到这个问题，小编自己都想抽自己耳光，送给别人东西视同销售缴纳增值税还要开具增值税专用发票给别人抵扣，这不是害自己吗？

但是偏有这样的案例不幸地发生了。某企业因为赠送客户物品，客户非常严肃地要求提供增值税专用发票抵扣，该企业的同志也是异常“震惊”，这么多年了，我们还是第一次遇到这样的问题呢，不放心啊，怕开具错了，所以经过谨慎咨询税务机关，答复说可以开具！可以！

这说明了啥？对方受礼的同志比较不自私，看来是将货物给了单位，没有自己放进腰包，所以是个好同志，于是呢，既然存在视同销售缴纳有增值税的行为发生了，那开具发票只是捎带脚的事，没有问题啊。所以这种情形之下，是可以开具增值税专用发票给对方的，当然这种情形发生的概率也比较低，毕竟送给个人的是不能开具增值税专用发票的，但该计税就要计缴，不得开具专用发票给个人是有规定的，这不妨碍纳税人缴纳税啊。

6.3.14 自己给自己提供服务、货物的业务问题处理

前面我们讲过，给自己的员工提供服务，不属于增值税的应税行为，但是如果给自己销售货物或者提供服务呢？有的同志认为，这哪有的事呢，根本不会发生的。下面我们来看两个实务操作的事。

(1) 传统行业4S店自用的试驾车的问题。

问题是，这个车上路必须有牌照，有牌照呢，根据我们现在车管所的要求，人家必须要购车发票（机动车销售统一发票），结果呢，4S店只能给自己开具一张，拿去办理牌照，开了这个发票缴税啊，这又没有不合理啊。有人发表高招，你们不会就让厂家开具单张的发票入固定资产吗？非要自己给自己开，其实这里面还是有说道的，什么呢？这个机动车销售统一发票，是一般纳税人从事机动车（旧机动车除外）零售业务开具的，而不是厂家所能开具的那种增值税专用发票。

如购入时车的价格是117 000元，其中不含税价格是100 000元，税款是17 000元，那自己开具发票时，若也开成了117 000元，销项税额也是17 000元。如此，人家用于销售目的的车，根本不需要增值税视同销售的，结果因为需要发票，要计算销项税额17 000元就基本上无话可说，进项与销项相抵是0。本来人家是可以抵扣17 000元的。注意，这里并不符合进项转出的处理标准，是被视同了处理。那这个车，4S店处理的时候，是按17%还是按简易（3%适用2%的方式）呢，相当于销售了2次，上次那个销项税额是多出来的，要掏现金的。现在变卖，再缴一道税，进项起不到抵扣的作用了，是不是只能按简易才说得合理呢？

关于4S店购进车辆转为试驾车的税务处理，不少地方的国税局都给予了答复，其中宁波市国税局的答复最靠谱：

用于试驾的汽车可以自己开给自己一张机动车发票，开票系统上可以开具。自己开给自己的这张机动车发票，可以认证抵扣，同时也做销项。存货转固定资产，作为资产内部转移，依据国税函〔2008〕828号的规定，不视同销售确认收入。出售该试驾车时按17%缴纳增值税。政策依据财税〔2008〕170号的规定，纳税人销售自己使用过的2009年1月1日以后购进或者自制的固定资产，按照适用税率征收增值税。

(2) 保险公司自己为自己公司的财产进行保险的事项。

我们的财产保险公司，所谓“肥水不流外人田”，自己的财产自己保，而且也知道风险有多高，这也正常。此时保险公司往往也是做收入处理，是不是强制开具发票，小编倒不是十分确定。那这样可跟4S店一样，光有销项没有进项，再说这根本也不算有收入的应税行为呢，在此情形下，小编认为可以借鉴4S店的处理方式，一方面做销售收入，一方面做进项认证抵扣处理，只是感觉有点怪，自己给自己开具增值税专用发票抵扣，就是这么怪，所以这种情形还是要多多沟通一下，省得也有人认为这是不是有问题呢。

6.4 集团内视同销售是否存在、如何存在

为何提出这个问题，一般人还真没有特别注意的，但是这种情形可能又天天发生，我们要知道增值税的判断标准，同时也要知道有哪些风险存在。通常我们认为，集团内视同销售存在一个“无偿”的先天性问题，即都是一家，不收费的情形还是比较多的，那我们如何来识别集团中营改增过程中的风险呢？

对于一个集团，其本身的组织形式是多样的，有分公司、子公司，当然常规来说集团内的公司多是以母子公司关系的形式存在的。

现在集团内管理资金的方式有多种，比如自己设立的“资金池”业务，有通过银行托管等方式，也有财务公司作为职能中心发挥作用的，也有彼此之间无偿使用资金的安排的，这些行为都面临着一个营改增下重新“梳理并新立”的现实问题。

6.4.1 关于无偿使用资金视同销售的问题

这个问题看来已经引起重视，几个地方认真地对此进行了说明，如四川国税的意见：

无偿借款给企业使用，不收取利息，是否需要按照视同销售缴纳增值税？投资入股获得分红是否需要缴纳增值税？

答：（一）无偿借款给企业使用，不收取利息的企业需要视同销售按贷款服务缴纳增值税，利息收入按银行同期同类贷款利率计算。

（二）根据《财政部 国家税务总局关于全面推开营业税改征增值税试点的通知》（财税〔2016〕36号）规定：以货币资金投资收取的固定利润或者保底利润，按照贷款服务缴纳增值税。

因此，投资入股分红属于上述情况的需要按贷款服务缴纳增值税，否则不需要缴纳。

这是什么节奏？视同销售收入征税的节奏。营业税下，基本是一个什么情况呢，就是有发现的征了税的就征了，但是基本上没有征的多。而且原来政策一直也没有放开，现在增值税了，政策说得清楚了，无偿的要视同销售，贷款服务也是在其内的，作为独立的纳税人之间发生的，当然可以大大方方地要求做视同销售收入征税了，而且要用银行同期同类贷款利率计算，这是不是有点儿说得大了呢？人家风险可并不一定这么高的。

新疆也是持征税的观点，但没有提利率的事：

请问关联企业拆借资金，不收利息，要缴纳增值税吗？母子公司或关联企业资金拆借要缴纳增值税，那么非关联的普通拆借资金要缴纳增值税吗？

答：根据《关于全面推开营业税改征增值税试点的通知》（财税〔2016〕36号）规定，单位或者个体工商户向其他单位或者个人无偿提供服务，应视同销售服务征收增值税。贷款服务，是指将资金贷与他人使用而取得利息收入的业务活动。各种占用、拆借资金取得的收入，包括资金占用费等收入，按照贷款服务缴纳增值税。企业间资金拆借行为应按照上述规定缴纳增值税。

所以与其被进行视同销售的调整处理，还不如自己就合理地定一个利率，不是更有主动性吗？从这个角度讲，内部融资的处理就变得谨慎起来了。当然本轮营改增没有解决这个贷款服务抵扣的问题，即一方缴纳了增值税，另一方不得抵扣，只能计入成本费用，这跟营业税不一样，其实对于集团内来说融资成本还是发生了，因为有利益流出集团（一方计销项税额和另一方入成本费用的影响）。

6.4.2 有偿使用的资金池的使用成本问题

这个对于一些央企、外企来讲，使用的比较多，所以营改增了，自然也是我们关注的重点。其实资金池的问题就是灵活使用资金，这里面有两个问题：

一是“存入”资金，由于不是存到有所谓吸储功能的金融机构中，所以难以认为这种存款利息不征收增值税的确认。在通过银行委托操作的情形之下，虽然是存入银行的某个账户，如母公司的账户，但是却并不是存入银行，银行不给利息支出，因此这是不同的。此时更多认为是一种融资的行为，应计缴增值税。

二是轧差结算利息的问题，如既有存也有“借”，则要分两条线处理，而不是以差作为应税收入确认额。

6.4.3 统借统还的例外事项

这个统借统还，现在是放在财税〔2016〕36 号文件当中的“免税项下”下，这就有点怪了，这是应税而给予的免税不？小编认为还是作为不征税事项来得有力量，因为本来就是一帮人向银行借款的意思，何必又认为属于集团内的借款而给予免了呢，而且还约定收的利息不高于融资利率，如果要免税不是可以随意多收点吗？这是小编的个人理解。

那我们来理解一下关于统借统还的有意思的内容吧：

(1) 财税〔2016〕36 号文件的规定。

统借统还业务中，企业集团或企业集团中的核心企业以及集团所属财务公司按不高于支付给金融机构的借款利率水平或者支付的债券票面利率水平，向企业集团或者集团内下属单位收取的利息。

统借方向资金使用单位收取的利息，高于支付给金融机构借款利率水平或者支付的债券票面利率水平的，应全额缴纳增值税。

统借统还业务，是指：

(1) 企业集团或者企业集团中的核心企业向金融机构借款或对外发行债券取得资金后，将所借资金分拨给下属单位（包括独立核算单位和非独立核算单位，下同），并向下属单位收取用于归还金融机构或债券购买方本息的业务。

(2) 企业集团向金融机构借款或对外发行债券取得资金后，由集团所属财务公司与企业集团或者集团内下属单位签订统借统还贷款合同并分拨资金，并向企业集团或者集团内下属单位收取本息，再转付企业集团，由企业集团统一归还金融机构或债券购买方的业务。

这个规定也是承接了营业税的基本传统而来的，融资方向包括两个，一个是向金融机构借款，一个是发行债券的融资利息。也遵照了同样的原理，即按原融资成本价格收的，免征增值税，高于的应全额缴纳增值税，意思是有利得偿转借的意思了。那低于的呢，估计做这个好事的还是少的。

(2) 老问题仍然未解决。

此文件中对于两个事项仍没有明确清晰：一是什么是企业集团，二是什么是统借统还业务。有的税务机关就开始引用企业集团工商登记的规定来了，小编不是很赞同，这一定要个名分吗？民营企业人家投资了10多家子公司不能叫企业集团吗？与母公司有何区别呢？是这个问题。关于统借统还业务，如何体现在银行的借款合同中，或债券的发行说明中，这个没有详细的要求，小编认为应以实际举证来说明。

(3) 要不要开具发票。

在营业税下，是作为不征税处理的，自然不需要开具营业税发票，但是营改增之后，是作为免税项目了，那问题来了，如何开具发票呢？理论上企业集团或其中的核心企业要给所属企业开具增值税普通发票才是，只是享受了免税待遇而已，这样才能达到企业所得税税前扣除的凭据支撑，而过去不征收营业税，自然自己搞个分摊表这个事就这样定了，这才是变化所在。

6.4.4 集团内划拨资产的情形

这儿要分几个层级来考虑这个事，集团内划拨资产的重组方式比较多见，我们来结合案例分析一下如下的情形。

(1) 划拨货物。

《增值税暂行条例实施细则》对于视同销售的规定中有这样一条：设有两个以上机构并实行统一核算的纳税人，将货物从一个机构移送其他机构用于销售，但相关机构设在同一县（市）的除外。

这样理解，这是对于总分机构，即不是法人层面上的规定，用于销售当然要做视同销售了，不过后来国家税务总局有突破之处，即另一个机构不收款、不开具发票，就不需要做视同销售，这只能说是情形复杂之后给出的一个处理机会。

那问题来了，将一个货物从一个机构转到另一个机构下使用，这些机构是不同的增值税纳税人，但并不是用于对外销售（至于以后会不会再说啦），此时并不属于增值税上的视同销售，所以大家不用担心，我们公司分支机构这么多，经常有人员调动，他所使用的电脑必须带着啊，所以账上一个分支机构销账，一个增加，只是内部的一个调账而已，不属于视同销售，这一点要明确。

但是有的企业人家就是算账清楚，彼此之间虽是一家人，但仍进行严格的利润中心管理，划出方开具增值税发票给划入方结算，此时没有办法，就计缴增值税吧，也没有法规规定说你们不能算，算了我们也必须退税的严酷规定，看你们自己的操作吧。只要利益上没有损害就可以稍"大胆"地做吧。

注意上面可是说的是总分机构间的事儿，对于独立的母子公司间的划拨，可就没有这么幸福了，那没有法规支持的保障之下，通常是需要作为销售处理的，而不管彼此之间在会计上是做"资本公积"之类的什么核算方式（注意下面会有特例说明）。

(2) 划拨无形资产或不动产。

要不说这是财税〔2016〕36号文件规定的不细之处呢，至少当下无论对于总分机构还是母子公司，都没有说不需要做销售处理。更进一步说，总分机构之间的划拨，是可以适当借鉴一下原增值税的规则的，本身也确实不是销售关系，但是抵扣权是有差别的，比如总公司购入的无形资产，直接给分公司使用去了，还不是汇总计算缴纳增值税，光抵扣给总公司了，是不是有的同志看着有不"爽"的感觉呢！

(3) 以货物、无形资产或不动产投资的情形。

首先以货物对外投资，是增值税下的视同销售，这个是没有问题的，一直以来就是这样。这样的话，接受投资的企业也是可以抵扣的，相当于一方面增加了股本，另一方面作为存货或资产入账，同时核算进项税额抵扣。此时需要关注被投资企业本身的身份问题，因为往往在投资时对方还没有办理下一般纳税人身份。当然还是有一些特例情况的，如下面国家税务总局的规定。

《国家税务总局关于纳税人认定或登记为一般纳税人前进项税额抵扣问题的公告》(国家税务总局公告 2015 年第 59 号) 规定：

现将纳税人认定或登记为一般纳税人前进项税额抵扣问题公告如下：

一、纳税人自办理税务登记至认定或登记为一般纳税人期间，未取得生产经营收入，未按照销售额和征收率简易计算应纳税额申报缴纳增值税的，其在此期间取得的增值税扣税凭证，可以在认定或登记为一般纳税人后抵扣进项税额。

二、上述增值税扣税凭证按照现行规定无法办理认证或者稽核比对的，按照以下规定处理：

(一) 购买方纳税人取得的增值税专用发票，按照《国家税务总局关于推行增值税发票系统升级版有关问题的公告》(国家税务总局公告 2014 年第 73 号) 规定的程序，由销售方纳税人开具红字增值税专用发票后重新开具蓝字增值税专用发票。

购买方纳税人按照国家税务总局公告 2014 年第 73 号规定填开《开具红字增值税专用发票信息表》或《开具红字货物运输业增值税专用发票信息表》时，选择“所购货物或劳务、服务不属于增值税扣税项目范围”或“所购服务不属于增值税扣税项目范围”。

(二) 纳税人取得的海关进口增值税专用缴款书，按照《国家税务总局关于逾期增值税扣税凭证抵扣问题的公告》(国家税务总局公告 2011 年第 50 号) 规定的程序，经国家税务总局稽核比对相符后抵扣进项税额。

三、本公告自发布之日起施行。此前未处理的事项，按照本公告规定执行。

那以无形资产、不动产对外投资，这个可有“落差”了。营业税下如果承担风险的，这是视为不征收营业税处理的，但是现在，没有这样的待遇了，因为从现在解释的口径看，投资也是取得利益的一种类型，视为有销售收入了，所以以无形资产、不动产对外投资，现在只能视为增值税的应税行为了。抵扣亦可参照货物的进行对接。

不过这儿也有利用的空间，比如下面的新疆地方口径的理解：

纳税人自行研发两项软件著作权按 450 万元作价，作为非专利技术投资入股到某科技有限公司。纳税人需要给该公司开具无形资产发票作为该公司财务记账依据，可否申请代开增值税免税发票？

答：根据《关于全面推开营业税改征增值税试点的通知》（财税〔2016〕36号）规定，纳税人提供技术转让、技术开发和与之相关的技术咨询、技术服务免征增值税。

技术转让、技术开发，是指《销售服务、无形资产、不动产注释》中“转让技术”、“研发服务”范围内的业务活动。技术咨询，是指就特定技术项目提供可行性论证、技术预测、专题技术调查、分析评价报告等业务活动。

与技术转让、技术开发相关的技术咨询、技术服务，是指转让方（或者受托方）根据技术转让或者开发合同的规定，为帮助受让方（或者委托方）掌握所转让（或者委托开发）的技术，而提供的技术咨询、技术服务业务，且这部分技术咨询、技术服务的价款与技术转让或者技术开发的价款应当在同一张发票上开具。

试点纳税人申请免征增值税时，须持技术转让、开发的书面合同，到纳税人所在地省级科技主管部门进行认定，并持有关的书面合同和科技主管部门审核意见证明文件报主管税务机关备查。

这里提供了一个投资也是“转让”的理解，本来上面也认为投资是一种转让的形式，所以技术转让就可以安排走免税的路子，也是可以的。那要是真的不行，就可以先货币出资（工商登记不需要出现钱了），再考虑走技术转让“买卖方式成交”处理，也是不限制的。同时也可以对接一下企业所得税技术转让所得免税的待遇同享的考虑。

(4)“打包”转让的特殊情形。

尽管我们在上面看到了视为应税行为的处理规则，但是财税〔2016〕36号文件有一个非常重要的例外规则，也是我们企业在重组过程中经常使用的，因为在过去的营业税和增值税下就有这个规则，它是这样的：

在资产重组过程中，通过合并、分立、出售、置换等方式，将全部或者部分实物资产以及与其相关联的债权、负债和劳动力一并转让给其他单位和个人，其中涉及的不动产、土地使用权转让行为。

而之前已有的增值税规定，即《国家税务总局关于纳税人资产重组有关增值税问题的公告》（国家税务总局公告2011年第13号）是这样规定的：

纳税人在资产重组过程中，通过合并、分立、出售、置换等方式，将全部或者部分实物资产以及与其相关联的债权、负债和劳动力一并转让给其他单位和个人，不属于增值税的征税范围，其中涉及的货物转让，不征收增值税。

所以，在进行“打包”资产转让时，都已明确了货物、不动产、土地使用权在内的情形，是不征收增值税，前提要满足上面的条件，即将其相关联的债权、负债、劳动力一并转让。有的同志说不行啊，有一笔债权不想转啊，那你就自己先处理完啊，非要逼着税法来符合你们的条件吗？所以要活学活用税收法规。

但是很遗憾，上面的打包中没有放开“无形资产”，这也是遵照老规则来的，就是说打包转让的情形下，无形资产是可以视为应税行为的，这一点要特别关注一下，无论是对于税务机关还是纳税人，要视这个为重要突破点与风险点管理。

另外关于涉及土地及不动产的土地增值税问题，也是大家所关注的，在此我们一并引用一下可以关注的政策利用点，即《财政部 国家税务总局关于企业改制重组有关土地增值税政策的通知》（财税〔2015〕5号）规定：

为贯彻落实《国务院关于进一步优化企业兼并重组市场环境的意见》（国发〔2014〕14号），现将企业在改制重组过程中涉及的土地增值税政策通知如下：

一、按照《中华人民共和国公司法》的规定，非公司制企业整体改建为有限责任公司或者股份有限公司，有限责任公司（股份有限公司）整体改建为股份有限公司（有限责任公司）。对改建前的企业将国有土地、房屋权属转移、变更到改建后的企业，暂不征土地增值税。

本通知所称整体改建是指不改变原企业的投资主体，并承继原企业权利、义务的行为。

二、按照法律规定或者合同约定，两个或两个以上企业合并为一个企业，且原企业投资主体存续的，对原企业将国有土地、房屋权属转移、变更到合并后的企业，暂不征土地增值税。

三、按照法律规定或者合同约定，企业分设为两个或两个以上与原企业投资主体相同的企业，对原企业将国有土地、房屋权属转移、变更到分立后的企业，暂不征土地增值税。

四、单位、个人在改制重组时以国有土地、房屋进行投资，对其将国有土地、房屋权属转移、变更到被投资的企业，暂不征土地增值税。

五、上述改制重组有关土地增值税政策不适用于房地产开发企业。

六、企业改制重组后再转让国有土地使用权并申报缴纳土地增值税时，应以改制前取得该宗国有土地使用权所支付的地价款和按国家统一规定缴纳的有关费用，作为该企业“取得土地使用权所支付的金额”扣除。企业在重组改制过程中经省级以上（含省级）国土管理部门批准，国家以国有土地使用权作价出资入股的，再转让该宗国有土地使用权并申报缴纳土地增值税时，应以该宗土地作价入股时省级以上（含省级）国土管理部门批准的评估价格，作为该企业“取得土地使用权所支付的金额”扣除。办理纳税申报时，企业应提供该宗土地作价入股时省级以上（含省级）国土管理部门的批准文件和批准的评估价格，不能提供批准文件和批准的评估价格的，不得扣除。

七、企业按本通知有关规定享受相关土地增值税优惠政策的，应及时向主管税务机关提交相关房产、国有土地权证、价值证明等书面材料。

(5) 集团内的管理服务面临的增值税的问题。

原来的营业税下相安无事，这么多年一直这样。通常的处理规则是，集团内如有分摊管理费不提供服务的，那不是流转税的事，所得税上也不让支出方税前扣除，所以如果有收到我们的同志们也比较聪明地开具发票做服务费用的结算处理，至于结算的金额多或少，那就另说了。

营改增之前，还有一种情形，即母公司派遣人员到子公司工作，子公司做工资薪金发放，彼此之间并不收费，由此这可能被认为是服务，要计算增值税也未尝不可，但是这个也是可以考虑一下人家的实质性作用，借鉴一下统借统还的规则，相当于母公司没有多收服务费之类，也不要认彼此之间的服务了。

如果是正常收费的事项，通常认为是属于咨询服务的范围，如果是技术开发之类，那就可以享受免税的待遇，所以要从具体的“包装”的服务内容来看如何适用营改增下的优惠政策。

说完了收费，还要说一下不收费的事。比如某集团的董事长，也挂在子公司的头上任董事长，但是不拿工资，由此这个董事长显然是为子公司工作的，那这算不算是为子公司服务啊？比如总部的人调度子公司的工作，正常也不是白做的，如果从集团目标的角度，可以不收，但如果是认为仅为子公司服务的角度，就要视同销售缴纳。这块虽然没有人研究，但是我们还是可以适当地关注一下这方面的内容的，毕竟集团内的服务说有多是存在的，如果说没有，那也只能算看不到的结果。

6.5 视同销售收入在增值税的纳税申报表中并不作为“特别事项”另眼相待

通常我们讲企业所得税的视同销售收入时，进行纳税申报是作为独立的附表要求填列的，但是增值税却并不视视同销售为“异类”，即在增值税的纳税申报表中是找不到视同销售收入的，那是什么呢？

在增值税上，视同销售收入都是按属于正常的销售收入对待的，直接填写在不同的应税事项中就可以了，如服务、货物等，都这样处理。这时有的同志又疑惑了，那这个视同销售收入在会计上没有如何办啊，申报表的收入比会计上的多呢，这税务机关不会来查我们账吧？试想一下，比会计上多，并不是比会计上少，这是多缴税的节奏，谁查呢？而且小编认真地说，这是正常的，做得非常合规，就是这样做的。

根据国家税务总局2016年第13号公告附件2“填写说明”第二点第（十五）项规定：“……包含在财务上不作销售但按税法规定应缴纳增值税的视同销售和价外费用的销售额”。认为应当将视同销售收入填写在申报表附列资料一的“未开具发票”销售额中，然后再填写到申报表主表的第1行内。

6.6 没有销售行为做成销售收入的问题同样值得关注

这个我们可以从一个案例说起，比如下面的这个事：

[案例] 某公司在北京设立了一公司，但是由于北京的社保基数比较高，所以在广州设立了一家子公司，将员工的社保在广州缴纳，当然工资薪金也是在广州入账的，每个月广州公司将此金额开具服务费发票跟北京要钱。但这些人的劳动合同都是跟北京签的，让人家跟广州签也不愿意啊。那这种情形之下“做”出来的收入，税务机关的同志会不会认可呢？

通常来讲，广州的税务机关可能高兴了，但是北京的可能就不开心了，这是转移我们的财政利益啊！你们要是有真实的交易也好，又没有真实的交易啊。这也真是个事，确实需要好好规划一下。

小编想到的办法是，让北京的公司在广州设立一个分公司，相当于这些人工作地点在北京，但都是这个公司签订劳动合同的，工作成果也是这个公司的。当然有的同志可能认为，这个分公司光交社保没有收入，是不是不行啊！认为是为总公司提供服务，这也可能，那就平着走账，省得用子公司企业所得税还是个问题。现实当中还有母公司代子公司雇佣人员缴纳社保的，那更有问题了。所以也可能考虑异地设立分公司解决这个问题，企业所得税可以分摊，增值税或许有点儿像刚说的要求作为独立纳税人进行视同销售的问题。因为并没有说视同销售的对象是法人，而是单位，所谓单位是指每一个纳税人，分公司、总公司是独立的纳税人关系，既然在汇总纳税的情形之下，仍是独立的纳税人身份，那么这个事还真不能想象成企业所得税一样，法人内部是不需要考虑计量问题的，即不需要做收入，也不需要做成本，就算会计上做了，也不予认可这样的规则。

GREAT ERA OF TAX REFORM FOR REPLACING BUSINESS TAX WITH VALUE-ADDED TAX

小规模纳税人

现在我们开始聊到主体纳税人适用的基本政策了。我们并不是全方位地介绍小规模纳税人的所有内容，因为有一些身份的识别等内容已在之前的章节中有所叙述，这儿我们还是让这次营改增过程的纳税人有一个基本的会计处理、申报、注意事项的理解，也就是有针对性地应用。

7.1　关于小规模纳税人的识别关注事项

这儿的小规模纳税人，一是营改增这一次转过来的，还有是原来就是小规模纳税人，现在有这一次营改增的业务，所以增值税的事项增加了，但因为没有达到条件，所以仍然是小规模纳税人的身份。

如果你是小规模纳税人，那应说是幸福的人了，因为一是税负可能减了，而且核算也简单，但是不好的事也有啊，因为你可能要天天跟客户解释我们不能开具专用发票啊，我们开具专用发票困难的事，这确实也不利于成长壮大，从这个角度说，有得也有失，要想做大，那一般纳税人通常是一个必经之路啊。

作为小规模纳税人，面临着两个被认定为一般纳税人的方向，其一是货物、加工和修理修配，其二是营改增相关的服务、不动产和无形资产，对于不动产转让这种偶然的情形，依照国家税务总局公告 2016 年第 23 号是可以不纳入考虑的，剔除后再考虑是不是达到强制认定的标准。

7.1.1　小规模纳税人适用的征收率

我们前面已经多次说明，小规模纳税人计算增值税时用的是征收率，不叫“税率”，通常专业人士爱这样较真，但是就是征个税呗，结果是重要的，不过为了表示一下专业的追求，在此我们还是进一步说明一下，从而在理论上也不落后。

小规模纳税人适用的征收率如表 7-1 所示。

表 7-1

小规模纳税人适用的征收率

征收率	适用情形	计算税额的方式	发票
3%	除以下两种情形以外的情形：货物、服务、无形资产等	$x/1.03\times3\%$（有差额的扣除差额）	可以代开增值税专用发票或自开普通发票
3%	变卖使用过的固定资产或旧货	$x/1.03\times2\%$	可以开具增值税普通发票
5%	（1）取得不动产转让的情形 （2）销售开发的房地产项目 （3）出租不动产的情形	$x/1.05\times5\%$（有差额的扣除差额）	可以代开增值税专用发票或自开普通发票

由此可以看出，小规模纳税人面临的征收率是 3%或 5%，千万不要想到 17%、11%、6%啊之类的，那跟小规模纳税人没有关系。

7.1.2 小规模纳税人领购发票、开具发票中的注意事项

基本上我们理解，小规模纳税人只能开具增值税普通发票，不能自行开具增值税专用发票，这是一个基本的原则。即如果对方客户是一般纳税人，且要求取得增值税专用发票用于抵扣之用时，那小规模纳税人是需要到税务机关代开的，代开的征收率是3%或5%，可不能开具出来17%类似这样的税率的增值税专用发票来。而且代开的专用发票，税款要当时缴纳，不能拿着发票跑了，这人家是担心的。如果涉及更换、红字的，那也需要税务机关进行处理，自己是处理不了的。

小规模纳税人因为开具增值税专用发票的抵扣率低，所以一般商业上存在被“轻视”的地方，有时自己谈业务都不好意思说自己是小规模纳税人，这确实是一种商业上的不理解，其实只要依照本书在商业价值分析中的方法对于价格做适当调整降价，一样对购买方没有利益损失，这一点要学会，即低调一点儿报价；若实在不行，就主动去登记个一般纳税人，只要会计核算完整，能准确核算涉税数据就可以。

7.1.3 总分公司可能面临的一般纳税人和小规模纳税人的身份共同的情形

这儿补充说明一下，对于一个总分公司，可能存在不同的机构，作为独立的纳税人时，一个机构可能是小规模纳税人，一个机构可能是一般纳税人，这是很正常的，除非汇总纳税的情形之下，才都需要作为一种纳税人存在，通常也是大企业，也就是一般纳税人的身份。如果不是汇总纳税，那在身份上可能是不同的，不要认为不正常。

如果都是小规模纳税人，或者一个是小规模纳税人，一个是一般纳税人时，对于整体来讲，就有可能引起“重复纳税”的情形，实际上小规模纳税人的增值税，因为不能抵扣，这个重复纳税的老问题是直接延续下来的。

[案例] 某公司在北京有一个总公司，在海南有一个分公司，都是小规模纳税人，如果两个机构作为独立纳税人分别对外发生业务，则没有什么影响，但是如果彼此之间有业务呢，这可能就不好了。

如分公司为总公司提供服务，价格是103万元，总公司再以206万元对外提供服务，完成交付，计算此时公司的整体增值税应纳税额。

分公司缴纳的增值税：103/1.03×3%=3（万元），总公司缴纳的增值税：206/

1.03×3%=6（万元），合计两个公司缴纳9万元。此时如果分别对外提供服务，则分别按100万元计算增值税税额是共6万元，成本中的3万元是不会重复计税的。但有的同志解释说，我们一个分公司无法完成服务，而总公司的技术还保密，不让我们知道公司到底挣了多少钱呢？那这两个机构可以同时申请成为一般纳税人，这样处理（暂且不考虑进项抵扣的问题）：

103/1.06×6%=5.83（万元），开具增值税专用发票给总公司，总公司的销项是206/1.06×6%=11.66（万元），但此笔业务由于可以抵扣，实际总公司缴纳的税款是5.83万元，单就这一个进项税额来看，流出去的税款还减少了。这说明有的时候并不是小规模纳税人就合算，需要结合公司的经营方式进行考虑，进而选择有利的方式进行处理。

7.2　小规模纳税人的会计处理

小规模纳税人的会计处理相对简单，首先不需要设置一堆看着眼花的会计科目，这是实施会计核算的条件，同时呢有一些特殊情形，也是我们需要关注的。

小规模纳税人只需要一个“应交税费——应交增值税”科目就够了，我们通过实际举例来说明一下会计处理的基本业务。

［案例］ 某酒店年收入低于500万元（总价，下同），因此本次营改增被确认为小规模纳税人，2016年5月总收入300 000元，其中代开增值税专用发票200 000元，开具普通发票50 000元，未开具发票50 000元。当月采购物品取得增值税普通发票120 000元，试进行当月的增值税会计处理。

首先我们知道，这个酒店发生的业务有很多笔，在这儿我们就不每一笔都分着做了，只以总数来做一个样本，我们先分析一下：

一是这个酒店是小规模纳税人，征收率是3%；二是不管是开具（代开）什么样的发票，或不开具发票，一点不影响计税规则的确定，是一样的；三是取得普通发票直接入成本费用，与抵扣没有关系。

借：现金或银行存款	300 000
贷：主营业务收入	（300 000/1.03）291 262.14
应交税费——应交增值税	8 737.86

当然有的同志可能是下面这样做的，其实也是间接法处理而已，即每个月做收入

时都是：

借：现金　　300 000
　贷：主营业务收入　　300 000

再通过冲减的方式得到税费的金额，与上面的结果是一样的：

借：主营业务收入　　8 737.86
　贷：应交税费——应交增值税　　8 737.86

到月底的时候再计提城市维护建设税、教育费附加和地方教育费，即为增值税税额的12%，8 737.86×12%=1 048.54（元）：

借：主营业务税金及附加　　1 048.54
　贷：应交税费——应交附加税费　　1 048.54

那基本上这个月结账前这样的结果就处理完了，但是这就要报税了吗？不是，通常依照财税〔2016〕36号文件的规定，小规模纳税人适用按季度申报缴纳增值税，除非是自己非要坚持，那就可能按月了，所以按季度的话，平时基本上也不用报，到了季度再看合计起来缴多少税，一块合计申报即可。

当然这个月还是有成本发生的，跟营改增之前一样的，如下：

借：经营成本、费用等科目　　120 000
　贷：现金/银行存款/应付账款等　　120 000

但是如果这个酒店在提供服务时，客户因为有违约责任等原因，多付了500元，企业在营业外收入中核算，由于此时是提供服务在前，此500元属于价外费用的范围，自然也要纳入应税收入额，则企业会计处理如下：

借：现金　　500
　贷：应交税费——应交增值税　　（500/1.03×3%）14.56
　　营业外收入　　485.44

在进行纳税申报时，收入额与正常的服务额合并在一起填写即可，不需要分什么主营业务收入和营业外收入。

7.3 小规模纳税人购买可以抵税款的税控设备与服务费如何进行会计处理

这个事我们小规模纳税人别因为钱少而不当钱，毕竟是国家给的优惠政策啊，能得就得吧。政策是这样规定的，注意不是这一次营改增文件中提到的，之前营改增时已经说清楚这个事了。这也是国家为鼓励营改增，不让纳税人因此承担成本而做的事，也是一个好事。

7.3.1 法规规定的享受条件

《财政部 国家税务总局关于增值税税控系统专用设备和技术维护费用抵减增值税税额有关政策的通知》（财税〔2012〕15号）规定：

为减轻纳税人负担，经国务院批准，自2011年12月1日起，增值税纳税人购买增值税税控系统专用设备支付的费用以及缴纳的技术维护费（以下称二项费用）可在增值税应纳税额中全额抵减。现将有关政策通知如下：

一、增值税纳税人2011年12月1日（含，下同）以后初次购买增值税税控系统专用设备（包括分开票机）支付的费用，可凭购买增值税税控系统专用设备取得的增值税专用发票，在增值税应纳税额中全额抵减（抵减额为价税合计额），不足抵减的可结转下期继续抵减。增值税纳税人非初次购买增值税税控系统专用设备支付的费用，由其自行负担，不得在增值税应纳税额中抵减。

增值税税控系统包括：增值税防伪税控系统、货物运输业增值税专用发票税控系统、机动车销售统一发票税控系统和公路、内河货物运输业发票税控系统。

增值税防伪税控系统的专用设备包括金税卡、IC卡、读卡器或金税盘和报税盘；货物运输业增值税专用发票税控系统专用设备包括税控盘和报税盘；机动车销售统一发票税控系统和公路、内河货物运输业发票税控系统专用设备包括税控盘和传输盘。

二、增值税纳税人2011年12月1日以后缴纳的技术维护费（不含补缴的2011年11月30日以前的技术维护费），可凭技术维护服务单位开具的技术维护费发票，在增值税应纳税额中全额抵减，不足抵减的可结转下期继续抵减。技术维护费按照价格主管部门核定的标准执行。

三、增值税一般纳税人支付的二项费用在增值税应纳税额中全额抵减的，其增值税专用发票不作为增值税抵扣凭证，其进项税额不得从销项税额中抵扣。

四、纳税人购买的增值税税控系统专用设备自购买之日起 3 年内因质量问题无法正常使用的，由专用设备供应商负责免费维修，无法维修的免费更换。

五、纳税人在填写纳税申报表时，对可在增值税应纳税额中全额抵减的增值税税控系统专用设备费用以及技术维护费，应按以下要求填报：

增值税一般纳税人将抵减金额填入《增值税纳税申报表（适用于增值税一般纳税人)》第 23 栏“应纳税额减征额”。当本期减征额小于或等于第 19 栏“应纳税额”与第 21 栏“简易征收办法计算的应纳税额”之和时，按本期减征额实际填写；当本期减征额大于第 19 栏“应纳税额”与第 21 栏“简易征收办法计算的应纳税额”之和时，按本期第 19 栏与第 21 栏之和填写，本期减征额不足抵减部分结转下期继续抵减。

小规模纳税人将抵减金额填入《增值税纳税申报表（适用于小规模纳税人)》第 11 栏“本期应纳税额减征额”。当本期减征额小于或等于第 10 栏“本期应纳税额”时，按本期减征额实际填写；当本期减征额大于第 10 栏“本期应纳税额”时，按本期第 10 栏填写，本期减征额不足抵减部分结转下期继续抵减。

六、主管税务机关要加强纳税申报环节的审核，对于纳税人申报抵减税款的，应重点审核其是否重复抵减以及抵减金额是否正确。

七、税务机关要加强对纳税人的宣传辅导，确保该项政策措施落实到位。

财政部　国家税务总局
二〇一二年二月七日

这儿说明了几个意思呢？意思是“初次”购买的增值税的税控系统专用设备，国家买单，在未来缴纳的税额中抵减，不够抵的往后结转抵，记得是初次购买的。对于每年支付的技术服务费，也是从税款中抵减，这相当于这些供应商卖的东西都是国家买单的。

但要注意，专用设备要取得“增值税专用发票”，那小规模纳税人人家给开吗？谁知道呢，不是说要凭这个抵减吗？只能是认为尽量取得吧！要普通发票可能会有情况发生。至于技术服务费，则只提了发票，也不知是否有意为之还是如何？这点“便宜”对于当下这批纳税人来说是遇到好时光了。上述的优惠政策对于一般纳税人和小规模纳税人都是适用的，因此要分情况进行处理。

还有一点，上述是支出全额的概念，即含税价格的数据，进项税额不要再去抵扣了，不然真的有事了，多占了国家便宜，这就造假了，容易带来不好的后果，这是对于一般纳税人才有的事，小规模纳税人不存在这个事。

7.3.2　抵减应纳税额的会计处理

这个应纳税额抵减的处理，依照财会要求的文件，还挺复杂的，人家是这样描述处理方式的（即财会〔2012〕13 号文件的说法）：

（二）小规模纳税人的会计处理

按税法有关规定，小规模纳税人初次购买增值税税控系统专用设备支付的费用以及缴纳的技术维护费允许在增值税应纳税额中全额抵减的，按规定抵减的增值税应纳税额应直接冲减“应交税费——应交增值税”科目。

企业购入增值税税控系统专用设备，按实际支付或应付的金额：

借记“固定资产”科目，贷记“银行存款”、“应付账款”等科目。

按规定抵减的增值税应纳税额，借记“应交税费——应交增值税”科目，贷记“递延收益”科目。

按期计提折旧，借记“管理费用”等科目，贷记“累计折旧”科目；同时，借记“递延收益”科目，贷记“管理费用”等科目。

企业发生技术维护费，按实际支付或应付的金额，借记“管理费用”等科目，贷记“银行存款”等科目。按规定抵减的增值税应纳税额，借记“应交税费——应交增值税”科目，贷记“管理费用”等科目。“应交税费——应交增值税”科目期末如为借方余额，应根据其流动性在资产负债表中的“其他流动资产”项目或“其他非流动资产”项目列示；如为贷方余额，应在资产负债表中的“应交税费”项目列示。

那有的同志说了，这是多大的金额啊，还要做固定资产处理核算，这么折腾，俺们就不管了，全部费用化，或者就直接借记“应交税费——应交增值税”，贷记“银行存款”，这多爽呢。其实未尝不可，别跟规定较那么多劲，折腾自己啊。

7.4　税收优惠的会计处理

有好事还是要好好把握的，那小规模纳税人都有什么税收优惠呢？或者是有哪些并不需要计算增值税的事呢？这些必须一一把握好，别给的机会自已不珍惜，可没有税务机关压着纳税人必须让享受税收优惠的。

（1）关于不征税收入的处理。

其实不征税收入通常是企业所得税财政拨款的意思，但增值税也有不征增值税的事项，如我们企业接触的存款利息、取得保障赔款等事项。那这种情形下如何进行会计处理呢？

［案例］ 某企业2016年5月取得银行存款利息50元，营改增之后如何进行会计处理？

借：银行存款　　50
　贷：财务费用　　50

这与原来是一样的处理，并不需要计提增值税应纳税额处理。千万别有收入就自己谨慎地计提了应纳税款，那就不称职了。

（2）享受免税优惠的处理。

如果小规模纳税人发生了享受免税的待遇的处理，比如提供符合免税条件的技术服务的收入100万元，此时如何进行会计处理呢？

借：银行存款　　1 000 000
　贷：主营业务收入　　1 000 000

这儿是不是有的同志认为不对呢？确实是一个问题，比如有的人提出这儿要计提增值税应纳税额，再通过转营业外收入体现出收入的性质来。从小编的经验看，基本上不赞同那样的处理，就是有点啰嗦的事，不是很爽快，这个没有强制，没有必要，从这个角度看，个人不认为是必须要做的事。

（3）享受销售额在一定金额之下的免税业务处理。

这个优惠政策是专门对小规模纳税人有效的，即财税〔2016〕36号文件中是这样规定的：对增值税小规模纳税人中月销售额未达到2万元的企业或非企业性单位，免征增值税。2017年12月31日前，对月销售额2万元（含本数）至3万元的增值税小规模纳税人，免征增值税。

这儿说得很清楚，要看月份的销售额的免征，注意这儿可只看月份的销售额，但同时我们知道小规模纳税人通常是按季度申报的，那如何计量月销售额呢？别急，这也是有法规的，《国家税务总局关于全面推开营业税改征增值税试点有关税收征收管理事项的公告》（国家税务总局公告 2016 年第 23 号）是这样规定的：

（二）增值税小规模纳税人应分别核算销售货物，提供加工、修理修配劳务的销售额，和销售服务、无形资产的销售额。增值税小规模纳税人销售货物，提供加工、修理修配劳务月销售额不超过 3 万元（按季纳税 9 万元），销售服务、无形资产月销售额不超过 3 万元（按季纳税 9 万元）的，自 2016 年 5 月 1 日起至 2017 年 12 月 31 日，可分别享受小微企业暂免征收增值税优惠政策。

（三）按季纳税申报的增值税小规模纳税人，实际经营期不足一个季度的，以实际经营月份计算当期可享受小微企业免征增值税政策的销售额度。

按照本公告第一条第（三）项规定，按季纳税的试点增值税小规模纳税人，2016 年 7 月纳税申报时，申报的 2016 年 5 月、6 月增值税应税销售额中，销售货物，提供加工、修理修配劳务的销售额不超过 6 万元，销售服务、无形资产的销售额不超过 6 万元的，可分别享受小微企业暂免征收增值税优惠政策。

（四）其他个人采取预收款形式出租不动产，取得的预收租金收入，可在预收款对应的租赁期内平均分摊，分摊后的月租金收入不超过 3 万元的，可享受小微企业免征增值税优惠政策。

应该说这个解释延续了之前国家税务总局宽容的口径，也是不错的力度，更是落实总理的好细节。那说到季度 9 万元，这儿说得是销售额，即是指不含税销售额的意思，这是其一；其二呢，这个销售额，如果存在差额、免税情形时，是不是可以不算，只算应税行为的销售净额呢？这可没有说可以，从正常的理解看，是指全部销售额（含征免税）等，也不是以差额之后计算的销售额。至于一些不属于增值税应税事项的财政补贴等，那是不并入的，因为根本就不属于增值税销售额的口径。

同时上面的内容中也规定了一个很重的事，即增值税小规模纳税人销售货物，提供加工、修理修配劳务月销售额不超过 3 万元（按季纳税 9 万元），销售服务、无形资产月销售额不超过 3 万元（按季纳税 9 万元）的，自 2016 年 5 月 1 日起至 2017 年 12 月 31 日，可分别享受小微企业暂免征收增值税优惠政策。这相当于是 18 万元的意思了，所以是相当的宽松了。但对于季度内的每月是不是大于 3 万元或小于 3 万元，则没有标准，比如一个月是 8 万元，另外两个月分别是 5 000 元，也是不超过 9

万元的，同样可享受免税优惠。

还有一个事要说明一下，其他个人也属于小规模纳税人的范围，只是不是常规进行纳税申报之类征管的纳税人，那其他个人出租不动产，如果一下子收取三个月的9万元，那平均下来也是不超过3万元的，是可以享受免税待遇的，这是“偏爱”自然人了。所以掌握一个收款的度才是主要的，不要多收一点儿钱就亏多了去了，要评估一下收款金额的平衡点。对于小规模纳税人都一样需要考虑。

如按季度进行评估，收9万元是免税的，这是不含税收入额，价税合计是：90 000×1.03=92 700（元），这钱都是自己腰包中的。那如果要多收，收多少才是保本92 700元呢？比如提供应税服务，即$x-x/1.03\times3\%\times(1+12\%)=92\ 700$（假设附加税费是12%），这是一个平衡点，$x=95\ 823$元才是平衡点，因为：95 823/1.03×3%×1.12=3 125（元），95 823－3 125=92 698（元），约等于92 700元，有小数点差。这样虽然多收了钱，但要计税了，注意不含税销售额超过9万元是全额计税，可不是超过部分计税，这种起征点是一个意思。如果总额收的钱$92\ 700<x<95\ 823$元，那最好直接降价给对方一个好的印象也算做个人情了。

那此时企业的会计处理如何呢？这就有点超出我们上面讲的常规路数了，因为有奇怪的事发生了。我们再来看看下面的文件吧：

财政部印发《关于小微企业免征增值税和营业税的会计处理规定》的通知

（财会〔2013〕24号）

国务院有关部委、有关直属机构，各省、自治区、直辖市、计划单列市财政厅（局），新疆生产建设兵团财务局：

为了深入贯彻实施《小企业会计准则》，解决执行中出现的问题，根据《财政部 国家税务总局关于暂免征收部分小微企业增值税和营业税的通知》（财税〔2013〕52号）相关规定，我部制定了《关于小微企业免征增值税和营业税的会计处理规定》，现予印发，请布置本地区相关企业执行。执行中有何问题，请及时反馈我部。

关于小微企业免征增值税和营业税的会计处理规定

根据《财政部 国家税务总局关于暂免征收部分小微企业增值税和营业税的通知》（财税〔2013〕52号，以下简称《通知》）相关规定，现就小微企业免征增值税、营业税的有关会计处理规定如下：

小微企业在取得销售收入时，应当按照税法的规定计算应交增值税，并确认为应交税费，在达到《通知》规定的免征增值税条件时，将有关应交增值税转入当期营业外收入。

小微企业满足《通知》规定的免征营业税条件的，所免征的营业税不作相关会计处理。

小微企业对本规定施行前免征增值税和营业税的会计处理，不进行追溯调整。

看到这儿，估计我们就觉着有点与小编讲的不大一样的地方，不是免税不用做应交税费吗，这儿为什么又规定做了呢？小编是这样理解的，对于小微企业来讲，每月或每季是不是达到免税的这个条件是说不好的，既然说不好，有收入了也不知是不是免还是征，所以只能是先提着，如果享受免税再冲回去，好像跟国家给的利益不大贴近，所以就规定了个营业外收入。这也没有问题。

转营业外收入的这部分当然属于企业所得税的应税收入，就算不转营业外收入，那相当于停留在主营业务收入中，也是包括的。于此，我们理解，如果企业没有通过上述文件要求计入营业外收入，不要在国家免增值税的这个角度上思考所得税没有含进来，以至于还要做企业所得税纳税调增处理，这就是不对的。因为已经包括在利润总额中了。

7.5 差额计算情形下的会计核算处理

小规模纳税人虽然不能享受抵扣，但是人家可以享受财税〔2016〕36号文件中的差额啊，这是什么呢？这类同抵扣了增值税，所以这一块内容，也是小规模纳税人从事特定享受差额的经营事项下所享受的待遇，那我们来看如何进行会计处理呢？

首先我们要了解差额的本质是什么，差额就是冲减收入额，比如当期销售收入是100万元（含税），可以差额扣除的金额是50万元（总额），则如何计算当期的应纳税额呢？即100－50＝50（万元），这是差额后的数据，因为是含税销售额，所以还要折为不含税销售额计算增值税：50/1.03×3%＝1.46（万元）。

这相当于将销售额、扣除额都是以不含税的方式进行了体现计算，也符合增值税的基本的处理规则。关于差额的事项分析，我们在后面的章节中再详细说明适用事项。

7.6 小规模纳税人的纳税申报案例分析

小规模纳税人通常是按季度进行增值税的纳税申报，比如我们结合下面的案例进行样本的分析，这是营改增之后第一个季度的申报，以确定如何填写：

［案例］ （1）当季度提供适用差额的应税服务，销售收入是10.3万元，可以差额的是5.15万元，之前无余额，开具了增值税普通发票，适用3%的征收率；

（2）享受免税的收入是5.15万元，未开具增值税发票；

（3）取得财政补贴30万元，符合不征收增值税收入的条件。

分析：首先我们要关注一下财政补贴，这30万元并不属于增值税应税收入，因此与增值税纳税申报表没有关系。其余的两个事项，都是与增值税计税相关的事项，这一步我们剔除了30万元财政补贴的增值税的事。

表7-2为摘录的附表：

表7-2

增值税纳税申报表（小规模纳税人适用）附列资料（摘录）

应税行为（3%征收率）扣除额计算			
期初余额	本期发生额	本期扣除额	期末余额
1	2	3（3≤1+2之和，且3≤5）	4=1+2−3
0	51 500	51 500	0
全部含税收入（适用3%征收率）			
本期扣除额	含税销售额	不含税销售额	
5	6=3	7=5−6	8=7÷1.03
103 000	51 500	51 500	50 000

表7-3为摘录的主表：

表 7-3

增值税纳税申报表（摘录）

	项目	栏次	本期数		本年累计	
			货物及劳务	服务、不动产和无形资产	货物及劳务	服务、不动产和无形资产
一、计税依据	（一）应征增值税不含税销售额（3%征收率）	1		50 000		50 000
	税务机关代开的增值税专用发票不含税销售额	2				
	税控器具开具的普通发票不含税销售额	3		103 000		103 000
	（二）应征增值税不含税销售额（5%征收率）	4	—		—	
	税务机关代开的增值税专用发票不含税销售额	5	—		—	
	税控器具开具的普通发票不含税销售额	6	—		—	
	（三）销售使用过的固定资产不含税销售额	7（7⩾8）		—		—
	其中：税控器具开具的普通发票不含税销售额	8		—		—
	（四）免税销售额	9=10+11+12		50 000		50 000
	其中：小微企业免税销售额	10				
	未达起征点销售额	11				
	其他免税销售额	12		50 000		50 000
	（五）出口免税销售额	13（13⩾14）				
	其中：税控器具开具的普通发票销售额	14				
二、税款计算	本期应纳税额	15		1 500		1 500
	本期应纳税额减征额	16				
	本期免税额	17		1 500		1 500
	其中：小微企业免税额	18				
	未达起征点免税额	19				
	应纳税额合计	20=15−16		1 500		1 500
	本期预缴税额	21			—	—
	本期应补（退）税额	22=20−21		1 500	—	—

所以，这个小规模纳税人的申报表还是比较简单的，但是由于其中主表的层级描述得不是特别清晰，所以开始看的人会晕，这也正常，主要是“（一）……（五）……”中，这个数据是不是下面内容的合计，如果有其中的，那必然不是合计，只是列示一

个情形，但是如“(一)”中，那是没有关系的，因为开具发票的数据有差额时，自然上面的数据小于下面开具发票的两行（专用发票和普通发票）的数据，这是正常的，可结合案例来理解一下。

7.7 本章小结

本章主要描述了小规模纳税人的基本会计处理、申报相关的事项，以及在应用政策方面的确认。从风险控制的角度，我们可以关注小规模纳税人本身是不是有达到一般纳税人标准，这样一个预判的理解，同时对于小规模纳税人征收率的应用，也是要分好几类情形的，这个关注是基本的技能，还是必须要理解清晰的。如果企业要继续做大，那我们就需要向第 8 章的一般纳税人部分进军了。

GREAT ERA OF TAX REFORM FOR REPLACING BUSINESS TAX WITH VALUE-ADDED TAX

第8章

一般纳税人

一般纳税人是增值税计算中最为复杂的一类群体，相较于小规模纳税人，其计算方式分销项端与进项端，以双方相抵后的结果计算缴纳增值税。销项端与小规模纳税人有相似之处，但是进项端却是规则多、风险大、管理复杂的一个事项，由此对于整体链条的管理成本、程序也增加不少。本章我们主要解读营改增下一般纳税人的涉税处理规则。

8.1　一般纳税人计税规则的明确与理解

前述的内容中我们已有说过一般纳税人的认定标准规则之类，本章重点说明一下一般纳税人涉及销进相抵的涉税处理规则。

第一，一般纳税人面临的计税方式之一是：应纳税额（或留抵税额）＝销项税额－进项税额；

第二，一般纳税人可以选择的计税方式之二是简易计税方式：应纳税额＝不含税销售额×征收率。

由于是过渡期，两种情形很易让一般纳税人感到困惑，以致可能分不清楚处理规则，造成多缴或少缴税款的情形，所以小编结合自己的理解思路给大家好好做一个的解释。

8.1.1　营改增一般纳税人和原一般纳税人的对接

请参阅图 8-1。

原一般纳税人： 销售货物、提供加工修理修配劳务	营改增一般纳税人： 销售服务、无形资产和不动产

↓　↓

纳税人身份，任何一个是一般纳税人身份认定的，都需适用一般纳税人增值税的处理； 会计处理是一个规则与方式； 纳税申报表用一份融合一起填写，不需要算各自的增值税是多少，所有的销项减去所有的进项计算应纳税额或留抵税额的结果。

图 8-1　营改增一般纳税人和原一般纳税人的对接

结合法规的描述用语，原增值税一般纳税人与 2012 年起适用营改增政策后确定的一般纳税人，是适用两个实体性规则的，但是程序性、征管、申报、发票却是一个标准，大家也不必过于担心两者之间差异大带来很多的工作量。

8.1.2　一般纳税人选择一般计税方法和简易计税方法的汇总

如果是一般纳税人了，那对于这个一般纳税人从事的业务，必须要理清楚哪些适用一般计税方法，哪些是简易计税方法，是强制的还是可以选择的，这些理解清楚了，才可以进一步确定下一步会计处理、抵扣票据取得抵扣等工作是不是要做。

表 8-1 是一般计税方法和简易计税方法的常规适用情形总结：

表 8-1

一般计税方法和简易计税方法适用情形的总结

计税方法	是否强制	适用类型分析	计税方式
一般计税方法	强制	(1) 销售货物、提供加工修理修配劳务； (2) 变卖营改增之前除动产类固定资产之外的低耗品等物品； (3) 提供营改增之后发生应税服务，非享受简易计税过渡期的建筑安装服务、不动产租赁服务； (4) 转让营改增之后取得的不动产； (5) 房地产开发企业销售的营改增之后的新项目的不动产	一般计税方法的应纳税额，是指当期销项税额抵扣当期进项税额后的余额。应纳税额计算公式： 应纳税额＝当期销项税额－当期进项税额 当期销项税额小于当期进项税额不足抵扣时，其不足部分可以结转下期继续抵扣
简易计税方法和一般计税方法选择	可以选择其中一种方法的应税服务（不含建安、不动产租赁）	1. 公共交通运输服务。 公共交通运输服务，包括轮客渡、公交客运、地铁、城市轻轨、出租车、长途客运、班车。 班车，是指按固定路线、固定时间运营并在固定站点停靠的运送旅客的陆路运输服务。 2. 经认定的动漫企业为开发动漫产品提供的动漫脚本编撰、形象设计、背景设计、动画设计、分镜、动画制作、摄制、描线、上色、画面合成、配音、配乐、音效合成、剪辑、字幕制作、压缩转码（面向网络动漫、手机动漫格式适配）服务，以及在境内转让动漫版权（包括动漫品牌、形象或者内容的授权及再授权）。 动漫企业和自主开发、生产动漫产品的认定标准和认定程序，按照《文化部 财政部 国家税务总局关于印发〈动漫企业认定管理办法（试行）〉的通知》（文市发〔2008〕51 号）的规定执行。 3. 电影放映服务、仓储服务、装卸搬运服务、收派服务和文化体育服务。 4. 以纳入营改增试点之日前取得的有形动产为标的物提供的经营租赁服务。 5. 在纳入营改增试点之日前签订的尚未执行完毕的有形动产租赁合同	简易计税方法的应纳税额，是指按照销售额和增值税征收率计算的增值税额，不得抵扣进项税额。应纳税额计算公式： 应纳税额＝销售额×征收率

续表

计税方法	是否强制	适用类型分析	计税方式
简易计税方法和一般计税方法选择	建筑服务	(1) 清包服务； (2) 甲供工程； (3) 建筑工程老项目。 建筑工程老项目，是指：(1)《建筑工程施工许可证》注明的合同开工日期在2016年4月30日前的建筑工程项目；(2) 未取得《建筑工程施工许可证》的，建筑工程承包合同注明的开工日期在2016年4月30日前的建筑工程项目	同上，简易计税方法的可以扣除分包款
	销售不动产	出售2016年4月30日前取得的自建或非自建的不动产	同上，简易计税方法中非自建的可以扣除不动产处理
	房地产开发企业销售不动产	销售自行开发的房地产老项目，可以选择适用简易计税方法按照5%的征收率计税	应纳税额＝销售额×征收率
	不动产租赁	出租其2016年4月30日前取得的不动产，可以选择适用简易计税方法。 公路经营企业中的一般纳税人收取试点前开工的高速公路的车辆通行费，可以选择适用简易计税方法，减按3%的征收率计算应纳税额。 试点前开工的高速公路，是指相关施工许可证明上注明的合同开工日期在2016年4月30日前的高速公路	同上
变卖使用过的固定资产	强制	一般纳税人销售自己使用过的、纳入营改增试点之日前取得的固定资产，按照现行旧货相关增值税政策执行。 使用过的固定资产，是指纳税人符合《试点实施办法》第二十八条规定并根据财务会计制度已经计提折旧的固定资产	同上

在这儿我们特别说明，对于有选择权利的事项，这个选择权是在纳税人手中的，但这个选择可不是今天选了明天换，只找对自己有利的方法换来换去就损害国家的利益，这可不是国家提倡纳税人可以自由选择的落地形式，所以财税〔2016〕36号文件对此是这样进行限制的：

一般纳税人发生应税行为适用一般计税方法计税。

一般纳税人发生财政部和国家税务总局规定的特定应税行为，可以选择适用简易计税方法计税，但一经选择，36个月内不得变更。

从这个角度来看，纳税人还要评估好如下的两个条件：

（1）选择简易计税方法，尽管征收率低于税率，但是却是不能抵扣进项税额的，因此这两者要做一个平衡，而且要36个月连续起来评估，不能只看一二个月这样短期的评估，只看眼前利益这是不好的，并且要结合36个月内企业的投资情形，如有重大的投资安排，如不动产装修的进项税额抵扣，那么特定事项的因素影响也要加以考虑；

（2）因为选择了简易，客户取得的增值税专用发票的抵扣率往往是低的，此时客户或有意见，因此需要在价格上、客户的身份上做一下评估，从而掌握商业上的主动，同时也要参照同类市场的价格，做到主动应对。

8.1.3 一般纳税人销项税额或应纳税额的处理

这儿说的销项税额是依照一般计税方法计算的可以用进项税额抵扣的销售收入产生的税额；而应纳税额，却并不是指我们经常说的销项税额减进项税额的差额部分，而是指简易计税方法的应纳税额。基于这两条线，形成如下的结果：

（1）应纳税额＝当期销项税额－当期进项税额；

（2）应纳税额＝适用简易计税方法的销项额×征收率。

在计税时，这两条线是平行展开对接税额的，在上面我们已提及，不再多述及。那会计核算自然也是不宜混在一起的，我们将结合下面说到的会计处理案例来说明增值税的会计处理参照样本。

8.1.4 一般纳税人进项税额抵扣的规则理解

关于抵扣的规则，那是只有一般纳税人才能使用到的规则，与小规模纳税人无关。但是抵扣的规则非常多，这是为什么呢？抵扣的前提条件：其一是取得可以抵扣的票据，其二是要确定是否能够抵扣，如一般纳税人业务中如果有免税的、简易征收的、出口、特定用途等，这些规定是不得抵扣的，这就需要懂得如何识别了；其三要技术性地掌握抵扣的时间、处理方式、申报填写方式等，这是条件成熟之后最后的应用。对于一般纳税人来讲，抵扣所耗费的管理成本是非常大的，虽然国家正在推进信息化的改善，但是我们不得不面对操作程序复杂、风险因素变化多样的风险。

8.1.4.1 进项税额抵扣的规定理解

对此，财税〔2016〕36号文件有多条具体规定，小编结合自己的理解，特此说明一下：

第二十四条 进项税额，是指纳税人购进货物、加工修理修配劳务、服务、无形资产或者不动产，支付或者负担的增值税额。

小编说明：这儿是说明进项税额的来源，当然是纳税人花钱买进来的，但是这个买进来，相当于是交的税，并不是白花的钱，跟预缴了国家的税款一样。货物、加工修理修配劳务、服务、无形资产或不动产，这基本上是增值税应税范围的内容了。那有的同志理解，应税货物的价格中包含一部分增值税，这是一种通俗的理解。如购入一个办公电脑，价格是1 170元，适用税率是17%，则货物价格相当于1 000元，170元相当于预缴了国家的税款。这儿有一个方向的问题，如果是从电商平台购入的电脑，这1 170元支付给对方了，对方开具了增值税专用发票过来，凭这个专用发票抵扣，相当于这个专用发票就值170元。注意，这儿双方谈交易价格的时候，基本上谈的都是含税总价法，这也符合国人习惯的思考方式。但是如果有的销售商就是“聪明”，谈的时候说销售价格是1 000元，结果让你预付款100元，到时真要拿货了，对方却解释为这是不含税价格，要再收170元，估计这时买方肯定在没有说清楚的前提下就要争议了，这是消费观念的问题。

第二十五条 下列进项税额准予从销项税额中抵扣：

（一）从销售方取得的增值税专用发票（含税控机动车销售统一发票，下同）上注明的增值税额。

小编说明：增值税专用发票是现实当中一般纳税人接触最多的抵扣票据，那有的人士认为，为何只能对增值税专用发票这种票进行抵扣，对于普通发票、没有专用发票为何就不让抵扣？是这样的，增值税专用发票当时设计出来就是增值税链条中的举证资料，当初还都是手工开具的，只能说这种票管理更加严格，是与普通发票相比，更“值钱”的一种票，后来上了税控系统之后，对这个的征管体系更加严密。那只能是说，这是征管要求下一种抵扣的管理，只认这种票也就可以理解了。至于普通发票、没有发票，那当然不排除增值的成本存在，但是就不予认可，这个没有理由，只有征管之需。通常我们的专用发票上都打着税额，要不让购买方自己算不是很麻烦？同时因为对方纳税人身份的不同，开的征收率或税率有差异。

（二）从海关取得的海关进口增值税专用缴款书上注明的增值税额。

小编说明：这是从境外采购货物时海关代征的增值税，当然我们知道，从境外带货物入境，个人有一定的免征额如5 000元，超过了就要征增值税，这个是海关代征的，并不是进口单位自己去主管税务机关缴纳，也并不参与什么抵扣之类计算，就是根据海关进口的完税价格进行直接计算的，由进口方缴纳。那有的人士说这个不是要跟境外销售方要税吗？或者代扣代缴呢？这就不对了，这里面有一个国际商品竞争的问题，即出口企业一般是以不含税价格销售给对方的（当然有的国家或地区就没有增值税），进口到中国时，由于中国境内的货物是含税销售的，那不是对国内市场有影响了？于是我们就对于购买方征这笔税，进口人缴纳增值税，这也是一种例外的情形了。当然缴纳后，可再回来抵扣（或不能抵扣的计入成本费用）。

进口增值税的计算公式是这样的：进口增值税＝(关税完税价格＋关税)/(1－消费税税率)×增值税税率。

（三）购进农产品，除取得增值税专用发票或者海关进口增值税专用缴款书外，按照农产品收购发票或者销售发票上注明的农产品买价和13%的扣除率计算的进项税额。计算公式为：

进项税额＝买价×扣除率

买价，是指纳税人购进农产品在农产品收购发票或者销售发票上注明的价款和按照规定缴纳的烟叶税。

购进农产品，按照《农产品增值税进项税额核定扣除试点实施办法》抵扣进项税额的除外。

小编说明：这一点解释在后面的法规解读中进行了说明。这儿要说明，由于销售农产品（指初级农产品享受免税待遇的）是免税的，但是为了让下一方得到抵扣，“创造”出来一个抵扣的票据，不然下家“活”不了了，因为没有抵扣，要生产出来商品计适用税率的增值税，那肯定受不了这个税负。

但是现实当中，由于这种票据是中间创造出来的，结果有的同志就大胆了，虚开大量的收购凭据，又不好去查（因为并没有上一环节的计税配比），后来忍受不了了，就出了一个核定试点实施办法，根据销量来核定，那自然是从严格一点来的，所以企业也要接受这个征管措施。《关于在部分行业试行农产品增值税进项税额核定扣除办法的通知》（财税〔2012〕38号）文件规定：自2012年7月1日起，以购进农产品为原料生产销售液体乳及乳制品、酒及酒精、植物油的增值税一般纳税人，纳入农产品增值税进项税额核定扣除试点范围，其购进农产品无论是否用于生产上述产品，增值税进项税额均按照《农产品增值税进项税额核定扣除试点实施办法》（附件略）的规定抵扣。《关于扩大农产品增值税进项税额核定扣除试点行业范围的通知》（财税〔2013〕57号）文件进一步明确：自2013年9月1日起，各省、自治区、直辖市、计划单列市税务部门可商同级财政部门，根据《农产品增值税进项税额核定扣除试点实施办法》（财税〔2012〕38号）的有关规定，结合本省（自治区、直辖市、计划单列市）特点，选择部分行业开展核定扣除试点工作。

但是有一个麻烦的会计处理上的事，就是核定抵扣。会计上对于原材料等成本的核算需要考虑是不是暂估进项或者根本不暂估待核定进项之后直接冲减销售成本等方法调整，这个需要企业找到一个适合的方式来对接。

如果企业本身能够取得增值税专用发票，即人家放弃免税处理，那就并到第（一）条中进行管理了。但是放弃免税需要考虑时间长与是否对公司的全部销售免税农产品都要求放弃，这才是影响这个行业最大的问题所在。有时免税政策在市场经济中并不一定得到利益的好处，因此要有一定的架构设计或应对市场生存的方法。

另外关于非核定方法下凭销售发票计算抵扣的方法，现在政策上有不一样的理解，或者政策对接本身出现口径差异的问题，这一点建议尽快明确实践当中的操作口径。

（四）从境外单位或者个人购进服务、无形资产或者不动产，自税务机关或者扣缴义务人取得的解缴税款的完税凭证上注明的增值税额。

小编说明：这个就是代扣代缴的增值税税额，有的是真的代扣代缴，有的是境内方承担的代扣代缴税款，都可以抵扣增值税税额，但是附加税费却是不可以抵扣的。这儿一定要取得“完税凭证”才予以认可抵扣。

第二十六条　纳税人取得的增值税扣税凭证不符合法律、行政法规或者国家税务总局有关规定的，其进项税额不得从销项税额中抵扣。

增值税扣税凭证，是指增值税专用发票、海关进口增值税专用缴款书、农产品收购发票、农产品销售发票和完税凭证。

纳税人凭完税凭证抵扣进项税额的，应当具备书面合同、付款证明和境外单位的对账单或者发票。资料不全的，其进项税额不得从销项税额中抵扣。

小编说明：这儿说得都挺清楚，就是要注意代扣代缴增值税抵扣税额的证明资料，还要认真对待完整地准备，以免因缺少某项资料之后得不到认可。

第二十七条 下列项目的进项税额不得从销项税额中抵扣：

（一）用于简易计税方法计税项目、免征增值税项目、集体福利或者个人消费的购进货物、加工修理修配劳务、服务、无形资产和不动产。其中涉及的固定资产、无形资产、不动产，仅指专用于上述项目的固定资产、无形资产（不包括其他权益性无形资产）、不动产。

纳税人的交际应酬消费属于个人消费。

小编说明：首先说明一下，之前有一个不得抵扣的事项：非增值税应税项目，本轮营改增之后就真的没有了，当然有的人士认为非增值税应税项目，不是还有很多吗？如不征税收入、免税收入等，其实人家该有的还是列示的，并没有说这个是排除法的意思，当时就指的是营业税的相关事项。

第二十七条重点在解释了哪些是不得抵扣的列举项目，只有列举的才属于不得抵扣的事项，这个原则我们需要理解。这儿分了如下几类：

（1）简易计税方法已经按征收率征收了，率降低了，再让抵扣本身的收入或者抵扣其他的是不配比的，这个可以理解；

（2）免征增值税项目都免税了，还抵扣啥，这个也容易理解；

（3）用于集体福利或者个人消费，这个是因为认为属于消费环节终止了，但其实我们知道，这哪是终止啊，其实是间接转化为收入的贡献了。但既然规定上这样说了，那也别争议了，就执行这个标准吧。集体福利多是指企业会计科目中的职工福利费，也包括其他有福利性质但未在这个科目核算的内容，那就涉及认定确认了。用于个人消费，主要针对的还是交际应酬消费，这个多是盯着业务招待费科目的。之前我们有讨论过虽然计入业务招待费但是赠送的礼品的情形，这不是在此环节消费，而是赠送了，要有视同销售，同时认可抵扣的情形，这一点需要我们引起关注，当然有的税务机关的同志还没有认识到这个理解，需要进一步好好思考应用。

有了上面的规定，那我们还是有突破的地方的，即固定资产、无形资产（不含其他权益类无形资产）与不动产，此时取得的进项税额，只有专用于上述项目的才不得抵扣，如果多用途的，如既用于免税项目又用于增值税应税项目，则是允许全额抵扣的。这儿要注意，固定资产是要结合文件的定义及企业的会计处理认定来做的，这一点需要充分利用。并且这儿可没有说用于免税项目与应税项目的比例是多少，有时还是看企业如何自己举证自己。

其他权益性无形资产，包括基础设施资产经营权、公共事业特许权、配额、经营权（包括特许经营权、连锁经营权、其他经营权）、经销权、分销权、代理权、会员权、席位权、网络游戏虚拟道具、域名、名称权、肖像权、冠名权、转会费等，这些可不管是不是共用之类，都允许抵扣，基于国家税务总局对于财税〔2016〕36号文件的解读，认为这些并不是用于哪个项目，而是纳税人整体单位用的，所以不存在抵扣的限制，既然如此就这样应用吧，抵扣。但是如果这个单位全是简易计税项目，短期之内无一般应税项目，那就先纳入抵扣着留抵，待将来有一般计税方法的应税收入时，再抵扣也不迟。

（二）非正常损失的购进货物，以及相关的加工修理修配劳务和交通运输服务。

（三）非正常损失的在产品、产成品所耗用的购进货物（不包括固定资产）、加工修理修配劳务和交通运输服务。

（四）非正常损失的不动产，以及该不动产所耗用的购进货物、设计服务和建筑服务。

（五）非正常损失的不动产在建工程所耗用的购进货物、设计服务和建筑服务。

纳税人新建、改建、扩建、修缮、装饰不动产，均属于不动产在建工程。

（六）购进的旅客运输服务、贷款服务、餐饮服务、居民日常服务和娱乐服务。

（七）财政部和国家税务总局规定的其他情形。

本条第（四）项、第（五）项所称货物，是指构成不动产实体的材料和设备，包括建筑装饰材料和给排水、采暖、卫生、通风、照明、通讯、煤气、消防、中央空调、电梯、电气、智能化楼宇设备及配套设施。

第二十八条　不动产、无形资产的具体范围，按照本办法所附的《销售服务、无形资产或者不动产注释》执行。

固定资产，是指使用期限超过12个月的机器、机械、运输工具以及其他与生产经营有关的设备、工具、器具等有形动产。

非正常损失，是指因管理不善造成货物被盗、丢失、霉烂变质，以及因违反法律法规造成货物或者不动产被依法没收、销毁、拆除的情形。

小编说明：这儿说明的是非正常损失涉及的进项税额不得抵扣，这个非正常损失是有特定范围的，不要过多地想象到扩展的范围中，其前提必须是“管理不善”，这个是前提，而后面的列举事项限于这几项。比如食品、药品的过期，虽然有霉烂变质，但不是管理不善引起的，因此不需要做进项税额转出。

这儿必须重点说明一下，当下我们很多企业存在的计提资产减值准备的处理，这个资产减值准备基本上是不涉及上面的情形的，自然不需要做进项税额转出处理。因为增值税的进项税额转出是以货物的“物损”为前提的，对于服务的采购则没有独立的转出要求，因为服务本身买进来也多是消耗性质的，从这个角度理解，也不好发现关于不得抵扣事项中的非正常损失基本就是与货物相关的损失类型了。

上述情形之下，发生非正常损失时，往往都是采购之后发生的事，此时多是纳税人先抵扣了，才有这种情形发生，由此需要将进项税额转出。如果纳税人从一开始这个非正常损失的采购物品、劳务就没有抵扣过，何来不得抵扣一说呢？这个大家一定要理解，别照着成本就结转了，一定是对应着原来抵扣多少，确认相应的配比转出，才是上面说得不得抵扣的意思。

第二十九条　适用一般计税方法的纳税人，兼营简易计税方法计税项目、免征增值税项目而无法划分不得抵扣的进项税额，按照下列公式计算不得抵扣的进项税额：

$$\text{不得抵扣的进项税额}=\text{当期无法划分的全部进项税额}\times\left(\text{当期简易计税方法计税项目销售额}+\text{免征增值税项目销售额}\right)\div\text{当期全部销售额}$$

主管税务机关可以按照上述公式依据年度数据对不得抵扣的进项税额进行清算。

小编说明：如果纳税人能够分清的，抵扣是抵扣，不能抵扣是不能抵扣，或者分不清时，有计量方法，比如人数、面积，或安装有电表水表等，这也是分得清的；如果实在分不清，那就只能按收入比重了（但是有与收入比重没有关系的，如餐厅用电，这都没有收入贡献，如何转出呢？收入方法并不是万能的，还是要自己想招）。这儿需要说明如下几点：

（1）扣税凭证是按张抵扣的，可不是说一张之中有多少部分可以分着抵扣，这个技术上达不到。那既然如此，分不清的时候，必须是先全抵扣着，再按不能抵扣的部分做进项税额转出；这个转出可以是当期发生当期转出，也可能是后期发生后期转出。

（2）不得抵扣的进项税额，在计算出来之后，如果之前有抵扣了 100 万元，现在算出来有 20 万元不得抵扣，这个不得抵扣的税额要在会计上计入相应的成本费用科目中。

（3）公式中的简易计税方法的销售额是不含税销售额，免税销售额并不需要假设计提出来税额，相当于就是价税合计的免税总额的意思。全部销售额当然是包括应税、免税、简易合计的，应税销售额是不含税收入额。大家不要过于纠结于这三者的计数规则不一样，是不是有问题，当下就是这样来计量的，本身确实在标准上可能有谁得“便宜”的影响，但我们就以此作为计量，一种明确的计量的规则而已。

同时也要注意一下，我们本次营改增引入的差额计税的方式比较多，全部销售额中或简易计税方法中，有差额的事项，那差额也是销售额啊，在财税〔2016〕36 号文件中也多以此描述。不过从小编的理解来看，这个销售额应是指全额的销售额，而不是差额后的余额，因为其使用目的是基于销售收入，而差额只是计算计税销售额的方式，那是因为进项税额取得不了而产生的计算结果。

（4）主管税务机关可以按年度清算，这里面当然是怕纳税人利用某一个月的收入计算转出的金额过于人为安排或不平衡，怕有这个风险。其实这个发起得主管税务机关要求才行，并没有强制要求纳税人自行进行年度清算，因为有可能清算的对于税款缴纳还不利了，所以就给了税务机关一个主动权，看有可能转少的就可以要求清算，这是不是有一点不对等呢?

（5）当期如何理解，现实当中企业多是按月做进项税额转出确认，但是如金融企业有按季度纳税的，此时如何计算转出呢?当期当然是指当季了。那有的人士认为月份结账如何办，会不会有大的利润波动啊?这也是可能的，如果想减少那就按月的收入数据先算着，到季度时一并统算后调整进项税额转出的数据，也是个办法。这并不是纳税人每个月算出来进项税额转出，到季度时合并一起作为当期即当季的进项税额转出，这有可能吃亏，也有可能得利，但是得利的情形之下人家是可以要求调整的。

（6）另外关于这个公式中的“筹划空间”，也是存在的，比如当季的进项税额中需要分摊的确实很大，但是呢，当期的免税收入也比较大，预测下期的免税收入并不大，所以可以人为地调整抵扣的时间，这是有所漏洞，但并不是说是逃避缴纳税款，并不是这样的判断；所以文件也提出年度清算的提法，这个要看各地的税务机关如何来理解这个漏洞的管理了。从目前来看，大家对这个的重视程度显然是不够的。

(7) 如果认为确实无法划分且按收入明显是不划算的情形之下，建议纳税人可以增加相应的独立采购部门，此时往往多花点支出，但是保障采购支出的进项是明确可以划分的，即如免税收入的进项往往是少的，如果混在一起免税收入占比又比较大的时候，就有必要独立地设置采购，省得分不清产生利益损害或者税务争议的问题。

(8) 对于划分不清事项的抵扣，我们特此补充一个案例。

[案例] 某企业系提供建筑服务的单位，有选择简易计税的项目，也有选择或按一般计税方法进行的项目。当期批量采购钢材一批，价格是1 000万元，增值税进项税额是170万元，是既用于简易也用于一般计税项目的。企业是这样处理的：首先将170万元增值税税额的专用发票全额抵扣，再在简易项目领取钢材时，做进项税额转出。想必我们的同行人士认为这是可行的，因为首先进项税额转出了，这不是明确遵照不得抵扣的事项了吗？

但是有一个问题出现了，本来这170万元在购入当月就是既用于一般计税项目，又用于简易计税项目，那能否认为，依照上面的规定，不应是后续领用时做进项税额转出，而是按上述公式，在购入钢材的当月即要求进行确定不得抵扣进项税额并转出呢？如此就有两个问题：

一是时间性的，即依照企业的做法，跟上述公式的计算，在时间上是有差异的，因为实际领用往往是滞后的，而依照上述公式当月就需要判断是否不得抵扣，并进行进项税额的转出处理；

二是永久性的影响，即按照企业的做法，在算总账时，其不得抵扣的事项是真实的、准确的，有多少用于一般，有多少用于简易，这个算的很清楚。但是如果按上面的公式，那如果当期一分钱的简易没有，是不是全部都可以抵扣？当然，税务机关是可以要求按年度进行清算一下的，但这要查到或发现才行，当下我们已探讨过，没有形成常规机制。所以这就说明了，依照公式计算的是“不准确”的，但是却是合规的，你说这个税法本身的问题，是不是就是这样的，让我们容易迷惑呢！

因此或许我们认为自己处理准确的情形之下，即相当于筹划性的认为先抵扣着，再做转出，这样有利于资金节约，但却不知道，可能已经违反了税法的规定了。

在此我们引用一下原增值税下地方税务机关对待此事项的理解：

《广东省国家税务局关于增值税一般纳税人兼营免税项目或非应税劳务增值税进项税额转出有关问题的批复》（粤国税函〔2010〕513号）提出如下意见：

增值税一般纳税人兼营免税项目或非应税劳务而无法准确划分不得抵扣的进项税额，根据《国家税务总局关于印发〈增值税问题解答（之一）〉的通知》（国税函发〔1995〕288号，以下简称288号文）第十二条[1]的规定，税务征收机关可采取按年度清算的办法。2009年实行了新的增值税暂行条例实施细则，原细则已废止，但对288号文第十二条规定所引用的法律依据尚未进行修改，是否据此开展年度清算不明确。

为此，经电话请示国家税务总局，对兼营免税项目或非应税劳务而无法划分不得抵扣的进项税额的纳税人，因月度之间的购销不均衡，按公式计算出现不得抵扣的进项税额不实的现象，税务征收机关仍可采取按年度清算的办法，即年末按当年的有关数据计算当年不得抵扣的进项税额，对月度计算的数据进行调整。

第三十条　已抵扣进项税额的购进货物（不含固定资产）、劳务、服务，发生本办法第二十七条规定情形（简易计税方法计税项目、免征增值税项目除外）的，应当将该进项税额从当期进项税额中扣减；无法确定该进项税额的，按照当期实际成本计算应扣减的进项税额。

小编说明：关于括号中内容为何要写出这样的例外，请参照后附的法规解读内容。这个条款就是说明了进项税额转出的问题。其实上面的内容也基本解释了。

第三十一条　已抵扣进项税额的固定资产、无形资产或者不动产，发生本办法第二十七条规定情形的，按照下列公式计算不得抵扣的进项税额：

不得抵扣的进项税额＝固定资产、无形资产或者不动产净值×适用税率

固定资产、无形资产或者不动产净值，是指纳税人根据财务会计制度计提折旧或摊销后的余额。

小编说明：这三项资产，只有专用于第二十七条规定的情形的，才是不得抵扣，且无形资产是不包括权益性无形资产的，那买入时符合抵扣条件，允许抵扣，但后来发生了专用于福利之类的用途时，就需要转出相应的不得抵扣的余值，这个算法是用折旧摊销后的净值（不含税金额）来计算的，很容易理解。那这儿参照的是财务会计制度计

[1]　注意国税发〔1995〕288号文件中有两个第三号，结果在排序时，这个第十二号，其实是第十三号，在后述的作废文件中，明确对于第十三号作废，大家别自己去纠正编号，说的是第十三号作废，就是人家将错就错的第十三号的作废。

提折旧或摊销的余额，就不提什么是20年或10年，或企业所得税的最低折旧年限之说了，就按会计上的来，无论是多少年，这儿并没有要求调整或有限制的要求。

第三十二条　纳税人适用一般计税方法计税的，因销售折让、中止或者退回而退还给购买方的增值税额，应当从当期的销项税额中扣减；因销售折让、中止或者退回而收回的增值税额，应当从当期的进项税额中扣减。

第三十三条　有下列情形之一者，应当按照销售额和增值税税率计算应纳税额，不得抵扣进项税额，也不得使用增值税专用发票：

（一）一般纳税人会计核算不健全，或者不能够提供准确税务资料的。

（二）应当办理一般纳税人资格登记而未办理的。

8.1.4.2　抵扣链条中免税带来的增值税计税规则的影响

应该说增值税的抵扣链条是非常“完美的”，它充分体现了增值税的计量逻辑，也符合征税的中性化原则。那我们看到，财税〔2016〕36号文件中多有免税的事项，如果跟这些免税的单位做生意，可能在增值税上就会体现出问题了，为何这么说呢？免税不是国家给予纳税人或行业的优惠吗，这是好事啊！好事是没错，但是这个好事是建立在打破增值税抵扣链条基础之上的，如果打破了，这个税负其实是转嫁了，就可能对交易方带来不利的影响。

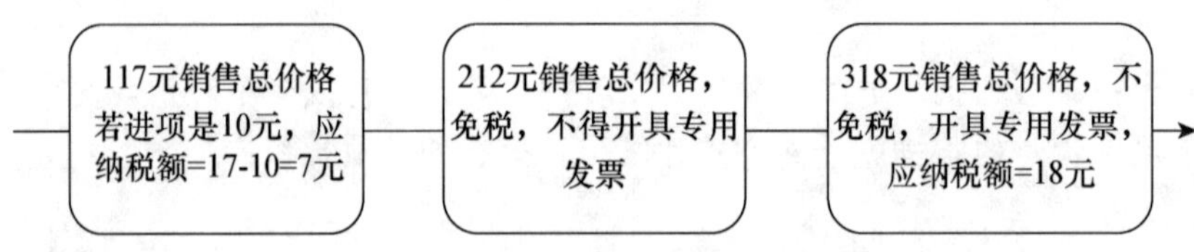

图8-2　增值税的计量逻辑

若图8-2中的三个纳税人都是一般纳税人，现在我们发现问题了，第一个供应者不免税时，税率是17%，其货物销售的增值税销项税额是17元，若进项为10元，应纳税额也是7元，第二个环节是享受免税待遇的，此时它也不要供应方的增值税专用发票，不得抵扣没有用，其适用技术服务的免税待遇（税率正常是6%），则给客户开具的是增值税的普通发票，因为若开具了专用发票，免税待遇就享受不到了。但是下一方就得不到抵扣了，其技术服务的增值税缴纳是18元，所以从整个的链条来看，中间方享受免税时，增值税是：7＋18＝25（元）；若中间方不享受免税，则整体的应纳税额是：7＋(12－7)＋(18－12)＝18（元）。结果我们发现，因为切断了第一个7元向后抵扣的链条，同时最后一个又全额计税无抵扣，以致虽然免了税，但整体链条的税负还是加重了，试想这对于行业的激励并没有体现出来。

但是如果这个中间的销售服务方是最终面临的消费者，其本身享受免税，那结果就不一样了，比如前二者的交易就结束了，则 7＋0＝7（元），但是如果抵税呢，相当于是：12－7＝5（元），整体看也是不利的结果，只有第二个溢价空间较大时，才有利益，如第二个销项是 50 元，则享受免税，整体应纳税额是：7＋0＝7（元），不享受免税是：7＋(50－7)＝50（元），相当于第二个的溢价在 14 元以上，才对整体有益的。这就说明了，税收优惠的享受并不简单地就是好事。

现实当中，很多享受税收优惠的政策，就是因为彼此计较的利益问题，而多有享受免税的单位“自愿”放弃了免税，这也是为生存考虑，不然光享受着免税，却没有人跟你做生意不是也难办吗？比如我们上面的技术服务的免税，就有这样的供应商“被逼”放弃了免税待遇，因为这个优惠是自己享受的，并未优惠及下一方时就难办了，除非降价到一定的程度才可能有利益，但那样可能还不如变成应税还抵扣着点进项划算呢。

财税〔2016〕36 号文件对于放弃免税的情形也是有规定的，即纳税人发生应税行为适用免税、减税规定的，可以放弃免税、减税，依照本办法的规定缴纳增值税。放弃免税、减税后，36 个月内不得再申请免税、减税。纳税人发生应税行为同时适用免税和零税率规定的，可以选择适用免税或者零税率。

看来这种情形财税部门也意识到了，所以就规定了个“36 个月”的选择期限，最少 36 个月不能变，这是硬性要求。那如上面的技术服务公司，能否这样操作，对于需要抵扣的单位就选择应税，对于不需要抵扣的单位就选择免税，是不是很聪明的“筹划”呢？这儿可能就出现问题了，这是对于技术服务应税行为说的，可不是对于某个客户说的，由此小编认为，要放弃那是要全面的，除非有一种情形，某个客户在享受免税备案时，科技部门不予认可，这是因为程序上的问题造成的，并不是企业自愿放弃的，小编认为这些不同的情形是可以共存的。

如果企业非要享受这两种情形，就不要在政策上打“主意”了，索性自己调整一下公司架构，做应税生意的一个公司，做免税生意的一个公司，这是自己决定的事儿，不要逼税法适应自己的情形来规定。

8.1.4.3　即征即退等优惠政策对增值税计税规则的影响

上面的小节中我们讲到的是因为享受免税打破了增值税的抵扣链条问题，但是如果上面的中间方享受的是即征即退的增值税处理或先征后退，这相当于是从税收政策过渡到财政补贴的政策层面上来了。此时，中间方该开具多少税率的增值税专用发票供下一方抵扣一点不影响，而从财政取得的返还，是作为收入入账的，这就是脱离了链条之外的财税利益，这种激励政策是受到欢迎的，比如上面我们有介绍过软件销售即征即退的税收政策应用。

8.1.4.4 智力或劳动力成果或第一道价值创造环节增值税因素的商业影响

从价值流动对增值税影响的角度，以及得到增值税抵扣凭证的角度，我们知道，基于智力或劳动力本身的价值，在起始环节是无法得到抵扣，因为劳动力本身的直接支出在当前的政策下不予认可抵扣。但是如果这个劳动力的价值构成了服务或资产的价值组成部分时，就相当于成了可以销售的对象了，那就可以形成抵扣的价值计量部分，此时就形成了抵扣的价值。

比如我们拿劳务派遣的公司来讲，大家就可以明白其中的商业应用。《财政部 国家税务总局关于进一步明确全面推开营改增试点有关劳务派遣服务、收费公路通行费抵扣等政策的通知》(财税〔2016〕47 号）对此是这样规定的：

一、劳务派遣服务政策

一般纳税人提供劳务派遣服务，可以按照《财政部 国家税务总局关于全面推开营业税改征增值税试点的通知》(财税〔2016〕36 号）的有关规定，以取得的全部价款和价外费用为销售额，按照一般计税方法计算缴纳增值税；也可以选择差额纳税，以取得的全部价款和价外费用，扣除代用工单位支付给劳务派遣员工的工资、福利和为其办理社会保险及住房公积金后的余额为销售额，按照简易计税方法依 5%的征收率计算缴纳增值税。

小规模纳税人提供劳务派遣服务，可以按照《财政部 国家税务总局关于全面推开营业税改征增值税试点的通知》(财税〔2016〕36 号）的有关规定，以取得的全部价款和价外费用为销售额，按照简易计税方法依 3%的征收率计算缴纳增值税；也可以选择差额纳税，以取得的全部价款和价外费用，扣除代用工单位支付给劳务派遣员工的工资、福利和为其办理社会保险及住房公积金后的余额为销售额，按照简易计税方法依 5%的征收率计算缴纳增值税。

选择差额纳税的纳税人，向用工单位收取用于支付给劳务派遣员工工资、福利和为其办理社会保险及住房公积金的费用，不得开具增值税专用发票，可以开具普通发票。

劳务派遣服务，是指劳务派遣公司为了满足用工单位对于各类灵活用工的需求，将员工派遣至用工单位，接受用工单位管理并为其工作的服务。

这儿要分两种情形，一种是一般纳税人，一种是小规模纳税人，适用的条件都接近。那我们进一步分析一下，如某劳务派遣公司为增值税一般纳税人，某月收入总额是106万元，扣除工资、福利及社保和公积金90万元之后余下16万元。公司当月无其他进项税额。(类皮包公司有何进项呢?）税款差异分析见表8-2。

表8-2

一般计税方法与简易计税方法下的税款差异（一般纳税人）

一般纳税人	政策适用	销售额	计算应纳税款
一般计税方法	全额，税率6%	全部价款和价外费用为销售额，可以开具106万元的增值税专用发票	106/1.06×6%=6（万元）
简易计税方法	差额，征收率5%	以取得的全部价款和价外费用，扣除代用工单位支付给劳务派遣员工的工资、福利和为其办理社会保险及住房公积金后的余额为销售额，可以开具16万元的增值税专用发票	(106－90)/1.05×5%=0.76（万元）

从上面的结果看，两者的税款差异很大，那作为劳务派遣单位，其本身的利益很少，让他们在没有进项税额的情形之下开具全额的增值税专用发票给用人单位，估计还是有难度的。不过财税〔2016〕36号文件中给出了选择，权当是让企业自己做主了，不给限制，省得做了好事没有人情得！上面用一般计税方法的时候，企业还是有钱挣的，106－90－6=10（万元），此为毛利部分，余下还有附加税费等相关的支出，如果相应支出是11万元，则就赔本了；而第二种情形下，106－90－0.76=15.24（万元)，就算再扣除11万元，还是挣钱的，所以劳务派遣单位更多会选择简易计税的方式。如果用工单位非要全额的增值税专用发票，那对方只好加价了，只能是这样的结果。

下面我们再看看小规模纳税人的适用情形（见表8-3)：

表8-3

全额简易计税方法与差额简易计税方法下的差异（小规模纳税人）

小规模纳税人	征收率	销售额	备注
全额简易计税	3%	106/1.03×3%=3.08（万元)，可以代开增值税专用发票用于抵扣	代开专用发票，下同
差额简易计税	5%	(106－90)/1.05×5%=0.76万元，可以代开16万元的增值税专用发票	与一般纳税人一样的结果

这个结果也是一样的，全额计税自然对于派遣方是亏的，因此同样存在这样一个现实的交易沟通问题。那从上面的规定中我们也看到，差额的部分是只能允许开具增值税普通发票的，这个相当于是不能抵扣只能入成本费用了。那有的人士认为这个代发工资开具何种发票呢？其实整体来讲，劳务派遣是一种整体的服务，尽管企业所得税上突破为直接发放的作为工资薪金处理，这也只是一种定性的突破，其

间真实的是服务费用，自然需要有发票作为企业所得税税前扣除，所以这一点呢，我们还是要充分理解要普通发票的重要性的。那有的人士认为是不是可以开具时在增值税专用发票上写上“代收”字样呢？那就在理论上不通了，因为这是增值税的价外费用了，所以被当成增值税计税收入，理论上解释不过去，自然这儿也只能说开具普通发票了。

8.1.4.5 增值税进项税额转出多而再转回的处理

我们都知道，增值税进项税额转出历来是我们增值税处理中很常见的一个事项，这也是不得抵扣事项太多产生的结果。那如果忽然某个月或季度由于财务人员的计算错误或信息不完整造成计算不准确，转出的税额多了，能否再转回去呢？

应该说，在 2016 年 5 月 1 日之前的营改增或增值税历来的政策当中，对于购进货物，往往是规定先抵扣，发现有不得抵扣的情形之时，再做进项税额转出处理。但从来没有说开始没有抵扣，之后又转到抵扣用途上来了，能不能再做转入处理呢？这次财税〔2016〕36 号文件给出了这样一种选择。至于上面所说的计算错误或失误，那人家再纠正申报本也是正常的事，所以何苦又折磨呢，建议沟通后重新修改报表的问题，在技术上可能面临着一个修订系统数据的证明力问题，这个需要好好地对接一下。

那财税〔2016〕36 号文件给出了什么样的以后可以转回来抵扣的情形呢？

按照《试点实施办法》第二十七条第（一）项规定不得抵扣且未抵扣进项税额的固定资产、无形资产、不动产，发生用途改变，用于允许抵扣进项税额的应税项目，可在用途改变的次月按照下列公式计算可以抵扣的进项税额：

$$可以抵扣的进项税额=\frac{固定资产、无形资产、不动产净值}{（1+适用税率）}\times 适用税率$$

上述可以抵扣的进项税额应取得合法有效的增值税扣税凭证。

这是文件给出的一个变通的方式，我们来理解一下这段话的意思。

（1）要想后期得到抵扣的机会，那必须要取得合法有效的扣税凭证，当下来看，必须要取得本章节中所提到的几类票据资料。但是我们知道，增值税专用发票等当下还是有抵扣时限的，要是一年之后才有转出，但是这个专用发票没有认证抵扣过，那就没有机会了。所以这种情形之下，还是需要：取得扣税凭证；相应的扣税凭证有时限的，要先抵扣着，即先申报进项税额，再做转出处理，先占个位置再说，就好像学区房一样。但是没有时限要求的扣税凭证，则不需要先申报着再转出，这也是本条的意思所在。可不能看到这几类资产有用途改变了，就不管是不是有扣税凭证直接算可以抵扣的进项税额了。

《国家税务总局关于发布〈不动产进项税额分期抵扣暂行办法〉的公告》（国家税务总局公告 2016 年第 15 号）则进一步对此进行了明确：

第九条 按照规定不得抵扣进项税额的不动产，发生用途改变，用于允许抵扣进项税额项目的，按照下列公式在改变用途的次月计算可抵扣进项税额。

可抵扣进项税额＝增值税扣税凭证注明或计算的进项税额×不动产净值率

依照本条规定计算的可抵扣进项税额，应取得 2016 年 5 月 1 日后开具的合法有效的增值税扣税凭证。

（2）这三类资产之外的情形，如购入水电费的进项税额的分摊，因为是消耗性的，没有后续转移用途之说。但也不排除有循环利用的存货，也有是营改增之前转过来的情形，那是很难得到认可的。除非通过一个交易等方式重新加以利用。税收法规自然无法穷尽经济的多样性，因此出现了特殊情形的，还是需要尽量进行一些应对或提醒财税部门考虑给予一些特定的明确，包括一些行业性的组织推进等方式。

8.1.4.6 增值税进项税额抵扣时间的选择与损失的发生影响

一般纳税人进项税额的抵扣，取决于取得扣税凭证，但是这些扣税凭证什么时候抵扣呢？除了我们已知的增值税专用发票（机动车销售统一发票）及海关专用缴款书有相应的 180 天的明确之外，其余的是没有时间限制的。在实践当中，更多的财务同志是在第一时间取得后就尽量进行抵扣了，这是常规处理。我们在这儿进一步探讨一下抵扣的时间方面的理解。

（1）凭证的日期归属月份或季度与抵扣时间的差异。

比如一张增值税专用发票，日期写的是 2015 年 6 月 30 日，则对于这张增值税专用发票，企业在选择抵扣时（通过认证或者网上选择方式都可以），可以在 6 月份所属期抵扣，也可以在 7 月，或 8 月，或 9 月等，只要不超过 180 天都是可以抵扣在所属月或季度的，这个选择权在纳税人手中。不过，如果真的选择超过180天了，那就可能危险了，要找到突破重新得到认证抵扣的机会是很难的了，程序难、操作难、环节多等各种原因。这说明了抵扣时间并不是与票据上的日期有关，也不是说当月取得就要当月抵扣，也没有人盯着你是不是当月取得了。从这个角度说，抵扣凭证的操作抵扣是有一定的弹性空间的，这也是增值税进项税额的灵活之处。

(2) 抵扣时间选择权的灵活应用。

那有的同志可能这样认为，有人放在手中就是不抵扣呢？这还真有，只是平时可能遇到的少。比如下面两种情形：

一是纳税人取得了可以抵扣的凭证，但是当月税务主管的同志要求企业预缴一部分税款，那如果硬做在表上，不是有人为干预之嫌吗？于是就找了2张当月取得但未认证操作（如有这样的企业），或就不去在网络平台上操作抵扣的确认，税额假设是500万元，这样如果相应的票据在次月仍可以认证抵扣，在安全期之内，就人为不去操作抵扣了，顺理成章地就“预缴”成功了。

二是有的企业当月账上未做在最后一天取得的专用发票的一笔会计处理，但是发票有了，部门的负责人也未签字，此时报税的人员可以直接拿过来先操作认证抵扣着，从而节约当期的增值税税额的资金流出，这也算是真真切切地进行了恰当的营改增的应对。

(3) 如何理解180天的抵扣要求。

《国家税务总局关于调整增值税扣税凭证抵扣期限有关问题的通知》（国税函〔2009〕617号）规定：增值税一般纳税人取得2010年1月1日以后开具的增值税专用发票、公路内河货物运输业统一发票[1]和机动车销售统一发票，应在开具之日起180日内到税务机关办理认证，并在认证通过的次月申报期内，向主管税务机关申报抵扣进项税额。实行海关进口增值税专用缴款书（以下简称海关缴款书）“先比对后抵扣”管理办法的增值税一般纳税人取得2010年1月1日以后开具的海关缴款书，应在开具之日起180日内向主管税务机关报送《海关完税凭证抵扣清单》（包括纸质资料和电子数据）申请稽核比对。未实行海关缴款书“先比对后抵扣”管理办法的增值税一般纳税人取得2010年1月1日以后开具的海关缴款书，应在开具之日起180日后的第一个纳税申报期结束以前，向主管税务机关申报抵扣进项税额。

[1] 营改增之后，这个统一发票就不存在了，因此这儿应忽略这种扣税凭证的描述。

这儿当时还是用的纸质增值税专用发票等扫描认证的方式，现在已经试点改为网上操作的方式。我们要探讨的是，180日内认证，这个是有要求的，次月申报期内申报抵扣，这也没有问题。对于仍用传统认证抵扣方式的纳税人，仍按此操作进行。那对于网上操作抵扣的纳税人来讲，如何处理呢?

如北京国税的解释口径中有这样的说明，值得大家借鉴：

增值税专用发票认证抵扣有无时限要求?

答：增值税专用发票（包括税控系统开具的机动车销售统一发票）应是自开票之日起180日内进行认证，并在认证通过的次月申报期内申报抵扣进项税额。

按照《国家税务总局关于纳税信用A级纳税人取消增值税发票认证有关问题的公告》（国家税务总局公告2016年第7号）的规定：对纳税信用A级增值税一般纳税人取消增值税发票认证，A级纳税人取得销售方使用增值税发票管理新系统开具的增值税专用发票可以不再进行扫描认证，通过增值税发票税控开票软件登录本省增值税发票查询平台，查询、选择用于申报抵扣或者出口退税的增值税发票信息。抵扣时限是，按月申报纳税人为本月1日的前180日，按季度申报纳税人为本季度首月1日的前180日。

所以对于增值税发票查询平台操作的纳税人，就要谨慎地选择，因为没有认证过渡环节了。比如某企业在12月25日（180天之内）到期180天，那依照传统方式是可以认证，得到认可就次月申报抵扣。但是现在来看，认证环节没有了，所以直接用抵扣了，那从北京国税的解释来看，是直接套用了抵扣的180天的对接。在系统当中的操作是勾选确认，这个工作相当于是认证了，勾选确认的工作在纳税期内可以操作多次，之前系统只认可一次的设计确实是没有好好考虑这里面的问题。

8.1.4.7　抵扣凭证取得方式和取得后的利益保障如何把握

上面我们有提及，要保障抵扣利益，那首先是取得合规的抵扣凭证，那取得之后如何办呢?有抵扣要求时限与确认的，那必须进行抵扣，不要自己放在手里，等着过期了，利益基本上也就没有了。

通常我们可以从以下几个方面进行考虑（见表8-4)：

表8-4

方式	操作	利益
消耗性的独立采购的支出，可以不要增值税专用发票	如果明确是用于不得抵扣目的的费用性支出，且是单独采购的，那可以不要增值税专用发票	只要没有未来需要抵扣的可能，就可以不要增值税专用发票

续表

方式	操作	利益
消耗性的非独立采购的支出，尽量要到增值税专用发票	如水电费、存货多是单位业务共用的，那为了保障应税项目的抵扣权利，必须全要求进项，对于不得抵扣的再做转出处理	除非对方给分着开具增值税专用发票，否则须要到全开的增值税专用发票才可以保障抵扣利益
固定资产、无形资产、不动产	争取都要到增值税专用发票等扣税凭证，毕竟谁也说不好将来是要用到应税目的的（部分目的也是可以抵扣的）	这个利益新政策允许从不可抵扣转为可以抵扣，是一个必须保障的利益工作：取得增值税专用发票等扣税凭证
非权益性无形资产	属抵扣事项，此时皆建议要到增值税专用发票	保障抵扣的利益

上述情形是从抵扣利益的角度，单独思考取得抵扣凭证下对接的思考出发点。但是我们知道，如果对方无法提供增值税专用发票等扣税凭证，那降价到一定程度也是不吃亏的，由此我们还要就此进行专项分析，可以借鉴本书中关于商业价值分析的内容进行应用，即利益并不仅仅只是有扣税凭证就是有利的结论。

在取得抵扣凭证之后，要想得到权利保障，对于需要认证或确认抵扣的，是优先需要操作从而保障这个有抵扣时限要求的抵扣权利，不致因为超过期限使得扣税凭证的效力失去。

8.1.4.8　增值税抵扣凭证是否强制要求进行认证或确认抵扣的方式

2016 年 3 月 1 日起，财税部门开始推出取消认证的信息化改善工作。我们先来了解一下相应的文件规定：

《国家税务总局关于纳税信用 A 级纳税人取消增值税发票认证有关问题的公告》（国家税务总局公告 2016 年第 7 号）规定：

为认真落实《深化国税、地税征管体制改革方案》有关要求，进一步优化纳税服务，完善税收分类管理，税务总局决定对纳税信用 A 级增值税一般纳税人（以下简称纳税人）取消增值税发票认证，现将有关问题公告如下：

一、纳税人取得销售方使用增值税发票系统升级版开具的增值税发票（包括增值税专用发票、货物运输业增值税专用发票、机动车销售统一发票，下同），可以不再进行扫描认证，通过增值税发票税控开票软件登录本省增值税发票查询平台，查询、选择用于申报抵扣或者出口退税的增值税发票信息。

增值税发票查询平台的登录地址由各省国税局确定并公布。

二、纳税人取得增值税发票，通过增值税发票查询平台未查询到对应发票信息的，仍可进行扫描认证。

三、纳税人填报增值税纳税申报表的方法保持不变，即当期申报抵扣的增值税发票数据，仍填报在《增值税纳税申报表附列资料（二)》第2栏“其中：本期认证相符且本期申报抵扣”的对应栏次中。

四、取消增值税发票认证，简化办税流程，将明显减轻纳税人和基层税务机关负担，是深入开展“便民办税春风行动”的一项重要举措。各地国税机关要认真落实工作部署，精心组织做好宣传、培训等各项工作，及时、准确维护纳税人档案信息，确保此项工作顺利实施。

五、本公告自2016年3月1日起施行。

对于本轮营改增的单位来讲，上述文件中的扫描认证与网上选择方式如何呢？国家税务总局公告2016年第23号对此是这样规定的：

五、扩大取消增值税发票认证的纳税人范围

（一）纳税信用B级增值税一般纳税人取得销售方使用新系统开具的增值税发票（包括增值税专用发票、货物运输业增值税专用发票、机动车销售统一发票，下同），可以不再进行扫描认证，登录本省增值税发票查询平台，查询、选择用于申报抵扣或者出口退税的增值税发票信息，未查询到对应发票信息的，仍可进行扫描认证。

（二）2016年5月1日新纳入营改增试点的增值税一般纳税人，2016年5月至7月期间不需进行增值税发票认证，登录本省增值税发票查询平台，查询、选择用于申报抵扣或者出口退税的增值税发票信息，未查询到对应发票信息的，可进行扫描认证。2016年8月起按照纳税信用级别分别适用发票认证的有关规定。

这是进一步扩大了适用范围，同时对于本轮营改增的单位，利好消息是不管是哪一级的纳税人，都可以2016年5月至7月不进行扫描认证，直接使用网上平台进行查询选择抵扣，这也算是节约了购买扫描仪的成本，特别是对于大型金融企业来讲，更是财税部门做了一件实实在在的好事。

下面我们再分析标题中的问题，对于需要扫描认证的纳税人，如果其对于某一张取得的增值税专用发票（或机动车销售统一发票）就是不进行扫描认证，是不是违背了税收法规的规定，要进行处置呢？这确实挺吓人的，但是我们不得不说，从来没有规定要求取得的增值税专用发票必须进行认证、抵扣，或者要求进行认证，抵扣的事不管呢？比如某企业是一般纳税人，业务人员购置花生油取得了专用发票一张，但由于其使用目的是食堂，所以不允许抵扣，企业财务人员也不进行认证，直接价税合计计入职工福利费了！这一点问题都没有，只是我们的税务同志、办税人员可能担心有问题，那有什么问题呢？

问题就是我们常说起的“滞留票”，即一方进行了申报抄税，相应开具发票的明细传到了税务机关的系统中，但是这张票却没有人来认证过，即出现了没有“碰对”的结果，而出现这种问题，可能有人认为是好事，即有纳税人计缴了增值税，但是进项税额却没有人抵扣，这相当于为国家做贡献了啊！但是既然没有抵扣，那可能是有原因的：

一是如小规模纳税人取得增值税专用发票等，那就不能抵扣；

二是上面所说用于一般纳税人的不得抵扣事项，那是懒得认证后抵扣再转出的处理；

三是有的企业就是账外经营，不抵扣也不申报经营收入的应税计缴，自然“不敢”进行抵扣认证等。

上面是所指的没有进行抵扣的原因，但这是一种税收上的行为结果，不代表出现问题就说明认证本身是违规的，所以从这个角度来理解，没有认证或者没有在网上发票查询平台确认抵扣增值税专用发票，本身并不是错的，因为没有造成税款的计量影响，反而这个行为多是为国家多计税的结果。

至于红字的增值税专用发票，那更没有必要进行认证“抵扣”了，纳税人自己做进项税额转出处理（申请时如有抵扣就需要做进项税额转出）。

8.1.4.9　得到抵扣的条件分析与应用

上面的内容向大家介绍了增值税进项税额抵扣的一些发票方面的规则，那我们知道：

一是增值税专用发票（含机动车销售统一发票）是需要进行扫描认证或者网上确认的抵扣前置条件的；

二是海关进口专用缴款书，是需要进行“先比对后抵扣”的处理的；

三是其余几类抵扣凭证没有抵扣时限要求；

四是认证、抵扣限于增值税专用发票（含机动车销售统一发票），而其他的票据并不需要网上操作抵扣，所以这是不完整的操作，一定还需要关注其余的抵扣凭证，因为这是自己要去办理、核算进项税额抵扣的，但大部分是增值税专用发票的部分。

那我们再分析一下得到抵扣的前提，进一步理解抵扣的影响因素，避免错误的理解。具体分析见表 8-5。

表 8-5

进项税额抵扣的影响因素分析

事项	描述	风险点
抵扣的基本条件	通常认为取得抵扣凭证就是可以抵扣，即拥有了写有自己名字的可抵扣凭证	网上平台查询或纸质的票据均可
不付款能否抵扣	抵扣的前提是对方计缴了增值税，不付款并不影响抵扣。在历史上由于使用手工开具的增值税专用发票，当时有要求商业企业凭付款凭证抵扣，现在信息化推动了真实性的校验比对，就没有必要以付款作为抵扣条件了	付款还是证明业务真实性的一个评估因素，但并不是绝对因素
最后采购未付款形成营业外收入	即使最终一直没有付款，对方也放弃了，也不需要做进项税额转出处理，不影响抵扣	除非对方跑了、形成“走逃”、形成“失控票”，此时虽然纳税人给供应商的款中含了税，但是因为对方没有形成缴税行为，则还会追回来不让采购方抵扣，这个风险的存在说明一定要找靠谱的供应商

8.1.4.10 不动产抵扣的特殊规则由本轮营改增开始，投资性房地产和土地使用权可以绕道前行了

我们知道，增值税扣税凭证抵扣的原则是，在取得扣税凭证时经过认证或确认后就一次性列为抵扣事项，并不需要进行折旧、分摊，即不需要进行权责发生制或受益期的配比，这跟企业所得税是不一样的，没有配比的要求。不用想象得太过于复杂，易产生混淆。

(1) 本轮营改增的新规则。

财税〔2016〕36 号文件规定：

1. 适用一般计税方法的试点纳税人，2016 年 5 月 1 日后取得并在会计制度上按固定资产核算的不动产或者 2016 年 5 月 1 日后取得的不动产在建工程，其进项税额应自取得之日起分 2 年从销项税额中抵扣，第一年抵扣比例为 60%，第二年抵扣比例为 40%。

取得不动产，包括以直接购买、接受捐赠、接受投资入股、自建以及抵债等各种形式取得不动产，不包括房地产开发企业自行开发的房地产项目。

融资租入的不动产以及在施工现场修建的临时建筑物、构筑物，其进项税额不适用上述分2年抵扣的规定。

这个规定需要考虑的因素还是比较多的：

其一，明确了不动产和不动产在建工程抵扣进项税额是按照2年分开抵扣，而不是一次性允许抵扣。

其二，说明了2016年5月1日后取得，并且在会计制度上按固定资产核算的才可以，这相当于是限制了抵扣的范围，比如有的企业是5月1日前购置的不动产，账上也做了固定资产，但是房产证一直未办理下来，这个"取得"如何界定，那只能是理解为实质重于形式更好一些吧？毕竟这种情形我们接触还是挺多的，因为办证拖的因素太多了。即使2016年5月1日之后还有款项未付完，对方可能也能够给开具增值税专用发票，这个抵扣的认可估计也是难的！但不排除可以尝试一下抵扣，毕竟这是营改增之后发生的进项，但可能又被否定其是2016年5月1日之前取得，确也需要进一步确认，比如预售是在2016年5月1日之前，那此时对方是达到了营业税的纳税义务发生时间，缴纳了营业税，此时不能开具增值税专用发票的部分（对方可能给开具营业税发票或者是增值税普通发票），是不得抵扣的，但其后取得的付购房款的增值税专用发票，是可以抵扣的，因为2016年5月1日之前并未取得也没有在会计上核算为固定资产这两个条件。

其三，说明了取得之日起分2年抵扣，在后续的文件中明确是第1个月和第13个月各抵扣60%和40%。

其四，说明了房地产开发企业自行开发的房地产项目，其支出的采购物料等是不需要分期抵扣的，因为其本身不是长期居住，而是为销售目的而存在的，自然没有分期抵扣的前提；

其五，融资租入不动产不需要分期抵扣，因为租金本也是分期付的，已形成分期抵扣取得抵扣凭证的事实了；同时施工现场修建的临时建筑物、构筑物也不需要分2年抵扣；

其六，在会计制度上列为"投资性房地产"的不动产或不动产在建工程，则是不需要按2年分期抵扣的。但这儿我们不得不考虑一个现状，固定资产下的不动产和投资性房地产之间的转换问题，这一点显然文件没有进一步的确认，所以这个抵扣的疑惑仍然是待解的。

这儿就有了一个很有意思的问题，我们了解，参照《企业会计准则（2006）》的规定，对于购置的土地，并不需要列入固定资产进行核算的，而是单独作为无形资产核算的，如果这个企业购置的是土地使用权，则是可以一次性抵扣的。但是这儿不包括出让的土地使用权，因为出让的是没有扣税凭证的，且只允许房地产开发企业可以享受差额扣除的处理，其他非房地产企业是不可以享受这个差额政策的。

（2）不动产和不动产在建工程分期抵扣政策的应用。

《国家税务总局关于发布〈不动产进项税额分期抵扣暂行办法〉的公告》（国家税务总局公告 2016 年第 15 号对此进行了进一步的明确，具体见表 8-6。

表 8-6

不动产和不动产在建工程分期抵扣政策分析

条款	分析	风险
第四条　纳税人按照本办法规定从销项税额中抵扣进项税额，应取得 2016 年 5 月 1 日后开具的合法有效的增值税扣税凭证。 上述进项税额中，60％的部分于取得扣税凭证的当期从销项税额中抵扣；40％的部分为待抵扣进项税额，于取得扣税凭证的当月起第 13 个月从销项税额中抵扣。	分 2 年抵扣其实就是分 2 次抵扣，即取得扣税凭证当期和当月起第 13 个月所属期抵扣；两次各是 60％和 40％。	一是分 2 次抵扣，第二次别忘了抵扣；二是条款中写的是取得扣税凭证的当期抵扣 60％，这儿没有给 180 天的选择权，这一点建议谨慎操作，同样取得还不是自己说的算，并不是发票上开具的日期对应的当期，当然抵扣越早越好。
第三条　纳税人 2016 年 5 月 1 日后购进货物和设计服务、建筑服务，用于新建不动产，或者用于改建、扩建、修缮、装饰不动产并增加不动产原值超过 50％的，其进项税额依照本办法有关规定分 2 年从销项税额中抵扣。 不动产原值，是指取得不动产时的购置原价或作价。 上述分 2 年从销项税额中抵扣的购进货物，是指构成不动产实体的材料和设备，包括建筑装饰材料和给排水、采暖、卫生、通风、照明、通讯、煤气、消防、中央空调、电梯、电气、智能化楼宇设备及配套设施。	新建或改扩建投入超过原值 50％的两种情形都需要分 2 年抵扣，注意这儿的货物是有范围的，同时购置原价或作价是指历史成本，并不指纳税人改制涉及纳税调整的部分，比如国企改制本身的调整原值，对于这些认为并不能以评估后的价值进项确认原价处理。	在做预算的时候就需要考虑一下是不是超过改扩建的 50％，至于新建那没有办法。同时要注意，这儿的取得的进项扣税凭证可能发票种类多、数量多，每一张扣税凭证都需要单独确定抵扣分期，如果是甲供的工程，估计管理成本上比较大，而对于建安包料更多的情形，则是管理成本上会好一些。
第五条　购进时已全额抵扣进项税额的货物和服务，转用于不动产在建工程的，其已抵扣进项税额的 40％部分，应于转用的当期从进项税额中扣减，计入待抵扣进项税额，并于转用的当月起第 13 个月从销项税额中抵扣。	这种情形好理解，开始不是用于在建工程全额抵扣了，但转用于在建工程了，那就 40％做进项税额转出，第 13 个月时再做转入处理抵扣，符合上述的要求规则。	要注意原来采购时是不是有抵扣，没有抵扣的，或部分抵扣的，那就不需要转或转部分。

续表

条款	分析	风险
第六条　纳税人销售其取得的不动产或者不动产在建工程时，尚未抵扣完毕的待抵扣进项税额，允许于销售的当期从销项税额中抵扣。	因为都转让了，收入已确认了，自然进项税额中的待抵扣部分可以在销售的当期抵扣了。	注意确认销售当期抵扣处理。
第十条　纳税人注销税务登记时，其尚未抵扣完毕的待抵扣进项税额于注销清算的当期从销项税额中抵扣。	同上，也是一个道理，因为主体已经快消失了，自然利益需要转换出来。	需要确认当期是不是还有充分的销项税额去抵扣。

(3) 两个特殊事项的处理规则及案例。

关于第一个事项，国家税务总局公告2016年第15号[1]规定：

第七条　已抵扣进项税额的不动产，发生非正常损失，或者改变用途，专用于简易计税方法计税项目、免征增值税项目、集体福利或者个人消费的，按照下列公式计算不得抵扣的进项税额：

不得抵扣的进项税额=(已抵扣进项税额+待抵扣进项税额)×不动产净值率

不动产净值率=(不动产净值÷不动产原值)×100%

不得抵扣的进项税额小于或等于该不动产已抵扣进项税额的，应于该不动产改变用途的当期，将不得抵扣的进项税额从进项税额中扣减。

不得抵扣的进项税额大于该不动产已抵扣进项税额的，应于该不动产改变用途的当期，将已抵扣进项税额从进项税额中扣减，并从该不动产待抵扣进项税额中扣减不得抵扣进项税额与已抵扣进项税额的差额。

这段话比较难理解，下面我们借鉴国家税务总局解读中的案例对此进行分析，这样也有一个直接的对接比较。

[案例] 2016年5月1日，纳税人买了一座楼办公用，1 000万元，进项税额110万元，正常情况下，应在5月当月抵扣66万元，2017年5月（第13个月）再抵扣剩余的44万元。可是在2017年4月，纳税人就将办公楼改造成员工食堂，用于集体福利了。

分析： 办公楼原值1 000万元，一般纳税人适用的税率是11%，即税额是110万元。5月取得了增值税扣税凭证，依照在取得当期抵扣60%，第13个月抵扣40%的规定，5月

[1] 国家税务总局公告2016年第15号，即《国家税务总局关于发布〈不动产进项税额分期抵扣暂行办法〉的公告》。

应抵扣66万元，2016年8个月加2017年5个月，就是第13个月，再抵扣40%即44万元。

如果2017年4月该不动产的净值为800万元，不动产净值率就是80%，不得抵扣的进项税额为88万元，大于已抵扣的进项税额66万元，按照政策规定，这时应将已抵扣的66万元进项税额转出，并在待抵扣进项税额中扣减不得抵扣进项税额与已抵扣进项税额的差额：88－66＝22（万元）。余额22（44－22）万元在2017年5月允许抵扣。

分析：2017年4月不动产净值率是800/1 000＝80%，那不得抵扣的进项税额是：110×80%＝88（万元），由于原来已抵扣了66万元，则原来的66万元要做进项税额转出处理。那还不够转出的，22万元要从待抵扣的44万中继续扣减，余下的22万元在2017年5月允许抵扣，这相当于是将本来可以抵扣的机会放在未来找回来了，逻辑上略有不通。因为本来应税功能已经发挥完了，但既然这样描述，那只能是将抵扣的利益放在未来第13个月处理了。

如果2017年4月该不动产的净值为500万元，不动产净值率就是50%，不得抵扣的进项税额为55万元，小于已抵扣的进项税额66万元，按照政策规定，这时将已抵扣的66万元进项税额转出55万元即可。剩余的44万元仍在2017年5月允许抵扣。

分析：这儿假设企业采用的是加速折旧方法，那净值减少了，不得抵扣的进项税额50%，即110万元不得抵扣55万元，由于已抵扣66万元，则当期转出55万元，余下的44万元仍然待2017年5月再允许抵扣。

关于第二个事项，国家税务总局公告2016年第15号规定：

第九条　按照规定不得抵扣进项税额的不动产，发生用途改变，用于允许抵扣进项税额项目的，按照下列公式在改变用途的次月计算可抵扣进项税额。

可抵扣进项税额＝增值税扣税凭证注明或计算的进项税额×不动产净值率

依照本条规定计算的可抵扣进项税额，应取得2016年5月1日后开具的合法有效的增值税扣税凭证。

按照本条规定计算的可抵扣进项税额，60%的部分于改变用途的次月从销项税额中抵扣，40%的部分为待抵扣进项税额，于改变用途的次月起第13个月从销项税额中抵扣。

大家可能发现了一点，原来财税〔2016〕36号文件规定是这样的：

2. 按照《试点实施办法》第二十七条第（一）项规定不得抵扣且未抵扣进项税

额的固定资产、无形资产、不动产，发生用途改变，用于允许抵扣进项税额的应税项目，可在用途改变的次月按照下列公式计算可以抵扣的进项税额：

$$可以抵扣的进项税额=\frac{固定资产、无形资产、不动产净值}{1+适用税率}\times 适用税率$$

上述可以抵扣的进项税额应取得合法有效的增值税扣税凭证。

其实基本上在计算结果上是一致的，只是公告进一步严谨地明确了一下，不动产净值是指含税价，因为原来是没有抵扣过进项税额的情形的。有的企业如存在净残值情形的，那也是算在净值里面的。因为财税〔2016〕36号文件中用的是税率，现实当中可还有征收率的情形的，如营改增之前取得的不动产的转让，一般纳税人选择简易计税的情形下，是开具5%的征收率增值税专用发票，下家据此进行抵扣的。我们直接用国家税务总局解读稿中的案例对此进行分析。

[案例] 2016年6月5日，纳税人购进办公楼一座共计2 220万元（含税）。该大楼专用于进行技术开发使用，取得的收入均为免税收入，计入固定资产，并于次月开始计提折旧，假定分10年计提，无残值。6月20日，该纳税人取得该大楼如下3份发票：

增值税专用发票一份并认证相符，专用发票注明的金额为1 000万元，税额110万元；增值税专用发票一份一直未认证，专用发票注明的金额为600万元，税额66万元；增值税普通发票一份，普通发票注明的金额为400万元，税额44万元。根据《办法》相关规定，该大楼当期进项税额不得抵扣，计入对应科目核算。

2017年6月，纳税人将该大楼改变用途，用于允许抵扣项目，则需按照不动产净值计算可抵扣进项税额后分期抵扣。

（一）可抵扣进项税额处理

1. 计算不动产净值率。

$$\begin{aligned}不动产净值率&=[2\,220-2\,220\div(10\times 12)\times 12]\div 2\,220\\&=90\%\end{aligned}$$

分析：2016年6月到2017年6月共13个月，但是呢，由于会计折旧是从2016年7月开始计算的，由此一共计提了12个月的折旧，所以扣除12个月的折旧就是净值，如此计算出来是90%的净值率。由此在次月即2017年7月进行抵扣处理，但是净值计算是以6月结束的数据来计算的，是这样的一个计算逻辑。

2. 计算可抵扣进项税额。

纳税人购进该大楼时共计取得三份增值税发票，其中两份增值税专用发票属于增值税扣税凭证，但其中一份增值税专用发票在用途改变前仍未认证相符，属于不得抵扣的增值税扣税凭证。因此，根据不动产分期抵扣管理暂行办法，该大楼允许抵扣的增值税扣税凭证注明税额为 110 万元。可抵扣进项税额＝增值税扣税凭证注明或计算的进项税额×不动产净值率＝110 万元×90%＝99（万元）。

分析：这儿就充分说明了在购买时不充分掌握抵扣的权利是多么可怕，因此在抵扣时就需要充分考虑到抵扣凭证的取得，同时也需要该认证或勾选确认抵扣就操作一下，不然真到利益被否定的时候就难以恢复抵扣的机会了。

3. 可抵扣进项税额处理。

根据《办法》的相关规定，该 99 万元进项税额中的 60%于改变用途的次月抵扣，剩余的 40%于改变用途的次月起，第 13 个月抵扣。

(1) 计算填报 2017 年 7 月应抵扣、待抵扣进项税额：该大楼本期应抵扣进项税额为：99×60%＝59.4（万元）。

该 59.4 万元应于 2017 年 8 月申报期申报 7 月所属期增值税时从销项税额中抵扣；应计入当期“应交税金——应交增值税（进项税额）”科目核算。

分析：这儿相当于是从成本中转出可以抵扣的税金，相应的折旧将在未来期间进行调整。企业所得税上估计不会坚持让从购入时进行折旧调整，因为这是刚发生的原值的调整的问题。

①将不动产进项税额全额 99 万元，填入《增值税纳税申报表（一般纳税人适用)》附列资料（二）第 4 栏“其他扣税凭证”、第 8 栏“其中：其他”。

②将不动产进项税额全额 99 万元，作为当期不动产扣税凭证填入第 9 栏“本期用于购建不动产的扣税凭证”（购建是指购进和自建）（见表 8-7)。

表 8-7

一、申报抵扣的进项税额				
项目	栏次	份数	金额	税额
（一）认证相符的增值税专用发票	1＝2＋3			

续表

其中：本期认证相符且本期申报抵扣	2			
前期认证相符且本期申报抵扣	3			
（二）其他扣税凭证	4=5+6+7+8			
其中：海关进口增值税专用缴款书	5			
农产品收购发票或者销售发票	6			
代扣代缴税收缴款凭证	7		——	
其他	8	1	9 000 000	990 000
（三）本期用于购建不动产的扣税凭证	9	1	9 000 000	990 000
（四）本期不动产允许抵扣进项税额	10	—	—	
（五）外贸企业进项税额抵扣证明	11	—	—	
当期申报抵扣进项税额合计	12=1+4−9+10+11		0	0

通过上述两步，一是能够保证“一窗式”比对相符，二是先将不动产进项税额全额扣减，通过以下后续步骤实现分期抵扣。

③将不动产进项税额全额 99 万元，填入《增值税纳税申报表（一般纳税人适用)》附列资料（五）第 2 栏“本期不动产进项税额增加额”，并作为增加项计入第 5 栏[1]“期末待抵扣不动产进项税额”。

④计算的 59.4 万元填入《增值税纳税申报表（一般纳税人适用)》附列资料（五）第 3 栏“本期可抵扣不动产进项税额”，并作为减少项计入第 5 栏“期末待抵扣不动产进项税额”（见表 8-8）。

表 8-8

期初待抵扣不动产进项税额	本期不动产进项税额增加额	本期可抵扣不动产进项税额	本期转入的待抵扣不动产进项税额	本期转出的待抵扣不动产进项税额	期末待抵扣不动产进项税额
1	2	3≤1+2+4	4	5≤1+4	6=1+2−3+4−5
	990 000	594 000			396 000

⑤计算的 59.4 万元填入《增值税纳税申报表（一般纳税人适用)》附列资料（二）第 10 栏“本期不动产允许抵扣进项税额”。

⑥本期《增值税纳税申报表（一般纳税人适用)》附列资料（二）第 10 栏“本期不动产允许抵扣进项税额”所填税额，作为增加项填入第 12 栏“当期申报抵扣进项税额合计”，并计入主表第 12 栏“进项税额——本月数”（见表 8-9）。

[1] 此处应为第 6 栏，“期末待抵扣不动产进项税额”，下同。

表 8-9

一、申报抵扣的进项税额				
项目	栏次	份数	金额	税额
（一）认证相符的增值税专用发票	1=2+3			
其中：本期认证相符且本期申报抵扣	2			
前期认证相符且本期申报抵扣	3			
（二）其他扣税凭证	4=5+6+7+8			
其中：海关进口增值税专用缴款书	5			
农产品收购发票或者销售发票	6			
代扣代缴税收缴款凭证	7		—	
其他	8	1	9 000 000	990 000
（三）本期用于购建不动产的扣税凭证	9	1	9 000 000	990 000
（四）本期不动产允许抵扣进项税额	10	—	—	594 000
（五）外贸企业进项税额抵扣证明	11	—	—	
当期申报抵扣进项税额合计	12=1+4-9+10+11		0	594 000

该大楼待抵扣进项税额为：99×40%=39.6（万元），该39.6万元应记入当期“应交税金——待抵扣进项税额”科目核算。

（二）待抵扣进项税额到期处理

2018年8月申报期申报7月所属期增值税时，该39.6万元到抵扣期，应从当期销项税额中抵扣（见表8-10、表8-11）。

表 8-10

期初待抵扣不动产进项税额	本期不动产进项税额增加额	本期可抵扣不动产进项税额	本期转入的待抵扣不动产进项税额	本期转出的待抵扣不动产进项税额	期末待抵扣不动产进项税额
1	2	3≤1+2+4	4	5≤1+4	6=1+2-3+4-5
396 000		396 000			0

表 8-11

一、申报抵扣的进项税额				
项目	栏次	份数	金额	税额
（一）认证相符的增值税专用发票	1=2+3			
其中：本期认证相符且本期申报抵扣	2			
前期认证相符且本期申报抵扣	3			
（二）其他扣税凭证	4=5+6+7+8			
其中：海关进口增值税专用缴款书	5			
农产品收购发票或者销售发票	6			
代扣代缴税收缴款凭证	7		——	
其他	8			
（三）本期用于购建不动产的扣税凭证	9			
（四）本期不动产允许抵扣进项税额	10	—	—	396 000
（五）外贸企业进项税额抵扣证明	11	—	—	
当期申报抵扣进项税额合计	12=1+4-9+10+11		0	396 000

纳税人自建不动产，用于不得抵扣项目的，原来不允许抵扣且未抵扣的所耗用的购进货物、设计服务和建筑服务等进项税额，在不动产发生用途改变，用于允许抵扣项目时，应按照上述购进不动产改变用途情况处理。

8.1.4.11 抵扣凭证在增值税应用中的“陷阱”

关于增值税抵扣的风险，或者直白来讲就是法规规定中因为专业、征管方面的操作不当引起的得不到抵扣的风险，自 1994 年增值税实施以来，这种因为操作不当发生利益损失的风险不胜枚举，而且给单位或者执业人员带来了很大的责任或职业影响。但是由于增值税征管体系本身严谨的信息化管理，无法通过一些特殊情形沟通来解决，税务机关执法的责任风险也比较大。在此我们列举出来，这些都是活生生的案例，希望你由此得以发现这些“陷阱”并学以致用，从而减少让自己后悔的事情发生。

不过这儿讲到的不是说虚开增值税专用发票等的法律责任的事项，更多的是因为主观操作上的问题产生的对于纳税人利益的影响，不代表纳税人需要承担违规的法律责任问题。具体分析见表 8-12。

表 8-12

抵扣凭证在增值税应用中的“陷阱”

情形	描述	是否还有突破的方式
扣税凭证未在 180 天之内认证抵扣	尽管 180 天的时间看似比较长，但是现实当中发生的概念多了，多因报销不及时、有经济争议的事项发生，所以这种情形纳税人必须以有效的内部强制责任方式进行明确	2016 年 3 月 1 日开始的取消认证的试点将有利于破解因业务人员提供纸质专用发票不及时过了 180 天无法扫描认证的方式。当然国家税务总局也给出了相应的一些例外操作的突破方式，但实施的时间与程序非常严格[a]
当月认证（勾选确认）却未在次月的增值税纳税申报中填写抵扣的处理	当月认证当月抵扣，这是增值税上的基本抵扣规则[b]，这是操作中的一个常规处理的要求[c]。但是对于辅导期的一般纳税人来讲，可不是这个规则，是这样规定的：在交叉稽核比对无误后，方可抵扣进项税额[d]，但是多有企业认为当期有留抵，将留抵的进项填写在这儿，就严重错误了	这种情形就是当月认证未当月抵扣的问题，国家税务总局也给出了突破的例外规定，但是得到认可的难度还是比较大的[e]
付款方向与开具专用发票的单位有差异不被认可抵扣	这就是国税发〔1995〕192 号文件[f] 的“陷阱”所在，尽管各地有不同认识，甚至我们认为是不能以此全部否定抵扣的情形，但是遇到了，还真是难以应付，所以建议谨慎支付货款	理解上不付款、“赖账”都能抵扣增值税进项税额，那支付倒不是开具发票方就不能抵扣，逻辑上还是有一些问题，建议进行适当的定性调整，但可以保留为风险确认事项

续表

情形	描述	是否还有突破的方式
专用发票本身的瑕疵带来的问题	比如取得的专用发票未使用税控系统开具货物清单，手写清单得不到抵扣；或者开具发票信息错误可能会被认为得不到抵扣	建议谨慎处理，特别是对单位填写错误、信息错误的情形。但是对于提供服务时有单位、数量填写不完整的，现实当中多见，所以这种情形之下需要结合当地的情形进一步确认为好
增值税专用发票盖章的问题	国税发〔2006〕156号文件当时规定：发票联和抵扣联加盖财务专用章或者发票专用章，但因发票管理办法修订之后，发票上要求只能盖发票专用发票	发票联和抵扣联都需要盖发票专用章
对方开具发票适用税率错误得不到抵扣	这种情形也多有发生，比如本身提供了服务6%的税率，结果对方开具了17%税率的增值税专用发票，此时就算对方多计缴了税款，也没有说这个进项税额可以让抵扣，链条是链条，但是这是开具发票不合规	不过这种情形要进一步区分是不是存在税率划分不清，适用了最高税率的处理
不动产和不动产在建工程分期抵扣问题	取得当月抵扣60%，第13个月抵扣40%，如果错过了第13个月的抵扣呢？	尽管当下还没有发生，但是不排除未来是一个争议的焦点

注：a.《国家税务总局关于逾期增值税扣税凭证抵扣问题的公告》（国家税务总局公告2011年第50号）规定：“一、对增值税一般纳税人发生真实交易但由于客观原因造成增值税扣税凭证逾期的，经主管税务机关审核、逐级上报，由国家税务总局认证、稽核比对后，对比对相符的增值税扣税凭证，允许纳税人继续抵扣其进项税额。

增值税一般纳税人由于除本公告第二条规定以外的其他原因造成增值税扣税凭证逾期的，仍应按照增值税扣税凭证抵扣期限有关规定执行。

本公告所称增值税扣税凭证，包括增值税专用发票、海关进口增值税专用缴款书和公路内河货物运输业统一发票。

二、客观原因包括如下类型：

（一）因自然灾害、社会突发事件等不可抗力因素造成增值税扣税凭证逾期；（二）增值税扣税凭证被盗、抢，或者因邮寄丢失、误递导致逾期；（三）有关司法、行政机关在办理业务或者检查中，扣押增值税扣税凭证，纳税人不能正常履行申报义务，或者税务机关信息系统、网络故障，未能及时处理纳税人网上认证数据等导致增值税扣税凭证逾期；（四）买卖双方因经济纠纷，未能及时传递增值税扣税凭证，或者纳税人变更纳税地点，注销旧户和重新办理税务登记的时间过长，导致增值税扣税凭证逾期；（五）由于企业办税人员伤亡、突发危重疾病或者擅自离职，未能办理交接手续，导致增值税扣税凭证逾期；（六）国家税务总局规定的其他情形。”

b. 国税函〔2009〕617号文件规定：“一、增值税一般纳税人取得2010年1月1日以后开具的增值税专用发票、公路内河货物运输业统一发票和机动车销售统一发票，应在开具之日起180日内到税务机关办理认证，并在认证通过的次月申报期内，向主管税务机关申报抵扣进项税额。(注运输业统一发票已经不使用)。

二、实行海关进口增值税专用缴款书（以下简称海关缴款书）“先比对后抵扣”管理办法的增值税一般纳税人取得2010年1月1日以后开具的海关缴款书，应在开具之日起180日内向主管税务机关报送《海关完税凭证抵扣清单》（包括纸质资料和电子数据）申请稽核比对。”

c.《国家税务总局关于增值税一般纳税人取得防伪税控系统开具的增值税专用发票进项税额抵扣问题的通知》（国税发〔2003〕17号）规定：“二、增值税一般纳税人认证通过的防伪税控系统开具的增值税专用发票，应在认证通过的当月按照增值税有关规定核算当期进项税额并申报抵扣，否则不予抵扣进项税额。”

d. 一般纳税人的申报表附表二中有相应的行次进行适用：第26栏“本期认证相符且本期未申报抵扣”：反映本期认证相符，但按税法规定暂不予抵扣及不允许抵扣，而未申报抵扣的增值税专用发票情况。辅导期纳税人填写本期认证相符但未收到稽核比对结果的增值税专用发票情况。

e.《国家税务总局关于未按期申报抵扣增值税扣税凭证有关问题的公告》（国家税务总局公告2011年第78号）规定：“一、增值税一般纳税人取得的增值税扣税凭证已认证或已采集上报信息但未按照规定期限申报抵扣；实行纳税辅导期管理的增值税一般纳税人以及实行海关进口增值税专用缴款书‘先比对后抵扣’管理办法的增值税一般纳税人，取得的增值税扣税凭证稽核比对结果相符但未按规定期限申报抵扣，属于发生真实交易且符合本公告第二条规定的客观原因的，经主管税务机关审核，允许纳税人继续申报抵扣其进项税额。

本公告所称增值税扣税凭证，包括增值税专用发票（含货物运输业增值税专用发票）、海关进口增值税专用缴款书和公路内河货物运输业统一发票。

增值税一般纳税人除本公告第二条规定以外的其他原因造成增值税扣税凭证未按期申报抵扣的，仍按照现行增值税扣税凭证申报抵扣有关规定执行。

二、客观原因包括如下类型：（一）因自然灾害、社会突发事件等不可抗力原因造成增值税扣税凭证未按期申报抵扣；（二）有关司法、行政机关在办理业务或者检查中，扣押、封存纳税人账簿资料，导致纳税人未能按期办理申报手续；（三）税务机关信息系统、网络故障，导致纳税人未能及时取得认证结果通知书或稽核结果通知书，未能及时办理申报抵扣；（四）由于企业办税人员伤亡、突发危重疾病或者擅自离职，未能办理交接手续，导致未能按期申报抵扣；（五）国家税务总局规定的其他情形。”

f. 财税〔1995〕192号文件规定：购进货物或应税劳务支付货款、劳务费用的对象。纳税人购进货物或应税劳务，支付运输费用，所支付款项的单位，必须与开具抵扣凭证的销货单位、提供劳务的单位一致，才能够申报抵扣进项税额，否则不予抵扣。本轮营改增的服务、不动产和无形资产并没有这样的书面表达。这也与当时手开专用发票的监管有关系，时至今日，各地对此也多有不同的认识理解，并不是简单地套用此文件的字面表达。比如我们有看到：

（1）《青岛市国家税务局关于工业企业支付款项与开具发票单位不一致抵扣进项税额问题的批复》（青国税税政〔1999〕224号）：

“青岛市国家税务局稽查局：

你局《关于企业购进货物支付款项与开具发票单位不一致抵扣进项税额问题的请示》（青国税稽发〔1999〕20号）文件收悉，经请示国家税务总局，现批复如下：

国家税务总局《关于加强增值税征收管理若干问题的通知》（国税发〔1995〕192号）文件第一条第三款所称，纳税人购进货物或应税劳务，支付运输费用，所支付款项的单位，必须与开具抵扣凭证的销货单位、提供劳务的单位一致，才能够申报抵扣进项税额，否则不予抵扣的规定，根据现行政策规定及总局答复意见，仅适应于商业企业。工业企业进项税额抵扣时间仍按国家税务总局《关于加强增值税征收管理工作的通知》（国税发〔1995〕015号）文件第二条第一款的规定执行。”

（2）河北省国家税务局关于印发《增值税若干问题处理意见》的通知（冀国税发〔2000〕29号）规定：“

（六）对一般纳税人购进货物所取得增值税专用发票的开具单位与所支付款项的单位不一致时，其进项税金是否可以申报抵扣？

按国税发〔1995〕192号文规定：纳税人购进货物或应税劳务支付运输费用，所支付款项的单位，必须与开具抵扣凭证的销货单位、提供劳务的单位一致，才能申报抵扣进项税额，否则不予抵扣。考虑到目前企业经营方式的多样性以及三角债务的大量存在，所以，在要求企业规范货款支付方向的同时，可由企业申报经县级税务机关严格审核把关，对情况属实者暂允许抵扣进项税额。”

（3）《大连市国家税务局关于明确增值税若干业务问题的通知》（大国税函〔2006〕125号）的规定：

“（三）相互‘抹账’的专用发票抵扣问题

《关于明确增值税若干税政业务问题的通知》（大国税发〔1997〕226号）第五条中：‘增值税专用发票的开票单位与收款单位不一致时，未经市国税局批准不得申报抵扣进项税额。企业因相互磨帐造成的专用发票开票单位与收款单位不一致时，经主管税务机关批准，可凭有效合同及发票复印件确认抵扣’的规定停止执行。开票单位与收款单位不一致时，按照国税发〔1995〕192号文件有关规定执行，不得申报抵扣进项税额”。

现实当中，可能有的人士认为，专用发票超过180天没有进行认证或确认，是不是可以让供应方重新开具处理？通常在180天之内，双方是可以操作的。但是过了180天后，就难以操作了，因为系统当中已对此发票做了相应的限制，无法办理红字开具的程序了。对于取得专用发票后，在180天内进行认证确认的，则无论何时只要业务是真实的情形，是可以进行红字专用发票的办理的，这一点需要重点理解一下，之前有文章认为是可以突破的，这在实践当中难以实施。

比如下面这个文件当时也是解决小规模纳税人登记为一般纳税人之后的专用发票的更换工作的，《国家税务总局关于纳税人认定或登记为一般纳税人前进项税额抵扣问题的公告》（国家税务总局公告2015年第59号）规定：

一、纳税人自办理税务登记至认定或登记为一般纳税人期间，未取得生产经营收入，未按照销售额和征收率简易计算应纳税额申报缴纳增值税的，其在此期间取得的增值税扣税凭证，可以在认定或登记为一般纳税人后抵扣进项税额。

二、上述增值税扣税凭证按照现行规定无法办理认证或者稽核比对的，按照以下规定处理：

（一）购买方纳税人取得的增值税专用发票，按照《国家税务总局关于推行增值税发票系统升级版有关问题的公告》（国家税务总局公告 2014 年第 73 号）规定的程序，由销售方纳税人开具红字增值税专用发票后重新开具蓝字增值税专用发票。

购买方纳税人按照国家税务总局公告 2014 年第 73 号规定填开《开具红字增值税专用发票信息表》或《开具红字货物运输业增值税专用发票信息表》时，选择“所购货物或劳务、服务不属于增值税扣税项目范围”或“所购服务不属于增值税扣税项目范围”。

（二）纳税人取得的海关进口增值税专用缴款书，按照《国家税务总局关于逾期增值税扣税凭证抵扣问题的公告》（国家税务总局公告 2011 年第 50 号）规定的程序，经国家税务总局稽核比对相符后抵扣进项税额。

尽管这个文件没有提 180 天的事，但是从我们上面的分析来看，仍难以避过 180 天的坎，这一点需要我们谨慎对待。

另外关于付款抵扣的问题，当下我们员工出差住宿需要取得增值税专用发票时，往往是个人付款，也有遇到有的酒店让持单位的信用卡付款，其实这就是错误地理解了增值税的本质与形式问题，以为这样就是真的了，避免虚开了。其实员工现金付款采购的情形是很多的，此时并不妨碍取得专用发票后进行抵扣，只是现实当中有这样的所谓营改增应对方式，其实是错误地理解了增值税的所谓的风险。对于一些民营企业的业务，有时付款往往是个人老板自己代其公司支付款项，有的公司也认为可能有风险，注意，只要在业务真实的情形之下，有一个代付的相应的说明，是没有问题的，因为付款有方向的问题，收款却并没有方向要求的说法，前提是要有相应的合同、发票、交易等连续性的举证，而付款人仅仅是代付款的货币支付行为。

8.1.4.12　国税发〔2016〕156 号文件中对于不得开具增值税专用发票情形的特例分析

在此说这个的原因是因为营改增的单位将面临过去税收法规中的一些特殊事项，

供我们的财税人士关注，《国家税务总局关于修订〈增值税专用发票使用规定〉的通知》（国税发〔2006〕156号）规定：

第十条　一般纳税人销售货物或者提供应税劳务，应向购买方开具专用发票。

商业企业一般纳税人零售的烟、酒、食品、服装、鞋帽（不包括劳保专用部分）、化妆品等消费品不得开具专用发票。

增值税小规模纳税人（以下简称小规模纳税人）需要开具专用发票的，可向主管税务机关申请代开。

销售免税货物不得开具专用发票，法律、法规及国家税务总局另有规定的除外。

这儿重点说明的是零售的列举物品不得开具增值税专用发票的问题，不过我们知道，现在的批发与零售也难以区分。不过从用于交际应酬的角度，不给开具那要是用于赠送呢？一方面要做视同销售，另一方面不给开具增值税专用发票，显然说不过去。所以这儿的限制要素重点是在零售的说明。比如服装，金融企业、酒店行业的采购完全是可以抵扣的，所以不要误解。但可能从另一个角度说这是通过批发取得的方式，似乎是并不在受限之内的结果。

8.1.4.13　网上增值税查询抵扣平台带来的商业风险

应该说，本次营改增一个重大的信息改变，也是一个有利的改变是，可以网上操作抵扣了，这是个好消息，也进一步推动了“以票控税”的实施成本应用。但是这样的便利却给销售方带来了很大的商业风险。

比如原来销售方为了收款，往往是将发票压在自己手中，不给购买方抵扣，也有企业所得税税前扣除的风险。但是现在呢，购买方根本不需要取得纸质的增值税专用发票了，因为在网上可以直接取得税务机关推送过来的信息，而且还可以抵扣，这时就算业务人员手中的纸质票据不给购买方，其风险也很低了。而如果跨了月，销售方还不能自己作废处理，这就更没有主动性了。

所以这种情形之下，我们的财务人员一定要告知业务人员，需要给钱的时候再开具发票，不要开出来放在业务人员手中，一点作用都没有保障。尽管企业所得税上对方可能存在税前扣除的风险，但是人家要是打开系统，可以举证这张发票是有的，估计所得税的征管同志也不好直接否定了。未来的发票都在走向电子化发展，这种风险的应对就是不要轻易地开具出发票，不然商业的主动性的影响就大了。

8.1.4.14　网上增值税查询抵扣平台给会计核算带来的影响

从传统纸质扫描认证抵扣到现在网上勾选确认抵扣，这是一个技术性的“革命”，因为虽然技术上不难，但是要在全国实施，我们国家税务总局的王军局长的推动确实也是很给力的。而且对这一次营改增的纳税人，全部先放开用着，这也是为了顺利落实营改增而付出的魄力，一举解释了纸质增值税专用发票传递、认证等操作细节的种种不足。

《国家税务总局关于优化完善增值税发票查询平台功能有关事项的公告》（国家税务总局公告2016年第32号）规定：

自2016年3月1日起，税务总局对部分增值税一般纳税人（以下简称纳税人）取消了增值税发票扫描认证，纳税人可登录本省增值税发票查询平台，查询、选择、确认用于申报抵扣或者出口退税的增值税发票信息。为进一步优化纳税服务，更好地便利纳税人，税务总局对增值税发票查询平台相关功能进行了优化完善，现将有关事项公告如下：

一、延长确认发票信息时限。将纳税人确认当月用于抵扣税款或者出口退税的增值税发票信息的最后时限，由当月最后1日延长至次月纳税申报期结束前2日[1]。

二、优化系统功能。增值税发票查询平台优化完善了系统登录、查询和信息下载等功能，纳税人可在本省增值税发票查询平台下载相关功能说明。

本公告自发布之日起施行。
特此公告。

国家税务总局
2016年5月27日

[1]　目前对于使用扫描认证的纳税人，其进行增值税专用发票认证的时间据此理解仍是截止到当月最后一天止，而不是可以延长到次月申报期结束前2日。根据税务机关网络上《增值税发票查询平台V2.0.00升级内容说明》的说明：将纳税人确认当月用于抵扣税款或出口退税的增值税发票信息的最后时限，由当月最后1日延长至次月纳税申报期结束前2日。（例如：上月和本月申报期均为15日，当期勾选、确认时间为当月16日到次月13日）。小编就不理解了，难道14、15日就不能勾选、确认了吗？看来技术上还是要进一步突破明确，同时对于节假日顺延的，是不是也是可以延续呢？这一点需要进一步的确认。不过谨慎考虑，这两天还是不要勾选确认了，最坏的结果是这个当月得不到抵扣，也不能放在下一期得到抵扣的条件。

但也别光想着高兴了，因为对于核算上，这个事可能就需要关注如何处理了。常规的工作程序如图 8-3 所示：

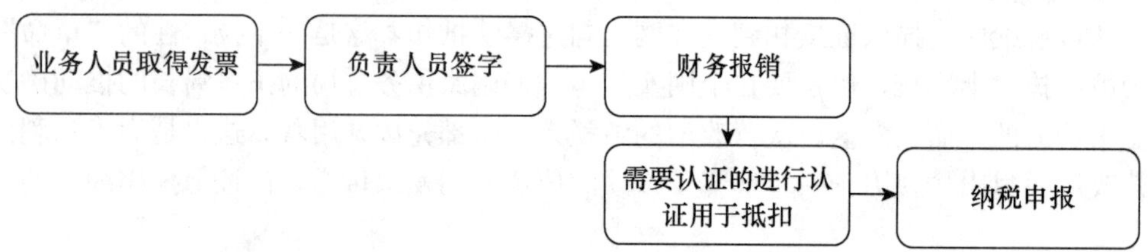

图 8-3　进行增值税专用发票认证抵扣的常规程序

这是进行增值税专用发票认证抵扣的常规程序：先报账后抵扣的方式，这种方式往往难以控制增值税专用发票及时得到认证抵扣，又因为各种原因过期的现象。当然现实当中有的企业进行了改善：先认证后报账，这种方式好是好，但是往往带来内部操作上的复杂，主要是因为有的时候这边认证抵扣着，那边领导不同意签字，结果搞得是内部的沟通出现问题。

上面如果先认证后抵扣的方式，财务人员要做的事是对账好对，一般是当期“应交税费——应交增值税（进项税额）”中的进项税额与申报数据一样，但是如果我们采用了网上平台操作抵扣呢？

（1）网上平台推送的增值税专用发票数据，可不一定正好是当期企业报销人员进行记账的数据，比如有的有争议的专用发票，要不要抵，理论上这个数据是大于等于企业当月做账取得的增值税专用发票的；

（2）那财务人员在平台操作的时候，到底是不是可以有选择地进行确认，还是为安全起见，先确认抵扣着，再根据企业的实际用途，决定是不是需要转出处理？

（3）因为报账操作理论上是晚于网上来的数据，所以每个月财务人员就有必要确认当月抵扣的数据与当月财务做账中数据的差异，多出或少的那几笔（可能网上数据也有问题不全的情形），则必须进行差异化管理，这个差异化管理是这种操作方式下要进行的。

即通过网上发票平台进行操作，需要考虑如图 8-4 所示的内部管理程序：

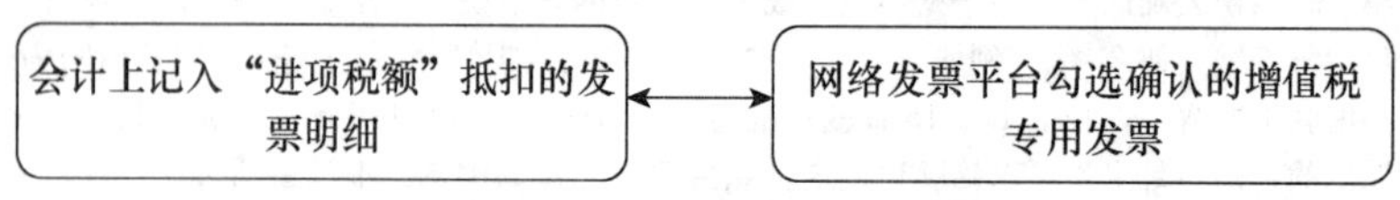

图 8-4　网络发票平台内部管理程序

通过上面的每月或每季度的比较，查询出有多少差异，这样才知道有无遗漏，也知道有多少进项税额转出的处理。但注意，这儿可只是增值税专用发票的信息，并不包括海关专用缴款书、农产品收购凭证或销售发票、完税凭证或收费公路通行费抵扣。这一点仍需纳税人自己跟进业务人员进行操作。只不过海关的专用缴款书仍需要进行提交信息，先比对得到通知后再进行抵扣处理。

8.1.4.15 总分机构抵扣中存在的问题探讨及风险说明

这一次营改增中，金融机构作为总分机构的代表，其营改增当中涉及抵扣的问题，恐怕很多人没有想得特别明白。这儿又分为两种情形，一种是省内实施的汇总纳税的总分机构模式（通常是二级及以下级次的分支机构），一种是跨省的总分机构，这两种情形下，对于抵扣的影响有哪些呢？恐怕我们不得不关注这一风险点。

（1）独立纳税人抵扣的前提条件分析。

通常独立纳税人的抵扣，我们上面讲到，付款、入账、发票取得三个方面一般是一致的，抵扣上的风险也基本上没有问题。总分机构的企业，在增值税的身份界定上，总机构、不同的分支机构，都多是独立的增值税纳税人，因此理解上各个独立纳税人采购的物品、服务，入账、付款、发票应是一致的。这也与我们对于增值税抵扣的常规认识一致。

（2）总分机构采购中涉及的常规操作模式。

在图8-5的交易模式中，总机构采购、付款，取得增值税专用发票抵扣，并且直接或间接通过费用分摊的方式列入分公司的成本费用中，这种情形之下，总机构能否抵扣呢？当然是可以抵扣的，因为增值税只看行为，并不看这个主体是不是承担了全部的成本费用。成本分摊只是会计上算账的问题，不代表这个总机构是取得“虚开专用发票”的行为，这完全是正常的抵扣行为。

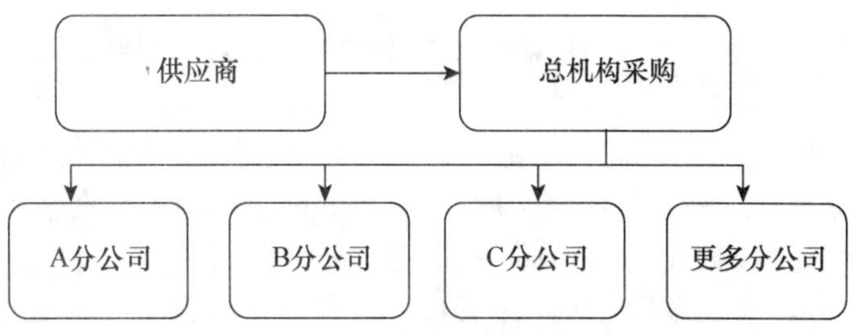

图8-5 总分机构采购中涉及的常规操作模式

在上面的模式中，还有一种方式，即总机构付款后，直接入在分公司的账上，即没有经过分摊的会计处理方式，是不是有问题呢？小编认为交易是真实的，抵扣上没有问题。即使这个分公司是在跨省的地方，也不足以影响总机构的抵扣。那会不会总机构的主管税务机关认为，总机构光取得进项税额了，结果销项税额在分公司做了贡献，本来是分公司自己采购抵扣的，这侵蚀了总机构的增值税的基础啊，有问题吧？因为转移了财政利益。如果产生这个问题，小编认为可能还真是个非增值税的争议问题。但是我们知道，增值税上从来没有限制说这个采购必须与我们自己的销项税额有关联性、配比性，即我们纳税人有钱，就是买买买，这个也无法限制。至于买的东西送给别人用了，这个也确实没有限制。但是税务机关可以从视同销售的角度进行处理，特别是跨省的情形之下，总机构批量采购的软件等形成的进项税额，自己全抵扣了，但是跨省的分支机构并不在本省之内汇总纳税，视同销售可以认为总机构与省外的分支机构之间形成转售的关系。不过这个问题原来就存在，只是营改增之后，真的涉及增值税的利益了，就可能拿出来讨论一下。原来不涉及营业税，地税机关也多不关注，而国税机关也难以此作为一个大事向总分机构之间视同销售问题进行质疑。而且在传统增值税的法规中，对于移送货物认为要用于销售目的才是视同销售，当下货物类的仍可以延续此规则。不过对于服务、无形资产可就没有这个类似条款在财税〔2016〕36 号文件中提出支持了，这才是核心所在。

要解决这个问题，一个解决方案是通过总机构转售的方式，再通过销项税额转移至分公司，这种方式也多有人使用。其实本身确实有交易的存在，因为彼此之间还是有利益结算的存在的。

(3) 汇总纳税的总分机构之间的抵扣问题。

如果属于省内汇总计算缴纳增值税，分支机构预缴或者分摊缴纳的情形，则再有上述问题，估计就不会质疑了，因为这跟法人所得税一样，进项税额抵扣与成本费用发生一样不影响税额，而且是一起汇总计算当期增值税，总额的概念，不影响彼此间的利益。所以从这个角度来讲，汇总纳税的总分机构引起的利益问题也不存在了。

8.1.4.16 网上平台确认抵扣条件的“人为”调整空间

我们已经了解了，当下得到抵扣的条件是两种情形：一种是传统的扫描认证抵扣纸质票据的处理；一种是 2016 年 3 月 1 日起的网上增值税查询平台的确认方式。这两种方式的截止日期是这样的：前一种是到当月底最后一天（注意没有所谓的节假日顺延的情形），就是最后一天，不管这一天是不是节假日还是如何，除非有不可抗力的影响，如发生地震等特定情形，这种情形需要国家税务总局特定安排认可才行。后一种是将纳税人确认当月用于抵扣税款或者出口退税的增值税发票信息的最后时限，由当月最后 1 日延长至次月纳税申报期结束前 2 日（申报期可能是有变化的，如节假日等），比如 2016 年 5 月 1 日新纳入营改增试点范围的纳税人（以下简称试点纳税人），2016 年 6 月份增值税纳税申报期延长至 2016 年 6 月 27 日，提前 2 日就是 25 日。

我们知道，传统的认证抵扣是到当月或季的最后一天，这是一个陷阱的问题，过了这一天，往往难以拯救抵扣的机会。因为过了这一天，再补进去的可能性基本上没有了，除非把收入做没，即没有给对方开具发票，或者开具了但是可以要回来或者想别的办法不给对方，从而将当期部分收入产生的销项做没（可能有些方法并不是正规的方式，这应引起我们税务系统的关注）。因为抵扣是无法再补到归属月份当中的，但是现在来看，因为网上平台查询确认期限放开到次月或次季的申请前 2 天都可以确认抵扣，并且算到当月申报的上期的抵扣金额中，这个“犯错误”的可能性大大减少了，多少让之前吃过亏的纳税人感到是多么的“不公平”，没有办法，这是系统性的管理与不断改善的结果，只能是跟着征管的体系不断完善。

不过这儿有一个问题需要明确，即 8.1.4.13 中的 13 日前勾选确认，通常认为是勾选所属当期的，那纳税人要是次月购买行为产生的进项，是否可以纳入所属期抵扣呢？因为这相当于提前确认了进项，但是对应当期的收入并没有要求延续到 13 日，这种逻辑上也是有问题的。从实践操作看，这种勾选只是一个操作手续的延期，而不是可以将下期的专用发票进行勾选确认，仅仅是放开了操作的时间延续，给了纳税人的保护权利。但是，如果发生扫描认证或者海关专用缴款书当期没有提交比对信息的情形，这种情形之下是无解的。

当然纳税人基于不想勾选抵扣的目的，就想将抵扣留在下一期（只要在 180 天内，充分评估好风险），那也未尝不可，比如税务上有预缴部分税款的情形！

整体来讲，我们重新梳理一下增值税查询平台勾选抵扣给我们带来的实践影响：

(1) 适用对象。

纳税人：A 级、B 级及 2016 年 5 月 1 日营改增的纳税人（过渡到 7 月 31 日，8 月起按 A、B 级管理）。

扣税凭证种类：增值税专用发票、货物运输业专用发票、机动车销售统一发票。注意货物运输业专用发票 2016 年 7 月 1 日起停止使用。并不是所有的扣税凭证，不要想得太理想，其余的扣税凭证还需要手工核算管理、操作。

(2) 解放了什么。

解放了我们财务人员每月苦苦等待、查询业务人员的发票什么时间寄来啊，快递小哥在哪里啊，来了没啊，以至于有时到了“茶不思、饭不想”的地步！所以这将财务与业务端进行了权利的链接分离，但又保障了认证的及时可操作性。实在是营改增之中又一个非常重大的“税改”事件。

(3) 替代了“手工纸质扫描认证”吗?

没有，现在是两条腿走路，且待遇并不公平，来看看：

一是扫描认证在先，那信息自动更新在查询平台中，相当于是认证确认抵扣了，不必平台中再操作；

二是如果平台再选择，那是以扫描平台的为准确定，所以平台上也没有必要做了。

两者的待遇却并不相同呢！下面我们来看操作时间的问题。

(4) 所属期及操作时间，差距就是这么大。

表 8-13

所属期及操作时间

操作类型	所属期	操作抵扣凭证的时间段
手工扫描认证抵扣	当期	当月 1 日至当月最后一天 24 点截止
发票查询系统	同上	上期纳税申报结束后至次月纳税申报结束前 2 日

比如申报期都是 15 日，则当月勾选、确认时间为当月 16 日到次月 13 日，又如本次营改增的单位的 2016 年 6 月份增值税纳税申报期延长至 2016 年 6 月 27 日，则可以延续到 25 日为截止日！

且慢，这是发票的操作时限段，但是：①上面提到的 14、15 日能做什么呢?操作上什么都不要做！重要的话说两遍，不要做！再做操作有可能信息不能在所属月确认，也不能在下个月确认，就是这么惨的结果！要怨就要怨技术上的实现问题啊，但当下的结果就是这样。②还有啊，如果某个人士做账快，当月 8 日就报税了，对不起，8 日到 15 日什么也不要确认了，不要太积极了。这儿需要关注，就是因为我们的权限放到纳税申报最后一日的 2 日前，如果提前月初 2 号就纳税申报了，3 号操作认可下月抵扣的话，则对于其他企业就是麻烦，因为其他企业是可以勾选抵扣上一期的，这样就是一个事项两个逻辑了，系统自然不好解决处理。

相较于扫描认证，网上勾选确认，利好是可以有时间好好地去确认所属月或季抵扣的充分抵扣完毕，不要一忘就没有后悔药吃，现在可以吃了。

(5) 180 天如何把握。

对了，还有 180 天的事，即专用发票开具日起 180 天内要认证、认证当月必须抵扣，这个原则没有变。两个方式是一样的，即如 5 月 31 日：

则从 5 月 31 日向前数 180 天，只要是在这个时间段没有认证过的专用发票，都可以选择在 5 月，并不限于是 5 月发生的开具发票的信息，180 天之内，随便如何玩！想早缴税，想调剂，可以！

同样不要认为如上面次月 13 日可以操作次月的采购取得的专用发票，不行，只有认到 5 月 31 日止的发票信息可以操作。6 月的只能看不能操作！

(6) 如果月中到了 180 天了呢？

比如专用发票，5 月 10 日到了 180 天了，难道还“痴迷”地等到 6 月 13 日操作？我们知道，180 日在传统扫描认证下，是在这个时间内处理，月中掌握时间。网上平台操作，也是这个方式，不要等到超过了以为还可以！

网上平台操作原来第一版本一个月只能操作一次确认抵扣，这也有点不为纳税人着想啊，人家中间要过期了，难道还不让操作了？要不就让人家可以一次操作！好在升级版本 5 月 27 日修订了，不然非逼纳税人再抱着一个扫描仪不可。

(7) 解决了利益保障，但也多了事。

现在网上操作省事了，高兴了，但是呢，我们的财务同志还要知道有不爽的地方，即会计上进项核算与网上平台的对接，这个对账的事别乱了，想想招处理了。

(8) 还期待什么？

180 天限制真没有必要保留了！建议国家财税部门适时地取消这一征管当中的限制，因为毕竟是纳税人“花钱”买进来的进项，这相当于纳税人的财产，超期就剥夺抵扣利益似乎有些严格了。

(9) 我们的建议。

因为网上查询平台的存在，以后用发票作为筹码要钱的方式可能要失效了！因为只要开具了增值税专用发票，对方就可以“名正言顺”地“偷偷”地进行抵扣了。尽管这个发票还放在自己手中作为晃一下的手段，要失灵了，所以宁肯不按纳税义务发生时间开具发票，也不要“冒险”开出来！因为技术进步了，对方可以“偷”抵扣了。当然你也可以聊聊企业所得税的事，税前扣除！不过要是未来电子发票认可作凭证，这点也就难以握在手中了。

(10) 当月结账期的问题。

通常我们的会计上记录进项税额抵扣，要跟增值税操作中一致才好，平时要做进项税额转出的处理时，是依照会计上的还是依照系统中操作的呢？这儿必须是按照系统中操作的抵扣确认数据。不过有的企业要求在月底就要结账算出进项税额转出的数据，这就困难了，因为可能第二天才能抵扣操作完毕，但也不妨按会计上的先做着，也可能存在会计上没有来数据，但系统中来了数据，这要抵还是不抵呢？这就困难了，所以理想之中的月底结清账的处理，必须梳理一个规则来，明确如何确定当期的进项税额转出的计算。

8.1.4.17 进项税额转出以已经进行过进项税额抵扣为前提

之所以会把这个小问题单独列为一个议题，主要是因为经常有纳税人搞不清楚的案例发生，比如对于开始可以抵扣的固定资产，如果之后专用于不得抵扣的事项，那就应转出，但是前提是必须要确定之前是不是有抵扣过进项税额。因为计算方式只给了一个公式，这个公式并不代表就是转出的绝对标准，要进行这个公式的计算，必须先判断是不是抵扣过。

其他一些如存货、办公耗材等的进项税额，如果用于不得抵扣的事项，同样必须遵照此规则进行，只有这样，才能算是“合规”的执行税法，不然就算多缴税了，那也是不合规地执行了税法，是有问题的。

至于有的存货或许在采购之后，发生了一些人工的安装成本，这些成本是自己人员的工资薪金，虽然构成了资产的计税价值，但是并不构成进项，所以对于一项资产的价值进行确认之时，更需要再深入一步，更明确地梳理出哪部分抵扣过，哪部分没有抵扣。

8.1.4.18 本节小结

关于进项税额的抵扣涉及规则较多，也是增值税中颇费章节介绍的一个内容，一是抵扣凭证的取得；二是抵扣条件的辨别；三是存在抵扣情形的变化处理；四是程序操作的时限管理与申报填写；五是避免取得有问题的专用发票的识别等，每一项都是非常复杂的内容。

对于上面我们提到的关于不得抵扣的事项中，小编看到有文章是对应科目介绍说不能抵扣之类，其实这是不对的，因为税法上从来没有解释用于什么科目不得抵扣，而是明确什么情形不得抵扣，所以这种情形，对于企业来讲就需要个案审阅，而不只是简单地绑定于某个科目中。比如交际应酬消费的支出取得扣税凭证时，企业有可能做在“业务招待费”这个常规科目中，也可能做在劳务成本、在建工程、开办费、销售费用等科目中，这也是给我们一个提醒，自己的识别和税务机关的识别两个角度都需要关注。

同时涉及营改增前后扣税凭证的认可范围及方式，由于存在业务的多样性，更有税务机关未明确的情形，如何把握，更是纳税人需要属地化及专业化地对接到位的，因为这也是将来的一个风险的爆发点，不能仅为了当前的利益考虑，必要时建议采取从严的口径对待。

8.1.5 对增值税计算应纳税额的“当期”的理解

一般纳税人用一般计税方法计算的应纳税额，是指当期销项税额抵扣当期进项税额后的余额。应纳税额计算公式为：应纳税额＝当期销项税额－当期进项税额。当期销项税额小于当期进项税额不足抵扣时，其不足部分可以结转下期继续抵扣。

那这个当期，对于常规的纳税人而言，基本上就两类，一是按月，二是按季度，按月计算应纳税额与会计报表的月周期是一致的！这便于操作，账上核算也清楚。但是如果按季度核算，则每个月的销项税额、进项税额都可以持续地核算，在月底的时候并不需要结转出来未交增值税挂账。在季度结束时，再一并计算当期的销项税额与进项税额，进而确定是应纳税额还是留抵税额。如果是应纳税额则计算形成当期的应交税费挂入负债税款当中，同时计提附加税费处理。

8.2 一般纳税人的会计处理案例分析

会计核算是增值税纳税申报、管理的最为基础的核心工作，所谓税会差异管理，也是建立在会计核算基础之上的调整而已，这是当下税务虽然作为与会计独立的事项，但却依赖于会计核算的现状，因此我们必须融入增值税的确认、计量与申报规则，才能够较好地做好两者之间的协调。

8.2.1 企业会计准则的简单描述

在“应交税费”的科目介绍中，我们来看看关于增值税核算的内容。

三、应交增值税的主要账务处理。

（一）企业采购物资等，按应计入采购成本的金额，借记“材料采购”、“在途物资”或“原材料”、“库存商品”等科目，按可抵扣的增值税额，借记本科目（应交增值税——进项税额），按应付或实际支付的金额，贷记“应付账款”、“应付票据”、“银行存款”等科目。购入物资发生退货做相反的会计分录。

（二）销售物资或提供应税劳务，按营业收入和应收取的增值税额，借记“应收账款”、“应收票据”、“银行存款”等科目，按专用发票上注明的增值税额，贷记本科目（应交增值税——销项税额），按确认的营业收入，贷记“主营业务收入”、“其他业务收入”等科目。发生销售退回做相反的会计分录。

（三）出口产品按规定退税的，借记“其他应收款”科目，贷记本科目（应交增值税——出口退税）。

（四）交纳的增值税，借记本科目（应交增值税——已交税金），贷记“银行存款”科目。

企业（小规模纳税人）以及购入材料不能抵扣增值税的，发生的增值税计入材料成本，借记“材料采购”、“在途物资”等科目，贷记本科目。

而我们之前所熟知的《财政部关于印发企业执行新税收条例有关会计处理规定的通知》（财会字〔1993〕第83号）中《关于增值税会计处理的规定》已根据《财政部关于公布废止和失效的财政规章和规范性文件目录（第十一批）的决定》（财政部令第62号）被废止，后续的《财政部关于对增值税会计处理有关问题补充规定的通知》（财会字〔1995〕第22号）也被废止，但是相应的逻辑规则还是可以借鉴的。毕竟只是一个会计处理而已，会计处理只要能够核算准确当期应纳的增值税就可以，形式最终只不过是形式的东西。

8.2.2　一般纳税人增值税核算的会计科目设置逻辑

基于销项税额减去进项税额的逻辑，那增值税一般纳税人的增值税核算是基于一个负债科目“应交税费”来核算的，在营业税下，基本上我们是设置如表8-14所示的几个科目。

表8-14

一般纳税人增值税核算的会计科目

科目	用途	营改增之后处理
应交税费——应交营业税	计算当期应交营业税的金额	建议保留，可能存在补退税的问题
应交税费——应交城市维护建设税	通常计提营业税的1%～7%不等的城市维护建设税	保留，可以继续作为增值税应纳税额随征的城建税
应交税费——应交教育费附加	通常计提营业税的3%计算缴纳	同上
应交税费——地方教育费	通常计提营业税的2%计算缴纳	同上

首先我们要明白，营业税虽然没有了，但是关于营业税的历史记录、清理近期可能仍然要用到，所以建议这个科目先保留着，在2016年底再做清理也不迟。而对于三个附加税费（有的地方可能多于三个），营改增之后可不是不征了，只是计算的基数从营业税的税额变成增值税的应纳税额了，注意可不是以增值税的销项税额为基数计算，如果这样可就真的太大方了。

在纳税申报的时候，多数仍是由地税机关征收，但也有的地方开始尝试由国税机关代征，这样也好比对数据，不然国地税分征，有的时候只交一方，另一方未交，也没有一个及时性的国地税的数据交换。所以在营改增之后可别忘了附加税费这个计算缴纳。

8.2.2.1　一般纳税人增值税科目设置的逻辑示图

一般计税方法的计算逻辑是这样演化的：

（1）应纳税额＝销项税额－进项税额；

（2）应纳税额＝（正常销售额＋视同销售）－（进项税额－进项税额转出）。

这是一个基本的理解过程，那我们的会计科目也是基于建立一个“应交税费——应交增值税”这样一个基础架构而展开的。不过我们还是啰嗦一句，增值税的会计核算没有严格的对与错，只要能够满足算对税，就算不设置三级科目好好地核算，也是没有问题的。讨论对与错更多只是理论界的一种“追求”或者对自己的水平有更好的PK而延伸出来的，小编建议是实用为主，适用就行，理论对与错，还不是主观说了算呢。不过上市公司还是要有板有眼的，不要太随意了。

(1) 初步框架的理解。

下面我们从基本的框架开始展开，以举例方式让大家真正理解增值税的复杂的核算体系。

［案例］ 某营改增单位为一般纳税人，6月发生额如表8-15所示（按月查询，不是按年查询的发生额的余额），销项税额计提了10 000元，进项税额确认为6 000元。

表 8-15

科目	二级	三级	余额	
			借方	贷方
应交税费	应交增值税	进项税额	6 000	
		销项税额		10 000

在当期结束的时候做如下会计处理（见表8-16）：

表 8-16

科目	二级	三级	余额	
			借方	贷方
应交税费	应交增值税	进项税额	6 000	
		销项税额		10 000
		转出未交增值税	**4 000**	
应交税费	**未交增值税**			**4 000**

会计处理中常规是这样处理的：

借：应交税费——应交增值税（转出未交增值税）　　4 000
　贷：应交税费——未交增值税　　4 000

这相当于直接形成了欠国家的税款，“应交税费——应交增值税”这个科目也平了，同时再就4 000元计算出相应的附加税费，如记入“应交税费——附加税费”或单个的二级科目的税项中，就这么简单处理就非常清晰了。

如果上面的案例中，这个月企业有多交的增值税，企业是这样处理的，假设期中多交了2 000元，则显示如下：

借：应交税费——应交增值税（已交税金） 2 000
　贷：银行存款 2 000

会计科目中的数据如表8-17所示。

表 8-17

科目	二级	三级	余额	
			借方	贷方
应交税费	应交增值税	进项税额	6 000	
		已交税金	2 000	
		销项税额		10 000
		转出未交增值税	**2 000**	
应交税费	**未交增值税**			**2 000**

期末纳税人会计处理如下：

借：应交税费——应交增值税（转出未交增值税） 2 000
　贷：应交税费——未交增值税 2 000

如果预缴的是8 000元呢，则表中的数据将如表8-18所示：

表 8-18

科目	二级	三级	余额	
			借方	贷方
应交税费	应交增值税	进项税额	6 000	
		已交税金	8 000	
		销项税额		10 000
		转出多交增值税		**4 000**
应交税费	**未交增值税**		**4 000**	

借：应交税费——未交增值税 4 000

贷：应交税费——应交增值税（转出多交增值税）　　4 000

这就相当于在“应交税费——未交增值税”上记下了一笔税务机关欠纳税人的账，就是这么简单。

当然如果进项税额大的话，相当于就不用做这个事了，因为没有转出未交增值税的处理必要。仍然保留原来的三级科目就行了，比如表8-19的结果就不需要会计处理，20 000元继续保留下一期留抵就可以了。

表 8-19

科目	二级	三级	余额	
			借方	贷方
应交税费	应交增值税	进项税额	20 000	
		销项税额		10 000
		转出多交增值税		
应交税费	**未交增值税**			

(2) 有进项税额转出的处理如何记录。

[**案例**] 接上例。若该企业当月有进项税额转出500元，会计分录如下：

借：成本费用　　500
　贷：应交税费——应交增值税（进项税额转出）　　500

相应会计科目中的数据如表8-20所示。

表 8-20

科目	二级	三级	余额	
			借方	贷方
应交税费	应交增值税	进项税额	6 000	
		销项税额		10 000
		进项税额转出		500

如此再借鉴上面的转出未交增值税进行处理，如表8-21所示。

表 8-21

科目	二级	三级	余额	
			借方	贷方
应交税费	应交增值税	进项税额	6 000	
		销项税额		10 000
		进项税额转出		500
		转出未交增值税	**4 500**	
应交税费	**未交增值税**			**4 500**

所以进项税额转出并不是直接减少进项税额，而是放在贷方独立显示，这样就可以清晰地反映出不同情形之下的发生额，也方便查询。

(3) 待抵扣进项税额的会计处理。

财税〔2016〕36 号及相关文件对于不动产和不动产在建工程提出了分 2 年抵扣的规则，即："纳税人按照本办法规定从销项税额中抵扣进项税额，应取得 2016 年 5 月 1 日后开具的合法有效的增值税扣税凭证。上述进项税额中，60%的部分于取得扣税凭证的当期从销项税额中抵扣；40%的部分为待抵扣进项税额，于取得扣税凭证的当月起第 13 个月从销项税额中抵扣"。

这儿有一个技术上的问题，如果是一次性购入的不动产，专用发票的数量还少，好管理，但是如果是自建的不动产，那有些材料是自购的，相应的专用发票的抵扣管理节点就非常多了。这就相当于是一个时间性管理的成本问题，细心的财务人士用表格就可以管好，但是如果涉及人员变动、时间长远，就可能会遗忘，而遗忘过了第 13 个月是不是仍然可以抵扣呢？这个问题估计未来也是一个争议的焦点。

[案例] 假设某企业 2016 年 6 月购入不动产 1 110 万元，其中不含税金额是 1 000 万元，税额是 110 万元，6 月取得了增值税专用发票，抵扣 60%即 66 万元，那第 13 个月再抵扣 44 万元。企业的会计处理如下（单位为万元）：

借：固定资产　　1 000
　　应交税费——应交增值税（进项税额）　　66
　　应交税费——待抵扣进项税额　　44
　贷：银行存款　　1 110

则此时结果如表 8-22 所示：

表 8-22

科目	二级	三级	余额	
			借方	贷方
应交税费	待抵扣进项税额		44	
应交税费	应交增值税	进项税额	6 000+66=6 066	
		销项税额		10 000
		进项税额转出		500
		转出未交增值税	**4 434**	
应交税费	**未交增值税**			**4 434**

如果未来第 13 个月达到了抵扣条件，则将 44 万元转入进项税额中抵扣：

借：应交税费——应交增值税（进项税额）　　44
　贷：应交税费——待抵扣进项税额　　44

但这个“应交税费——待抵扣进项税额”可不仅用于不动产和不动产在建工程的抵扣单项的事，还有其他一些事项，仍需要用到这个科目的。比如我们看看下面的几个事项：

➢ **事项一：暂估入账的采购行为**

在日常业务中，不可避免产生采购但是发票还未到来入账的情形（不过现在可以考虑用网上平台查询的数据先入账），但也是暂估入账，通常这时候还未经过内部的审核确认支付款项，但是会计上必须进行账务处理。比如下面的案例：

［案例］ 某企业月底入账电脑一台，总价是 11 700 元，其中税额是 1 700 元，明确对方给开具增值税专用发票，此时我们不可能用 11 700 元入固定资产，因为本身这也不是固定资产的价值，如果暂按 10 000 元入账，应付账款则不真实，基于此，小编建议的会计处理如下：

借：固定资产　　10 000
　　应交税费——待抵扣进项税额　　1 700
　贷：应付账款　　11 700

不过这儿的科目并不一定必须用这个，用着也是没有问题的，比如有的企业利用其他一些中间科目核算，这也没有问题，反正自己能够对得清楚就行。

➢ **事项二：辅导期一般纳税人进项税额抵扣的处理**

辅导期纳税人应当在“应交税费”科目下增设“待抵扣进项税额”明细科目，核算尚未交叉稽核比对的专用发票抵扣联、海关进口增值税专用缴款书以及运输费用结算单据[1]（以下简称增值税抵扣凭证）注明或者计算的进项税额。

辅导期纳税人取得增值税抵扣凭证后，借记“应交税费——待抵扣进项税额”明细科目，贷记相关科目。交叉稽核比对无误后，借记“应交税费——应交增值税（进项税额）”科目，贷记“应交税费——待抵扣进项税额”科目。经核实不得抵扣的进项税额，红字借记“应交税费——待抵扣进项税额”，红字贷记相关科目。

其实明确地说，这些辅导期一般纳税人的抵扣，往往是滞后一个月，现在技术这样完善了，即时就可以比对出来，何苦让辅导期的纳税人这么难受得不到抵扣呢？因为第一个期间光算销项税额谁能受得了呢？但是征管上依然是这样的考虑，我们还是要关注纳税申报表填写的对应。

➢ **事项三：增值税海关专用缴款书的“先比对、后抵扣”**

纳税人应在“应交税费”科目下设“待抵扣进项税额”明细科目，用于核算已申请稽核但尚未取得稽核相符结果的海关缴款书进项税额。纳税人取得海关缴款书后，应借记“应交税费——待抵扣进项税额”明细科目，贷记相关科目；稽核比对相符以及核查后允许抵扣的，应借记“应交税费——应交增值税（进项税额）”专栏，贷记“应交税费——待抵扣进项税额”科目。经核查不得抵扣的进项税额，红字借记“应交税费——待抵扣进项税额”，红字贷记相关科目。

这儿要特别谨慎地处理，税务机关于每月纳税申报期内，向纳税人提供上月稽核比对结果，纳税人应向主管税务机关查询稽核比对结果信息。对稽核比对结果为相符的海关缴款书，纳税人应在税务机关提供稽核比对结果的当月纳税申报期内申报抵扣，逾期的其进项税额不予抵扣。因此要特别注意，在申报期内等到这个信息，通常速度还是快的，除非是有问题的票，不然结果就是不予抵扣，权利直接剥夺，利益没有了，曾经也有这样的人士为此而吃过“亏”。

(4) 免税事项。

小编理解不是小微企业就不要考虑进行计税的账务处理了。但是小微企业还是有

[1] 营改增之后，运输费用结算单据抵扣凭证已不存在。

要求，不过好在小微企业是小规模纳税人，与我们这儿主流讲的一般纳税人并不是一样的逻辑，从一般纳税人的角度，免税下不得抵扣进项税额，所以无论是讨论免税是免的“销项税额”还是免的“应纳税额”，我们结果导向，不核算理论上的销项税额了，只要知道填写的申报表的免税收入额就行了。

之前北京国税解读《增值税减免税申报明细表相关问题问答》时提出：由于免税销售额是不含税的销售额，因此，此项不需要进行不含税的换算。而且我们也注意到，多数地方的案例表明，免税收入在开具增值税普通发票时，税率栏次多让填 0，这相当于是等同了销售额的问题。

基于此，对于免税项目我们就不考虑增值税计提的会计处理了。

(5) 原来不符合抵扣条件，后来满足了抵扣条件的会计处理。

这个事项也是这一次营改增政策明确的新规则，也是对纳税人的利好消息，我们再来看看财税〔2016〕36 号文件对此的规定：

按照《试点实施办法》第二十七条第（一）项规定不得抵扣且未抵扣进项税额的固定资产、无形资产、不动产，发生用途改变，用于允许抵扣进项税额的应税项目，可在用途改变的次月按照下列公式计算可以抵扣的进项税额：

$$可以抵扣的进项税额=\frac{固定资产、无形资产、不动产净值}{1+适用税率}\times 适用税率$$

上述可以抵扣的进项税额应取得合法有效的增值税扣税凭证。

国家税务总局公告 2016 年第 15 号进一步规定：

第九条　按照规定不得抵扣进项税额的不动产，发生用途改变，用于允许抵扣进项税额项目的，按照下列公式在改变用途的次月计算可抵扣进项税额。

可抵扣进项税额＝增值税扣税凭证注明或计算的进项税额×不动产净值率

依照本条规定计算的可抵扣进项税额，应取得 2016 年 5 月 1 日后开具的合法有效的增值税扣税凭证。

按照本条规定计算的可抵扣进项税额，60％的部分于改变用途的次月从销项税额中抵扣，40%的部分为待抵扣进项税额，于改变用途的次月起第 13 个月从销项税额中抵扣。

关于此政策的理解上面已经介绍过，这儿我们重点探讨一下会计处理的案例。

［案例］ 某企业购入不动产用于食堂运营，不含税价格是 1 000 万元，进项税额 110 万元，由于不得抵扣，所以 1 110 万元全额计入了固定资产进行折旧处理，在使用一段时间后，改变为应税用途，此时净值为 555 万元，税额为 55 万元，可以在次月转入抵扣。前后的会计分录参照如下（单位：万元）：

借：固定资产　　1 110
　贷：银行存款　　1 110

由于将来能够抵扣了，但仍属于不动产采购，因此需要考虑分两次抵扣的会计处理：

借：应交税费——应交增值税（进项税额）　　33
　　应交税费——待抵扣进项税额　　22
　贷：固定资产　　55

那此时我们知道，这个固定资产原值发生了变化，相当于之后的折旧也发生了变化。有人可能认为，这符合企业所得税的规定吗？这是因为增值税的规则改变后确认的企业所得税规则的被动接受，我们必须认可这种抵扣产生的原值的波动问题。比如上面我们还有接触到的，原来符合抵扣条件，后来不符合抵扣条件了，那是增加了固定资产的原值，其影响是一样的，我们的企业所得税要善解人意一些，这是没有问题的，不能质疑纳税人人为调整固定资产原值。此时也没有必要追溯之前年度的折旧，因为本来就不是之前年度的事，这个也不必纠结。相应的科目变化影响可以结合上面的案例进行借鉴使用，在此不再多述。

上面我们有提及过，这个当下明确的还是限于固定资产、无形资产、不动产，因为这是长期使用的，但是对于服务、存货、易耗品则难以满足长期有效性使用的情形，因此得到后续认可抵扣的可能性还是困难的。

(6) 原来固定资产符合抵扣条件，现在不符合抵扣条件的处理。

与第（5）项相反，这个是说原来符合抵扣条件，后来不得抵扣了，但是这个事可并不限于第（5）项中的固定资产、无形资产、不动产，因为涉及存货、水电费等，都是可能发生先抵扣着，用于一些不得抵扣事项时就不让抵扣的转出，或后续领用于不得抵扣事项的抵扣转出，这个范围更大。

比如发生这样的案例，企业当月发生水电费 100 万元，进项税额假设是 18 万元，但是企业有免税收入和应税收入，假设当月计算出要转出的金额是 8 万元，此时完整的会计处理是这样的：

借：管理费用　100
　　应交税费——应交增值税（进项税额）　18
　贷：银行存款　118

此时做转出处理：

借：管理费用　8
　贷：应交税费——应交增值税（进项税额转出）　8

上面是对于费用化的进项税额转出的即时处理，如果涉及固定资产、不动产和无形资产时，就需要好好考虑了。财税〔2016〕36 号文件是这样规定的：

第三十一条　已抵扣进项税额的固定资产、无形资产或者不动产，发生本办法第二十七条规定情形的，按照下列公式计算不得抵扣的进项税额：

不得抵扣的进项税额＝固定资产、无形资产或者不动产净值×适用税率

固定资产、无形资产或者不动产净值，是指纳税人根据财务会计制度计提折旧或摊销后的余额。

这个也是一样的，只是后续资产原值会增加，同第（5）项中的资产原值减少是一样的处理逻辑，案例分析不再详述。

(7) 对增值税出口退税的理解。

出口退税的逻辑其实略有些复杂，下面我们对此进行一个说明，从案例入手来分析一下增值税科目的应用。

➢ 出口退税与会计利润的关系

增值税属于价外税，基本上出口时享受免税的待遇，但是对于其取得的进项税

额，是可以退税的，即退税其实退的是纳税人的进项税额，以不含税的价格参与国际竞争。既然是进项税额，那就与销售成本（或费用）有相应的关系了，如果得不到退税时，转计入成本，则纳税人的利润总额是减少的。既然得到退税了，则利润总额是增加的，在这个角度上看，其间接与企业所得税有关系。

➢ 确定情形之下的出口退税与企业所得税的关系

要说明这个事情，用事例说明是非常有必要的，省去了文字表达折腾的过程。

［案例］ 2015年某公司采购一批货物后出口，采购不含税价值是2 000万元，增值税税额是340万元（税率17%），出口后美元折人民币的价格是2 500万元，若退税率是10%，则会计处理如下（单位：万元）：

借：库存商品　　2 000
　　应交税费——应交增值税（进项税额）　　340
　贷：银行存款　　2 340

借：应收账款　　2 500
　贷：主营业务收入　　2 500

借：主营业务成本　　2 000
　贷：库存商品　　2 000

转出得不到退税的增值税税额：2 000×7%＝140（万元），退税金额是：2 000×10%＝200（万元）。

借：主营业务成本　　140
　贷：应交税费——应交增值税（进项税额转出）　　140

借：应收出口退税款　　200
　贷：应交税费——应交增值税（出口退税）　　200

这样上面的增值税的借贷方就结平了，因此我们可以清楚地看出来，出口退税就是将原来采购中支付的采购款项中的税额部分，由国家再补偿回来，因为支付给销售方的增值税税款，相当于是代征了国家的税款，出口之后的退税，只是平了账而已，纳税人根本也不用入在收入当中，即与会计利润无关，也与所得无关。如果一点儿都不退税，则全额340万元都要计入主营业务成本，这已经脱离了出口退税的考虑因素。

所以在出口退税整个的逻辑当中，如果我们只考虑了最后一个环节收到退税款，而不考虑企业原来挂往来的问题，显然易出现疑惑以致于还要向国家税务总局咨询，明确出口退税金额是不是属于所得的问题。[1]

所以大家别被“出口退税”这个科目搞晕了，我们来看看这几个会计科目的逻辑关系（见表 8-23）：

表 8-23

“应交税费”明细科目的逻辑关系

科目	二级	三级	余额	
			借方	贷方
应交税费	应交增值税	进项税额	340	
		销项税额		
		进项税额转出		140
		出口退税		200
		转出未交增值税		
应交税费	**未交增值税**			

所以这就相当于将进项税额中一部分在销项税额中找到对称的部分，从而形成应交增值税的平衡，就是这样的处理逻辑。

8.2.2.2 增值税下差额计税的会计处理

增值税下的差额，相当于是什么呢？就是考虑到凭抵扣凭证无法解决链条的问题，即进项税额少，或者无法取得进项，但是这个行业还要生存发展，而给予的一种突破增值税抵扣链条的事。因为无法解决抵扣，所以想到了从销售额扣减上做文章，这也是一种理论联系实际的有效落地方案，毕竟不能再给一些行业更低的税率了，不然这个税制会改得不知方向。

通常我们计算增值税的时候，可以有两种思路，一种是直接用销售额扣差额后以净额计算增值税销项税额或者是应纳税额，还有一种是算一个销项税额，再以被减数算一个虚拟“进项税额”，两者相减后确认应纳税额，相当于只是一个计算逻辑的差异。

比如某一般纳税人允许差额计算的服务收入，收入总额是 2 000 元，允许扣除的总额是 1 500 元，税率是 6%，则在计算时，用以下两种方式均可（见表 8-24）：

[1]《财政部 国家税务总局关于财政性资金、行政事业性收费、政府性基金有关企业所得税政策问题的通知》(财税〔2008〕151 号）规定了出口退税不属于财政性资金的收入属性。

表 8-24

两种销项税额计算方式

方式	销项税额计算方式	分析
一步走	(2 000－1 500)/1.06×6%＝28.30	认为是收入的抵减
分步走	2 000/1.06×6%－1 500/1.06×6%＝113.2－84.91＝28.29	认为是抵扣的属性

那会计处理上是如何做的呢？参照营改增试点时的一个处理文件指导，《营业税改征增值税试点有关企业会计处理规定》（财会〔2012〕13号）规定：

一、试点纳税人差额征税的会计处理

（一）一般纳税人的会计处理 一般纳税人提供应税服务，试点期间按照营业税改征增值税有关规定允许从销售额中扣除其支付给非试点纳税人价款的，应在“应交税费——应交增值税”科目下增设“营改增抵减的销项税额”专栏，用于记录该企业因按规定扣减销售额而减少的销项税额；同时，“主营业务收入”、“主营业务成本”等相关科目应按经营业务的种类进行明细核算。企业接受应税服务时，按规定允许扣减销售额而减少的销项税额，借记“应交税费——应交增值税（营改增抵减的销项税额）”科目，按实际支付或应付的金额与上述增值税额的差额，借记“主营业务成本”等科目，按实际支付或应付的金额，贷记“银行存款”、“应付账款”等科目。

对于期末一次性进行账务处理的企业，期末，按规定当期允许扣减销售额而减少的销项税额，借记“应交税费——应交增值税（营改增抵减的销项税额）”科目，贷记“主营业务成本”等科目。

（二）小规模纳税人的会计处理 小规模纳税人提供应税服务，试点期间按照营业税改征增值税有关规定允许从销售额中扣除其支付给非试点纳税人价款的，按规定扣减销售额而减少的应交增值税应直接冲减“应交税费——应交增值税”科目。企业接受应税服务时，按规定允许扣减销售额而减少的应交增值税，借记“应交税费——应交增值税”科目，按实际支付或应付的金额与上述增值税额的差额，借记“主营业务成本”等科目，按实际支付或应付的金额，贷记“银行存款”、“应付账款”等科目。对于期末一次性进行账务处理的企业，期末，按规定当期允许扣减销售额而减少的应交增值税，借记“应交税费——应交增值税”科目，贷记“主营业务成本”等科目。

当然营改增试点以来，这个差额也多有变迁，因为有地区试点与非试点间的差额，有试点内某个业务的差额适用，所以这个差额的处理，还真是挺有趣的，说白了，这个规则要求：一般纳税人学习进项税额抵扣的方式！至于小规模纳税人则是直接冲减“应交增值税”。

现在还有人对于规则中的“营改增抵减的销项税额”要不要保留这个三级科目，还有自己的理解，小编的理解是，不要计较科目上叫“张三”还是“李四”，甚至叫“差额抵减”都无所谓，相当于一个人的名字而已。建议还是用这个名字用得顺点吧。

［案例］ 某金融企业买卖金融商品，销售价格是1 500万元，购入价格是1 400万元，按差额计算增值税。此时我们可以这样进行会计处理：

借：交易性金融资产（以此举例） 1 400
　贷：存款 1 400

转让时：

错：存款 1 500
　贷：投资收益 15.09
　　应交税费——应交增值税（销项税额） 84.91
　　交易性金融资产 1 400

同时结转成本对应可扣减的税额：

借：应交税费——应交增值税（营改增抵减的销项税额） 79.25
　贷：投资收益 79.25

有的人士可能认为，为什么不能在购入交易性金融资产时就拆出来进项进行记账呢？小编认为这也行，反正计提出来也不让抵减，要等到转让时再让扣减。比如当月计提了1 000万元的抵减销项税额的数据，但是这些金融商品当月都没转让，那自然是不让从其他金融商品的转让中扣除的。只有等到转让了再让操作，所以依照上面的做法，相当于是后续追溯做账时算清楚的。至于如果上面的销售价格为1 300万元，不够减，那不够减的差额部分，可以去冲减不同金融商品的收入销项。即当月的金融商品转让的差额是一起算的，不必每个单独算抵，如果整体有负数，就结转下一期继续抵减，但到了年底如果还有余额未减掉呢，那只能自己承担了。比如某企业年末还有未抵减完的“应交税费——应交增值税（营改增抵减的销项税额）”100万元余额，则没有办法，只能做如下的会计处理：

借：投资收益 100
　贷：应交税费——应交增值税（营改增抵减的销项税额） 100

在核算的逻辑上，核算这个三级科目要注意，如果当期有负数，不能参与整体应交增值税的计算，因此可以通过一个中间科目管理，这样方向轧平应交增值税的当期数据，这个处理没有绝对的标准。其他行业的差额计算也可以借鉴这个处理方式。关于适用差额的政策规定，请参照后述章节的专门分析。

至于在申报增值税时，却并不是从抵扣的角度让填写抵扣明细处理的，而是作为销售额的扣减处理的，申报表附表三“服务、不动产和无形资产扣除项目明细”要求对此专门填写。

8.2.3 增值税期末留抵税额的会计处理

千万别理解错了，这个期末留抵税额可不是指一般纳税人产生月或季的留抵之时发生的事，而是依据财税〔2016〕36号文件规定的原来增值税纳税人（营改增之前的纳税人）因为销售货物、提供加工修理修配劳务产生的增值税留抵税额，不要挤占营改增试点行业的销项税额。本来这不是个事，上面我们已经有分析，但是为了国家财政利益分配的前后不一致的管理，纳税人也只能配合而为了。此处不再详说，且看我们如何进行会计处理吧。

试点地区兼有应税服务的原增值税一般纳税人，截止到开始试点当月月初的增值税留抵税额按照营业税改征增值税有关规定不得从应税服务的销项税额中抵扣的，应在“应交税费”科目下增设“增值税留抵税额”明细科目。开始试点当月月初，企业应按不得从应税服务的销项税额中抵扣的增值税留抵税额，借记“应交税费——增值税留抵税额”科目，贷记“应交税费——应交增值税（进项税额转出）”科目。待以后期间允许抵扣时，按允许抵扣的金额，借记“应交税费——应交增值税（进项税额）”科目，贷记“应交税费——增值税留抵税额”科目。“应交税费——增值税留抵税额”科目期末余额应根据其流动性在资产负债表中的“其他流动资产”项目或“其他非流动资产”项目列示。

这个相当于也是将进项税额转出，从而将原来进项税额如同“待抵扣进项税额”一样储备起来，但这是放在二级科目中的，不参与“应交税费——应交增值税”的结算余额的计算。

开始试点当月月初，企业应按不得从应税服务的销项税额中抵扣的增值税留抵税额，借记“应交税费——增值税留抵税额”科目，贷记“应交税费——应交增值税（进项税额转出）”科目。待以后期间允许抵扣时，按允许抵扣的金额，借记“应交税费——应交增值税（进项税额）”科目，贷记“应交税费——增值税留抵税额”科目。

［案例］ 某市A纳税人为原增值税一般纳税人，在2016年4月30日前，期末

留抵税额为10万元。2016年5月，发生17%货物及劳务销项税额20万元，发生11%服务、不动产和无形资产的销项税额30万元，本月发生的进项税额为30万元。

1. 挂账留抵时。

借：应交税费——增值税留抵税额　　100 000
　贷：应交税费——应交增值税（进项税额转出）　　100 000

2. 通过货物和劳务销项税额占比计算，允许抵扣80 000元（200 000×2/5）。

借：应交税费——应交增值税（进项税额）　　80 000
　贷：应交税费——增值税留抵税额　　80 000

第一步：将4月的留抵10万元从“期未留抵税额”转入“上期留抵税额”的“本年累计”；

第二步：计算出当期一般计税方法的应纳税额：50－30＝20（万元）；

第三步：计算出当期一般货物及劳务销项税额所占当期总销项的比例：20÷(20＋30)＝40%；

第四步：计算出当期一般货物及劳务所对应的应纳税额：20×40%＝8（万元）。

8.2.4　增值税税控系统专用设备和技术维护费用抵减增值税额的会计处理

也是参照《营业税改征增值税试点有关企业会计处理规定》的处理意见：

四、增值税税控系统专用设备和技术维护费用抵减增值税额的会计处理

（一）增值税一般纳税人的会计处理

按税法有关规定，增值税一般纳税人初次购买增值税税控系统专用设备支付的费用以及缴纳的技术维护费允许在增值税应纳税额中全额抵减的，应在“应交税费——应交增值税”科目下增设“减免税款”专栏，用于记录该企业按规定抵减的增值税应纳税额。

企业购入增值税税控系统专用设备，按实际支付或应付的金额，借记“固定资产”科目，贷记“银行存款”、“应付账款”等科目。按规定抵减的增值税应纳税额，

借记“应交税费——应交增值税（减免税款）”科目，贷记“递延收益”科目。按期计提折旧，借记“管理费用”等科目，贷记“累计折旧”科目；同时，借记“递延收益”科目，贷记“管理费用”等科目。企业发生技术维护费，按实际支付或应付的金额，借记“管理费用”等科目，贷记“银行存款”等科目。按规定抵减的增值税应纳税额，借记“应交税费——应交增值税（减免税款）”科目，贷记“管理费用”等科目。

下面我们结合案例来说明一下简化的会计处理方式，而不一定就必须依照上面的“规定”进行处理。

［案例］ 假设某一般纳税人在2016年5月购买专用设备及缴纳技术维护费，共支出900元，那此时如何进行会计处理呢？分析来看，企业完全没有必须进行折旧处理，因为折旧本身也没有作固定资产的意见，税前也不扣除，尽管其仍属于会计上使用年限超过一年的固定资产的定义。

借：管理费用　　900
　贷：银行存款　　900

如果当月有销项税额5 000元，进项税额2 000元，则应纳税额＝销项税额－进项税额＝5 000－2 000＝3 000（元），但是由于900元可以抵应纳税额，则会计处理如下：

借：应交税费——应交增值税（减免税款）　　900
　　应交税费——应交增值税（转出未交增值税）　　2 100
　贷：应交税费——未交增值税　　2 100
　　　管理费用　　900

形成的科目明细如表8-25所示：

表8-25
科目明细

科目	二级	三级	余额	
			借方	贷方
应交税费	应交增值税	进项税额	2 000	
		销项税额		5 000
		进项税额转出		
		减免税款	900	
		转出未交增值税	**2 100**	
应交税费	**未交增值税**			**2 100**

所以从负债科目的借贷方来理解就非常顺了，无非就是想办法轧平数据，并转出未交增值税最终向税务机关缴纳款项的数据，而减免税款也是在纳税申报表填写在应纳税额之后进行抵减处理的填报方式。

8.2.5 适用简易计税方式的会计处理

对于一般纳税人来讲，简易计税方式计算的增值税是“应纳税额”，不是“销项税额”，不参与“应交税费——应交增值税”下三级科目之间的计算过程，是直接计算缴纳税款的意见，相当于需要直接放在“应交税费——未交增值税”科目的下面。

［案例］ 某公司为建筑安装企业，适用老项目简易计税方法，2016 年 5 月该项目的总收入是 1 030 万元，没有异地预缴款项，此时如何进行会计处理呢？

分析： 先计算不含税收入额及税额，由于是简易计税方法，则征收率是 3%，增值税税额＝1 030/1.03×3%＝30（万元），不含税收入额是 1 000 万元。则会计处理如下：

借：银行存款　　1 030
　贷：主营业务收入　　1 000
　　应交税费——未交增值税（××项目）　　30

上面的分录中可以考虑分项目进行三级科目设置，利于未来有预缴的情形及分项目核算明细管理之用。其他简易计税的项目亦可以据此核算。不过我们还要再考虑一下，差额计算的简易计税方式的会计核算是如何的呢？由于简易计税方法有差额时，也需要填写《服务、不动产和无形资产扣除项目明细》申报表附表的扣除事项，此时可以借鉴小规模纳税人的处理规则，比如我们看如下的案例：

［案例］ 某企业在注册地有购置的房产一套，系营改增之前的老房产，原来的购置价格是 500 万元（账面原值是 100 万元），现在销售价格是 800 万元，均为总价格。此时纳税人选择按简易计税方法计算增值税，因为原来没有进项税额可以抵扣，选择一般计税方法肯定是不合算的，由此分析如下：

简易计税方法的应纳税额＝(800－500)/1.05×5%＝14.29（万元）。那会计处理上可以采用如下方式：

借：银行存款　　800
　贷：其他业务收入　　761.9
　　应交税费——未交增值税——简易计税方式——××房产　　38.1

借：应交税费——未交增值税——简易计税方式——××房产 23.81
　贷：其他业务成本 23.81

借：其他业务成本 100
　　累计折旧 400
　贷：固定资产 500

注意这儿的差额扣除是购置原价，并不是会计上的净值或企业所得税上的净值作为差额扣除，增值税就认为是买卖，售价减买价的处理。而增值税缴纳的净额＝38.1－23.81＝14.29（万元），这与差额计算的结果是一样的。这个三级及四级的显示完全由企业决定是不是有必要进行使用。还有一种分步骤的方式进行处理，利于填写申报表差额计算明细表。

那上面的处理中，我们能否直接用差额14.29万元作为销项税额处理呢，即会计处理如下：

借：银行存款 800
　贷：其他业务收入 785.71
　　应交税费——未交增值税——简易计税方式——××房产 14.29

借：其他业务成本 100
　贷：累计折旧 400
　　固定资产 500

这个逻辑显然是存在问题的，为什么呢？因为收入和成本的真实数据发生了变化。

8.2.6 预缴增值税的会计处理

对于建筑服务、不动产租赁、销售不动产（非房地开发企业）的情形下，如果涉及异地经营的，则是需要在所在地预缴的。部分情形之下，如适用简易计税的情形之下，异地计算缴纳的金额基本就等于这个业务应计缴的全部增值税，回到机构申报，也只是空报一下，并没有产生补缴或退回的增值税，只是让主管税务机关了解这个情形，而且还要将开具发票的信息同步申报上，两者也好匹配处理。

而对于一般纳税人，由于应纳税额＝销项税额－进项税额，这个计算过程是需要机构统一计算的，异地的预缴只能是估算一个比例来计算缴纳，最终还要回到机构所在地计算最后是多还是少，当然它们之间不会是正好一致，而财税〔2016〕36号文件也只是给出了一个宽泛的解决方式，估计以后有问题再说了。

(1) 简易计税方式下的预缴处理情形。

这种方式还是比较简单的，建议直接在“应交税费——未交增值税”下设置单独的三级核算科目管理就可以了，或者不设置也不强制。

[案例] 某一般纳税人在异地有不动产租赁业务，是营改增之前取得的不动产，选择简易计税方法，征收率是5%，当月租金是50 000元，则税额是=50 000/1.05×5%=2 380.95（元），此时进行预缴的会计处理如下：

借：应交税费——未交增值税　　2 380.95
　贷：银行存款　　2 380.95

企业在进行整体会计处理时，则做如下会计分录：

借：银行存款　　50 000
　贷：其他业务收入　　47 619.05
　　应交税费——未交增值税　　2 380.95

(2) 一般计税方法下，进行预缴的账务处理。

比如上面的案例，企业是适用一般计税方法的，由于相应的进项是混合在一起抵扣的，所以不需要单独计算抵扣这一笔业务的应纳税额是多少。一般计税方法下的预征率是3%，此时计算预缴税额=50 000/1.11×3%=1 351.35（元）。

适用一般计税方法下，对于纳税人来讲是整体计算销项税额和进项税额核算的，可以进行如下的会计处理：

借：银行存款　　50 000
　贷：应交税费——应交增值税（销项税额）（50 000/1.11×11%）4 954.95
　　其他业务收入　　45 045.05

而预缴税款的会计分录在预缴时可以进行如下处理：

借：应交税费——应交增值税（预缴税款）——××项目　　2 380.95

贷：银行存款　　2 380.95

如果当月企业可抵扣的进项税额是 1 000 元，已记入“应交税费——应交增值税（进项税额）”科目，则当月的应纳税额＝4 954.95－1 000－2 380.95＝1 574（元），则当月会计处理如下：

借：应交税费——应交增值税（转出未交增值税）　　1 574
　贷：应交税费——未交增值税　　1 574

这相当于在机构所在地要如此计算缴纳增值税。当然有的人士说这个预缴税款能不能放在“应交税费——未交增值税”科目下，将来转出全部的未交增值税时借贷方互抵后即可以进行余额计缴，也没有问题。

8.2.7　附加税费的计算逻辑有必要再强调一下

我们知道，原来营业税计算出来之后，是需要一并计算城市维护建设税、教育费附加、地方教育费的，通常这三者的比例之和是 12%，注意不是销售额的 12%，也不是销项税额的 12%，而是当期应纳税额的 12%，也存在有的人士误以销项税额的 12%去计算缴纳的，那是有问题的。

进一步分析，如果这个月的结果是这样：销项税额－进项税额＝50－100＝－50，这相当于是形成留抵税额了，此时用－50 去计算附加税费，也形成负数吗？这肯定是不对的，此时就相当于增值税是 0，没有基数的形成，自然不存在附加税费的形成。

但是有一种情形，就是涉及出口退税时，如果税率与退税率有差时，那这儿也是会形成附加税费的，很多不专业从事这个的人士可能会遗漏掉。

《财政部 国家税务总局关于生产企业出口货物实行免抵退税办法后有关城市维护建设税教育费附加政策的通知》（财税〔2005〕25 号）规定：

经国务院批准，现就生产企业出口货物全面实行免抵退税办法后，城市维护建设税、教育费附加的政策明确如下：

一、经国家税务局正式审核批准的当期免抵的增值税税额应纳入城市维护建设税和教育费附加的计征范围，分别按规定的税（费）率征收城市维护建设税和教育费附加。

二、2005 年 1 月 1 日前，已按免抵的增值税税额征收的城市维护建设税和教育费附加不再退还，未征的不再补征。

三、本通知自2005年1月1日起执行。

单纯这样看是很难看懂的，小编找到了一个海盐地税介绍免抵退的适用的案例，方便大家参照使用。

生产企业出口货物实行免抵退税办法，其中抵税是指出口自产货物所耗用的原材料、零部件、燃料动力等所含的应予退还的进项税额，抵顶内销货物的应纳税额。

（一）当期期末留抵税额（当期增值税应纳税额小于零）小于等于当期免抵退税额时，按当期免抵的增值税额计提缴纳城建税及教育费附加。上述情况，在增值税的处理中，当期应退增值税额＝当期期末留抵税额，当期免抵税额＝当期免抵退税额－当期应退税额。

例1：王氏公司为销售自营出口的生产企业，增值税一般纳税人，本月出口柠檬酸销售额折合人民币为100万元，内销柠檬酸销售额为50万元（不含税价），购进材料一批，取得的增值税专用发票上注明的价款为100万元，进项税额为17万元（进项税额准予抵扣）。上期末，留抵税额为1.5万元。（出口货物柠檬酸的征税税率为17%，退税率为13%）

出口货物免抵退税额＝100×13%＝13（万元）
当期免抵退不得免征和抵扣税额＝100×(17%－13%)＝4（万元）

该部分不能免征和抵扣税额进入主营业务成本，账务处理如下：

借：主营业务成本　　40 000
　贷：应交税费——应交增值税（进项转出）　　40 000

当期应纳增值税＝50×17%－17＋4－1.5＝－6（万元）

当期期末留抵税额6万元小于当期免抵退税额13万元，故当期应退税额等于当期期末留抵税额6万元，账务处理如下：

借：其他应收款——应收出口退税款　　60 000
　贷：应交税费——应交增值税（出口退税）　　60 000

当期免抵税额＝当期免抵退税额－当期应退税额

=13－6=7（万元）（国税局正式审核批准）

当期免抵税部分的会计处理分录为：

借：应交税费——应交增值税（出口抵减内销产品应纳税额） 70 000
　贷：应交税费——应交增值税（出口退税） 70 000

企业应特别注意，虽然企业并没有实际用现金或银行存款缴纳增值税，但根据财税〔2005〕25号文件的规定，当期免抵的增值税税额7万元应按规定计提缴纳城建税及教育费附加。其会计处理分录为：

借：营业税金及附加
　贷：应交税费——应交城市维护建设税
　　　　　　——应交教育费附加

（二）当期期末留抵税额（当期应纳税额小于零）大于当期免抵退税额，则当期应退税额=当期免抵退税额，当期免抵税额为零，因此不缴城建税和教育费附加。

例2：王氏公司为销售自营出口的生产企业，增值税一般纳税人，本月出口柠檬酸销售额折合人民币为40万元，内销柠檬酸销售额为50万元（不含税价），购进材料一批，取得的增值税专用发票上注明的价款为100万元，进项税额为17万元（进项税额准予抵扣）。上期末，留抵税额为1.5万元。（出口货物柠檬酸的征税税率为17%，退税率为13%）

出口货物免抵退税额=40×13%=5.2（万元）
当期免抵退不得免征和抵扣税额=40×(17%－13%)=1.6（万元）

该部分不能免征和抵扣税额进入主营业务成本，账务处理如下：

借：主营业务成本 16 000
　贷：应交税费——应交增值税（进项转出） 16 000

应纳增值税=50×17%－17+1.6－1.5=－8.4（万元）

本例中，当期期末留抵税额8.4万元大于当期免抵退税额5.2万元，故当期应退税额等于当期免抵退税额5.2万元，账务处理如下：

借：其他应收款——应收出口退税款　52 000
　贷：应交税费——应交增值税（出口退税）　52 000

当期免抵税额＝当期免抵退税额－当期应退税额＝5.2－5.2＝0

在这种情况下，免抵退税额标准是5.2万元，最多退税5.2万元，以至于内销产生的销项税额没有完全抵扣进项税额，造成了内销应纳税额借方余额。所以，根据财税〔2005〕25号文件的规定，不缴纳城建税及教育费附加。

（三）当期应纳税额大于零，除按规定实际缴纳的增值税计提并缴纳城建税及教育费附加外，还要按当期免抵税额一并计提并缴纳城建税及教育费附加。上述情况，当期免抵税额＝当期免抵退税额。

例3：王氏公司为销售自营出口的生产企业，增值税一般纳税人，本月出口柠檬酸销售额折合人民币为100万元，内销柠檬酸销售额为300万元（不含税价），购进材料一批，取得的增值税专用发票上注明的价款为100万元，进项税额为17万元（进项税额准予抵扣）。上期末，留抵税额为1.5万元。（出口货物柠檬酸的征税税率为17%，退税率为13%）

出口货物免抵退税额＝100×13%＝13（万元）
当期免抵退不得免征和抵扣税额＝100×(17%－13%)＝4（万元）

该部分不能免征和抵扣税额进入主营业务成本，账务处理如下：

借：主营业务成本　40 000
　贷：应交税费——应交增值税（进项转出）　40 000

应纳增值税＝300×17%－17＋4－1.5＝36.5（万元）

本例中，免抵退税额13万元是应退税的一个尺度，本月应纳税额36.5万元，就是当期和上期留抵的进项税额在本月内销产品销项税额中全部抵减完后还应纳增值税额36.5万元。

当期免抵税额＝当期免抵退税额＝13（万元）

主要会计分录如下：

当期免抵税的部分：

借：应交税费——应交增值税（出口抵减内销产品应纳税额）　　130 000

　　贷：应交税费——应交增值税（出口退税）　　130 000

转出应交未交增值税：

借：应交税费——应交增值税（转出未交增值税）　　365 000

　　贷：应交税费——未交增值税　　365 000

计提城建税及教育费附加的会计分录为：

借：营业税金及附加

　　贷：应交税费——应交城市维护建设税

　　　　　　　　——应交教育费附加

综上所述，实行免抵退税办法的出口货物生产企业缴纳城建税和教育费附加的处理上，其免抵部分计提缴纳城建税及教育费附加时，应以国税局正式审核批准《生产企业出口货物免、抵、退税申报汇总表》中第 25 栏“当期免抵税额”为计算依据，如在申报时已做出的会计处理结果与国税局正式审核批准《生产企业出口货物免、抵、退税申报汇总表》中第 25 栏“当期免抵税额”不一致的，应及时调整账务。

对于出口服务或无形资产的企业来讲，如果是适用免抵免税情形的，还要参照上述的规则及案例进行处理，对于外贸企业适用免退方式的，则不存在上述的问题。

8.2.8　增值税税会差异的会计处理协调与体现

首先我们要知道，增值税确认的收入时点或收入额，并不一定等同于会计上的收入额确认。但是由于增值税是价外税，我们在会计处理中又必须将价外税的因素剔除出来，这样才能确保核算利润表的收支金额的准确性。而此时可能增值税的纳税义务并没有同时发生，需要计提或挂账处理，这是本小节小编想告诉大家的。

(1) 会计上确认收入但未达到增值税纳税义务发生时间的收入。

［案例］　某建筑企业约定按工期收款，每三个月结算一次，但是每个月会计上是按完工百分比法确认收入，假设 2016 年 5 月、6 月、7 月各计提收入 1 030 万元，选择了简易计税方法，那如何进行会计处理及纳税申报处理呢？

参照企业会计准则的规定，不含税收入＝1 030/1.03＝1 000（万元），直接以1 000 万元作为收入基数，每个月的会计处理一样：

借：工程施工——合同成本　　800
　贷：原材料或人工或折旧等科目　　800

借：主营业务成本　　800
　　工程施工——合同毛利　　200
　贷：主营业务收入　　1 000

第三个月进行结算时：

借：应收账款　　3 090
　贷：工程结算　　3 000
　　　应交税费——未交增值税　　90

同时结平原来计提的收入：

借：工程结算　　3 000
　贷：工程施工——合同成本　　800
　　　工程施工——合同毛利　　200

注意上面是建筑服务企业的特殊情形，对于一般的服务企业，往往是按权责发生制计提收入，相当于计提的是应收款项，而不像建安企业在开始没有考虑增值税款的问题（其实也可以考虑，分录增加一下而已）。在最后结算的这个月，企业进行纳税申报，而不是在计提的月份据此收入进行纳税申报，不需要，因为未到纳税义务发生时间，最终两者在第三个月份趋于一致。但比如下面的酒店企业的业务：

［案例］ 某酒店提供常年包房的服务，为一般纳税人，某企业约定按季度付款，每季度60 000元，相当于每个月20 000元，为含税价格。企业每月平时的账务处理如下：

借：应收账款　　20 000
　贷：主营业务收入　　18 867.92
　　　应交税费——待确认销项税额　　（20 000/1.06×6%）1 132.08

其实这个待确认销项税额的科目是灵活增加的，也并不是强制的。为什么要列这个科目呢，主要这儿与上面建安企业不同的是，这儿考虑了应收账款是价税合计的概念，同样收入必须是不含税的金额，但是呢，这个待确认现在还不到纳税义务发生时间，所以就先挂往来里面存着，第二、第三个月同样处理。

那第三个月到了收款时间，如何处理呢？

借：银行存款　　60 000
　贷：应收账款　　60 000

同时将原来未达到纳税义务发生时间的增值税转入真正第三个月计税的科目中：

借：应交税费——待确认销项税额　　1 132.08
　贷：应交税费——应交增值税（销项税额）　　1 132.08

据此再进行销项与进项相抵的计算程序，这样税会差异就非常好地衔接到位了。

(2) 一次性收到款项但是会计上分期确认收入的情形。

与上面的案例相关，上面提到的是先做服务，后续约定收款，现在这个是反着来，先收款，再提供分期服务。那依照纳税义务发生时间的规定，在收到款项时（注意提供建筑、不动产租赁是在收到预收款时，不管是不是提供了服务），在提供服务并收到款项时达到纳税义务发生时间。如果只是收到了款，并没有提供服务，本身就是预收款项，不用计算增值税。

还是借用上面的酒店的案例，如果款项是先收到 60 000 元，会计上每个月待摊确认收入，则会计分录如下：

借：银行存款　　60 000
　贷：递延收益　　56 603.77
　　　应交税费——应交增值税（销项税额）　　3 396.23

之后每个月分摊收入时，即：

借：递延收益　　18 867.92
　贷：主营业务收入　　18 867.92

最后一个月再做轧差小数点处理，在这儿我们看到，纳税义务发生时间是早于会计收入的确认收入时间的。这也是正常的差异，问题就在于有的时候会计人员不知道提前计算缴纳增值税，而是根据会计收入计算缴纳的，这是经常的处理方式。当然这也给我们的税务机关人士找到一个可以发现问题的线索。

8.2.9 增值税会计处理中科目结平的会计处理是不是必须做，如何做

这个问题是很多会计人员，包括原来的增值税纳税人都容易忽略的一个问题，小编也是经过观察了解，发现这个问题各家的处理方式还是有很多不同的。比如我们再拿上面的一个案例来看（见表 8-26）：

表 8-26

科目	二级	三级	余额	
			借方	贷方
应交税费	应交增值税	进项税额	60 000 000	
		销项税额		100 000 000
		转出未交增值税	**40 000 000**	
应交税费	**未交增值税**			**40 000 000**

如果是次月，这个未交增值税缴纳之后，“应交税费——应交增值税”科目的借方和贷方都是 100 000 000 元，这数据看余额是 0，但是看发生余额却是两个都很大，这不好看啊，会计上也没有要求说如何处理。如果过了 10 年，都到 50 亿元了，还继续保留着吗？

一是我们来考虑一下平时这样做转出未交增值税，基本上到年度结束就行；二是这个科目的借贷方可以考虑互相抵销一下，或者都转到某个科目中，有个备查记录。比如下面两种方式：

借：应交税费——应交增值税（销项税额）　　100 000 000
　贷：应交税费——应交增值税（进项税额）　　60 000 000
　　　应交税费——应交增值税（转出未交增值税）　　40 000 000

或者是这样处理，找到一个中间科目全转过去抵销掉，比如就叫“应交税费——增值税抵销”，也类同上述处理一样结转，这样也是没有问题的。那有的人士问，平时要不要做？建议不做，毕竟年度查一下增值税还是符合我们日常征管的要求的。还有这样的情形，比如当期还有留抵税额，那就相当于结不平的，没有关系，就在进项税额中留着下期可抵扣的进项税额数据余额就可以了，这肯定不会难倒我们的专业人士。

8.2.10　增值税下总分机构汇总纳税的会计处理协调

随着本次大型金融行业的纳入，其汇总纳税的方式也多了起来，原来营改增试点时更多是给航空企业、电信企业、铁道运输等行业，现在范围更大了。那对于汇总纳税的企业，在发生增值税的会计核算时，如何进行处理呢？因为这不是一个主体的会计处理，而是涉及多个主体之间协调的问题。

关于汇总纳税，更多是接受省内的汇总纳税。而在方式上，原来的电信企业多是当地按收入额比例预缴处理，到省级总机构进行汇总计算是补或挂着预缴税款的金额，这一次更多的企业是用了先整体计算应纳税额，再按收入比例进行分摊的方式，有点像企业所得税的分摊方法。这儿我们结合后面这种情形进行举例说明，便于我们的企业借鉴。

[案例] 若某金融企业，省级总机构与分支机构是汇总纳税（层级视批准的情形而定），结合举例在设置科目上可以这样处理。

（1）总机构的会计科目设置（见表8-27）。

表8-27

科目	二级	三级	金额
应交税费	应交增值税	进项税额	100
		销项税额	500

（2）分支机构一的情形：当期应纳税额的结果是50（见表8-28）。

表8-28

科目	二级	三级	金额
应交税费	应交增值税	进项税额	50
		销项税额	100

（3）分支机构二的情形：当期留抵税额的结果是－20（见表8-29）。

表 8-29

科目	二级	三级	金额
应交税费	应交增值税	进项税额	40
		销项税额	20

比如就是上面的三个机构之间的结果，现在首先要计算整体的应纳税额是多少，计算是没有问题的，合起来一块算就行了，但是会计处理上可要一致行动才行。首先我们来分析一下会计处理的基本思路：一是会计科目上各家仍然是要保留的，包括各个进项税额、销项税额等；同样各家有自己缴纳的税款，也有与上下级划转的往来对接；各家有存在单独算应纳税额，或单独算有留抵税额的情形。计算销售额时还有一个事项，即是差额扣减和开票分类的问题，这个也好分，上面我们有提过差额扣除的核算方法，也可以考虑进一步增加明细科目。比如当月整体的增值税的销项税额一进项税额＝(500＋100＋20)－(40＋50＋100)＝620－190＝430，如果按收入比例分的增值税分别是 300、100、30，则此时总机构的业务处理如下：

借：应交税费——应交增值税——转出未交增值税　430
　贷：应交税费——未交增值税　430

再进一步分配税额：

借：应交税费——未交增值税　130
　贷：应交税费——划拨下级　130

下级机构收到后进行确认并后续缴纳税款：

借：应交税费——上级划拨　100
　贷：应交税费——未交增值税　100

借：应交税费——上级划拨　30
　贷：应交税费——未交增值税　30

这样在汇总报表的基础上，划拨上下级就抵销掉，所有的销项、进项加起来，正好与总机构的转出未缴增值税是一样的，这相当于是单一机构的考虑逻辑了。

8.2.11　增值税税收优惠的会计处理

增值税的税收优惠涉及几项，上面我们讲到有免税的情形，此时建议不进行价税分离的处理（除小微企业之外），还有就是即征即退、先征后退等的会计处理。

一般取得政府补助时，是通过“营业外收入”核算的，且通常是在实际收到时处理。但是也有的即征即退变成了即征慢退处理，此时要不要计提出来呢？小编认为可以不计提出来，毕竟还是存在风险的，不过为了报表好看，计提出来延续政策的预期性，也是可以的。

当然我们知道，软件企业的即征即退是比较多的，此时是可以作为企业所得税上的不征税收入处理的，这一点需要重点关注一下政策的应用。享受的即征即退的优惠政策，这限于增值税本身，而且还有专门的文件对此明确：

《财政部 国家税务总局关于增值税营业税消费税实行先征后返等办法有关城建税和教育费附加政策的通知》（财税〔2005〕第72号）规定：

各省、自治区、直辖市、计划单列市财政厅（局）、地方税务局，财政部驻各省、自治区、直辖市、计划单列市财政监察专员办事处：

经研究，现对增值税、营业税、消费税（以下简称“三税”）实行先征后返、先征后退、即征即退办法有关的城市维护建设税和教育费附加政策问题明确如下：

对“三税”实行先征后返、先征后退、即征即退办法的，除另有规定外，对随“三税”附征的城市维护建设税和教育费附加，一律不予退（返）还。

8.2.12　基于纳税申报表填写需要下会计科目设置及应用的分析

我们在考虑增值税的会计核算之时，除了计算准确，不多或少计增值税，真实反映利润数据之外，还有一个功能就是基于填写纳税申报表的需要进行的科目设置之需。不然我们的纳税申报填写确认成本会很高，基于此，我们的纳税人多是采用两种方式进行科目及附属功能的开发。

(1) 基于科目设置导向的数据管理。

这种情形之下，是尽可能多层级地设置细目，方便提取填写申报表所需要数据的归集。有的企业设置的科目可能到了5、6级之外，这种情形就是增加了核算的管理分类。

(2) 基于附属功能开发的数据管理。

比如有的企业会计科目无法设置超过三级，此时如果条件允许，更多是采用增加报销模块功能的方式，设置每笔报销及进项、销项的分类，以达到未来提取填写数据的准备，这种方法的应用更利于大企业进行数据分析、风险比对与控制。下面我们来看看有哪些基于需求进行的信息管理。

8.2.12.1　基于销项税额信息的管理

首先我们来看纳税申报表的填写表样摘录（见表 8-30）：

表 8-30

增值税纳税申报表的填写表样（摘录）

一、一般计税方法计税	全部征税项目	17%税率的货物及加工修理修配劳务
		17%税率的服务、不动产和无形资产
		13%税率
		11%税率
		6%税率
	其中：即征即退项目	即征即退货物及加工修理修配劳务
		即征即退服务、不动产和无形资产
二、简易计税方法计税	全部征税项目	6%征收率
		5%征收率的货物及加工修理修配劳务
		5%征收率的服务、不动产和无形资产
		4%征收率
		3%征收率的货物及加工修理修配劳务
		3%征收率的服务、不动产和无形资产
		预征率　%
		预征率　%
		预征率　%
	其中：即征即退项目	即征即退货物及加工修理修配劳务
		即征即退服务、不动产和无形资产
三、免抵退税	货物及加工修理修配劳务	
	服务、不动产和无形资产	
四、免税	货物及加工修理修配劳务	
	服务、不动产和无形资产	

从上面的分类看，这些数据不一定保障百分之百地自动生成，但是我们可以在科目设置中进一步细化分类。比如我们对于税率的种类、业务分类进一步明确后增加为第 4 或第 5 级明细科目，这样就易满足自动提取填写申报表的数据计算。不过这儿我们要注意，上面的 6%征收率、4%征收率现在已不存在了，只是可能涉及之前追溯的时候使用一下查补税之类的功能。

8.2.12.2　基于进项税额抵扣信息的管理

进项税额抵扣信息的填写的管理是非常谨慎的，既有抵扣的操作，也有抵扣信息数据的分类填写需要。比如我们看下面申报表附表的样式（见表8-31）：

表8-31

增值税纳税申报表附列资料（二）

（本期进项税额明细）

税款所属时间：　　年　　月　　日至　　年　　月　　日

纳税人名称：（公章）　　　　　　　　　　　　　　　　　　　金额单位：元至角分

一、申报抵扣的进项税额

项目	栏次	份数	金额	税额
（一）认证相符的增值税专用发票	1=2+3			
其中：本期认证相符且本期申报抵扣	2			
前期认证相符且本期申报抵扣	3			
（二）其他扣税凭证	4=5+6+7+8			
其中：海关进口增值税专用缴款书	5			
农产品收购发票或者销售发票	6			
代扣代缴税收缴款凭证	7		—	
其他	8			
（三）本期用于购建不动产的扣税凭证	9			
（四）本期不动产允许抵扣进项税额	10	—	—	
（五）外贸企业进项税额抵扣证明	11	—	—	
当期申报抵扣进项税额合计	12=1+4-9+10+11			

二、进项税额转出额

项目	栏次	税额
本期进项税额转出额	13=14至23之和	
其中：免税项目用	14	
集体福利、个人消费	15	
非正常损失	16	
简易计税方法征税项目用	17	
免抵退税办法不得抵扣的进项税额	18	
纳税检查调减进项税额	19	
红字专用发票信息表注明的进项税额	20	

续表

上期留抵税额抵减欠税	21			
上期留抵税额退税	22			
其他应作进项税额转出的情形	23			
三、待抵扣进项税额				
项目	栏次	份数	金额	税额
（一）认证相符的增值税专用发票	24	—	—	—
期初已认证相符但未申报抵扣	25			
本期认证相符且本期未申报抵扣	26			
期末已认证相符但未申报抵扣	27			
其中：按照税法规定不允许抵扣	28			
（二）其他扣税凭证	29＝30至33之和			
其中：海关进口增值税专用缴款书	30			
农产品收购发票或者销售发票	31			
代扣代缴税收缴款凭证	32		—	
其他	33			
	34			
四、其他				
项目	栏次	份数	金额	税额
本期认证相符的增值税专用发票	35			
代扣代缴税额	36	—	—	

上面的填写要求中首先要明确抵扣凭证的种类，比如增值税专用发票、海关专用缴款书等。同时我们也要注意到，这儿并没有要求分增值税专用发票的不同税率或征收率的情形，那这种情形如何做呢？《本期抵扣进项税额结构明细表》（见表8-32）则是从抵扣率的角度提出了要求：

表8-32

本期抵扣进项税额结构明细表

一、按税率或征收率归集（不包括购建不动产、通行费）的进项			
17%税率的进项	2		
其中：有形动产租赁的进项	3		
13%税率的进项	4		
11%税率的进项	5		
其中：运输服务的进项	6		
电信服务的进项	7		
建筑安装服务的进项	8		
不动产租赁服务的进项	9		

续表

受让土地使用权的进项	10		
6%税率的进项	11		
其中：电信服务的进项	12		
金融保险服务的进项	13		
生活服务的进项	14		
取得无形资产的进项	15		
5%征收率的进项	16		
其中：不动产租赁服务的进项	17		
3%征收率的进项	18		
其中：货物及加工、修理修配劳务的进项	19		
运输服务的进项	20		
电信服务的进项	21		
建筑安装服务的进项	22		
金融保险服务的进项	23		
有形动产租赁服务的进项	24		
生活服务的进项	25		
取得无形资产的进项	26		
减按 1.5%征收率的进项	27		
	28		
二、按抵扣项目归集的进项			
用于购建不动产并一次性抵扣的进项	29		
通行费的进项	30		
	31		
	32		

所以真要对于不同的抵扣凭证再分类，核算起来也是非常困难的。基于此，还是建议在报销时将此凭证的种类、税率或征收率、明细类型等进一步进行字节设置，一次性将底层数据做好，这样取数据自然就轻松了。但是还没有结束，我们还要关注一个表（见表 8-33）：

表 8-33

固定资产（不含不动产）进项税额抵扣情况表

纳税人名称（公章）：　　　　填表日期：　　年　　月　　日　　　　金额单位：元至角分

项目	当期申报抵扣的固定资产进项税额	申报抵扣的固定资产进项税额累计
增值税专用发票		
海关进口增值税专用缴款书		
合计		

这个是基于固定资产抵扣填写，也是2009年《增值税暂行条例》修订以来，固定资产纳入抵扣后一直要求填写的，这个也可以从相应的科目的归属关系上进行考虑设置。

8.3 一般纳税人增值税管理中的风险点与突破点

在一般纳税人的增值税政策应用中，上面我们多是从技术规则的角度进行了说明，其实大家可以发现，增值税的法规是比企业所得税少很多的，但是其征管规则却是非常多的，这一点也是增值税的真正风险所在。如果因为不知道而处于被动，或者是遇到了但是没有经验借鉴，就有可能产生利益损失，这还只是经济方面的，重的方面可能还涉及刑事责任，这风险就大了。

下面小编结合自己的理解，梳理了几个事项供大家参考。

8.3.1 关于留抵抵欠税的触发条件和应对手段

留抵抵欠税，是增值税一般纳税人当中比较特别的一个事项，基于各种原因纳税人如果形成欠税，或者因为税务机关检查补税，但是纳税人仍有留抵税额的情形，如何处理，这是一个比较有现实意义的问题。如果上述两种情形下，都不用留抵，那一是补税产生滞纳金或罚款，二是如果欠税就要先缴纳，然后再用新的销项税额抵扣的问题，于此，纳税人的资金成本就压住了，所以我们还是要积极地探讨一下这个事项在规定及实践当中的应用。

8.3.1.1 留抵抵欠税的法规规定

《国家税务总局关于增值税一般纳税人用进项留抵税额抵减增值税欠税问题的通知》（国税发〔2004〕112号）规定：

为了加强增值税管理，及时追缴欠税，解决增值税一般纳税人（以下简称“纳税人”）既欠缴增值税，又有增值税留抵税额的问题，现将纳税人用进项留抵税额抵减增值税欠税的有关问题通知如下：

一、对纳税人因销项税额小于进项税额而产生期末留抵税额的，应以期末留抵税额抵减增值税欠税。

二、纳税人发生用进项留抵税额抵减增值税欠税时，按以下方法进行会计处理：

（一）增值税欠税税额大于期末留抵税额，按期末留抵税额红字借记“应交税金——应交增值税（进项税额）”科目，贷记“应交税金——未交增值税”科目。

（二）若增值税欠税税额小于期末留抵税额，按增值税欠税税额红字借记“应交税金——应交增值税（进项税额）”科目，贷记“应交税金——未交增值税”科目。

三、为了满足纳税人用留抵税额抵减增值税欠税的需要，将《增值税一般纳税人纳税申报办法》（国税发〔2003〕53号）《增值税纳税申报表》（主表）相关栏次的填报口径作如下调整：

（一）第13项“上期留抵税额”栏数据，为纳税人前一申报期的“期末留抵税额”减去抵减欠税额后的余额数，该数据应与“应交税金——应交增值税”明细科目借方月初余额一致。

（二）第25项“期初未缴税额（多缴为负数）”栏数据，为纳税人前一申报期的“期末未缴税额（多缴为负数）”减去抵减欠税额后的余额数。

《国家税务总局关于增值税进项留抵税额抵减增值税欠税有关处理事项的通知》（国税函〔2004〕1197号）规定：

根据国家税务总局《关于增值税一般纳税人用进项留抵税额抵减增值税欠税问题的通知》（国税发〔2004〕112号）规定，现将增值税进项留抵税额抵减欠税的有关处理事项明确如下：

一、关于税务文书的填开

当纳税人既有增值税留抵税额，又欠缴增值税而需要抵减的，应由县（含）以上税务机关填开《增值税进项留抵税额抵减增值税欠税通知书》（以下简称《通知书》，式样见附件）一式两份，纳税人、主管税务机关各一份。

二、关于抵减金额的确定

抵减欠缴税款时，应按欠税发生时间逐笔抵扣，先发生的先抵。抵缴的欠税包含呆账税金及欠税滞纳金。确定实际抵减金额时，按填开《通知书》的日期作为截止期，计算欠缴税款的应缴未缴滞纳金金额，应缴未缴滞纳金余额加欠税余额为欠缴总额。若欠缴总额大于期末留抵税额，实际抵减金额应等于期末留抵税额，并按配比方法计算抵减的欠税和滞纳金；若欠缴总额小于期末留抵税额，实际抵减金额应等于欠缴总额。

三、关于税收会计账务处理

税收会计根据《通知书》载明的实际抵减金额作抵减业务的账务处理。即先根据实际抵减的2001年5月1日之前发生的欠税以及抵减的应缴未缴滞纳金，借记"待征"类科目，贷记"应征"类科目；再根据实际抵减的增值税欠税和滞纳金，借记"应征税收——增值税"科目，贷记"待征税收——××户——增值税"科目。

附件：《增值税进项留抵税额抵减增值税欠税通知书》

国家税务总局
二〇〇四年十月二十九日

由此可见，留抵抵欠税是一个政策的征管事项，那什么事项下会形成留抵抵欠税呢？比如企业当月没有钱，连工资都发不出来了，要及时按照征管法的规定提出欠税申请，《税收征管法》第三十一条规定：纳税人、扣缴义务人按照法律、行政法规规定或者税务机关依照法律、行政法规的规定确定的期限，缴纳或者解缴税款。纳税人因有特殊困难，不能按期缴纳税款的，经省、自治区、直辖市国家税务局、地方税务局批准，可以延期缴纳税款，但是最长不得超过三个月。

注意欠税也不是那么好办理的，必须有合理的理由才行的，而且这是当地的最高税务机关审批，而且程序与环节复杂，估计真要走下来也是难啊。不过如果纳税人就是不走征管法当中的延期缴纳税款，这有个好处是批准的可以没有滞纳金。但是企业为了形成欠税，比如拿着钱可以炒股比滞纳金高多了，或者企业当月就是忘了抵扣，如果只缴销项受不了，那只能想办法形成欠税，再用下个月确认的进项抵欠税处理了，这样才不致形成巨大的留抵，或者是从应税收入变成免税收入，必须要采用此方式才能办成。故如果不批准，那就承担些滞纳金吧，这样也能用留抵税额抵欠税处理。

8.3.1.2 查补税款抵欠税的情形

比如某税务机关检查企业之前年增值税的视同销售情形，查补税款100万元，此时企业有两种情况，一种是当时查补的时候就有留抵税额，还有一种情形是当时没有留抵税额，但是现在有留抵税额，这两种情形之下，是不是都能够用留抵抵欠税呢？

《国家税务总局关于增值税一般纳税人发生偷税行为如何确定偷税数额和补税罚款的通知》（国税发〔1998〕66 号）规定：

偷税款的补征入库，应当视纳税人不同情况处理，即：根据检查核实后一般纳税人当期全部的销项税额与进项税额（包括当期留抵税额），重新计算当期全部应纳税额，若应纳税额为正数，应当作补税处理，若应纳税额为负数，应当核减期末留抵税额（企业账务调整的具体方法，见《增值税日常稽查办法》）。

《国家税务总局关于增值税一般纳税人将增值税进项留抵税额抵减查补税款欠税问题的批复》（国税函〔2005〕169 号）曾专案批复：

一、增值税一般纳税人拖欠纳税检查应补缴的增值税税款，如果纳税人有进项留抵税额，可按照《国家税务总局关于增值税一般纳税人用进项留抵税额抵减增值税欠税问题的通知》（国税发〔2004〕112 号）的规定，用增值税留抵税额抵减查补税款欠税。

所以，如果纳税人查补以后，形成计算之后仍然欠税的，是可以用现在的留抵税额抵欠税处理的。但是这一点也可能面临着一些操作上的处理环节，及沟通方面的确认，建议做有利的争取。但此时税务机关可以提出罚款处理，毕竟这也有操作上的违规事项，尽管最后的结果是没有形成补税的实际行为发生，只是冲抵了留抵，这是操作方式而已。

8.3.2　关于财政补贴涉及的销项和进项抵扣的探讨

这儿要关注两端的内容，一端是销售端的收入与发票问题，另一端是进项端采购能否抵扣的问题，这就直接关注了财政补贴的取得和支付两个事，下面小编从两个角度分别进行说明。

8.3.2.1　取得财政补贴涉及增值税的问题

当下许多企业，因为满足国家或地方的一些激励政策，因此享受到了国家或当地的财政补贴，那这些财政补贴也属于企业的一项会计收入，当然也是企业所得税的收入，只是呢，可能作为应税收入处理，也可能作为不征税收入处理！

但财政补贴是不是企业的增值税收入呢？这个问题还比较难一下子给出结论！我

们不妨先来看看相应的法规规定。

《国家税务总局关于中央财政补贴增值税有关问题的公告》（国家税务总局公告2013年第3号）规定：

现将中央财政补贴增值税有关问题公告如下：

按照现行增值税政策，纳税人取得的中央财政补贴，不属于增值税应税收入，不征收增值税。

本公告自2013年2月1日起施行。此前已发生未处理的，按本公告规定执行。

《关于〈中央财政补贴增值税有关问题的公告〉的解读》规定：

一、请介绍该公告出台的背景？

近年来，为促进可再生能源的开发利用，支持新能源及高效节能等产品的推广使用，国家出台了多项中央财政补贴。对于中央财政补贴是否属于应税收入，是否征收增值税问题，基层税务机关存在争议，因此报来请示，请求我局予以明确。

二、如何理解该公告的规定？

据了解，为便于补贴发放部门实际操作，中央财政补贴有的直接支付给予销售方，有的先补给购买方，再由购买方转付给销售方。我们认为，无论采取何种方式，购买者实际支付的购买价格，均为原价格扣减中央财政补贴后的金额。根据现行增值税暂行条例规定，销售额为纳税人销售货物或者应税劳务向购买方收取的全部价款和价外费用。纳税人取得的中央财政补贴，其取得渠道是中央财政，因此不属于增值税应税收入，不征收增值税。

首先我们来看，这个文件的发布其实是基于一种价格补贴来考虑的，即刺激消费，同时又不让销售方吃亏。由此我们理解，相当于这个商品本来销售方是10 000元，但是现在国家鼓励消费，提出销售方的价格定为8 000元，国家补贴2 000元，如果从公允价值的角度及保护税基的角度出发，似乎这个按10 000元来计算应税销售额没有问题。但是显然国家并没有考虑这种小技巧，而是从更大的角度思考税务问题影响，即认为销售价格在增值税的依据上就是锁定“购买方”收取的，而不是从国家取得的！这算是找到了依据。

从上面的内容来看，我们是不是可以推论出“只有中央财政补贴”才不属于增值税的应税收入，不征收增值税呢？如果单纯看文件，似乎只是给了中央财政补贴这个地位，但是我们不能就据此推出地方财政补贴就要算应税收入，这不符合基本的逻辑，当然也没有依据，这是推出来的。再结合国家税务总局解读中对于购买方的理解，地方财政补贴也不属于购买方支付的，据此得出的结论正好与中央财政补贴一致才是。

但是我们不得不关注一个“悄悄的变化”，这就是财税〔2016〕36号文件中的规定：销售额，是指纳税人发生应税行为取得的全部价款和价外费用，财政部和国家税务总局另有规定的除外。

这儿没有了“购买方”的限制，所以口径一下子宽泛了起来，这就麻烦了，因为在解读的时候就容易扩大非来源于购买方的范围及利益扩展。因此对于价格方面如果有类似补贴的话，则可能会有争议。

以上是对于价格补贴的一种探讨，那更多的时候，我们企业取得的财政补贴是“白得”的，即不存在以为政策提供服务或销售货物为前提，而是政策鼓励产业而给予的补贴。没有应税行为为基础的收入，那就不属于增值税的应税收入，属于不征增值税的收入才是。这一点大家要充分理解。不过这儿可能需要关注如下两点：

（1）给财政补贴的单位“坚持”要企业开具发票才给发补贴钱，这是一个证明，由此也发生过纳税人因开具发票被税务机关查补税的情形。这种情形的结果就是我们认票计税的结果，但这种相当于不应开具发票而开具了发票，理论上讲是要罚款而不是让计税，但是现实当中这样把握的居多。这也说明大家对于发票真实性的重视，而不是只让企业提供一个收据就算证明了，这也有检查怕补贴发错的问题。

（2）还有一种情形是有补贴的名义，其实不是，是政府采购企业服务的行为，这相当于就是交易了，自然属于应税的范围之内。还有一种情形，补贴是给集团的，而集团又划拨给了分公司，此时相当于是一个事，不能说是分公司给集团公司提供了服务这样的理解。但如果是一个学校取得了财政补贴，进行科研，不过由于学校没有生产能力，委托某企业进行研究开发，此时就不能再延伸解释为是该企业取得了国家的财政补贴，因为这就是学校进行的商业采购而已。

8.3.2.2　使用财政补贴涉及的进项税额的抵扣问题

上面我们讨论了是取得财政补贴时，在增值税应税行为方面的判断。那取得了财政补贴，就有支付的行为了，支付时取得的抵扣凭证，是不是可以允许抵扣呢？

如果企业取得的财政补贴没有作为增值税的应税收入，此时取得的抵扣凭证，是不是我们认为收入都不属于应税行为，如何能够允许抵扣呢？

但上面的逻辑只是说明了资金的来源问题，不宜与支出进行绑定逻辑否定关系！因为支出的钱取得的抵扣凭证是用于纳税人的其他应税行为，如此是不是就理顺了呢？如果是这样，小编认为是可以抵扣的，因为在不得抵扣的限制当中，没有提这类不得抵扣的限制列举。

由此我们可以探讨，是不是再站在这些支出是为政府项目服务的角度，跟企业经营无关呢？这个逻辑上也有问题，因为这并不是政策购买项目，政策就是给钱而已，虽然企业所得税上是作为不征税收入的情形，但也不足以认为是增值税的不征税收入。据此要考虑取得财政补贴的企业支出的经营使用目的是什么？进而决定是不是可以抵扣，小编认为或许这样才能理顺，不宜全否定，也不宜全肯定，要进行详细分析确认才好。

8.3.3 关于“三流一致”或“四流一致”的抵扣问题的理解

首先这个说法在税法上并没有“明确规定写出来”，更多是现实当中我们的同志自己总结出来的，认为不符合有问题，符合才合规，才让抵扣，这是一种错误的判断。这个问题应该是说了很多年的问题，很多人士为此也发表了各种意见，争论颇多。对这个事项我们在此特别地明确一下几种情形，不再做深入的分析了，毕竟这属于一个风险事项，但不足以否定交易事项，同时也要考虑实践当中的沟通理解的偏差，以提前做出是不是可以灵活处理的行为。

(1) 首先解释一下“三流”与“四流”的理解。

基于原增值税销售货物为主要的样本，即通常所说的“票、款、物”三流一致，而对于四流一致，则是加上了合同，这几个事项的融合，更多是一个完整的交易表现。基于这种表现，如果中间有差异，可能就会存在虚开发票的问题，这是基于这样一种风险管理方式。

劳务或服务、无形资产或不动产销售，同样存在上面所说的风险事项。国税发〔1995〕192号文件中提及的开具发票与付款方向一致，不完全是建立在对于“三流一致”的标准上进行的要求，是当时存在付款抵扣的现实情形进行控制的一个手段，不然税务机关如何发现纳税人“乱付款”的举证查验呢。我们再来看一下这几个事项的关注（见表8-34）：

表8-34

事项	票	款	物	合同
货物	Y	基于老文件建议一致	物流并不强调一致，而是强调所有权	Y
劳务、服务	Y	同上	可以自己做也可以外包	Y
无形资产、不动产	Y	营改增文件未规定适用老规则	权属上要归属明确（包括实际所有权）	Y

我们对上面的内容略做一下解释。合同必须要证明是彼此之间发生的业务关系，不过这儿不要钻入“牛角尖”中，比如某集团公司一并签订的所有母子公司、分公司的合同，此时签名的人并不一定就是某个分公司与企业签订，而有的企业也有要求不得由分公司签订合同，这就必须在管理权限上，并不一定就是形式上的集团与客户的业务实施者，一是可以是多者之间的合同，二是管理主体可能代实施主体签订，这些行为本身并不是说合同流不一致，是否一致主要是看约定的实施主体与真正的实施主体的一致性，合同只是明确了一个交易规则，不宜用合同的形式要求来确定真实的交易业务。合同不是绝对的，但是合同多是一种主观的表达，最后也可能成为主要的证据。比如某公司与小规模纳税人签订了合同，但是实施业务的人可能是另外一个一般纳税人，这就产生了“虚开”的嫌疑，如果此时能够举证确实是这个一般纳税人做的，不是小规模纳税人做的，那只能说合同有问题，还不足以否定是虚开。但是如果业务是小规模纳税人做的，只是形式上通过一般纳税人“走账”，这就产生虚开的问题了。因此对于合同，要进行恰当的理解。

发票是基于发生真实业务的主体进行开具的，但由于增值税的链条关系，比如某公司将服务外包，那就不是接受外包的单位直接开具发票，而是承办方开具发票，其再与接受外包方进行业务采购，相当于两步走的方式。这也是没有问题的。

至于款项的问题，这儿不再展开了，不过我们还是可以借鉴一下本次营改增过程中，有的税务机关对此进行了支持性的意见表达，如湖北国税的解释口径中是这样说的：

纳税人提供建筑服务，总公司为所属分公司的建筑项目购买货物、服务支付货款或银行承兑，造成购进货物的实际付款单位与取得增值税专用发票上注明的购货单位名称不一致的，能否抵扣增值税进项税额的问题国税函〔2006〕1211号[1]规定，对分公司购买货物从供应商取得的增值税专用发票，由总公司统一支付货款，造成购进货物的实际付款单位与发票上注明的购货单位名称不一致的，不属于《国家税务总局关于加强增值税征收管理若干问题的通知》（国税发〔1995〕192号）第一条第（三）款有关规定的情形，允许抵扣增值税进项税额。

因此，分公司购买货物从供应商取得的增值税专用发票，由总公司统一支付货款，造成购进货物的实际付款单位与发票上注明的购货单位名称不一致的，允许抵扣增值税进项税额。

上述借鉴的文件应该说只是一个批复，不具有普通的应用性，但至少是可以说一下的，一个事，并不厚此薄彼，也是可以以此作为参照的。从这个角度说，2006年还对此明确了付款方向，显然国家税务总局对此还是比较谨慎地去思考国税发〔1995〕192号文件的威力适用的。

还有现实当中，我们也有发生个人出差住宿费用，如果是公务活动，那是可以要求开具增值税专用发票抵扣的，但是不可能离开酒店时让公司即时汇款过来，还有一个时间差，只能是用现金或银行卡结算，而且公司也不可能为所有人备一个公司名义的银行卡，这也不现实。在不断的落实当中，我们也看到，各地在解释过程中已明显放开了付款人的“理论”限制，因为根本没有操作性。据此，各个酒店也放心了，不然税务机关不做解释，酒店也不敢放得太开，这万一个人随便说个名字，拿着专用发票就去抵扣了，还是有风险的，故此我们也不宜埋怨酒店不配合，而是大家对于增值税专用发票有忌惮心理。

所以，无论是几流一致，不是说达到了就完全没有问题，也不是说没有达到就一定有问题，只是说当下有这样一种老的思维处理意见，限制了纳税人的灵活性经济方式应用，但考虑到当下的情形，我们只能说这是一个风险管理的领域，谨慎处理为好。

补充一下，国家税务总局在营改增的解答政策时（信息源自河南省国税局网站），是这样解释付款的要求的：

---

〔1〕 国税函〔2006〕1211号，即《国家税务总局关于诺基亚公司实行统一结算方式增值税进项税额抵扣问题的批复》，该文件提出：对诺基亚各分公司购买货物从供应商取得的增值税专用发票，由总公司统一支付货款，造成购进货物的实际付款单位与发票上注明的购货单位名称不一致的，不属于《国家税务总局关于加强增值税征收管理若干问题的通知》（国税发〔1995〕192号）第一条第（三）款有关规定的情形，允许其抵扣增值税进项税额。

第二个问题是说纳税人取得服务品名为住宿费的增值税专用发票，但住宿费是以个人账户支付的，这种情况能否允许抵扣进项税？是不是需要以单位对公账户转账付款才允许抵扣？

其实现行政策在住宿费的进项税抵扣方面，从未做出过类似的限制性规定，纳税人无论通过私人账户还是对公账户支付住宿费，只要其购买的住宿服务符合现行规定，都可以抵扣进项税。而且，需要补充说明的是，不仅是住宿费，对纳税人购进的其他任何货物、服务，都没有因付款账户不同而对进项税抵扣作出限制性规定。

基层提出的这个问题，看似简单，实际上反映出的是全面推开营改增后，税务机关面临的管理上的风险问题。

注意，从小编的理解看，这个解释与国税发〔1995〕192号文件规定、备受争议的条款是不同的："购进货物或应税劳务支付货款、劳务费用的对象。纳税人购进货物或应税劳务，支付运输费用，所支付款项的单位，必须与开具抵扣凭证的销货单位、提供劳务的单位一致，才能够申报抵扣进项税额，否则不予抵扣"。

上面的规定是说，收款的单位与开具发票的单位一致，至于是张三或李四付款，那是你们的事，哪怕是你们老板就是为公司无偿付款，或者是工作人员带现金过来付款，但是收款单位必须是开票单位，这是对于国税发〔1995〕192号文件的规定的出发点，不一定就判断为国家税务总局的解释否定了国税发〔1995〕192号文件这个条款的规定。

8.3.4　关于增值税留抵税额的消化处理

我们知道，如果是一个纳税人，自己产生了留抵税额，至注销也是不可能有利益补偿的。那有没有什么情形之下，可以突破一下，充分利用好这个留抵税额呢？毕竟这也是纳税人付出税款可以抵扣的利益呢！

《国家税务总局关于纳税人资产重组增值税留抵税额处理有关问题的公告》（国家税务总局公告2012年第55号）规定：

现将纳税人资产重组中增值税留抵税额处理有关问题公告如下：

一、增值税一般纳税人（以下称"原纳税人"）在资产重组过程中，将全部资产、负债和劳动力一并转让给其他增值税一般纳税人（以下称"新纳税人"），并按程序办理注销税务登记的，其在办理注销登记前尚未抵扣的进项税额可结转至新纳税人处继续抵扣。

二、原纳税人主管税务机关应认真核查纳税人资产重组相关资料，核实原纳税人在办理注销税务登记前尚未抵扣的进项税额，填写《增值税一般纳税人资产重组进项留抵税额转移单》（见附件）。

《增值税一般纳税人资产重组进项留抵税额转移单》一式三份，原纳税人主管税务机关留存一份，交纳税人一份，传递新纳税人主管税务机关一份。

三、新纳税人主管税务机关应将原纳税人主管税务机关传递来的《增值税一般纳税人资产重组进项留抵税额转移单》与纳税人报送资料进行认真核对，对原纳税人尚未抵扣的进项税额，在确认无误后，允许新纳税人继续申报抵扣。

本公告自2013年1月1日起施行。

我们来理解一下这个文件的规定，相当于说这个企业将全部业务进行转让处理，但一定要是全部资产、负债和劳动力一并转让，这儿没有提业务，因为注销企业估计业务也没有什么好转的。但这儿明确了一个硬性条件：必须办理注销税务登记，这才允许将原来的留抵税额结转到新的纳税人延续抵扣。如果原来的企业不注销，那没有办法，这个留抵税额仍然要挂在原公司的头上，不能随意变动。

所以有的人士就提出，房地产企业如果涉及有留抵，但是项目已结束了，就可以用以后别的地方成立的项目公司购买，享受留抵税额的抵扣延续。这个也可以考虑，尽管在现实当中，这只是我们税务的一厢情愿，操作中还有现实的问题存在，如涉及自有物业之类的处理。

上面的注销企业和购买企业并不是强调在一个省份之内才可以，而是可以全国适用的，所以跨地域的协调就很有落地挑战性，如果是一个城市中的操作会更便利一些。

8.3.5 条款中对于进项转出涉及简易计税方法和免税收入的特殊解释

这个问题还是很有讨论空间的，我们先来看看如下的两个规定的事项：

(1) 原增值税一般纳税人的规定。

第二十六条　一般纳税人兼营免税项目或者非增值税应税劳务而无法划分不得抵扣的进项税额的，按下列公式计算不得抵扣的进项税额：

$$\text{不得抵扣的进项税额}=\text{当月无法划分的全部进项税额}\times\text{当月免税项目销售额、非增值税应税劳务营业额合计}\div\text{当月全部销售额、营业额合计}$$

第二十七条　已抵扣进项税额的购进货物或者应税劳务，发生条例第十条规定的情形的（①免税项目、非增值税应税劳务除外），应当将该项购进货物或者应税劳务的进项税额从当期的进项税额中扣减；无法确定该项进项税额的，按当期实际成本计算应扣减的进项税额。

下面是财税〔2016〕36号文件对于旧条例规定的补充：

已抵扣进项税额的购进服务，发生上述第5点规定情形（简易计税方法计税项目、免征增值税项目除外）的，应当将该进项税额从当期进项税额中扣减；无法确定该进项税额的，按照当期实际成本计算应扣减的进项税额。

已抵扣进项税额的无形资产或者不动产，发生上述第5点规定情形的，按照下列公式计算不得抵扣的进项税额：不得抵扣的进项税额＝无形资产或者不动产净值×适用税率

(2) 财税〔2016〕36号文件的规定。

第二十七条　下列项目的进项税额不得从销项税额中抵扣：

（一）用于简易计税方法计税项目、免征增值税项目、集体福利或者个人消费的购进货物、加工修理修配劳务、服务、无形资产和不动产。其中涉及的固定资产、无形资产、不动产，仅指专用于上述项目的固定资产、无形资产（不包括其他权益性无形资产）、不动产。

纳税人的交际应酬消费属于个人消费。

（二）非正常损失的购进货物，以及相关的加工修理修配劳务和交通运输服务。

（三）非正常损失的在产品、产成品所耗用的购进货物（不包括固定资产）、加工修理修配劳务和交通运输服务。

（四）非正常损失的不动产，以及该不动产所耗用的购进货物、设计服务和建筑服务。

（五）非正常损失的不动产在建工程所耗用的购进货物、设计服务和建筑服务。

纳税人新建、改建、扩建、修缮、装饰不动产，均属于不动产在建工程。

（六）购进的旅客运输服务、贷款服务、餐饮服务、居民日常服务和娱乐服务。

（七）财政部和国家税务总局规定的其他情形。

本条第（四）项、第（五）项所称货物，是指构成不动产实体的材料和设备，包括建筑装饰材料和给排水、采暖、卫生、通风、照明、通讯、煤气、消防、中央空调、电梯、电气、智能化楼宇设备及配套设施。

第二十九条　适用一般计税方法的纳税人，兼营简易计税方法计税项目、免征增值税项目而无法划分不得抵扣的进项税额，按照下列公式计算不得抵扣的进项税额：

$$\text{不得抵扣的进项税额}=\text{当期无法划分的全部进项税额}\times(\text{当期简易计税方法计税项目销售额}+\text{免征增值税项目销售额})\div\text{当期全部销售额}$$

主管税务机关可以按照上述公式依据年度数据对不得抵扣的进项税额进行清算。

第三十条　已抵扣进项税额的购进货物（不含固定资产）、劳务、服务，发生本办法第二十七条规定情形（②简易计税方法计税项目、免征增值税项目除外）的，应当将该进项税额从当期进项税额中扣减；无法确定该进项税额的，按照当期实际成本计算应扣减的进项税额。

第三十一条　已抵扣进项税额的固定资产、无形资产或者不动产，发生本办法第二十七条规定情形的，按照下列公式计算不得抵扣的进项税额：

$$\text{不得抵扣的进项税额}=\text{固定资产、无形资产或者不动产净值}\times\text{适用税率}$$

固定资产、无形资产或者不动产净值，是指纳税人根据财务会计制度计提折旧或摊销后的余额。

上面的描述看起来颇费心思，小编就此梳理了一个表格（见表 8-35），供大家进一步理解：

表 8-35

事项	分析
①非增值税应税劳务	2016 年 5 月 1 日营改增之后已经不存在
①2009 年为什么没有提简易计税的转出	因为 2009 年时还没有这么多的简易项目，理解上是应包括在内的，只是现在还没有顾得上去修订而已
当期要抵扣的进项税额的抵扣规则	（1）如果是用于简易计税方法计税项目、免征增值税项目、集体福利或者个人消费，不得抵扣，因此如有抵扣凭证，专用的不得抵扣，共用的先抵扣做进项税额转出进行处理。 （2）但如果是共用的固定资产、无形资产或不动产，那是可以抵扣的。只有专用于上述目标的才不让抵扣。 （3）对于第（1）项中的事项，在计算方法上，集体福利或个人消费，

续表

事项	分析
当期要抵扣的进项税额的抵扣规则	抵扣转出是要有适当的方法的，能分清的直接决定不得抵扣，分不清的，则需要考虑拆分方法；如果是用于简易计税方法、免税收入目的，能分清的，分清确认抵扣，不能分清的，则是按照收入的比重做转出。但这不宜认为收入比例就解决了所有的问题，因为集体福利和个人消费是无法用收入比例来进行判断转出的。 (4) 其他一些抵扣限制参照上述处理
原来已抵扣过的进项税额（固定资产、无形资产或不动产）	(1) 原增值税的规则没有专门提固定资产，因为2009年始刚允许固定资产抵扣，相当于是参照上面的原则处理的。 (2) 已抵扣进项税额的固定资产、无形资产或者不动产，发生本办法第二十七条规定情形的，营改增的规则是基于净值比例计算转出已抵扣进项税额的方式，具体的计算方式需要分固定资产、无形资产或不动产分别进行考虑
②原来已抵扣过的进项税额购进货物（不含固定资产）、劳务、服务	(1) 这个在条款中有一处，很容易迷惑纳税人，即发生本办法第二十七条规定情形（**简易计税方法计税项目、免征增值税项目除外**）的，应当将该进项税额从当期进项税额中扣减；无法确定该进项税额的，按照当期实际成本计算应扣减的进项税额。 (2) 疑惑一：为何这儿简易和免税的要除外，参照之前实施条例的释义[a]，我们可以了解到，相应的规则的思考是基于，尚未抵扣的，则是用收入比例法来确定计算不得抵扣的税额（相当于是先抵扣再转出两个环节实现）。而抵扣的，则不包括上面的这种情形。通常，企业有材料、劳务或服务的抵扣，使用当期就分清楚了，没有后续的什么事，但是呢，如果真有原来抵扣过的材料，发生用途转移到免税事项中去使用了，这个抵扣是不是不用追溯不管了呢？这是第一个疑惑； (3) 疑惑二：固定资产、无形资产和不动产，如果发生后续转移用途的，如从应税项目转入免税项目，这是要求做转出原来抵扣的进项税额的。难道这个有特殊性吗？ (4) 从上面两者的比较来看，抵扣的逻辑上如果简单以文字判断，似乎是这两类收入的事项，根本不需要转换的问题，但是这里面确实有漏洞存在。比如以应税项目买的材料抵扣了，下月就转入免税收入中去使用了，都能过渡一下就抵扣？这个小编认为确实有些问题，只是说这个问题还没有引起多大的结果来，政策方面也没有再追究这个细节。但是当初法规立意本身的考虑是这个收入是基于未抵扣进项税额的比例确认，是两种方法的结合处理。也有人士认为这个本身就是管不清的事，对于进项税额，原来就存在依比例转出（如持续就有免税收入、简易计税方法），那相当于当初已用比例的

续表

事项	分析
②原来已抵扣过的进项税额购进货物（不含固定资产）、劳务、服务	方法处理了，至于原来是多或少（如0收入也是一种情形），就不管这么清楚了。 （5）至于第三十条和第三十一条中关于货物和固定资产的括号使用，明显固定资产是特别适用规则，不用实际成本的方式，这个好解释，是分别适用不同规则问题

注：a. 第二十七条　已抵扣进项税额的购进货物或者应税劳务，发生条例第十条规定的情形的（免税项目、非增值税应税劳务除外），应当将该项购进货物或者应税劳务的进项税额从当期的进项税额中扣减；无法确定该项进项税额的，按当期实际成本计算应扣减的进项税额。

本条释义

本条规定了纳税人进项税额扣减的问题，并确定了扣减进项税额应按当期实际成本的原则，与第二十六条共同形成了扣减进项税额的规定。

1. 本条规定针对的是已经抵扣进项税额的情况，不包括尚未抵扣进项税额的用于免税项目和非增值税应税劳务，此二者的进项税额应按照第二十六条规定适用换算公式来扣减进项税额，而不能按照实际成本来扣减。

2. 现实生活中由于经营情况的日益复杂，纳税人有时会先抵扣进项税额，然后发生不得抵扣进项税额的情形，例如将购进货物申报抵扣后，又将其分配给本单位员工作为福利。为了保持征扣税一致，就必须规定相应的进项税额应当从已申报的进项税额中予以扣减。对于无法确定的进项税额，则统一按照当期实际成本来扣减。

8.3.6　固定资产、无形资产和不动产净值计算过程中涉及税会差异的分析

在营改增的文件中，我们可以发现，其借用了会计核算净值等进行计量的一些方法，那这些会计处理是否会因为会计处理的自由度而影响其涉税处理的潜在不确定性风险呢，是否会由此引起争议呢？在这儿我们再进一步分析一下。

财税〔2016〕36号文件中的《营业税改征增值税试点实施办法》规定：

第三十一条　已抵扣进项税额的固定资产、无形资产或者不动产，发生本办法第二十七条规定情形的，按照下列公式计算不得抵扣的进项税额：

不得抵扣的进项税额＝固定资产、无形资产或者不动产净值×适用税率

固定资产、无形资产或者不动产净值，是指纳税人根据财务会计制度计提折旧或摊销后的余额。

《营业税改征增值税试点有关事项的规定》规定：

（四）进项税额。

1. 适用一般计税方法的试点纳税人，2016 年 5 月 1 日后取得并在会计制度上按固定资产核算的不动产或者 2016 年 5 月 1 日后取得的不动产在建工程，其进项税额应自取得之日起分 2 年从销项税额中抵扣，第一年抵扣比例为 60%，第二年抵扣比例为 40%。

取得不动产，包括以直接购买、接受捐赠、接受投资入股、自建以及抵债等各种形式取得不动产，不包括房地产开发企业自行开发的房地产项目。

融资租入的不动产以及在施工现场修建的临时建筑物、构筑物，其进项税额不适用上述分 2 年抵扣的规定。

2. 按照《试点实施办法》第二十七条第（一）项规定不得抵扣且未抵扣进项税额的固定资产、无形资产、不动产，发生用途改变，用于允许抵扣进项税额的应税项目，可在用途改变的次月按照下列公式计算可以抵扣的进项税额：

$$\text{可以抵扣的进项税额}=\frac{\text{固定资产、无形资产、不动产净值}}{1+\text{适用税率}}\times\text{适用税率}$$

上述可以抵扣的进项税额应取得合法有效的增值税扣税凭证。

（十四）销售使用过的固定资产。

一般纳税人销售自己使用过的、纳入营改增试点之日前取得的固定资产，按照现行旧货相关增值税政策执行。使用过的固定资产，是指纳税人符合《试点实施办法》第二十八条规定[1]并根据财务会计制度已经计提折旧的固定资产。

一是我们对于固定资产的界定标准，首先是与会计上不同的，这儿只是包括动产类的固定资产，但是在界定标准上，却是与会计上一致的，不过会计上当然还提到了能够在未来得到补偿的条件。这儿仅提使用期限超过 12 个月，似乎有那么一点理论的差异性，可是又有几个调整的案例发生呢？同时我们不得不提一下，就是对于使用超过 12 个月，这基本上完全套用的并不多，更多是用了会计上的标准。当然，于增值税上，反正固定资产也没有摊销抵扣一说，所以是否是固定资产影响并不大，不过再延伸看后面的一些情形，又不得不担心，其中还是存在处理差异的。

对于使用过的固定资产，这儿描述得不完整，是指营改增试点前用于营业税事项

[1] 固定资产，是指使用期限超过 12 个月的机器、机械、运输工具以及其他与生产经营有关的设备、工具、器具等有形动产。

的固定资产，可并不包括营改增之前，已属于一般纳税人并在增值税业务中得到抵扣的固定资产，那是不得用旧货进行套用处理的。即原来没有抵扣过，自然不宜用17％去计算处置的增值税销项税额，有一个平衡的问题。但在表现形式上要至少计提过一个月的折旧，这个是必须的条件，不然只能按17％计算销项税额了。

关于这个固定资产抵扣，小编不得不再啰嗦一下。比如一个一般纳税人营改增后取得的固定资产采购1 000万元，进项税额是170万元，抵扣是170万元，最后处置了1 170元，假设销项是170元。那有的人士一算，增值税额是（170－1 700 000）元，这是什么结果？国家的税款损失了啊？其实这完全误解了增值税。增值税是指用采购去抵扣自己的销售，而不是去就某个资产的流转进行延伸抵扣，上面的这个关系一点逻辑都没有。因为本身这个资产采购进来是用于应税服务或销售货物等产生增值的，其销项体现于日常经营中，而不是体现于卖这个资产上，所以增值的逻辑理解就有问题。

(1) 关于折旧或摊销的理解。

进一步我们分析一下上面规定中的“净值”，即是指按照财务会计制度计提折旧或摊销后的余额。对于固定资产、除土地使用权外的不动产，我们通常是说折旧；对于无形资产或土地使用权，我们通常是说摊销，这是一种表述的方式。不过关于无形资产和固定资产，在会计处理上起始折旧或摊销期不一致，固定资产是从使用的次月起，而无形资产从当月起的多，由此这是一个差别的应用。但是税法上对此进行认可。

(2) 关于折旧或摊销年限的问题。

既然是以净值作为计量数据，则存在一个问题，即折旧年限在企业所得税上有最低折旧年限（不是标准化的）限制，那增值税可是没有提的，即增值税就简单地视企业会计的处理进行，不管这个企业用的是加速折旧的考虑，还是基于调节利润、国有企业执行的资产管理要求，都不作考虑因素，直接视企业财务会计制度的核算结果为基数。

有的企业还存在另一种情形，即资产计提了减值准备，而减值准备金在会计折旧或摊销中，并不参与，即以减值后的净值作为折旧与摊销的基数，这个因素增值税要不要考虑呢？目前来看，文件并未对此进行限制，即还是只能以会计净值作为处理标准，计提了减值的，那是得便宜还是不利，只能自己来承担了。

(3) 关于净值计提截止月份的问题。

上面提到的两个净值：一是已抵扣转出时的净值，二是未抵扣又转入的净值计算次月抵扣的事项，这两个计算中，如何取会计上的数据呢?

其实比较简单，但是一定要明确，第一种情形下，如果是2016年5月份购入固定资产，2016年10月份用于不得抵扣的事项了，则这个净值如何算呢：由于是从次月折旧，则算6月、7月、8月、9月、10月共5个月的折旧后算出净值，再算转出的税额，不过这儿就分不清什么10月到底是哪天转的，几天占当月多大比例啊，还有就是10月折旧要不要算啊，这些小编认为就不要纠结于理论了，就是10月的折旧计提完算基数，这样处理比较合理。至于说到无形资产时，则基本上是从5月摊销，一共算下来是以6个月的摊销后的净值来算，所以这一点呢，看似政策说得很清楚了，但其实一半没有说清楚，因为执行层面没有说清楚，这才是我们国家税法执行层面比较现实的问题。

对于未抵扣又转入的进项税额，问题是说在次月转入抵扣，即当月计提完折旧或摊销后，以这个月的净值为基数，算转入的税额是多少，并在次月进行填报申报表，相当于是用上个月的基数来算，作为改变用途的当月的税额。这个截止点还是要明确规则，不然可能就会一直纠结了。

(4) 关于适用税率。

我们知道，涉及不动产的存在5%征收率的情形，那上面的公式中只是提到了税率，这个是没细考虑，但细考虑会存在这个“较真”的问题，税率只是一种通俗的表达，但是如果有的就是简易征收率采购进来的，过渡期的情形，还是会延续一些年份的。或许这只是法规层面没有刻意去展开到特别深的地方，这儿需要引起关注。

8.3.7 人力共享模式下进项税额抵扣的挑战

这种情形，也是上市公司经常遇到的，因为上市公司本身多是从原来的公司拆出来优质资产上市的，本身就是一个业务的模块，但是人却是和集团公司共用一个体系，此时就相当于一帮人几个牌子的公司一样，比如有的民营企业老板设立了好几个公司，但是人员却是以其中一个为主，其余几个是这帮人顺带着一起做了。这种情形之下，就存在一个彼此之间的服务及涉及进项税额抵扣问题了。

比如我们可以看这个案例，某公司是一帮人，存在两个或两个以上的运营机构，资产是共用的，采购也是共用的，此时我们需要分析一下他们之间的人与物的关系。

我们可以看如下的表格总结（见表8-36）：

表 8-36

事项	处理方式	A公司	B公司
人	通过成本分摊的方式，由A公司向B公司收取服务费用，原来是营业税5%，现在是适用商务管理增值税6%，当然基于B公司可以抵扣，整体上反而比营改增好了，没有税负成本的实质支出	属于A公司雇佣关系	支付A公司管理服务费用
费用处理方式一	通过费用分割单方式分摊费用，不符合增值税的抵扣规则，同样也存在转售的问题，建议可以考虑“平进平出”方式处理	分摊方式给B公司	支付A公司分摊费用
费用处理方式二	由供应商依照一定的数量分别开具发票结算，这种方式操作上需要供应商配合	独立签合同开发票结算	独立签合同开发票结算
资产的抵扣	那相当于是不属于A的资产使用目的了，建议通过租赁费或服务费的方式进行处理	分摊折旧摊销费用	支付分摊的折旧摊销费用

承之前探讨过的总分机构、母子公司之间的进项税额、视同销售的处理，这个问题其实是一个属性，鉴于这种关系的存在，中间人们往往并没有关注这种关系的交易属性，因此对于此类情形，无论是从自我管理，还是税务机关检查的角度，我们都应引起足够的重视。

8.4 本章小结

一般纳税人的增值税涉税处理涉及销、抵两端，特别涉及抵扣的规则，也是增值税的重心之处，对于抵扣条件的判断、计量、确认、申报等方面存在的问题都足以探讨很多。我们在本章讨论的事项，除了大家关注的常规事项之外，更多是小编积自己的经验及理解进行的一些延伸，也是一种实践当中的应对理解，希望在不同的层级管理上，能使我们充分地理解增值税的规则，进而在主动、被动的情形下，能够灵活有方法地应对一些事项。

GREAT ERA OF TAX REFORM FOR REPLACING BUSINESS TAX WITH VALUE-ADDED TAX

第 9 章

营改增对于其他税费影响几何

营业税改征增值税，最显著的影响就是营业税消失了，这个估计大家都明白，原来以营业税为计量基础的附加税费，改为了以实际缴纳的增值税为计量基础进行核算，这相当于改变了参照物。对于此部分，我们不做过多的分析。

营改增由于引起了收入、成本不可预期的变动，所以从这个角度考虑，对于以此为基础管理的税费，都将引起连锁反应。这一点，是自然而然的。但是由于担心我们的税务认知仍然停留在价税合并的基础之上，不与时俱进，所以我们的财税部门及时地明确了规则，这是非常值得称道的。

9.1　财税部门就营改增对其他税费影响的法规明确

《财政部 国家税务总局关于营改增后契税、房产税、土地增值税、个人所得税计税依据问题的通知》（财税〔2016〕43 号）规定：

经研究，现将营业税改征增值税后契税、房产税、土地增值税、个人所得税计税依据有关问题明确如下：

一、计征契税的成交价格不含增值税。

二、房产出租的，计征房产税的租金收入不含增值税。

三、土地增值税纳税人转让房地产取得的收入为不含增值税收入。

《中华人民共和国土地增值税暂行条例》等规定的土地增值税扣除项目涉及的增值税进项税额，允许在销项税额中计算抵扣的，不计入扣除项目，不允许在销项税额中计算抵扣的，可以计入扣除项目。

四、个人转让房屋的个人所得税应税收入不含增值税，其取得房屋时所支付价款中包含的增值税计入财产原值，计算转让所得时可扣除的税费不包括本次转让缴纳的增值税。

个人出租房屋的个人所得税应税收入不含增值税，计算房屋出租所得可扣除的税费不包括本次出租缴纳的增值税。个人转租房屋的，其向房屋出租方支付的租金及增值税额，在计算转租所得时予以扣除。

五、免征增值税的，确定计税依据时，成交价格、租金收入、转让房地产取得的收入不扣减增值税额。

六、在计征上述税种时，税务机关核定的计税价格或收入不含增值税。

本通知自 2016 年 5 月 1 日起执行。

应该说这个规则还是非常清晰有力的，不仅仅是简单地规定了一个原则，而是从充分考虑增值税是否存在抵扣的角度进行说明，对主要的理解我们总结如下（见表 9-1）：

表 9-1

财税部门就营改增对其他税费影响的法规明确

税种	处理规则	备注
契税	契税的纳税主体是购买人，虽然购买人支付了增值税，但考虑其价外税的属性，规定成交价格不含增值税额	这儿的增值税额在不同的税率、征收率下是不同的计算标准
从租计征的房产税	以不含税收入为计税基数	从价（原值）计提本身也会因抵扣而减少计税基数
土地增值税	转让收入为不含税收入；扣除类当中采购涉及进项税额抵扣，那就不存在扣除，因为已经抵扣了。但是未抵扣的，是作为成本扣除的。 对于简易计税的老项目那自然是不得抵扣，所以作为成本费用扣除。如果是涉及分比例转出时形成转入的进项税额部分，也是允许作为项目成本扣除的	注意一下“允许”这个表述可能存在的争议，比如有的企业忘了抵扣，或者就不想抵扣，这个是不是有争议呢，小编初步认为只要未达到抵扣的结果，都是未允许的
转让房产的个人所得税	收入以不含税价格确认，成本是包括采购时支付的增值税，因为个人无法抵扣，自然要作为原值扣除。同样在计算税费扣除时，销售价格中的增值税税额也不属于扣除事项，因为已从收入中剔除掉了	可能存在有的地方是核定征收的，那也只能用不含税收入为基数确认了
出租房产的个人所得税	自有房产的用不含税收入计算所得额； 转租的则是与转让房产相类似的方式，收入是不含税价格，扣除转租成本的部分是包括支付的转租方的增值税的部分的，因为本身也是无法抵扣的，自然属于成本的组成部分	现实当中一些地方简化处理，比如商业用房按一个综合税率、住房按一个综合税率，这就基本上谈不上增值税的准确计算了。同时还涉及起征点与不超过月 3 万元免税额的问题需要考虑
核定计税	计税基数不含增值税	这也是一个基本的原则

文件当中还有一句“免征增值税的，确定计税依据时，成交价格、租金收入、转让房地产取得的收入不扣减增值税额”，这儿说明了，如果增值税是免税的，则在计算上述各税种的基数时，不要虚拟扣除了，因为没有计缴给国家的，扣除自然是不允许的，不要拿增值税的逻辑来偏解这个问题。

但这儿要补充一下，对于个人适用的免税起征点或小规模纳税人的小微企业享受的免税政策，是要以不含税收入来确认的，不要与上面的这句话产生理解矛盾。

9.2 营改增对于其他税种影响的延续分析

上面所述的营改增对于其他税种的影响，是不是就完整了呢？其实还是不完整的，我们还要进一步分析从营业税到增值税下，对于其他税种的一个直接或间接影响。

9.2.1　营改增对于企业所得税的影响

其实增值税对于企业所得税的影响并不是那么一对一的直接，与土地增值税一样，其本身是从收入、成本两个方面进行的影响。即收入中的不含税收入，或享受免税待遇时的处理是一致的，对于成本中可抵扣进项税额的处理，也是一样的。企业所得税的计算，是在增值税处理之后进行的工作，这个看结果就行。至于涉及两者规则方面的调整，也是必须的，比如我们知道，增值税无疑增加了企业无偿赠送中视同销售的产生，那产生的基于增值税的应交税费，相对应的承担主体一定是企业本身了，这就涉及入在成本费用中的问题了，企业所得税是被动地认可以增值税征收之下，企业所得税之中的扣除认定。但企业所得税本身也并非完全接受的结果，因为如果是涉及业务招待费的支出，或业务宣传费的支出，企业所得税有年度扣除的比例，这一点增值税是无法去要求企业所得税的。

9.2.2　营改增对于印花税的影响

这儿要梳理一下，一是印花税在增值税普通适用之前就存在，当时是没有考虑增值税的因素的；二是从购销金额为印花税的基数来看，所属购与销，那自然是价格了，但是其中涉及的增值税，相当于是代国家征税的部分，并不属于交易的价格组成部分。这就复杂了，有的是免税，有的是征收率，有的是一般税率，同时也存在合同当中应分而没有分清的时候，难道税务机关还要代替去拆分确认？这也不现实！

即理论与现实是有脱节的，不过也有税务机关认为购销就是总额，包括增值税，这也是一种地区口径的解读。不过随着越来越多地区开始“搞”核定征收，如此时用的不含税收入做的收入了，那自然不用将税额再加回来，小编支持这个处理方式。因此合同中基于印花税也要考虑清晰分开，毕竟下面明确的口径多数还是支持不含税金额作为购销基数的。

表 9-2 是增值税从 1994 年实施以来，各地的一些口径的理解，其中多为赞同增值税剔除者，也有认为不宜剔除增值税的意见。

表 9-2

各地的一些口径的理解

地方	意见	是否同意剔除
天津税三〔1994〕15 号	凡是签订的订货合同，分别填写价款、税款的，仅就价款数额计税贴花	Y

续表

地方	意见	是否同意剔除
沪税地〔1993〕103号	对购销合同的贴花，均以合同记载的销售额（购入额）不包括记载的增值税额的金额计税贴花	Y
辽地税行〔1997〕321号	实行新税制后，有的购销合同含有增值税。对此类合同，凡是能够将价款、税金划分清楚的，按扣除增值税后的余额贴花；划分不清的，按全部合同金额贴花	Y
芜地税函〔2012〕313号	“营改增”纳税人采用核定方式征收印花税的，其印花税征收的计税依据根据纳税人不同性质应税凭证对应的含税收入分别核定，核定比例仍然按照市局《关于印发芜湖市印花税征收管理办法的通知》（芜地税〔2009〕108号）确定	N
鄂地税发〔2010〕176号	关于购销合同印花税计税依据的确认问题 根据《中华人民共和国印花税暂行条例》的规定，购销合同的计税依据为合同上载明的“购销金额”。而在实际经济活动中，购销合同中的“购销金额”有的包括增值税税金，有的不包括。对这一问题分两种情况处理： （一）按合同金额计征印花税的情形： 1. 如果购销合同中只有不含税金额，以不含税金额作为印花税的计税依据； 2. 如果购销合同中既有不含税金额又有增值税金额，且分别记载的，以不含税金额作为印花税的计税依据； 3. 如果购销合同所载金额中包含增值税金额，但未分别记载的，以合同所载金额（即含税金额）作为印花税的计税依据。 （二）核定征收印花税的情形： 直接以纳税人账载购销金额作为印花税的计税依据，而不论其是否包含增值税税金。	Y
吉地税财行函〔2001〕23号	关于对单位及个人核定征收印花税的计税依据问题。根据《吉林省印花税征收管理办法》，对买卖双方签订商品购销合同并核定征收印花税的单位及个人，其“购进金额”和“销售收入”的计税金额，均以购进商品付给对方的全部价款和销售商品收到对方的全部价款为计税依据。	N
大连地方税务局12366回复问题	问题：请问营改增后，技术合同印花税交纳是按含税价还是不含税价？技术合同增值税及附加减免，其印花税免不免？ 答复：问题1：根据《中华人民共和国印花税暂行条例》，技术合同包括技术开发、转让、咨询、服务等合同。如果采取查实征收的征收方式，根据技术合同按所载金额万分之三贴花，对于含有增值税的技术合同，凡能将价款、税金划分清楚的，按扣除增值税后的余额贴花，划分不清的，按全部合同金额贴花，无合同暂不征收印花税；如果采取核定征收的征收方式，根据关于印发《大连市地方税务局印花税核定征收管理办法》的通知，大地税发〔2005〕189号文件规定，“第八条　实行印花税核定征收的各税目计税依据与核定比例	Y

续表

地方	意见	是否同意剔除
大连地方税务局 12366 回复问题	的确定如下：（十）技术合同印花税核定征收的计税依据，按技术开发、转让、咨询、服务等收入的 90%比例核定征收”。 问题 2：增值税及增值税附加减免的情况下，印花税没有免征的规定，需要正常缴纳	Y

同样，这个基数受营改增的影响，不仅仅是购销合同存在，其他诸如建筑安装、技术转让、产权转让书据、勘查设计、加工承揽都有这个问题，而这样的问题，我们可以一并参照上面的描述，尽管我们也发现有的地方似乎仍不想为营改增所动！但至少多数地方提供了这样一种改变的力量。

9.2.3 营改增对于房产税的影响

营改增之后，纳税人购入不动产或土地使用权，将可以抵扣了，这块抵扣自然减少了房产税的入账基础，那相应以原值作为计税基础的房产税是减少了一部分，这个也是不小的成本。但是对于以租价作为计算房产税的方式的，则由于房租收入本身也是要剔除增值税税额部分的。这是有利的结果，不过上面我们也有提及，如果是享受免税待遇的，则不能虚拟剔除增值税额。不过这儿要考虑一个不可抵扣的情形，增值税额部分是计入了房产税的计税基础的，这就是全额的概念了。

与房产税相关的土地使用税，用面积作为计税计算方式，不受增值税的影响。但是土地使用权本身在并入房产价值计算房产税时，如果也是以不含税价格确认的基数，那相应也是减少了以房产原值作为计税基础的房产税，这有一个间接的影响。

在上述提及的内容之外，营改增对于代扣代缴境外单位或个人的税收计算方面，也产生了相应的规则与实质性的利益影响，关于这一点，我们将在后续代扣代缴的章节详细阐述。

GREAT ERA OF TAX REFORM FOR REPLACING BUSINESS TAX WITH VALUE-ADDED TAX

第10章 发票

发票，特别是增值税专用发票引入之后，作为营改增当中一个非常重要的角色，是不同纳税人之间的利益平衡与征管当中纳税人彼此制衡的一个手段。纳税人与税务机关，在增值税下为发票投入了巨大的人力、物力、财力，基于此，这也成了控制增值税风险的一个强有力的保障。同时，基于增值税专用发票的抵扣利益，为利益而虚编交易进而虚开增值税专用发票的情形也是屡禁、屡处置却不止，由此关于法律责任的界定与威慑，也是一个必须清楚的责任规则，轻则利益损失，重则无期徒刑，在税的方面，这已经是最严厉的法律责任了。

10.1　增值税发票的功能分工

从发票的功能上看，小编认为发票在税上有三种功能，第一种是真实性举证的功能，即企业进行会计处理、企业所得税税前扣除的附属凭证之用，第二种是基于在办理注册登记、与税务部门之外政府部门办理事务过程当中的提交资料，比如房产证的办理、变更、缴纳契税、车辆挂牌等过程中进行使用，这是基于政府部门间协作的一个链条传递功能；第三种是基于增值税本身的抵扣作用，相当于钞票一样的功能，拿回来就可以抵扣生产经营的增值税额，这是抵扣功能。

不过增值税发票也不是任何时候都是需要的，比如股权转让收入，在营业税下是不征收营业税的，在增值税下并未纳入，那并未规定是不是就明确要纳入呢？至少从当下的解读来看，股权并不属于金融商品的一类，因此小编认为仍不属于增值税的范围（尽管本次营改增将原来不属于营业税的事项改为增值税的免税了）。当下的“新三板”的企业，别以为上板了就是属于金融商品性质的股票了，那是股权性质的股票，这一点与 A 股、B 股，即主板、创业板及中小板是不一样的，相当于储备股票性质。同样对于股息红利，这种持有股权、股票而产生的分红、股息，算不算增值税的应税行为呢？从投资分配利润的角度看，这并不是交易，也不是有偿资金的使用费，所以这也不算是增值税的范围之内。这时我们就不需要增值税发票，用“白条”就可以了。

10.2　增值税发票的开具要求

通常来讲，基于专用发票的需求与开具，是发生业务的单位之间的供需关系。那我们来看一下开具增值税专用发票的一些限制性或突破性的规定。

10.2.1　不得开具增值税专用发票的情形

不得开具增值税专用发票的情况如表 10-1。

表 10-1

不得开具增值税专用发票的情形

法规/文件	规定的情形	说明
增值税暂行条例	属于下列情形之一的，不得开具增值税专用发票： （一）向消费者个人销售货物或者应税劳务的； （二）销售货物或者应税劳务适用免税规定的； （三）小规模纳税人销售货物或者应税劳务的	小规模纳税人可以向税务机关代开增值税专用发票

续表

法规/文件	规定的情形	说明
《国家税务总局关于一般纳税人销售自己使用过的固定资产增值税有关问题的公告》（国家税务总局公告 2012 年第 1 号）	增值税一般纳税人销售自己使用过的固定资产，属于以下两种情形的，可按简易办法依 4%征收率减半征收增值税，同时不得开具增值税专用发票： 一、纳税人购进或者自制固定资产时为小规模纳税人，认定为一般纳税人后销售该固定资产。 二、增值税一般纳税人发生按简易办法征收增值税应税行为，销售其按照规定不得抵扣且未抵扣进项税额的固定资产	注意依 4%征收率减半已改为依 3%征收率减按 2%计算征收增值税，其他一般纳税人变卖固定资产或旧货也是同样处理
财税〔2016〕36 号	属于下列情形之一的，不得开具增值税专用发票： （一）向消费者个人销售服务、无形资产或者不动产。 （二）适用免征增值税规定的应税行为	与增值税暂行条例的规定一样
	金融商品转让，不得开具增值税专用发票	可以开具普通发票，问题是谁有必要开呢
	经纪代理服务，以取得的全部价款和价外费用，扣除向委托方收取并代为支付的政府性基金或者行政事业性收费后的余额为销售额。向委托方收取的政府性基金或者行政事业性收费，不得开具增值税专用发票	可以开具普通发票
	2016 年 4 月 30 日前签订的有形动产融资租赁协议，在选择老办法时： 试点纳税人提供有形动产融资性售后回租服务，向承租方收取的有形动产价款本金，不得开具增值税专用发票，可以开具普通发票	
	试点纳税人提供旅游服务，可以选择以取得的全部价款和价外费用，扣除向旅游服务购买方收取并支付给其他单位或者个人的住宿费、餐饮费、交通费、签证费、门票费和支付给其他接团旅游企业的旅游费用后的余额为销售额。 选择上述办法计算销售额的试点纳税人，向旅游服务购买方收取并支付的上述费用，不得开具增值税专用发票，可以开具普通发票	

续表

法规/文件	规定的情形	说明
《财政部 国家税务总局关于进一步明确全面推开营改增试点有关劳务派遣服务、收费公路通行费抵扣等政策的通知》（财税〔2016〕47号）	选择差额纳税的纳税人，向用工单位收取用于支付给劳务派遣员工工资、福利和为其办理社会保险及住房公积金的费用，不得开具增值税专用发票，可以开具普通发票	普通发票就入成本费用了
	纳税人提供人力资源外包服务，按照经纪代理服务缴纳增值税，其销售额不包括受客户单位委托代为向客户单位员工发放的工资和代理缴纳的社会保险、住房公积金。向委托方收取并代为发放的工资和代理缴纳的社会保险、住房公积金，不得开具增值税专用发票，可以开具普通发票	这个普通发票小编认为是没有必要开的，又不是服务，只是代发工资、代交社保而已
《房地产开发企业销售自行开发的房地产项目增值税征收管理暂行办法》（国家税务总局公告2016年第18号）	第十七条　一般纳税人销售自行开发的房地产项目，其2016年4月30日前收取并已向主管地税机关申报缴纳营业税的预收款，未开具营业税发票的，可以开具增值税普通发票，不得开具增值税专用发票 第十八条　一般纳税人向其他个人销售自行开发的房地产项目，不得开具增值税专用发票。 第二十三条　小规模纳税人销售自行开发的房地产项目，自行开具增值税普通发票。购买方需要增值税专用发票的，小规模纳税人向主管国税机关申请代开。 第二十四条　小规模纳税人销售自行开发的房地产项目，其2016年4月30日前收取并已向主管地税机关申报缴纳营业税的预收款，未开具营业税发票的，可以开具增值税普通发票，不得申请代开增值税专用发票。 第二十五条　小规模纳税人向其他个人销售自行开发的房地产项目，不得申请代开增值税专用发票	老项目由于涉及年限可能很长，所以也没有设置期限，相当于不再让地税部门参与这个后补发票的事了[a]
《纳税人提供不动产经营租赁服务增值税征收管理暂行办法》（国家税务总局公告2016年第16号）	第十二条　纳税人向其他个人出租不动产，不得开具或申请代开增值税专用发票	

续表

法规/文件	规定的情形	说明
《营业税改征增值税跨境应税行为增值税免税管理办法（试行）》（国家税务总局公告 2016 年第 29 号）	第七条　纳税人发生跨境应税行为免征增值税的，应单独核算跨境应税行为的销售额，准确计算不得抵扣的进项税额，其免税收入不得开具增值税专用发票。 纳税人为出口货物提供收派服务，按照下列公式计算不得抵扣的进项税额： 不得抵扣的进项税额＝当期无法划分的全部进项税额×(当期简易计税方法计税项目销售额＋免征增值税项目销售额－为出口货物提供收派服务支付给境外合作方的费用)÷当期全部销售额	对于收派服务有这个特殊的扣除的事项需要注意，这相当于是关了转出额，因为向境外支付的相当于有代收的意思，没有发生进项的支持
《适用增值税零税率应税服务退（免）税管理办法》（国家税务总局公告 2014 年第 11 号）	第七条　实行增值税退（免）税办法的增值税零税率应税服务不得开具增值税专用发票	
《增值税专用发票使用规定》（国税发〔2006〕156 号）	第十条　一般纳税人销售货物或者提供应税劳务，应向购买方开具专用发票。 商业企业一般纳税人零售的烟、酒、食品、服装、鞋帽（不包括劳保专用部分）、化妆品等消费品不得开具专用发票。 增值税小规模纳税人需要开具专用发票的，可向主管税务机关申请代开。 销售免税货物不得开具专用发票，法律、法规及国家税务总局另有规定的除外	这一规定不宜简单化理解，需要对于零售有充分的理解，及基于不得抵扣下如何分析不得开具的这个规定的逻辑

注：a. 国家税务总局公告 2016 年第 23 号规定：纳税人在地税机关已申报营业税未开具发票，2016 年 5 月 1 日以后需要补开发票的，可于 2016 年 12 月 31 日前开具增值税普通发票（税务总局另有规定的除外）。

基于减少抵扣的征管成本，也基于增值税法规的落实，规定不得开具增值税专用发票，当然是一个很有事前控制型的方式，不得开具，把责任给了销售方，没有抵扣凭证，延伸中自然也不用管抵扣与否了，这是聪明的一种方式。那除上述之外，那些不得抵扣的事项，是不是也不得开具增值税专用发票呢？如果这样理解，就错误了，因为基于不得抵扣的情形，更多是一种发生业务下的判断处理，并不是直接就否定了对应的抵扣，此类情形下的抵扣是基于纳税人的业务判断处理，所以不致于有规定不得开具专用发票一说。

但还是有一些比较明确的不得抵扣的，且相对来讲也比较单一适用目的的事项，如贷款服务、餐饮服务等不得抵扣，此类情形之下，纳税人是可以开具增值税专用发票的，至于抵扣没有抵扣，那不能归责任于销售方，销售方开具专用发票出来并不导致抵扣方是不是违反规定进行了抵扣，两者没有因果关系。当然，既然基于不得抵扣，那销售方又何必非要开具增值税专用发票呢？此时开具增值税普通发票，省事也便利，何乐而不为呢？

10.2.2 差额开具增值税发票的处理

在10.2.1节中，我们已看到差额开具增值税专用发票的规定，但是关于差额如何开具发票，这一次国家税务总局对此明确的规则比较多。对于增值税专用发票，由于差额征税涉及抵扣的问题，比如差额时，计算的税额是小于毛收入额的，但是要的钱的总数却是要完整的，所以，这就出来增值税专用发票上的销售额和税额没有存在逻辑的开具显示了。而增值税普通发票并没有规定差额开具发票的事项，同时普通发票也不存在抵扣，尽管其也显示税额，但这是征管当中没有管理到的情形，与专用发票的显示内容产生差异，且不去管它。

国家税务总局公告2016年第23号规定，按照现行政策规定适用差额征税办法缴纳增值税，且不得全额开具增值税发票的（财政部、税务总局另有规定的除外），纳税人自行开具或者税务机关代开增值税发票时，通过新系统中差额征税开票功能，录入含税销售额（或含税评估额）和扣除额，系统自动计算税额和不含税金额，备注栏自动打印“差额征税”字样，发票开具不应与其他应税行为混开。

税额＝(含税销售额－扣除额)÷(1＋税率或征收率)×税率或征收率

金额＝含税销售额－税额

以下我们直接采用国家税务总局营改增业务操作指引中的案例。

[案例] 某纳税人销售商品房适用差额征税。含税销售额100万元，扣除额80万元，征收率5%。

原营业税税制下，应纳营业税税额＝(1 000 000－800 000)×5%＝10 000(元)；

现增值税税制下，应纳增值税税额＝(1 000 000－800000)÷(1＋5%)×5%＝9 523.81(元)；

金额＝1 000 000－9 523.81＝990 476.19(元)。

注：上述“金额”为不含税金额，即发票“金额”栏中填写的数，下同。

其实小编对于这个案例还是有想法的，因为纳税人销售2016年4月30日前取得的不动产，在营改增之后转让时，是可以选择简易并差额计算增值税的。如上面的案例所示，但是小编认为在财税〔2016〕36号文件及相关的文件中并没有规定不得全额开具增值税专用发票，因为上次购买时，销售方是计缴了营业税的，再转让时，不宜以差额计算的税额填列在税额当中，需要统筹考虑才合理，这个案例大家也可以多看看，不过从当下的理解看，比如河北国税的解释口径中也是引用了差额开具专用发票的类同案例。

差额征税的票样如图 10-1 所示。

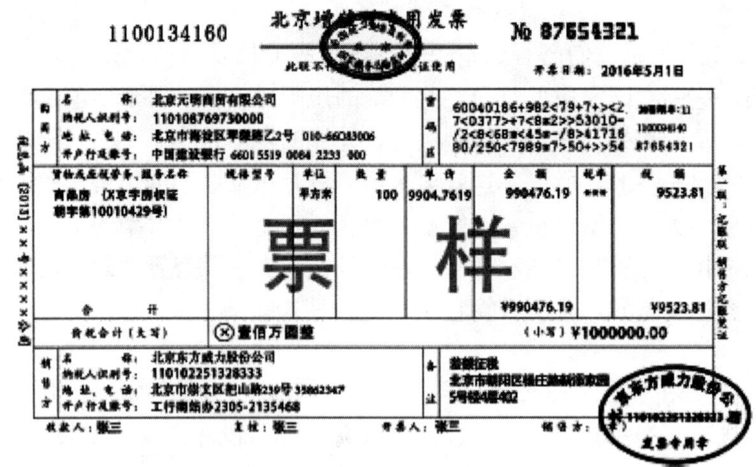
1100134160　北京增值税专用发票　№ 87654321

开票日期：2016年5月1日

购买方　名称：北京元明商贸有限公司
纳税人识别号：110108769730000

密码区　60040186+982<79+7+><2
7<D377>+7<8*2>>53010-
/2<8<68*<45*-/8>41716
80/250<7989*7>50+>>54

货物或应税劳务、服务名称	规格型号	单位	数量	单价	金额	税率	税额
商品房		平方米	100	9904.7619	990476.19	***	9523.81
合计					¥990476.19		¥9523.81
价税合计（大写）	⊗壹佰万圆整				（小写）¥1000000.00		

票　样

销售方　名称：北京东方威力股份公司
纳税人识别号：110102251328333
开户行及账号：工行南站办2305-2135468

备注　差额征税

收款人：张三　复核：张三　开票人：张三　销售方：（章）

图 10-1　差额征税票样

有哪些规定可以差额征税，且不得全额开具增值税专用发票的情形呢？下面我们不再列示差额情形之下，部分开具增值税专用发票、部分开具增值税普通发票的情形，不过上述情形似乎纳税人可以用差额征税开具增值税专用发票，但是还不如通过一张普通发票、一张专用发票来得痛快。我们重点确认开具出来的增值税专用发票带“差额征税”备注要求的情形（见表 10-2）。

表 10-2

事项	纳税人身份	处理情形	说明
建筑业简易计税下分包	一般纳税人或小规模纳税人	以全部销售额和价外费用开具增值税专用发票，不需要用“差额征税”开具功能	因为分包方也是缴过税的，允许其差额征税但全额开票
房地产开发企业扣除土地成本	一般纳税人的一般计税方法	财税〔2016〕36 号文件没有规定不得开具，同时考虑到正常交易的原则，应是可以全额开具	尽管有的人士认为是要用“差额征税”开具发票功能，但是从当下一些税务解释口径来看，普遍认可全额开具增值税专用发票，因为从财政收取出让金的角度，这也是国家的收入组成，即税费的部分

10.2.3　开具增值税专用发票、普通发票、不开具发票的差别

既然增值税专用发票这么多，我们在之前章节的内容中也有提及，纳税义务与开

具发票之间的关系，那是评估纳税义务发生时间的问题。现在我们来分析，纳税人在经营业务中开具这几种发票的情形应对：

（1）如果是应税项目，不管是开具专用发票，还是普通发票，抑或不开具发票，都没有区别，计税义务是已明确存在的，且也是一样计算发生的；

（2）如果是免税项目，那可以开具普通发票，或不开具发票，此时都是可以适用免税待遇的。但此时如果开具了增值税专用发票，那就享受不了免税了，因为对方可以抵扣了。此时不能要求对方说销售方是免税，对方取得的增值税专用发票就不得抵扣，没有这个规则。既然开具了专用发票，对方就可以明确地抵扣。于销售方而言，相当于是自己因此放弃了免税，这一点需要特别注意；

（3）上面我们有提到，一些差额项目，规定不得开具增值税专用发票，基本上纳税人也知道可以按规定执行。但是如果不知道，差额部分也直接开具了增值税专用发票，那这个差额是不是就无法享受了？基本上可能是这样的判断，税务机关可以据此认为纳税人产生了销项，只有凭进项税额抵扣，而不是差额处理，这里是一个风险的集中点，因此需要纳税人尽量遵照规则实施。

10.2.4　自开增值税专用发票和代开增值税专用发票

通常，一般纳税人是自行开具增值税专用发票的，无论是适用税率的，还是征收率的，如果政策上没有限制，都是自己开具增值税专用发票。如果没有选择的权限，需要与主管税务机关进行确认调整。

而小规模纳税人，通常是普通发票自己开具，但是专用发票则需要向主管税务机关代开。那代开的专用发票，章如何盖呢？

《税务机关代开增值税专用发票管理办法（试行）》（国税发〔2004〕153 号）规定：

第十一条　增值税纳税人应在代开专用发票的备注栏上，加盖本单位的财务专用章或发票专用章。

第十二条　代开专用发票遇有填写错误、销货退回或销售折让等情形的，按照专用发票有关规定处理。

税务机关代开专用发票时填写有误的，应及时在防伪税控代开票系统中作废，重新开具。代开专用发票后发生退票的，税务机关应按照增值税一般纳税人作废或开具负数专用发票的有关规定进行处理。对需要重新开票的，税务机关应同时进行新开票税额与原开票税额的清算，多退少补；对无须重新开票的，按有关规定退还增值税纳税人已缴的税款或抵顶下期正常申报税款。

当下如果依照修订后的发票管理办法，那只能是盖发票专用发章了，这与普通发票代开不同，普通发票盖代开税务机关的章就可以了。

但是这一次营改增，虽然营改增了，地方税务机关没有营业税了，但是基于国税机关业务量的承担能力，有一些工作包括代开发票还是由地税机关代办。

10.2.5 未按照规定开具增值税专用发票的法律责任

上面我们讨论到，如果有免税业务但是开具了增值税专用发票，则必须要计缴增值税。但此时并没有进一步规定此为虚开增值税专用发票，这只是违背了政策规定的不得开具，而不是没有业务下虚开的刑法责任规定。那何为未按照规定开具增值税专用发票的情形呢?

比如上面我们讲到的不允许开具增值税专用发票，以及按照国税发〔2006〕156号文件规定的应在纳税义务发生时开具增值税专用发票，光知道结果还不行，还要进一步了解清楚操作人或单位的法律责任才是核心。

《发票管理办法》是这样规定的：

第三十五条　违反本办法的规定，有下列情形之一的，由税务机关责令改正，可以处1万元以下的罚款；有违法所得的予以没收：

（一）应当开具而未开具发票，或者未按照规定的时限、顺序、栏目，全部联次一次性开具发票，或者未加盖发票专用章的；

（二）使用税控装置开具发票，未按期向主管税务机关报送开具发票的数据的；

（三）使用非税控电子器具开具发票，未将非税控电子器具使用的软件程序说明资料报主管税务机关备案，或者未按照规定保存、报送开具发票的数据的；

（四）拆本使用发票的；

（五）扩大发票使用范围的；

（六）以其他凭证代替发票使用的；

（七）跨规定区域开具发票的；

（八）未按照规定缴销发票的；

（九）未按照规定存放和保管发票的。

第三十六条 跨规定的使用区域携带、邮寄、运输空白发票，以及携带、邮寄或者运输空白发票出入境的，由税务机关责令改正，可以处 1 万元以下的罚款；情节严重的，处 1 万元以上 3 万元以下的罚款；有违法所得的予以没收。

丢失发票或者擅自损毁发票的，依照前款规定处罚。

第三十七条 违反本办法第二十二条第二款的规定虚开发票的，由税务机关没收违法所得；虚开金额在 1 万元以下的，可以并处 5 万元以下的罚款；虚开金额超过 1 万元的，并处 5 万元以上 50 万元以下的罚款；构成犯罪的，依法追究刑事责任。

非法代开发票的，依照前款规定处罚。

在上面的内容中，我们只看到了未在纳税义务发生时开具增值税专用发票的违规责任：处一万元以下的罚款，这好像能够承受得起。至于上面提到的跨规定的区域使用发票，则也是一个责任问题，只是现实当中如何发现的问题。

那不允许开具而开具了呢？这一点当下来看，理解上更多是一种计税的惩罚性的利益问题，即不让扣除差额之类的处理，而《发票管理办法》等政策还未对此进一步明确法律责任。

10.3 增值税发票开具中的技术性要求

本轮营改增的试点政策，因为涉及较多的利益或征管需要，税务机关对于发票开具提出了很多的技术性要求（见表 10-3），比如在备注栏中加个说明之类，而且还是一种强制性的要求。这给我们一个新的理解，即增值税发票本身发挥的征管功能越来越多了，这还是从责任看，如果不写这个备注内容，是不是就否了相应的凭据的作用呢？这也不至于一下子规定这么严格，但现实当中就怕有这样的口径，而这种口径又不值得走到复议或诉讼的争议解决途径上去。依此，还是明确操作及税务机关规定的要求为好。

表 10-3

增值税发票开具中的技术性要求

国家税务总局公告 2016 年第 17 号	第六条 纳税人按照上述规定从取得的全部价款和价外费用中扣除支付的分包款，应当取得符合法律、行政法规和国家税务总局规定的合法有效凭证，否则不得扣除。 上述凭证是指： （一）从分包方取得的 2016 年 4 月 30 日前开具的建筑业营业税发票。 上述建筑业营业税发票在 2016 年 6 月 30 日前可作为预缴税款的扣除凭证。 （二）从分包方取得的 2016 年 5 月 1 日后开具的，**备注栏注明建筑服务发生地所在县（市、区）、项目名称的增值税发票。** （三）国家税务总局规定的其他凭证

续表

国家税务总局公告 2016 年第 23 号	按照现行政策规定适用差额征税办法缴纳增值税，且不得全额开具增值税发票的（财政部、税务总局另有规定的除外），纳税人自行开具或者税务机关代开增值税发票时，通过新系统中差额征税开票功能，录入含税销售额（或含税评估额）和扣除额，系统自动计算税额和不含税金额，**备注栏自动打印“差额征税”字样，**发票开具不应与其他应税行为混开
	销售不动产，纳税人自行开具或者税务机关代开增值税发票时，**应在发票“货物或应税劳务、服务名称”栏填写不动产名称及房屋产权证书号码（无房屋产权证书的可不填写），“单位”栏填写面积单位，备注栏注明不动产的详细地址**
	出租不动产，纳税人自行开具或者税务机关代开增值税发票时，**应在备注栏注明不动产的详细地址**
	国税机关为跨县（市、区）提供不动产经营租赁服务、建筑服务的小规模纳税人（不包括其他个人），代开增值税发票时，**在发票备注栏中自动打印“YD”字样**（YD 表示异地的意思）
国家税务总局公告 2015 年第 99 号	增值税一般纳税人提供货物运输服务，使用增值税专用发票和增值税普通发票，开具发票时应将起运地、到达地、车种车号以及运输货物信息等内容填写在发票备注栏中，如内容较多可另附清单
《国家税务总局财产行为税司关于营改增后落实好车船税征管中有关发票信息工作的通知》（税总财行便函〔2016〕49 号[a]	保险公司代收的车船税税款信息在开具增值税发票时需要在备注栏中注明，具体信息包括：保险单号、税款所属期（详细至月）、代收车船税、滞纳金、合计等

注：a. 部分网上资料显示为 46 号，请纳税人注意编号的正确性。

上面的这些规则是本轮营改增试点政策中新出现的要求，那这些要求本身的出发点是什么呢？无非就是让纳税人和税务机关快速地了解或举证相应的征管需求，比如异地出租到底是哪个房产，这些也便于税务机关的查验，既然发票上有备注栏，那相应的要求也是合理的，并不是有强加之意，纳税人要理解，同时自己在管理上有个清晰的记录，不是更好吗？

不过这一次，我们也发现一些地方税务机关对于备注栏的使用增加了一些新的补充，比如会议费中的人数之类的填写，这些并没有强制性，但提示我们的纳税人应关注这些“奇特”的地方口径的要求。

10.4 对增值税发票开具过程中的填写完整的理解及实践操作

我们先来看一下发票开具的基本要求，以及增值税专用发票开具过程中的特殊要求，再来探讨这个问题。

《发票管理办法》规定：

第二十二条 开具发票应当按照规定的时限、顺序、栏目，全部联次一次性如实开具，并加盖发票专用章。

《增值税专用发票使用规定》则是这样描述的：

第十一条 专用发票应按下列要求开具：
（一）项目齐全，与实际交易相符；
（二）字迹清楚，不得压线、错格；
（三）发票联和抵扣联加盖财务专用章或者发票专用章；
（四）按照增值税纳税义务的发生时间开具。
对不符合上列要求的专用发票，购买方有权拒收。

但是有一个比较现实的问题。我们平时在报销费用的时候发现，增值税专用发票多开具得非常完整，不过从营改增以来，服务纳入增值税之后，关于增值税专用发票开具中，对于单位、数量的内容如何填写，基本上无法直接套用，因为增值税专用发票的设计原理是基于货物延伸来的。后来启用的货物运输增值税专用发票，增加了运输的起运地、到达地等信息，如果没有填写，税务机关予以否定抵扣，是不是明确的呢？

从实践来看，鲜有税务机关对此发起挑战，甚至有的企业的增值税专用发票的收款人、开票人和复核都没有填写，据此否定似乎难以让大家信服。当然基于多一事不如少一事的角度，还是建议我们的纳税人在开具及取得增值税专用发票时，谨慎地对此进行完整性检查。至于服务，那没有单位或数量，确实也不好定，只能是以不变应万变，因为交易本身是真实的，也没有虚开，据此不让抵扣在税法依据上并不充分。

对于增值税普通发票的开具，包括对于向自然人开具，到底是写名字还是写“个人”，如何掌握也是“五花八门”。比如西安市国家税务局关于增值税普通发票填开和增值税纳税申报的温馨提示对此是这样解释的：

一、增值税普通发票开具

根据现行税收法律法规的规定，同时考虑到您的经营实际，在增值税普通发票开具过程中，部分栏次填写时暂按以下情形处理：

（一）受票方为其他个人（自然人）的，发票“名称”栏填写个人姓名，“纳税人识别号”“地址、电话”“开户行及账号”栏可选择填写；

（二）受票方为非企业性单位的，发票“名称”“地址、电话”栏必填，“纳税人识别号”“开户行及账号”栏可选择填写，其中“纳税人识别号”栏填写组织机构代码证及统一社会信用代码；

（三）受票方为企业（含个体工商户）的，发票“名称”“纳税人识别号”“地址、电话”栏必填，“开户行及账号”栏可选择填写，现金交易则可不填写。

对于增值税普通发票，由于不涉及抵扣作用，因此现实当中的处理多较为宽泛，但我们还是提示纳税人尽量填写完善。

对于在增值税发票开具过程中要求提供的资料，通常需要关注如下几项（见表 10-4）：

表 10-4

增值税发票开具过程中要求提供的资料的关注事项

单位名称	必须是甲方营业执照上的全称
纳税人识别号	必须是甲方《税务登记证》的编号或“统一社会领用代码”[a]
注册地址	必须是甲方营业执照上的注册地址
电话	请提供能与甲方保持联系的有效电话
开户银行	必须是甲方银行开户许可证上的开户银行
银行账号	必须是甲方开户许可证上的银行账号

注：a.《国家税务总局关于修订纳税人识别号代码标准的公告》（国家税务总局公告 2015 年第 66 号）规定：“一、已取得统一社会信用代码的法人和其他组织，其纳税人识别号使用 18 位的‘统一社会信用代码’，编码规则按照相关国家标准执行。……四、对已设立但未取得统一社会信用代码的法人和其他组织，以及自然人等其他各类纳税人，其纳税人识别号的编码规则仍按照《国家税务总局关于发布纳税人识别号代码标准的通知》（税总发〔2013〕41 号）规定执行”。

对于上面的内容中，小编再补充一下，比如电话，鲜有会计人员将自己的手机号留在上面，还有就是如果纳税人的实际经营地与注册地不一致，基本上是以注册地来填写的，也是这样要求的。还有的企业开户银行较多，是不是可以用一般户或专用户呢？这也并没有强制要求，只是用最管用的一个账户，可能是最安全的，由此建议就用基本户作为增值税专用发票开具的信息资料提供。

对于上面的资料，有的大企业制作了一些小卡片发给采购人员，或者用微信制作一个二维码，这些都是便利操作的，但也没有必要对外发布公告，本来就是单位之间的事，不一定非搞得普告天下一样，避免给企业信息带来安全隐患。

10.5 增值税电子普通发票可以作为合规凭证进行认可

首先我们要了解一点，增值税专用发票（含机动车销售统一发票、货物运输专用发票）已经可以通过网上的增值税查询平台进行抵扣操作确定，但这并不是电子发票，只是提供了一个数据信息给采购方进行勾选而已，并不是在平台上查询到发票的概念，所以当下的增值税专用发票还没有电子发票一说。

增值税普通发票的电子化的推进试点还是比较快的，比如电商早有进行试点，还有近期我们关注到的一些企业，如几大电信运营商等都开始试点电子发票的工作。那电子发票本身给购买方的影响如何，是不是只限于开具给个人呢？是不是允许会计记账呢？是不是允许企业所得税税前扣除作为凭据呢？

《国家税务总局关于推行通过增值税电子发票系统开具的增值税电子普通发票有关问题的公告》（国家税务总局公告 2015 年第 84 号）规定：

一、推行通过增值税电子发票系统开具的增值税电子普通发票，对降低纳税人经营成本，节约社会资源，方便消费者保存使用发票，营造健康公平的税收环境有着重要作用。

二、通过增值税电子发票系统开具的增值税电子普通发票票样见附件 1。

三、增值税电子普通发票的开票方和受票方需要纸质发票的，可以自行打印增值税电子普通发票的版式文件，其法律效力、基本用途、基本使用规定等与税务机关监制的增值税普通发票相同。

四、增值税电子普通发票的发票代码为 12 位，编码规则：第 1 位为 0，第 2—5 位代表省、自治区、直辖市和计划单列市，第 6—7 位代表年度，第 8—10 位代表批次，第 11—12 位代表票种（11 代表增值税电子普通发票）。发票号码为 8 位，按年度、分批次编制。

五、除北京市、上海市、浙江省、深圳市外，其他地区已使用电子发票的增值税纳税人，应于 2015 年 12 月 31 日前完成相关系统对接技术改造，2016 年 1 月 1 日起使用增值税电子发票系统开具增值税电子普通发票，其他开具电子发票的系统同时停止使用。有关系统技术方案见附件 2。

六、各地税务机关要做好纳税人的宣传组织工作，重点做好开票量较大的行业如电商、电信、快递、公用事业等行业增值税电子发票推行工作。

七、本公告自 2015 年 12 月 1 日起施行。

附件 1　增值税电子普通发票票样

XX增值税电子普通发票

机器编号：

发票代码：
发票号码：
开票日期：
校验码：

购买方	名称： 纳税人识别号： 地址、电话： 开户行及账号：			密码区			
货物或应税劳务、服务名称	规格型号	单位	数量	单价	金额	税率	税额
合计							
价税合计（大写）					（小写）		
销售方	名称： 纳税人识别号： 地址、电话： 开户行及账号：			备注			

收款人：　复核：　开票人：　销售方：（章）

国家税务总局特此明确：增值税电子普通发票的开票方和受票方需要纸质发票的，可以自行打印增值税电子普通发票的版式文件，其法律效力、基本用途、基本使用规定等与税务机关监制的增值税普通发票相同。从这一点看，以后丢失普通发票不是个事了，电子发票的功能有两个：一是查询真实性，不用再找各个地方税务机关的网站查询了，省了人工成本、查验成本；二是理论上可以永久保留，这是一个质的征管方式的变革，只是这个文件看来宣传的力度还不大，当然这还是在试点的过程中，我们对于未来仍充满期待。

那在会计档案管理中有何要求呢?《会计档案管理办法（2015)》（财政部、国家档案局令第 79 号）规定：

第七条　单位可以利用计算机、网络通信等信息技术手段管理会计档案。

第八条　同时满足下列条件的，单位内部形成的属于归档范围的电子会计资料可仅以电子形式保存，形成电子会计档案：

（一）形成的电子会计资料来源真实有效，由计算机等电子设备形成和传输；

（二）使用的会计核算系统能够准确、完整、有效接收和读取电子会计资料，能够输出符合国家标准归档格式的会计凭证、会计账簿、财务会计报表等会计资料，设定了经办、审核、审批等必要的审签程序；

（三）使用的电子档案管理系统能够有效接收、管理、利用电子会计档案，符合电子档案的长期保管要求，并建立了电子会计档案与相关联的其他纸质会计档案的检索关系；

（四）采取有效措施，防止电子会计档案被篡改；

（五）建立电子会计档案备份制度，能够有效防范自然灾害、意外事故和人为破坏的影响；

（六）形成的电子会计资料不属于具有永久保存价值或者其他重要保存价值的会计档案。

第九条　满足本办法第八条规定条件，单位从外部接收的电子会计资料附有符合《中华人民共和国电子签名法》规定的电子签名的，可仅以电子形式归档保存，形成电子会计档案。

《财政部 国家档案局关于新旧〈会计档案管理办法〉有关衔接规定的通知》（财会〔2016〕3 号）则进一步规定：

二、关于电子会计资料归档的衔接规定

（一）单位如在新《管理办法》施行前已利用现代信息技术手段开展会计核算和会计档案管理，其有关工作符合《企业会计信息化工作规范》（财会〔2013〕20 号）的要求，所形成的、尚未移交本单位档案机构统一保管的会计资料符合新《管理办法》第八条、第九条规定的电子会计档案归档条件的，可仅以电子形式归档保管。2014 年以前形成的会计资料一律按照原《管理办法》的规定归档保管。

（二）各单位根据新《管理办法》仅以电子形式保存会计档案的，原则上应从一个完整会计年度的年初开始执行，以保证其年度会计档案保管形式的一致性。

所以从销售方以及采购方的角度，销售方打印可以作为记账凭证，采购方打印可以作为记账凭证，但这儿并不是强制打印，不然不是一样地浪费纸张吗？对于一些小企业，打印可能还是有需要，对于信息化好的企业，打印可能就没有必要了，只要处理好报销的内部信息传递就行了。

10.6　地方税务机关代开增值税发票的过渡政策

《国家税务总局关于营业税改征增值税委托地税机关代征税款和代开增值税发票的公告》（国家税务总局公告 2016 年第 19 号）规定：

根据《中华人民共和国税收征收管理法》、《财政部 国家税务总局关于全面推开营业税改征增值税试点的通知》（财税〔2016〕36 号）和《国家税务总局关于加强国家税务局、地方税务局互相委托代征税收的通知》（税总发〔2015〕155 号）等有关规定，税务总局决定，营业税改征增值税后由地税机关继续受理纳税人销售其取得的不动产和其他个人出租不动产的申报缴税和代开增值税发票业务，以方便纳税人办税。

本公告自2016年5月1日起施行。

《国家税务总局关于营业税改征增值税委托地税局代征税款和代开增值税发票的通知》（税总函〔2016〕145号）对此进行了详细的明确：

一、分工安排

国税局是增值税的主管税务机关。营改增后，为方便纳税人，暂定由地税局办理纳税人销售其取得的不动产和其他个人出租不动产增值税的纳税申报受理、计税价格评估、税款征收、税收优惠备案、发票代开等有关事项。地税局办理征缴、退库业务，使用地税局税收票证，并负责收入对账、会计核算、汇总上报工作。本代征业务国税局和地税局不需签订委托代征协议。

纳税人销售其取得的不动产和其他个人出租不动产，申请代开发票的，由代征税款的地税局代开增值税专用发票或者增值税普通发票（以下简称增值税发票）。对于具备增值税发票安全保管条件、可连通网络、地税局可有效监控代征税款及代开发票情况的政府部门等单位，县（区）以上地税局经评估后认为风险可控的，可以同意其代征税款并代开增值税发票。

2016年4月25日前，国税局负责完成同级地税局代开增值税发票操作及相关政策培训工作。

二、代开发票流程

在国税局代开增值税发票流程基础上，地税局按照纳税人销售其取得的不动产和其他个人出租不动产增值税征收管理办法有关规定，为纳税人代开增值税发票。原地税营业税发票停止使用。

（一）代开发票部门登记

比照国税局现有代开增值税发票模式，在国税综合征管软件或金税三期系统中登记维护地税局代开发票部门信息。地税局代开发票部门编码为15位，第11位为“D”，其他编码规则按照《国家税务总局关于增值税防伪税控代开专用发票系统设备及软件配备的通知》（国税发〔2004〕139号）规定编制。

（二）税控专用设备发行

地税局代开发票部门登记信息同步至增值税发票管理新系统，比照现有代开增值税发票税控专用设备发行流程，国税局为同级地税局代开发票部门发行税控专用设备并加载税务数字证书。

（三）发票提供

国税局向同级地税局提供六联增值税专用发票和五联增值税普通发票。

（四）发票开具

增值税小规模纳税人销售其取得的不动产以及其他个人出租不动产，购买方或承租方不属于其他个人的，纳税人缴纳增值税后可以向地税局申请代开增值税专用发票。不能自开增值税普通发票的小规模纳税人销售其取得的不动产，以及其他个人出租不动产，可以向地税局申请代开增值税普通发票。地税局代开发票部门通过增值税发票管理新系统代开增值税发票，系统自动在发票上打印“代开”字样。

地税局代开发票部门为纳税人代开的增值税发票，统一使用六联增值税专用发票和五联增值税普通发票。第四联由代开发票岗位留存，以备发票扫描补录；第五联交征收岗位留存，用于代开发票与征收税款的定期核对；其他联次交纳税人。

代开发票岗位应按下列要求填写增值税发票：

1.“税率”栏填写增值税征收率。免税、其他个人出租其取得的不动产适用优惠政策减按1.5%征收、差额征税的，“税率”栏自动打印“***”；

2.“销售方名称”栏填写代开地税局名称；

3.“销售方纳税人识别号”栏填写代开发票地税局代码；

4.“销售方开户行及账号”栏填写税收完税凭证字轨及号码（免税代开增值税普通发票可不填写）；

5. 备注栏填写销售或出租不动产纳税人的名称、纳税人识别号（或者组织机构代码）、不动产的详细地址；

6. 差额征税代开发票，通过系统中差额征税开票功能，录入含税销售额（或含税评估额）和扣除额，系统自动计算税额和金额，备注栏自动打印“差额征税”字样；

7. 纳税人销售其取得的不动产代开发票，“货物或应税劳务、服务名称”栏填写不动产名称及房屋产权证书号码，“单位”栏填写面积单位；

8. 按照核定计税价格征税的，“金额”栏填写不含税计税价格，备注栏注明“核定计税价格，实际成交含税金额×××元”。

其他项目按照增值税发票填开的有关规定填写。

地税局代开发票部门应在代开增值税发票的备注栏上，加盖地税代开发票专用章。

（五）开票数据传输

地税局代开发票部门通过网络实时或定期将已代开增值税发票信息传输至增值税发票管理新系统。

（六）发票再次领取

地税局代开发票部门需再次领取增值税发票的，发票抄报税后，国税局通过系统验旧缴销，再次提供发票。

三、发票管理

（一）专用发票安全管理

按照国税局现有增值税发票管理有关规定，地税局应加强安全保卫，采取有效措施，保障增值税发票的安全。

（二）日常信息比对

地税局应加强内部管理，每周将代开发票岗代开发票信息与征收岗税款征收信息进行比对，发现问题的要按有关规定及时处理。

（三）事后信息比对

税务总局将根据有关工作安排，提取地税局征收税款信息与代开发票信息进行比对，防范不征税代开增值税专用发票和少征税多开票等风险。

四、信息系统升级改造

2016 年 4 月 25 日前，金税三期未上线省份应由各省地税局按照税务总局有关规定及时更新升级相关信息系统，调配征管资源、规范受理申报缴税工作。金税三期已上线省份由税务总局（征管科技司）负责统一调试相关信息系统。

五、税控专用设备配备和维护

2016 年 4 月 5 日前，各省地税局将代开增值税发票需要使用的税控专用设备数量告知省国税局。4 月 8 日前，各省国税局将需要初始化的专用设备数量通过可控 FTP 报税务总局（货物劳务税司）。4 月 20 日前，各省国税局向地税局提供税控专用设备。国税局负责协调增值税税控系统服务单位，做好地税局代开增值税发票系统的安装及维护工作。

不过上面的工作多是税务机关操作的处理，对于纳税人只要知道纳税人销售其取得的不动产和其他个人出租不动产的申报缴税和代开增值税发票业务，是向主管地方税务机关进行办理，而不是向国税机关办理。注意这儿的纳税人销售取得的不动产，不包括房地产企业的销售商品房，只有取得的（即购买或其他交易形式取得的），或其他个人（自然人）出租不动产，才属于地方税务机关办理业务的范围。

10.7 其他个人出售或出租不动产可以代开增值税专用发票

《国家税务总局关于印发〈税务机关代开增值税专用发票管理办法（试行）〉的通

知》（国税发〔2004〕153号）当时是这样规定的：

第二条　本办法所称代开专用发票是指主管税务机关为所辖范围内的增值税纳税人代开专用发票，其他单位和个人不得代开。

这儿是规定个人代开增值税专用发票，没有这个业务办理，那这一次的营改增试点政策，显然是受到总理要求“只减不增”的目标影响，同时涉及的很多饭店、营业机构租赁的都是个人的房产，所以必须打通才能解放这些机构的税负增加的空间。所以我们就看到了税总函〔2016〕145号文件的描述：

增值税小规模纳税人销售其取得的不动产以及其他个人出租不动产，购买方或承租方不属于其他个人的，纳税人缴纳增值税后可以向地税局申请代开增值税专用发票。

如果是其他个人出租不动产，购买方不属于自然人的，可以向地税机关申请代开增值税专用发票。不过这里说的是出租。全面营改增后，《国家税务总局纳税服务司关于下发营改增热点问题答复口径和营改增培训参考材料的函》（税总纳便函〔2016〕71号）给出了进一步的解释：

其他个人发生应税项目是否可以申请代开增值税专用发票？

答：根据《国家税务总局关于营业税改征增值税委托地税局代征税款和代开增值税发票的通知》（税总函〔2016〕145号）的规定，其他个人销售其取得的不动产和出租不动产，购买方或承租方不属于其他个人的，纳税人缴纳增值税后可以向地税局申请代开增值税专用发票。上述情况之外的，其他个人不能申请代开增值税专用发票。

这儿我们就进一步明确了其他个人销售不动产也属于可以代开增值税专用发票的范围，这相当于是进一步的解释，而各地税务机关的口径也早就将这一标准口径进行了明确。目前来看，我们至少看到了增值税链条的进一步打通，并且是从利于采购方抵扣角度出发的，这是我们希望看到的结果。

10.8 增值税专用发票开具过程中要求提供资料的争议

这一次的营改增较上一次的营改增，发生了一个量的巨大的增长，同时采购过程中的生活服务业本身是由单位的消费者直接进行交易的，如何在风险的严厉环境中评估纳税人开具增值税专用发票的风险，不致产生消费者不真实开具的问题，传统中的方法也被引用了过来。即要求采购方提供如一般纳税人资质、营业执照副本之类的复印资料，这固然一直以来都发挥着购销双方的一种平衡作用，因为如果作为小规模纳税人去采购，对方倾向于不给开具增值税专用发票。

但是本轮营改增不仅仅是税收法规层面的营改增，还涉及社会的影响、政治上的主要保障点，所以对这种可能引起社会争议的事情，财税部门也更是从大局出发，不再单单考虑技术上的风险问题，而是真正有效地开了“绿灯”，这也让大家对于增值税的谨慎变得更从容了一些。但是不得不说，开放的状态下，待实行一段时间之后，估计相应的风险会暴露出来，小编谨慎地预测，还是要有适当的措施来防范，避免这一次营改增中大量中小企业纳入之后，面临的违规情形的出现。

《国家税务总局关于进一步优化营改增纳税服务工作的通知》（税总发〔2016〕75号）是这样明确的：

各地税务机关要认真做好增值税发票开具方面的政策宣传，消除社会上对增值税发票开具方面的误解。增值税纳税人购买货物、劳务、服务、无形资产或不动产，索取增值税专用发票时，须向销售方提供购买方名称（不得为自然人）、纳税人识别号、地址电话、开户行及账号信息，不需要提供营业执照、税务登记证、组织机构代码证、开户许可证、增值税一般纳税人登记表等相关证件或其他证明材料。个人消费者购买货物、劳务、服务、无形资产或不动产，索取增值税普通发票时，不需要向销售方提供纳税人识别号、地址电话、开户行及账号信息，也不需要提供相关证件或其他证明材料。

其实这也是增值税征管当中纳税人一种正常的自我保护意识，但是似乎在人力、开具时间上产生了支持的困难，特别是住宿这种大量发生的高频的专用发票开具的需求，自然就引起“众怒”。试想，一个个人去酒店住宿后开具增值税专用发票，只是提供一个名字，这自然对于酒店来讲，是有风险的，我们还是要充分理解。不过酒店也要在国家税务总局松绑的基础上，做好自己的保护意识，比如在宣传资料中提示虚抵增值税专用发票的风险责任，哪些情形之下要增值税专用发票也没有用之类的宣传，好利于自己工作的展开。

至于在上述过程中，有的酒店要求住宿人付款只能由所属单位支付或者是拿着单位名头的信用卡支付，不接受住宿人的货币支付，这就有点“过分”理解增值税了，不是谨慎，是过于非恰当地理解增值税的风险。试想如果我个人为公司从京东购买一个电脑，难道还不能要专用发票了？只能用公司的支票或划账？那京东的应收风险就大了！所以这也是这一批营改增单位本身自己的行为引起的“反弹”，以至于国家税务总局不得不亮明底线，不得过分操作开具增值税专用发票的手续。

10.9 增值税发票的领购

现阶段，涉税发票仍是由税务机关进行监管领用方式获取的，传统的方式是向税务机关申请领取，如当下的增值税普通发票、专用发票、定额发票，都是这样办理的。当然也有一些单位是印自己名称的发票，也需要授权才能得到印的，并不是自己印个内部资料那样简单。而对于增值税的电子普通发票，则是由企业向税务机关申请发票编号，进而才能够开具出来。

对于增值税专用发票，其数量及最高开具限额往往是有特定管理的，经常遇到企业咨询因为增值税专用发票不够用，或者限额超了，去税务机关办理又不及时的抱怨。这也是存在的，毕竟税务机关程序上的责任还是要考虑的。不过这确实限制了纳税人正常的基于业务发展之需，因征管控制所使用发票存在无法及时取得问题，带来一些影响。有的时候，企业可以通过临时增版等方式进行处理，所以基于增值税专用发票，对于一些小型企业，自己本身是一般纳税人，但是每月的使用量受限，还是希望能够有控制地改善这一点，进而能够简便一些办理。比如我们讲到的增值税专用发票万元版：最高可开销售额 9 999.99 元，十万元版：最高可开销售额 99 999.99 元依此类推。

10.10 丢失发票的法律责任

依据《发票管理办法》的规定，使用发票的单位和个人应当妥善保管发票。发生发票丢失情形时，应当于发现丢失当日书面报告税务机关，并登报声明作废。

第三十六条　跨规定的使用区域携带、邮寄、运输空白发票，以及携带、邮寄或者运输空白发票出入境的，由税务机关责令改正，可以处 1 万元以下的罚款；情节严重的，处 1 万元以上 3 万元以下的罚款；有违法所得的予以没收。

丢失发票或者擅自损毁发票的，依照前款规定处罚。

比如现实当中我们有丢失空白发票的，还有开具之后丢失的，这些情形是不是一样呢？普通发票和专用发票是不是一个处理规则呢？丢失发票，基本上不是有意而为之，现实当中纳税人丢失了发票，也没有进行报告与登报，同时呢，也没有接受罚款处理！那这个罚款是不是必须要进行的呢？

目前来看，如果是增值税普通发票，基本上有的企业干脆就不进行上面的事了，但从理论上讲要声明作废（根据要求或认可的报纸类型），进行罚款，比如有的罚款 200 元，这也是一种方式。

基于增值税发票的不同功效，我们分三种情形分析丢失发票情形下，如何进行处理的问题：

(1) 凭发票进行登记等处理工作。

在这儿我们可以引用一下国家税务总局对于江西省国税局的一个批复的意见：

《国家税务总局关于消费者丢失机动车销售发票处理问题的批复》（国税函〔2006〕227号）：

江西省国家税务局：

你局《关于消费者丢失、被盗机动车销售发票有关问题的请示》（赣国税发〔2005〕269号）收悉。经研究，批复如下：

鉴于车主申报缴纳车辆购置税时需要报送《机动车销售统一发票》（报税联），办理机动车登记时需要报送《机动车销售统一发票》（注册登记联），因此，当消费者丢失机动车销售发票后，可采取重新补开机动车销售发票的方法解决。具体程序为：(1) 丢失机动车销售发票的消费者到机动车销售单位取得销售统一发票存根联复印件（加盖销售单位发票专用章或财务专用章）；(2) 到机动车销售方所在地主管税务机关盖章确认并登记备案；(3) 由机动车销售单位重新开具与原销售发票存根联内容一致的机动车销售发票。消费者凭重新开具的机动车销售发票办理相关手续。

国家税务总局

二〇〇六年二月二十七日

这基本上是用了可以重复开，但经确认可以不重复计税的处理方式，而不是机械地认为纳税人只要开具发票就必须计缴每一份对应的发票的问题，也是对于客观事实的一种认可。

(2) 丢失开具的增值税普通发票的情形。

这种情形之下，多有地方认可了凭销售方的存根联盖章得到列支的功能，当然有的地方也采用重开的方式。这种方式也不失为一种“聪明”的认可处理方式。

(3) 增值税专用发票丢失的处理情形。

《国家税务总局关于简化增值税发票领用和使用程序有关问题的公告》（国家税务总局公告2014年第19号）对此情形是这样规定的：

三、简化丢失专用发票的处理流程

一般纳税人丢失已开具专用发票的发票联和抵扣联，如果丢失前已认证相符的，购买方可凭销售方提供的相应专用发票记账联复印件及销售方主管税务机关出具的《丢失增值税专用发票已报税证明单》或《丢失货物运输业增值税专用发票已报税证明单》（附件1、2，以下统称《证明单》），作为增值税进项税额的抵扣凭证；如果丢失前未认证的，购买方凭销售方提供的相应专用发票记账联复印件进行认证，认证相符的可凭专用发票记账联复印件及销售方主管税务机关出具的《证明单》，作为增值税进项税额的抵扣凭证。专用发票记账联复印件和《证明单》留存备查。

一般纳税人丢失已开具专用发票的抵扣联，如果丢失前已认证相符的，可使用专用发票发票联复印件留存备查；如果丢失前未认证的，可使用专用发票发票联认证，专用发票发票联复印件留存备查。

一般纳税人丢失已开具专用发票的发票联，可将专用发票抵扣联作为记账凭证，专用发票抵扣联复印件留存备查。

虽然当下我们已开始采用网上勾选确认抵扣的方式，但是纸质的票据如果丢失，其仍是发票的正常唯一形式，因此我们仍需要参照丢失的业务处理方式进行操作。

10.11 增值税发票开具过程中的刑事责任

增值税发票，特别是增值税专用发票的虚开涉及的法律责任已上升为刑法当中的重要部分。当然这其一是基于专用发票我们所赋予的抵税功能的利益驱动；其二是我们的征管体系仍然是有漏洞的，纳税人经常利用这些漏洞进行利益获取；其三是部分纳税人确实没有恶意进行违规的事项，那相应的法律责任的界定又如何呢？

10.11.1 《刑法》中对于增值税专用发票法律责任的规定

《刑法》对于虚开增值税专用发票，用于骗取出口退税或抵扣税款发票罪，做出了详细的规定：

第二百零五条 【虚开增值税专用发票、用于骗取出口退税、抵扣税款发票罪】虚开增值税专用发票或者虚开用于骗取出口退税、抵扣税款的其他发票的，处三年以下有期徒刑或者拘役，并处二万元以上二十万元以下罚金；虚开的税款数额较大或者有其他严重情节的，处三年以上十年以下有期徒刑，并处五万元以上五十万元以下罚金；虚开的税款数额巨大或者有其他特别严重情节的，处十年以上有期徒刑或者无期徒刑，并处五万元以上五十万元以下罚金或者没收财产。

单位犯本条规定之罪的，对单位判处罚金，并对其直接负责的主管人员和其他直接责任人员，处三年以下有期徒刑或者拘役；虚开的税款数额较大或者有其他严重情节的，处三年以上十年以下有期徒刑；虚开的税款数额巨大或者有其他特别严重情节的，处十年以上有期徒刑或者无期徒刑。

虚开增值税专用发票或者虚开用于骗取出口退税、抵扣税款的其他发票，是指有为他人虚开、为自己虚开、让他人为自己虚开、介绍他人虚开行为之一的。

第二百零五条之一　【虚开发票罪】虚开本法第二百零五条规定以外的其他发票，情节严重的，处二年以下有期徒刑、拘役或者管制，并处罚金；情节特别严重的，处二年以上七年以下有期徒刑，并处罚金。

单位犯前款罪的，对单位判处罚金，并对其直接负责的主管人员和其他直接责任人员，依照前款的规定处罚。

第二百零六条　【伪造、出售伪造的增值税专用发票罪】伪造或者出售伪造的增值税专用发票的，处三年以下有期徒刑、拘役或者管制，并处二万元以上二十万元以下罚金；数量较大或者有其他严重情节的，处三年以上十年以下有期徒刑，并处五万元以上五十万元以下罚金；数量巨大或者有其他特别严重情节的，处十年以上有期徒刑或者无期徒刑，并处五万元以上五十万元以下罚金或者没收财产。

单位犯本条规定之罪的，对单位判处罚金，并对其直接负责的主管人员和其他直接责任人员，处三年以下有期徒刑、拘役或者管制；数量较大或者有其他严重情节的，处三年以上十年以下有期徒刑；数量巨大或者有其他特别严重情节的，处十年以上有期徒刑或者无期徒刑。

第二百零七条　【非法出售增值税专用发票罪】非法出售增值税专用发票的，处三年以下有期徒刑、拘役或者管制，并处二万元以上二十万元以下罚金；数量较大的，处三年以上十年以下有期徒刑，并处五万元以上五十万元以下罚金；数量巨大的，处十年以上有期徒刑或者无期徒刑，并处五万元以上五十万元以下罚金或者没收财产。

第二百零八条　【非法购买增值税专用发票、购买伪造的增值税专用发票罪】非法购买增值税专用发票或者购买伪造的增值税专用发票的，处五年以下有期徒刑或者拘役，并处或者单处二万元以上二十万元以下罚金。

非法购买增值税专用发票或者购买伪造的增值税专用发票又虚开或者出售的，分别依照本法第二百零五条、第二百零六条、第二百零七条的规定定罪处罚。

第二百零九条　【非法制造、出售非法制造的用于骗取出口退税、抵扣税款发票罪】伪造、擅自制造或者出售伪造、擅自制造的可以用于骗取出口退税、抵扣税款的其他发票的，处三年以下有期徒刑、拘役或者管制，并处二万元以上二十万元以下罚金；数量巨大的，处三年以上七年以下有期徒刑，并处五万元以上五十万元以下罚金；数量特别巨大的，处七年以上有期徒刑，并处五万元以上五十万元以下罚金或者没收财产。

【非法制造、出售非法制造的发票罪】伪造、擅自制造或者出售伪造、擅自制造的前款规定以外的其他发票的，处二年以下有期徒刑、拘役或者管制，并处或者单处一万元以上五万元以下罚金；情节严重的，处二年以上七年以下有期徒刑，并处五万元以上五十万元以下罚金。

【非法出售用于骗取出口退税、抵扣税款发票罪】非法出售可以用于骗取出口退税、抵扣税款的其他发票的，依照第一款的规定处罚。

【非法出售发票罪】非法出售第三款规定以外的其他发票的，依照第二款的规定处罚。

第二百一十条 【盗窃罪】盗窃增值税专用发票或者可以用于骗取出口退税、抵扣税款的其他发票的，依照本法第二百六十四条的规定定罪处罚。

【诈骗罪】使用欺骗手段骗取增值税专用发票或者可以用于骗取出口退税、抵扣税款的其他发票的，依照本法第二百六十六条的规定定罪处罚。

第二百一十之一 【持有伪造的发票罪】明知是伪造的发票而持有，数量较大的，处二年以下有期徒刑、拘役或者管制，并处罚金；数量巨大的，处二年以上七年以下有期徒刑，并处罚金。

单位犯前款罪的，对单位判处罚金，并对其直接负责的主管人员和其他直接责任人员，依照前款的规定处罚。

第二百一十一条 【单位犯危害税收征管罪的处罚规定】单位犯本节第二百零一条、第二百零三条、第二百零四条、第二百零七条、第二百零八条、第二百零九条规定之罪的，对单位判处罚金，并对其直接负责的主管人员和其他直接责任人员，依照各该条的规定处罚。

第二百一十二条 【税收征缴优先原则】犯本节第二百零一条至第二百零五条规定之罪，被判处罚金、没收财产的，在执行前，应当先由税务机关追缴税款和所骗取的出口退税款。

大家可以看到，对于虚开增值税专用发票，并没有税额的量化标准，这就充分说明了刑法的力度，如有的专业人士认为10万元的税额就是数额较大了！不过在理解上面的内容时，我们还是要考虑一个基本现实，即虚开增值税专用发票罪，其结果应是带来的税款的损失结果，而不是说虚开了就存在罪了，比如虚开了发票，但是对方并未抵扣，于此那自然是没有形成罪的事实，这一点在实践当中需要引起关注。

另外对于何为虚开，我们也要进一步说明一下，主要涉及如下几个规定：

(1)《全国人民代表大会常务委员会关于惩治虚开、伪造和非法出售增值税专用发票犯罪的决定》。(1995年10月30日第八届全国人民代表大会常务委员会第十六次会议通过，1995年10月30日中华人民共和国主席令第五十七号公布，自公布之日起施行)

为了惩治虚开、伪造和非法出售增值税专用发票和其他发票进行偷税、骗税等犯罪活动，保障国家税收，特作如下决定：

一、虚开增值税专用发票的，处三年以下有期徒刑或者拘役，并处二万元以上二十万元以下罚金；虚开的税款数额较大或者有其他严重情节的，处三年以上十年以下有期 徒刑，并处五万元以上五十万元以下罚金；虚开的税款数额巨大或者有其他特别严重情节的，处十年以上有期徒刑或者无期徒刑，并处没收财产。

有前款行为骗取国家税款，数额特别巨大、情节特别严重、给国家利益造成特别重大损失的，处无期徒刑或者死刑，并处没收财产。

虚开增值税专用发票的犯罪集团的首要分子，分别依照前两款的规定从重处罚。

虚开增值税专用发票是指有为他人虚开、为自己虚开、让他人为自己虚开、介绍他人虚开增值税专用发票行为之一的。

二、伪造或者出售伪造的增值税专用发票的，处三年以下有期徒刑或者拘役，并处二万元以上二十万元以下罚金；数量较大或者有其他严重情节的，处三年以上十年以下 有期徒刑，并处五万元以上五十万元以下罚金；数量巨大或者有其他特别严重情节的，处十年以上有期徒刑或者无期徒刑，并处没收财产。

伪造并出售伪造的增值税专用发票，数量特别巨大、情节特别严重、严重破坏经济秩序的，处无期徒刑或者死刑，并处没收财产。

伪造、出售伪造的增值税专用发票的犯罪集团的首要分子，分别依照前两款的规定从重处罚。

三、非法出售增值税专用发票的，处三年以下有期徒刑或者拘役，并处二万元以上二十万元以下罚金；数量较大的，处三年以上十年以下有期徒刑，并处五万元以上五十万元以下罚金；数量巨大的，处十年以上有期徒刑或者无期徒刑，并处没收财产。

四、非法购买增值税专用发票或者购买伪造的增值税专用发票的，处五年以下有期徒刑、拘役，并处或者单处二万元以上二十万元以下罚金。

非法购买增值税专用发票或者购买伪造的增值税专用发票又虚开或者出售的，分别依照第一条、第二条、第三条的规定处罚。

五、虚开用于骗取出口退税、抵扣税款的其他发票的，依照本决定第一条的规定处罚。

虚开用于骗取出口退税、抵扣税款的其他发票是指有为他人虚开、为自己虚开、让他人为自己虚开、介绍他人虚开用于骗取出口退税、抵扣税款的其他发票行为之一的。

六、伪造、擅自制造或者出售伪造、擅自制造的可以用于骗取出口退税、抵扣税款的其他发票的，处三年以下有期徒刑或者拘役，并处二万元以上二十万元以下罚金；数 量巨大的，处三年以上七年以下有期徒刑，并处五万元以上五十万元以下罚金；数量特别巨大的，处七年以上有期徒刑，并处没收财产。

伪造、擅自制造或者出售伪造、擅自制造的前款规定以外的其他发票的，比照刑法第一百二十四条的规定处罚。

非法出售可以用于骗取出口退税、抵扣税款的其他发票的，依照第一款的规定处罚。

非法出售前款规定以外的其他发票的，比照刑法第一百二十四条的规定处罚。

七、盗窃增值税专用发票或者其他发票的，依照刑法关于盗窃罪的规定处罚。

使用欺骗手段骗取增值税专用发票或者其他发票的，依照刑法关于诈骗罪的规定处罚。

八、税务机关或者其他国家机关的工作人员有下列情形之一的，依照本决定的有关规定从重处罚：

（一）与犯罪分子相勾结，实施本决定规定的犯罪的；

（二）明知是虚开的发票，予以退税或者抵扣税款的；

（三）明知犯罪分子实施本决定规定的犯罪，而提供其他帮助的。

九、税务机关的工作人员违反法律、行政法规的规定，在发售发票、抵扣税款、出口退税工作中玩忽职守，致使国家利益遭受重大损失的，处五年以下有期徒刑或者拘役；致使国家利益遭受特别重大损失的，处五年以上有期徒刑。

十、单位犯本决定第一条、第二条、第三条、第四条、第五条、第六条、第七条第二款规定之罪的，对单位判处罚金，并对直接负责的主管人员和其他直接责任人员依照各该条的规定追究刑事责任。

十一、有本决定第二条、第三条、第四条第一款、第六条规定的行为，情节显著轻微，尚不构成犯罪的，由公安机关处十五日以下拘留、五千元以下罚款。

十二、对追缴犯本决定规定之罪的犯罪分子的非法抵扣和骗取的税款，由税务机关上交国库，其他的违法所得和供犯罪使用的财物一律没收。

供本决定规定的犯罪所使用的发票和伪造的发票一律没收。

十三、本决定自公布之日起施行。

*根据中华人民共和国刑法（1997 修订），本决定予以保留，其中，有关行政处罚和行政措施的规定继续有效；有关刑事责任的规定已纳入 1997 刑法，自 1997 刑法施行之日起，适用 1997 刑法规定。

(2) 最高人民法院关于适用《全国人民代表大会常务委员会关于惩治虚开、伪造和非法出售增值税专用发票犯罪的决定》的若干问题的解释。

为正确执行《全国人民代表大会常务委员会关于惩治虚开、伪造和非法出售增值税专用发票犯罪的决定》（以下简称《决定》），依法惩治虚开、伪造和非法出售增值税专用发票和其他发票犯罪，现就适用《决定》的若干具体问题解释如下：

一、根据《决定》第一条规定，虚开增值税专用发票的，构成虚开增值税专用发票罪。

具有下列行为之一的，属于“虚开增值税专用发票”：(1) 没有货物购销或者没有提供或接受应税劳务而为他人、为自己、让他人为自己、介绍他人开具增值税专用发票；(2) 有货物购销或者提供或接受了应税劳务但为他人、为自己、让他人为自己、介绍他人开具数量或者金额不实的增值税专用发票；(3) 进行了实际经营活动，但让他人为自己代开增值税专用发票。

虚开税款数额 1 万元以上的或者虚开增值税专用发票致使国家税款被骗取 5 千元

以上的，应当依法定罪处罚。

虚开税款数额10万元以上的，属于“虚开的税款数额较大”。具有下列情形之一的，属于“有其他严重情节”：(1) 因虚开增值税专用发票致使国家税款被骗取5万元以上的；(2) 曾因虚开增值税专用发票受过刑事处罚的；(3) 具有其他严重情节的。

虚开税款数额50万元以上的，属于“虚开的税款数额巨大”。具有下列情形之一的，属于“有其他特别严重情节”：(1) 因虚开增值税专用发票致使国家税款被骗取30万元以上的；(2) 虚开的税款数额接近巨大并有其他严重情节的；(3) 具有其他特别严重情节的。

利用虚开的增值税专用发票实际抵扣税款或者骗取出口退税100万元以上的，属于“骗取国家税款数额特别巨大”；造成国家税款损失50万元以上并且在侦查终结前仍无法追回的，属于“给国家利益造成特别重大损失”。利用虚开的增值税专用发票骗取国家税款数额特别巨大、给国家利益造成特别重大损失，为“情节特别严重”的基本内容。

虚开增值税专用发票犯罪分子与骗取税款犯罪分子均应当对虚开的税款数额和实际骗取的国家税款数额承担刑事责任。

利用虚开的增值税专用发票抵扣税款或者骗取出口退税的，应当依照《决定》第一条的规定定罪处罚；以其他手段骗取国家税款的，仍应依照《全国人民代表大会常务委员会关于惩治偷税、抗税犯罪的补充规走》的有关规定定罪处罚。

二、根据《决定》第二条规定，伪造或者出售伪造的增值税专用发票的，构成伪造、出售伪造的增值税专用发票罪。

伪造或者出售伪造的增值税专用发票25份以上或者票面额（千元版以每份1 000元，万元版以每份1万元计算，以此类推。下同）累计10万元以上的应当依法定罪处罚。

伪造或者出售伪造的增值税专用发票100份以上或者票面额累计50万元以上的，属于“数量较大”。具有下列情形之一的，属于“有其他严重情节”：(1) 违法所得数额在1万元以上的；(2) 伪造并出售伪造的增值税专用发票60份以上或者票面额累计30万元以上的：(3) 造成严重后果或者具有其他严重情节的。

伪造或者出售伪造的增值税专用发票500份以上或者票面额累计250万元以上的，属于“数量巨大”。具有下列情形之一的，属于“有其他特别严重情节”：（1）违法所得数额在5万元以上的；（2）伪造并出售伪造的增值税专用发票300份以上或者票面额累计200万元以上的；（3）伪造或者出售伪造的增值税专用发票接近“数量巨大”并有其他严重情节的；（4）造成特别严重后果或者具有其他特别严重情节的。

伪造并出售伪造的增值税专用发票1 000份以上或者票面额累计1 000万元以上的，属于“伪造并出售伪造的增值税专用发票数量特别巨大”。具有下列情形之一的，属于“情节特别严重”：（1）违法所得数额在5万元以上的；（2）因伪造、出售伪造的增值税专用发票致使国家税款被骗取100万元以上的；（3）给国家税款造成实际损失50万元以上的；（4）具有其他特别严重情节的。对于伪造并出售伪造的增值税专用发票数量达到特别巨大，又具有特别严重情节，严重破坏经济秩序的，应当依照《决定》第二条第二款的规定处罚。

伪造并出售同一宗增值税专用发票的，数量或者票面额不重复计算。

变造增值税专用发票的，按照伪造增值税专用发票行为处理。

三、根据《决定》第三条规定，非法出售增值税专用发票的，构成非法出售增值税专用发票罪。

非法出售增值税专用发票案件的定罪量刑数量标准按照本解释第二条第二、三、四款的规定执行。

四、根据《决定》第四条规定，非法购买增值税专用发票或者购买伪造的增值税专用发票的，构成非法购买增值税专用发票、伪造的增值税专用发票罪。

非法购买增值税专用发票或者购买伪造的增值税专用发票25份以上或者票面额累计10万元以上的，应当依法定罪处罚。

非法购买真、伪两种增值税专用发票的，数量累计计算，不实行数罪并罚。

五、根据《决定》第五条规定，虚开用于骗取出口退税、抵扣税款的其他发票的，构成虚开专用发票罪，依照《决定》第一条的规定处罚。

“用于骗取出口退税、抵扣税款的其他发票”是指可以用于申请出口退税、抵扣税款的非增值税专用发票，如运输发票、废旧物品收购发票、农业产品收购发票等。

六、根据《决定》第六条规定，伪造、擅自制造或者出售伪造、擅自制造的可以用于骗取出口退税、抵扣税款的其他发票的，构成非法制造专用发票罪或出售非法制造的专用发票罪。

伪造、擅自制造或者出售伪造、擅自制造的可以用于骗取出口退税、抵扣税款的其他发票50份以上的，应当依法定罪处罚；伪造、擅自制造或者出售伪造、擅自制造的可以用于骗取出口退税、抵扣税款的其他发要200份以上的，属于“数量巨大”；伪造、擅自制造或者出售伪造、擅自制造的可以用于骗取出口退税、抵扣税款的其他发票1 000份以上的，属于“数量特别巨大”。

七、盗窃增值税专用发票或者可以用于骗取出口退税、抵扣税款的其他发票25份以上，或者其他发票50份以上的；诈骗增值税专用发票或者可以用于骗取出口退税、抵扣税款的其他发票50份以上，或者其他发票100份以上的，依照刑法第一百五十一条的规定处罚。

盗窃增值税专用发票或者可以用于骗取出口退税、抵扣税款的其他发票250份以上，或者其他发票500份以上的；诈骗增值税专用发票或者可以用于骗取出口退税、抵扣税款的其他发票500份以上，或者其他发票1 000份以上的，依照刑法第一百五十二条的规定处罚。

盗窃增值税专用发票或者其他发票情节特别严重的，依照《全国人民代表大会常务委员会关于严惩严重破坏经济的罪犯的决定》第一条第（一）项的规定处罚。

盗窃、诈骗增值税专用发票或者其他发票后，又实施《决定》规定的虚开、出售等犯罪的，按照其中的重罪定罪处罚，不实行数罪并罚。

(3) 最高人民法院关于对《审计署关于咨询虚开增值税专用发票罪问题的函》的复函。

国家审计署：

你署审函〔2001〕75号《审计署关于咨询虚开增值税专用发票罪问题的函》收悉。经研究，现提出以下意见供参考：

地方税务机关实施“高开低征”或者“开大征小”等违规开具增值税专用发票的

行为，不属于刑法第二百零五条规定的虚开增值税专用发票的犯罪行为，造成国家税款重大损失的，对有关主管部门的国家机关工作人员，应当根据刑法有关渎职罪的规定追究刑事责任。

以上是关于虚开增值税专用发票在税收法规之外应用中的高度理解，作为税务从业者，我们有必要对此进行深度的理解，而不仅是局限于税收法规的层面。

10.11.2 虚开增值税专用发票在财税部门的政策识别方式

表 10-5 为取得虚开增值税专用发票在税收法规层面的具体落实：

表 10-5

取得虚开增值税专用发票在税收法规层面的具体落实

	规定	法规
1	购货方取得的增值税专用发票所注明销售方名称、印章与其进行实际交易的销售方不符的，即“购货方从销售方取得第三方开具的专用发票”的情况	国税发〔2000〕182 号[a]
2	购货方取得的增值税专用发票为销售方所在省（自治区、直辖市和计划单列市）以外地区的，即“从销货地以外的地区取得专用发票”的情况	国税发〔2000〕182 号
3	有证据表明购货方明知取得的增值税专用发票系销售方以非法手段获得的，即“受票方利用他人虚开的发票，向税务机关申报抵扣税款进行偷税”的情况	国税发〔2000〕182 号
4	购货方与销售方存在真实的交易，销售方使用的是其所在省（自治区、直辖市和计划单列市）的专用发票，专用发票注明的销售方名称、印章、货物数量、金额及税额等全部内容与实际相符，且没有证据表明购货方知道销售方提供的专用发票是以非法手段获得的，对购货方不以偷税或者骗取出口退税论处。但应按有关规定不予抵扣进项税款或者不予出口退税；购货方已经抵扣的进项税款或者取得的出口退税，应依法追缴	国税发〔2000〕187 号
4	纳税人善意取得虚开的增值税专用发票被依法追缴已抵扣税款的，不属于税收征收管理法第三十二条“纳税人未按照规定期限缴纳税款”的情形，不适用该条“税务机关除责令限期缴纳外，从滞纳税款之日起，按日加收滞纳税款万分之五的滞纳金”的规定	国税函〔2007〕1240 号
5	纳税人虚开增值税专用发票，未就其虚开金额申报并缴纳增值税的，应按照其虚开金额补缴增值税；已就其虚开金额申报并缴纳增值税的，不再按照其虚开金额补缴增值税	国家税务总局公告 2012 年第 33 号[b]
6	税务机关对纳税人虚开增值税专用发票的行为，应按《中华人民共和国税收征收管理办法》及《中华人民共和国发票管理办法》的有关规定给予处罚	国家税务总局公告 2012 年第 33 号

续表

	规定	法规
7	纳税人通过虚增增值税进项税额偷逃税款，但对外开具增值税专用发票同时符合以下情形的，不属于对外虚开增值税专用发票： 一、纳税人向受票方纳税人销售了货物，或者提供了增值税应税劳务、应税服务； 二、纳税人向受票方纳税人收取了所销售货物、所提供应税劳务或者应税服务的款项，或者取得了索取销售款项的凭据； 三、纳税人按规定向受票方纳税人开具的增值税专用发票相关内容，与所销售货物、所提供应税劳务或者应税服务相符，且该增值税专用发票是纳税人合法取得、并以自己名义开具的。 受票方纳税人取得的符合上述情形的增值税专用发票，可以作为增值税扣税凭证抵扣进项税额	国家税务总局公告 2014 年第 39 号[c]

注：a. 国税发〔2000〕182 号，即《国家税务总局关于〈国家税务总局关于纳税人取得虚开的增值税专用发票处理问题的通知〉的补充通知》。

b. 国家税务总局公告 2012 年第 33 号，即《国家税务总局关于纳税人虚开增值税专用发票征补税款问题的公告》。

c. 国家税务总局公告 2014 年第 39 号，即《国家税务总局关于纳税人对外开具增值税专用发票有关问题的公告》。

10.11.3　企业经常发生的涉及虚开的案例情形

在日常业务当中，纳税人在正常经营过程中，难免会遇到可能存在或必然存在的增值税专用发票虚开的情形，这种情形下，纳税人的财税工作人员如何识别，就起到非常重要的作用。在一个公司内部，我们可以考虑从几个方面明确“红线”的标准，从而让企业人员提高警惕，更让自己的职业不要产生高风险。当然作为公司的主要负责人或者法人代表，在一定的情形之下，也可能因虚开增值税专用发票而落入不利境地，甚至是自己职业中的一个非常重要的判刑证据。因此从经营的角度，做生意挣钱是一方面，而在另一方面，利益的风险、人身责任的风险，需要分清主次，进而帮好、管理好自己的业务，这才是应对营改增的核心之处，而不仅仅是为公司多抵扣一点进项税额那样单纯的经济目的。

(1) 供应商找第三方的发票来报销。

通常一些非大型的企业，如果行业存在激烈竞争，为了与大型的企业进行业务争夺，往往是通过一些业务关系拓展方式，比如跟一些不正规的公司合作，甚至这个公司多是账外经营，业务发生了，企业需要发票报销，此时这个供应方就找来一些别人的发票，提供过来报销，这是经常存在的情形。那在营改增之后，如果要的不是增值税专用发票还好，普通发票基本上风险度在刑法上还没有规定得这么清晰，最多是套上逃避缴纳税款罪，但这个罪本身又有弹性的掌握。而现实当中，也存在税务机关没有案案向相关政府部门移交的情形。

还有的供应商是在企业的要求之下去找第三方开具发票走形式账的，比如真实的供应商是小规模纳税人，但是购买方一定要适当税率的专用发票抵扣，企业没有办法，就去找一个一般纳税人“走账”，这就明显属于虚开增值税专用发票了。一旦出现问题，比如开票公司跑了，那这个风险还是由采购方承担。比如进项税额得不到抵扣，还要拼命证明自己是善意取得增值税专用发票！其实这个善意，哪有这么多不知道呢，只不过是形式上的一个“应对”手段，也是一个技术性的处理手段。

(2)“买发票”及“卖发票”的业务。

小编也曾遇到有人咨询，认不认识开票的公司，这个小编是一概不知。明知是违法的事，建议我们的咨询、企业的管理人员，要了解得清晰点，风险是不可控的。别人能做，不代表自己能做。

比如有的加油站，平时不需要发票的车主较多，那此时“多余”的开票空间就有可能被利用，而且还挺难查证出来。比如有的公司虚构业务收入，但是需要进项啊，不能虚构了缴太多的税，结果只有外出买发票，由此这也属于虚开的一种，这是让别人虚开。还有比如农产品收购发票，这个因为没有销售方缴税的制衡，虚开的情形更多，以致税务机关不得不采取核定的方式确认可抵扣的进项税额。

(3) 内部交易虚做收入的循环开具发票问题。

这种情形之下，其实有点像经营业务非真实需求之下发生的“真实”业务，比如某集团为了世界500强的规模，或者是为了业绩之需，“编造”了一些业务，比如一个电脑，反复地卖出与买入，收入与成本都是同步发生的，其中或许有平价，也或许没有平价，或者仅是两个单位，也或者是多个单位闭环流动。在这种情形之下，他们彼此之间是需要开具增值税专用发票的，不然只开具普通发票，那一方计算销项税额，另一方却不能抵扣，这是明显要掏自己的现金缴税的，于集团也不利，所以只能开具专用发票，循环抵扣。那这种情形之下的专用发票开具，算不算虚开呢?

从有的人士理解的角度，这个业务不是真实的，是虚开，或许这是常规的一种思考，戴着有色眼镜判断的。但是我们再看，不管人家的动机如何，人家就是做交易，只要这个企业真有这台电脑，就确定不是虚开，人家愿意这样买卖，有问题吗?只能说这种操作手法不好意思拿出来大声争议了，所以这种情形之下，建议还是加点利，或者别一台一台地循环，化整为零也比这种明显的操纵业务好啊！对这种情况，此税务机关如果提出是虚开，有时自己也不好意思提出质疑，只能是采取一种沟通的方式解决了。

但是如果是服务呢？服务明显是没有先行存在的，是需要每次发生的，此时如果这个集团再这样编造服务，开具增值税专用发票，那就确定是虚开增值税专用发票，因为没有真实交易业务情形下发生的，就是虚开。不过这时我们再看有没有实质性地给国家带来税款的损失，如果一卖一买，彼此都没有因此造成国家税款损失，或许定虚开增值税专用发票罪还是可以再探讨一下的，这是从实际结果来分析的。

GREAT ERA OF TAX REFORM FOR REPLACING BUSINESS TAX WITH VALUE-ADDED TAX

第  章

行业应用特殊事项的分析及应用

本轮营改增涉及的行业主要就是金融业、建筑业、房地产业和生活服务业，那对于这四大行业，有哪些值得我们好好关注的特定营改增的事项呢？我们如何来理解，特别是在一些政策不明确情形之下的处理，值得我们探讨并提出我们的建议，进一步推动、关注财税管理部门的政策走向，及时做出调整。毕竟本轮营改增刚刚实施，一些个性的问题必然随着实际业务的摸索才能体现出来，这也是不断完善的方式。下面我们来分行业进行一些情形的探讨。

11.1 金融业

金融业增值税在全球体系下都是一个新鲜的事物，当然我们的业内人士开始多引用外国的“先进经验”，试图对于金融业带来一些有利的政策推动，但是中国特殊的财税环境，以及金融业本身在财税体系中的作用、财税贡献的力度，使得难以借鉴这些先进经验。正是基于原来营业税的税负基础，增值税也以此作为延伸的出发点，制定出了金融业的增值税处理规则体系。

首先在增值税的纳税人身份及适用计税方法上，基于金融机构的收入规模，很少有低于年销售额 515 万元以下的，金融机构基本上都是一般纳税人，同时也要求依照一般纳税人的一般计税方法进行增值税的核算。但对于一些农村信用社等农村金融机构，则暂时给予了简易计税的方式，不过它们的身份通常也仍是一般纳税人。

11.1.1 金融业营改增的适用规则

我们首先来看看财税〔2016〕36 号文件对于金融业的增值税确认、计量规则是如何规定的，这是我们探讨金融业具体适用案例的基础。

11.1.1.1 哪些企业属于金融业，哪些业务属于金融业务

营改增对于金融活动首先界定为金融服务，注意这个金融服务并不属于金融企业所独享。营改增的政策明确的金融服务才是营改增下金融业的适用出发点，而不是先以金融企业作为出发点。

《销售服务、无形资产、不动产注释》是这样描述的：

金融服务，是指经营金融保险的业务活动。包括贷款服务、直接收费金融服务、保险服务和金融商品转让。

1. 贷款服务。

贷款，是指将资金贷与他人使用而取得利息收入的业务活动。

各种占用、拆借资金取得的收入，包括金融商品持有期间（含到期）利息（保本收益、报酬、资金占用费、补偿金等）收入、信用卡透支利息收入、买入返售金融商品利息收入、融资融券收取的利息收入，以及融资性售后回租、押汇、罚息、票据贴现、转贷等业务取得的利息及利息性质的收入，按照贷款服务缴纳增值税。

融资性售后回租，是指承租方以融资为目的，将资产出售给从事融资性售后回租业务的企业后，从事融资性售后回租业务的企业将该资产出租给承租方的业务活动。

以货币资金投资收取的固定利润或者保底利润，按照贷款服务缴纳增值税。

2. 直接收费金融服务。

直接收费金融服务，是指为货币资金融通及其他金融业务提供相关服务并且收取费用的业务活动。包括提供货币兑换、账户管理、电子银行、信用卡、信用证、财务担保、资产管理、信托管理、基金管理、金融交易场所（平台）管理、资金结算、资金清算、金融支付等服务。

3. 保险服务。

保险服务，是指投保人根据合同约定，向保险人支付保险费，保险人对于合同约定的可能发生的事故因其发生所造成的财产损失承担赔偿保险金责任，或者当被保险人死亡、伤残、疾病或者达到合同约定的年龄、期限等条件时承担给付保险金责任的商业保险行为。包括人身保险服务和财产保险服务。

人身保险服务，是指以人的寿命和身体为保险标的的保险业务活动。

财产保险服务，是指以财产及其有关利益为保险标的的保险业务活动。

4. 金融商品转让。

金融商品转让，是指转让外汇、有价证券、非货物期货和其他金融商品所有权的业务活动。

其他金融商品转让包括基金、信托、理财产品等各类资产管理产品和各种金融衍生品的转让。

这儿小编有必要解读一二。其中贷款服务，是不是只有具有贷款功能的机构才算贷款服务，比如银行、财务公司、小贷公司等，才属于营改增的这个范围呢？这个理解就不全面了，其实这儿用贷款确认易误导人，比如一般的商业企业之间的融通资金，那是叫借款，不能叫贷款，所以签借款协议是可以的，但是贷款协议就是有问题的名字。这儿是一种通俗的称呼，只要是具有融资性质的借款，就属于营改增的这个贷款服务。

这儿重点要从如下几个方面的理解：

(1) 金融商品持有期间的利息。

包括到期取得的利息，这种比较明确的就是债券了。债券持有期间利息收入或者是债券到期取得的一次性的利息收入，都是属于贷款服务范围的。按贷款服务执行增值税的政策。这儿要补充一下，在营业税下，我们对于债券、股票买卖中，涉及持有期间取得的利息、股息红利，依照财税〔2003〕16号文件规定，那是作为转让时的成本扣除，而不是在取得时作为利息之类收入处理的。相当于是后算应税处理。这儿比较特别的是股息，即原营业税下，如果买卖股票涉及股息、红利，那在成本中扣除，就相当于属于营业税的应税收入了。不过营改增之后，增值税上放弃了成本中扣减利息的方式，因为这也难办，比如持有到期了，没有从成本中扣减，如何计税？这在营业税的逻辑上是存在问题的。

增值税上不采取这种看似有道理但是却折腾计税成本的方式，即取得利息就计税，这一点比较清晰，尽管纳税人可能提早确定纳税时点了，但这也比将来一直记着这事处理起来方便。

对于购买的股票，持有期如果取得股息、红利，要不要作为增值税的应税收入，小编认为，投资后取得的股息、红利，并不属于有偿资金使用，属于所得的分配，其间没有任何的应税交易行为存在。除非是在规定中约定的那种情形：以货币资金投资收取的固定利润或者保底利润，按照贷款服务缴纳增值税。

(2) 融资性售后回租。

2012年营改增后，动产融资租赁就一直被视为货物的性质进行税收政策的设计、环节的打通，但这在实际业务中，就是一种融资行为。在增值税上作为货物交易处理，本身就太过于形式主义了。所以本次的营改增政策，也是一举改变了售后回租的融资属性判断，认为其属于贷款服务，原来是17%的税率，现在改为了6%的税率。当然基于贷款服务，那是不得抵扣进项税额的，这一点在2016年5月1日前后是发生了变化的。但这儿并不包括直租的动产融资租赁的情形，它仍适用17%的货物性质的判断处理，本身也确实有货物的流动在里面。

财税〔2016〕36号文件对2016年4月30日前签订的动产类售后回租合同过渡期的处理做出了规定，即仍可以选择原来营改增的试点政策，而不采用贷款服务的方式，这就看出租方与承租方的评估而选择有利的方式了，比如从抵扣的角度考虑，是不是老方法更有利呢？

(3) 金融商品买卖。

对于金融商品买卖，这次的范围界定得比较广泛，外汇、有价证券、非货物期货和其他金融商品，而不是营业税下的股票、债券、外汇和其他金融商品这样相对小的范围。而对于其他金融商品，更是扩展了其应用的范围，减少了营业税的模糊及争议，即包括基金、信托、理财产品等各类资产管理产品和各种金融衍生品的转让。比如信托、理财产品、资管计划、金融衍生品，都明确地纳入了金融商品的范围。这是对于营业税下争议之处的确定，同时也是对现实当中金融商品的不断创新的跟进，小编认为这也是值得提倡的，因为金融商品本身的创新包装确实很难用传统定义来规定，当然也有利于减少政策的漏洞。

注意，这儿规定的是金融商品“所有权”的转让，那对于当下融资中屡有创新的“收益权”转让，是不是不属于征税范围呢？从小编的理解看，收益权转让是与所有权分离的交易，当然有的时候是一种利益转移的方式，有的时候可能是为了融资之需，在增值税上，我们如何界定呢？是认为属于金融商品转让还是贷款服务，或者是其他的事项？从小编的理解看，收益权转让本身由于投资成本没有转移，而对方支付的对价又相当于是一种成本的补偿，因为收益权没有了，成本也没有存在的价值，在计量过程中，多是以对价扣除成本作为收益，相当于只是保留了一个空壳的所有权，此时这种转让并不属于形式上的所有权转让，那高出成本的部分，如何计算增值税呢？在目前的营改增政策中，对此尚未明确，因此我们还需要进一步关注或者由财税部门进一步明确其税收处理规则。

不过我们在这儿要进一步探讨一下受益权与收益权，收益权通俗地讲就是这个金融商品的未来收益，而受益权是一种更多的权利，比如可以处置等相应的权利，其范围要更大。

(4) 买入返售金融商品利息收入。

我们知道，买入返售金融商品，比如在形式上购入金融商品债券 1 000 万元，约定一个月后对方再买回去，价格是 1 050 万元，此时这 50 万元，就相当于购入返售金融商品方的利息收入。

在营业税下，我们曾经发现有的税务机关认为买入返售金融商品，要视交易所有权是否转移判断为“金融商品转让”或者“利息收入”，其实无论是金融商品转让还是利息收入，在营业税下其计算的结果是一样的，只是金融商品买卖或许存在是负数的结果，这是一种特殊情形，或许会带来税额的减少。

现在从财税〔2016〕36 号文件的规定来看，并没有刻意区分是不是所有权转让或者抵押的形式，直接界定为贷款服务，这也算是简化处理、结果导向的一种征管方式了。

除以上几类特殊说明之外，直接收费金融服务以及保险服务，则较为常规。在此我们探讨一下，对于银行存在的保管箱业务及票据销售业务，在适用增值税上可能存在的争议。

如保管箱业务，有的人士提出这是不是租赁业务，小编认为这是融入的一种保管服务，工具箱只是一种实施工具而已，因为这个箱子不是个人拿走自己用去了。有点像我们知道的酒店提供会议室一样，是有服务在里面的，不仅仅是出租场地，包括在国家税务总局的解释口径中都已明确属于会务服务，按 6%适用增值税税率，因此保管箱业务也属于金融服务的一类。

再如出售表单业务，这里面有两种情形，一种是办理金融服务业务中发生的表单费用，这种情形之下，算是金融服务的混合销售，因此直接全按金融服务 6%适用税率。如果没有即时办理业务，买回支票存根之后再使用，此时是作为销售货物为先，还是可以与后面的服务绑定在一起作为金融服务业务呢？小编认为，买银行的表单没有任何用处，必须是用于其办理业务中使用，参照营业税下的处理意见，视其为服务的组成部分，适用金融服务更合理一些。

11.1.1.2　金融业务的销售额的确认

我们还是先来看一下财税〔2016〕36 号文件对此的特别规定：

（三）销售额。

1. 贷款服务，以提供贷款服务取得的全部利息及利息性质的收入为销售额。

2. 直接收费金融服务，以提供直接收费金融服务收取的手续费、佣金、酬金、管理费、服务费、经手费、开户费、过户费、结算费、转托管费等各类费用为销售额。

3. 金融商品转让，按照卖出价扣除买入价后的余额为销售额。

转让金融商品出现的正负差，按盈亏相抵后的余额为销售额。若相抵后出现负差，可结转下一纳税期与下期转让金融商品销售额相抵，但年末时仍出现负差的，不得转入下一个会计年度。

金融商品的买入价，可以选择按照加权平均法或者移动加权平均法进行核算，选择后 36 个月内不得变更。

金融商品转让，不得开具增值税专用发票。

这儿我们再来看一下，贷款服务是以取得的利息或利息性质的收入为销售额，此处利息性质的收入，主要是指有人为拆分的利息收入或价外费用，如罚息等确认为收入。直接收费的金融服务比较清晰，一般银行也是即时结算，多数没有说一个时期一收款的情形，同时对于按期提供服务的，多是周期性先收处理。那除了金融服务以外，金融机构可能也有一些其他的咨询服务收入，除了可以选择简易计税的税率上也是一样，所以也不必区分得那么清楚了。

对于金融商品转让涉及的销售额问题，我们整理如下（见表11-1）：

表11-1
金融商品转让涉及的销售额问题总结

事项	说明	分析
销售额	卖出价－买入价	注意不得扣除手续费、印花税之类
销售额为正差	注意换算为不含税收入额计税。如100总价为卖出价，90为买入价，则（100－90）/1.06为不含税收入额	计算缴纳增值税，差额方式填写纳税申报表
销售额为负差	如卖出为90，买入为100，则90－100＝－10，此时也没有必要折算为不含税销售额，最多只能算收入额为0，－10总额转下一期继续抵减，但是年末仍有未消化完的负差，就不得结转下一年了	负差只能由金融商品转让冲抵，这个负差是指当期所有金融商品的收入，比如债券转让为负差－20，但是股票转让为50，此时金融商品转让的计税销售额就为50－20＝30[a]，如果上例中没有股票转让正差，则－20不能去冲减贷款利息收入，只能结转至下期看金融商品是否有正差可以抵，如下期金融商品转让为80，则相抵20后为60，作为计税销售额
买入价的计量方式	加权平均法或者移动加权平均法	注意如果有的纳税人只有几笔买入与卖出，能否用个别计价法呢？小编认为这仍是分不清到底是哪批卖出去的，因此是不符合规定的计算方式的
发票	不得开具增值税专用发票	这儿要知道，开具发票给谁都不知道，本身就是市场交易中分不清的，那都差额了，开具增值税专用发票也没有用。是不是必须要开具普通发票作为差额的依据呢？财税〔2016〕36号文件也并未将其列入要求之内，我们可以关注一下《营业税改征增值税试点有关事项的规定》第（三）项第11条的规定

注：a. 营业税下，自2013年12月1日起，依照《国家税务总局关于金融商品转让业务有关营业税问题的公告》（国家税务总局公告2013年第63号）的规定：纳税人从事金融商品转让业务，不再按股票、债券、外汇、其他四大类来划分，统一归为“金融商品”，不同品种金融商品买卖出现的正负差，在同一个纳税期内可以相抵，按盈亏相抵后的余额为营业额计算缴纳营业税。若相抵后仍出现负差的，可结转下一个纳税期相抵，但在年末时仍出现负差的，不得转入下一个会计年度。

关于金融商品转让的差额，我们还需要关注下列情形：

比如某纳税人买卖金融商品，且实行按季度计算，如一季度是正差50万元，二季度是正差10万元，三季度是负差80万元，四季度是正差10万元，则当年度金融商品买卖的增值税如何计算呢？

一季度按 50/1.06×6%计算销项税额，二季度按 10/1.06×6%计算销项税额，三季度是负差，不计销项税额，四季度是正差，可以抵补三季度的负差 10，则第四季度不计销项税额。算下来全年有－10 的负差，但是一、二季度却是计了税的，此时能否延续财税〔2003〕16 号[1]文件中营业税下的退税办理呢？目前来看这个退税的规则是没有明确的，估计难以用营业税的相关规定作为执行标准。

在此我们还需要解释一下，金融企业的这些不同的业务是分别从事的，分别计量是不是达到应税行为的。通常如果没有差额法，那么基本上就是简单地相加计算应税销售额。但是由于金融商品可以差额且可能出现负差的时候，那是不能冲抵非金融商品业务的销售额的，因为其本身属于不同的应税事项及其产生的销售额，不相互抵也是符合独立应税行为原则的。在上面的案例中，自然是不可以去冲减当期的贷款利息收入，或者是直接收费金融服务的销售额的。这一点，我们还是要好好地理解清晰。

11.1.2　金融服务的减免税优惠

财税〔2016〕36 号文件对此的规定是这样的：

一、下列项目免征增值税

（十九）以下利息收入。

1. 2016 年 12 月 31 日前，金融机构农户小额贷款。

小额贷款，是指单笔且该农户贷款余额总额在 10 万元（含本数）以下的贷款。

所称农户，是指长期（一年以上）居住在乡镇（不包括城关镇）行政管理区域内的住户，还包括长期居住在城关镇所辖行政村范围内的住户和户口不在本地而在本地居住一年以上的住户，国有农场的职工和农村个体工商户。位于乡镇（不包括城关镇）行政管理区域内和在城关镇所辖行政村范围内的国有经济的机关、团体、学校、企事业单位的集体户；有本地户口，但举家外出谋生一年以上的住户，无论是否保留承包耕地均不属于农户。农户以户为统计单位，既可以从事农业生产经营，也可以从事非农业生产经营。农户贷款的判定应以贷款发放时的承贷主体是否属于农户为准。

[1] 财税〔2003〕16 号，即《财政部 国家税务总局关于营业税若干政策问题的通知》，该文件规定：金融企业买卖金融商品（包括股票、债券、外汇及其他金融商品，下同）可在同一会计年度末，将不同纳税期出现的正差和负差按同一会计年度汇总的方式计算并缴纳营业税，如果汇总计算应缴的营业税税额小于本年已缴纳的营业税税额，可以向税务机关申请办理退税，但不得将一个会计年度内汇总后仍为负差的部分结转下一会计年度。

2. 国家助学贷款。

3. 国债、地方政府债。

4. 人民银行对金融机构的贷款。

5. 住房公积金管理中心用住房公积金在指定的委托银行发放的个人住房贷款。

6. 外汇管理部门在从事国家外汇储备经营过程中，委托金融机构发放的外汇贷款。

7. 统借统还业务中，企业集团或企业集团中的核心企业以及集团所属财务公司按不高于支付给金融机构的借款利率水平或者支付的债券票面利率水平，向企业集团或者集团内下属单位收取的利息。

统借方向资金使用单位收取的利息，高于支付给金融机构借款利率水平或者支付的债券票面利率水平的，应全额缴纳增值税。

统借统还业务，是指：

(1) 企业集团或者企业集团中的核心企业向金融机构借款或对外发行债券取得资金后，将所借资金分拨给下属单位（包括独立核算单位和非独立核算单位，下同)，并向下属单位收取用于归还金融机构或债券购买方本息的业务。

(2) 企业集团向金融机构借款或对外发行债券取得资金后，由集团所属财务公司与企业集团或者集团内下属单位签订统借统还贷款合同并分拨资金，并向企业集团或者集团内下属单位收取本息，再转付企业集团，由企业集团统一归还金融机构或债券购买方的业务。

(二十) 被撤销金融机构以货物、不动产、无形资产、有价证券、票据等财产清偿债务。

被撤销金融机构，是指经人民银行、银监会依法决定撤销的金融机构及其分设于各地的分支机构，包括被依法撤销的商业银行、信托投资公司、财务公司、金融租赁公司、城市信用社和农村信用社。除另有规定外，被撤销金融机构所属、附属企业，不享受被撤销金融机构增值税免税政策。

(二十二) 下列金融商品转让收入。

1. 合格境外投资者（QFII）委托境内公司在我国从事证券买卖业务。

2. 香港市场投资者（包括单位和个人）通过沪港通买卖上海证券交易所上市A股。

3. 对香港市场投资者（包括单位和个人）通过基金互认买卖内地基金份额。

4. 证券投资基金（封闭式证券投资基金，开放式证券投资基金）管理人运用基金买卖股票、债券。

5. 个人从事金融商品转让业务。

(二十三) 金融同业往来利息收入。

1. 金融机构与人民银行所发生的资金往来业务。包括人民银行对一般金融机构贷款，以及人民银行对商业银行的再贴现等。

2. 银行联行往来业务。同一银行系统内部不同行、处之间所发生的资金账务往来业务。

3. 金融机构间的资金往来业务。是指经人民银行批准，进入全国银行间同业拆借市场的金融机构之间通过全国统一的同业拆借网络进行的短期（一年以下含一年）无担保资金融通行为。

4. 金融机构之间开展的转贴现业务。

金融机构是指：

（1）银行：包括人民银行、商业银行、政策性银行。

（2）信用合作社。

（3）证券公司。

（4）金融租赁公司、证券基金管理公司、财务公司、信托投资公司、证券投资基金。

（5）保险公司。

（6）其他经人民银行、银监会、证监会、保监会批准成立且经营金融保险业务的机构等。

下面我们来进一步理解一下上面的文件内容，主要从如下几个方面进行展开：

(1) 金融机构小额农户贷款利息收入免税。

2016年12月31日前，金融机构小额农户贷款服务的利息收入是免税的，其条件为单笔且该农户贷款余额总额在10万元（含本数）以下的贷款。对此需要注意两点：一是这是有时间限制的，二是要注意适用标准，单笔贷款必须在10万元以下。如果农户贷款有多笔，合计起来超过10万元，那也是不可以享受免税待遇的。

(2) 国债、地方政府债利息收入免税。

营业税下的国债利息收入，基本上参照国库券条例也是可以套免税的，对于地方政府债券却没有规定过。不过如果国债在持有期间转让了，恰好转让前又取得了利息收入，那这个利息收入需要冲减购入成本，相当于是对利息征税了，这是在国库券条例的基本规定之外，又发生的一个财税〔2003〕16号文件的解释下执行的政策。

国债、地方政府债的利息收入，是享受免税优惠的。注意，并非金融企业才有国债或地方政府债的投资，而是普遍适用的一个政策，比如有的投资性公司、信托公司等从事的两种债券的投资，取得的利息收入，是享受免税待遇的。

(3) 统借统还业务中分摊的利息收入免税。

这个政策也是营业税理念的延伸，但是性质却是不同的，营业税下是界定为不征营业税的行为，但是增值税下呢，竟然界定为免税收入了。在理解这个统借统还时，我们需要关注如下几个方面：

一是企业集团的理解，现在的理解口径有两种，一种是所谓的工商登记说，必须是登记为集团名称；另一种是基于集团的定性，而不是名字，不让这个统借统还成为一个特殊有户口的群体所独享。小编认为，基于业务本身的规定并不是有了什么资质才认可，正如当下的异地高考一样，没有户口的就不认可。我们可以看如下三个地方税务机关的理解口径（见表 11-2）：

表 11-2

三个地方税务机关对统借统还业务中"企业集团"的理解口径

税务机关	口径
内蒙古国税	统借统还业务中"企业集团"如何界定，企业集团发债行为是否属于统借统还 根据《企业集团登记管理暂行规定》，统借统还中的"企业集团"，是指以资本为主要联结纽带的母子公司为主体，以集团章程为共同行为规范的母公司、子公司、参股公司及其他成员企业或机构共同组成的具有一定规模的企业法人联合体。 统借统还业务中，企业集团或企业集团中的核心企业以及集团所属财务公司按不高于支付给金融机构的借款利率水平或者支付的债券票面利率水平，向企业集团或者集团内下属单位收取的利息。 统借方向资金使用单位收取的利息，高于支付给金融机构借款利率水平或者支付的债券票面利率水平的，应全额缴纳增值税
山东国税	关于统借统还业务中"企业集团"的界定问题 统借统还中的"企业集团"，是指以资本为主要联结纽带的母子公司为主体，以集团章程为共同行为规范的母公司、子公司、参股公司及其他成员企业或机构共同组成的具有一定规模的企业法人联合体
深圳国税	统借统还中的"企业集团"，根据《企业集团登记管理暂行规定》，是指以资本为主要联结纽带的母子公司为主体，以集团章程为共同行为规范的母公司、子公司、参股公司及其他成员企业或机构共同组成的具有一定规模的企业法人联合体

从谨慎的角度理解，当然有登记机关的"背书"，认可上肯定是安全的，但是我们更希望税法有自己的行为判断规则，而不是简单的拿来主义。但如果小编来管理税，那可能也会从保护的角度来考虑工商登记的借鉴，但是如果在相应的解释没

有明确之时，以扩大的解释来明确标准，小编认为还是没有充分的依据来据此判断的。希望这个统借统还既然考虑了实质重于形式的原则，这方面也能够有所作为。

二是资金来源：①向金融机构的借款，②发行债券的利息。这是列举的两类资金来源，如果是从民间借款而来，那就可能不被认可了。

三是分摊的利息，不得高于融资利率水平，如果高了，视为自己发生贷款行为，全额计算增值税，这个就不合算了。因为贷款利息本身是不得抵扣的，一方产生销项，另一方计入成本，在商业分析的章节我们已明确，这是明显给集团带来利益损失的。所以还是要充分地利用统借统还这个政策。如果低了呢？这种情形确实没有明确，但是从分摊共同行为主体参与的角度，小编认为这也是一种贷款服务的行为。不过从条文的规定来看，是作为免税收入的，这种情形之下，是可以开具增值税普通发票的。这在营业税下是作为不征税处理的，因此并不需要发票。这倒好，现在免税的结果虽然是延续了营业税的结果导向，不过在企业所得税上可能使用资金的一方是要发票了，或者税务机关认为营业税下因为是不属于营业税的范围，现在是免税性质，那是增值税管的，故要求开具发票似乎也不为过，这其实不大有必要，建议作为不征税可能是更好的一个延续的方式，毕竟是相当于多个人借款，中间方只是“倒手”，不是以交易为利益点。这儿还有一个问题，即如果是界定为免税，那相当于仍是要进行申报的，同样，对于免税收入对应的不能划分的进项税额，要进行计量转出，这一系列的事，都是因为免税引起的。但既然规定了免税的规则，那就依这个规则来吧。

(4) 证券投资基金买卖股票、债券和个人买卖金融商品。

这两类也是一个延续的大方向，即证券投资基金的管理人买卖股票、债券是免税的，个人买卖金融商品都是免税的。

(5) 金融同业往来利息收入。

这个有多层含义，我们必须要充分地理解，具体内容见表 11-3。

表 11-3

事项	说明
基本规定	1. 金融机构与人民银行所发生的资金往来业务。包括人民银行对一般金融机构贷款，以及人民银行对商业银行的再贴现等。

续表

事项	说明
基本规定	2. 银行联行往来业务。同一银行系统内部不同行、处之间所发生的资金账务往来业务。 3. 金融机构间的资金往来业务。是指经人民银行批准，进入全国银行间同业拆借市场的金融机构之间通过全国统一的同业拆借网络进行的短期（一年以下含一年）无担保资金融通行为。 4. 金融机构之间开展的转贴现业务
金融机构的范围	金融机构是指： (1) 银行：包括人民银行、商业银行、政策性银行。 (2) 信用合作社。 (3) 证券公司。 (4) 金融租赁公司、证券基金管理公司、财务公司、信托投资公司、证券投资基金。 (5) 保险公司。 (6) 其他经人民银行、银监会、证监会、保监会批准成立且经营金融保险业务的机构等

我们先来看看金融机构的范围。这儿首先不包括“非金融租赁公司”，比如商务部或其他部门或机构批准设立的融资租赁公司；其次不包括小贷公司，因为小贷公司本身并不是上面列举的管理部门批准成立的，多是地方金融办批准成立，虽在金融机构的范围中有列示小贷公司，但这儿显然是将其剔除在外了。这也是部门归属的协调问题。那列举项中的“证券投资基金”是否包括一些私募基金呢?《证券投资基金法》规定：在中华人民共和国境内，公开或者非公开募集资金设立证券投资基金（以下简称基金），由基金管理人管理，基金托管人托管，为基金份额持有人的利益，进行证券投资活动，适用本法。因此据此发行的基金，则按此进行。对于一些私募，有的只是叫这个基金的名字，其实就是一些投资公司而已，只有一些阳光化的私募投资基金，才有一些多样化的投资行为。

金融机构间的同业往来，这儿的范围较营业税下明显地缩小了，因为营业税下没有提拆借平台、时间、线上等要求，多数营业税下的操作就看企业的会计处理是不是在同业往来的科目中，所以也有“浑水摸鱼”的情形发生。那增值税下，首先是改变了同业往来的涉税定性，是从不征税到免税，这也是发生了一个性质的改变。同时基于缩小口径的理解，大家理解原来金融机构间的一些业务可能就无法操作了。

金融机构间的资金往来业务，是指经人民银行批准，进入全国银行间同业拆借市场的金融机构之间通过全国统一的同业拆借网络进行的短期（一年以下含一年）无担保资金融通行为。这儿强调了一是批准，二是通过同业拆借网络进行，三是短期，四是无担保的，才符合免税的条件。比如原来线下的一些同来往来业务是没有出路的。

但可能是基于进一步对情形的落实，这么严格的条件也是有所突破的，《财政部 国家税务总局关于进一步明确全面推开营改增试点金融业有关政策的通知》（财税〔2016〕46 号）进一步对免税的标准进行了突破：

经研究，现将营改增试点期间有关金融业政策补充通知如下：

一、金融机构开展下列业务取得的利息收入，属于《营业税改征增值税试点过渡政策的规定》（财税〔2016〕36 号，以下简称《过渡政策的规定》）第一条第（二十三）项所称的金融同业往来利息收入：

（一）质押式买入返售金融商品。
质押式买入返售金融商品，是指交易双方进行的以债券等金融商品为权利质押的一种短期资金融通业务。

（二）持有政策性金融债券。
政策性金融债券，是指开发性、政策性金融机构发行的债券。

小编认为，这种类似的情形未来还是会存在突破的，因为政策本身的制订可能并没有想得这么周全，同时也有国家鼓励产业发展之需而做出改变的。这儿呢，明确的两种情形是归类于“金融同业往来利息收入”，那只有金融机构才可以享受：

一是质押式买入返售金融商品，这儿只适用于质押，不包括真的所有权变更的情形，同时要注意，这儿提到了债券等金融商品，那债权收益权算不算金融商品？理解上这是一个宽的口径解释。但对于“短期资金融通业务”，这儿的短期是不是要借鉴“一年以下含一年”呢？看来还是有这个可能的，因为本身就是归类于同业往来利息收入的大类的，但现实当中，小编担心理解的偏差较大，因为这儿没有解释清楚，那一年半或二年的算不算短期，一来有争议，二来可能纳税人或许会得到立法规时想的不一样的优惠享受，那建议还是进一步明确一下为好。不过没有限制，那还是应允许纳税人自由地掌握一下。

二是政策性金融债券，这主要是指国家开发银行、进出口银行等政策性银行发生的金融债券，不包括其他商业性银行发行的一些债券。这儿虽是利息收入，但是并不归类于国债、地方债的免税收入，而是作为同业往来利息收入对待的，因为这也是金融机构购买的，基于彼此之间发生的，所以也是解释得通的。另外金融机构的转贴现收入也是免税收入，这一点在营业税下就存在，所以没有什么更多要探讨的。

不过，如果我们还要用历史眼光看待同业往来，那显然就过时了，因为我们又看到了新的补充文件发布了，这就是财税〔2016〕70 号文件，在此我们一并进行了梳理（见表 11-4）：

表 11-4

原始状态	第一次补充	第二次补充	备注
财税〔2016〕36 号： 免税（二十三）金融同业往来利息收入	《财政部 国家税务总局关于进一步明确全面推开营改增试点金融业有关政策的通知》(财税〔2016〕46 号)： 一、金融机构开展下列业务取得的利息收入，属于金融同业往来利息收入：	《财政部 国家税务总局关于金融机构同业往来等增值税政策的补充通知》(财税〔2016〕70 号)： 一、金融机构开展下列业务取得的利息收入，属于金融同业往来利息收入：	*
核心利益：免税！免税！免税！			
1. 金融机构与人民银行所发生的资金往来业务。包括人民银行对一般金融机构贷款，以及人民银行对商业银行的再贴现等	*	二、商业银行购买央行票据、与央行开展货币掉期和货币互存等业务属于《过渡政策的规定》第一条第（二十三）款第 1 项所称的金融机构与人民银行所发生的资金往来业务	此属于进一步明确、解释，让执行人放心的节奏！
2. 银行联行往来业务。同一银行系统内部不同行、处之间所发生的资金账务往来业务	*	三、境内银行与其境外的总机构、母公司之间，以及境内银行与其境外的分支机构、全资子公司之间的资金往来业务属于《过渡政策的规定》第一条第（二十三）款第 2 项所称的银行联行往来业务	这范围有放宽的意思：一是突破法人之间，母子公司也是同一银行！二是突破境内外的限制，这就影响代扣代缴的确认标准了，这种情形之下不用代扣代缴增值税了。所得税下向境外母公司、总公司支付利息，可还没有这个待遇！更不包括境内银行付给境外非同一银行的利息的情形，代扣代缴仍需认真执行

续表

原始状态	第一次补充	第二次补充	备注
3. 金融机构间的资金往来业务。是指经人民银行批准，进入全国银行间同业拆借市场的金融机构之间通过全国统一的同业拆借网络进行的短期（一年以下含一年）无担保资金融通行为	（一）质押式买入返售金融商品。 质押式买入返售金融商品，是指交易双方进行的以债券等金融商品为权利质押的一种短期资金融通业务	（一）同业存款。 同业存款，是指金融机构之间开展的同业资金存入与存出业务，其中资金存入方仅为具有吸收存款资格的金融机构。 （二）同业借款。 同业借款，是指法律法规赋予此项业务范围的金融机构开展的同业资金借出和借入业务。此条款所称“法律法规赋予此项业务范围的金融机构”主要是指农村信用社之间以及在金融机构营业执照列示的业务范围中有反映为“向金融机构借款”业务的金融机构。 （三）同业代付。 同业代付，是指商业银行（受托方）接受金融机构（委托方）的委托向企业客户付款，委托方在约定还款日偿还代付款项本息的资金融通行为。 （四）买断式买入返售金融商品。 买断式买入返售金融商品，是指金融商品持有人（正回购方）将债券等金融商品卖给债券购买方（逆回购方）的同时，交易双方约定在未来某一日期，正回购方再以约定价格从逆回购方买回相等数量同种债券等金融商品的交易行为。 （六）同业存单。 同业存单，是指银行业存款类金融机构法人在全国银行间市场上发行的记账式定期存款凭证	从严格条件到特定情形放宽到基本上全放开，这个节奏好像有点：早知如此，当初一下子明确多好呢？“这跟营业税下的情形，基本上是有点”再回到从前“的幸福生活”： （1）质押返售与买断返售：都是免税的同业往来，买断也不会被认定为属于金融商品买卖。 （2）同业存款：其实不是真正的属于不征收增值税的“存款利息”的归类，而是叫存款，其实是一种融资行为，明确了，也不用争“是不是存款利息了”，不然做这个生意的金融机构基本是赔本，没有办法做了。同业存单也是如此。 （3）同业代付，那也是融通资金行为 （4）注意同业，可没有提可以跨境，依照传统营业税的理解，同业仅指中国境内的金融机构之间的事（除上面提及的同行之间的例外）
4. 金融机构之间开展的转贴现业务	*	*	

续表

原始状态	第一次补充	第二次补充	备注
*	（二）持有政策性金融债券。 政策性金融债券，是指开发性、政策性金融机构发行的债券	（五）持有金融债券。 金融债券，是指依法在中华人民共和国境内设立的金融机构法人在全国银行间和交易所债券市场发行的、按约定还本付息的有价证券	这也是放宽的节奏，金融债券全免税了

一是对于金融企业（记得是限于列名的上述机构类型）：痛并快乐着，痛的是系统又要改，快乐是又免税了，晚来的也是来啊！

二是银行、财务公司、信托投资公司、信用社是季度纳税，已按月纳税的单位，要进行调整了！

三是除了列名的金融机构，我们的小贷公司、一些投资性的资产公司，真是羡慕、嫉妒，恨不知有没有？小编大胆预测，这些机构估计也在推动要"补充通知"！值得期待！

11.1.3 金融企业的特定业务政策适用探讨与风险分析

关于过渡时点前后，金融业面临的营改增转换的问题，在之前的章节中我们专门探讨过。在这儿，我们重点探讨一下基于增值税的逻辑之下，我们金融业面临的政策应用、风险，以及小编对于金融业营改增政策的相关建议，以期让这个业务品类复杂的行业，在营改增不断试点的推进过程中，能够明确、进而合理，以利于未来行业的长期性适用。

11.1.3.1 关于利息收入的纳税义务发生时间——错乱中的执行

我们都知道，增值税纳税义务的发生时间，对于金融企业来讲，本身没有如建筑、租赁预收款即达到纳税义务发生时间的规定。那就适用一般的规定，即财税〔2016〕36号文件的规定：

纳税人发生应税行为并收讫销售款项或者取得索取销售款项凭据的当天；先开具发票的，为开具发票的当天。收讫销售款项，是指纳税人销售服务、无形资产、不动产过程中或者完成后收到款项。

取得索取销售款项凭据的当天，是指书面合同确定的付款日期；未签订书面合同或者书面合同未确定付款日期的，为服务、无形资产转让完成的当天或者不动产权属变更的当天。

金融企业通常是不会先行开具发票的，这跟金融业的资金强势需求是分不开的。而且往往是付钱再给发票，或者根本不给发票。比如我们的地产融资企业，在跟信托公司进行融资时，估计要不到发票的情形是比较多的，还有当下比较热门的 P2P 业务，估计要到发票的情形是比较难的。

但是有一个很现实的问题是，比如银行的贷款利息收入合同约定是每个月的 20 日结息，或者是季度结息，但是当月的利息根据银行的系统跑批，比如那是每天计算的，每二天计算的时候可能将第一天的冲掉再计二天的方式，那从当下小编了解的案例来看，银行基本上是按照营业税下的“老传统”，计提缴税，而不是按照财税〔2016〕36 号文件规定的约定付款时间确认纳税义务发生时间。

那这说明了什么问题呢？银行利息计算的增值税，是不是不合规了，而税务机关可以要求其强制执行文件的规定吗？实践当中税务机关如何处理呢？这儿需要分两个方面考虑：一是税务机关的人士可能基本上接受了银行系统算收入的做法，即认为银行就是按权责发生制计税，这个是银行独有的特点，但要是真这样，那法规是不是要改改了呢？如果不改，那只能说实务操作没有执行法规的规定，这一点小编认为还是要认真对待，而不是解释一下就可以，毕竟涉及法规的严肃性问题；二是从企业和税务机关人士的理解来看，按计提收入确认为增值税应税收入，一个底线是往往提前确认了销项税额，这就有点“吃亏”或“占便宜”的理解了，站在国家税款征收的角度，那提早收到了确认的增值税，就不强制退税处理了。而企业也认为，省得折腾，宁肯早计税也没有人不接受吧。

应该说这一点在企业所得税上同样存在，因为所得税收入的确认也是以合同约定的债务人应付利息的日期确认收入，不过在实践当中，小编也只是发现有个别银行是将年底计提的利息做纳税调减，第二年再做纳税调增处理的。同样对于实际利息法核算的利息收入，此时确认的利息不是名义利息计算的，无论是旧企业所得税的政策，还是新企业所得税下的解释，倾向于认可实际利率法确认的收入方式，不再按名义利率做纳税调整。这种情形之下，实际利率法也是先高后低的利息额的走向，故也是先“交税”的想法在起作用。如果企业晚交税，是不是就不会有这个结论了呢？

上面我们了解的是金融机构利息收入的确认，多想直接用会计上计提的利息走增值税销售额了，为减少差异调整的麻烦，从简处理。不过现实当中，也可能有的小金融机构就是以实际收到的利息确认收入，收不到的还不做，这种情形之下，小编认为确认的当然是“严格”执行了财税〔2016〕36号文件的纳税义务发生时间的条款。但是收不到的利息，却不能不计缴，由此可能会“漏”了一些税，这个可以好好进行复核一下。包括我们的融资租赁公司、小贷公司等，也都有这样的类似情形。

上面我们讲的是后付息先确认增值税销售额的情形，那对于一些企业，如小贷公司（不在财税〔2016〕36号文件列名同业往来利息收入免税的金融机构当中），其对于借款，往往是先将利息“扣”下，尽管这种情形不为正规的银行所用，对于小贷公司还是以利益为第一需求，那这种情形之下，比如5月借款，5个月，约定利息一共50万元，一次性扣下了，此时这个利息收入是一次性确认还是分5个月确认呢？通常企业是分5个月会计收入记账的，如果套用财税〔2016〕36号文件中纳税义务规则对于服务发生时收到的服务费用确认收入的话，那就要一次性确认增值税的销项税额，第一个月计算增值税，其后4个月会计上虽然有收入，也只是会计上的金额，有一个税会差异的调整问题。此时就可以一次性开具发票给客户。那此时我们是否还要强制执行“权责发生制”呢？小编认为可能就不会这样来考虑了！

如果按权责发生制确认收入计税，一个不容忽视的现实是，纳税人的当期计税收入与实际结算的时间的跨期，带来发票开具与应税收入确认的差异，因为往往是结算时点开具发票，这样按照一般的征管理解，当期收入当期开具发票，这个问题也是纳税人的一个难受之处，过于理想地这样认为，必然是不符合市场经济下“欠账”情形的时常发生。也有上面这种因规则处理不同带来的这个影响。当然这种情形产生的问题无非就是申报的收入与开具发票在当期申报表中的失衡，以致有可能有负差调整的形成，纳税人一般将差调整在未开具发票的栏次，不过好在银行开具的发票不多，未开具发票可能有充分的空间可以调剂。就算出现负差的情形，那也是可以通过人工比对的方式进行通过，只不过需要费力气进行解释啦。

11.1.3.2 票据贴现增值税收入确认时点的问题

这个问题其实是依第一个问题而存在的，但是却又有所不同。比如我们可以看下面的案例：

[案例] 2016年5月份，某银行贴现某企业承兑汇票一张，为期5个月，金额为1000万元，利息不含税收入若是50万元（含税收入是53万元），银行的会计处理如下：

借：贴现资产	1 000
贷：吸收存款	947

递延收益　　50
应交税费——应交增值税（销项税额）　　50×6%=3

当月确认利息收入：

借：递延收益　　10
贷：利息收入　　10

会计核算与增值税处理的差异比较如下（见表 11-5）：

表 11-5

分类	1 月	2 月	3 月	4 月	5 月	合计
会计收入	10	10	10	10	10	50
增值税应税收入	50	0	0	0	0	50

上面的增值税上的收入确认方式，是参照原营业税下各地的执行实务梳理的，即认为银行取得了收款的权利。但其实小编认为，这是明确的有权利收不到钱的情形，因为贴现的票据如果是 6 个月，那必然利息收入是在票据到期才取得，而不是贴现的时候，这就产生一个矛盾，即我们的税法规定如何适用交易的问题，如果套用收款时点，那小编倾向于认为是到期才收到利息，这是明确的。当然如果持票银行中间转贴现了，那就相当于提前实现了。

同样对于我们理解的是不是可以参照相关人士的观点，贴现利息收入也是按权责发生制确认的，那税会就没有差异了。不过从目前来看，倾向的观点可能仍是一次性在贴现时点确认增值税收入，并与会计上做出差异调整就可以。其实这也简单，无非取科目的时候，用递延收益（贴现利息收入）的当期贷方减去当期借方来实现增值税销售额的确认，而在科目中确认的贴现利息收入视为不发生就可以，这也算是一种简单的调整方式。

不过这儿我们不得不关注转贴现的处理，依照财税〔2016〕36 号文件的规定，转贴现一般就是在金融机构之间进行，这个转贴现收入是属于金融机构往来利息收入，是免税的。我们再来看一下直贴现与转贴现的衔接中会出现什么样的结果：

如果按照上面的操作方式，直贴人在第一个月结束后转贴，相当于余下的 40 万元是转给下一个金融机构了，那相当于是下一家金融企业的转贴收入，是免税收入。但是这 40 万元相当于是第一家金融机构全额计缴了增值税。是有人背了税负成本的。从这个角度理解，直贴人在利益上是有困难的，因为其可能挣的手续费，还不够产生的销项税额的，比如持有一天就转贴了，那就是赔本做生意了。其实这个问题在营业税下就存在，至于是不是按贴现时点全额缴税，估计有大批金融机构是没有这样做的。

对于转贴还有一个问题探讨就是，就是直贴时全额计缴增值税销项税额，但是在转贴时，能否从之后的收入中扣除 40 万元呢？注意不是追溯的方式进行，从当前财税〔2016〕36 号文件的角度，自然是没有这个说法的，要么是一次性在贴现时点计税，要么是权责发生制确认，那后期转贴后没有权责发生的收入，自然就没有收入了，这是有配比的原则，似乎对于纳税人更容易接受。

11.1.3.3 关于金融机构贷款政府贴息的收入是否应税的判断

这种情形是指政府在激励贷款项目时，对于利息的成本，部分是由政府归还的情形。那这种政府归还的利息，能否按财政补贴可以享受不征增值税的待遇呢？

首先小编认为，这种情形下首先要分析一下这个政府付利息的性质，比如就是以承担利息的性质付款，那相当于还是金融机构的利息收入，小编倾向于认为是作为计税收入。当然如果从产业财政补贴的角度看，比如这个政策本身就是激励当地金融机构提供低息贷款给某些行业企业而给予的。

更多情形之下的贷款贴息，我们在收入判断上可能难以从不是从购买方取得来确定其不属于销售额的组成范围，财税〔2016〕36 号文件特别规定了“国家商品储备管理单位及其直属企业承担商品储备任务，从中央或者地方财政取得的利息补贴收入和价差补贴收入”为免税收入。如果没有规定特免情形，小编认为去争取可能还是有难度。当然我们也可以从财政补贴的角度认为这跟价格无关去理解，不过只能算是一种解释的理由了。

11.1.3.4 90 天表外利息收入的确认问题

关于表外利息的增值税确认，这一次营改增的政策又给我们的金融机构带来了利好的消息，毕竟从 2009 年《营业税暂行条例实施细则》修订以来，旧规则下基于《财政部 国家税务总局关于金融企业应收未收利息征收营业税问题的通知》（财税〔2002〕182 号）的规定，表外利息不计营业税的规定就废止了，由于普遍认为是表外利息的部分要全额计征营业税，这一点在国家税务总局稽查局检查农行和建行的时候就明确提出：根据现行政策规定，逾期 90 天应收未收贷款利息（含复利和罚息），应计征营业税。不过从目前来看，执行情况非常多样，有的就一直认为不应变，可能就没有缴，有的可能就缴了，由于政策的模糊性（即废止后没有好好地解释或明确），纳税人产生幻想，认为可能还会下政策呢。

本轮营改增对于表外利息是这样规定的：

金融企业发放贷款后，自结息日起 90 天内发生的应收未收利息按现行规定缴纳增值税，自结息日起 90 天后发生的应收未收利息暂不缴纳增值税，待实际收到利息时按规定缴纳增值税。上述所称金融企业，是指银行（包括国有、集体、股份制、合资、外资银行以及其他所有制形式的银行）、城市信用社、农村信用社、信托投资公司、财务公司。

这个条款有点儿难理解，且来举例解释一下。比如某金融企业发放贷款，2016 年 6 月 20 日应收利息是 100 万元，那这 100 万元在 90 天内（至 9 月 17 日），自然属于收入，是要计算缴纳增值税的，超过 90 天了，那 9 月 18 日，依照规定转至表外了。这儿有两种方式，一种是冲减转出期收入，那这个自然不认可冲减。但是转出表外之后再产生的利息罚息等，就不走权责发生制了，而是在实际收到时确认增值税收入就可以了。通常金融企业在实际收到时也是转到表内的，那自然就并为当期收入基数的范围了。还有一种是不冲减当期的利息收入，直接用计提呆账准备金的形式处理，这种情形之下，那就没有冲减，自然不需要加回来。转到表外之后产生的利息，也是参照以上原则进行处理，只是存在冲与不冲的两种情形之下的差异。

但是 90 天核算的规则，看似是一个很简单的数字，不过对于金融机构来讲，却可能是一个困难。比如有的企业执行的是会计上按 90 天执行的转表外的操作，但是依照新会计准则，有的企业就不是按 90 天，而是从风险评估的角度进行判断，如 2 天或 120 天，都是一种时间的标准。但这就明显违背 90 天的标准了，税务是不予认可的，结果这种调整的成本，估计操作上就有压力了。如果放任不管，那就可能少交国家的税款，这一点很重要。

同时必须要注意，可以享受这个政策的机构范围，限于银行、城市信用社、农村信用社、信托投资公司和财务公司，并不包括融资租赁公司，哪怕是金融融资租赁公司，以及小贷公司，更不包括一般企业的对外借款收不回款的情形。

11.1.3.5 债券的利息收入确认方式及时点

承贷款利息收入的取得的时点判断，这个问题对于债券，如国债、地方政府债和企业债，都是存在的。在税法上的规定用语都是用“取得”，那对于债券利息收入，什么是取得？难道又引用我们可能质疑的“权责发生制”计提的利息吗？还是真正兑现的利息收入时点呢？

从小编的理解看，在增值税上，没有规定是计提制享受免税的确认，如同企业所得税享受国债利息免税的政策那样，那就是简单地理解取得时点，这是一个行为时点。基于此，企业可能有两种处理方式：

一种是债券利息的计提利息核算方式，这种方式是按日计息作收入的；另外一种是实际收到时作利息收入，此时往往是作为利息收入入账的。那核心的问题就出现了，销售额如何确认？国债、地方政府债、政策性金融债的免税收入如何确认？

比如我们假设企业债的购入价格是100万元（有的人士认为要考虑净价法交易方式，小编认为这个卖出与买入就是总价的理解，不必引入更科学的方法来拆分计税的规则），期间计提利息收入是1万元，随后以105万元卖出。

分析：如果企业就是权责发生制1万元计算利息收入的增值税了，那随后的105－100＝5（万元）就作为金融商品转让收入计税，此时不就缴多了吗？1万元本来就是虚的，没有收到钱算啥税呢？当然企业的会计处理可能是将1万元转入投资收益，同时确认4万元的转让收入，相当于计提的利息冲回处理。此时倒是不吃亏，没有多计税。总的原则是如果1万元计了税，后面的计税金额只能是4万元，不致产生重复计税的结果，这才是根本的保障。至于名义上产生差异，同时也有时间性的提前确认，那就是时间性的差异，企业或许还是能够接受的。在实务中，企业一般投资是分类的，一种是持有到期，一种是交易性等，所以相对的分类还好区分。

上面我们讨论的是时间性的影响，如果我们以国债作为样本分析呢，则结果就不一样了。比如期间计提的利息收入是1万元，那这个计提的1万元算不算企业的免税收入呢？如果算，相当于4万元作金融商品转让收入计税，这里有一个绝对值的问题。从小编的理解看，此时并不符合免税的条件，不算取得，而如果后面接手的人实际收到时，会不会再确认一次免税收入呢？这是免税收入的重复享受了，肯定是违背一个大原则的，也是有问题的。

11.1.3.6 存放同业取得的利息收入能否适用不征税范围

财税〔2016〕36号文件规定存款利息是不征增值税的，对于一般的个人、单位在金融机构的存款，那自然是能够靠上这个的。但是要是资金也是以存款的名义“存入”一般的投资性公司、小贷单位或者是做高利贷的，那能不能享受这个不征增值税的待遇呢？

从小编看到的两个地方税务机关的解释口径看，认为还是要存到法定有吸储功能的金融机构才符合条件。这也是，因为没有这个资质，那就很容易混淆存款和借款融资了。对于金融机构也是一样，即使是银行，也有存款，比如存在其他金融机构的备用金等。

金融机构做同业存放业务，为什么要努力争取这个待遇呢？这是有原因的！因为营改增之前，这个业务基本上走的是同业往来不征营业税的处理。但是营改增了，这个同业往来的条件严厉得多了。如何办，比如我们看下面的这个案例：

［**案例**］银行从其他渠道融资 1 000 万元，融资成本利息是 50 万元，其通过同业存款方式转入其他金融机构，取得 51 万元的利息收入，此笔业务银行取得 1 万元利息收入，依照增值税规则，如何计算增值税？

如果能够用上同业往来利息收入免税，则挣得 1 万元，这在营业税下就是这样操作的。但是增值税却没有这个待遇，只能从存款利息的角度入手，看看有无空间。小编的理解是，同业存款需要考虑与融资的区别，如一些称之为结构性存款的产品，其实是理财产品或融资方式，这种情形之下，是很难享受到存款利息不征税待遇的。更有银行是通过信托或者一些间接渠道转入同业的，那也是享受不到这个待遇的。但是如果明确就是存款性质，如一些结算账户的利息，几天存款的，那这算存款利息不征增值税，小编认为还是行得通的。就怕是包装的存款，还是要结合产品属性来理解。

11.1.3.7　利息的价税分离对企业所得税处理带来挑战

这个问题可能多数人没有关注到，因为还没有到企业所得税汇算清缴的时候。我们先来看看企业所得税的规定：

《国家税务总局关于金融企业贷款利息收入确认问题的公告》（国家税务总局公告 2010 年第 23 号）规定：

根据《中华人民共和国企业所得税法》及其实施条例的规定，现对金融企业贷款利息收入所得税处理问题公告如下：

一、金融企业按规定发放的贷款，属于未逾期贷款（含展期，下同），应根据先收利息后收本金的原则，按贷款合同确认的利率和结算利息的期限计算利息，并于债务人应付利息的日期确认收入的实现；属于逾期贷款，其逾期后发生的应收利息，应于实际收到的日期，或者虽未实际收到，但会计上确认为利息收入的日期，确认收入的实现。

二、金融企业已确认为利息收入的应收利息，逾期 90 天仍未收回，且会计上已冲减了当期利息收入的，准予抵扣当期应纳税所得额。

三、金融企业已冲减了利息收入的应收未收利息，以后年度收回时，应计入当期应纳税所得额计算纳税。

这儿也有一个 90 天表外利息的情形，我们来看下面的这个收入，如 106 万元总利息收入，其中不含税价格是 100 万元，税额是 6 万元，在营改增之前，是全额作为利息收入的，属于企业所得税的应纳税所得额。但是营改增之后，上面的 100 万元是应纳税所得额，6 万元是计入应收利息核算的应交税费。依照上面公告的规定，对于 100 万元，在发生 90 天逾期的时候，可以冲减。但是税款部分，增值税却并不允许冲减。在企业所得税上，因为记有应收利息对应的税款部分，这个还挂在账上，此时这个税款无法收回，坏账核销如何处理呢？显然公告是无法解决这个问题的，那面临着应收利息在税前扣除的问题，估计这个问题在后半年度会引起大家的关注。

11.1.3.8 银行发行的理财产品的增值税收入确认问题

据了解，当下银行有两种理财产品的发行，一种是类保收益的发行，一种是不保收益的发行，这两种形式在会计处理上是不同的，一种是作为表内利息或其他收入和支出处理，另一种是作为表外业务处理，在有收益的时候，形成自己的手续费收入，余下的利益分配并不走表内收入和成本支出。

如果从第一种情形看，那相当于是银行融资，并且自己做投资的业务，此时有的人士想也做差额收入的增值税销售额确认，小编看来还是有难度的，因为这跟吸收存款再做投资是相近的，不能将融资成本扣除后或抵扣后计税，这没有给支持性的政策。而对于表外投资的业务，相当于是银行的理财业务打理，那此时银行取得的就是手续费收入，这个所谓的“差额”确认销售额就是合理的，小编认为也符合风险分摊的实际情形。

但这个问题恐怕又是老问题了，是如信托一样没有人愿意去突破处理的问题。比如表外理财中的债券买卖，那买卖收入的部分，到底是银行来计缴增值税还是委托理财的单位来做增值税核算呢？这就是关于这个行业本身的老大难问题了，一是要不要“穿透”，二是银行是不是要来缴。从信托的经验来看，鲜有让信托公司就信托项目来作为计缴流转税的主体，因为就是具有所谓操盘的身份的解释。不过，从日常我们对于股权投资代持的角度来看，谁是法律主体谁计税，信托无疑应成为主体，但是似乎我们是“看人下菜碟”，有点想认可其特殊待遇的想法。所以有的地方税务机关就认为如果信托没有计税，那委托理财的单位来计流转税，这就是实质重于形式的另一种处理方式了。

11.1.3.9　购买理财产品涉及的增值税处理探讨

上节我们是探讨发行理财产品的增值税处理，这儿我们探讨一下购买理财产品的增值税处理。首先财税〔2016〕36 号文件将理财产品作为一种金融商品对待，这是相较于营业税下不明确的一种肯定的规则。既然是购买理财产品，那本身就有投资收益的取得描述，对此我们分两种情形进行说明。

一是保本收益形式，那这基本上就被认定为属于贷款服务了，按税率 6%确认增值税的销售额。不过现在保本描述得越来越少了，基本上描述的语言比较模糊，所以理解上还要结合实际来判断，而不仅仅是形式上看。另外一种就是非保本收益的形式，有一种观点，好像也有一些税务机关的口头意见，认为非保本的是一种投资收益的分配，相当于股息红利的分配，这跟增值税有啥关系？该缴税的环节都缴了，但是问题并不是如此简单。如果承接理财产品运营的这个机构在运营过程中，作为一个增值税的主体，已经将交易过程中产生的税费计缴了（或者称之为“扣缴”了），这也行，为何这样呢，主要是有的时候最终的客户硬要发票，作为运营主体不得不用自己的身份开具发票，那就要计税啊。这说明还是监管力度不够的原因。在这个过程中，小编认为运营者就应计缴税费，不过如果没缴，是不是购买理财的单位就必须计缴，这也是征管当中没有明确清晰的地方，估计原则上我们可以接受分红性质的是没有增值税的应税行为的事，但是考虑到税款征管的不成熟，而国家在整个存在的增值税应税交易的过程中，又不可能放任解释为纳税主体不明确就不计缴增值税。所以片面地理解为非保本不计缴增值税，小编认为结论下得还是过早。但是如果明确解释为分红不属于增值税应税行为，小编认为原则上是没有问题的。

那其实本次营改增也明确了一个原则，信托公司发行的 N 个信托项目，以所谓的每个项目作为应税主体，并没有得到认可这根本不符合我们税收管理中的户口导向管理方式，尽管信托公司解释为每个项目是独立运营，但是这只能算是信托公司的一个小业务而已，何来脱离增值税的关系呢？困难大家都理解，信托公司计缴税款量大不现实，但是一方面想着挣钱，一方面又想脱离这个风险，似乎我们的税法还是不够坚决，或者是税法本身要么就明确，不要让其天天有一种忐忑不安的心情，当然在业务交易中也不知如何在发票方面给客户一个明确的解释，在当下贷款服务不得抵扣的规定下，这个矛盾还是不大的，但是未来如果允许抵扣，那矛盾可能就会多起来。

11.1.3.10　贷款服务不允许抵扣对整个产业链的影响

资金的使用成本是整个经济命脉中谁都离不开的本钱，本轮营改增中，财税

〔2016〕36 号文件明确规定，贷款服务不得抵扣进项税额，即通俗地讲，贷款利息不得抵扣进项税额。

按照一些解读，由于涉及存款人利息不征增值税的起始，那金融机构再贷款自然是不能抵扣存款利息的进项的，以此类推，后面的产业链支付利息不得抵扣进项税额。对于金融机构来讲，这个逻辑是存在的，因为存款没有抵扣，所以销项按 6%计算了。那这个对于金融机构也确实没有抵扣呢。这跟一个产业链的开端是一样的，起始人必须承担没有进项的计税结果，金融机构也不例外。从增值税的角度来看，有人算销项，有人抵进项，这个逻辑是延续的，与销项方是否有抵扣并没有必然联系。因此小编认为，这只能算是产业的一个特殊性考虑因素，还不足以做出不得抵扣的逻辑。小编认为，正是因为贷款服务本身不得抵扣，对后面链条的延伸及集团内部资金中心的运营，都会产生整体性利益损失，因为一方产生销项，一方计入成本费用，这样的结果，我们在商业价值章节已讨论，就是损失可抵扣税金的 75%（假设所得税税率是 25%），这是对于现金和净利润的影响结果。

作为贷款服务不得抵扣，那基本上可以认为金融企业就不需要开具增值税专用发票了，反正任何情形之下都是抵扣不了的。这也相当于减少了金融机构开具增值税专用发票的压力。从未来看，我们对于贷款服务的抵扣还是充满期待的。此举也可能会刺激金融的消费。从这次不动产允许 2 年抵扣来看，料想也会对房地产业带来消费的预期。

有的人士似乎认为，可能通过组合的方式，将这个贷款服务转变一种形式，就可以达到抵扣的目的。具体的操作方式对比，见图 11-1。

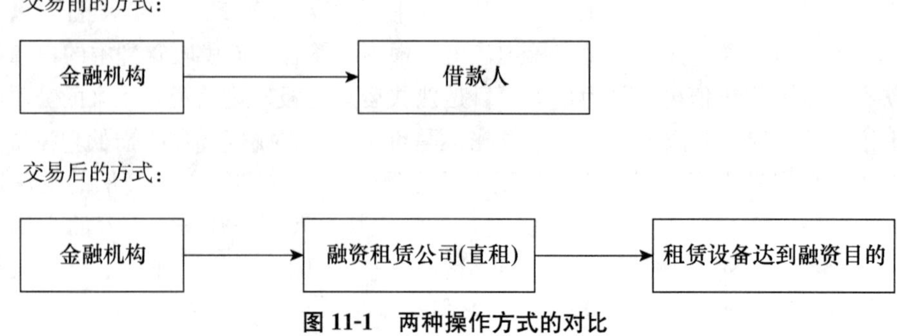

图 11-1　两种操作方式的对比

为什么融资租赁公司进来就可以“抵扣”了呢？我们进一步看看融资租赁公司的增值税的政策，财税〔2016〕36 号文件规定：

经人民银行、银监会或者商务部批准从事融资租赁业务的试点纳税人，提供融资租赁服务，以取得的全部价款和价外费用，扣除支付的借款利息（包括外汇借款和人民币借款利息）、发行债券利息和车辆购置税后的余额为销售额。

经人民银行、银监会或者商务部批准从事融资租赁业务的试点纳税人，提供融资性售后回租服务，以取得的全部价款和价外费用（不含本金），扣除对外支付的借款利息（包括外汇借款和人民币借款利息）、发行债券利息后的余额作为销售额。

注意这儿特指直租的方式，对于售后回租的融资租赁方式，是认为属于贷款服务的，不得抵扣，尽管从事售后回租的融资租赁公司也可以差额扣除利息支出，但第二个环节的传递就出现了不得抵扣的中断，所以只能以直租的方式解决。而如果正好贷款人要租赁设备或不动产，那就可以这样操作，因为融资租赁公司融出设备或不动产，是作为这两项业务处理的，自然不在贷款服务之列，因为已经转换了一种可以抵扣的形式了。不过如果这个贷款人根本不想要设备或不动产，那就不好操作了。如果是正当操作，这种方式还是可行的。不过对于上面的这个融资租赁公司的差额扣除利息，现实当中有两个地方没有明确：

一是比如借款 1 000 万元，自有资金 5 000 万元，如果用于采购直租的设备，到底是用了融资的钱还是自有的钱，这有点说不清楚，有时会引起人们的“较真”。不过小编认为还是要支持扣除，毕竟谁也不会没事去融资玩。

二是如果融资 1 000 万元，购置设备花了 500 万元，此时扣除的利息是 500 万元对应的还是 1 000 万元对应的，这可能也有争议。不过从实务来讲，小编是支持实际花的资金作为扣除的基数，毕竟这是跟收入相关的，不能借 1 000 万元，另 500 万元购买理财产品去了，这是不宜进行扣除的。

当然可能还有的人想出别的一些方法，比如大家可以想到的，借款是不利的，产生贷款利息服务的增值税，那不借款了，改为投资，这没有增值税，未来的分红也没有增值税，股权转让也没有增值税，这当然是可行的。但是问题在于借款与投资对于出资人的利益保护力度不同，比如集团内的交易，那通过投资，未来再转让或减资，这个也是可以考虑的方式。

11.1.3.11　外币折算的业务处理

财税〔2016〕36 号文件规定：纳税人按照人民币以外的货币结算销售额的，应当折合成人民币计算，折合率可以选择销售额发生的当天或者当月 1 日的人民币汇率中间价。纳税人应当在事先确定采用何种折合率，确定后 12 个月内不得变更。这一规定是适用于所有企业，不仅仅限于金融企业。金融企业只是更多一些。

比如某笔业务收入金额是 1 万美元，假设当日汇率是 6.200 0，则计算成人民币的收入是 62 000 元，以此计算增值税销项税额，如果开具发票的，也是以此开具。那能否开具成美元币种的发票数据呢？这一点有难度了，依照我们有些税务机关的解释口径，正规的发票是要用人民币填写的，但可以将外币金额和汇率填写在备注栏中。

对于金融机构也是一样，都是这样的掌握标准。但请注意，上面的举例只是按发生日期的方法计算的，还有一种方法是按照当月 1 日的人民币汇率中间价进行折算，这也可以，但确定之后，12 个月内不得变更。不过我们也注意到，有的金融机构在记账时，是用的双币种核算的，即不即时转换为人民币核算，此时的困难就是外币核算的收入，在计算增值税的时候，那也只能用上面的两种方法计算了。即使银行是按季度计算增值税的，那也是依照规定按发生当天或当月 1 日的汇率中间价进行折算处理。由此这会有一个问题，比如计税时确认的增值税收入折算为人民币是 62 000 元，但是到了结算时，人民币折算金额为 62 002 元，这其实是很正常的，无非就是汇率的调整，并不再需要就上述的金额调整增值税的销售额。

11.1.3.12 保理业务下债权转让的增值税的应用

在营业税下，债权转让，基本上是没有缴纳营业税的，因为不属于营业税的税目之列，税务机关也不好去征，一些资产公司也不会主动去缴纳。那现在改增值税了，是不是仍然可以延续之前的营业税的处理口径呢？债权是不是属于金融商品呢？

如果只是债权转让，在当下财税〔2016〕36 号文件规定的列举情形中，是没有的，比如下面的案例。某财务公司将债权转让给某特殊目的的持有机构，进而再推动资产证券化的操作。对于第一步来讲，债权转让，这属于保理的一种情形，相当于债权融资的行为。从规定来看，并没有计缴增值税的基础，那转让了后，其实债务人还钱的方式还是给这个财务公司，只是财务公司将资金转给保理机构而已，债务人不是对着保理机构付息的。此时的发票仍是由财务公司开具，那会不会产生不属于自己的利息了，但却计缴税，而保理的机构仍要计缴利息的增值税呢？这一点好在现在还不用开具增值税专用发票用于抵扣，这个开具的主体还好处理。

我们关注到前海国税对于应收债权的转让，是这样解释营改增的政策应用的：应收债权转让，按金融商品转让处理，一年内盈亏相抵后计算销售额，税率 6%，不可开具增值税专用发票。我们要重视地方税务机关的解释口径。

在营改增之前，前海、天津等地还出台了保理业务差额计算营业税的规定，那是相当于保理公司从事收购债权的事项，资金也是从金融机构融的，这个成本应允许扣除差额。但是可惜，这个政策在增值税下并没有得到认可与普及，原来的营业税的地方政策也就消失了。而在增值税的严格立法控制下，地方自然也很难出地方的差额计算口径了。

11.1.3.13　利息拆分包装为服务费的政策限制

财税〔2016〕36 号文件规定：纳税人接受贷款服务向贷款方支付的与该笔贷款直接相关的投融资顾问费、手续费、咨询费等费用，其进项税额不得从销项税额中抵扣。

这儿强调的是直接相关的顾问费等名义的费用，当然是考虑了纳税人的人为调节的事，因为利息不得抵扣，但是咨询服务费用可以抵扣，那就怕纳税人利用或者人家就是为了别的目的拆出来一部分作为顾问费用。好在这两者的税率是一样的，只是抵扣的限制不同，所以这儿规定直接相关的服务费用也算是利息的组成部分，不得抵扣，这显然有一点儿预防的作用。

但是现实当中，可能有的业务就被视为“相关了”，比如我们看下面的案例：

对于贴现手续费，通常现实当中贴现人需要支付利息，还要包括手续费，那此时这儿的手续费就不宜界定为其从利息中拆分出来的，因为贴现本身的利息就是比较确定的，而手续费就是金融机构收取的服务费，这个服务是真实存在的，并不是人为安排的，而上面的贷款利息，更宜界定为服务是不存在的，或存在基本上没有作用的情形。当然文字本身可能是更广泛的理解，这一点对于贴现手续费当然可能也是认为直接相关的，但如此理解，小编认为还是扩大化的解释了，比如所有的贷款都有一些评估相关的费用，是同步发生的，相当于兼营，因此小编建议是可以抵扣，而不是有点贴边就不能抵扣，这般简单化地处理了。

11.1.3.14　委托贷款

委托贷款更多是企业在资金池中应用的一种方式，也是企业之间借款的一种安全操作方式。比如委托贷款本身，企业之间当然是可以直接借款的，不用委托贷款的方式，但是现实当中，毕竟直接借款更多是一种操作方式，在金融操作上还是存在一些政策性的风险的，所以宁可支付一点服务费给金融机构，作成委托贷款的处理。

对于委托贷款本身，金融机构只是提供服务，那开具服务费的增值税专用发票给客户，无论是委托方还是借款人，都是可以进行抵扣的，因为在这个过程中，贷款人并不是金融机构，所以其本身并不受制于与贷款直接相关的服务费，即金融机构只有服务，并没有被拆分的利息收入。但是委托方对于收取的利息，应开具发票，而不是由金融机构开具发票。

11.1.3.15 抵债资产的业务处理

对于银行来讲，抵债资产是相较于金融服务之外的一个比较大的事项，即金融机构也会存在抵债的不动产、动产之类的抵入、处置问题。在增值税下，我们从哪几个方面需要关注一下呢?

一是金融机构的抵债资产，往往是产权不明晰，有时也挂在账外。无论是单位还是个人的抵债资产，本身也是一项交易，借款人作为纳税人，应进行计税并视情形进行发票的开具。不过现实当中，由于部分情形下，是法院直接判决的，债务人找不到，所以使用权有了，但是如果涉及过户的估计没有操作，这样便也没有将相关涉税处理完整。但如果有明确的，那相当于也是金融机构要代去办理纳税事宜。

二是对于动产，可能还好说一些，视为旧货或者购入资产进行管理（旧货更多是指二手车等），金融机构也基本上不会作为固定资产核算，故也不会计提折旧处理，那此时处置，要么能够按旧货，要么按正常销售货物处理。但是对于不动产，如果没有过户，在处理上也存在不足。这也是税收监管不到位的地方，不过在过户的时候，通常税务机关也要求提供纳税凭据，这一点，无论纳税人是谁，抵债资产的受益人还是要从处置收益中剔除相关税费成本的。

11.1.3.16 黄金租赁的增值税业务处理

现实当中，对于黄金租赁本身是属于销售货物还是融资行为、还是租赁行为，基本上没有定论。各公司处理上也不尽相同。这也是因为黄金本身如何定性不易确定，因为租入黄金可能是销售用，可能是用于原材料用。如果是销售用，那相当于租入人进行销售，是作为货物处理。对于租入方如何取得进项税额呢?那相当于金融机构是要购入黄金实物归还的，此时是可以取得进项税额的抵扣凭证的。相当于是滞后取得进项，至于中间租出方收的费用是租赁费还是利息，小编认为作为租赁费从增值税抵扣的角度不受限，但是如果界定为利息，则是自认为属于贷款服务，不能抵扣。在没有定性归类的情形之下，如何判断这个适用规则就很重要了。

11.1.3.17 金融机构内部之间结算利息的增值税的特殊规定

平时我们知道，金融机构多是总分公司的架构，但是在内部考核方面，各个运营分支机构彼此之间也有内部结算的考核之类。比如A分公司融的资金，借给B公司贷款使用，从内部交易的角度，这相当于一个作收入，一个作成本。

财税〔2016〕36 号文件对此规定：银行联行往来业务。同一银行系统内部不同行、处之间所发生的资金账务往来业务。

这相当于也是金融机构之间往来，因为相当于是内部的金融机构，这一点也是容易理解的。不过现实当中，在汇总的角度，内部抵销后报表是不含这块往来的，但是作为分支机构独立计税时，那就需要考虑这部分做应税处理，可以不报，这是最坏的结果，如果要报，那就填写在免税收入中就可以了。

11.1.3.18　农村信用社等金融机构适用简易计税方法的特殊规定

《财政部 国家税务总局关于延长农村金融机构营业税政策执行期限的通知》（财税〔2011〕101 号）规定：

为支持农村金融发展，经国务院同意，决定将《财政部 国家税务总局关于农村金融有关税收政策的通知》（财税〔2010〕4 号）第三条规定的“对农村信用社、村镇银行、农村资金互助社、由银行业机构全资发起设立的贷款公司、法人机构所在地在县（含县级市、区、旗）及县以下地区的农村合作银行和农村商业银行的金融保险业收入减按 3%的税率征收营业税”政策的执行期限延长至 2015 年 12 月 31 日。

这儿写的政策是到什么时间？2015 年 12 月 31 日，那从 2016 年 1 月 1 日到 2016 年 4 月 30 日，不好办了，是按 3%还是按 5%，理论上，是按 5%了，但是同志们也可以争取了，不能光营改增了，旧账还要理理呢，地税的同志可能也“关心”着呢，建议我们持续性地明确一下，农信社也不要急着交上去，毕竟这种事，后发文的还挺多的，养成“习惯”了。

《财政部 国家税务总局关于进一步明确全面推开营改增试点金融业有关政策的通知》（财税〔2016〕46 号）则提出了超过财税〔2016〕36 号文件的规定：

农村信用社、村镇银行、农村资金互助社、由银行业机构全资发起设立的贷款公司、法人机构在县（县级市、区、旗）及县以下地区的农村合作银行和农村商业银行提供金融服务收入，可以选择适用简易计税方法按照 3%的征收率计算缴纳增值税。

村镇银行，是指经中国银行业监督管理委员会依据有关法律、法规批准，由境内外金融机构、境内非金融机构企业法人、境内自然人出资，在农村地区设立的主要为当地农民、农业和农村经济发展提供金融服务的银行业金融机构。

农村资金互助社，是指经银行业监督管理机构批准，由乡（镇）、行政村农民和农村小企业自愿入股组成，为社员提供存款、贷款、结算等业务的社区互助性银行业金融机构。

由银行业机构全资发起设立的贷款公司，是指经中国银行业监督管理委员会依据有关法律、法规批准，由境内商业银行或农村合作银行在农村地区设立的专门为县域农民、农业和农村经济发展提供贷款服务的非银行业金融机构。

县（县级市、区、旗），不包括直辖市和地级市所辖城区。

有的人士就开始研究“文言文”了，不知上面划横线的这段话是“、”号放在哪儿停了，比如有的同志认为，是这样的“农村信用社、村镇银行、农村资金互助社、由银行业机构全资发起设立的贷款公司、法人机构”在县（县级市、区、旗）及县以下地区的农村合作银行和农村商业银行，有的同志认为是这样的“农村信用社”、“村镇银行”、“农村资金互助社”、“由银行业机构全资发起设立的贷款公司”、“法人机构在县（县级市、区、旗）及县以下地区的农村合作银行和农村商业银行”。

承之前国家税务总局的相应文件对于这几类公司营业税的政策，小编理解，就是后面的解读，并不是如前面所说，如农村信用社在城市的就不得享受征收率3%，这就有点剑走偏锋了，这文件写得也是一个累啊。

简易计税方法3%并不是小规模纳税人，农信社让选择简易计税方法，如果一个法人社的年收入≥500万元，基本上都达到了，那必须是一般纳税人的，再选择简易计税方法。

此时有的人士说，我们要不要专用发票，理论上如果没有别的业务，就提供金融服务，那就不要专用发票了，如果还有别的非金融服务，如租赁等业务，是一般计税方法的，那抵扣也要抵的。如果这个公司，除了金融服务，只有变卖废旧物品的一般计税方法的，那抵不抵也说不清楚，所以，看各家的情形。

对于省联社的增值税处理，由于省联社基本上不做什么金融服务，就是管理性质费用分摊（企业所得税认），那有的同志说这要做增值税的收入吗？理解上分摊也是要做的，为何？你们买软件、大楼都是有进项的啊，必须消化出去，而且是真的提供法人社服务，即使法人社是简易征收，那也先入着成本，将来说不定能用上。所以省联社应不是提供金融服务的收入，但存在与人民银行、银联手续费事项结算与分摊服务业务，此时用简易3%似乎并非金融服务范围。

11.1.3.19 银团贷款服务

银团贷款是指由两家或两家以上银行基于相同贷款条件，依据同一贷款协议，按约定时间和比例，通过代理行向借款人提供的本外币贷款或授信业务。

这种情形之下，代理行本身进行统一的资金清结和利息的分配，那这种情形之下，会不会因此判断这个代理行有价外费用的风险呢？如果从条款规定看，是存在价外费用的风险的，那这个代理行不是赔大了吗？我们如何来理解这个事项呢？

应该说这种代收款项，在财税〔2016〕36号文件中确实没有列举出来，不过从借鉴条例的价外费用的规定看，又是存在被认定为属于价外费用的问题的。不过好在，这种银团贷款本身是很多家一块签订的合同，并不是代理行与借款人一对一签订的合同。再者，建议我们的参与行，通过在代理行开户的方式，待代理行收款之后，直接收进参与行的账户，而不是收进自己的账户过一些时期再进行分配。相当于代理行就是提供了一种转账付款的功能，因为银行本身就是做这个代收款项事的。不然难道代收款项，再收手续费，这些银行的钱是不是都是价外费用了呢？从这个角度看，小编认为，为了保护自己的权利，在技术上要多做一点保护的手段。这与财税〔2016〕36号文件中规定不属于价外费用的“以委托方名义开具发票代委托方收取的款项”还是不同的。

11.1.3.20 同业代付境内受托行应缴增值税，委托行应为境外受托行代扣代缴增值税

对于营改增之前的同业代付业务，税务局曾要求同业代付委托行为境外受托行代扣代缴所得税，而部分地区的税务局如江苏国税还要求委托行为境外受托行代扣代缴营业税。

营改增之后，对于银行的一大变化是金融同业业务由营业税下的暂不征收营业税改为增值税下的征税。营改增后，金融同业业务利息收入的增值税免征范围仅限于六项：一是金融机构与人民银行所发生的资金往来业务，二是银行联行往来业务，三是金融机构间的资金往来业务，四是金融机构之间开展的转贴现业务，五是质押式买入返售金融商品，六是持有政策性金融债券。其中，对于第三项有严格限制，仅限于“经人民银行批准，进入全国银行间同业拆借市场的金融机构之间通过全国统一的同业拆借网络进行的短期（一年以下，含一年）无担保资金融通行为”。

而受托行的利息收入不属于上述六项，毫无疑问，理应需要缴纳增值税。境内受托行自不必说，那么境外受托行呢？如果说在营改增之前，部分地区税务局要求委托行代扣代缴营业税的做法值得商榷。那么，营改增实行后，境外受托行获得利息收入，与所得税一致，自然成为增值税纳税人；另一个角度，境内受托行为增值税纳税人，与之对照，境外受托行也应当享受“国民待遇”。按照税法原理，境外受托行为纳税人，从境内委托行取得收入的，境内委托行为增值税扣缴义务人。

委托行在向企业提供融资时须就利息收入缴纳增值税；而受托行向委托行提供代付融资也须缴纳增值税，且委托行无法凭以进项抵扣。事实上导致重复征税，是不合理的。这一问题的关键在于《中国银监会办公厅关于规范同业代付业务管理的通知》（银监办发〔2012〕237号）将同业代付业务划分为委托行对企业融资、受托行对委托行同业融资两个行为，且该同业融资行为无法纳入营改增金融同业业务利息收入免税范围。

11.1.3.21　二级市场福费廷业务应视同“转贴现”业务免税

我们注意到“金融机构之间开展的转贴现业务”属于金融同业业务利息收入的免征范围。那么如何理解“转贴现业务”呢？其外延包括哪些银行产品？从字面意思看，“转贴现”指银行承兑汇票转贴现。在贸易融资业务的实践中，二级市场福费廷业务在业务实质、收息方式、会计核算、同业授信等多方面均与银票转贴现一致。特别是国内信用证项下二级市场福费廷业务，与银票转贴现具有相互替代作用。因此，按照“实质重于形式”的原则，“转贴现业务”应包括二级市场福费廷业务。

那么，“转贴现业务”免征增值税怎样具体执行呢？在很多银行，票据业务也属于贸易金融范畴。首先分析票据业务的增值税计税问题，银票直贴业务属于对企业的融资，贴现利息属纳税范围，在票据贴入时应征增值税。在票据贴出时，即“转贴现”时，对贴出行和转贴入行均不应再征增值税。举个例子，面值为100元的票据，A银行直贴贴现利息为5元，则应以5元为税基征税 $5*6\%/(1+6\%)$，B银行转贴现付给A银行98元，A银行收益（不考虑直贴时缴纳的增值税）3元包括票据买卖价差以及票据持有期利息，B银行收益2元均为票据持有期利息。对于买卖价差和持有期利息均不计征增值税。从税法原理的角度看，对“转贴现”免征增值税避免了重复征税。

比照银票转贴现业务，二级市场福费廷业务也应在银行由企业买入福费廷资产时缴纳增值税，在银行向二级市场买入行转卖福费廷资产时，免征增值税。如二级市场买入行为境外行，也不涉及代扣代缴问题，这一点与同业代付不同。

那么，与二级市场福费廷业务相似的代理福费廷业务怎样计征增值税呢？在法律关系上，代理福费廷业务是最终出资行直接从企业买入福费廷资产，信用证交单行扮演中介的角色。因此，最终出资行是融资银行，应参照直接福费廷业务缴纳增值税，但发票应直接开给企业；信用证交单行收取手续费，应以手续费为税基缴纳增值税。企业向信用证交单行支付手续费后获得增值税发票可进项抵扣。因此，相对二级市场福费廷业务，代理福费廷业务的增值税税基增加了手续费，但因为可进项抵扣，企业可能更欢迎代理福费廷。

11.1.3.22　风险参与中，参与行应缴增值税但风险参与费缴税可供出让行进项抵扣

风险参与分为融资性风险参与和非融资性风险参与。典型的风险参与业务包括四个主体：出让行、参与行、债务人、出让行的客户。融资性风险参与中，参与行向出让行提供资金，同时承担对债务人的风险。对营改增影响的分析应首先明晰产品中各方的法律关系和会计处理。但从法律和会计两个角度出发，可能会得出两种不同的增值税处理方式。

以信用证项下议付的风险参与为例，从法律的角度，根据合同的相对性，出让行与出让行的客户即出口商具有借贷关系，出让行与参与行之间具有资金融通和担保的合同关系。从这个意义上讲，出让行应以对客户的利息收入全额作为税基缴纳增值税；参与行出资行为不属于金融同业业务的免税范围，参与行应就参与份额对应的利息收入缴纳增值税，出让行对该部分增值税无法进项抵扣；同时，参与行往往收取风险参与费，该项费用也需缴纳增值税，但出让行可凭发票进项抵扣。按照这种处理方式，出让行就利息收入全额缴税，参与行就参与份额利息收入缴税，存在重复征税的现象。

同样的案例，从会计的角度看，根据《企业会计准则第 23 号——金融资产转移》，"企业已将金融资产所有权上几乎所有的风险和报酬转移给转入方的，应当终止确认该金融资产；终止确认，是指将金融资产或金融负债从企业的账户和资产负债表内予以转销。"出让行已将风险参与份额上几乎所有的风险和报酬转移给参与行，则出让行可将风险参与份额出表处理，参与行应入表。从这个意义上讲，按照"实质重于形式"原则，参与行应以参与份额对应的利息收入为税基缴税，但应由参与行向出让行的客户直接开票；出让行应以剩余份额对应的利息收入为税基缴税；风险参与费的税务处理方式不变。按照这种处理方式，出让行、参与行分别就其风险承担份额对应的利息收入缴税，避免了重复征税，较为科学。

非融资性风险参与不涉及同业间利息收入与支出，较为简单。出让行向客户收取利息，应缴纳增值税；参与行向出让行收取风险参与费，应缴纳增值税，出让行获得发票，可凭以进项抵扣。

11.1.3.23　内保外贷、非居民间结算等跨境金融服务免征增值税

营改增对于"跨境金融服务"免征增值税，这对贸易金融业务是一大福音。但

"跨境金融服务"有严格限制，主要是"为境外单位之间的货币资金融通及其他金融业务提供的直接收费金融服务，且该服务与境内的货物、无形资产和不动产无关"。那么，哪些贸易金融产品属于"跨境金融服务"呢？典型的产品应有内保外贷，该产品恰恰是为境外贷款银行和境外被担保企业之间的融资行为提供的收费服务。国税总局在后来下发的29号文中，进一步拓展了跨境金融服务的范围，即"为境外单位之间、境外单位和个人之间的外币、人民币资金往来提供的资金清算、资金结算、金融支付、账户管理服务，属于为境外单位之间的货币资金融通及其他金融业务提供的直接收费金融服务"，因此，明确的免税项目限于"资金清算、资金结算、金融支付、账户管理服务"，但具体适用范围不仅包括离岸业务、NRA账户业务、FT账户业务，还包括为境外银行办理的跨境人民币清算业务。除此之外，同样根据29号文，"向境外单位销售的完全在境外消费的鉴证咨询服务"也应属于免税范围，则银行向非居民提供的咨询顾问服务也适用免税。

11.1.3.24　境外贸易融资产品代扣代缴增值税

《营业税改征增值税试点实施办法》（财税〔2016〕36号）规定："中华人民共和国境外（以下称境外）单位或者个人在境内发生应税行为，在境内未设有经营机构的，以购买方为增值税扣缴义务人。财政部和国家税务总局另有规定的除外。"

贸金业务中引入境外金融机构融资时，境内银行的代扣代缴增值税义务，按照其是否承担还款责任，可以分为两种：

(1) 承担还款责任（表内业务）。

境外融资有关合同表明境内银行是服务购买方，且应由境内银行向境外机构支付款项，例如委托同业代付、国际组织担保项下贸易融资等业务，境内银行向境外机构支付的利息和费用，由境内银行作为代扣代缴义务人进行代扣代缴。

同时，根据上述免征/不征政策，是否需要履行代扣代缴义务，由境外融资机构与境内银行间的关系决定。

①境外分支、子行。

如果境内银行与境外融资机构是总、分、支行、子行的关系，适用联行免征增值税的政策。

②境外代理行。

如果境内银行与境外融资机构是代理行之间的关系，也不能享受免征/不征政策，而需要履行代扣代缴义务。

(2) 不承担还款责任（表外业务）。

境外融资机构与境内客户签订书面协议或者合同中，明确体现境外机构和客户的权利义务关系，境内银行向境外机构支付款项的实质，是境内客户支付给境外机构的，而不是境内银行收入，例如协议付款、协议融资、出口双保理、委托境外银行转开/通知保函等业务，境内接受融资的客户应为代扣代缴义务人，境内银行代境外融资机构向境内客户收取的利息和费用，由境内客户作为代扣代缴义务人进行代扣代缴。

如果境内银行应客户要求，准备同意代理客户完成缴税手续，建议事先征得当地税务部门同意，并与境内客户书面约定委托代理事宜。

(1) 含税收入与不含税收入换算。

由于增值税价外税的特点，境内银行在承担代扣代缴义务时，对于计税基数的判定和计算有别于营业税时代。

①不含税收入。

境外贸易融资协议一般约定境外机构的利息收入为不含税收入，增值税的税基也为不含税收入，计算增值税时，直接用不含税收入乘以增值税税率 6%即可。

但同时计算预提企业所得税时，需要把不含税收入换算成含税收入，由于增值税是价外税，不应在含税收入中，故换算时，需要考虑的税率和费率有企业所得税税率 10%、城建税税率 7%和教育附和费费率 5%，具体公式为：

$$\text{应纳税所得额}=\frac{\text{不含税收入}}{1-10\%-(6\%\times12\%)}$$

②含税收入。

如果境外贸易融资协议约定境外机构的利息收入为含税收入，则在计算增值税时需把含税收入换算为不含税收入，换算公式同前。

(2) 服务贸易项下对外付款。

《国家外汇管理局关于印发服务贸易外汇管理法规的通知》(汇发〔2013〕30号)规定缴纳营业税的项目，一律改征增值税。

11.2 建筑业

建筑业是本次营改增中涉及面比较大的行业，主要是因为其本身涉及的数量多，且在营改增之前涉及建筑业的企业对于税率过高的担心，因此建筑业营改增的政策备受关注。建筑业本身的问题在于，其是一个中间环节，客户并非最终用户，所以在增值税的传递链条中，就有了与供应商进行商业沟通，以及与发包方或者是建设方进行商务沟通的问题。加之本次建筑业的政策有多样的选择性，并不是唯一性，这就更带来了彼此之间利益的博弈及协调的成本。当然，随着行业最终趋于利益的平衡，毕竟亏本的不可能把事情做好，这是一个最基本的道理。

11.2.1 建筑业的营改增政策梳理

建筑业一般纳税人适用的税率是11%，小规模纳税人或者一般纳税人选择适用简易计税的征收率是3%，下面我们结合建筑业营改增过程中涉及新老项目、是否包工包料、跨营改增时点的项目管理、发票开具及跨区域施工的征管等密切的问题进行说明。

11.2.1.1 建筑服务范围、纳税义务发生时间和纳税地点

(1) 什么是建筑服务。

财税〔2016〕36号文件对此描述：

建筑服务，是指各类建筑物、构筑物及其附属设施的建造、修缮、装饰，线路、管道、设备、设施等的安装以及其他工程作业的业务活动。包括工程服务、安装服务、修缮服务、装饰服务和其他建筑服务。

1. 工程服务。

工程服务，是指新建、改建各种建筑物、构筑物的工程作业，包括与建筑物相连的各种设备或者支柱、操作平台的安装或者装设工程作业，以及各种窑炉和金属结构工程作业。

2. 安装服务。

安装服务，是指生产设备、动力设备、起重设备、运输设备、传动设备、医疗实验设备以及其他各种设备、设施的装配、安置工程作业，包括与被安装设备相连的工作台、梯子、栏杆的装设工程作业，以及被安装设备的绝缘、防腐、保温、油漆等工程作业。

固定电话、有线电视、宽带、水、电、燃气、暖气等经营者向用户收取的安装费、初装费、开户费、扩容费以及类似收费，按照安装服务缴纳增值税。

3. 修缮服务。

修缮服务，是指对建筑物、构筑物进行修补、加固、养护、改善，使之恢复原来的使用价值或者延长其使用期限的工程作业。

4. 装饰服务。

装饰服务，是指对建筑物、构筑物进行修饰装修，使之美观或者具有特定用途的工程作业。

5. 其他建筑服务。

其他建筑服务，是指上列工程作业之外的各种工程作业服务，如钻井（打井）、拆除建筑物或者构筑物、平整土地、园林绿化、疏浚（不包括航道疏浚）、建筑物平移、搭脚手架、爆破、矿山穿孔、表面附着物（包括岩层、土层、沙层等）剥离和清理等工程作业。

大家可以看到，建筑服务的范围非常广泛，其中对于建筑物、构筑物进行的维护叫修缮，这与对于动产的维修适用 17%的税率是不同的，这一点要注意。还有对于电梯的维护，在旧的规则下，是解释为电梯制造的企业销售电梯一并维护适用货物维修，对于不生产制造电梯的只从事维护的企业，那就适用修缮，这只能解释为一种平衡的区分，因为本身是做一个事，但没有办法，只是在感觉上要平衡一下，对于这个规则，小编认为营改增之后也不要再创造了，就直接先借用着。

(2) 纳税义务发生时间。

纳税人提供建筑服务、租赁服务采取预收款方式的，其纳税义务发生时间为收到预收款的当天。这儿通常我们在实务当中是叫预付的备料款，此时并没有发生施工行为，通常我们在会计上是记为预收款项处理的。但是依照此规定，是不是要计税呢？即应税服务还没有发生，就计缴增值税？

确实是这样，这一条规定是有别于提供服务后收款的应税义务判断时间的，即施工之后，就按合同约定收款时间来确认应税义务发生时间。但是要预收款时，就算合同约定了支付，由于没有收到，也是没有达到纳税义务，这跟服务发生时的确认规则是不同的。当然基于纳税人的角度，认为此举是不是不公平，因为收到预收款，当时可是没有形成采购的进项税额，先全额计算销项税额，是不是亏了呢，因为占用了纳税人的资金啊！只能说确实如此，至于说建筑服务为何以给预收款项的当天为纳税义务发生期，那可能也是跟这个行业特性有关的，预付款项也是基于建筑服务的组成部分，如果现在不计算销项税额，那开始施工时也要计缴，但这个时点又不好把握，且跨期较长。

那上面的业务就有一个附属问题，即在收到预收款项时要不要开具增值税发票，因为纳税义务发生了，开具发票是最符合增值税专用发票的管理规定的，但是现实当中又有几个能开具呢？

在上面的规定中，小编认为预收款项与保证金之类是有区别的，比如对方为了项目支付的项目保证金，这还不属于项目预收款，只有转化成项目的预收款，才算开始计算增值税，这样更合理。

(3) 纳税地点。

固定业户应当向其机构所在地或者居住地主管税务机关申报纳税。其他个人提供建筑服务，销售或者租赁不动产，转让自然资源使用权，应向建筑服务发生地、不动产所在地、自然资源所在地主管税务机关申报纳税。

11.2.1.2 建筑服务可以选择的计税方法

小编特此梳理了建筑服务适用营改增政策的要点总结，见表11-6。

表11-6

建筑服务适用的营改增政策要点总结

<table>
<tr><th rowspan="2">纳税人</th><th rowspan="2">方式</th><th colspan="3">机构所在地计税方式</th><th colspan="2">跨县（市）提供建筑服务预缴税款的计算</th></tr>
<tr><th>计税方式</th><th>税率或征收率</th><th>计税方式（含税）</th><th>预缴计税基数</th><th>预征率</th></tr>
<tr><td rowspan="3">一般纳税人</td><td rowspan="2">清包工
甲供工程
老项目</td><td>可以选择一般计税方法</td><td>11%</td><td>以价款+价外费用来计算销项税额，取得抵扣凭证可抵扣</td><td>(X－分包)/1.11</td><td>2%</td></tr>
<tr><td>可以选择简易计税方法</td><td>3%</td><td>X－分包</td><td>(X－分包)/1.03</td><td>3%</td></tr>
<tr><td>除上之外</td><td>一般计税方法</td><td>11%</td><td>以价款+价外费用来计算销项税额，取得抵扣凭证可抵扣</td><td>(X－分包)/1.11</td><td>2%</td></tr>
<tr><td>小规模纳税人</td><td>各种</td><td>简易计税方法</td><td>3%</td><td>X－分包</td><td>(X－分包)/1.03</td><td>3%</td></tr>
</table>

要理解表 11-6 的内容，且看如下的解释：

（1）关于可以选择简易计税方法的说明。

首先这儿允许一般纳税人选择，这当然是有原因的，我们可以这样理解：

一是老项目，营改增之前已进行了，那营改增之前已采购物料了，这些物料在营改增之前采购，是无法得到抵扣的，因为投入是在前的。在营改增之后，收入慢慢就体现出来了，那是要计缴增值税的，于此进项不配比，光有销项税额，在一般计税方法下按 11%税率是不利于纳税人的，因此允许选择简易计税方法，按 3%征收率计税相当于减轻了纳税人的不公平的税负问题。这是可以理解的。那此时，企业要考虑两个问题：一是一旦选择了简易计税方法，这个项目就需要 36 个月内不得改变计税方法；二是因为适用了简易计税方法，那这个项目，营改增之后再取得物料、服务的采购进项税额也是不能抵扣的，这是整个项目不得抵扣的一个逻辑，更不能拿着进项税额去抵扣其他项目的销项税额，这是不允许的。所以在 2016 年 5 月 1 日当月就需要明确要选择哪一种方式，同时要注意，各地税务机关对此有了一些备案的要求，建议提早进行备案，以充分保护自己选择的权利，相当于说这个选择权还要有一些程序的信息提交过程。

那对于老项目，对于一般纳税人而言，如果选择一般计税方法，应纳税额＝销项税额－进项税额，收入对应的税率是 11%，单就这个项目来讲，建议测算一下与“应纳税额＝不含税收入额×3%”的比较结果的。如果纳税人虽是老项目，但是这个老项目的启动时间是 2016 年 4 月 30 日，那基本上就是新项目的时间了。此时纳税人如何选择有利的方式呢？两种计税方法的比较见表 11-7。

表 11-7

两种计税方法的比较

方法	计算过程［若销售额（价税合计）是 X］	比较
一般计税方法	应纳税额＝X/1.11×11%－进项税额 Y	即 X/1.11×11%－Y＝X/1.03×3%，即：0.1X－0.03X＝Y，Y＝0.07X＝7%X，相当于说进项达到收入总额的 7%，就持平了，如果大于 7%，则选择一般计税方法更有利
简易计税方法	应纳税额＝X/1.03×3%	

即使这个项目在营改增之前已进行了一些，有部分在营改增之后，同样是可以评估有利性的。即根据营改增之后的收入（增值税的收入与营改增之后的采购取得的进项税额的比较），因为营改增之前的已计缴过营业税了，自然不需要整个项目合并起来一块进行计算了。

二是清包工和甲供工程，清包工本身主要是指装修的业务，对于甲供工程的判断标准，本次营改增的政策是非常“宽容”的，即根据财税部门的解释，对于甲供设备、材料、动力，没有规定比例标准，即使只有一根木材，那也可以认定为甲供工程，这就相当于开了一个“突破口”，纳税人可以“自由”地选择简易计税方法。不过为谨慎起见，在合同当中最好还是明确一下为好。

(2) 关于跨县（市）提供建筑服务预缴税款。

在上面的表格中，我们看到，建筑服务仍然是照顾了施工地的财政利益问题，营业税下，是全部在施工地的税务机关进行缴纳的，增值税后，这个方式变化了，规定是在施工地预缴，回机构所在地再进行纳税申报。那有的人士不理解，如表11—5中，按一般计税方法算税，为何预征率是2%，不是3%呢？这基本上就是估算出来的，因为大家可以看到，我们无法预计销项税额减去进项税额的结果，所以只能少定一个率，在施工地预缴之后，至少保障机构所在地回来算账，不致算出来的应纳税额还低于预缴税款，那机构所在地的税务机关可能就不“高兴”了。

财税〔2016〕36号文件显然也考虑到了这一点，因此先提出来一个未来解决的“预防”性说法，省得以后再改就不好提了：

一般纳税人跨省（自治区、直辖市或者计划单列市）提供建筑服务或者销售、出租取得的与机构所在地不在同一省（自治区、直辖市或者计划单列市）的不动产，在机构所在地申报纳税时，计算的应纳税额小于已预缴税额，且差额较大的，由国家税务总局通知建筑服务发生地或者不动产所在地省级税务机关，在一定时期内暂停预缴增值税。

对于一般纳税人，如果有数个项目，可并不是一个项目算一个“应纳税额＝销项税额－进项税额”，而是单位所有适用一般计税方法的项目一起来算当月的总的销项税额减去总的进项税额，这样来计算应纳税额的结果。这一点需要重点拓展自己的理解。由此我们再看上面的规定，计算的应纳税额小于已预缴税额，那这基本上看只有一二个项目的情形，可能好发现，但是有数个项目时，总机构税务机关估计也不会轻易地检查明白的。这种涉及地方财政收入的问题也是这次营改增后对于建筑服务的一个挑战。那我们再看，对于选择简易计税的项目，或小规模纳税人的项目，那预缴的税款就等于计算的税款了，因为这个是按单个项目就能计算清楚的，不涉及抵扣的问题。那计算清楚了，我们看是全部在施工地计算缴纳了，至于规定说回到机构所在地进行纳税申报，那只余下申报了，没有纳税，所以这个条款好像就让人感觉不敢在施工地预缴一样，解释得还是不透彻，对于营改增的单位确实会引起不安，其实这儿说清楚了，回来就相当于空报一下，不过这也有主管税务机关跟进是否真有预缴的检查。

对于上面涉及的跨地区的财政争议问题，我们可以看看，在企业所得税上也是存在的，比如国家税务总局专门答复北京市国家税务局，就是基于缴税与退税地的不同，引起的财政利益的问题：

根据《国家税务总局关于中国石油天然气股份有限公司 中国石油化工股份有限公司企业所得税征管问题的通知》（国税函〔2010〕623 号）规定，中国石油天然气股份有限公司 2013 年度、2014 年度企业所得税在北京市汇算清缴，其汇算清缴多缴税款，由你局办理退税。

这种情形也是类似的，主要是因为不是汇总纳税的方式，而是合并纳税，由此各地是按比例计税，而不是预缴，如此如果地方预缴多了，则总机构所在地还要退税，这样的结果就出现了总机构所在地不愿多退的结果，所以总局也是进一步明确规则的实施方式。

(3) 关于分包的处理方式。

如果建筑服务存在分包，先不考虑预缴的处理如何，在计算建筑服务分包的时候，我们可以看到：

一是如果是一般计税方式的，那分包的时候，只能取得分包方的增值税专用发票进行抵扣，而不能享受差额扣除销售额的做法，进行计算抵扣税额，这是抵税法；

二是如果是简易计税方式的，那分包的时候，是可以扣除分包方的差额计算应纳税额的，这是差额扣销售额法。

上面是在机构地计算纳税申报的方式，但是对于预缴，则全部都可以扣除差额，这只是减少在当地预缴的结果，也便于操作，如果一般纳税人也用抵扣方法，那基本上也没有办法操作。

上面我们探讨过，适用一般计税方法时计算应纳税额，是不需要分计各个项目的销项税额和进项税额的，是汇总计算的方式。那对于适用简易计税方法时，如果不存在分包，就直接用 X/(1＋3％)×3％来计算增值税。如果有分包，适用简易计税方法时，是不是要分项目计算呢？

第一，关于预缴的差额扣除。

国家税务总局公告2016年第17号[1]规定：

第五条 纳税人跨县（市、区）提供建筑服务，按照以下公式计算应预缴税款：

（一）适用一般计税方法计税的，应预缴税款＝(全部价款和价外费用－支付的分包款)÷(1＋11%)×2%

（二）适用简易计税方法计税的，应预缴税款＝(全部价款和价外费用－支付的分包款)÷(1＋3%)×3%

纳税人取得的全部价款和价外费用扣除支付的分包款后的余额为负数的，可结转下次预缴税款时继续扣除。纳税人应按照工程项目分别计算应预缴税款，分别预缴。

对于预缴，这儿规定是要分项目核算扣除的，若一般纳税人有两个选择简易计税方法的项目，一个项目的当期收入是100万元，分包取得可扣减的凭证是80万元，另一个项目当期收入100万元，分包取得的可扣减的凭证是120万元，那相当于第一个项目预缴金额是：（100－80)/1.03×3%＝0.58（万元），第二个项目预缴金额是0，因为不够减的，结转下期继续扣除。为何是这样的结果呢？因为我们知道，预缴是在施工地发生的，而施工地可能是不同的地方，如跨省的两个地方，那自然不能允许互相抵减，不然又有财政利益的问题了，所以这个规定大家应比较容易理解了。

第二，关于机构统一计算的税款的情形。

适用简易计税方法的纳税人，如果在异地预缴了税款，承上例，预缴了0.58万元，那总机构在计算增值税时，可并不是就简易项目分开计算的，是汇总在一起计算的，即对于一个纳税人来讲，是一个整体，所有的收入扣除所有的差额部分，即上面的项目是：(100＋100)－(80＋120)＝0，所以当期相当于没有税，这儿扣除的标准并不像企业所得税一样有权责发生制的要求，而是在实际取得相应凭据时才允许扣除。

财税〔2016〕36号文件摘录如下：

9. 试点纳税人提供建筑服务适用简易计税方法的，以取得的全部价款和价外费用扣除支付的分包款后的余额为销售额。

11. 试点纳税人按照上述4—10款的规定从全部价款和价外费用中扣除的价款，

[1] 国家税务总局公告2016年第17号，即《国家税务总局关于发布〈纳税人跨县（市、区）提供建筑服务增值税征收管理暂行办法〉的公告》。

应当取得符合法律、行政法规和国家税务总局规定的有效凭证。否则，不得扣除。

上述凭证是指：

（1）支付给境内单位或者个人的款项，以发票为合法有效凭证。

（2）支付给境外单位或者个人的款项，以该单位或者个人的签收单据为合法有效凭证，税务机关对签收单据有疑议的，可以要求其提供境外公证机构的确认证明。

（3）缴纳的税款，以完税凭证为合法有效凭证。

（4）扣除的政府性基金、行政事业性收费或者向政府支付的土地价款，以省级以上（含省级）财政部门监（印）制的财政票据为合法有效凭证。

（5）国家税务总局规定的其他凭证。

纳税人取得的上述凭证属于增值税扣税凭证的，其进项税额不得从销项税额中抵扣。

上面的规定是取得有效的凭证，当然现实当中，我们也不排除有按计提扣除的，其实这个税务机关可以重点检查，是不符合扣除条件的。不过我们也要关注到，如果纳税人税都缴得差不多了，最后还有分包款未扣除完，此时如何办呢？注意，这儿我们是站在一个项目上来看的，但作为纳税人来讲，并不是按某个项目来算税的，而是就所有业务一起计算可以分包扣除的销售额的，所以这个分包款是可以往后结转扣除的，也可以抵减当期其他的简易计税项目的差额。

但是预缴时，可能就难操作了，因为预缴可以扣除分包款，不过如果因为欠账对方不给开具发票等凭证，那就难以操作了，结果往往是预缴的会多，但是应不会允许再拿某个项目的分包款去预缴所在地要求退税，估计这是很难了。

但是对于过渡期的分包处理，却还是有特殊性的，请注意如下的内容：

国家税务总局公告 2016 年第 17 号规定：

试点纳税人发生应税行为，按照国家有关营业税政策规定差额征收营业税的，因取得的全部价款和价外费用不足以抵减允许扣除项目金额，截至纳入营改增试点之日前尚未扣除的部分，不得在计算试点纳税人增值税应税销售额时抵减，应当向原主管地税机关申请退还营业税。

纳税人按照上述规定从取得的全部价款和价外费用中扣除支付的分包款，应当取得符合法律、行政法规和国家税务总局规定的合法有效凭证，否则不得扣除。

上述凭证是指：

（一）从分包方取得的 2016 年 4 月 30 日前开具的建筑业营业税发票。

上述建筑业营业税发票在 2016 年 6 月 30 日前可作为预缴税款的扣除凭证。

（二）从分包方取得的 2016 年 5 月 1 日后开具的，备注栏注明建筑服务发生地所在县（市、区）、项目名称的增值税发票。

（三）国家税务总局规定的其他凭证。

但请特别注意，“从分包方取得的2016年4月30日前开具的建筑业营业税发票。上述建筑业营业税发票在2016年6月30日前可作为预缴税款的扣除凭证。”这儿可是有解释得不清楚的地方，比如我们看北京国税的解释：

4. 建筑的总包方在营改增前取得的建筑的分包发票，营改增后能否作为差额扣除的凭证？

答：根据《国家税务总局关于发布《纳税人跨县（市、区）提供建筑服务增值税征收管理暂行办法》的公告》（国家税务总局公告2016年第17号）的规定，试点纳税人从分包方取得的2016年4月30日前开具的建筑业营业税发票，在2016年6月30日前可作为预缴税款的扣除凭证。

同时，根据《财政部 国家税务总局关于全面推开营业税改征增值税试点的通知》（财税〔2016〕36号）的附件2规定，试点纳税人发生应税行为，按照国家有关营业税政策规定差额征收营业税的，因取得的全部价款和价外费用不足以抵减允许扣除项目金额，截至纳入营改增试点之日前尚未扣除的部分，不得在计算试点纳税人增值税应税销售额时抵减，应当向原主管地税机关申请退还营业税。

因此，试点纳税人从分包方取得的2016年4月30日前开具的建筑业营业税发票，在2016年6月30日前可作为预缴税款的扣除凭证。不可作为申报缴税时的扣除凭证。

这儿的意思是说在2016年6月30日之前，取得的2016年4月30日的分包的营业税发票，作为差额扣除，只能作为预缴的差额扣除，相当于跨地区建筑服务预缴时扣除，但是却不能在机构所在地计算时扣除，这个逻辑，有点犯晕。但文字确实是这样写的，那相当于还是要去地税机关退税，看来国地税的分管，确实让纳税人的营改增的环节操作多了一些工作量。

附财税〔2016〕36号文件规定：

1. 一般纳税人以清包工方式提供的建筑服务，可以选择适用简易计税方法计税。

以清包工方式提供建筑服务，是指施工方不采购建筑工程所需的材料或只采购辅助材料，并收取人工费、管理费或者其他费用的建筑服务。

2. 一般纳税人为甲供工程提供的建筑服务，可以选择适用简易计税方法计税。

甲供工程，是指全部或部分设备、材料、动力由工程发包方自行采购的建筑工程。

3. 一般纳税人为建筑工程老项目提供的建筑服务，可以选择适用简易计税方法计税。

建筑工程老项目，是指：

(1)《建筑工程施工许可证》注明的合同开工日期在 2016 年 4 月 30 日前的建筑工程项目；

(2) 未取得《建筑工程施工许可证》的，建筑工程承包合同注明的开工日期在 2016 年 4 月 30 日前的建筑工程项目。

注：《国家税务总局关于发布〈纳税人跨县（市、区）提供建筑服务增值税征收管理暂行办法〉的公告》（国家税务总局公告 2016 年第 17 号）进一步解释为：《建筑工程施工许可证》未注明合同开工日期，但建筑工程承包合同注明的开工日期在 2016 年 4 月 30 日前的建筑工程项目，属于财税〔2016〕36 号文件规定的可以选择简易计税方法计税的建筑工程老项目。

4. 一般纳税人跨县（市）提供建筑服务，适用一般计税方法计税的，应以取得的全部价款和价外费用为销售额计算应纳税额。纳税人应以取得的全部价款和价外费用扣除支付的分包款后的余额，按照 2%的预征率在建筑服务发生地预缴税款后，向机构所在地主管税务机关进行纳税申报。

5. 一般纳税人跨县（市）提供建筑服务，选择适用简易计税方法计税的，应以取得的全部价款和价外费用扣除支付的分包款后的余额为销售额，按照 3%的征收率计算应纳税额。纳税人应按照上述计税方法在建筑服务发生地预缴税款后，向机构所在地主管税务机关进行纳税申报。

6. 试点纳税人中的小规模纳税人（以下称小规模纳税人）跨县（市）提供建筑服务，应以取得的全部价款和价外费用扣除支付的分包款后的余额为销售额，按照 3%的征收率计算应纳税额。纳税人应按照上述计税方法在建筑服务发生地预缴税款后，向机构所在地主管税务机关进行纳税申报。

11.2.1.3 建筑服务增值税发票开具的规定

按照现行政策规定适用差额征税办法缴纳增值税，且不得全额开具增值税发票的（财政部、税务总局另有规定的除外），纳税人自行开具或者税务机关代开增值税发票时，通过新系统中差额征税开票功能，录入含税销售额（或含税评估额）和扣除额，系统自动计算税额和不含税金额，备注栏自动打印“差额征税”字样，发票开具不应与其他应税行为混开。

对于建筑企业中适用简易计税方法的项目，如果有分包差额扣除的情形的，并不在财税〔2016〕36号文件中列举限制不得全额开具增值税发票，特别是专用发票。因此对于差额扣除分包的情形，是可以全额开具增值税专用发票的，但是计算增值税时，却是近差额计税的，这一点基本上大家也没有什么争议。

比如某个选择简易计税方法的建筑企业，有分包，销售总额是1 000万元，分包总额是500万元，那差额500万元计算增值税，但可以按1 000万元开具3%的增值税专用发票用于购买方抵扣。这个专用发票如果是一般纳税人，则是可以直接开具的，如果是小规模纳税人，则是去税务机关代开的。那这儿国家有没有吃亏呢？其实没有，因为对方提供建筑服务也是要计缴增值税的，不管是按11%，还是按3%简易计税方法，都是缴过税的。虽然有时对方是开具了11%的增值税专用发票，但由于本方选择简易计税方法，那也只能差额计算，而不是抵扣计税计算增值税。

对于适用一般计税方法的，本来也是抵扣税款的方式，所以自然可以全额开具增值税专用发票，这个是没有争议的。

11.2.1.4　对于选择一般计税方法且跨区域提供建筑服务规定引起的误解

小编认为在财税〔2016〕36号文件中，涉及建筑服务的一个规定，描述得不尽恰当，原文是这样的：

一般纳税人跨县（市）提供建筑服务，适用一般计税方法计税的，**应以取得的全部价款和价外费用为销售额计算应纳税额。**纳税人应以取得的全部价款和价外费用扣除支付的分包款后的余额，按照2%的预征率在建筑服务发生地预缴税款后，向机构所在地主管税务机关进行纳税申报。

大家可以看到，这句话“应以取得的全部价款和价外费用为销售额计算应纳税额”，显然是易引起误解的，小编认为这儿明确的是要计算销项税额，因为还是允许抵扣进项税额，不是只按收入计算税额就缴纳。关于文件中其他类似描述之处，也有这个问题，需要一并对待理解。

11.2.1.5　“甲供材”计税规则被废止是税制改革的进步

曾经带来诸多争议、诸多如何判断什么是甲供材、诸多各地的判断口径及操作空间，随着营改增，甲供材金额作为营业税计税营业额的规定也终结了，这一规定当初是为避免税款漏洞而设置的规则，我们不再讨论其是否具有合理性，一个结果，没有销售额却计税，估计一般企业是想不通的。这次随着总理的只减不增的税负目标管理，我们的财税部门终于也放弃了这一实施了二十多年的计税规则，这说明，有些东西看似征管有理论依据，但是却还是可以改变的，至少这一次对于建筑企业是一种解脱。

甲供材在增值税下是结束了，但是对于营业税下甲供材涉税问题的追征，却可能会进一步“加强”。而且还有争议性，如何呢？且看小编的理解。

如果建筑服务在营改增之前已结束，是跨区经营的，也代开具完营业税发票了，那估计追也难了。但是如果还没有代开具完，而纳税人是按营业税的纳税义务有营改增之前收款的情形，那施工地的地税机关是可以进一步盯着这个营业税下的甲供材的确认的。如果不是跨区域经营的，那当地税务机关也是可以进一步确认此内容的。

如果建筑服务没有结束，是跨营改增时点前后的，那相当于从纳税义务发生时间来判断，是属于营业税还是增值税，如果属于营业税，那甲供材的事还是影响的，由此地税机关还是可以要求的。但是有一个问题，这个营业税的甲供材确认，如何在营改增跨时点的收入分配上确认呢？是按照实际发生，还是按照收入比例？这就不易确定标准了。因为本来收入就不是跟材料匹配发生的，没有比例关系存在。因此这一点在没有标准之下，我们的纳税人如何掌握主动，减少甲供材的确认范围，与税务机关可能就存在利益的“争取”了。

所以甲供材增加税基的事没有了，但是发生的事，还是可能继续围绕在纳税人的身边，在与税务机关的涉税评估中，估计仍是一个营改增应对的事项。

11.2.1.6 建筑服务预缴中涉及税款的补征问题

国家税务总局公告 2016 年第 17 号规定：

第十一条　纳税人跨县（市、区）提供建筑服务预缴税款时间，按照财税〔2016〕36 号文件规定的纳税义务发生时间和纳税期限执行。

第十二条　纳税人跨县（市、区）提供建筑服务，按照本办法应向建筑服务发生地主管国税机关预缴税款而自应当预缴之月起超过 6 个月没有预缴税款的，由机构所在地主管国税机关按照《中华人民共和国税收征收管理法》及相关规定进行处理。

纳税人跨县（市、区）提供建筑服务，未按照本办法缴纳税款的，由机构所在地主管国税机关按照《中华人民共和国税收征收管理法》及相关规定进行处理。

解释一下，这儿规定跨区域提供建筑服务，那按纳税义务发生时间确认计税，比如是预收款，那也是要预缴异地的税款的。对于应预缴而没有预缴的情形，基于管理便利的需要，机构所在地的税务机关是可以进行追征的，同时还要按征管法进行滞纳金等处理。不过这种情形之下，好是好，但要是有一天施工地税务机关再来要如何办呢？国家税务总局公告 2016 年第 17 号规定自应当预缴之月起超过 6 个月没有预缴的，由机构所在地税务机关进行处理。

11.2.2 建筑业的混合销售

不过，在营改增的过程中，有这样一种声音，也是非常“可怕”的，比如有的人士认为，现在不是没有甲供材“强加”销售额的问题了吗，我们又发明了一个“视同销售”。如何做呢？因为甲供物料首先是由甲方采购的，但是甲方是不能自己进行建筑安装的，所以必须还要将物料交给甲方，那不幸的是，如果双方签订的协议中，有这一部分的产值说明，即建筑的规模能约定，那这儿是不是可以下结论：

首先是甲方销售物料给乙方，乙方又提供服务给甲方，这不是又转入甲供工程的轮回了吗？相当于甲方销售给乙方，乙方再提供服务给甲方，到底是不是必须是这样的呢？对于这个问题，还比较认真对待。参照国家税务总局在宣传的资料中所举的案例，会让我们有更明确的认识：

明确甲供材不作为建筑企业的税基。在建筑工程中，出于质量控制的考虑，甲方一般会自行采购主要建筑材料，也就是俗称的甲供材。目前，甲供材主要有两种模式：

第一，甲供材作为工程款的一部分，甲方采购后交给建筑企业使用，并抵减部分工程款（比如，工程款 1000 万元，甲方实际支付 600 万元，剩余 400 万元用甲供材抵顶工程款）；第二，甲供材与工程款无关，甲方采购后交给建筑企业使用，并另行支付工程款（比如，工程款 600 万元，甲供材 400 万元）。按照营业税政策规定，不论哪一种模式，建筑企业都要按照 1000 万元计算缴纳营业税。

从增值税的角度看，其实甲供材并没有特殊性。对第一种模式，甲方用甲供材抵顶工程款，属于有偿转让货物的所有权，应缴纳增值税；甲方征税后，建筑企业可以获得进项税额正常抵扣。对第二种模式，甲供材与建筑企业无关，建筑企业仅需就实际取得的工程款 600 万元计提销项税额即可。

但是，由于甲供材属于现行营业税的税基，前期行业普遍关注营改增后甲供材的处理。焦点主要在于第二种模式下，建筑企业无法取得甲供材的进项税，一旦按照工程款和甲供材的全额计提销项税，税负将大幅度提高。此前我们也就甲供材问题进行了解释和说明。但为了进一步化解业内担心，我们将在针对税务机关的营改增业务培训，以及针对纳税人的营改增纳税宣传和政策解释工作中明确，第二种模式下建筑企业的计税依据中不包括甲供材。

所以大家应该比较明确了，第一种情形并不是甲供材加销售额的事，而是彼此之间的交易，这个对于建筑方也是不吃亏的，第二种情形正好是对应营业税下的营改增的事项的，也明确不存在甲供材的什么事了。现实当中，我们在商务约定及计算各自利益的时候，一定要算清账，避免落入这里面的“陷阱”之中，经济账明白，税的账就不明确了。

说起混合销售，其实这是1994年增值税与营业税并存之下，为了两个税种不致为一个业务中同时发生的货物和劳务的情形下，判定其适用其中某一个税种的“避让”规则，即不致国税与地税判断不清，出现双方都争税的结果。

已作废的《财政部 国家税务总局关于增值税、营业税若干政策规定的通知》（财税字〔1994〕26号）规定：

（一）根据增值税暂行条例实施细则（以下简称细则）第五条的规定，“以从事货物的生产、批发或零售为主，并兼营非应税劳务的企业、企业性单位及个体经营者”的混合销售行为，应视为销售货物征收增值税。此条规定所说的“以从事货物的生产、批发或零售为主，并兼营应税劳务”，是指纳税人的年货物销售额与非增值税应税劳务营业额的合计数中，年货物销售额超过50%，非增值税应税劳务营业额不到50%。

这条规定废止之后，这就没有办法区分了，以致现实当中操作的方式不尽相同，最后多以这个企业是做什么的来作为判断条件了，这明显是误导纳税人与企业的操作方式了，因为不清晰，所以执行中必然有这样那样的偏差或筹划。在2009年增值税和营业税暂行条例修订的时候，提出了建筑企业自产的货物，加之提供建筑劳务，那是必须要分开计算增值税和营业税的，这是逼着分。

自2012年营改增之后，对于历次营改增的服务行业，没有再提及混合销售的概念，其实小编认为这还是对的，因为历次营改增的行业是限于服务。但也有涉及原增值税货物＋应税服务的事项，营改增的试点政策一直采用的是“混业经营”，即必须是分清核算的方式，相当于也是货物销售＋服务提供两个事项。但2016年5月1日试点的营改增政策，却是放弃了混业经营的概念，启用了原增值税下的混合销售的概念：

第四十条　一项销售行为如果既涉及服务又涉及货物，为混合销售。从事货物的生产、批发或者零售的单位和个体工商户的混合销售行为，按照销售货物缴纳增值税；其他单位和个体工商户的混合销售行为，按照销售服务缴纳增值税。

本条所称从事货物的生产、批发或者零售的单位和个体工商户，包括以从事货物的生产、批发或者零售为主，并兼营销售服务的单位和个体工商户在内。

对于建筑服务，其中通常是涉及货物＋建筑服务的，那这个必须是一个业务中发生，一个都不能少的事项。当然也不排除全部都是建设方提供的，建筑方只是提供服务的，这个就不存在混合销售。但要是存在提供货物，那就基本涉及混合销售的判定了。如此说来，这个是没有多少争议的。这儿提及的货物包括设备，也包括材料和辅助材料，比如我们知道，有的工程是设计、采购、安装于一体的工程，其中设备还占了很大的比重，于此将设备也并进来，作为建筑服务，对这一点有的人士表示理解困难，这分明是销售货物加服务，如果依照这个规则就认定为提供服务，明显有一些问题啊。不过我们看到，试点政策并没有采取营业税条件的方式，对于自产货物要求作为单独的增值税销售处理，这个规则是没有引进来的，只是有的人或许会留恋这样的处理方式，因为人总是有传统的习惯的。但如果据老传统就判定这样处理，就明显是在新规没有规定之时的一种自己理解的处理，小编并不是很赞同这样的理解。

不管是不是合理，我们的规则就是恰好适用于我们的建筑服务的包工包料或设备提供的情形。这其实跟餐饮一样，本身也是销售一盘菜加上服务，难道也认为属于销售货物加服务？这也分不清啊，所以这一次对于混合销售的引入，小编认为还是有其适用性的。

不过我们不得不面对的是，什么是“从事货物的生产、批发或者零售为主，并兼营销售服务的单位和个体工商户在内”，现在无法以量化指标为主判断，只能是靠感觉了，或者是非量化的指标了，那就有人为调节或理解差异了。比如有的人认为应看企业的营业执照，或者看企业的施工资质之类，这些就算个标准吧。但是一个合同之中，就算物料占比 90％，服务 10％，那也将被认定为属于建筑服务，因为比例不是要求的标准。从小编的理解来看，为何放弃 50％，就是现实当中清算成本高，业务差异大，一会用销售货物，一会用销售服务，估计纳税人自己都晕了。

如果我们仍然坚持用拆分法，作为销售货物＋建筑服务两类处理，会不会被税务机关认为不符合规定呢？这儿解释一下，销售货物更多是设备，如果只是施工的水泥沙子之类，用于建筑物本身的，则还是服务的组成部分。不过似乎我们的担心多余了，因为从最近部分税务机关的解释口径看，似乎还是潜意识地支持这样的操作。

(1) 湖北国税的理解。

纳税人销售自产货物并同时提供建筑业服务的行为，应如何征税？

按照《试点实施办法》规定，纳税人销售自产货物并同时提供建筑业服务的行为属于混合销售。从事货物的生产、批发或者零售的单位和个体工商户的混合销售行为，按照销售货物缴纳增值税；其他单位和个体工商户的混合销售行为，按照销售服务缴纳增值税。如纳税人对混合销售行为已分开核算销售额的，可分别适用不同税率。

(2) 河南国税的理解。

问题八　建筑企业采购部分材料用于提供建筑服务，是否需要按照混合销售分开核算材料和建筑服务的销售额，分别纳税并开具发票？

答：根据财税〔2016〕36 号文件规定：一项销售行为如果既涉及服务又涉及货物，为混合销售。从事货物的生产、批发或者零售的单位和个体工商户的混合销售行为，按照销售货物缴纳增值税；其他单位和个体工商户的混合销售行为，按照销售服务缴纳增值税。

因此，建筑企业采购部分材料用于提供建筑服务的，应视为混合销售。建筑企业混合销售属于“其他单位和个体工商户”，应按照销售建筑服务缴纳增值税，不需要分别纳税、分别开票。

(3) 山东国税的理解。

钢构等企业混合销售问题

既从事钢结构等的生产销售，又提供安装、工程等建筑服务，判断其是否属于混合销售应该把握两个原则：一是其销售行为必须是一项，二是该项行为必须既涉及服务又涉及货物。因此，对于钢构等企业，如果施工合同中分别注明钢构价款和设计、施工价款的，分别按照适用税率计算缴纳增值税；如果施工合同中未分别注明的，对于钢构生产企业应按照销售货物计算缴纳增值税，建筑企业购买钢构进行施工应按照建筑服务计算缴纳增值税。

从适用政策的角度，我们看到，对于分别约定核算，有税务机关认为是可以分别计税的，那这个有没有依据呢？至少小编认为在财税〔2016〕36 号文件中并没有提到这样的处理规则，不然还规定混合销售做什么呢？这就有点儿违背混合销售的精神了。

而国家税务总局在其政策解释中提出：第四个是部分地区反映分不清兼营和混合销售。这其实在文件中已有明确的规定，兼营是同时有两项或多项销售行为，混合销售是一项销售行为。各地要在总局培训的基础上，进一步做好对下的业务培训和辅导，要让我们的基层税务干部掌握好政策，这样才能对纳税人正确解释和宣传政策。

所以我们看到，在国家税务总局解释政策的角度，首选要判断是不是混合销售，再判断统一适用的方式。并没有按兼营方式分别计算增值税，看来政策的理解力还是在执行层面出现了偏差，小编认为对于口径只能算作一种理解，对于政策，仍需要以法规为依据进行处理。

至于非要做成货物单独销售，可以有两种方式，一种是由建筑单位代购的方式，一种是供应商直接销售给建设方。不过这两种方式有一个问题，即建筑方的底牌就暴露了，因为本来可能通过物料设备销售挣点儿差价，这是商务上可能不好操作的地方。

11.2.3 供应商、建筑方和发包方之间的利益平衡关系

营改增之后，基于对增值税专用发票抵扣之需，三方必然各有各的算盘。在交易过程中，由于增值税法规对于不同交易事项的税率设置的不同，以致利益争议更加复杂化，那无论作为哪一方，我们如何来理解其中的利益争议点呢?

11.2.3.1 税率的差异化描述

如果供应商、建筑方在与发包方做交易过程中，税率是一样的情形之下，这个争议就会少得多。但是事实上正是因为我们考虑了单个行业的适用税率，而减少了跨行业间交易的差异化，由此就会产生纳税人对于利益驱动的筹划。

表 11-8

物料	供应商	建筑方
建筑用和生产建筑材料所用的砂、土、石料 商品混凝土（仅限于以水泥为原料生产的水泥混凝土）	供应商可以选择17%税率：销项税项一进项税额方式计税； 供应商可以选择3%简易计税方式：按销售额的3%计税	无论采购的物料如何，可以选择两种计税方式：简易计税方式下3%征收率；一般计税方式下11%税率
设备	通常都是17%的税率	同上
其他使用的建材	通常都是17%的税率	同上

大家可以发现，建筑方作为一个中间方，并没有法规限制供应商不能直接销售货物给发包方，当然也可以选择建筑方提供统一采购，作为建筑服务的组成部分，这儿有两个流向：

（1）3%→3%→发包方（注意这儿建筑方不能进行抵扣处理），发包方抵扣 3%；

（2）3%→11%→发包方（这儿建筑方可以抵 3%），发包方抵扣 11%；

（3）17%→11%→发包方（这儿建筑方可以抵 17%），发包方抵扣 17%。

在基本一致的报价基础之上，发包方的利益驱动更多是来自对于 17%设备抵扣的期待上，因为就算平价转让，从 17%至 11%，那抵扣的利益自然是差异部分会让建筑方的服务部分得到抵扣，虽然这儿我们可能看到，单就设备来讲，其本身是亏的，不过我们并不能由此质疑建筑方定价不合理，其定价是没有问题的，只是税率有差异了。比如一台设备是 500 万元，建筑方加价至 510 万元，在营业税下，这个矛盾并不会引起什么争议。但是增值税下，这个问题就出现了：销项税额－进项税额＝510/1.11×11%－500/1.17×17%＝50.54－72.65＝－22.11（万元），这相当于虽然加了价，但是增值税上，因为税的规则的不平衡，却使建筑方得到了 22.11 万元的抵扣利益。不过这儿可并不能得到结论认为是国家吃亏了，其实是纳税人之间的税收利益的平衡而已。因为最终的结果是发包方最终生产出来的物品或服务，从消费者的购买中得到价格，才是缴纳给国家的，前面其余的销项和进项，在纳税人之间已抵销了。这一点需要串起来看。基于此，发包方还不如直接以 500 万元的价格从销售方取得专用发票抵扣，直接采购，比通过建筑方间接采购更有利。而营业税下，建筑方只是挣了点手续费而已，那可能是大家能接受的。现在差异的利益大了，所以就引起上述相关环节参与人的想法了。

11.2.3.2　老合同下基本上还是相安无事的结算

对于跨期的老合同，比如交易价格总额是 1 030 万元，在营改增之后适用增值税的部分，发包方可能基于利益的需求，要求建筑方开具 11%的增值税专用发票，因为视建筑方是一般纳税人身份，就算是小规模纳税人，也要求登记为一般纳税人，就需要 11%税率的增值税专用发票。其实这就有点勉强了，因为此时如果建筑方适用的是简易计税方式，那么其不含税价格是 1 000 万元，税额是 30 万元。这可比营业税下得便宜了。因为原来营业税下是不能抵扣的，只能入成本费用，现在建筑方就算用简易计税方法，也可以开具增值税专用发票，开具出来 3%征收率的增值税专用发票，发包方进行抵扣，这已得便宜了。

如果发包方坚持要11%税率的专用发票，那建筑方可以从原来的报价入手，因为原来报价的时候，用的营业税的税率是3%计算的报价的体系，那肯定离11%的税率差远着呢，建筑方可以以此作为谈判的筹码与发包方进行交流，要11%税率专用发票没有问题，加价吧！其实这就是理顺彼此的心理感受而已。

11.2.3.3 新合同下发包方和建筑方的利益平衡

如果只是想到税率与征收率的差，或者是税率本身应用的差，那这个问题基本上无解。比如上面提到，税率的差本身就驱动发包方自己去采购设备，或者通过建筑方代购之类，形式上也是多样的。而于此呢，建筑方索性就依据甲供工程用简易计税方式，也是一个比较不错的选择方式。但究其根源，我们不得不说，这个率的问题，其判断的结果就是要看建筑方的报价是如何做的。这才是彼此之间理顺税收利益的问题。而绝不是简单地套用一下平衡点的测算结果。

如上面我们看到，有的地方税务机关认可服务口径的拆分，对于一个完整的工程，可能是设计、监理、施工、设备、材料等，那是不是就可以分开报价呢？对于货物部分，单走一个简单的17%的毛利加上可以了，建筑方开具17%的专用发票给发包方抵扣，这至少说税务机关挑战建筑方开具发票不合规，不让发包方抵扣，可能还是有点难度的，因为建筑方的税务机关一看，17%对于税收贡献是大的，但对于发包方所在的税务机关来看，按17%开具的专用发票不符合混合销售的规定，不予认可，这样发包方也会有苦说不出。

上面我们基本都是在假设发包方能够抵扣的情形之下进行的分析，对于发包方根本不需要抵扣，即如政府工程项目的，对方就不是增值税纳税人，那讨论税的问题就没有意义了。就看谁报的总价最低，谁就更有利。

对于甲供工程，在营改增之后是确定可以选择简易计税方式，按征收率3%计算建筑服务的增值税。那于此，进项税额对于建筑服务方是没有用处的，所以甲供的材料设备由甲方直接购买进行抵扣是较好的，因为其可以享受抵扣17%等较有利的抵扣结果，但是让简易计税的建筑方取得又没有用，相当于站在整体的角度，考虑其利益的最大化。

［案例］ 某建筑公司提供建筑服务，为简化举例，假定物料成本是100，税额是17，提供建筑服务价格是150（含税价格）。同时甲方自己还有部分材料使用。符合建筑服务按简易计税的方式。

详细分析见表11-9。

表 11-9

方式	建筑方增值税税额和利润	甲方增值税抵扣额
建筑方购买	增值税额：150/1.03×3%＝4.37 利润额影响：150－4.37－117＝28.63	进项税额抵扣：4.37 成本额：150－4.37＝145.63
甲方购买	增值税额：（150－117）/1.03×3%＝0.96 利润额影响：33－0.96＝32.04	进项税额：17＋0.96＝17.96 成本额：100＋32.04＝132.04

从上面的案例看，甲方购买物料多得到 17%的进项税额，两种方式的销、进项已抵销没有了。利润方面建筑方多了 3.41，而甲方的成本额减少了 13.59，相加正好是 17，这相当于是从国家财政的角度减少了 17 的进项税额，本身如果站在这个角度，对于双方都是划算的。当然双方的价格也可以再谈一下，比如建筑方再让点利之类的安排。

11.2.3.4 建筑方按 11%开具发票，发包方如何核算设备和工程的入账问题

上面我们提到，建筑方在采购设备的情形之下，如选择一般计税方式，税率是 11%，如果选择简易计税方式，征收率是 3%，此时有的人士可能就问了，我们的会计如何区分设备入账啊，这个税率看着有些怪呢？

其实，增值税专用发票虽然开具的是 11%或 3%，但是由于是一起入账的，通常是从在建工程转入固定资产，那此时只要将 11%或 3%的增值税剔除，余下的就是不含税金额。此时是看着矛盾，比如增值税专用发票开具的是一个工程，但是明细中却是要分构筑物或设备的，对于设备的部分，就不能用 17%的税率去拆税额，而是用 11%，这本身也是由于建筑服务的税率设置有问题，产生这样不可思议的结果，这一点，想必我们有聊到的，一些地方税务机关分开核算的口径解释，还是有些道理的，这是要从底层多思考一下的问题。

11.2.3.5 提供设备安装的建筑服务如何适用增值税政策

按照财税〔2016〕36 号文件的规定，安装服务也是建筑服务的一项，规定是这样的：

2. 安装服务。

安装服务，是指生产设备、动力设备、起重设备、运输设备、传动设备、医疗实验设备以及其他各种设备、设施的装配、安置工程作业，包括与被安装设备相连的工作台、梯子、栏杆的装设工程作业，以及被安装设备的绝缘、防腐、保温、油漆等工程作业。

固定电话、有线电视、宽带、水、电、燃气、暖气等经营者向用户收取的安装费、初装费、开户费、扩容费以及类似收费，按照安装服务缴纳增值税。

那这儿就有问题了，这个是安装服务，难道安装服务的设备，也要一起算到建筑服务的销售额当中吗？安装服务本来就是一个小事项吗？不过从当下的政策来看，确实就是这样规定的，还真没有脾气。当然这种安装服务更多时候其设备是发包方进行采购的。

对于既销售设备又提供安装的企业来讲，那此时可基本上是不能靠建筑服务的混合销售了，因为这是以生产销售为主的，理应全额判断为增值税的货物销售之中，安装服务也是要按17%税率进行适用的。发包方凭此专用发票抵扣建筑服务部分的税率是17%，这没有产生所谓的与事实不相符的矛盾，因为其本身就产生了税收规则的转变判断应用。至于有的企业就是按销售货物和建筑服务两个合同走的，那除非安装只是一个简单的包在销售价格当中的业务，如小空调的安装，基本上就属于价格中包括了，还有电梯的销售安装也是一样的。

如果有的企业就想避掉这个安装服务被“混合”为17%的问题，那就可以考虑单独设立一个分公司，或子公司也可以。但是安装服务本身如果是跨地区施工的，那就要按规定进行预缴处理，这一点得有一个基本的判断。但是如果定为货物的混合销售了，那是不是还是要在施工地预缴呢？从定性的角度看，小编认为既然定性为货物了，那就不属于建筑服务了，自然也就不存在异地预缴的问题了。

11.2.4 建筑服务的报价体系修订

建筑服务有一套完整的报价体系，我们也发现，建委一些部门也有发布营改增之后的报价体系。基于增值税的价外税的规则，剔除销项税额和进项税额，才是增值税的报价体系的核心。小编认为，建筑服务的报价方式要考虑如下几个方面：

一是要考虑一般计税方法和简易计税方法下，不同的先行判断结果，这主要看是否属于清包、是否属于甲供工程；老合同因为是营改增之前的事，也不用特别再考虑。

（1）对于适用简易计税方法的，相当于进项税额不得抵扣，因此要测评成本总额是多少，在报价的基础上，考虑剔除3%的应纳税额；

（2）对于适用一般计税方法的，区别在于进项税额也要剔除，这样才是自己企业的真正成本、收入的评估，看挣发包方多少毛利，同时也可以看到，对方抵扣的是多少。

二是要看对方是否有抵扣的应用，如果对方是用于免税工程的，那可以选择有利的报价方式进行处理。通常，对于一个建筑企业来讲，其物料的成本往往是有价格系数的，不过供应商可能是不同的，因为供应商提供的发票是否能够抵扣可能也是有差异的。所以供应商的综合完整的评估是最主要的工作，这些系统设置好之后，那就是加成的问题了。

如果有一些设备对方就坚持自己采购，对于建筑企业来讲，相当于是剔除成本而已，而对于自己做的事项，再分设计、监理、货物、人工、税费进行考虑，注意，这儿企业可以用一定的加成率来表现，不过要首先评估对方抵扣的可行性，确定用哪种计税方法。确定后，那就在成本基础之下进行加成系数的调整，因此，就有了不含税的销售价格。此时如果对方要 11%的专用发票，那就加 11%，如果要 3%的专用发票，那就加 3%。不过这儿一定要注意采购中进项税额是否包括在内，以便进行前置确定。

附加税费原来是以营业税为基数确定的，现在要改为以增值税的应纳税额为基础进行整体评估确定。

11.2.5 跨地域税务机关之间责权利的“洗牌”

本轮营改增对于建筑服务的征管规定，可以说好好地解放了纳税人受制于异地施工中的涉税处理问题。这一次跨地经营主要的一个方式就是地方预缴，除非特定情形，一般是由施工机构在机构所在地领取的增值税发票进行开具，这一下子就解决了施工地税务机关以代开发票为手段，要求缴纳各种规费的问题。例如对于甲供材的判定，沟通解释到位了，可能就范围小甚至干脆不管，有的可能就一直纠结于这个事，因为征税机关通常是有完整收税的预期在里面的。同时现实当中还要求在当地一并征收建筑合同的印花税，其实印花税确实没有规定在哪儿缴纳，但是在施工地一并缴纳了，也可以，毕竟是人家强制收的。那营改增之后在哪儿缴呢?

现实当中有的人士提出，企业往往在办理外出经活动证明时，税务机关就要求缴纳印花税，这是在原地税机关管理且地税机关管理印花税征收的事项，对于营改增之后纳入国税管理，则国税机关对于印花税可能并不敏感。但就贴花来看，似乎在营改增之后，不需要在异地税务机关办理代开发票了，只做预缴贡献，那这块的争议可能会减少了。建议就在总机构缴是不是更有保障一些呢?

至于随增值税缴纳的附加费税，企业在异地预缴时，要不要一并缴纳呢？附加税费是随增值税一并产生的，所以预缴时理解上是一并预缴附加税费的，只是可能就存在增值税在国税预缴、附加税费在地税机关预缴的情形。当然这一规定还是不明确的，毕竟只是增值税的预缴，并没有提及附加税费的预缴财税〔2016〕74号[1]文件规定了就地计算预缴的方式。

说到建筑服务跨区域施工的问题，由于取消了甲供材营业税的这种规则延续，又没有了代开发票的需求（除了一些没有发票的小规模纳税人或个人），那这个主动性一下子失去了许多，从这个角度看，我们还是比较赞同减少纳税人税收操作成本的，这也就是直接的“只减不增”，不是税负，而是真真正正的纳税人的办税成本。当然也减少了我们代开发票主管税务机关的征管成本和风险。

11.2.6 外出经营活动税收管理证明仍需要办理

《税收征收管理法》规定：

第二十一条　从事生产、经营的纳税人到外县（市）临时从事生产、经营活动的，应当持税务登记证副本和所在地税务机关填开的外出经营活动税收管理证明，向营业地税务机关报验登记，接受税务管理。

从事生产、经营的纳税人外出经营，在同一地累计超过180天的，应当在营业地办理税务登记手续。

当下，这种外出经营活动税收管理证明，原来是向地税机关办理，现在是要向国税机关办理，这也是纳税人预缴税款的实现方式。但依照上面的规定，累计超过180天，则需要办理税务登记（有的是要求连续办理外经证），其结果如何呢？在当地算独立施工计算缴纳增值税？在原来地税机关管理中，有的地方可能就存在这种方式。但好在原来是全缴在当地的，增值税后是预缴方式，要是在当地办理税务登记了，那是不是发票开具、进项抵扣都要以这个税务登记的名字为独立纳税人核算呢？

11.2.7 不同项目或者总分公司之间调拨物料的处理

在视同销售的章节，我们分析了货物从一个机构调拨到另一个机构用于销售的，则需要视同销售处理。那对于建安工程来讲，如果本身是从一个建筑项目调拨到另一个建筑项目，这个问题如何处理呢？

---

[1] 财税〔2016〕74号，即《财政部 国家税务总局关于纳税人异地预缴增值税有关城市维护建设税和教育费附加政策问题的通知》。

比如一个公司，同时有两个项目，一个选择了简易计税方法，一个选择了一般计税方法，那批量采购一批物料之后，此时企业取得了增值税全额的专用发票，当期选择抵扣，如果是简易计税方式领用的，那就做进项税额转出处理，这是常规的处理规则。

但是如果我们假设用于一般计税方法的采购物料，在使用未完的情形之下，简易计税项目需要物料，则直接转拨过去，此时如何进行处理呢？如果是当期发生的，则直接套用上面的方法，确认转出处理。如果实在分不清，那就用收入比例来分配转出。不过这个比例显然是对不上号的，因为当月可能简易是全款的收入，也可能一般是全部的收入，也可能是简易占的多或少，这个规则在应用中匹配度与真实情形并不相同，这也是一个增值税可能需要完善的地方。

如果是跨月了呢？先抵扣了增值税进项税额，以后期间发生了用于简易计税方法的项目，这儿在理论上不容易脱节了：

第三十条　已抵扣进项税额的购进货物（不含固定资产）、劳务、服务，发生本办法第二十七条规定情形（简易计税方法计税项目、免征增值税项目除外）的，应当将该进项税额从当期进项税额中扣减；无法确定该进项税额的，按照当期实际成本计算应扣减的进项税额。

上面规定得很清楚，简易计税方法的计税项目竟然不管了，在之前章节中我们也讨论过这个事项，所以小编认为这还是有点问题的，如果不转出，还作为抵扣，显然是违背基本的原则的。这儿做“手脚”的方式就太多了，所有的项目都是用一般计税项目先抵扣着，后期再考虑用途，这不是太轻松就避掉增值税的事了吗？因此小编认为不宜简单套用上面的文字，而是要结合实际情形，谨慎确认，毕竟这可能涉及较大税额。

同样，对于建筑企业不同的总分机构而言，那涉及不同的分支机构之间划拨，小编认为，这并不是不用于销售，而是间接用于了销项，相当于是服务的实施成本，因此从这个角度看，转出方做正常销售（不是视同销售），划入方做进项税额抵扣最为合理，当然这儿可以用平价转让，毕竟没有利益的驱动因素在里面。

11.2.8　建筑服务业总分机构的商务运营或者挂靠方式的实施方式

普遍地，我们看到，对于挂靠经营的纳税人，业界认为增值税将终结小建筑公司动作的潜规则的处理方式，从票款服务的结合上，挂靠服务可能很难达成，所以有很多专业人士为此想了很多所谓的规避办法或建议，以便这种方式能够存活下去。

挂靠方式更多是一种利用资质的行业施工之需，此时合同往往是与有资质的企业签订的，但是真正提供服务的则是另外一个企业。这儿如果我们从分包经营的角度，是可以解释得通的。即施工企业通过有资质企业开具发票，再开具发票给有资质企业，这样形成一个抵扣链条，相当于比原来的操作更有规范性了。

那对于总分机构来讲，其存在的情形往往是总机构一并签订合同，下面涉及设计、监理、建筑的分支机构各自提供服务。在操作过程中，各个工作的分支机构是独立完成工作服务，并且单独开具发票和结算款项，在这种情形之下，小编认为不宜以分公司不签订合同为由确定这种情形属于虚开增值税专用发票。注意，这儿首先要说明的是，总机构本身并没有参与服务，同时如果在合同中约定，这个工作将由各个机构分别进行工作的描述，这才说明了业务的真实性，而合同只是在法人层面签订一下双方责权利的承诺而已，税法可并没有说合同如何签订，而是要突破合同形式看实际提供的服务如何。从合同风险管理的角度看，分公司一般也没有签订合同的权利，这些是由总公司一并签订的，并不是为了税法而规定要如何签订合同。

比对现在一些集团的框架协议，往往是一并签订的，但是具体的实施主体，站在独立增值税的纳税人的角度看，却是可以不同的。只要合同约定的事项是指向了这个实施主体。

11.3 房地产业

房地产业在这次营改增中，并没有多少“声音”，可能大家还要详细地评估对自己的影响，但是从营改增的政策来看，确实也是该给的都给了，从这一点看，房地产业的营改增政策，确实也没有引起太大的争议出来。不过有一些细节的问题，我们还是要好好地借鉴分析一下。

11.3.1 房地产业增值税税收处理规则

下面我们分不同的情形，对应用营改增的税收政策进行详细的解析：

（1）房地产业增值税政策的适用主体。

《国家税务总局关于发布〈房地产开发企业销售自行开发的房地产项目增值税征收管理暂行办法〉的公告》（国家税务总局公告 2016 年第 18 号）规定：

第二条　房地产开发企业销售自行开发的房地产项目，适用本办法。
自行开发，是指在依法取得土地使用权的土地上进行基础设施和房屋建设。

第三条　房地产开发企业以接盘等形式购入未完工的房地产项目继续开发后，以自己的名义立项销售的，属于本办法规定的销售自行开发的房地产项目。

对于房地产来讲，通常销售不动产的情形是指：

销售不动产，是指转让不动产所有权的业务活动。不动产，是指不能移动或者移动后会引起性质、形状改变的财产，包括建筑物、构筑物等。

建筑物，包括住宅、商业营业用房、办公楼等可供居住、工作或者进行其他活动的建造物。

构筑物，包括道路、桥梁、隧道、水坝等建造物。

转让建筑物有限产权或者永久使用权的，转让在建的建筑物或者构筑物所有权的，以及在转让建筑物或者构筑物时一并转让其所占土地的使用权的，按照销售不动产缴纳增值税。

注意，这儿对于单纯的转让土地使用权，并不是规定适用销售不动产，而是属于销售无形资产之中的自然资源使用权的事项，而如果在土地使用权上增加了相应的建筑物或构筑物，就成了销售不动产了。同时要注意，销售不动产本身有两个主体，一个是房地产开发企业建成之后进行的“商品”形式的销售，一个是单位或个人购入房地产开发企业等建造的不动产之后的二次转让，而本节重点在于规定的是房地产企业进行开发完成的商品房产的销售。

(2) 房地产企业的适用税率或征收率。

依据财税〔2016〕36 号文件，销售不动产适用的税率是 11%，征收率是 5%，那我们结合规定，来看一下具体的规定是如何分别界定的（摘录规定）：

7. 房地产开发企业中的一般纳税人，销售自行开发的房地产老项目，可以选择适用简易计税方法按照 5%的征收率计税。

8. 房地产开发企业中的小规模纳税人，销售自行开发的房地产项目，按照 5%的征收率计税。

9. 房地产开发企业采取预收款方式销售所开发的房地产项目，在收到预收款时按照 3%的预征率预缴增值税。房地产开发企业中的一般纳税人销售房地产老项目，以及一般纳税人出租其2016年4月30日前取得的不动产，适用一般计税方法计税的，应以取得的全部价款和价外费用，按照3%的预征率在不动产所在地预缴税款后，向机构所在地主管税务机关进行纳税申报。

10. 房地产开发企业中的一般纳税人销售其开发的房地产项目（选择简易计税方法的房地产老项目除外），以取得的全部价款和价外费用，扣除受让土地时向政府部门支付的土地价款后的余额为销售额。

房地产老项目，是指《建筑工程施工许可证》注明的合同开工日期在2016年4月30日前的房地产项目。

我们对此梳理一下应用的规则，具体见表11-10。

表11-10

纳税人	不动产项目	机构所在地计税方式			收到预收款时预缴税款，不是跨县（市）的意思	
		计税方法	税率或征收率	计税方式	计税依据	预征率
一般纳税人	老项目	一般计税方法	11%	扣除土地价款计销项税额，再抵预缴	预收款/1.11	3%
		简易计税方法	5%	全额计税，抵预缴	预收款/1.05	3%
	新项目	一般计税方法	11%	扣除土地价款计销项税额，再抵预缴	预收款/1.11	3%
小规模纳税人	各种项目	简易计税方法	5%	全额计税，抵预缴	预收款/1.05	3%

对于表11-10中的事项，进一步说明如下：

一是何为老项目或新项目。房地产老项目，是指《建筑工程施工许可证》注明的合同开工日期在2016年4月30日前的房地产项目。而国家税务总局公告2016年第18号[1]则进一步规定：

房地产老项目，是指：

（一）《建筑工程施工许可证》注明的合同开工日期在2016年4月30日前的房地产项目；

（二）《建筑工程施工许可证》未注明合同开工日期或者未取得《建筑工程施工许

[1] 国家税务总局公告2016年第18号，即《国家税务总局关于发布〈房地产开发企业销售自行开发的房地产项目增值税征收管理暂行办法〉的公告》。

可证》但建筑工程承包合同注明的开工日期在 2016 年 4 月 30 日前的建筑工程项目。

这跟建筑服务项目中的老项目是对应一致的标准，建筑服务的目的也是不动产等项目，那一致的原则当然是标准一样的判断。当然这个也是做得比较宽松的管理，更多是让纳税人自己进行选择。不过有的纳税人可能说了，我们的合同也没有约定如何办啊?那得怨自己了，合同上那么多地，不能划一个吗? 有通情达理的税务机关在解释的时候是这样说的：对于现实中存在的《建筑工程施工许可证》以及建筑工程承包合同都没有注明开工时间的情况，按照实质重于形式的原则，只要纳税人可以提供 2016 年 4 月 30 日前实际已开工的证明，可以按照建筑工程老项目进行税务处理。

二是要理解 5%这个简易征收率。小编的理解是，这个简易税率有点延续营业税下的意思，因为营业税下是 5%的税率，到了营改增之后，如果按理论上的 3%征收率，这就降得有点多了，所以财税〔2016〕36 号文件也就延续了 5%这样一个结果，大家也可以理解，但这个最好是在前面解读一下，忽然出来了一个 5%，让纳税人有点找不到北的感觉。不过大家知道，从不含税的角度看，增值税下的 5%本来就是一个税负下降一点的趋势，大家心里更容易接受了。

(3) 关于房地产企业的预征率。

大家可以看到，房地产企业的预征率是 3%，注意，这是规定的预收到款项的预征率，并不是跨地区经营的异地税务机关的预征率。当然，对于房地产企业来讲，往往是一个楼盘一个运营公司，所以基本上这种跨地经营的也少，但也不能排除没有。这儿都先明确是收到预收款时的预征：

国家税务总局公告 2016 年第 18 号规定：

第十条　一般纳税人采取预收款方式销售自行开发的房地产项目，应在收到预收款时按照 3%的预征率预缴增值税。

第十一条　应预缴税款按照以下公式计算：

应预缴税款＝预收款÷(1＋适用税率或征收率)×3%

适用一般计税方法计税的，按照 11%的适用税率计算；适用简易计税方法计税的，按照 5%的征收率计算。

第十二条　一般纳税人应在取得预收款的次月纳税申报期向主管国税机关预缴

税款。

第十九条 房地产开发企业中的小规模纳税人（以下简称小规模纳税人）采取预收款方式销售自行开发的房地产项目，应在收到预收款时按照3%的预征率预缴增值税。

第二十条 应预缴税款按照以下公式计算：

应预缴税款＝预收款÷(1＋5%)×3%

第二十一条 小规模纳税人应在取得预收款的次月纳税申报期或主管国税机关核定的纳税期限向主管国税机关预缴税款。

这儿要明确一个观点，即预缴税款并不代表纳税义务发生时点，这一次对于房地产企业，从营业税到增值税，发生了一个根本性的纳税义务发生时间的差异，具体见表11-11：

表11-11

情形	纳税义务发生时间	备注
营业税	纳税人转让土地使用权或者销售不动产，采取预收款方式的，其纳税义务发生时间为收到预收款的当天	这一规定已废止了，但是营改增之前，发生的纳税义务就不能在增值税后再缴一次税了
增值税	无规定，有的地方税务机关对此解释是合同约定之类的或交付之类的情形处理，但没有提及取得房产证之类，估计真要这么规定了，税务机关征税都是个大问题，房开企业拖着办证的情形多了去了	需要进一步跟进税务机关的执行口径，当然也可能出一个类似企业所得税或土地增值税判断情形的标准了。如果仍保留营业税的方式，那销项与进项的匹配可能就有问题。这也考虑了抵扣起始不足，却全额计缴增值税的不利局面，是充分考虑了纳税人的利益的

(4) 跨地区的商品销售的预征率有规定吗?

上面我们看到，只是规定了房地产企业在预收款项时的预征率，对于机构与房产所在地一致的时候，缴纳给主管税务机关没有什么差异。但是存在跨区（县）的情形之时，这个预征的税款是缴在机构所在地还是房产所在地呢？如果从对于地区财政利益的角度看，毕竟是在人家的地盘上进行经营，所以异地的缴纳似乎更合理一点儿。比如我们看，对于老项目就明确了这一点：

财税〔2016〕36 号文件规定：

房地产开发企业中的一般纳税人销售房地产老项目，以及一般纳税人出租其 2016 年 4 月 30 日前取得的不动产，适用一般计税方法计税的，应以取得的全部价款和价外费用，按照 3%的预征率在不动产所在地预缴税款后，向机构所在地主管税务机关进行纳税申报。

对于老项目是要求在不动产所在地预缴的，这个就说明人家规定当时也是这样想的，只是这儿只写出了老项目。对于新项目，大家普遍理解也遵照这一规则就行，不再另找花样的方式了。所以在合理的预计之下，依 3%向不动产所在地预缴是可行的。至于我们看到有的地方或微信当中有提及要求预缴 5%的情形，那是对于基本规则都理解得不到位了。

(5) 开具发票的时点问题。

对于预征税款，此时是没有纳税义务发生时间的，从这个角度说，在没有发生纳税义务时，没有开具发票的需要。但是由于房产本身需要过户等事项，往往是需要发票作为支撑的，所以现在基于此需求，就有点乱了。税务要配合其他部门的工作，开具发票。所以现在地方就创造出来开具没有税率的发票的功能来了。相当于是税务做个好事，先给你们开具发票，但是并不是据此认为，先开具发票就先计缴税。为了避免这一个规定有冲突的地方，我们有的税务机关就让企业开具税率栏是 0 或者 *** 的发票了，这就不多解释了，本身是没有税上的什么事了。

11.3.2 土地价款的扣除

国家税务总局公告 2016 年第 18 号规定：

第四条 房地产开发企业中的一般纳税人（以下简称一般纳税人）销售自行开发的房地产项目，适用一般计税方法计税，按照取得的全部价款和价外费用，扣除当期销售房地产项目对应的土地价款后的余额计算销售额。销售额的计算公式如下：

$$销售额=(全部价款和价外费用-当期允许扣除的土地价款)\div(1+11\%)$$

第五条 当期允许扣除的土地价款按照以下公式计算：

$$\begin{matrix}当期允许扣除\\的土地价款\end{matrix}=\left(\begin{matrix}当期销售房地产\\项目建筑面积\end{matrix}\div\begin{matrix}房地产项目可供\\销售建筑面积\end{matrix}\right)\times\begin{matrix}支付的\\土地价款\end{matrix}$$

当期销售房地产项目建筑面积，是指当期进行纳税申报的增值税销售额对应的建筑面积。

房地产项目可供销售建筑面积，是指房地产项目可以出售的总建筑面积，不包括销售房地产项目时未单独作价结算的配套公共设施的建筑面积。

支付的土地价款，是指向政府、土地管理部门或受政府委托收取土地价款的单位直接支付的土地价款。

第六条　在计算销售额时从全部价款和价外费用中扣除土地价款，应当取得省级以上（含省级）财政部门监（印）制的财政票据。

第七条　一般纳税人应建立台账登记土地价款的扣除情况，扣除的土地价款不得超过纳税人实际支付的土地价款。

这儿说的很明白，房地产企业不用提心了，地价款虽然是出让方式过来的，政府部门也不能开具抵扣凭证给企业抵扣，但是给你们一个差额的政策，允许从销售额中扣除，这不相当于抵扣了吗，所以这一条可以让房地产企业放心了。

不过我们需要对此做进一步的小解释：

(1) 支付的土地价款。

允许扣除的只有用一般计税方法的，如果选择了简易计税方法的，本身已考虑了抵扣的因素。因为从税率11%到征收率5%，再扣除土地成本肯定是不合理的。同时允许扣除的只能是土地价款，如果还有拆迁补偿之类的支出，那就不包括在内了。同时这个要取得省级以上财政部门监（印）制的财政票据。不过现实当中，我们有时可能看到有的企业是先缴纳招标保证金，中标后，再转到土地价款中。保证金当时也是用财政票据开的，只是名字叫保证金。从提供的出让合同来看，小编理解，这更多是一种说明，同时这儿也说明了是有财政票据的，只是名字要进行“解释”一下，小编认为这也是值得支持的。

(2) 关于土地价款的扣除方式。

考虑到配比的原则，这儿的土地价款可不是全额先扣减着，这跟抵扣是不同的，抵扣是只要购进来，就进行全额抵扣（不动产和不动产在建工程是不同的），抵完了再计缴销项税额。对于有差额扣除的也是一样，是据凭证扣减，此时只要取得了凭证，也是可以扣减的，并没有要求收入成本配比扣除。但是土地是不同的，只能说这还是考虑了财政利益的保障问题。

扣除的方式是按可售建筑面积的比例进行计算扣除。那如果是"一次拿地，分批开发"的情形，需要考虑先从土地面积上分开，再依照上面的方法进行计算扣除。

(3) 关于政府返还的土地价款如何处理的问题。

从"扣除的土地价款不得超过纳税人实际支付的土地价款"的规定来看，虽未点明，但是我们不得不对于像土地增值税一样的处理方式，即允许扣除的土地价款，应是实际支付的，即从实际发生的角度应是扣除返还的部分。但是这就需要确认了，从有的地方口径解释来看，从政府部门取得的土地出让金返还款，可不从支付的土地价款中扣除。

看来这是采用了比较大度的理解方式，因为政府给的返还可以再套一个名义，不一定就用土地出让金的名义返还。但是如果就明确了返还土地出让金，小编认为还是扣减后再做扣除更为合理一些。

(4) 关于营改增之前取得的土地价款能否扣除的问题。

营改增之后取得土地价款的扣除方式，已经规定得很清楚了。但是对于老项目的房地产开发项目，其土地是在营改增之前取得的，如何进行处理呢?

第一，如果这个老项目是选择简易计税方法的，那就不用考虑土地成本扣除的什么事了，没有关系；当然对于房地产企业，如果是一般纳税人，那么营改增后也没有简易计税之说，而对于小规模纳税人而言，则也不存在扣除的问题。

第二，对于老项目，纳税人如果没有选择简易计税方法，而是选择一般计税方法的，小编认为也是可以扣除的，只是遵照的方式是用建筑面积法，同时将原来的营业税下确认收入的部分剔除之后再做比例计算。

11.3.3 关于房地产企业从事不同项目进项税额转出时的特别适用规定

国家税务总局公告2016年第18号规定：

第十三条　一般纳税人销售自行开发的房地产项目，兼有一般计税方法计税、简易计税方法计税、免征增值税的房地产项目而无法划分不得抵扣的进项税额的，应以《建筑工程施工许可证》注明的"建设规模"为依据进行划分。

$$\text{不得抵扣的进项税额}=\text{当期无法划分的全部进项税额}\times\left(\text{简易计税、免税房地产项目建设规模}\div\text{房地产项目总建设规模}\right)$$

这儿并不是套用财税〔2016〕36 号文件中的销售额计算比例的方式，这是用一种数量的方式进行转出，其实本来用销售额就是一种不平衡的做法，而且房地产企业本身项目持续时间长，收入不稳定，能够规定出这种方法，说明财税部门并没有拘泥于老观念，而是进行了一些创新。

这个建设规模一般取建筑施工许可证上的面积数，但是这儿要注意，由于涉及房地产企业的老项目，如果之前已有计缴过营业税的收入了，那就不能用老项目全部的建设规模进行比例计算。比如宁夏国税的一个解释就具有代表性：

房地产开发企业同时有一般计税方法和简易计税方法的项目，其按简易计税方法计算不得抵扣的进项税额如何计算？

答：《房地产开发企业销售自行开发的房地产项目增值税征收管理暂行办法》（国家税务总局第 18 号公告）第 13 条规定，不得抵扣的进项税额＝当期无法划分的全部进项税额×(简易计税、免税房地产项目建设规模÷房地产项目总建设规模)。其中“房地产项目总建设规模”应按照营改增后选择适用简易计税方法项目剩余的规模与按照一般计税方法项目建设规模之和计算。

例如：房地产企业老项目建设总规模 10 万平方米，营改增后该项目适用简易计税方法，剩余房产 1 万平方米；该房地产公司按照一般计税方法开发的建设规模为 5 万平方米，此时：不得抵扣的进项税额＝当期无法划分的全部进项税额×[1 万平方米÷(1 万平方米＋5 万平方米)]。

11.3.4 发票开具

一般纳税人的房地产开发企业开具发票的要求是这样的：

国家税务总局公告 2016 年第 18 号规定：

第十六条　一般纳税人销售自行开发的房地产项目，自行开具增值税发票。

第十七条　一般纳税人销售自行开发的房地产项目，其 2016 年 4 月 30 日前收取并已向主管地税机关申报缴纳营业税的预收款，未开具营业税发票的，可以开具增值税普通发票，不得开具增值税专用发票。

第十八条　一般纳税人向其他个人销售自行开发的房地产项目，不得开具增值税专用发票。

小规模纳税人房地产开发企业开具发票的要求是这样的：

国家税务总局公告 2016 年第 18 号规定：

第二十三条　小规模纳税人销售自行开发的房地产项目，自行开具增值税普通发票。购买方需要增值税专用发票的，小规模纳税人向主管国税机关申请代开。

第二十四条　小规模纳税人销售自行开发的房地产项目，其 2016 年 4 月 30 日前收取并已向主管地税机关申报缴纳营业税的预收款，未开具营业税发票的，可以开具增值税普通发票，不得申请代开增值税专用发票。

第二十五条　小规模纳税人向其他个人销售自行开发的房地产项目，不得申请代开增值税专用发票。

11.3.5　房地产企业建造房屋不适用 2 年抵扣的限制

依照财税〔2016〕36 号文件的规定，不动产在建工程的购建的抵扣期限是 2 年，即第 1 个月和第 13 个月各抵 60%和 40%，但是这并不适用于房地产开发企业，因为对于房地产企业来讲，房产的建造是用于销售的，不是用于生产经营之用的，没有长期使用的前提，因此就不能用 2 年的抵扣来限制房地产企业进行的不动产在建工程的建造。即房地产开发企业自行开发的房地产项目、融资租入的不动产，以及在施工现场修建的临时建筑物、构筑物，其进项税额不适用上述分 2 年抵扣的规定。

11.3.6　房地产企业建造房屋自用的情形处理

通常来讲，房地产企业建造的房屋多是用于销售的，这也是常规的事项，但是并不总是这样。如果房地产企业建造的房屋是用于自持以便出租的，或用于物业管理的，此时如何进行增值税的处理呢？这儿主要涉及如下几个问题：

一是扣除的土地成本是不是限于房地产企业对外销售的不动产？

二是是不是要视为不动产在建工程转为 2 年抵扣期进行处理，即转出进项税额并且分 2 年呢？

三是要不要做视同销售处理？

如果要回答上面几个问题，小编认为还是要结合增值税的基本原理，以及特定的适用规则来判断。

11.3.6.1 房地产开发企业出租不动产的政策补充

《财政部 国家税务总局关于进一步明确全面推开营改增试点有关再保险 不动产租赁和非学历教育等政策的通知》(财税〔2016〕68号)是这样规定的:

二、不动产经营租赁服务

1. 房地产开发企业中的一般纳税人,出租自行开发的房地产老项目,可以选择适用简易计税方法,按照5%的征收率计算应纳税额。纳税人出租自行开发的房地产老项目与其机构所在地不在同一县(市)的,应按照上述计税方法在不动产所在地预缴税款后,向机构所在地主管税务机关进行纳税申报。

房地产开发企业中的一般纳税人,出租其2016年5月1日后自行开发的与机构所在地不在同一县(市)的房地产项目,应按照3%预征率在不动产所在地预缴税款后,向机构所在地主管税务机关进行纳税申报。

2. 房地产开发企业中的小规模纳税人,出租自行开发的房地产项目,按照5%的征收率计算应纳税额。纳税人出租自行开发的房地产项目与其机构所在地不在同一县(市)的,应按照上述计税方法在不动产所在地预缴税款后,向机构所在地主管税务机关进行纳税申报。

由于房地产的老项目是指施工许可证上的日期,但是要建成房屋出租,那可能在营改增之后的很长时间才行。比如在2017年或2018年,这都很正常。对于这种情形,只要是老项目,即可能存在没有充分抵扣的情形之下的项目,允许按简易计税方法计算不动产租赁的增值税,这是非常有利的一个选择权了。

11.3.6.2 关于土地价款扣除的应用分析

根据规定,房地产企业在计算增值税时,允许扣除的土地价款,是以"(当期销售房地产项目建筑面积÷房地产项目可供销售建筑面积)×支付的土地价款"来计算的。我们知道,如果是留着自用的不动产,其本身也是属于可销售的面积之列的,由于没有销售出去,自然没有得到土地成本的扣减,这在比例范围中已得到限制,因此这一点需要理解扣除的适用方式。不然认为还要转出处理,其实不用,因为根本就没有得到对应的抵减销售额为先处理。

11.3.6.3 是否要受制于2年期的抵扣转出处理

尽管文件未对房地产企业使用一般计税方法核算的进项税额,要求按2年分期摊销抵扣，不过我们知道，对于房地产企业的规定，是有其作为商品销售为前提的，如果转作自用，这跟一般纳税人进行自建不动产没有区别，从普遍适用性的角度看，小编还是倾向于 2 年分期进行抵扣的处理，而不是一次性抵扣处理的结果。当然这可能有文字理解上的探讨，但是一个基本原则如果因为企业性质不同就否定了一致性，实不会是一个好的税收规则。如果这个房地产企业将房产转作非“固定资产”科目核算，那就可以不分 2 年了，毕竟这个规则是用的固定资产，只能算是走一个“文字游戏”的处理了。

11.3.6.4　是否要做视同销售处理

如果是用于应税项目的，那自然不需要考虑视同销售，如果是用于不得抵扣的事项的，像用于职工福利之用的，那是需要将进项税额转出的。这跟货物的视同销售规则是不一样的，如货物下将自产的用于职工福利要做视同销售处理，这相当于是增加了纳税人的税负空间。因为视同销售本身是基于销售价格，中间有利润的考虑，还有人工成本的构成，这些都是增值税的计税组成部分。但是考虑进项税额转出，则只就实际取得的进项税额的抵扣情形据实计算转出，这更有利一些。

11.3.7　关于精装修房屋销售的涉税处理

从各地解释的口径来看，更多是不再形式主义地认为精装修是作为赠送的处理，这就是房屋的组成部分的价格。至于是不是强制要求货物是货物、房屋是房屋，拆开进行增值税的核算，即一个是 17%的税率，一个是 11%的税率，这种处理并未被推出，大家还是将其作为一个整体的房屋对待处理的。

至于这儿是不是有一个理论上的解释方式，是混合销售？这肯定不是，因为不是货物＋服务的模式！是房屋的组成成本，这个还是比较明确的，不能认为货物埋在房屋里就不是货物，摆在外部就是货物，这样简单化的处理，只能使增值税陷入无法破解经济业务中的多样性问题。因此小编认为，混合销售不可行，那就认定其为房屋的建造成本就可以了。这儿会不会有避税的问题，那就走一步再看吧，既然是试点，就不要先自己把问题复杂化处理。

同时我们关注一下土地增值税的处理，基本上对于精装赠送的家电、家具等是不认可作为房地产开发成本扣除的，只能说是在原来的体系下，对于税的从紧口径的习惯性的操作，当下营改增，税务机关确实自行进行了一些有利于纳税人的简单套用文字理解的突破，希望这种解读进一步落到实处。

11.4　生活服务业

这一次的营改增为何如此复杂，就是因为纳入了众多的生活服务的企业，比如我们看到的小餐馆、理发店等，这些在 2016 年 5 月 1 日起也纳入了增值税的征管体系。数量多、税务处理基础弱，由此也给我们的税务机关带来转变的压力与应对方式的思考。

11.4.1 生活服务业包括的内容

财税〔2016〕36 号文件对于生活服务业是这样描述的：

（七）生活服务。

生活服务，是指为满足城乡居民日常生活需求提供的各类服务活动。包括文化体育服务、教育医疗服务、旅游娱乐服务、餐饮住宿服务、居民日常服务和其他生活服务。

1. 文化体育服务。

文化体育服务，包括文化服务和体育服务。

（1）文化服务，是指为满足社会公众文化生活需求提供的各种服务。包括：文艺创作、文艺表演、文化比赛，图书馆的图书和资料借阅，档案馆的档案管理，文物及非物质遗产保护，组织举办宗教活动、科技活动、文化活动，提供游览场所。

（2）体育服务，是指组织举办体育比赛、体育表演、体育活动，以及提供体育训练、体育指导、体育管理的业务活动。

2. 教育医疗服务。

教育医疗服务，包括教育服务和医疗服务。

（1）教育服务，是指提供学历教育服务、非学历教育服务、教育辅助服务的业务活动。

学历教育服务，是指根据教育行政管理部门确定或者认可的招生和教学计划组织教学，并颁发相应学历证书的业务活动。包括初等教育、初级中等教育、高级中等教育、高等教育等。

非学历教育服务，包括学前教育、各类培训、演讲、讲座、报告会等。

教育辅助服务，包括教育测评、考试、招生等服务。

（2）医疗服务，是指提供医学检查、诊断、治疗、康复、预防、保健、接生、计划生育、防疫服务等方面的服务，以及与这些服务有关的提供药品、医用材料器具、救护车、病房住宿和伙食的业务。

3. 旅游娱乐服务。

旅游娱乐服务，包括旅游服务和娱乐服务。

(1) 旅游服务，是指根据旅游者的要求，组织安排交通、游览、住宿、餐饮、购物、文娱、商务等服务的业务活动。

(2) 娱乐服务，是指为娱乐活动同时提供场所和服务的业务。

具体包括：歌厅、舞厅、夜总会、酒吧、台球、高尔夫球、保龄球、游艺（包括射击、狩猎、跑马、游戏机、蹦极、卡丁车、热气球、动力伞、射箭、飞镖）。

4. 餐饮住宿服务。

餐饮住宿服务，包括餐饮服务和住宿服务。

(1) 餐饮服务，是指通过同时提供饮食和饮食场所的方式为消费者提供饮食消费服务的业务活动。

(2) 住宿服务，是指提供住宿场所及配套服务等的活动。包括宾馆、旅馆、旅社、度假村和其他经营性住宿场所提供的住宿服务。

5. 居民日常服务。

居民日常服务，是指主要为满足居民个人及其家庭日常生活需求提供的服务，包括市容市政管理、家政、婚庆、养老、殡葬、照料和护理、救助救济、美容美发、按摩、桑拿、氧吧、足疗、沐浴、洗染、摄影扩印等服务。

6. 其他生活服务。

其他生活服务，是指除文化体育服务、教育医疗服务、旅游娱乐服务、餐饮住宿服务和居民日常服务之外的生活服务。

从上面的描述来看，生活服务业的大类包括：文化体育服务、教育医疗服务、旅游娱乐服务、餐饮住宿服务、居民日常服务和其他生活服务六大类。其实从消费者的角度，个人一般不会重点去关注这些单位的营改增，也不会在意其提供的发票是地税的营业税发票还是国税的增值税发票。但是如果是作为单位费用支出，则就需要考虑取得合规的发票以及取得的发票本身是不是能够抵扣的判断上来了。

财税〔2016〕36号文件规定：购进的旅客运输服务、贷款服务、餐饮服务、居民日常服务和娱乐服务是不得抵扣的，因此这些单位也就没有必要开具、没有必要取得其增值税专用发票用于抵扣了。还是与过去一样，取得合规的发票就可以作为成本费用扣除了。

下面我们结合不同的类型的企业面临的增值税问题，进一步对相应的增值税下的问题进行探讨。

11.4.1.1 关于餐饮服务的营改增，一个事非要分两个应税行为的判断

要探讨这个问题，我们先来看看餐饮服务的定义是如何说的：餐饮服务，是指通过同时提供饮食和饮食场所的方式为消费者提供饮食消费服务的业务活动。

这儿解释为同时提供饮食和就餐场所的必备条件，才算餐饮服务，那此时适用的税率是6%，但是大家都知道，现在的送餐服务平台非常热闹，上班族的就餐多数是在办公室解决的。那这时对于餐饮企业来讲，是不是还是提供餐饮服务适用6%的税率的增值税计缴呢？（小规模纳税人是按3%征收率计缴的）。

营改增之前的处理观念（见表11-12）已经形成。

表11-12

营改增之前的处理观念

法规	描述	说明
国家税务总局公告2013年第17号[1]	旅店业和饮食业纳税人销售非现场消费的食品，属于不经常发生增值税应税行为，根据《中华人民共和国增值税暂行条例实施细则》（财政部 国家税务总局令第50号）第二十九条[2]的规定，可以选择按小规模纳税人缴纳增值税	非现场消费的食品，营改增之前就按增值税计算，只是可以按小规模纳税人缴纳增值税，征收率是3%，较营业税的5%还是有利的，这里并不管其是不是达到认定一般纳税人资格的销售额
国家税务总局公告2011年第62号[3]	旅店业和饮食业纳税人销售非现场消费的食品应当缴纳增值税，不缴纳营业税。 旅店业和饮食业纳税人发生上述应税行为，符合《中华人民共和国增值税暂行条例实施细则》（财政部 国家税总局令第50号）第二十九条规定的，可选择按照小规模纳税人缴纳增值税	这儿已经明确了非现场消费的食品，属于销售货，并不是属于餐饮服务，营改增之前已明确为不属于营业税征税范围

对于一个餐馆来讲，其提供的外卖和现场消费的餐品，一个是按货物计算增值税，一个是按服务计算营业税。那如何从理论基础上来理解呢？应该说这就是理论主

[1] 国家税务总局公告2013年第17号，即《国家税务总局关于旅店业和饮食业纳税人销售非现场消费食品增值税有关问题的公告》。

[2] 第二十九条 年应税销售额超过小规模纳税人标准的其他个人按小规模纳税人纳税；非企业性单位、不经常发生应税行为的企业可选择按小规模纳税人纳税。

[3] 国家税务总局公告2011年第62号，即《国家税务总局关于旅店业和饮食业纳税人销售食品有关税收问题的公告》。

义的结果，对于一个餐馆来讲，做同样的事，结果是不一样的税，心里肯定想不通啊！不过好在营改增之前，本来是想严格执行增值税的政策，如果是年销售额达到50万元以上的，那是要按17%适用一般计税方法了。但这样的结果一看，必然会引起税负的很大波动，所以餐馆本身就有意见与呼声了。尽管当时也给了一个不经常发生可选择小规模纳税人的方式计税，但这个在现实当中的理解口径基本上是没有标准，所以后来国家税务总局颁布公告，不管这个口径了，直接规定你们就直接选小规模吧，不管销售额是多少了。原来对于专门做外卖的企业来讲，直接用货物，这个是比较明确的，但也可能是照着公告来了，虽然规模很大，但也按小规模的方式处理了。

营改增之后，还没有对此进行明确的规定，只是各地的解释口径是挺多的，基本的理解是，营改增之后，再选择不经常发生，似乎是说不过去了。因为都成为增值税的纳税人了，特别是达到了一般纳税人认定标准的企业，受影响就大了，6%和17%的税率差得太多了。现在应该说是经常发生，只是两个是兼营行为了，只能在理论上这样理解，再说不经常发生，估计税务机关的同志也不好硬解释成这这样了。但是对于酒店销售月饼的事，有的税务机关还认为可以适用不经常发生的货物销售行为，这个如果从原增值税规定来看，似乎是可以作为依据的，毕竟最多卖一个月啊。但是如果除了月饼，还有土特产、粽子之类，那每一个都是不经常发生了，这是变相分解一般纳税人处理了，理论上是很不通的。当然，恰好当地税务机关这样解释时，那也不妨有利地使用着。

不过最到底，一个餐饮企业如何区分现场消费和打包销售，估计就算自己的管理人员也难分，除非有核算的记录系统，此时更不可能派遣我们的税务工作人员去每个餐馆进行把守检查，这更不现实。所以这种情形，只能说，一是税法执行的力度如何把握，因为首先是没有分清的手段，二是税法的刚性必须有折扣，那如何来容忍其中的度呢？这个还是要结合餐馆的经营方式来处理。不过不得不承认，这不是一个沟通的事，这是一个遵照税法规定与否，但是不得不“忍受”的事项。由此，我们再思考一下，是不是有必要一定要分呢？

11.4.1.2 酒店开具增值税专用发票的业务情形

酒店虽是一个住宿的地方，但同时又是一个消费的地方，且可能存在消费方式的多样性。同时住宿本身是可以开具增值税专用发票且可以抵扣的，而餐饮等却是不得抵扣的，因此从这个角度看，酒店是这次营改增当中影响比较大的一个行业，既有合规性的遵照内容，又有工作量增大的现实情形。

(1) 住宿送餐饮、物品的事项。

现在看来，普遍接受的观点是住宿送早餐，并不属于酒店的视同销售行为，因为相应的成本已计入酒店的住宿费用当中了。再比如，酒店中的消耗性物品，也不是每一个都收钱的，此时再要求酒店作分解兼营行为更不现实。所以基本上接受的观点也是消费的包括在住宿费用中的物品，那也不需要分开核算货物的增值税，也不需要做视同销售处理。

但是对于酒店中一些收费的物品，相当于可以单独购买的物品，小编认为这作为销售是没有问题的，毕竟不宜混在住宿当中，一块算服务收费的增值税。不然这个理论底线都没有了，所以大家也不要由此质疑税务机关的解释口径过于死板，本身这是税法当下存在的原则性的底线。

那要是送午餐、送下午茶呢，这个小编认为就不要再追究了，简化处理的就简化点，毕竟征管成本还是税法执行层面要接受的现实。

(2) 酒店经营中多种服务提供的情形。

比如某企业在酒店举办会务活动，首先从整体上看，企业在会计处理上可能将所有发生的费用，包括餐饮费用、讲师费用、交通费用一并作为会议费核算，在企业所得税中，除非有特定招待性质的，如跟会议相关的，也多作为会议费税前扣除。那增值税下，是不是也可以以主要事项进行征管管理与抵扣判断呢?

首先一个基本的前提是餐饮服务不得抵扣，娱乐服务和居民日常服务也不得抵扣，而住宿费用、会议费用是可以抵扣的。如果企业是整体地打包为会议服务的内容，是不是就可以将所有的事项全部开具为会议费的发票进行抵扣呢？小编认为，如果一个包装就可以改变抵扣的性质，那就太轻松，也太不重视税法的基本原则了。所以还是要细分为不同的消费项目，进而判断是否开具为增值税专用发票和决定是否抵扣。而如果税务机关给出的口径是可以一并开具会议费的发票，特别是增值税专用发票，小编认为这其中必然是存在问题的。

但是有的酒店就是分不清提供多项服务的收费金额，那只能说是自己的主观条件问题，而不是税法的规定有问题。由此看，我们还是建议减少一点筹划的方式，毕竟这点利益可能不值得纳税人去隆重地选择抵扣。

(3) 酒店提供的出租业务如何适用税率。

会议服务，那必然也是由酒店提供场所的，此时在营改增的过程中，对于是作为不动产租赁适用11%的税率，还是作为会务服务适用6%的税率，可能就存在不一样的观点了。还好，本次营改增之前，只是明确过会务服务是营改增的范围，所以争议还小。但本次将不动产租赁纳入后，那么11%的税率就易让人产生迷惑。

不过从当下税务机关的解释口径综合看，酒店通常是以场所+服务的方式提供会务服务，不单纯是出租一个场地，这是一个主要的判断标准。当然如果只是加一点服务就改变了税率，那单独租场地的机构也可以包装一下服务了！

对于长包房间也是一样，如果有服务，可以解释为属于住宿服务；如果没有服务，可能就视为租赁房产了。比如有的公司租了某酒店一层楼，改装之后作为办公场所，那这个基本上就是适用不动产租赁的11%的规则了。

11.4.1.3 餐饮企业采购消耗性物料的抵扣问题

《国家税务总局关于明确营改增试点若干征管问题的公告》（国家税务总局公告2016年第26号）规定：

为确保全面推开营改增试点顺利实施，现将若干税收征管问题公告如下：

一、餐饮行业增值税一般纳税人购进农业生产者自产农产品，可以使用国税机关监制的农产品收购发票，按照现行规定计算抵扣进项税额。

有条件的地区，应积极在餐饮行业推行农产品进项税额核定扣除办法，按照《财政部 国家税务总局关于在部分行业试行农产品增值税进项税额核定扣除办法的通知》（财税〔2012〕38号）有关规定计算抵扣进项税额。

二、按照现行规定，适用增值税差额征收政策的增值税小规模纳税人，以差额前的销售额确定是否可以享受3万元（按季纳税9万元）以下免征增值税政策。

三、营改增后，门票、过路（过桥）费发票属于予以保留的票种，自2016年5月1日起，由国税机关监制管理。原地税机关监制的上述两类发票，可以沿用至2016年6月30日。

本公告自2016年5月1日起施行。

其实这一次对于餐饮企业来讲，按6%的税率以一般计税方法计算的销项税额，其实是不高的，毕竟餐饮企业的房租、设备，还有消耗的物料，都可以抵扣。如果一般纳税人购进农业生产者自产农产品，则可以使用国税机关监制的农产品收购发票，按照现行规定计算抵扣进项税额。

不过上面的政策是好政策，那现在的餐饮企业，如何知道在马路边销售蔬菜、禽蛋的人是自产农产品的农业生产者呢？原来我们国家对此实施过一次免税的政策，如下：

《财政部 国家税务总局关于免征部分鲜活肉蛋产品流通环节增值税政策的通知》（财税〔2012〕75号）规定：

经国务院批准，自2012年10月1日起，免征部分鲜活肉蛋产品流通环节增值税。现将有关事项通知如下：

一、对从事农产品批发、零售的纳税人销售的部分鲜活肉蛋产品免征增值税。

免征增值税的鲜活肉产品，是指猪、牛、羊、鸡、鸭、鹅及其整块或者分割的鲜肉、冷藏或者冷冻肉，内脏、头、尾、骨、蹄、翅、爪等组织。

免征增值税的鲜活蛋产品，是指鸡蛋、鸭蛋、鹅蛋，包括鲜蛋、冷藏蛋以及对其进行破壳分离的蛋液、蛋黄和蛋壳。

上述产品中不包括《中华人民共和国野生动物保护法》所规定的国家珍贵、濒危野生动物及其鲜活肉类、蛋类产品。

二、从事农产品批发、零售的纳税人既销售本通知第一条规定的部分鲜活肉蛋产品又销售其他增值税应税货物的，应分别核算上述鲜活肉蛋产品和其他增值税应税货物的销售额；未分别核算的，不得享受部分鲜活肉蛋产品增值税免税政策。

三、《中华人民共和国增值税暂行条例》第八条所列准予从销项税额中扣除的进项税额的第（三）项所称的“销售发票”，是指小规模纳税人销售农产品依照3%征收率按简易办法计算缴纳增值税而自行开具或委托税务机关代开的普通发票。批发、零售纳税人享受免税政策后开具的普通发票不得作为计算抵扣进项税额的凭证。

《财政部 国家税务总局关于免征蔬菜流通环节增值税有关问题的通知》（财税〔2011〕137号）规定：

经国务院批准，自2012年1月1日起，免征蔬菜流通环节增值税。现将有关事项通知如下：

一、对从事蔬菜批发、零售的纳税人销售的蔬菜免征增值税。

蔬菜是指可作副食的草本、木本植物，包括各种蔬菜、菌类植物和少数可作副食的木本植物。蔬菜的主要品种参照《蔬菜主要品种目录》（见附件）执行。

经挑选、清洗、切分、晾晒、包装、脱水、冷藏、冷冻等工序加工的蔬菜，属于本通知所述蔬菜的范围。

各种蔬菜罐头不属于本通知所述蔬菜的范围。蔬菜罐头是指蔬菜经处理、装罐、密封、杀菌或无菌包装而制成的食品。

二、纳税人既销售蔬菜又销售其他增值税应税货物的，应分别核算蔬菜和其他增值税应税货物的销售额；未分别核算的，不得享受蔬菜增值税免税政策。

这个文件在执行当中，如何跟现在的餐饮业营改增进行对接呢？从一般人的理解看，餐饮企业如果采购的是流通商贩企业的物料，能否抵扣呢？当下的多数意见认为，不能抵扣免税的销售上述消耗品的进项，因为也取得不了增值税专用发票。

不过上述政策在执行当中也存在与条例理解不相融合的地方，因为当一个环节免税，下一个环节再形成应税义务时，在整个链条上是没有国家免税政策的落实的，只是转移了税的承担主体而已。这一点我们暂不作重点展开分析。当然各地也在不断试点核定比例的抵扣法，这也是从严谨到主观判断的让步，毕竟在理论的征管体系中，以收购发票作为扣税凭证面临着损害国家税收利益的造假问题，已经无法漠视处理了，从而被迫改变这样一种方式进行应对。

下面我们可以借鉴一下国家税务总局政策组的解释，以对此做进一步的理解：

根据现行政策，餐饮行业增值税一般纳税人购进农业生产者自产的农产品，可以使用国税机关监制的农产品收购发票计算抵扣进项税。

那么，本次营改增的其他行业，如房地产开发企业、园林企业，从农业生产者手中购进自产的苗木等，可否使用国税机关监制的农产品收购发票？关于这个问题，《试点实施办法》第二十五条明确规定，纳税人购进农产品，可以按照农产品收购发票上注明的农产品买价和13%的扣除率计算抵扣进项税。在这里，并未对纳税人的行业作出任何限制，任何行业的试点纳税人都可适用该条款。国家税务总局2016年第26号公告之所以特意提到餐饮行业，是因为前一时期社会上对此问题关注度极高，认识上也存在较大差异，餐饮业内比较担心。强调餐饮行业可以使用农产品收购发票，仅是为了消除舆论的误解和误读，并不意味着《营业税改征增值税试点实施办法》的相关规定失效。任何行业都可以按照现行规定使用农产品收购发票，并按照现行规定抵扣农产品进项税。

11.4.2 教育服务属于生活服务业中的一项

非学历教育服务，包括学前教育、各类培训、演讲、讲座、报告会等，其适用税率是6%，包括我们会计师或税务师、律师的培训业务，都是属于此类。这与咨询服务并不属于一个类型。

《财政部 国家税务总局关于进一步明确全面推开营改增试点有关再保险不动产租赁和非学历教育等政策的通知》（财税〔2016〕68号）进一步补充规定：

三、一般纳税人提供非学历教育服务，可以选择适用简易计税方法按照3%征收率计算应纳税额。

由此对于一般纳税人来讲，这也算是一个有利的选择事项。当然选择之后按照规则，也是36个月不得再进行一般计税方法的改变。

11.4.3 生活服务业的经营网络适用增值税纳税人身份的选择

出于生活便利的考虑因素，生活服务业往往在布局上有连锁经营的模式。那这些运营模式，在增值税的纳税人身份上，如何应用，就是比较现实的问题。

通常这些单位的组成多种多样，如直营的分支机构模式、加盟的独立法人甚至个体户模式，同时在征收管理上，有的是定额式的征管模式，在客户需要发票的数量与抵扣规则上，也不是那么严格，所以这部分的征管就显得很零散，纳税人同样也面临着自己的选择。

作为一个有税务登记号的纳税人，每个机构可以独立地选择小规模纳税人与一般纳税人的认定，从这个角度看，对于生活服务业小规模纳税人可能是更有利的选择。本身在抵扣的需求上也不强烈，所以发票的开具受到的严格要求也不是那么多。

当然生活服务业的机构也要关注小微企业的税收优惠的政策，毕竟这是国家对于小微企业的优惠鼓励，有这样的政策，当然是可以好好地利用了。对于按季度纳税的小微企业来讲，销售额为9万元（销售货物和提供加工修理修配劳务可以作为一个9万元，提供营改增业务的可以单独作为一个9万元），是一个提前要预测的金额，比如可以适当地减少销售额，说不定税后的利益更大。

11.5 不动产租赁业务

不动产租赁业务，虽不是四大行业中的一个独立表述的类型，但是在现实当中却是普遍存在的，也是这一次营改增后纳入的一个经营事项。不动产租赁分为两类，一是不动产的经营租赁业务，二是不动产的融资租赁业务。两者的税率都是 11%。

11.5.1 不动产经营租赁业务的增值税处理规则

财税〔2016〕36 号文件规定：

（九）不动产经营租赁服务。

1. 一般纳税人出租其 2016 年 4 月 30 日前取得的不动产，可以选择适用简易计税方法，按照 5%的征收率计算应纳税额。纳税人出租其 2016 年 4 月 30 日前取得的与机构所在地不在同一县（市）的不动产，应按照上述计税方法在不动产所在地预缴税款后，向机构所在地主管税务机关进行纳税申报。

2. 公路经营企业中的一般纳税人收取试点前开工的高速公路的车辆通行费，可以选择适用简易计税方法，减按 3%的征收率计算应纳税额。

试点前开工的高速公路，是指相关施工许可证明上注明的合同开工日期在 2016 年 4 月 30 日前的高速公路。

3. 一般纳税人出租其 2016 年 5 月 1 日后取得的、与机构所在地不在同一县（市）的不动产，应按照 3%的预征率在不动产所在地预缴税款后，向机构所在地主管税务机关进行纳税申报。

4. 小规模纳税人出租其取得的不动产（不含个人出租住房），应按照 5%的征收率计算应纳税额。纳税人出租与机构所在地不在同一县（市）的不动产，应按照上述计税方法在不动产所在地预缴税款后，向机构所在地主管税务机关进行纳税申报。

5. 其他个人出租其取得的不动产（不含住房），应按照 5%的征收率计算应纳税额。

6. 个人出租住房，应按照 5%的征收率减按 1.5%计算应纳税额。

对于上面的内容，我们将主要的事项整理如下（见表 11-13）：

表 11-13

纳税人	不动产项目	机构所在地计税方式			跨县（市）预缴税款	
		计税方法	税率或征收率	计税方式	计税依据	预征率
一般纳税人	2016 年 4 月 30 日前取得的不动产	简易计税方法	5%	销售额	销售额/1.05	5%
		一般计税方法	11%	销售额	销售额/1.11	3%
	2016 年 5 月 1 日取得的不动产	一般计税方法	11%	销售额	销售额/1.11	3%
小规模纳税人	房产（不含住房）	简易计税方法	5%	销售额	销售额/1.05	5%

表 11-13 所述的计算方式应是比较明确的，但是对于何为 2016 年 4 月 30 日之前“取得”的不动产，这就没有规定标准了。但注意，这儿的方式并不适用于道路通行服务的计征办法。对于取得的理解，小编认为海南国税的理解于纳税人是比较有利的：

关于 2016 年 4 月 30 日前开工建设的在建工程，完工后用于出租是否可以选择简易计税方法问题，可以选择简易计税方法。

《纳税人提供不动产经营租赁服务增值税征收管理办法》（国家税务总局公告 2016 年第 16 号）第三条第（一）款规定：“一般纳税人出租其 2016 年 4 月 30 日前取得的不动产可以选择适用简易计税方法，按照 5%的征收率计算应纳税额”。

此问题的实质是对不动产租赁中“取得”概念进行解释。国家税务总局公告 2016 年第 16 号允许选择简易计税方法的基本出发点，是基于取得“老不动产”缺少进项税额这一事实，营改增前开工，营改增后完工的在建工程，无法取得全部进项税额。本着同类问题同样处理的原则，可以比照提供建筑服务、房地产开发划分新老项目的标准，确定是否可以选用简易计税方法。

这种观点还是比较有借鉴意义的，比如实际上 4 月 30 日前已取得了可以出租的不动产，但是由于产权证未取得，或者有的是小产权房，根本没有房产证明，难道就不用计缴增值税了？从这一点看，小编认为对于在 2016 年 4 月 30 日前进行建筑立项的都予以认可可以选择简易计税方法，何况实际取得的情形呢？

关于预缴税款的计算公式，依照《国家税务总局关于发布〈纳税人提供不动产经营租赁服务增值税征收管理暂行办法〉的公告》（国家税务总局公告 2016 年第 16 号）的规定，我们进一步说明如下，以方便直接使用：

第七条　预缴税款的计算

（一）纳税人出租不动产适用一般计税方法计税的，按照以下公式计算应预缴税款：

应预缴税款＝含税销售额÷(1＋11％)×3％

（二）纳税人出租不动产适用简易计税方法计税的，除个人出租住房外，按照以下公式计算应预缴税款：

应预缴税款＝含税销售额÷(1＋5％)×5％

（三）个体工商户出租住房，按照以下公式计算应预缴税款：

应预缴税款＝含税销售额÷(1＋5％)×1.5％

第八条　其他个人出租不动产，按照以下公式计算应纳税款：

（一）出租住房：

应纳税款＝含税销售额÷(1＋5％)×1.5％

（二）出租非住房：

应纳税款＝含税销售额÷(1＋5％)×5％

11.5.2　广告位出租和车辆停放服务、道路通行服务适用不动产租赁的规定

财税〔2016〕36号文件规定：

经营租赁服务，是指在约定时间内将有形动产或者不动产转让他人使用且租赁物所有权不变更的业务活动。

按照标的物的不同，经营租赁服务可分为有形动产经营租赁服务和不动产经营租赁服务。

将建筑物、构筑物等不动产或者飞机、车辆等有形动产的广告位出租给其他单位或者个人用于发布广告，按照经营租赁服务缴纳增值税。

车辆停放服务、道路通行服务（包括过路费、过桥费、过闸费等）等按照不动产经营租赁服务缴纳增值税。

水路运输的光租业务、航空运输的干租业务，属于经营租赁。

光租业务，是指运输企业将船舶在约定的时间内出租给他人使用，不配备操作人员，不承担运输过程中发生的各项费用，只收取固定租赁费的业务活动。

干租业务，是指航空运输企业将飞机在约定的时间内出租给他人使用，不配备机组人员，不承担运输过程中发生的各项费用，只收取固定租赁费的业务活动。

对此，我们再补充一下对于经营租赁的理解。文件规定，对于试点之前开工的高速公路，公路经营企业中的一般纳税人收取试点前开工的高速公路的车辆通行费，可以选择适用简易计税方法，减按3%的征收率计算应纳税额。这儿规定的可并不是不动产通常考虑的5%的征收率。那对于不动产的广告位出租、车辆停放服务，是否也可以参照此规则，选择按简易计税方法进行计税呢？理解上也是可行的，这是从不动产的角度进行延伸考虑的，当然没有特别明确之时，参照4月30日之前不动产的经营租赁规定，按5%的征收率似乎就更有依据性了。

11.5.3 不动产融资租赁选择简易计税的方式

《财政部 国家税务总局关于进一步明确全面推开营改增试点有关劳务派遣服务、收费公路通行费抵扣等政策的通知》（财税〔2016〕47号）规定：

一般纳税人2016年4月30日前签订的不动产融资租赁合同，或以2016年4月30日前取得的不动产提供的融资租赁服务，可以选择适用简易计税方法，按照5%的征收率计算缴纳增值税。

这个相当于也是考虑了老项目未抵扣的先天条件，而给予的纳税人的一项有利选择权。当然这种情形之下，承租方取得的5%征收率的增值税专用发票，就是可以抵扣的。

11.6 转让取得的或自建的不动产

相较于房地产开发企业销售商品房的处理，对于自建的或者是取得的不动产，在增值税的适用规则上如何进行处理呢，这个事项也涉及营改增前后的特殊考虑。

11.6.1 增值税的处理规则

财税〔2016〕36号文件规定：

（八）销售不动产。

1. 一般纳税人销售其2016年4月30日前取得（不含自建）的不动产，可以选择适用简易计税方法，以取得的全部价款和价外费用减去该项不动产购置原价或者取得不动产时的作价后的余额为销售额，按照5%的征收率计算应纳税额。纳税人应按照上述计税方法在不动产所在地预缴税款后，向机构所在地主管税务机关进行纳税申报。

2. 一般纳税人销售其2016年4月30日前自建的不动产，可以选择适用简易计税方法，以取得的全部价款和价外费用为销售额，按照5%的征收率计算应纳税额。纳税人应按照上述计税方法在不动产所在地预缴税款后，向机构所在地主管税务机关进行纳税申报。

3. 一般纳税人销售其2016年5月1日后取得（不含自建）的不动产，应适用一般计税方法，以取得的全部价款和价外费用为销售额计算应纳税额。纳税人应以取得的全部价款和价外费用减去该项不动产购置原价或者取得不动产时的作价后的余额，按照5%的预征率在不动产所在地预缴税款后，向机构所在地主管税务机关进行纳税申报。

4. 一般纳税人销售其2016年5月1日后自建的不动产，应适用一般计税方法，以取得的全部价款和价外费用为销售额计算应纳税额。纳税人应以取得的全部价款和价外费用，按照5%的预征率在不动产所在地预缴税款后，向机构所在地主管税务机关进行纳税申报。

5. 小规模纳税人销售其取得（不含自建）的不动产（不含个体工商户销售购买的住房和其他个人销售不动产），应以取得的全部价款和价外费用减去该项不动产购置原价或者取得不动产时的作价后的余额为销售额，按照5%的征收率计算应纳税额。纳税人应按照上述计税方法在不动产所在地预缴税款后，向机构所在地主管税务机关进行纳税申报。

6. 小规模纳税人销售其自建的不动产，应以取得的全部价款和价外费用为销售额，按照5%的征收率计算应纳税额。纳税人应按照上述计税方法在不动产所在地预缴税款后，向机构所在地主管税务机关进行纳税申报。

……

10. 个体工商户销售购买的住房，应按照附件3《营业税改征增值税试点过渡政策的规定》第五条的规定征免增值税。纳税人应按照上述计税方法在不动产所在地预缴税款后，向机构所在地主管税务机关进行纳税申报。

11. 其他个人销售其取得（不含自建）的不动产（不含其购买的住房），应以取得的全部价款和价外费用减去该项不动产购置原价或者取得不动产时的作价后的余额为销售额，按照5%的征收率计算应纳税额。

我们进一步将上述内容整理为如表11-14所示的主要内容，以便参照（X为全部价款和价外费用）：

表11-14

<table>
<tr><th rowspan="2">纳税人</th><th rowspan="2">不动产项目</th><th colspan="3">机构所在地计税方式</th><th colspan="2">不动产所在地预缴（如有）</th></tr>
<tr><th>计税方式</th><th>税率或征收率</th><th>计税销售额</th><th>计税依据</th><th>预征率</th></tr>
<tr><td rowspan="6">一般纳税人</td><td rowspan="2">非自建旧不动产[1]</td><td>简易计税方法</td><td>5%</td><td>(X—原价或作价)</td><td rowspan="2">(X—原价或作价)/1.05</td><td rowspan="2">5%</td></tr>
<tr><td>一般计税方法</td><td>11%</td><td>X</td></tr>
<tr><td rowspan="2">自建旧不动产</td><td>简易计税方法</td><td>5%</td><td>X</td><td rowspan="2">X/1.05</td><td rowspan="2">5%</td></tr>
<tr><td>一般计税方法</td><td>11%</td><td>X</td></tr>
<tr><td>非自建新不动产[2]</td><td>一般计税方法</td><td>11%</td><td>X</td><td>(X—原价或作价)/1.05</td><td>5%</td></tr>
<tr><td>自建新不动产</td><td>一般计税方法</td><td>11%</td><td>X</td><td>X/1.05</td><td>5%</td></tr>
<tr><td rowspan="2">小规模纳税人</td><td>非自建房产</td><td>简易计税方法</td><td>5%</td><td>(X—原价或作价)</td><td>(X—原价或作价)/1.05</td><td>5%</td></tr>
<tr><td>自建房产</td><td>简易计税方法</td><td>5%</td><td>X</td><td>X/1.05</td><td>5%</td></tr>
</table>

对于取得的理解，想必也是可以参照不动产经营租赁的方式进行判断的，注意这儿并不要求是以房产证明作为营改增前后取得判断的标准。对于预征时，为何都是除以（1+5%），这主要是考虑“营业税改征增值税后由地税机关继续受理纳税人销售其取得的不动产和其他个人出租不动产的申报缴税和代开增值税发票业务，以方便纳税人办税。”这是因为对于地税代征计算，根本不好掌握纳税人的身份或者是取得不动产的时间，因此就以此简化处理，这主要是为地税机关便利操作考虑。

对于可以扣减原价或作价的成本的，《国家税务总局关于公布〈纳税人转让不动产增值税征收管理暂行办法〉的公告》（国家税务总局公告2016年第14号）规定：

第八条　纳税人按规定从取得的全部价款和价外费用中扣除不动产购置原价或者

[1] 2016年4月30日前取得的不动产。下同。
[2] 2016年5月1日后取得的不动产。下同。

取得不动产时的作价的，应当取得符合法律、行政法规和国家税务总局规定的合法有效凭证。否则，不得扣除。

上述凭证是指：

（一）税务部门监制的发票。

（二）法院判决书、裁定书、调解书，以及仲裁裁决书、公证债权文书。

（三）国家税务总局规定的其他凭证。

11.6.2　个体工商户或个人销售住房的特殊规定

个人销售自建自用住房免税，个人将购买不足 2 年的住房对外销售的，按照 5% 的征收率全额缴纳增值税；个人将购买 2 年以上（含 2 年）的住房对外销售的，免征增值税。上述政策适用于北京市、上海市、广州市和深圳市之外的地区。

个人将购买不足 2 年的住房对外销售的，按照 5% 的征收率全额缴纳增值税；个人将购买 2 年以上（含 2 年）的非普通住房对外销售的，以销售收入减去购买住房价款后的差额按照 5% 的征收率缴纳增值税；个人将购买 2 年以上（含 2 年）的普通住房对外销售的，免征增值税。上述政策仅适用于北京市、上海市、广州市和深圳市。

办理免税的具体程序、购买房屋的时间、开具发票、非购买形式取得住房行为及其他相关税收管理规定，按照《国务院办公厅转发建设部等部门关于做好稳定住房价格工作意见的通知》（国办发〔2005〕26 号）、《国家税务总局 财政部 建设部关于加强房地产税收管理的通知》（国税发〔2005〕89 号）和《国家税务总局关于房地产税收政策执行中几个具体问题的通知》（国税发〔2005〕172 号）的有关规定执行。

对于个人出租房屋或销售房屋，如果购买方或承租方不是个人的，可以向地税局申请代开增值税专用发票。这才是最为关心的。不过我们要知道，对于个人出租房产，有的地方是采用综合征收的方式，这时要注意其中的增值税的计算部分是多少。如果是商业用房，则是：$1/1.05\times0.05=4.76\%$，这是增值税的抵扣部分。如果是住房，其计算结果是：$1/1.05\times1.5\%=1.43\%$，这是出租住房的增值税抵扣部分。

11.6.3　过渡期不动产转让的特殊处理情形

上面我们比较清晰地知道了纳税人可以选择不同情形之下，不动产销售涉及的使用方式，但是这仅仅是一个物的处置行为，那对于下一步纳税人取得不动产之后，再行处置会如何计税呢？

注意，不管对方是按简易计税方法还是一般计税方法，如果这个环节结束了，那接下来就是购买不动产的这一方的事了。比如对于一般纳税人而言（见表 11-15）：

表 11-15

使用目的	是否可以抵扣	后续处置的情形	处置时的税率
专用于简易计税方法计税项目、免征增值税项目、集体福利或者个人消费的不动产	不得抵扣	如果后续有处置，则视下列规定进行计算：发生用途改变，用于允许抵扣进项税额的应税项目，可在用途改变的次月按照下列公式，依据合法有效的增值税扣税凭证，计算可以抵扣的进项税额： 可以抵扣的进项税额＝固定资产、无形资产、不动产净值/（1＋适用税率）×适用税率 上述可以抵扣的进项税额应取得合法有效的增值税扣税凭证	11%，这儿不再考虑是否是 4 月 30 日前的老房产之事，而是考虑是不是 5 月 1 日后取得的不动产，如是则就是新不动产
上述情形之外	可以抵扣	处置时按正常销售处理	11%

注意，财税〔2016〕36 号文件只是对于使用过的固定资产规定了适用简易的计税方法，并没有对无形资产和不动产给予这种方式的选择。尽管现在还没有遇到，但是我们还是要考虑这种情形的。在上述改变用途的情形下，销售也是改变用途的一类情形。

按简易计税方法计税的建筑项目或房地产项目，其进项税额是不允许抵扣的，但是在其项目完工之后，还有余料的话，再处置如何适用税率呢？税法上并没有给出说可以将原来未抵扣的进项税额转回来，即使其取得增值税的专用发票并且也认证处理了。在营业税下，一般是按 3%小规模处理的，或者根本就没有缴过增值税，“漏网”了。从当下的理解看，可能是按基本税率算销项税额，而进项税额得不到抵扣这样的结果。

11.7 其他特殊事项

对于增值税的几个补丁文件中的事项，小编认为还是有必要进一步说明一下，以利于我们的使用者熟练掌握。

11.7.1 劳务派遣

《财政部 国家税务总局关于进一步明确全面推开营改增试点有关劳务派遣服务、

收费公路通行费抵扣等政策的通知》（财税〔2016〕47 号）规定：

一般纳税人提供劳务派遣服务，可以按照《财政部 国家税务总局关于全面推开营业税改征增值税试点的通知》（财税〔2016〕36 号）的有关规定，以取得的全部价款和价外费用为销售额，按照一般计税方法计算缴纳增值税；也可以选择差额纳税，以取得的全部价款和价外费用，扣除代用工单位支付给劳务派遣员工的工资、福利和为其办理社会保险及住房公积金后的余额为销售额，按照简易计税方法依 5%的征收率计算缴纳增值税。

小规模纳税人提供劳务派遣服务，可以按照《财政部 国家税务总局关于全面推开营业税改征增值税试点的通知》（财税〔2016〕36 号）的有关规定，以取得的全部价款和价外费用为销售额，按照简易计税方法依 3%的征收率计算缴纳增值税；也可以选择差额纳税，以取得的全部价款和价外费用，扣除代用工单位支付给劳务派遣员工的工资、福利和为其办理社会保险及住房公积金后的余额为销售额，按照简易计税方法依 5%的征收率计算缴纳增值税。

选择差额纳税的纳税人，向用工单位收取用于支付给劳务派遣员工工资、福利和为其办理社会保险及住房公积金的费用，不得开具增值税专用发票，可以开具普通发票。

劳务派遣服务，是指劳务派遣公司为了满足用工单位对于各类灵活用工的需求，将员工派遣至用工单位，接受用工单位管理并为其工作的服务。

我们可以据此整理表格如下（见表 11-16）：

表 11-16

劳务派遣服务政策整理

纳税人	适用政策	税率或征收率	说明
一般纳税人	全额计缴销售额，再扣减其能够取得的进项税额	6%	代发的工资等属于销售额的组成部分
	差额计税方式，扣除工资、福利费、社保和住房公积金后为销售额，按简易计税方式，不再允许抵扣进项税额	5%	扣除代发部分后，基数大大减少，通常劳务派遣单位会选择此种方式
小规模纳税人	按总额为销售额计算应纳税额	3%	X/1.03×3%
	按差额为销售额计算应纳税额	5%	与一般纳税人选择的简易计税方法一样的结果

当然现实当中，代发的部分也属于劳务派遣单位的服务费用组成部分，这部分是

需要开具增值税普通发票的，当然可以差额扣减掉。而对于我们在企业所得税上从2014年度明确的直接发放的劳务派遣工的工资，这属于什么性质呢？要不要开具发票呢？如果接受派遣方只是代劳务派遣方发放工资，那开具发票的方式还是参照上述的规定。如果接受派遣方在派遣工资和福利之外，又自己给劳务派遣工发放奖金、补贴等，那就跟劳务派遣单位没有关系了，此时就不宜跟对方要增值税专用发票，甚至是普通发票。

《财政部 国家税务总局关于进一步明确全面推开营改增试点有关再保险 不动产租赁和非学历教育等政策的通知》（财税〔2016〕68号）进一步补充如下：

纳税人提供安全保护服务，比照劳务派遣服务政策执行。

11.7.2 人力资源外包服务

财税〔2016〕47号文件同样对于人力资源外包服务做出了增值税的适用规定：

纳税人提供人力资源外包服务，按照经纪代理服务缴纳增值税，其销售额不包括受客户单位委托代为向客户单位员工发放的工资和代理缴纳的社会保险、住房公积金。向委托方收取并代为发放的工资和代理缴纳的社会保险、住房公积金，不得开具增值税专用发票，可以开具普通发票。

一般纳税人提供人力资源外包服务，可以选择适用简易计税方法，按照5%的征收率计算缴纳增值税。

首先这个人力资源外包服务，就相当于是一个单位的人力资源部门，跟劳务派遣并不一样，劳务派遣是相当于派遣的员工属于劳务派遣单位雇佣的，而人力资源外包服务却并不是雇佣人员派遣，相当于人员仍是工作单位的，只是别人来帮助办理档案管理、社保之类或部分代发工资，在外资企业初进入中国的时候，这些工作基本上都是一些中介机构在代理服务的。

从这个角度说，这些代开的工资根本就不是销售额，所以文件也没有规定其属于可以选择的事项，只是明确代发的部分不属于销售额，当然也不用进行差额扣除管理，本身就不是成本的概念。规定以单纯的服务费用作为增值税销售额，当然是没有问题的。

不过小编不解的是，代收代付的部分竟然可以开具增值税普通发票，这就有点多余了，与上面强调的原则是冲突的。进一步看，还规定了这类单位的一般纳税人，可以选择简易计税方法，按 5%征收率计算增值税，这已比营改增之前有利了。

不过这儿有一点应引起大家的关注，即小规模纳税人如何适用增值税的政策，这个基本上不用讨论了，非常明确，就是按 3%的简易计税方式计算增值税。

11.7.3　土地出租或转让的特殊规定

财税〔2016〕47 号文件规定：

纳税人以经营租赁方式将土地出租给他人使用，按照不动产经营租赁服务缴纳增值税。

纳税人转让 2016 年 4 月 30 日前取得的土地使用权，可以选择适用简易计税方法，以取得的全部价款和价外费用减去取得该土地使用权的原价后的余额为销售额，按照 5%的征收率计算缴纳增值税。

这个文件相当于先将土地使用权从无形资产的定性中拆出来，视其为不动产经营租赁的服务计算增值税。那这儿同样存在一个营改增之前或之后选择简易计税方式的问题。

而对于转让土地使用权，如果是 2016 年 4 月 30 日前取得的，那就以差额计算应税销售额，适用 5%的简易征收率，这主要是对于一般纳税人而言的，对于小规模纳税人，当然是选择差额计税方式，不存在选择的前置条件。

如果是 2016 年 5 月 1 日之后取得的，那对于一般纳税人只能是按取得的抵扣凭证来计算增值税了，而对于小规模纳税人，可能就稍为复杂了一些。如果出让的是土地使用权转让，那基本上是难以得到差额扣除的，当然其可以代开增值税专用发票供下一方抵扣之用；如果是从第三方手中购置的土地使用权，进行了部分自建，那相当于转让不动产了，全额计缴增值税，适用的简易征收率是 5%；如果是从第三方手中购置的土地使用权，随后进行了转让，那能否差额呢？从财税〔2016〕47 号文件的规定来看，营改增之前的都可以差额，营改增之后的不适用差额似乎也说不过去。虽然我们知道这个差额都是要明确规定出来的，不能自己瞎想，不过这个也算是一种差额规定的适用依照了。

GREAT ERA OF TAX REFORM FOR REPLACING BUSINESS TAX WITH VALUE-ADDED TAX

代扣代缴和代征增值税的规则

前文我们探讨了增值税纳税义务判断的范围，那如果境外单位或个人属于在境内提供了服务等营改增的业务，现在的规定是，境内单位或个人在支付款项时需要代扣代缴增值税，当然还有附加税费。

财税〔2016〕36号文件附件1《营业税改征增值税试点实施办法》规定：

第六条　中华人民共和国境外（以下称境外）单位或者个人在境内发生应税行为，在境内未设有经营机构的，以购买方为增值税扣缴义务人。财政部和国家税务总局另有规定的除外。

第二十条　境外单位或者个人在境内发生应税行为，在境内未设有经营机构的，扣缴义务人按照下列公式计算应扣缴税额：

应扣缴税额＝购买方支付的价款÷(1＋税率)×税率

第四十五条　增值税纳税义务、扣缴义务发生时间为：(五) 增值税扣缴义务发生时间为纳税人增值税纳税义务发生的当天。

第四十六条　增值税纳税地点为：(四) 扣缴义务人应当向其机构所在地或者居住地主管税务机关申报缴纳扣缴的税款。

财税〔2016〕36号文件附件2《营业税改征增值税试点有关事项的规定》规定：

(十五) 扣缴增值税适用税率。

境内的购买方为境外单位和个人扣缴增值税的，按照适用税率扣缴增值税。

12.1　原增值税代扣代缴规定与营改增代扣代缴规定的差异

表 12-1

原增值税代扣代缴规定与营改增代扣代缴规定的差异

原增值税涉税政策	营改增政策
中华人民共和国境外的单位或者个人在境内提供应税劳务，在境内未设有经营机构的，以其境内代理人为扣缴义务人；在境内没有代理人的，以购买方为扣缴义务人	中华人民共和国境外（以下称境外）单位或者个人在境内发生应税行为，在境内未设有经营机构的，以购买方为增值税扣缴义务人。财政部和国家税务总局另有规定的除外
未明确	境内的购买方为境外单位和个人扣缴增值税的，按照适用税率扣缴增值税
在中华人民共和国境内（以下简称境内）销售货物或者提供加工、修理修配劳务，是指： （一）销售货物的起运地或者所在地在境内； （二）提供的应税劳务发生在境内	第十二条　在境内销售服务、无形资产或者不动产，是指： （一）服务（租赁不动产除外）或者无形资产（自然资源使用权除外）的销售方或者购买方在境内； （二）所销售或者租赁的不动产在境内； （三）所销售自然资源使用权的自然资源在境内； （四）财政部和国家税务总局规定的其他情形。 第十三条　下列情形不属于在境内销售服务或者无形资产： （一）境外单位或者个人向境内单位或者个人销售完全在境外发生的服务。 （二）境外单位或者个人向境内单位或者个人销售完全在境外使用的无形资产。 （三）境外单位或者个人向境内单位或者个人出租完全在境外使用的有形动产。 （四）财政部和国家税务总局规定的其他情形

在这儿，我们可以发现：其一，原增值税的政策并没有提出按税率计算代扣代缴的税款事项，主要是涉及加工和修理修配的事项；其二，原增值税的扣缴规定是先找代理人，在境内没有代理人的，则找购买方。但是营改增的政策却是直接以购买人为代扣代缴义务人，这也是 2016 年 5 月 1 日的营改增试点政策首次明确的，之前的营改增试点政策还是强调代理人的。所以这个代理人，基本上就是多了一个事，反而给税收征管带来困难，而且还存在跨地区的代扣代缴的财政利益问题，更有购买方抵扣的问题，这一切都是让代理人多挣了点手续费，却给相关利益方带来麻烦的事。其三，原来增值税的政策没有提及代扣代缴适用的计算方法问题，比如按营改增的政策，以税率来计算代扣代缴的税款，本身似乎不考虑进项，有点想不通的地方，不过这也是出于税款保护的考虑，但是原来增值税的政策却没有规定，尽管有的税务机关多借鉴营改增的税率来计算代扣代缴，在理论方面毕竟是少了底气，结果有的企业就认为视同小规模的征收率代扣代缴才是合理的，这是主要的差异之处。

12.2 代扣代缴的计算方式

在营业税下，计算代扣代缴的税款时，是以总额计算的，在增值税下，当然是以不含税的价格来计算。基于此，如有代扣代缴企业所得税的时候，那也是以不含税价格来计算的。为此国家税务总局还专门颁布法规予以明确，《国家税务总局关于营业税改征增值税试点中非居民企业缴纳企业所得税有关问题的公告》（国家税务总局公告2013年第9号）规定：

营业税改征增值税试点中的非居民企业，取得《中华人民共和国企业所得税法》第三条第三款规定的所得，在计算缴纳企业所得税时，应以不含增值税的收入全额作为应纳税所得额。

由于营改增涉及的税款承担主体多是境内购买方，所以在计算代扣代缴的税款时，涉及企业所得税、增值税和附加税费，计算方式比较复杂。为此第三只眼与同事一起开发了增值税下代扣代缴税款的不同情形的自动计算工具（具体请查阅大力税手之工具箱的功能展示）。为了从传统的方式体现计算代扣代缴税款的计算过程，我们特举例如下：

[案例] 向境外支付特许权使用费价款100元，境外方承担相应境内的税款，包括企业所得税与增值税，假设增值税适用税率为6%，企业所得税代扣代缴税率为10%，附加税费为10%（下同）。

扣缴增值税＝100/(1＋6%)×6%＝94.34×6%＝5.66(元)
扣缴企业所得税＝94.34×10%＝9.43(元)
扣缴附加税费＝5.66×10%＝0.57(元)
实际应支付给非居民企业的税后价款＝100－5.66－9.43－0.57＝84.34(元)

如果上述支付境外净所得是84.34元，税费全部由境内接受方承担，则代扣代缴的企业所得税与增值税及附加税费的计算如下：

含税所得＝84.34/(1－10%－6%×10%)＝94.34(元)
扣缴企业所得税＝94.34×10%＝9.43(元)
扣缴增值税＝94.34×6%＝5.66(元)
扣缴附加税费＝5.66×10%＝0.57(元)

如果上述支付约定，企业所得税由境外提供服务方承担，增值税与附加税费由境

内接受方承担。则

含附加税所得＝100/(1－6％×10％)＝100.6(元)

扣缴承担增值税＝100.60×6％＝6.04(元)

扣缴承担附加税费＝6.04×10％＝0.6(元)

扣缴企业所得税＝100.60×10％＝10.06(元)

如果上述支付约定，增值税与附加税由境外提供服务方承担，企业所得税由境内接受方承担。

设企业的增值税计税价款为 A，应缴增值税为 T。由于附加税费为价内税且由外方负担，所以在推算计税基础时不需考虑。(100－T)/(1－10％)×6％＝T 且 T＝6％A，因此 (100－6％A)/(1－10％)＝A，A＝100/(1＋6％－10％)。则

计税价款＝100/(1＋6％－10％)＝104.17(元)

扣缴增值税＝104.17×6％＝6.25(元)

扣缴附加税费＝6.25×10％＝0.63(元)

扣缴企业所得税＝104.17×10％＝10.42(元)

全含税价款＝104.17＋6.25＝110.42(元)

应支付给非居民的价款＝110.42－6.25－0.63－10.42＝93.12(元)

12.3　代扣代缴涉及代扣代缴的利益平衡

代扣代缴主要是购买方的一项法定义务，这项义务的履行是有少量的报酬的，即代扣代缴税款 2％的手续费，不过相较于未充分代扣代缴被税务机关依照征管法处以 50％至 3 位的罚款，那才是损失。

所以充分地代扣代缴是其一，其二是代扣代缴的办理成本，虽然当下我们的税务机关取消了审批，不过这个替代审批的备案，也是让人不省心，交涉的成本还是比较高的。特别是还跟对方签订付款期限的情形，更是让单位的财务负责人士头疼不已。本来我们国家加入世界贸易组织（WTO）后，货币的流通速度因税务机关程序上的执行，可能也会引起一些不满意，不过作为税收主体，利益的保障或许在执行层面是更重要的。

无论是境内方承担，还是境外方承担增值税，这个增值税是能够得到抵扣的，由此这也是较营业税下包税合同的一个好的方面。此时，如果涉及境外方因有技术转让能够申请享受免税待遇的，境内企业费力办完后，相当于自己的抵扣利益可能有损

失，这种情形下，是对方承担税款的时候。如果是自己方承担，那办理免税也未尝不可，毕竟是虽有抵扣认可，但是附加税费却是仍要自己承担支付的。

12.4 对个人增值税和附加税费的代征

《国家税务总局关于个人保险代理人税收征管有关问题的公告》（国家税务总局公告2016年第45号）于2016年7月7日发布，主要明确了如下三个方面的内容：

（1）个人保险代理人（自然人，不包括个体工商户，下同），证券经纪人、信用卡和旅游等行业的个人代理人，增值税和城市维护建设税、教育费附加、地方教育附加委托相应企业代征；上述人员的个人所得税，由相应企业代扣代缴。

（2）相应企业可代个人保险代理人统一向主管国税机关申请汇总代开增值税普通发票或增值税专用发票。这是个人代开增值税专用发票的又一突破。

（3）保险企业应将个人保险代理人的详细信息，作为代开增值税发票的清单，随发票入账。

那对于文件中详细的内容，我们进一步分析如下：

（1）本法规以保险代理人为样本，说明了在增值税下，由于个人数量众多，税务机关无法一一为其开具增值税发票交付其服务的企业列账之用，所以提出增值税及附加税费由企业代征，个人所得税代扣代缴。并代为汇总向税务机关代开增值税发票。

（2）增值税及其附加税费用委托代征，改变了过去财税字〔1997〕103号[1]规定的营业税的代扣代缴说法，其实代扣代缴应是法定义务，而非一个财税文件所能明确。所以这一次改为委托代征，有征管法的基础保障，不然个人可以否定代扣代缴的权利，当然个人所得税是没得说的代扣代缴。

（3）申请汇总代开增值税发票时，应向主管国税机关出具个人保险代理人的姓名、身份证号码、联系方式、付款时间、付款金额、代征税款的详细清单。保险企业应将个人保险代理人的详细信息，作为代开增值税发票的清单，随发票入账。

（4）代开增值税发票时，应在备注栏内注明“个人保险代理人汇总代开”字样。

---

[1] 财税字〔1997〕103号，即《财政部 国家税务总局关于个人提供非有形商品推销、代理等服务活动取得收入征收营业税和个人所得税有关问题的通知》。

(5) 保险代理人、证券代理人，分别依据国税函〔2006〕454号[1]、国家税务总局公告2012年第45号[2]，可以扣除其展业成本的40%，而当下信用卡或旅游等行业是没有这个待遇的。

(6) 但是我们不得不关注，对于起征点及2017年12月31日前不超过3万元的个人，不需要代征其增值税，因其未达起征点或免税，取其优享受；同样依据《财政部 国家税务总局关于扩大有关政府性基金免征范围的通知》（财税〔2016〕12号）的规定，销售额不超过月10万元的，免征教育费附加、地方教育附加、水利建设基金。

所以并不都需要代征增值税及附加税费，而是要看我们的个人代理人的收入是不是达到让人“嫉妒”的地步。当然在免税的基础之上，是可以开具增值税普通发票的，而如果达到上述起征点或免税标准以上，那就是全额应税的处理，就可以代开增值税专用发票，可以抵扣了，这也是一个小法规，明确了一个大事情。

［案例］ 某保险企业当月支出个人代理人费用，共100个人，有10个人每个人收入额是3万元，90个人每个人收入额是4万元，试计算代征或代扣代缴的增值税及其附加税费、个人所得税。

(1) 受托代征增值税及附加税费：10个人每个人的不含税收入额折算，30 000/1.03=29 126（元），不超过3万元，所以享受免税待遇。40 000/1.03=38 835（元），超过3万元，应税事项，增值税是1 165元。不超过10万元销售额，只附征城建税，1 165×7%=81.55（元）。

由此受托代征的增值税=1 165×90=104 850（元），城建税=81.55×90=7 339.5（元）。

(2) 代扣代缴个人所得税：30 000×（1－40%）＝18 000（元），其个税为：18 000×80%×20%=2 880（元），共2 880×10=28 800（元）；展业成本=（38 835－81.55）×40%=15 501（元），则所得额=38 835－81.55－15 501=23 252.45（元），其劳务报酬个税为：3 720.39×90=334 835.1（元）。

(3) 所以上述的金额中，代开增值税普通发票是总额30万元；代开增值税专用发票的不含税总额=38 835×90=3 495 150元，增值税额=1 165×90=104 850（元），此税额可以由保险公司抵扣增值税。

---

[1] 国税函〔2006〕454号，即《国家税务总局关于保险营销员取得佣金收入征免个人所得税问题的通知》。

[2] 国家税务总局公告2012年第45号，即《国家税务总局关于证券经纪人佣金收入征收个人所得税问题的公告》。

关于展业成本明确的变化，相关规定如下：

国家税务总局公告2016年第45号[1]指出，展业成本，为佣金收入减去地方税费附加余额的40%。证券经纪人、信用卡和旅游等行业的个人代理人比照上述规定执行。信用卡、旅游等行业的个人代理人计算个人所得税时，不执行本公告第二条有关展业成本的规定。

国家税务总局公告2012年第45号指出，证券经纪人佣金收入由展业成本和劳务报酬构成，对展业成本部分不征收个人所得税。根据目前实际情况，证券经纪人展业成本的比例暂定为每次收入额的40%。

国税函〔2006〕454号文件指出，根据目前保险营销员展业的实际情况，佣金中展业成本的比例暂定为40%。

从上面的规定来看，原来营业税模式下，基本上理解是总额的40%计算展业成本，但是现在呢，有变化了，基数变小了，一是折为不含税收入，二是不含税收入再扣除附加税费。当然，如果是享受免税的，那是不需要扣除的，直接用总额来计算了。

12.5 为外部劳务承担增值税及附加税费的处理

上面我们讲到的是总额服务费用的计算方式，那多数情形之下，自然人为单位提供应税服务时，有单位承担税费的问题，下面我们结合案例来说明一下。

[案例] 若某公司支付外部培训个人的讲课费，约定按天支付的费用是10 000元，为对方净取得，试计算这个单位要承担的税费情形。注意，这儿该公司可能向税务机关代开了增值税的发票（如是12.4中的情形，那只能取得增值税普通发票，即使未达到征税点也是可以开具普通发票的）。

分析： 在计算税前收入的时候，我们首先要计算个人所得税的应税所得，再加上税款就是总的收入，这是不含税的收入和扣除附加税费后的收入，因此还需要考虑附加税费二次反算，最后再进行含增值税的折算。

步骤一：进行个税的反算。

---

〔1〕 国家税务总局公告2016年第45号，即《国家税务总局关于个人保险代理人税收征管有关问题的公告》。

应纳税所得额=［（不含税收入额－速算扣除数）×（1－20%）］÷［1－20%×（1－20%）］=［（10 000－0）×（1－20%）］÷［1－20%×（1－20%）］=8 000/0.84=9 523.8（元）；

个人所得税=9 523.8×0.2=1 904.76（元）；

含个人所得税的收入=10 000+1 904.76=11 904.76（元）。

步骤二：反算附加税费。

假设附加税费只有城建税，免了其余的政府性基金，同时由于个人适用的增值税征收率是3%，则再反算含附加税费的收入额=11 904.76/（1－3%×7%）=11 904.76/0.21%=11 929.81（元）。

步骤三：反算为含增值税收入。

反算为含增值税的收入=11 929.81×（1+3%）=12 287.7（元）。

步骤四：验证数据。

（1）增值税=12 287.7/1.03×3%=357.89（元）；

（2）附加税费=357.89×7%=25.05（元）；

（3）未扣除个税费用扣除额前的收入=12 287.7－357.89－25.05=11 904.76（元）；

（4）扣除费用扣除额=11 904.76×（1－20%）=9 523.8（元），此为应纳税所得额，个人所得税=9 523.8×20%=1 904.76（元）；

（5）个人净所得=11 904.76－1 904.76=10 000（元）。

GREAT ERA OF TAX REFORM FOR REPLACING BUSINESS TAX WITH VALUE-ADDED TAX

税务机关识别营改增的风险点

其实营改增对于税务机关的挑战还是很多的，一是政策的制定部门，费力规划出的政策，可能面临着执行困难、执行不公平或者引起误解之处，二是政策的检查部门，在实施营改增之后，如何有理有据地检查企业的违规问题，这才是真正的考验。因为营改增过渡期，大家希望的是平稳过渡，不致有纳税人投诉、抗议之类的事，或者是不理解情形之下的“告状”。但是政策检查部门，如何在政策还不很明确成熟的情形下，对税务机关内部执行检查、对纳税人有无偷漏税的情形进行检查、对增值税专用发票虚开进行重点打击，都是不小的压力。所以这个识别的风险，是两方面的，一个是内部的，一个是外部的。

13.1　关于推动实施层面的风险把握

一是在政策颁布之后，及时地发现问题解释问题，二是在面临着全国各地税务机关频繁地发布自己的解释口径的时候，如何统一口径，不要让纳税人产生错觉，仿佛制定“法规”成了地方税务机关的事了，这确实需要在税务机关的内部系统上，进一步收缩各地“百花齐放”的状态，减少纳税人的“混乱”成本，当然也需要财税部门加快明确当下各地口径提及的问题，而不仅仅是做内部通知，需要让营改增的单位了解，这才是营改增的主要力量。

13.2　对于外部风险的把握

对于外部风险的把握，一是帮助纳税人快速实施好营改增的转变，这是一个帮助的作用，二是发现违规违法风险，及时处理，避免出现批量化的税收管理风险。从小编的理解角度，主要可以结合如下几个方面（见表 13-1）实施：

表 13-1

对于外部风险的把握

主要事项	描述	风险点
过渡时点前后国地税利益的划分	（1）纳税人无意或有意安排国地税收入的转换，可能产生多交地税税款或多缴国税税款的情形； （2）纳税人不按营业税纳税义务发生时间开具发票，但已缴纳营业税，营改增后又开具了增值税专用发票，但不计缴税款的情形； （3）故意滞后计算增值税，以利于开具增值税专用发票供购买方抵扣等	国地税分别进行检查，可能有的纳税人面临着双重计税的结果；检查开具发票与纳税对应的关系
抵扣的不合规情形	其实这儿的不合规可能有真正的不合规，也有理解执行口径的“不合规”，那税务机关如何评估不得抵扣的标准，营改增的政策并没有哪怕丁点明确，看来这个未来检查的争议与不确定性是非常大的，也是非常有效果的，更是非常直接的	税务机关如果进行纳税检查，可以直接检查纳税人取得增值税专用发票的抵扣，再关联检查入账、付款、验收、合同等情形，估计税款不是一点两点，因为纳税人是作为利益管理的，有“加大”抵扣的预期
差额技术处理的规则	对于差额的管理，少了抵扣链条，更多是纳税人申报的，此时取得的凭证是否是真实取得，这是关键	差额的扣除，还有的是匹配关系的，也是要一并检查的
虚开的可能情形	由于众多小企业纳入营改增，管理上也有不规范的可能，由此对于虚开增值税专用发票的风险管理可能要加大力度	建议我们的财务人员和业务人员、公司老板，最好不要触碰红线，哪怕利益取得是挺容易的事

续表

主要事项	描述	风险点
视同销售的风险	哪个企业没有视同销售的可能性？但如何判断视同销售，争议来争议去，建议我们财税部门制定一个规则，减少纳税人观望的预期，当然明确不计缴，纳税人也放心处理	煎熬的风险是纳税人可能面临的情形
纳税义务发生时间	开具发票缴税往往是一个潜规则，但是合规地执行纳税义务发生时间，是一个非常重要的界点，不过对于金融等行业，本来纳税义务发生时间就发生了“扭曲”，这个也是合规性未执行到底的一种让步了	比如对于预收款项的纳税义务发生时间，可能就是建筑业、租赁行业的一大风险点
混合销售界定	对于混合销售的主业界定，如何划分，实践操作不一，且有的地方税务机关甚至开始淡化分拆混合销售，这个规则要么强硬处理，要么直接放弃	对于纳税人来讲，需要结合商务与利益进行评估甚至调整架构进行利益优化处理
价外费用的风险	哪个企业没有价外费用的可能性？但如何判断价外费用，争议来争议去，建议我们财税部门制定一个规则，法务部门审核合同价外费用条款，减少纳税人观望的预期，当然明确计缴，纳税人就要按照增值税处理规则计缴	会计账户处理与增值税处理界定的不一致可能面临的情形
兼营界定的难分	对于兼营与主业界定，如何界定的划分，实践操作不一，这个规则要么从高适用税率，要么划分清楚，分别适用税率	对于纳税人来讲，需要结合具体业务区分主业与兼营利益进行评估甚至调整架构进行利益优化处理
进项税额转出的风险	进项税额转出情形的判断、转出方法的确定、转出时点的处理、转出时对原来抵扣税额的确定，都是一个专业与细致	进项税额转出与转入的复杂化，对增值税的管理带来主观判断的挑战

当然技术上的问题点是非常多的，小编认为随着营改增的不断推进实施，问题会越来越多，好在我们这一次在总理的推动下，快速有利地做出了很多的明确与考虑纳税人利益的设计，但是基于税法的刚性，我们的财税部门也不可能只考虑到顺利实施而放弃，正所谓，算账的时候还未到，因此我们的纳税人不应乐观宽松地进行营改增的有利处理，而是要谨慎从紧地关注自己的风险点，规划好自己的营改增实施方案，甚至包括详细的技术处理规则，这些都是非常、非常有必要去做的，也是任重道远的。至于营改增实施的质量如何，或许不久的将来，就是检验的时刻了。

对于风险点我们将结合事例在后述版本中进一步补充。

GREAT ERA OF TAX REFORM FOR REPLACING BUSINESS TAX WITH VALUE-ADDED TAX

第三只眼解读增值税部分法规

财政部 国家税务总局关于全面推开营业税改征增值税试点的通知

（财税〔2016〕36 号）

各省、自治区、直辖市、计划单列市财政厅（局）、国家税务局、地方税务局，新疆生产建设兵团财务局：

经国务院批准，自 2016 年 5 月 1 日起，在全国范围内全面推开营业税改征增值税（以下称营改增）试点，建筑业、房地产业、金融业、生活服务业等全部营业税纳税人，纳入试点范围，由缴纳营业税改为缴纳增值税。现将《营业税改征增值税试点实施办法》、《营业税改征增值税试点有关事项的规定》、《营业税改征增值税试点过渡政策的规定》和《跨境应税行为适用增值税零税率和免税政策的规定》印发你们，请遵照执行。

本通知附件规定的内容，除另有规定执行时间外，自 2016 年 5 月 1 日起执行。《财政部 国家税务总局关于将铁路运输和邮政业纳入营业税改征增值税试点的通知》（财税〔2013〕106 号）、《财政部 国家税务总局关于铁路运输和邮政业营业税改征增值税试点有关政策的补充通知》（财税〔2013〕121 号）、《财政部 国家税务总局关于将电信业纳入营业税改征增值税试点的通知》（财税〔2014〕43 号）、《财政部 国家税务总局关于国际水路运输增值税零税率政策的补充通知》（财税〔2014〕50 号）和《财政部 国家税务总局关于影视等出口服务适用增值税零税率政策的通知》（财税〔2015〕118 号），除另有规定的条款外，相应废止。

各地要高度重视营改增试点工作，切实加强试点工作的组织领导，周密安排，明确责任，采取各种有效措施，做好试点前的各项准备以及试点过程中的监测分析和宣传解释等工作，确保改革的平稳、有序、顺利进行。遇到问题请及时向财政部和国家税务总局反映。

附件：1. 营业税改征增值税试点实施办法
2. 营业税改征增值税试点有关事项的规定
3. 营业税改征增值税试点过渡政策的规定
4. 跨境应税行为适用增值税零税率和免税政策的规定

财政部 国家税务总局

2016 年 3 月 23 日

第三只眼解读

自2012年1月1日实施营改增试点以来，随着地区、行业的不断深入，直至财税〔2016〕36号文件，规定自2016年5月1日（含）起，营改增将全部最终完成，从此将不再存在营业税了。此文件相当于将历次营改增的文件重新进行了梳理，而之前的文件已进行了废止，由于是试点政策，因此有补充，也有一些是调整了之前的规则，所以这一次营改增的文件并不仅仅是未纳入营改增的行业中的企业要学习，而是所有企业都需要更新原来的处理规则。

当下我们知道，基于销售货物（不含不动产、在建工程）、提供加工修理修配劳务，执行的规则是《增值税暂行条例》及其实施细则，而营改增的相关行业，则执行的是营改增的历次政策文件，2016年5月1日起有效的就是财税〔2016〕36号文件，因此一个基本的区分规则就是，两个独立的适用业务标准及体系。但是这是基于实体法层面的规定，对于征管程序、发票开具规则、法律责任上，两者是一样的。不过我们也看到，财税〔2016〕36号文件中也调整了《增值税暂行条例》及其实施细则的一些适用条款，这个也必须要关注修订之处，从增值税立法的角度看，未来一定是趋于两者之间的合并处理。

故我们要明确区分的是，增值税下的适用对象是货物、加工修理修配劳务，和销售服务、无形资产或者不动产，这个是需要在技术掌握上充分理解的地方。

附件1：

营业税改征增值税试点实施办法

第一章　纳税人和扣缴义务人

第一条　在中华人民共和国境内（以下称境内）销售服务、无形资产或者不动产（以下称应税行为）的单位和个人，为增值税纳税人，应当按照本办法缴纳增值税，不缴纳营业税。

单位，是指企业、行政单位、事业单位、军事单位、社会团体及其他单位。

个人，是指个体工商户和其他个人。

第三只眼解读

这里首先要了解三个事项，一是境内，二是不缴纳营业税，三是单位和个人。

关于“境内”的理解，随后有详细的说明，如何判断境内，因为交易的标的是不同的，有形的、无形的，涉及跨境交易如何判断是属于境内还是境外，这需要进一步的确定，请结合第十二条、第十三条进一步分析。不过这里需要知道，对于香港、澳门、台湾，在税收的处理上，是视为境外身份对待的，这与政治意义上都属中国的概念表述有差异。

关于不缴纳营业税，则比较明确的是从 2016 年 5 月 1 日起，将从营业税改为增值税计算缴纳了。

单位和个人，这个需要注意单位是包括行政单位、军事单位的，从这个角度来看，其纳税人的主体是超过企业所得税的范围的，比如行政单位、个人独资企业、合伙企业，都是增值税的纳税人。而对于个人，并不是特指自然人，而是包括个体工商户和其他个人，其他个人就是指自然人，通常我们不注意，真以为个人就是自然人了。

第二条 单位以承包、承租、挂靠方式经营的，承包人、承租人、挂靠人（以下统称承包人）以发包人、出租人、被挂靠人（以下统称发包人）名义对外经营并由发包人承担相关法律责任的，以该发包人为纳税人。否则，以承包人为纳税人。

第三只眼解读

这一条主要是看以谁的名义在经营，不过这一条与《增值税暂行条例实施细则》的规定是不同的，其规定：单位租赁或者承包给其他单位或者个人经营的，以承租人或者承包人为纳税人。因此未来这两者之间的差异之处也是需要进一步统一的。

当下，对于一些挂靠经营的建安企业来讲，原来缴纳营业税之时，基本什么样做账的都有，但是增值税下，涉及合同、发票、抵扣、结算，可是环环相扣的，万一其间出现什么专用发票的风险，对于被挂靠单位就不是简单的资质借用，而是有利益，更有法律责任的风险了。这些企业下一步如何生存与运营，恐怕也是一个主要的增值税风险的监控区，企业要想办法生存，税务机关要发现有无违法、违规行为，两者之间新的对接风险加大了。

第三条 纳税人分为一般纳税人和小规模纳税人。

应税行为的年应征增值税销售额（以下称应税销售额）超过财政部和国家税务总局规定标准的纳税人为一般纳税人，未超过规定标准的纳税人为小规模纳税人。

年应税销售额超过规定标准的其他个人不属于一般纳税人。年应税销售额超过规定标准但不经常发生应税行为的单位和个体工商户可选择按照小规模纳税人纳税。

第三只眼解读

其实这一条没有解释完，根据后面的解释条款，《试点实施办法》第三条规定的年应税销售额标准为500万元（含本数）。财政部和国家税务总局可以对年应税销售额标准进行调整。同时我们要注意，“年”不是公历的1月1日至12月31日，而是连续12个月的概念，因此这一点需要重点地突破常规理解。不过这次国税接收的营改增单位可能就存在以2015年度数据来看是不是达到标准的问题了，这只能说是一种简化的处理方式。

有的税务机关在看500万元的时候，是用515万元的金额来计算的，这是因为小规模纳税人的征收率是3%，515/(1+3%)=500，是提前将营业税的销售额计算为增值税下的不含税金额来确定标准了，这相当于串规则了，但也是合理的。

其他个人即自然人，自然人是无法认定为增值税的一般纳税人的，其核算也无法达到核算的要求，那自然人是否可以在发生增值税业务时向税务机关申请代开增值税专用发票呢（征收率3%等）？在征管中，本轮营改增之前，对于个人是无法代开增值税专用发票的。因为之前《税务机关代开增值税专用发票管理办法（试行）》规定：“本办法所称代开专用发票是指主管税务机关为所辖范围内的增值税纳税人代开专用发票，其他单位和个人不得代开”。至于下一步如何处理，我们还是待明确吧。

现在有人提出个人也可以代开增值税专用发票，具体程序如何操作？这个依据是什么呢？《国家税务总局关于营业税改征增值税委托地税局代征税款和代开增值税发票的通知》（税总函〔2016〕145号）是这样突破说明的：

增值税小规模纳税人销售其取得的不动产以及其他个人出租不动产，购买方或承租方不属于其他个人的，纳税人缴纳增值税后可以向地税局申请代开增值税专用发票。不能自开增值税普通发票的小规模纳税人销售其取得的不动产，以及其他个人出租不动产，可以向地税局申请代开增值税普通发票。

“年应税销售额超过规定标准但不经常发生应税行为的单位和个体工商户可选择按照小规模纳税人纳税”，这句是比较难操作的，为啥呢？因为没有一个标准来说“什么是不经常”，原来有的营业税单位，偶尔变卖废旧物品可以视为不经常，但现在都是增值税的潜在对象了，谁能说明不经常呢？所以认定起来更难了。不过

《增值税暂行条例实施细则》则是另外一种规定："非企业性单位、不经常发生应税行为的企业可选择按小规模纳税人纳税"，如果是非企业性单位，涉及货物、提供加工修理修配劳务的，则可以选择小规模纳税人，不经常发生的适用限于企业。在这个规则下，行政单位、军事单位、部分事业单位可能是不会被认定为属于一般纳税人的。

同时我们要注意，纳税人在认定一般纳税人身份时，销售货物、提供加工修理修配时适用的金额标准与财税〔2016〕36 号文件规定的标准是不一样的，相当于是两个不同的认定一般纳税人的适用经营事项的标准，但是不管哪一个标准下达到认定为一般纳税人了，则所有的公司的业务，包括条例下的货物、加工修理修配，及销售服务、无形资产和不动产时，都需要按一般纳税人身份对待，一个单位，是不可能一边业务是小规模纳税人，一边业务是一般纳税人身份的。但是一般纳税人是可以适用选择简易征收处理的。

《增值税暂行条例实施细则》规定的小规模纳税人的参照量化标准是：

（一）从事货物生产或者提供应税劳务的纳税人，以及以从事货物生产或者提供应税劳务为主，并兼营货物批发或者零售的纳税人，年应征增值税销售额（以下简称应税销售额）在 50 万元以下（含本数，下同）的；

（二）除本条第一款第（一）项规定以外的纳税人，年应税销售额在 80 万元以下的。

本条第一款所称以从事货物生产或者提供应税劳务为主，是指纳税人的年货物生产或者提供应税劳务的销售额占年应税销售额的比重在 50%以上。

第四条　年应税销售额未超过规定标准的纳税人，会计核算健全，能够提供准确税务资料的，可以向主管税务机关办理一般纳税人资格登记，成为一般纳税人。

会计核算健全，是指能够按照国家统一的会计制度规定设置账簿，根据合法、有效凭证核算。

第三只眼解读

承第三条，有一些机构未达到上述的金额标准，是不会被强制要求从小规模纳税人转变为一般纳税人的，但这些理论上只能属于"小规模纳税人"的单位是可以申请成为一般纳税人的，具备的条件就是"会计核算健全"，不然如何计算出来"销项税额－进项税额＝应纳税额"的金额准确性呢！

那大家都清楚，营改增之前的单位，如果适用营业税，税率是5%，现在如果适用增值税小规模纳税人的简易征收3%（用营业税的计税收入看税负是2.91%，1/(1+3%)×3%=2.91%），营改增还是减税的，那为何这些单位要努力去申请成为一般纳税人呢？这更多是基于商业上的考虑，因为这些单位要与一些大的一般纳税人的单位发生业务交易，这些单位往往先看供应商的资质，如果不属于一般纳税人，或者不能开具增值税专用发票，就不进行业务合作了，由此，以金额评定小规模纳税人不是强制的，而是开启了纳税人可以升级为一般纳税人的另外一个通道。

现在由小规模纳税人申请成为一般纳税人有何条件呢？《国家税务总局关于调整增值税一般纳税人管理有关事项的公告》（国家税务总局公告2015年第18号）规定：

一、增值税一般纳税人（以下简称一般纳税人）资格实行登记制，登记事项由增值税纳税人（以下简称纳税人）向其主管税务机关办理。

二、纳税人办理一般纳税人资格登记的程序如下：

（一）纳税人向主管税务机关填报《增值税一般纳税人资格登记表》（附件1），并提供税务登记证件；

（二）纳税人填报内容与税务登记信息一致的，主管税务机关当场登记；

（三）纳税人填报内容与税务登记信息不一致，或者不符合填列要求的，税务机关应当场告知纳税人需要补正的内容。

第五条　符合一般纳税人条件的纳税人应当向主管税务机关办理一般纳税人资格登记。具体登记办法由国家税务总局制定。

除国家税务总局另有规定外，一经登记为一般纳税人后，不得转为小规模纳税人。

第三只眼解读

《国家税务总局关于调整增值税一般纳税人管理有关事项的公告》（国家税务总局公告2015年第18号）明确了登记的方式，其实已进行了相应的明确。

《国家税务总局关于“三证合一”登记制度改革涉及增值税一般纳税人管理有关事项的公告》（国家税务总局公告2015年第74号）规定：

一、主管税务机关在为纳税人办理增值税一般纳税人登记时，纳税人税务登记证件上不再加盖“增值税一般纳税人”戳记。经主管税务机关核对后退还纳税人留存的《增值税一般纳税人资格登记表》，可以作为证明纳税人具备增值税一般纳税人资格的凭据。

现在来看，满足一定条件的情形之下，由小规模纳税人转变为一般纳税人是好办理的，但是一经认定为一般纳税人之后，就不能再转回小规模纳税人了，国家税务总局的另有规定，尚没有明确的可以转回的事项规则，所以一般纳税人的身份是一个企业终生的身份。

但是现实当中我们遇到的难题是什么呢？其实与营改增过渡的时点有相近性的问题，如果是小规模纳税人转变为一般纳税人，则相应的货物、劳务或服务就按一般纳税人计算销项税额了，但是进项税额抵扣呢？同样也是有抵扣的争议，比如认定之前取得的增值税专用发票，认定之后能否抵扣，认定之前的交易，认定之后取得能否抵扣，这个没有标准的答案存在。

我们来看一下国家税务总局之前在网上的一个回复，虽不具有法规特性，但仍可以作为参照来说道一二。

小规模纳税人转一般纳税人后，进项税额可否抵扣？

【发布日期】：2009 年 04 月 16 日　　　　【来源】：国家税务总局

问：我企业为小规模零售企业（购货方）于 2008 年 12 月 25 日向一般纳税人（销售方）购买一批商品，约定货款在送货后 30 日支付（购货方一直采用以此种方式赊购商品）。2009 年 1 月 1 日起此我企业被认定为一般纳税人，那么我企业（购货方）是否可要求销售方开具“增值税专用发票”，此批货物的进项税能否申请抵扣？

答：根据国家税务总局关于修订《增值税专用发票使用规定》的通知（国税发〔2006〕156 号）规定：

“第十一条　专用发票应按下列要求开具：

……

（四）按照增值税纳税义务的发生时间开具。”

根据《中华人民共和国增值税暂行条例》（中华人民共和国国务院令第 538 号）规定：

“第八条　纳税人购进货物或者接受应税劳务（以下简称购进货物或者应税劳务）支付或者负担的增值税额，为进项税额。

下列进项税额准予从销项税额中抵扣：

（一）从销售方取得的增值税专用发票上注明的增值税额。

第九条　纳税人购进货物或者应税劳务，取得的增值税扣税凭证不符合法律、行政法规或者国务院税务主管部门有关规定的，其进项税额不得从销项税额中抵扣。

第十条　下列项目的进项税额不得从销项税额中抵扣：

（一）用于非增值税应税项目、免征增值税项目、集体福利或者个人消费的购进货物或者应税劳务；

根据《中华人民共和国增值税暂行条例实施细则》（财政部、国家税务总局令 2008 年第 50 号）规定：

“第十九条　条例第九条所称增值税扣税凭证，是指增值税专用发票、海关进口增值税专用缴款书、农产品收购发票和农产品销售发票以及运输费用结算单据。

第三十八条 条例第十九条第一款第（一）项规定的收讫销售款项或者取得索取销售款项凭据的当天，按销售结算方式的不同，具体为：

……

（三）采取赊销和分期收款方式销售货物，为按合同约定的收款日期的当天；”

根据上述规定，小规模零售企业购买商品后被认定为一般纳税人，按规定取得购货方的符合规定开具的增值税专用发票，如果不属于增值税暂行条例第十条的情形，是可以抵扣进项税的。

上面的回复我们可以参照一下，其实说的是认定之后开具的之前购买的货物的专用发票，从应税义务匹配的角度，似乎在抵扣上是符合逻辑的，回复的意见也是这样理解的。但是如果其货物是认定之前按征收率 3%计算增值税的，但按取得的 17%进行抵扣，又是不符合自己的逻辑的，所以还是有风险的，至于之前采购取得的抵扣票，认定之后得到抵扣的支持就非常难被认可了。

第六条 中华人民共和国境外（以下称境外）单位或者个人在境内发生应税行为，在境内未设有经营机构的，以购买方为增值税扣缴义务人。财政部和国家税务总局另有规定的除外。

第三只眼解读

境外单位在境内发生应税行为，自然也是在中国有纳税义务的，这是发生地的应税判断（关于发生地下面还有详细的解释），如果对方在境内有办事机构，那这个办事机构就是税务登记的小规模纳税人或一般纳税人了，但是如果没有机构呢，对方在境外也难以在中国的税务机关进行申报缴税，操作起来比较困难，因此就直接规定由“购买方”代扣代缴，代扣代缴时如何计算、适用税率如何，需要在后面的计算章节进行了解，同时也要考虑一并代扣代缴附加税费。

注意一下，这个代扣代缴的规则与之前的营改增试点的规定是不同的，于 2016 年 5 月 1 日失效的财税〔2013〕106 号文件曾规定：中华人民共和国境外的单位或者个人在境内提供应税服务，在境内未设有经营机构的，以其代理人为增值税扣缴义务人；在境内没有代理人的，以接受方为增值税扣缴义务人。目前来看，代理人这个代扣代缴义务人基本也难操作，涉及环节多，还不如购买方代扣代缴责任明确。当然一些中介机构也可能因此减少了“生意”。

不过《增值税暂行条例》及其实施细则之下的代扣代缴仍是代理人的参与的规定：中华人民共和国境外的单位或者个人在境内提供应税劳务，在境内未设有经营机构的，以其境内代理人为扣缴义务人；在境内没有代理人的，以购买方为扣缴义务人。

所以如果涉及不同的应税事项，需要依照不同的代扣代缴的规则，如果是由代理人操作的，则购买方一定要在合同中明确法律责任及经济责任，因为代理人可能不在一个地区，地方税务机关可能会进一步关注代扣代缴的义务。

第七条 两个或者两个以上的纳税人，经财政部和国家税务总局批准可以视为一个纳税人合并纳税。具体办法由财政部和国家税务总局另行制定。

第三只眼解读

首先我们要清楚，这里的纳税人在增值税上，并不就是法人的概念，分公司、营业部等都可以是独立的纳税人。这里的“合并纳税”，比如国家主要企业的增值税，可以规定在北京合并缴纳，但是本文件中同时也规定了“汇总”申报纳税的方式，两者还是略有不同的，形式上是接近的。至于哪些企业可以合并纳税，也是由财税部门来进一步明确。

第八条 纳税人应当按照国家统一的会计制度进行增值税会计核算。

第三只眼解读

其实当下的会计核算体系叫会计准则，会计制度是老会计核算之下的称呼，2006年的《企业会计准则》对于增值税的核算规定得比较宽泛，其实也是可以由纳税人灵活地进行设置的，并不是有税务机关强制的要求纳税人进行会计核算，因为那是会计上的事，税务机关只要保证税款准确、按时缴纳就可以了。但是好的会计核算也是方便纳税人有效地进行计税的方式。

旧会计核算制度下《财政部关于印发企业执行新税收条例有关会计处理规定的通知》（财会字〔1993〕83号）和《财政部关于对增值税会计处理有关问题补充规定的通知》（财会字〔1995〕22号）均已经废止［根据《财政部关于公布废止和失效的财政规章和规范性文件目录（第十一批）的决定》（财政部令第62号），文件已被废止］，但是一些二级、三级科目的分类仍可以进行借鉴使用。

不过小规模纳税人与一般纳税人的计税方式是不一样的，因此使用的方法也是不同的。同时涉及企业代扣代缴的情形，也建议企业同步设置代扣代缴的相应的科目。

在设置的时候，有的同志往往是依照会计核算收入与应税收入处于同一期间的假设来考虑的，其实这显然是不完整的，为什么呢？因为有如下的情形：

（1）先收款开具发票，但是收入是分几期摊销的，那此时计提的增值税就是一次性的，这个在核算上要考虑，后续不要再计提了；

（2）如果是会计上先计提了收入，匹配原则也要考虑计提增值税，此时就宜考虑“待结转增值税”的类似科目设置；

（3）还有一种情形是暂估入库，有的时候票期末未来，又必须进行估账，但是成本费用又不可能将税款估计进来，不然成本费用又不对了，如果不估进项税额，应付账款等又是不完整的，所以就考虑“待抵扣增值税”科目，这次营改增对于取得不动产规定的 2 年期抵扣，也是要考虑这个科目设置的。

第二章 征税范围

第九条 应税行为的具体范围，按照本办法所附的《销售服务、无形资产、不动产注释》执行。

第三只眼解读

由于本次将营业税的范围全部纳入，因此可能远不是附件解释所能包括的，不过附件的范围中的分类适用，针对不同的服务，我们还是需要确定其适用税率、计税规则等方式的处理的。比如股权转让，要不要征增值税，在营业税下是不征的，在文件中并没有列入征税范围解释，类似问题仍需要进一步关注后续的解释性的文件。

第十条 销售服务、无形资产或者不动产，是指有偿提供服务、有偿转让无形资产或者不动产，但属于下列非经营活动的情形除外：

（一）行政单位收取的同时满足以下条件的政府性基金或者行政事业性收费。

1. 由国务院或者财政部批准设立的政府性基金，由国务院或者省级人民政府及其财政、价格主管部门批准设立的行政事业性收费；

2. 收取时开具省级以上（含省级）财政部门监（印）制的财政票据；

3. 所收款项全额上缴财政。

（二）单位或者个体工商户聘用的员工为本单位或者雇主提供取得工资的服务。

（三）单位或者个体工商户为聘用的员工提供服务。

（四）财政部和国家税务总局规定的其他情形。

第三只眼解读

一般我们理解有收入，即有获得利益时才有税的产生，但是这并不是真的这样理解，比如我们后面会看到的视同销售的计税规则，并不是直接“有偿”的前提，所以还是要原则性地理解这条规定。由于行政单位也是纳税人的范围，因此行政单位收的基金或者行政事业性收费，必须满足三个条件，才不算有偿的收入，因为本身也是国家的收款，国家本身是征税的，自己收的收入再征税也没有必要了。不过行政单位的其他收入估计也没有税务机关去看看是否有税。而对于行政单位的一些服务公司，则需要正式纳入营改增的体系。

关于员工为本单位或雇主提供工资的服务，这相当于自己一家人的事，不应视为两者之间的服务关系，不然这征税范围可大了。但是这儿明确的，一是员工，相当于企业或个体户雇佣的人员，不算临时性劳务关系的人员，这儿可没有说必须是签订劳动合同的人员，尽管可以这样简单地理解，但雇佣的前提如离退休人员的再工作，也应认为是劳动关系。

我们可以借鉴《增值税暂行条例实施细则》释义的说明：如果被雇佣人员或其他受雇佣关系约束的人员所从事的与货物销售、劳务提供有关的行为是为本单位或雇主提供的，那么这些行为属于企业自身的内部行为，不是对外提供的经营行为，就不属于增值税税法所规定的销售货物、提供应税劳务的范围。因此，隶属于单位和个体经营者的销售人员的销售行为，单位和个体经营者聘用员工为单位或雇主提供的加工、修理修配劳务，就不属于增值税税法所规定的征税范围。

但是如果这些人员将自己的汽车租赁给单位使用，或者利用下班时间，为单位又做了一项培训的事，收的单位的报酬，尽管从个人所得税的角度，租赁可以单独适用个税计税办法，但是又是给单位做的培训、代理销售工作，可能就需要按工资薪金计税了。所以什么是取得工资的服务，其实就是一种工作关系的劳动价值的给付成本，但不是增值税的应税服务关系。至于如果存在单位和雇员之间销售无形资产、不动产的情形，那就是明确的交易了，该计征什么税就是什么税。

单位或个体工商户为员工提供的服务，这个有一些复杂，不过什么时候算是为员工提供的服务呢，比如某饭店免费供应雇佣的员工吃饭、宾馆提供的免费住宿等行为、为员工提供的培训等，这些是发生在单位与员工之间的，由于没有交易的触发条件，所以也不被认为属于增值税的应税行为，不然算账也算不清了。再如电信企业为员工提供的一定额度的免费的通讯费支出，尽管看上去是一种服务，跟提供给别人没有什么不同，但是就是因为人家存在这样的雇佣关系，所以就不应被认定为属于应税行为。不过在所得税上，这一点并没有引起关注，为员工福利发生的劳务（企业所得税上的劳务包括增值税上的劳务和服务），应进行视同销售处理，确认视同销售收入、成本，并且计量福利费等影响的税收发生额，但这部分确认也难去管，企业所得税的同志估计也算不清。

比如对于电信行业营改增的检查意见中，国家税务总局货劳部门是这样解释的（相关资料请通过网络查阅）：

（五）关于向内部人员提供免费通话问题

根据《营业税改征增值税试点实施办法》第九条相关规定，单位为员工提供应税服务，属于非营业活动中提供的应税服务，不应对这部分服务视同销售征收增值税。

第十一条　有偿，是指取得货币、货物或者其他经济利益。

第三只眼解读

有偿，这儿的意思当然是取得货币，这是最明显的，但是换得的实物，也是一种收入的体现，或者其他经济利益，比如抵债、获得某项使用权等，都是一种经济利益，所以有可能存在的情形是互相“抹账”的服务提供就难找了，至于无形资产、不动产等，是有痕迹查询的，其应税行为也很轻易查询到的。

这一次，对于不动产的投资，认为属于有偿的一种情形，营业税下认为不动产投资是不征收营业税的，但是增值税却放弃了这样的“宽容”。但是有偿也不是都征收增值税，比如股权转让行为，仍未作为征税范围纳入，后续可能会进一步细化类同事项。

第十二条　在境内销售服务、无形资产或者不动产，是指：

（一）服务（租赁不动产除外）或者无形资产（自然资源使用权除外）的销售方或者购买方在境内；

（二）所销售或者租赁的不动产在境内；

（三）所销售自然资源使用权的自然资源在境内；

（四）财政部和国家税务总局规定的其他情形。

第三只眼解读

这儿开始解释真正的“境内”的定义了，承第一条的规定，我们有提过，对于税，境内并不是简单的国境的概念，而是有确定标准的。

销售服务（不含不动产租赁）及无形资产（不含自然资源使用权），销售方在境内的，那自然是属于中国应税纳税人的范围，不管销售给哪儿的客户（国内的或国外的），有有偿收入就要计算增值税（特定享受免税或零税率的除外）。但是反过来说，购买方在境内，即销售方可能是境外的单位或个人，向境内购买方销售服务或者无形资产，那也视为在中国境内从事应税行为，要依照中国的税法计算增值税，虽然提供主体可能在境外，但就是因为购买方在境内，就视其在境内发生应税行为。但这一条需要结合第十三条进行例外判断处理。

不动产在境内的销售或租赁，不管谁是销售或出租方，都是中国境内的增值税纳税人。同样自然资源使用权，由于也是在境内存在的，不可能在境外存在，所以也是一样的处理规则。

“规定的其他情形”只是一个未来延伸的空间，目前尚没有特别的规则。

不过我们要关注一下《增值税暂行条例》规定下的劳务的判断，其提境内应税行为判断时，是指提供的应税劳务发生在境内，所以其范围是较服务小的，这一点需要进行有效的关注，不致给境外单位或个人提供的加工修理修配劳务多代扣代缴增值税。

第十三条 下列情形不属于在境内销售服务或者无形资产：

（一）境外单位或者个人向境内单位或者个人销售完全在境外发生的服务。

（二）境外单位或者个人向境内单位或者个人销售完全在境外使用的无形资产。

（三）境外单位或者个人向境内单位或者个人出租完全在境外使用的有形动产。

（四）财政部和国家税务总局规定的其他情形。

第三只眼解读

前三项就是对于第十二条规定的特例了，不然追到对方国家去要增值税，估计也是很难的。财税〔2013〕106号文件当时对于第（一）款的规定是：“境外单位或者个人向境内单位或者个人提供完全在境外消费的应税服务”，这儿成了完全在境外“发生”的服务，发生与消费其实还是有差别的，因为如果境外单位在境外向境内单位提供咨询服务，那肯定不是在境外消费，但是说到在境外发生，那行为是在境外发生的，因此这一条理解上是进一步减少了争议处理。但是“发生”时的销售方和购买方是不是都在境外呢？这个估计还要争议一阵了，比如上面提到的美国的律师在境外向境内的企业提供在美国上市的法律服务，原来说消费可能是解释不能的，现在说发生，是不是可以突破一下呢？如果解释为发生时也是要双方在境外成交的意思，而不是跨境提供服务的关系，似乎不是这样的理解，不然咨询服务的境外采购都不用代扣代缴增值税了。至于在境外的住宿、娱乐，那自然是境外发生的关系，要征税没那么容易。

例如对于财税〔2013〕106 号文件描述下的情形，江苏国税当时的解释是这样的：

境外单位或者个人向境内单位或者个人提供完全在境外消费的应税服务。

注：本条是对完全在境外消费的应税服务理解，主要包含两层意思：

①应税服务的提供方为境外单位或者个人；②境内单位或者个人在境外接受应税服务；③所接受的服务必须完全发生境外并在境外消费（包括提供服务的连续性和完整性，以及服务的开始和结束，包括中间环节均在境外）。

例如：苏州某公司在美国租用仓库保管货物，是完全在境外消费的应税服务，因此不属于在境内提供应税服务。

不过这一条未来一定仍是存在争议的，也增加了购买方的代扣代缴的风险。其实我们可以借鉴一下营业税下财税〔2009〕111 号文件规定的情形：境外单位或者个人在境外向境内单位或者个人提供的完全发生在境外的《中华人民共和国营业税暂行条例》（国务院令第 540 号，以下简称条例）规定的劳务，不属于条例第一条所称在境内提供条例规定的劳务，不征收营业税。上述劳务的具体范围由财政部、国家税务总局规定。根据上述原则，对境外单位或者个人在境外向境内单位或者个人提供的文化体育业（除播映），娱乐业，服务业中的旅店业、饮食业、仓储业，以及其他服务业中的沐浴、理发、洗染、裱画、誊写、镌刻、复印、打包劳务，不征收营业税。

后两款的规定，相对比较明确些，但这些规定是给予境外单位或个人的一种特例说明除外，不然依照第十二条，要求纳中国的增值税，估计是很难追缴的，而且也有税收主权上的争议问题。

注意，我们在讲服务代扣代缴的时候，并没有所谓认定境外单位居民企业的说法，那是企业所得税的概念，增值税上仍然只是简单地看注册地的认定，哪怕只是一个空壳公司，也是没有问题的。

第十四条　下列情形视同销售服务、无形资产或者不动产：

（一）单位或者个体工商户向其他单位或者个人无偿提供服务，但用于公益事业或者以社会公众为对象的除外。

（二）单位或者个人向其他单位或者个人无偿转让无形资产或者不动产，但用于公益事业或者以社会公众为对象的除外。

（三）财政部和国家税务总局规定的其他情形。

第三只眼解读

视同就是在非有偿交换的情形之下，也是要计算增值税的，这一点较《营业税暂行条例》的规定进一步加大了企业的涉税处理风险，现在促销活动服务这么多，很容易套上无偿提供服务视同销售的“帽子”，不过用于公益事业或者是以社会公众为对象的除外，从现实情形看，征管机关发现无偿的可能性还是有折扣的。

至于无偿转让无形资产或不动产，这个是比较明确能看到的，或者是具有操作痕迹的，但是我们要注意到，如果一个公司，总分机构之间单独转移无形资产，就可能面临要计税的风险了。在《增值税暂行条例实施细则》的规定下，总分机构之间移送货物不以销售为目的的，不视为视同销售，财税〔2016〕36号文件没有给出这样的保护性条款。同样不同的是其只规定了货物的视同销售，并没有提及劳务的视同销售，这才是有趣的。估计未来劳务会接近服务处理规则。

视同销售对于提供服务在这儿并不包括个人，仅限于单位或个体工商户。但是对于无偿转让无形资产或者不动产，却是包括个人在内的。但是这个“无偿”，原来备受争议的是，企业哪有无偿地做好事，这个无偿往往是从直接关联性的角度展开的，即只看送的当时，是不是无偿，而不管这个人过去或未来是不是为纳税人带来利益，即可能本次并不是简单的“无偿”，但是税法上显然对于这个的解释，还未如此延伸理解，从而认为其属于“有偿”的服务。

第三章　税率和征收率

第十五条　增值税税率：

（一）纳税人发生应税行为，除本条第（二）项、第（三）项、第（四）项规定外，税率为6%。

（二）提供交通运输、邮政、基础电信、建筑、不动产租赁服务，销售不动产，转让土地使用权，税率为11%。

（三）提供有形动产租赁服务，税率为 17%。

（四）境内单位和个人发生的跨境应税行为，税率为零。具体范围由财政部和国家税务总局另行规定。

第三只眼解读

首先来理解一下这个税率，这一条是用于一般纳税人适用一般计税办法的增值税的计算方式，比如我们营业税下的税率是 5%，增值税下的税率是 6%，其实两个虽然都叫“税率”，其基数却是不同的。营业税是含税价的基数，增值税是不含税价的基数，如果将不含税价的基数调整为与营业税的一样，则是：1/(1＋6%)×6%＝5.66%，如果只考虑销项税额，相当于是提升了价税总收入 0.66%个百分点，因此如果从进项税额抵扣的角度看，进项税额达到了 0.66%，则理论上增值税的税负是不变的。但是增值税的税负，单纯考虑其实意义并不是绝对的，因为理论上增值税都是采购进来的，花钱就可以买到，只要花足够的钱采购，业务又不增长，显然企业也不是这样经营的，可能实现不缴纳增值税，但是利润的结果却可能很惨。

如下为 2012 年始历次营改增的涉税事项的税率分类：

1. 提供交通运输、邮政、基础电信、建筑、不动产租赁服务，销售不动产，转让土地使用权，税率为 11%，有形动产租赁为 17%，跨境应税服务，税率为零，这是为鼓励出口而设置的出口税收优惠，税率为零的后续操作是存在可以退税处理，在后面的章节我们会重点解读。

2. 除此之外的应税行为，适用税率 6%。

为什么设置这么多的税率，同志们可能看着比较晕，从税率设置的出发点考虑，更多是基于原来营业税税负转移过来的税率设置，即我们的营改增并不是绝对地重新建立一套规则体系，而是从增值税的角度，根据营业税的估测来设置的增值税的税率，由此这些税率也是非常多样的，比如这儿的 6%、11%、17%，还有其他事项的 13%等，营改增试点之后（当下虽然全面营改增了，但仍是叫试点，其实还是有不成熟的地方需要探索），可能也会整合税率的档次。

但这并不是绝对地适用于一般纳税人的一般计税方法（简易的情形除外）的税率，对于计算代扣代缴境外单位或个人的税款时，也是用此税率来计算的，并不是用征收率，尽管他们并没有得到中国税务机关一般纳税人的身份认定并按销项税额一进项税额来计算增值税，理论上讲用简易可能更合理，但是由于其链条的单一，也是出于保护中国的税收权益，用税率也就这么定了。

第十六条 增值税征收率为3%，财政部和国家税务总局另有规定的除外。

第三只眼解读

征收率就是简易征收时用的，所以叫征收率，不能叫它税率，不然就与上面的税率乱了。既然是征收率，就是算出来直接征收了，而没有进项税额抵扣的问题，不让抵扣，本来就降了这么多率了，有点像营业税时的计算了，只考虑收入，而不考虑进项税额是什么。

这个征收率一是用于小规模纳税人使用，二是用于一般纳税人中一些特定的应税事项，选择了简易计税方式的。但是在后面的条款中，我们会发现5%的征收率（销售不动产、出租不动产时选择的项目），其实那只是过渡期的征收率，而不是有明确身份的"征收率"，所以也没有在这儿写出来。征收率本身也是需要换算为不含税价格计算的，这一点要承增值税的基本计算规则。

第四章　应纳税额的计算

第一节　一般性规定

第十七条 增值税的计税方法，包括一般计税方法和简易计税方法。

第三只眼解读

这是为后续明确计税方法确定的，一般计税方法是：应纳税额＝销项税额－进项税额。简易计税方法，类同营业税的方式，直接用应税收入来计算增值税，主要是小规模纳税人使用或者是一般纳税人经营的业务中适用简易计税的特定事项可以使用。

第十八条 一般纳税人发生应税行为适用一般计税方法计税。

一般纳税人发生财政部和国家税务总局规定的特定应税行为，可以选择适用简易计税方法计税，但一经选择，36个月内不得变更。

第三只眼解读

这里直接规定了一般纳税人计税方式使用一般计税方法。但是并不是确定不变的，有一些事项，纳税人是可以选择简易计税方法的，这时进项税额是不允许抵扣的，因为选择简易了，进项对应的抵扣权也没有必要了，同时也不能允许简易对应的进项税额去抵扣其他业务产生的销项税额。

同时限制性地规定，这种方法的选择，不能今天选这个，明天选那个，而是要有三年（36 个月）的稳定期，不然利益的空间太大了，也不利于征管的风险管理及税收利益的保护。

第十九条 小规模纳税人发生应税行为适用简易计税方法计税。

第三只眼解读

小规模纳税人发生应税行为只能使用简易计税方法，但简易计税方法并不是小规模纳税人所独有，一般纳税人之中的特别经营事项，也是可以选择适用简易计税方法的。此时一般纳税人适用简易计税方法计算出来的增值税，是需要直接缴纳的，不再考虑并入销项税额，再去抵进项税额，即使当期还有留抵的进项税额，也是需要缴纳简易征收的增值税的。

这种处理在纳税申报表中也是需要分别填写的，但是有的时候，我们如果变卖营改增前的动产类固定资产时，其简易计税方法是 3%减按 2%计税，即 $x/(1+3\%)\times 2\%$计税，这个逻辑在开具发票时是无法体现出来的，在开具发票时（普通发票），往往是直接按 3%简易征收率计算的，其间的差额即 3%－2%是要在减免税的行次进行填写的。

第二十条 境外单位或者个人在境内发生应税行为，在境内未设有经营机构的，扣缴义务人按照下列公式计算应扣缴税额：

应扣缴税额＝购买方支付的价款÷(1＋税率)×税率

第三只眼解读

在上面的内容中我们解释过境外单位或个人的身份问题，即他们既不是一般纳税人，也不是小规模纳税人，其计税方法是非常特别的，即是直接用税率，不是用征收率来计算代扣代缴增值税，但却不能允许其抵扣任何进项税额，因为其本身也不属于一般纳税人计算方法，在境内的税务机关也没有办理过任何的登记，也不允许其用简易计税方法来计税。

可能我们有的同志认为这不是吃亏了吗？基于合理性，应让其享受简易征收率计算是不是更好呢？这只能说这儿是一种规则，同样，对方在境内也没有采购物品、劳务或服务生产，即没有贡献过增值税的采购，直接按税率计算似乎也是可行的，本身也没有增加多少税款的可能，因为通常原来的服务是 5%营业税，现在是

6%增值税，不过境内购买方可能就高兴了，因为付的款项代扣代缴的增值税可以抵扣了，一是对方承担税款的交易，本身相当于少付款了，二是购买方承担的税款，相当于增值税没有承担，因为交后可以抵扣，这也算是给购买方一个解脱了。不过如果是“包税”情形，附加税费仍是要进行承担的。

注意这儿的代扣代缴是限于服务、无形资产等情形，如果是货物进口，则进口人计算缴纳，由海关代征增值税，这扣缴不了人家境外销售货物方的税款，我们的增值税法规管不到人家“地界”上去。

从境内单位或个人承担税费的角度说，这个规定境外单位或个人并一定很关心税负变化的影响。

第二节　一般计税方法

第三只眼解读

一般计税方法对于一般纳税人而言是一种计算增值税的方法，因此这儿单独设置了一节，如果是小规模纳税人，则不会适用一般计税方法。故一般纳税人适用一般计税方法，这个名字也是这样叫得顺。不过我们有解释，一般纳税人的部分业务可能适用简易计税办法，所以并不能说一般计税办法要完全适用于一般纳税人，这样说是不对的。

第二十一条　一般计税方法的应纳税额，是指当期销项税额抵扣当期进项税额后的余额。应纳税额计算公式：

应纳税额＝当期销项税额－当期进项税额

当期销项税额小于当期进项税额不足抵扣时，其不足部分可以结转下期继续抵扣。

第三只眼解读

什么是当期，这个要看纳税期限，如是一个月或一个季度，都是“当期”的概念。千万别总以为当期是月份的意思。

1. 首先这儿明确了一般计税方法中计算增值税的方式：应纳税额＝销项税额－进项税额，如果上一期有留抵的进项余额，也要继续减掉。当期，这里是有弹性的，根据财税〔2016〕36 号文件的纳税期限确定，比如有一期一个月的，有一期一个季度的等，所以当期就是指计税期。

当期销项税额－当期进项税额	应纳税额	备注
＞0 时	当期缴纳	次月申报期内缴纳
＝0 时	当期无税缴纳	照样申报，只是没有税款
＜0 时	留抵下一期继续抵扣下一期的销项税额	税务机关不会退税，就算纳税人最后关门，留抵也不会退款

2. 虽然这儿说的是当期，但要知道，增值税是没有年度汇算清缴之说的，因为就是一个“流水账”在记录，如果按 12 个月连续起来看，总的销项税额－总的进项税额＝12 个或 4 个（月或季度的当期）的结果加上可能存在的留抵金额，是一样的。

3. 这个公式看似简单，其实销项税额与进项税额本身是非常复杂的，比如销项税额是包括视同销售在内的，进项税额是将进项税额转出的情形调整之后处理的，所以增值税其实并不是这样简单地理解的。

4. 对于销项税额－进项税额，这儿是全部的销项税额合计－全部的进项税额合计。我们知道，我们国家的增值税税率非常多样，税法并不要求对应税率抵扣，即不管是何样的税率，比如银行 6%的利息收入增值税，但购置办公设备的税率是 17%，此时照样计算抵扣，并没有直接产生所谓的“低销高抵”的情形，因为制订法规时已经考虑了这些行业取得进项的支出是少的，比如员工工资，没有进项税额，已经考虑了溢价的空间，所以不存在所谓的某些人的担心。但是现实当中却可能存在抵的多的特殊情形，那只能说制定政策时考虑的情形中没有一一顾及，有问题再改吧，这些企业得点便宜就得点，但也有难受的时候，不知如何处理了。或者考虑到了但鼓励企业发展就一直延续下来了，如免税农产品收购的进和销的关系，印刷有编号的书刊的抵和销的关系，本次营改增之间的贷代运输的问题（本次解决了政策上的纠结）等，是比较特殊的情形。

第二十二条　销项税额，是指纳税人发生应税行为按照销售额和增值税税率计算并收取的增值税额。销项税额计算公式：

销项税额＝销售额×税率

第三只眼解读

一是只有发生应税行为时，才会产生销售额和增值税额，公式比较明确：销项税额＝销售额×税率，这个销售额是指不含税的销售额，第二十三条解释了含税时如何折算不含税价格的问题。

对于发生的免税时的情形，要不要虚提增值税额，再转营业外收入呢？按照《财政部印发〈关于小微企业免征增值税和营业税的会计处理规定〉的通知》（财会〔2013〕24号）的说法，小微企业在取得销售收入时，应当按照税法的规定计算应交增值税，并确认为应交税费，在达到《通知》规定的免征增值税条件时，将有关应交增值税转入当期营业外收入。

这儿考虑到这些企业本身在发生时并不知道是否达到免税的条件，所以计提也是正常的，未来再转营业外收入处理，但是对于如技术开发免税的，再虚提销项税额没有意义，曾经有人士在网络上提出，免增值税到底免的是应纳税额还是销项税额，据此进行了一番热烈的讨论。其实我们就看结果就行，反正是不交税的结果，从免税的处理上看，销项税额没有必要计提出来，直接做多少收入就多少，不宜再转部分到营业外收入中，这不还影响收入指标吗？从我们了解的信息看，当下开具增值税发票时（免税只能开具普通发票），多是以0填写在发票的税率栏次，这也就是正常了。

第二十三条 一般计税方法的销售额不包括销项税额，纳税人采用销售额和销项税额合并定价方法的，按照下列公式计算销售额：

销售额＝含税销售额÷(1＋税率)

第三只眼解读

增值税本来就是引进来的“物品”，在中国的传统观念中，买东西只看总价的多，要是还要看看里面不含税价格是多少，税额是多少，这能算清吗？就是不含税价格中也有各项税费，所以这就是一种理论，而理论在现实当中多是需要从总价的角度，还原到不含税价格，再计算增值税的，本条就是明确了含税销售额到销售额（即不含税价格）的转换方式。

从这个角度考虑，增值税的税率是6%，其实是基数折少后的6%，有一种“虚计”的感觉。

第二十四条 进项税额，是指纳税人购进货物、加工修理修配劳务、服务、无形资产或者不动产，支付或者负担的增值税额。

第三只眼解读

这里是说了进项税额的来源，首先要理解一下这些名词，货物不用多说，1994 年增值税税制改革就纳入了增值税体系，加工修理修配这是劳务，也是 1994 年纳入进来的，而服务就是营改增试点以来将营业税的“劳务”转化过来的，叫服务，也没有啥，这样不也正好可以与传统的劳务有所区分了吗？也是挺好的事，不然真得在规则上分就分不清了。无形资产或不动产，也是单独列示的事项。所以营改增试点，将营业税的劳务叫成增值税的服务，也是妙哟。

为何说是支付或负担的增值税税额呢，一是如果是采购国内供应商的货物，那款项给对方了，相当于分两部分，一部分是货款，一部分是增值税税额，对方代国家收了这个税款，购买方记入“应交税费”中，这相当于是采购时支付款项中得到的，预缴成国家的税款了，还有一种是负担的，比如国内企业采购境外的进口货物，中国海关代征的增值税，这可不是境外供应商缴纳的，而是进口单位缴纳的，自己交的增值税给海关，回来之后可以抵扣了，就算是自己负担的增值税额。其实在这个过程中，企业如果抵扣了，没有吃亏，国家也没有得便宜，海关只是先拿走增值税，后续单位抵，有一个时间差的利益在里面。

第二十五条　下列进项税额准予从销项税额中抵扣：

第三只眼解读

可以抵扣的进项税额是从哪里来的？并不是所有的支出都可以，即并不是计算企业所得税一样的成本费用扣除的概念，而是要取得扣税凭证，比如取得一个定额发票行不行？取得一个网上超市开的普通发票行不行？这里就是专业的理解了，并不是所有的可以报销的票据都是可以拿来抵扣的，进一步收缩，只有取得下面列举的几例票据，才允许抵扣，相当于这个范围一下一下地缩小了，最后的结果是什么？认票为导向，这是进项税额抵扣的核心内容。

（一）从销售方取得的增值税专用发票（含税控机动车销售统一发票，下同）上注明的增值税额。

第三只眼解读

增值税专用发票，是最常规的抵扣票据，用量大，而且大家认知度也高。注意这儿明确写了从销售方取得，如果从第三方取得那明显是不合规的，我们的《刑法》

对于增值税专用发票的重视程度可是非常严厉的。机动车销售统一发票，是对于如4S店销售汽车时开具的，这两类都属于可以抵扣增值税的票据，在纳税申报表中是一并归为一类填写的。

增值税专用发票的取得一般是二联，发票联及抵扣联，一个用于记账，一个用于抵扣，其票样如下（基本联次是三联）：

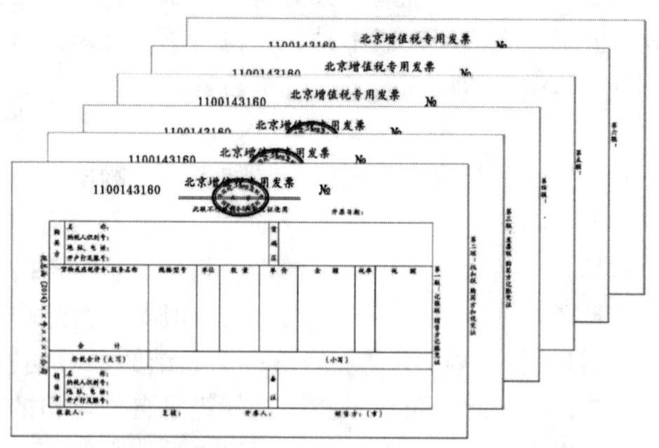
1100143160 北京增值税专用发票 №

机动车销售统一发票的样式如下：

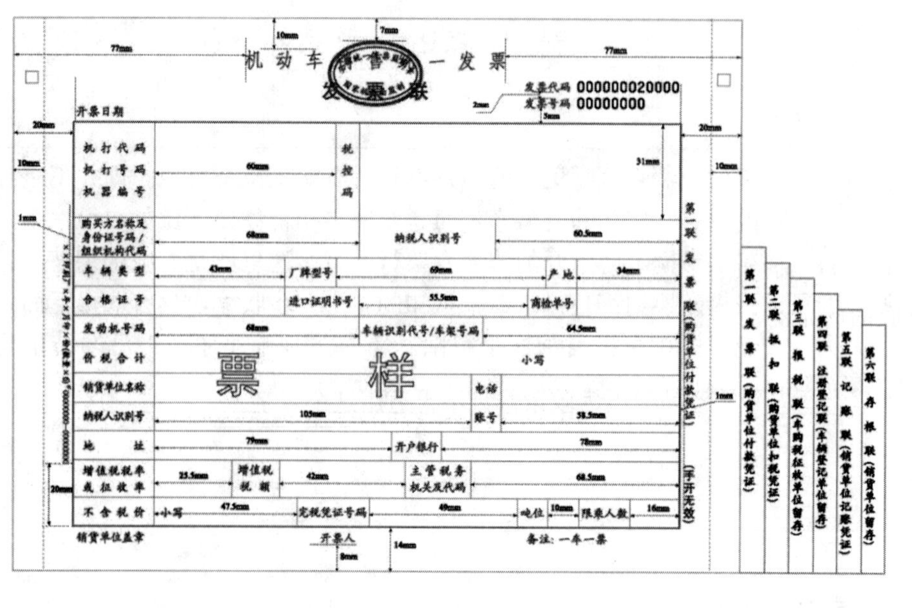
机动车销售统一发票

发票联

发票代码 000000020000
发票号码 00000000

开票日期

机打代码
机打号码
机器编号
税控码

购买方名称及身份证号码/组织机构代码 | 纳税人识别号
车辆类型 | 厂牌型号 | 产地
合格证号 | 进口证明书号 | 商检单号
发动机号码 | 车辆识别代号/车架号码
价税合计 | 小写
销货单位名称 | 电话
纳税人识别号 | 账号
地址 | 开户银行
增值税税率或征收率 | 增值税税额 | 主管税务机关及代码
不含税价 小写 | 完税凭证号码 | 吨位 | 限乘人数

销货单位盖章　开票人　备注：一车一票

票样

第一联 发票联（购货单位付款凭证）
第二联 抵扣联（购货单位扣税凭证）
第三联 报税联（车购税征收单位留存）
第四联 注册登记联（车辆登记单位留存）
第五联 记账联（销货单位记账凭证）
第六联 存根联（销货单位留存）

（二）从海关取得的海关进口增值税专用缴款书上注明的增值税额。

第三只眼解读

如果涉及进口货物时（技术不通过海关），海关代征进口货物的增值税，进口人是纳税人，这主要是平衡国内的税负考虑，因为别的国家的东西进来，可能是不含税的，这样对我们国家的产业引起不利影响，那进口人就缴增值税，这就是所说的“进口增值税专用缴款书”，不过如果涉及国家鼓励进口科研等之用的，则是可以免税的，因此就不需要进口人缴纳增值税，这个增值税是根据海关的完税价格计算出来的，不一定就是纳税人的报关价格或交易价格。那纳税人缴了这样的增值税，回来之后如果是用于应税目的，是允许抵扣的。

不过现实当中，我们也接触过不少的代理进口人，代跑腿办理报关业务，此时他们办理的缴款书上可能写的是双抬头的名字，一个是代理人，一个是真正的进口人，那谁取得这个缴款书就谁抵扣。

但是我们也知道，对于进口货物相关的特许权使用费，如果企业是进口后单独支付的，根据海关完税价格的估价方法，是需要并到货物价格中计算增值税的，我们知道，其后企业对外支付技术服务费时，又会有增值税的代扣代缴，则如此情形之下，虽然两个增值税都是可以抵扣的（也有不可以抵扣的情形），但是后者情形下，是有附加税费的，此时若参照基本的商务经验，多是由境内方承担的，这个相当于是多出来的。这时要注意的是，海关代征的增值税，此时海关并不附征城建税、教育费附加、地方教育费等附加税费。

（1）《财政部关于贯彻执行〈中华人民共和国城市维护建设税暂行条例〉几个具体问题的规定》（(85) 财税字第 069 号）规定：海关对进口产品代征的产品税、增值税，不征收城市维护建设税。

（2）《财政部关于征收教育费附加几个具体问题的通知》规定：海关对进口产品征收的产品税、增值税，不征收教育费附加。

注：上面提到的产品税因为政策修订不再适用这个名字。

（三）购进农产品，除取得增值税专用发票或者海关进口增值税专用缴款书外，按照农产品收购发票或者销售发票上注明的农产品买价和 13%的扣除率计算的进项税额。计算公式为：

进项税额＝买价×扣除率

买价，是指纳税人购进农产品在农产品收购发票或者销售发票上注明的价款和按照规定缴纳的烟叶税。

购进农产品，按照《农产品增值税进项税额核定扣除试点实施办法》抵扣进项税额的除外。

第三只眼解读

农产品为何有这么多的票据情形，这是根据纳税人的不同身份产生的。农产品收购发票是指收购单位向农业生产者个人收购农产品时开具的发票。这个是购买者开具的，不是销售者开具的，是有点特别的地方，当然这也是符合《发票管理办法》规定的事项。这是对特定情形下准予农产品计算进项税额抵扣销项税额的规定。由于农业生产者数量众多，税源分散，不便征管，同时增值税实行凭发票注明税款抵扣制，要求有健全的会计核算制度，要求农民做到这一点很困难，因而国际上对农业一般采取了特殊的增值税政策。我国对农业生产者销售的自产农产品免征增值税。按道理，购进免税的农产品，因为购买方没有向农民支付增值税额，也就无税款可供抵扣。但生产农产品需要投入如农机具、燃料、动力等生产资料，农民在购买这些农业生产资料时，是支付了增值税的，也就是说，农业生产的投入物是含有增值税的。

这样购进农产品时，购买方虽未直接支付增值税款，却已负担了农业生产投入物的增值税，如果不允许扣除农产品中所含的增值税，就会造成一定程度的重复征税。为解决这一矛盾，减轻农民负担，原条例把购进免税农产品所负担的增值税款，作为一种特殊的进项税额按10%扣除率计算抵扣。为进一步扶持农业发展，经国务院批准，从2002年1月1日起，购进农业生产者销售的免税农业产品的进项税额扣除率由10%提高到13%。为保持政策的连续性，将10%的扣除率明确提高到13%。纳税人购进农产品“除取得增值税专用发票或者海关进口增值税专用缴款书外”可以凭农产品收购发票或销售发票扣税，这样表述更加规范，政策性更强。所以当纳税人购进农产品，取得增值税专用发票或者海关进口增值税专用缴款书的，根据该条的规定，按照增值税专用发票或者海关进口增值税专用缴款书上注明的增值税额从销项税额中抵扣；如果没有取得增值税专用发票或者海关进口增值税专用缴款书的，则按农产品收购发票或者销售发票上注明的买价和13%的扣除率计算进项税额，从销项税额中抵扣。这里的收购发票或者销售发票，是经税务机关认可的正式票据，其中收购发票是购买方向农业生产者开具的，销售发票则是农业生产者向购买方开具的。

注意上面说的买价的定义，可不是不含税价格，而是总的购买价格，这是跟常规增值税的计算规则不一样的价外税的概念。但由于农产品收购发票本身造假情形严重，因为有销售方是免税的，而对于购买方凭空可以“创造”票来抵扣，因此国家税务总局推进按照投入产出等评估方法进行核定扣除，依据财税〔2012〕38 号文件，此时购进农产品，按照《农产品增值税进项税额核定扣除试点实施办法》抵扣进项税额。并不是就看票了。

本次营改增特别明确的事项是对于餐饮企业收购农产品的情形。

《国家税务总局关于明确营改增试点若干征管问题的公告》（国家税务总局公告 2016 年第 26 号）规定：

餐饮行业增值税一般纳税人购进农业生产者自产农产品，可以使用国税机关监制的农产品收购发票，按照现行规定计算抵扣进项税额。

有条件的地区，应积极在餐饮行业推行农产品进项税额核定扣除办法，按照《财政部 国家税务总局关于在部分行业试行农产品增值税进项税额核定扣除办法的通知》（财税〔2012〕38 号）有关规定计算抵扣进项税额。

看来也是害怕这些企业造假，但是餐饮的评估可不好办，有的是精品店，有的是门口小店，消耗量是不同的，厨师也不同，这也是对税务机关的一个考验。

上面的内容中还有一个是“销售发票”，这个是什么情况呢？主要是指小规模纳税人开具的普通发票。《关于免征部分鲜活肉蛋产品流通环节增值税政策的通知》（财税〔2012〕75 号）规定：“《中华人民共和国增值税暂行条例》第八条所列准予从销项税额中扣除的进项税额的第（三）项所称的‘销售发票’，是指小规模纳税人销售农产品依照 3%征收率按简易办法计算缴纳增值税而自行开具或委托税务机关代开的普通发票。批发、零售纳税人享受免税政策后开具的普通发票不得作为计算抵扣进项税额的凭证”。其实这也是对餐饮行业的一个未来的影响，因为餐饮行业哪有直接跑到农民地头上去办理采购的，这个不让抵扣，是不是有点政策不到位呢，当然这也要看餐饮行业本身的试点情形。

还有一个文件是《关于免征蔬菜流通环节增值税有关问题的通知》（财税〔2011〕137 号），该文件规定：

经国务院批准，自 2012 年 1 月 1 日起，免征蔬菜流通环节增值税。现将有关事项通知如下：

一、对从事蔬菜批发、零售的纳税人销售的蔬菜免征增值税。

蔬菜是指可作副食的草本、木本植物，包括各种蔬菜、菌类植物和少数可作副食的木本植物。蔬菜的主要品种参照《蔬菜主要品种目录》（见附件）执行。

经挑选、清洗、切分、晾晒、包装、脱水、冷藏、冷冻等工序加工的蔬菜，属于本通知所述蔬菜的范围。

各种蔬菜罐头不属于本通知所述蔬菜的范围。蔬菜罐头是指蔬菜经处理、装罐、密封、杀菌或无菌包装而制成的食品。

二、纳税人既销售蔬菜又销售其他增值税应税货物的，应分别核算蔬菜和其他增值税应税货物的销售额；未分别核算的，不得享受蔬菜增值税免税政策。

所以，让餐饮业如何抵扣，对于过往政策的抵扣规则，其本身就存在不同的差异理解，这么多免税的供应商，让我们的餐饮企业如何抵扣呢？

（四）从境外单位或者个人购进服务、无形资产或者不动产，自税务机关或者扣缴义务人取得的解缴税款的完税凭证上注明的增值税额。

第三只眼解读

从境外单位或者个人购进服务、无形资产或者不动产时，如果涉及代扣代缴税款时（通常存在企业所得税、增值税及其附加税费），所得税需要根据协定或安排确定。依照财税〔2016〕36号文件，购买方为代扣代缴义务人，此时去税务机关办理了“完税凭证”，就可以抵扣销项税额。不过这儿还有一个自“扣缴义务人”取得的完税凭证，这主要是增值税暂行条例中规定的境外单位或个人的境内“代理人”可以进行代扣代缴的情形，代理人在其主管税务机关代扣代缴的税又不用于自己抵扣，而是直接承担支出费用的一般纳税人来抵扣，那代理人就将这个完税凭证给真正的购买方来抵扣。

但是对于代扣代缴的义务人而言，并不是简单地提供一个服务，也不是为了得到一点儿代扣代缴的手续费，而是有一个大的风险，就是不代扣代缴之时，责任是自己的，还有罚款的可能，这是法定扣缴，《税收征管法》规定了0.5倍到3倍的罚款额度。那从经济性的角度看，代扣代缴义务人“包税”的情形是比较多的，但计算起来就容易晕了，因为代扣代缴营业税时，这个营业税是不得在计算代扣代缴所得税下扣除的，现在营改增了，一个大的变化是增值税是价外税，价外税自然是可以不并为计算代扣代缴所得税的收入的，这是一个大的变化。至于我们如何计算境内包税的金额，计算起来还是比较“头晕”的，为此“大力税手”开发了代扣代缴税款的计算器，各种情形“一网打尽”。

具体请查阅 www.dlsstax.com 之工具箱。

这就结束了吗？没呢！补丁又来了，且看我们又多了一个扣税凭证，这只能说是没有办法的应对之策了：财税〔2016〕47 号文件规定，“(一) 2016 年 5 月 1 日至 7 月 31 日，一般纳税人支付的道路、桥、闸通行费，暂凭取得的通行费发票（不含财政票据，下同）上注明的收费金额按照下列公式计算可抵扣的进项税额：

$$\text{高速公路通行费可抵扣进项税额}=\text{高速公路通行费发票上注明的金额}\div(1+3\%)\times3\%$$

$$\text{一级公路、二级公路、桥、闸通行费可抵扣进项税额}=\text{一级公路、二级公路、桥、闸通行费发票上注明的金额}\div(1+5\%)\times5\%$$

通行费，是指有关单位依法或者依规设立并收取的过路、过桥和过闸费用”。

第二十六条 纳税人取得的增值税扣税凭证不符合法律、行政法规或者国家税务总局有关规定的，其进项税额不得从销项税额中抵扣。

增值税扣税凭证，是指增值税专用发票、海关进口增值税专用缴款书、农产品收购发票、农产品销售发票和完税凭证。

纳税人凭完税凭证抵扣进项税额的，应当具备书面合同、付款证明和境外单位的对账单或者发票。资料不全的，其进项税额不得从销项税额中抵扣。

第三只眼解读

这一条对第二十五条进行了进一步明确，不符合规定的当然不能抵扣，但是上一条只是说明了这个凭据可以抵扣，至于是不是可以真正得到抵扣，还是有规则的，比如增值税专用发票自开具日期之日起 180 天之内的认证抵扣期，海关票的“先比对、后抵扣”，而农产品相关的发票和完税凭证，是没有抵扣期限的，也没有认证之说。

扣税凭证	认证期限要求	申报期限
增值税专用发票、货物运输业增值税专用发票、机动车销售统一发票（税控）	开具之日起 180 日内	次月申报期内申报
海关进口增值税专用缴款书	自开具之日起 180 天内向主管税务机关报送《海关完税凭证抵扣清单》（电子数据），申请稽核比对，逾期未申请的其进项税额不予抵扣	开具之日起 180 日后的第一个纳税申报期结束以前
农产品收购发票或者销售发票、税收缴款凭证	没有具体要求	没有具体要求

这儿有一点要说明，完税凭证可不是只一个凭证就可以了，还要书面合同、付款证明（付汇）及境外的对账单或发票，不要只有口头约定，至少也要准备一个合同来对接这个抵扣条件啊，还有的同志可能没有到税务机关去办完税凭证，只是取得了一个银行缴款书，这也不行，还是要跑一次去办理的，形式上的规定也很重要。

但是，历时几十年的“认证＋抵扣”的专用发票“以票管税”的手段正在发生变化，原来是一定要取得纸质的票据，进而通过扫描的方式向税务机关系统提交数据，然后通过税务机关的系统数据交换找到销售方的数据，两者确定一致之后，才是认证通过，随后税务机关的系统反馈回认证通过，因此，纳税人一定要配备扫描仪才行，要不必须到主管税务机关认证操作。但是纸质认证的方式有很多弊端，本来税务机关的系统应能够支持数据的自动推送验证，不需要纳税人再提供一个扫描操作提交数据，纳税人买设备就是成本，还有就是纸质票据的损坏、丢失、无法成功认证，都需要进行补充性的操作对接，办税人员的成本很高。但是，现在这种情形正在发生变化了：

《国家税务总局关于纳税信用A级纳税人取消增值税发票认证有关问题的公告》（国家税务总局公告2016年第7号）：

为认真落实《深化国税、地税征管体制改革方案》有关要求，进一步优化纳税服务，完善税收分类管理，税务总局决定对纳税信用A级增值税一般纳税人（以下简称纳税人）取消增值税发票认证，现将有关问题公告如下：

一、纳税人取得销售方使用增值税发票系统升级版开具的增值税发票（包括增值税专用发票、货物运输业增值税专用发票、机动车销售统一发票，下同），可以不再进行扫描认证，通过增值税发票税控开票软件登录本省增值税发票查询平台，查询、选择用于申报抵扣或者出口退税的增值税发票信息。

增值税发票查询平台的登录地址由各省国税局确定并公布。

二、纳税人取得增值税发票，通过增值税发票查询平台未查询到对应发票信息的，仍可进行扫描认证。

三、纳税人填报增值税纳税申报表的方法保持不变，即当期申报抵扣的增值税发票数据，仍填报在《增值税纳税申报表附列资料（二）》第2栏“其中：本期认证相符且本期申报抵扣”的对应栏次中。

四、取消增值税发票认证，简化办税流程，将明显减轻纳税人和基层税务机关负担，是深入开展“便民办税春风行动”的一项重要举措。各地国税机关要认真落实工作部署，精心组织做好宣传、培训等各项工作，及时、准确维护纳税人档案信息，确保此项工作顺利实施。

五、本公告自 2016 年 3 月 1 日起施行。

那这一次营改增的单位，有的在国税这边还不是什么 A 级的标识或重新登记的，如何办理上述的工作呢？依照国家税务总局相关人员在国新办的营改增吹风会上的回复：

A 级纳税人、B 级纳税人从 5 月 1 日开始取消增值税专用发票的认证，对本次纳入试点的这批纳税人在三个月内取消专用发票的认证。

但是 5 月 1 日这一天，是不是强制要求购买扫描仪呢？目前来看，似乎还是有这个必要的，万一有系统数据没有的呢，但是如果量不多，拿到税务机关的办事厅办理认证也是可以的。这就要看支出的成本与办事成本大不大，毕竟这是一个临时性的支出，需要做出评估。

第二十七条　下列项目的进项税额不得从销项税额中抵扣：

第三只眼解读

“不得”当然是不允许的意思：

一是这种情形之下根本没有取得增值税专用发票等抵扣凭证，自然都没有办法抵扣；

二是取得了这样的抵扣票据，就当没有取得一样处理，票据仍作为像之前入账的凭据一样，全额作账凭据处理，这也没有问题。比如有的单位采购用于福利费的事项，虽然取得了增值税专用发票，但是却并不去认证抵扣，直接价税合计入福利费科目了，这也没事，省得折腾；

三是取得了相应的采购的增值税可抵扣凭证，采购了一批货物，有一天餐厅福利费中拿去用了一些，此时原来抵扣的是全额，现在要拿过来重算账，计算一下原来抵的部分中，有多少是这次发生了不得抵扣的情形，所以现在算旧账，在当期转出来，冲减当期的抵扣事项，这叫进项税额转出，也是一种处理情形，故此这三种情形都属于不得从销项税额中抵扣的处理过程。

注意，对于开具专用发票方面，不得抵扣并不是说不得开具增值税专用发票的意思，一是不得抵扣购买方就直接可以不要增值税专用发票，只要能要到增值税普通发票或其他票据就行了，二是取得了增值税专用发票等扣税凭证，但规定不得抵扣，所以就直接全额入成本费用就行了，这是二者之间的关系。

那有的所得税的同志可能认为，本来让单位抵扣的增值税，结果企业未进行抵扣操作，人家选择计入成本费用了，认为这是自己放弃的权利，自己承担税后列支的损失，不得税前扣除，其实这是错误的理解，企业所得税上只是明确了可以抵扣的票据才是不在企业所得税税前扣除的，而对于各种原因造成的不得抵扣事项，主观与客观原因都有，本来就是符合这个规定的，所以不要为此“伤了脑袋”去想。

（一）用于简易计税方法计税项目、免征增值税项目、集体福利或者个人消费的购进货物、加工修理修配劳务、服务、无形资产和不动产。其中涉及的固定资产、无形资产、不动产，仅指专用于上述项目的固定资产、无形资产（不包括其他权益性无形资产）、不动产。

纳税人的交际应酬消费属于个人消费。

第三只眼解读

原则上来讲，可以抵扣的进项税额，应是用于应税行为的，但是如果取得的进项税额的事项目的是用于简易方法计税（简易了就不能再抵扣了，取得票据也只能入成本费用），用于免征增值税项目也是一样性质的处理，用于集体福利为何不可以呢？这些人舒服了，不是带来更好的工作效果吗？这是因为福利是消费在人身上了，认为终结了，所以也不让抵扣进项税额，此时一般是认为如果用于职工福利费项目的，抵扣都是不受支持的。

那个人消费是个什么事项呢？比如用于企业招待客户用餐，这是交际应酬，相当于也是消费终止了，所以也不让抵扣，此时我们可以参照一下《增值税暂行条例》的释义解释：对用于集体福利或者个人消费的购进货物或者应税劳务，由于其不再用于生产流通，属于生产流通的终端，与一般的终端消费者没有区别，应该作为增值税的最终承担者，不存在抵扣问题，所以当纳税人将购进货物或者应税劳务用于集体福利或者个人消费时，就是普通的终端消费者，应当承担相应的增值税，不得予以抵扣。

还有一点需要解读的是，这儿的使用并不是直接形成服务成本的，比如单位购买的纸和笔，是财务做账用的，那这可不是直接用于销售的，如果取得增值税专用发票，能不能用于应税项目的抵扣呢？这个是没有问题的，属于抵扣的条件，只是这儿是“间接”地用于，而非直接地用于，大家要看终极目的是不是用于应税收入，进而判断是否可以抵扣。比如财务做账用的物品，可能做的账既有免税收入，又有应税收入，此时就要区分不得抵扣的部分转出了。

有了上述的基本的规则，是不是就结束了呢？且慢，如果是固定资产、无形资产、不动产时，好多部门都在用，如果有餐厅，也有销售办公室，此时如何抵？那我们的文件规定了一个原则，只有专门用于上述项目的固定资产、无形资产（不包括其他权益性无形资产）、不动产，才不得抵扣，上面所说的混用的情形，允许抵扣，不用一定非拆出来多少比例说不能抵扣，不必做进项转出之类的处理。这儿无形资产不包括其他权益性无形资产，即不包括基础设施资产经营权、公共事业特许权、配额、经营权（包括特许经营权、连锁经营权、其他经营权）、经销权、分销权、代理权、会员权、席位权、网络游戏虚拟道具、域名、名称权、肖像权、冠名权、转会费等。

无形资产（不包括其他权益性无形资产），后面这个括号是何意思呢？国家税务总局的解读是这样的：其他权益性无形资产涵盖面非常广，往往涉及纳税人生产经营的各个方面，没有具体使用对象，因此，将其从专用于简易计税方法计税项目、免征增值税项目、集体福利或者个人消费的购进的无形资产不得抵扣进项税额范围中剔除，即：纳税人购进其他权益性无形资产无论是专用于简易计税方法计税项目、免征增值税项目、集体福利或者个人消费，还是兼用于上述不允许抵扣项目，均可以抵扣进项税额。这些事项无法区分是不是专用，因为是与公司整体相关的，此时不考虑是不是专用，只要单位是增值税一般纳税人，都是可以抵扣的。

什么是固定资产，什么是无形资产，什么是不动产，我们可以参照后面的文件内容进行确定理解，这儿也有技术上的处理规则。比如有的企业就是将扫描仪作为固定资产处理，那就可以考虑共用时的抵扣，如果是作为费用处理，那就要考虑转出处理，所以前提的界定标准是由企业根据条件确定的，这个条件在所有的企业操作中并不是一致的，是存在基于企业的主观判断处理而产生的上述的一些情形发生的。虽然我们的财税〔2016〕36 号文件也规定了固定资产的标准，不过实践当中，企业更多是参照会计上的标准进行处理了，也没有遇到说，企业购入的电话机 100 元，超过一年使用期，我们的货劳同志一定要求企业进行关于抵扣方面的增值税的纳税调整处理。

注意一下，上面的不得抵扣事项，是不包括不征税收入的部分的，如单位在银行的存款利息收入，那是不征税收入，并不需要考虑不得抵扣的因素进行处理。这一点在总局的解释中也提到了。

（二）非正常损失的购进货物，以及相关的加工修理修配劳务和交通运输服务。

第三只眼解读

一是我们必须明确什么是非正常损失，参照后面的解释，即因管理不善造成货物被盗、丢失、霉烂变质，以及因违反法律法规造成货物或者不动产被依法没收、销毁、拆除的情形。这儿说的都是列举的情形，没有“等”字，不要做延伸性理解。下同。

这种货物通常不是消耗性的，如果是一次性购入的费用化的办公用品，那抵扣就结束了，但是对于存货、在建工程当中的货物，以及同时发生的加工修理修配和运费的进项税额，在发生非正常损失时，需要一并进行转出处理，如果没有抵扣，那就不需要转出，千万别转多了，转多了，不一定能转回来，我们的申报表可没有提增值税进项税额转出时，负数能不能填写的处理，即再补回来抵扣的调整。

（三）非正常损失的在产品、产成品所耗用的购进货物（不包括固定资产）、加工修理修配劳务和交通运输服务。

第三只眼解读

在产品、产成品所耗用的购进货物及相关进项，在发生非正常损失时，也是不得抵扣的，请借鉴第（二）款中的解读内容。通常情形之下，在产品、产成品中对于生产企业这种情形是比较多见的，对于服务业是比较少的，对于建安企业可能会有预制件之类的货物，此时如果原来抵扣了，只需要将其中货物相关的进项转出，其中的人力等成本，是没有进项抵扣过的，自然不需要考虑转出，不要照着成本价就来转出处理了，这样有可能多转出。

这儿有一个括号“（不包括固定资产）”，是何意思呢？因为固定资产是通过折旧等形式转化到成本当中的，这儿只是提到了耗用的货物，即不包括固定资产，固定资产仍是发挥着作用的，所以规定不包括，也是非常合理的。

同时我们看一下《增值税暂行条例》的规定：

第十条　下列项目的进项税额不得从销项税额中抵扣：

（二）非正常损失的购进货物及相关的应税劳务；
（三）非正常损失的在产品、产成品所耗用的购进货物或者应税劳务。

两个文件的“非正常损失”的定义是有差异的：

1. 财税〔2016〕36 号：是指因管理不善造成货物被盗、丢失、霉烂变质，以及因违反法律法规造成货物或者不动产被依法没收、销毁、拆除的情形。

2.《增值税暂行条例》：管理不善造成被盗、丢失、霉烂变质的损失。

在条例的释义中，是这样解释的：这些非正常损失的货物或者所耗用的货物或者应税劳务，是由于纳税人自身原因导致征税对象实体的灭失。为保证税负公平，其损失不应由国家承担，因而也就无权要求抵扣进项税额。这里的在产品，是指仍处在生产过程中的产品，与产成品对应，包括正在各道生产工序加工的产品和已加工完毕但尚未检验或者已检验但尚未办理入库手续的产品；产成品，是指已经完成全部生产过程并验收入库，可以按照合同规定的条件送交订货单位，或者可以作为商品对外销售的产品。

原来没有规定不包括固定资产，现在规定了，说明想得更清楚了。但如果涉及固定资产转出的，则考虑第三十条的规定来判断适用规则。

（四）非正常损失的不动产，以及该不动产所耗用的购进货物、设计服务和建筑服务。

第三只眼解读

由于不动产本次纳入了营改增范围，所以财税〔2016〕36 号文件就将新的采购抵扣情形也考虑进来了。

（五）非正常损失的不动产在建工程所耗用的购进货物、设计服务和建筑服务。

纳税人新建、改建、扩建、修缮、装饰不动产，均属于不动产在建工程。

第三只眼解读

与第（四）款的处理规则一致。

（六）购进的旅客运输服务、贷款服务、餐饮服务、居民日常服务和娱乐服务。

第三只眼解读

（1）基本理解。

这个纳税人可能会有一点意见，这些机构缴纳增值税，为何不让我们抵扣啊，我们也是花钱为国家支付了税款的，那只能说，这儿的服务有个人的、有单位的，分不清，同时管理上也极为复杂。你说到餐馆吃饭，跟人家要增值税专用发票，这不得折腾晕人家，不过多数小餐馆可能年收入也不到500万元的水平，再让其去税务机关代开增值税专用发票，那得多费力气，当然主要的原因还是考虑纳税人抵扣了个人的事项，影响了税收的问题。

（2）旅客运输服务。

旅客运输费用，主要是个人乘坐交通工具的支出，如坐飞机、火车、汽车等，但货运是可以抵扣进项税额的。

运输过程中发生的保险费，理解上出差过程中的“保险费用”不是运输的费用，是可以抵扣的，但当下谁为10～20元钱再去开具专用发票呢？而且一些单位办理了商业险，尽管企业所得税税前不让抵扣，也比每次买省钱。

（3）贷款服务。

贷款服务，即货款利息是不能抵扣的，无论是银行等金融机构的贷款利息，还是非金融机构发生借款（不应叫它们贷款，没有这个资格）的利息支出，都是不能抵扣的，此时也就没有必要取得增值税专用发票了，折腾自己。贷款服务的范围非常大，并不限于所说的贷款，还包括：

各种占用、拆借资金取得的收入，包括金融商品持有期间（含到期）利息（保本收益、报酬、资金占用费、补偿金等）收入、信用卡透支利息收入、买入返售金融商品利息收入、融资融券收取的利息收入，以及融资性售后回租、押汇、罚息、票据贴现、转贷等业务取得的利息及利息性质的收入，按照贷款服务缴纳增值税。

融资性售后回租，是指承租方以融资为目的，将资产出售给从事融资性售后回租业务的企业后，从事融资性售后回租业务的企业将该资产出租给承租方的业务活动。

以货币资金投资收取的固定利润或者保底利润，按照贷款服务缴纳增值税。

为了限制企业将贷款利息包装为服务费，文件在后续的解释中进一步明确：纳税人接受贷款服务向贷款方支付的与该笔贷款直接相关的投融资顾问费、手续费、咨询费等费用，其进项税额不得从销项税额中抵扣。

所以对于银行在企业发生贷款之时同时“分解”取得的服务费、咨询服务，企业就算取得增值税专用发票也不能抵扣，此时银行是可以开具的，只是明确不得抵扣，这个事情的把握要分清，当然基于不能抵扣，银行也要看合同关联度，不要给对方开具增值税专用发票了。

为何贷款服务（利息）不让抵扣呢，国家税务总局培训资料中是这样解释的：

主要是考虑如果允许抵扣借款利息，从根本上打通融资行为的增值税抵扣链条，按照增值税“道道征道道扣”的原则，首先就应当对存款利息征税。但在现有条件下，难度很大，一方面涉及对居民存款征税，无法解决专用发票的开具问题，也与当下实际存款利率为负的现状不符。

这个解释有人士认为是不通的，尽管存款利息是不征税的，但是贷款却是征税的，后面的第二个链条补充齐了，缴全税了，毕竟第一个环节“创造”价值的人，都是没有进项的，因此在逻辑上存在这样的理解差异，所以利息支出的抵扣限制，其实并没有达到增值税链条的完整，也是不利于我们要求银行向生产企业提供贷款的潜在需求。个人理解，允许抵扣才能进一步“激活”金融的转化价值。

（4）餐饮服务。

餐饮服务，是指通过同时提供饮食和饮食场所的方式为消费者提供饮食消费服务的业务活动。所以吃饭的支出就不要算进来了，不利的是纳税人因业务发生的餐饮支出不得抵扣，无论是招待性质的、出差过程中发生的，还是部门团队建设过程中发生的，一概不予认可。

但是有的企业在开会的时候，发生的费用包括住宿费、会议费和餐饮费用，如果一块儿结算，看来还提出挑战了，因为住宿费并没有说不得抵扣，会议费当然也是允许的，就是餐饮费用要剔除出来，那么一种情形是单独开具发票，另一种是根据明细单进行进项税额转出处理。

当下我们对于餐饮的政策是，在现场吃的交营业税，打包的交增值税 ，这谁说得清楚？根本难以操作，营改增了，也别折腾这个区分的事了，都是增值税了。不过再啰嗦几句，如酒店的打包外卖，本身并不符合上面“餐饮服务”的定义，因为没有在现场消费，所以打包的就套不上原来对于此内容的“简易计税方法”的判断条件。对于一般纳税人，税负可能就“大大”增加了，需要谨慎地评估一下，比如实在不行，多成立几个送餐公司吧。还有酒店销售月饼、粽子之类，那都可能按17%确定税率了，这也是他们面临的一个考验，如何是好呢？还是看看原来的政策规定吧，2016 年 5 月 1 日是不再适用了：

《国家税务总局关于旅店业和饮食业纳税人销售非现场消费食品增值税有关问题的公告》（国家税务总局公告 2013 年第 17 号）规定：

旅店业和饮食业纳税人销售非现场消费的食品，属于不经常发生增值税应税行为，根据《中华人民共和国增值税暂行条例实施细则》（财政部 国家税务总局令第50 号）第二十九条的规定，可以选择按小规模纳税人缴纳增值税。

不过从企业所得税的扣除来看，原来企业开一个会议费全包了，列账处理没有什么争议，现在将餐费拿出来了，是不是要分析一下招待了没有，要不要放业务招待费之类，就是背后的事项显示出来了，那就是一个延伸的事出来了。

（5）居民日常服务。

这是啥东西？包括什么？只能看后面的范围说明了。居民日常服务，是指主要为满足居民个人及其家庭日常生活需求提供的服务，包括市容市政管理、家政、婚庆、养老、殡葬、照料和护理、救助救济、美容美发、按摩、桑拿、氧吧、足疗、沐浴、洗染、摄影扩印等服务。

听闻有的同志介绍营改增的时候，解释说住宿是居民日常服务，不得抵扣，这就有点“敢说”了，人家国家税务总局培训时都说：

住宿服务和旅游服务未列入不得抵扣项目，主要考虑是这两个行业属于公私消费参半的行业，因而用个人消费来进行规范。

个人消费就是要说明是不是个人消费的，如果不是那是可以抵扣的，因此千万别光听是某某税务机关培训时介绍的，只要没有依据，都是“个人意见”。

（6）娱乐服务。

娱乐服务，是指为娱乐活动同时提供场所和服务的业务。具体包括：歌厅、舞厅、夜总会、酒吧、台球、高尔夫球、保龄球、游艺（包括射击、狩猎、跑马、游戏机、蹦极、卡丁车、热气球、动力伞、射箭、飞镖）。

所以这些时候，就不要非坚持一定跟人家要增值税专用发票了，要个能报销的票据就行了。

（七）财政部和国家税务总局规定的其他情形。

第三只眼解读

当下没有，再看吧。

本条第（四）项、第（五）项所称货物，是指构成不动产实体的材料和设备，包括建筑装饰材料和给排水、采暖、卫生、通风、照明、通讯、煤气、消防、中央空调、电梯、电气、智能化楼宇设备及配套设施。

第三只眼解读

对于不动产和不动产在建工程中不得抵扣的事项下的货物进行了解释，好像有点儿房产税的味道。通俗地进，沾的边一体化的就不行，就算这些货物是后续增加修理进来的。可能有的同志说了，这些一般建设方采购的情形，如果是建安企业提供的货物呢，那相当于是包括在建安的服务当中的，并不是说这儿有一个大漏洞，让建安企业买材料等就没有问题了。

第二十八条 不动产、无形资产的具体范围，按照本办法所附的《销售服务、无形资产或者不动产注释》执行。

第三只眼解读

依照注释，我们对此说明如下：

不动产，是指不能移动或者移动后会引起性质、形状改变的财产，包括建筑物、构筑物等。建筑物，包括住宅、商业营业用房、办公楼等可供居住、工作或者进行其他活动的建造物。构筑物，包括道路、桥梁、隧道、水坝等建造物。转让建筑物有限产权或者永久使用权的，转让在建的建筑物或者构筑物所有权的，以及在转让建筑物或者构筑物时一并转让其所占土地的使用权的，按照销售不动产缴纳增值税。

无形资产，是指不具实物形态，但能带来经济利益的资产，包括技术、商标、著作权、商誉、自然资源使用权和其他权益性无形资产。

技术，包括专利技术和非专利技术。

自然资源使用权，包括土地使用权、海域使用权、探矿权、采矿权、取水权和其他自然资源使用权。

其他权益性无形资产，包括基础设施资产经营权、公共事业特许权、配额、经营权（包括特许经营权、连锁经营权、其他经营权）、经销权、分销权、代理权、会员权、席位权、网络游戏虚拟道具、域名、名称权、肖像权、冠名权、转会费等。

固定资产，是指使用期限超过12个月的机器、机械、运输工具以及其他与生产经营有关的设备、工具、器具等有形动产。

第三只眼解读

关于这个定义大家可以发现，相较于企业所得税和企业会计准则，这儿的范围限于有形动产，因为不动产在上面已说过了，所以增值税上的固定资产定义是缩小的，这也跟增值税条例进行了对接。从这个规定可以看出，这个范围非常宽泛，企业的自主决定权还是比较灵活的，比如一个电话也可以称之为一个固定资产，或者有的企业是大于5 000元的单价才作为固定资产，这些都是对本规定的一个应用，其实并不是理论上的固定资产的概念。如果说企业操作得对不对，只能说这个规定本身就难以执行到完美。或许现在还真留恋原来企业会计制度下“2 000元”的标准，搞的弹性这么大，本身就是增加了税务机关与企业的争议呢。

非正常损失，是指因管理不善造成货物被盗、丢失、霉烂变质，以及因违反法律法规造成货物或者不动产被依法没收、销毁、拆除的情形。

第三只眼解读

上面已经解释过了，这儿大家重点了解一下“管理不善”，即如果不是管理上出现问题的，那是不需要考虑列为非正常损失的，比如邮寄物品丢失了，那就不是管理不善的问题，这是一个引发点，大家一定要关注前提。

第二十九条 适用一般计税方法的纳税人，兼营简易计税方法计税项目、免征增值税项目而无法划分不得抵扣的进项税额，按照下列公式计算不得抵扣的进项税额：

$$\text{不得抵扣的进项税额}=\text{当期无法划分的全部进项税额}\times\left(\text{当期简易计税方法计税项目销售额}+\text{免征增值税项目销售额}\right)\div\text{当期全部销售额}$$

主管税务机关可以按照上述公式依据年度数据对不得抵扣的进项税额进行清算。

第三只眼解读

同上，这儿的"当期"仍不仅仅是月的概念，如果是当季的，那季度也是当期的意思。

现在的企业，不可能全部都是做应税项目，或简易计税方法，或免税项目，如果应税项目发生的同时，有简易计税项目或免税项目，而进项税额取得了，有一些能够明确地分清是用于哪个项目的，用于应税的就可以抵扣，用于免税或简易的就不得抵扣。但有时是分不清的，比如取得的水电费，公司共同使用，也没有分别计量的电表，此时这就叫"无法划分"，无法划分之时，那好吧，就按销售额来分吧，就以当期的进行吧。

公式已说明得很清楚，就是比例法而已，这里面的销售额都是不含税销售额（应税和简易），免征增值税销售额，那就是全额的金额，那这个有无依据呢：

《国家税务总局关于分摊不得抵扣进项税额时免税项目销售额如何确定问题的批复》（国税函〔1997〕529 号）是这样说明的（当时还有营业税之时的情形）：

你局《关于分摊不得抵扣进项税额时免税项目销售额如何确定问题的请示》（湘国税函〔1997〕201 号）收悉。纳税人在计算不得抵扣进项税额时，对其取得的销售免税货物的销售收入和经营非应税项目的营业收入额，不得进行不含税收入的换算。特此批复。

（1）什么是无法划分。

比如银行做符合免税条件的同业往来的业务，此收入属免税收入，这个部门买了一台电脑做分析用，这明确属于不得抵扣的，但是如果这个电脑贷款业务操作也用，是混用的固定资产时，就可以抵扣。这儿是明确可以划分清楚的。

那还有一种情况，比如这个部门只用了一层楼工作，本月银行电费结算取得专用发票，那能否以其占用的面积来分摊或安个独立电表来分摊进项转出呢？这当然可以，这也是分得清的一种方法，而依收入额分，根本就是一个没有标准的方法，具有不真实性。比如原来增值税条例实施细则释义中用了一个例子：

举例来说，假如建筑物出租属于增值税应税行为，但有的楼层占总出租楼层是用于应税项目，有的楼层是用于免税项目的出租，对于计税销售额，可以采用按出租收入的方式，也可以按照出租楼层占总出租楼层的比例来确定，两种方法都可以达到划分进项税额的目的，具体的运用则略有不同。

所以只有没有办法的时候可以选择收入，如果有办法还是要考虑一下是否有利，不然收入法很容易带来操作上的空间。

［举例］

如某一般纳税人当年两个月有发生额（按月计税），简单点，无法划分抵扣归属，一个月的进项税额是 1 000 万元，当期应税收入 2 亿元，免税收入 5 000 万元；一个月的进项税额是 200 万元，当期应税收入 1 900 万元，免税收入 100 万元。试计算同样的进项时比较各自与汇总的转出情形。

分别计算需要转出的进项税额：1 000×(5 000/25 000)＝200（万元），200×(100/2 000)＝10（万元）。合计算：1 200×(5 100/27 000)＝226（万元）。

企业如果不按年度清算，有可能将一个月免税收入大的时候取得的进项税额，放在次月免税收入小的时候进行认证抵扣，可能次月免税收入少从而计算的转出比例小，所以确实可能有调整的手段。正因为将这种小的比例拉平之后，多的部分就出来了。所以说对于进项税额认证时间的操作，可能对于某个期间的进项税额不得抵扣计算的结果就不同，利益也不同。

(2) 年度清算。

这有点像企业所得税的汇算清缴，怕按月或季不公平或不准，税务机关规定了按年清算的方式，当然年也只是拉长了时间，增值税的年也不是一个完整的概念。但这儿只是说了“可以”，并没有说必须，所以对于双方来讲，都是有空间的。

对于原增值税一般纳税人，《国家税务总局关于印发〈增值税问题解答(之一)〉的通知》(国税函发〔1995〕288 号）规定：

十二、问：根据增值税实施细则第二十三条规定，纳税人兼营免税项目或非应税项目而无法准确划分不得抵扣的进项税额的，按当月免税项目销售额、非应税项目营业额占当月全部销售额、营业额的比例，乘以当月全部进项税额的公式，计算不得抵扣的进项税额。该办法在实际执行中，由于纳税人月度之间的购销不均衡，按上述公式计算出现不得抵扣的进项税额不实的现象，对此，应如何处理？

答：对由于纳税人月度之间购销不均衡，按上述公式计算出现不得抵扣的进项税额不实的现象，税务征收机关可采取按年度清算的办法，即：年末按当年的有关数据计算当年不得抵扣的进项税额，对月度计算的数据进行调整。

注意，这个清算，并不是追缴税款，如果隔了好几年税务机关来检查，认为这是清算，不宜有滞纳金，文件都没有规定，那企业能否自己进行调整呢？显然也是可以的，只是文件可没有要求作为义务对接，所以这个政策是一个可管可不管的地带，稽查的同志可能比较关注这个。比如财政部某专员办有这样的内容描述：

近期，四川专员办在审核企业增值税先征后退过程中，发现既生产退税产品又生产非退税产品的企业若存在月度之间购销不均衡，则会引起进项税不能在不同产品中准确分摊，从而导致应退税额不准确的问题。

我办认为，对于月度之间购销不均衡的企业进项税额分摊问题，应按照《国家税务总局关于印发〈增值税问题解答（之一）〉的通知》（国税函发〔1995〕288 号）第十二条“对于纳税人月度之间购销不均衡，按上述公式计算出现不得抵扣得进项税额不实的现象，税务征收机关可采取按年度清算的办法，即：年末按当年的有关数据计算当年不得抵扣的进项税额，对月度计算的数据进行调整”规定处理。同时要做好以下工作：

1. 企业如实申报

对由于月度购销不均衡造成的进项税额分摊不合理的情况，纳税人应主动在年末进行纳税调整，如实申报缴纳税款和申请退税。

2. 税务机关按年调整

税务机关应对增值税纳税人的生产经营情况、申报纳税情况进行全面了解，对纳税人的自主纳税申报情况进行征后监督、审核。对月度之间购销不均衡造成的进项税额分摊不合理的企业，应按规定进行年度清算。

3. 专员办加强监督

（1）加强税收政策的宣传力度

专员办要充分利用互联网、官方微薄（博）、政务平台等信息化手段，向社会开展税收政策宣传，使企业能尽快地了解到相关税收政策信息。

（2）严格退税审批工作

在增值税退税审核工作中，专员办要加强与税务机关和企业的沟通，认真审核企业是否按规定申报缴纳增值税、退税产品和非退税产品是否分开核算、进项税额分摊是否合理。针对月度之间购销不均衡的企业，应督促税务机关和企业进行年度清算，并按年度清算后的数据进行退税审核。

第三十条　已抵扣进项税额的购进货物（不含固定资产）、劳务、服务，发生本办法第二十七条规定情形（简易计税方法计税项目、免征增值税项目除外）的，应当将该进项税额从当期进项税额中扣减；无法确定该进项税额的，按照当期实际成本计算应扣减的进项税额。

第三只眼解读

上面第二十八条说的是不得抵扣的事项，那此时取得专用发票等扣税凭证不抵扣就是了，但是如果不知道，先抵扣了，后续再发生不得抵扣的事项，就要进行抵扣税额扣减，即所谓的进项税额转出处理了。

此时发生第二十七条规定的，那就要转出处理，但这儿重点说的是货物、劳务和服务，固定资产不在这儿处理，在后面的条款中明确如何转出。那为何“简易计税方法计税项目、免征增值税项目除外”呢？这个一般人整不明白是何意思。我们知道，如果有这两个事项发生，人家在第二十九条中已经明确是不得抵扣的处理了，当时发生时就处理了进项不得抵扣这个事，所以在这儿就没有这两个什么事了。即使当时进项税额是0，没有发生，也找不上人家算后账。

转出时有两种方法，可以确定的，就计算，如果无法确定的，比如存货好多批，加权平均乱了，也不知哪批货了，此时就按实际成本来吧，所以每一句话都是有用处的。

第三十一条　已抵扣进项税额的固定资产、无形资产或者不动产，发生本办法第二十七条规定情形的，按照下列公式计算不得抵扣的进项税额：

不得抵扣的进项税额＝固定资产、无形资产或者不动产净值×适用税率固定资产、无形资产或者不动产净值，是指纳税人根据财务会计制度计提折旧或摊销后的余额。

第三只眼解读

这儿才是说到固定资产、无形资产和不动产转出的事，如果发生第二十七条的情形，则依其净值和适用税率来做转出处理，净值是如何算出来的，就认财务会计制度的了，才不管什么企业所得税前的年限啊，加速折旧啊之类的影响，就按会计上的来，比如有的企业人家选择的是加速折旧、摊销，则虽然企业所得税有调整处理，增值税却就认财务会计制度的净值，就这么处理吧。

第三十二条　纳税人适用一般计税方法计税的，因销售折让、中止或者退回而退还给购买方的增值税额，应当从当期的销项税额中扣减；因销售折让、中止或者退回而收回的增值税额，应当从当期的进项税额中扣减。

第三只眼解读

这个我们在理解的时候，只能说是一个原则性的规定，还是有限制性操作规则的。

一是作为销售方，退给客户增值税额，相当于收入减少了，则销项税额可以冲回，但并不是追溯原来期间重新申报，而是在当期的销项税额中扣减，如同所得税一样，如果当期不够冲的，但是因为计算出来的结果是留抵，下期就应允许继续冲吧（这句话当然没有写出来）。

二是作为购买方，如果开始取得了销售方的进项，但是退货等行为发生了，则人家还回的增值税额，是要冲减当期的进项的。

在理解上面两个规定的时候，作为销售方，如果没有开具发票则可以直接冲减，通常与会计上的冲账一致，如果开具了增值税普通发票，则要开具红字发票，这个企业自己操作，如果开具过增值税专用发票，则必须履行可以开具红字的程序之后，才能开具红字的专用发票，在此之前，就算实际业务发生账上冲减了，也不能冲减销项，必须与红字开具时间一致时冲减销项。

对于采购方，则是在给销售方办理红字时，要看原来抵扣的情形，同步考虑转出处理，而不是非要等到红字增值税专用发票来了以后再做转出。现实当中还有返利一说，即对方给的销售返利，也要进行计算增值税转出的处理。这两个稍些复杂些，我们再另做解读说明。

《国家税务总局关于推行增值税发票系统升级版有关问题的公告》(国家税务总局公告2014年第73号)规定(2016年8月1日请参照国家税务总局公告第47号):

四、红字发票开具

(一)一般纳税人开具增值税专用发票或货物运输业增值税专用发票(以下统称专用发票)后,发生销货退回、开票有误、应税服务中止以及发票抵扣联、发票联均无法认证等情形但不符合作废条件,或者因销货部分退回及发生销售折让,需要开具红字专用发票的,暂按以下方法处理:

1. 专用发票已交付购买方的,购买方可在增值税发票系统升级版中填开并上传《开具红字增值税专用发票信息表》或《开具红字货物运输业增值税专用发票信息表》(以下统称《信息表》,详见附件1、附件2)。《信息表》所对应的蓝字专用发票应经税务机关认证(所购货物或服务不属于增值税扣税项目范围的除外)。经认证结果为"认证相符"并且已经抵扣增值税进项税额的,购买方在填开《信息表》时不填写相对应的蓝字专用发票信息,应暂依《信息表》所列增值税税额从当期进项税额中转出;未抵扣增值税进项税额的可列入当期进项税额,待取得销售方开具的红字专用发票后,与《信息表》一并作为记账凭证;经认证结果为"无法认证"、"纳税人识别号认证不符"、"专用发票代码、号码认证不符",以及所购货物或服务不属于增值税扣税项目范围的,购买方不列入进项税额,不作进项税额转出,填开《信息表》时应填写相对应的蓝字专用发票信息。

专用发票尚未交付购买方或者购买方拒收的,销售方应于专用发票认证期限内在增值税发票系统升级版中填开并上传《信息表》。

2. 主管税务机关通过网络接收纳税人上传的《信息表》,系统自动校验通过后,生成带有"红字发票信息表编号"的《信息表》,并将信息同步至纳税人端系统中。

3. 销售方凭税务机关系统校验通过的《信息表》开具红字专用发票,在增值税发票系统升级版中以销项负数开具。红字专用发票应与《信息表》一一对应。

4. 纳税人也可凭《信息表》电子信息或纸质资料到税务机关对《信息表》内容进行系统校验。

5. 已使用增值税税控系统的一般纳税人,在纳入升级版之前暂可继续使用《开具红字增值税专用发票申请单》。

（二）税务机关为小规模纳税人代开专用发票需要开具红字专用发票的，按照一般纳税人开具红字专用发票的方法处理。

（三）纳税人需要开具红字增值税普通发票的，可以在所对应的蓝字发票金额范围内开具多份红字发票。红字机动车销售统一发票需与原蓝字机动车销售统一发票一一对应。

第三十三条 有下列情形之一者，应当按照销售额和增值税税率计算应纳税额，不得抵扣进项税额，也不得使用增值税专用发票：

（一）一般纳税人会计核算不健全，或者不能够提供准确税务资料的。

（二）应当办理一般纳税人资格登记而未办理的。

第三只眼解读

这其实是对于一般纳税人的一种“惩罚”性的处理要求，如果这个单位是一般纳税人，但是会计核算不健全，或者不能提供准确税务资料的，那就不要抵扣了，直接按销项税额缴税吧，但要求不得开具增值税专用发票，抵扣的利益也转移不到下一家，所以这个是比较“惨”的。

比如对于服务业，不含税收入达到500万元时，不办理一般纳税人登记，理论上税务机关有提示的服务，但这不能让这个责任给税务机关担着。应办未办，对不起，全额按销售额和增值税税率计应纳税额，不得开具增值税专用发票，因此结果也比较可怕。

那达到标准的小规模纳税人何时办理呢？《国家税务总局关于调整增值税一般纳税人管理有关事项的公告》（国家税务总局公告2015年第18号）规定：纳税人年应税销售额超过规定标准的，在申报期结束后20个工作日内按照本公告第二条或第三条的规定办理相关手续；未按规定时限办理的，主管税务机关应当在规定期限结束后10个工作日内制作《税务事项通知书》，告知纳税人应当在10个工作日内向主管税务机关办理相关手续。

附文件参照：

《国家税务总局关于界定超标准小规模纳税人偷税数额的批复》（税总函〔2015〕311号）：

黑龙江省国家税务局：

你局《关于界定超标准小规模纳税人偷税数额的请示》（黑国税发〔2014〕85号）收悉。根据《增值税一般纳税人资格认定管理办法》（国家税务总局令第22号）、《国家税务总局关于明确〈增值税一般纳税人资格认定管理办法〉若干条款处理意见的通知》（国税函〔2010〕139号）有关规定，批复如下：

稽查查补销售额和纳税评估调整销售额计入查补税款申报当月的销售额，以界定增值税小规模纳税人年应税销售额。

纳税人年应税销售额超过小规模纳税人标准且未在规定时限内申请一般纳税人资格认定的，主管税务机关应制作《税务事项通知书》予以告知。纳税人在《税务事项通知书》规定时限内仍未向主管税务机关报送一般纳税人认定有关资料的，其《税务事项通知书》规定时限届满之后的销售额依照增值税税率计算应纳税额，不得抵扣进项税额。税务机关送达的《税务事项通知书》规定时限届满之前的销售额，应按小规模纳税人简易计税方法，依3%征收率计算应纳税额。

你局对所属企业实施税务检查，发生的具体涉税事项，应按上述原则处理。其中，涉及滞纳金和罚款的计算等问题，仍按照相关规定执行。

国家税务总局

2015年6月11日

《广东省国家税务局关于增值税小规模纳税人查补税款适用税率有关问题的通知》（粤国税函〔2008〕270号）：

近接部分地方反映，税务机关对实际年应税销售额已超过小规模纳税人标准的纳税人，应如何计算补缴增值税问题，现行规定没有明确。经研究，在国家税务总局未有明确规定之前，省局明确如下意见：

一、除国家税务总局另有规定外，无论税务机关是通过实施税务检查，开展纳税评估，还是纳税人自查补税，发现小规模纳税人隐瞒销售收入或漏报销售收入的，均按该小规模纳税人适用的征收率计算补缴增值税。

二、纳税人实际年应税销售额超过小规模纳税人标准的，应在检查（或自查）结束（检查处理决定书下达后）的次月底前向主管税务机关提出一般纳税人认定申请，逾期不提出申请的，主管税务机关按认定管理有关规定处理。上述年应税销售额包括纳税人一个公历年度内原申报的应税销售额、检查和自查发现应补报的应税销售额之和。

三、本通知自文到之日起执行。之前的税务处理与本通知不一致的，不作调整。

第三节　简易计税方法

第三十四条　简易计税方法的应纳税额，是指按照销售额和增值税征收率计算的增值税额，不得抵扣进项税额。应纳税额计算公式：

应纳税额＝销售额×征收率

第三只眼解读

上面我们有提及，简易计税就是直接依据销售额及征收率来计算的，注意这计算方式上有点像营业税，看收入，没有进项税额抵扣的说法。但如果有人说这仍是营业税，其实是误解了这个简易计税，为什么呢？

首先算法上，这个销售额，是指不含税销售额，这在第三十五条中已明确，这就是一个不同，其次要考虑这个缴纳的增值税，是不是可以让下一方抵扣，纳入增值税的链条，就是增值税的核心价值，如果不让下一方抵扣，那就没有办法，叫它实质上的“营业税”也未尝不可。但是简易计税对于小规模纳税人是可以向税务机关申请代开增值税专用发票的，适用简易计税办法的一般纳税人是可以自开的，这个要注意一下。

第三十五条　简易计税方法的销售额不包括其应纳税额，纳税人采用销售额和应纳税额合并定价方法的，按照下列公式计算销售额：

销售额＝含税销售额÷(1＋征收率)

第三只眼解读

这儿只要注意一下，不是叫一般计税方法中的“税率”，而是叫“征收率”，直接征的意思，经常有人搞混，如果是从事这个行业的技术人，还是要认真地区分好两个事：税率和征收率，不要被别人“笑话”。

第三十六条　纳税人适用简易计税方法计税的，因销售折让、中止或者退回而退还给购买方的销售额，应当从当期销售额中扣减。扣减当期销售额后仍有余额造成多缴的税款，可以从以后的应纳税额中扣减。

第三只眼解读

这个是一般计税方法中的一个原则，但这儿不提进项税额的事了，只有销项的事，但这儿说清楚了，抵不完的以后继续抵着。

第四节　销售额的确定

第三十七条　销售额，是指纳税人发生应税行为取得的全部价款和价外费用，财政部和国家税务总局另有规定的除外。

价外费用，是指价外收取的各种性质的收费，但不包括以下项目：

（一）代为收取并符合本办法第十条规定的政府性基金或者行政事业性收费。

（二）以委托方名义开具发票代委托方收取的款项。

第三只眼解读

这儿有几个关键词，销售额，不仅仅是双方约定的交易额，还有价外费用，这个价外费用，说起来比较大了，是指价外收取的各种性质的收费，但这个收费不一定就是纳税人得到的，可能是转付给第三方的，可能是代收的其他款项，也可能是对方给的违约金等。

价外费用例外事项一是符合第十条的政府性基金或者行政事业性收费，这个为政府办好事，因此不能算进来，但是第二项：以委托方名义开具发票代委托方收取的款项，如我们去银行办理代交费业务，银行的单据可能是发票等票据，此时就不需要作为价外费用。

价外费用的一个基本理解是，必须要有价为基础，没有价就没有外，这个要好好理解，比如合同未实施对方给的违约金，这就不算价外费用的情形，跟增值税不靠边。同时这也说明了，价外费用其实是一个“陷阱”，往往因为做好事代收费之类，一下子产生了增值税义务，这就真要做贡献了。在《增值税暂行条例》下也有一些例外的规定，有多业经营的纳税人可以继续关注一下。

下面还有特例的规定地方：航空运输企业的销售额，不包括代收的机场建设费和代售其他航空运输企业客票而代收转付的价款。

第三十八条　销售额以人民币计算。

纳税人按照人民币以外的货币结算销售额的，应当折合成人民币计算，折合率可以选择销售额发生的当天或者当月1日的人民币汇率中间价。纳税人应当在事先确定采用何种折合率，确定后12个月内不得变更。

第三只眼解读

在中国计税当然要以人民币计价，也要以人民币报税，不然税务机关还要转换外汇汇率，这哪行呢。这个规定就是规定了以外币计价的交易，要确定一个汇率规则，不能哪时有利就随便改，两个选择：发生的当天或者当月 1 日，用的是人民币汇率中间价，纳税人可以查阅到基准汇率后再确认。这个选择一旦定了，12 个月内不得变更。

第三十九条　纳税人兼营销售货物、劳务、服务、无形资产或者不动产，适用不同税率或者征收率的，应当分别核算适用不同税率或者征收率的销售额；未分别核算的，从高适用税率。

第三只眼解读

这儿要了解兼营的意思，比如路边早餐铺，既卖包子又卖油条，这不是兼营，但是它可能还做代收邮件的业务，这就是两个事了，是兼营的方式。应税行为本身分的事项比较多，兼营的情形非常多样，比如房地产企业除了卖房子，还卖一些别的物料处置，这个就是兼营了，适用不同的税率或征收率，理论上要各走各的路，但是如果分不清，未分别核算，那从高适用税率吧，当然一般是能分清的，比如银行业务，卖了一些废旧物品，跟贷款业务分不清，你说让人家全用 17%的税率，这也难啊，当然最好自己分清了。

第四十条　一项销售行为如果既涉及服务又涉及货物，为混合销售。从事货物的生产、批发或者零售的单位和个体工商户的混合销售行为，按照销售货物缴纳增值税；其他单位和个体工商户的混合销售行为，按照销售服务缴纳增值税。

本条所称从事货物的生产、批发或者零售的单位和个体工商户，包括以从事货物的生产、批发或者零售为主，并兼营销售服务的单位和个体工商户在内。

第三只眼解读

这儿提出的混合销售，可不是上一款的兼营，兼营是两个行为的事，混合销售是混在一块的意思，营改增以来的文件可没有提“混合销售”的事，这次财税〔2016〕36 号文件又提出了混合销售的处理规则，这确实是挺难办的事，尽管理论上规定了不错的想法。比如建安工程，我们不可能认为其属于“销售货物＋提供服务”两个交易，如果用财税〔2013〕106 号文件的混业经营（本文件没有这个概念了），这是行不通的，建安就是包括材料的建安增值税，不是上面的概念，不然任何一个事都复杂了，比如会计师事务所出具的报告，里面有几张纸，这要不要算货物，银行办理存款业务，需要填写单据，这要不要算货物，所以就永远分不清了。从这个角度说，混合销售这个事，还是有谱回归的一个事。那下面我们就详细看看财税〔2016〕36号文件中的混合销售。

混合销售：货物＋服务，这是标配，如果是服务＋服务或劳务，那就是兼营的事了，货物＋服务合一块儿，主要有些事确实不好拆开各算一块儿，比如买个空调加安装，这是一对儿，但是非让人家销售方分各多少钱，商业上也不好操作，重提混合销售确实考虑了这种情形。但为纳税人所不能左右的，也是无法有好的界定方式的，到底什么是“以从事货物的生产、批发或者零售为主，并兼营销售服务的单位和个体工商户”，目前是没有标准的，这个标准要不确定，混合销售必然是购销双方的争议与担心，税务检查也不易定性对或错。原来有提看营业执照，看销售额比例，这些都是传来传去的标准，并没有明确规定。因此混合销售对于很多企业来讲，可能就有风险了，比如电信企业的集成服务，是货物＋服务，这倒好，以货物还是服务，估计是不好操作的。

第三只眼建议进一步明确此规则，同时我们的企业也要进一步了解这个规则里面的风险，引起足够的重视。不然混合销售可能又有一些“糊涂账”了。纳税人搞不清，税务机关无标准，还是人“说”了算？

第四十一条 纳税人兼营免税、减税项目的，应当分别核算免税、减税项目的销售额；未分别核算的，不得免税、减税。

第三只眼解读

这个规则也是比较明显，算不清楚哪块能让免税、减税啊，不让人放心啊，所以分别核算是一个必备条件。不然减免税优惠都享受不到，那还做什么生意呢？

第四十二条 纳税人发生应税行为，开具增值税专用发票后，发生开票有误或者销售折让、中止、退回等情形的，应当按照国家税务总局的规定开具红字增值税专用发票；未按照规定开具红字增值税专用发票的，不得按照本办法第三十二条和第三十六条的规定扣减销项税额或者销售额。

第三只眼解读

这个问题很清楚，开具过蓝字增值税专用发票的，如果有上述情形发生的，就要开具红字，并按照程序办理，只有办理后开具红字专用发票，才能冲减销售额（小规模纳税人）或冲减销项税额（一般纳税人）。有的同志可能“偷着乐”，原来开具过蓝字增值税专用发票，现在我开红字普通发票，没有人管，行不行，这个是不行的。但如果原来开具过蓝字普通发票的，那开具红字普通发票是不需要程序、没有限制的，相对灵活处理，真要有事项发生，就大胆地开。

第四十三条　纳税人发生应税行为，将价款和折扣额在同一张发票上分别注明的，以折扣后的价款为销售额；未在同一张发票上分别注明的，以价款为销售额，不得扣减折扣额。

第三只眼解读

这个规定其实让很多人吃"苦头"，首先现在是市场经济，一个东西卖几个价格是经常的事，难道非要列出个标准价来，再打多少折扣处理，直接以交易价净额开具吗？从电商的平台销售来看，我们看到的都是净额多，哪有打折扣的，所以这个规定应不是限制这个事，而是说，有折扣时，不要把折扣开具在另一张发票上，这是不认扣除折扣的，当然也是怕企业开"乱"了给国家税款带来损害，这也是纳税人必须了解的规则。

那还有一些补充，大家可以参照：

《国家税务总局关于折扣额抵减增值税应税销售额问题通知》(国税函〔2010〕56 号)：

各省、自治区、直辖市和计划单列市国家税务局：

近有部分地区反映，纳税人采取折扣方式销售货物，虽在同一发票上注明了销售额和折扣额，却将折扣额填写在发票的备注栏，是否允许抵减销售额的问题。经研究，现将有关问题进一步明确如下：

《国家税务总局关于印发〈增值税若干具体问题的规定〉的通知》(国税发〔1993〕154 号）第二条第（二）项规定："纳税人采取折扣方式销售货物，如果销售额和折扣额在同一张发票上分别注明的，可按折扣后的销售额征收增值税"。纳税人采取折扣方式销售货物，销售额和折扣额在同一张发票上分别注明是指销售额和折扣额在同一张发票上的"金额"栏分别注明的，可按折扣后的销售额征收增值税。未在同一张发票"金额"栏注明折扣额，而仅在发票的"备注"栏注明折扣额的，折扣额不得从销售额中减除。

第四十四条　纳税人发生应税行为价格明显偏低或者偏高且不具有合理商业目的的，或者发生本办法第十四条所列行为而无销售额的，主管税务机关有权按照下列顺序确定销售额：

（一）按照纳税人最近时期销售同类服务、无形资产或者不动产的平均价格确定。

（二）按照其他纳税人最近时期销售同类服务、无形资产或者不动产的平均价格确定。

（三）按照组成计税价格确定。组成计税价格的公式为：

组成计税价格＝成本×(1＋成本利润率)

成本利润率由国家税务总局确定。

不具有合理商业目的，是指以谋取税收利益为主要目的，通过人为安排，减少、免除、推迟缴纳增值税税款，或者增加退还增值税税款。

第三只眼解读

原来都是用“价格明显偏低且无正当理由”的表述，现在改为了“价格明显偏低或者偏高且不具有合理商业目的的”，有点向企业所得税的转让定价的方向发展，当然现在基于此提出纳税调整挑战的事项也屡有发生，纳税人须认真考虑经营中的这些事。

(1) 如果是自产的，那有相应的参照价格，在发生视同销售时，可以直接套用一下，至于什么情形下是价格明显偏低，比如对于非关联方和关联方的价格差距很大时，就需要关注有无上述不具有合理商业目的的限制。

(2) 如果是外购用的促销货物，那通常不宜再让人家加成本利润率了，本来就是挣个“流水”，所以现在对于单位赠送时发生的视同销售，多是以采购价格同步做视同销售价格的，我们的税务机关同志如果自己做生意，估计就知道其中的逻辑理解了，不宜简单化地套用条文。

(3) 对于不合理商业目的，还有当下软件公司享受即征即退，但是其开具的17％的增值税专用发票又可以用于下一方抵扣，多有利用这个政策加大软件公司的退税，恐怕这也引起了关注。

第五章　纳税义务、扣缴义务发生时间和纳税地点

第四十五条　增值税纳税义务、扣缴义务发生时间为：

（一）纳税人发生应税行为并收讫销售款项或者取得索取销售款项凭据的当天；先开具发票的，为开具发票的当天。

收讫销售款项，是指纳税人销售服务、无形资产、不动产过程中或者完成后收到款项。

取得索取销售款项凭据的当天，是指书面合同确定的付款日期；未签订书面合同或者书面合同未确定付款日期的，为服务、无形资产转让完成的当天或者不动产权属变更的当天。

第三只眼解读

这个条款非常重要，当然虽然重要，但是执行起来情形可能非常多样，如何执行，也是对本次营改增的一个挑战。这儿说了三种情形：

1. 先开具发票，不管是普通发票还是专用发票，纳税义务发生，计税，这是字面的意思，其实这主要是担心这儿不缴税，下一方抵扣，主要是考虑专用发票的事，不过既然没有说清，那普通发票也是并进来了。有的同志可能认为，这个规定没有上位法的支持，是不对的，在国家税务总局培训的时候也有提出说这个前提是要有纳税义务发生才有发票的事，那我们就来看看人家《增值税暂行条例》释义的解释吧：

销售货物或者应税劳务时先开具发票的，纳税义务发生时间为开具发票的当天。

增值税实行凭发票抵扣税款制，即纳税人抵扣进项税额以增值税扣税凭证上注明的增值税额为准，购买方在取得增值税扣税凭证后，即便是尚未向销售方支付款项（注：付款不是抵扣的前提条件），但却可以凭增值税专用发票去抵扣税款，这时如果再强调销售方的纳税义务发生时间为收讫销售款项或者取得索取销售款项凭据的当天的话，则会造成税款征收上的脱节，即一边（指销售方）还没开始纳税，一边（指购买方）却已经开始将税务机关未征收到的税款进行抵扣。此外，由于普通发票与增值税专用发票均属于商事凭证，征税原则应当保持一致。所以，为了避免此类税款征收脱节现象的发生，维护国家税收利益，同时保证征税原则的一致性，本条第（一）项规定，如果纳税人销售货物或者应税劳务时先开具发票的，纳税义务发生时间为开具发票的当天。

但可能我们还有一种认识，即开具发票的前提也是纳税义务发生，比如约定 8 月 20 日应收款，那时纳税义务发生，但是对方先给钱了，此时给人家开具发票，或者提供服务了，干活了，这时给人家开具发票，但是这可能吗？比如有的单位货物还未生产出来，就开始预售了，也开具了增值税专用发票，对方也拿着抵扣去了，此时我们说这没有纳税义务，不做申报？恐怕很难，此时对方也不是虚开，因为其交易后续还是真实发生了，所以个人不是很赞同这样的理解，即先开具发票的，还要考虑真正的纳税义务是否发生如何如何。所以小编认为，国家税务总局的培训解读的说法，不是简单地这样理解，不然与上面的内容也是不符合的。

2. 纳税义务发生：即“发生应税行为并收讫销售款项或者取得索取销售款项凭据的当天”，强调行为发生，预收款不是应税行为发生，除非下面第（二）款特别规定，收款或者是取得收款的凭据，有书面合同约定的看收款时间，没有书面合同的或书面合同未约定的，则“为服务、无形资产转让完成的当天或者不动产权属变更的当天”。

这儿的当天，可不是当天就去缴税，要根据纳税期限，如一个月满了，次月申报期计算缴纳，一个季度的，则按季度计税申报期缴纳。

3. 纳税义务与开具发票的关系：这其实挺让我们的税务人员纠结的，一般会审核纳税人当期申报收入与发票的关系，但是纳税是如何确定的义务，主要是纳税义务发生，再就是先行开具发票的处理，但是纳税义务发生了，未开具发票，计税不？当然要计，不过我们很多人认为要等到开具发票，这是不对的。

我们的增值税纳税申报表在填写时，是要求填写当期开具的发票的金额的，如上如果义务发生与开具发票跨期，必须通过方式扎平处理。可能有的税务机关的同志不理解，纳税义务发生了，为何不开具发票，市场经济哪是这么容易的事，开了收不到钱谁干呢，所以还是在征管监控之外理解企业这样的操作，而不要在扎平时，未开具发票出现负数就认为企业有风险，不认可处理。

（二）纳税人提供建筑服务、租赁服务采取预收款方式的，其纳税义务发生时间为收到预收款的当天。

第三只眼解读

这个是营业税的老传统，建筑服务、租赁服务（包括不动产和有形动产）预收款的，那预收时就要视为纳税义务发生了。但是营业税下预售房屋的纳税义务发生时间却是没有了，这是营改增的一个大的变化。

（三）纳税人从事金融商品转让的，为金融商品所有权转移的当天。

第三只眼解读

基本上是这样的，基本上交割或转移的时候，视为纳税义务发生。

（四）纳税人发生本办法第十四条规定情形的，其纳税义务发生时间为服务、无形资产转让完成的当天或者不动产权属变更的当天。

第三只眼解读

这是对于视同销售的纳税义务发生时间的规定。

（五）增值税扣缴义务发生时间为纳税人增值税纳税义务发生的当天。

第三只眼解读

这个并没有规定付款行为之类，而是视纳税人的纳税义务发生时间而定，但现实当中扣缴义务人多是付款时才代扣代缴，这其实是一个征管问题，代扣代缴有时确实费时间，确认起来比较周折。

第四十六条　增值税纳税地点为：

（一）固定业户应当向其机构所在地或者居住地主管税务机关申报纳税。总机构和分支机构不在同一县（市）的，应当分别向各自所在地的主管税务机关申报纳税；经财政部和国家税务总局或者其授权的财政和税务机关批准，可以由总机构汇总向总机构所在地的主管税务机关申报纳税。

第三只眼解读

增值税与营业税一样，但企业所得税与前两者不同，企业所得税基本上是以法人汇总为基本方式，但增值税仍是以独立的税务登记户来确定纳税人，总分公司、不同的分公司基本上都是独立的增值税纳税人，互相没有什么对接关系。但是经过财税部门批准，是可以总机构汇总向总机构所在地主管税务机关申报纳税的。如电信企业、连锁企业的汇总，但是汇总多是一个省份内，跨省的比较难，因为涉及财政收入的划分问题，省内的协调比较容易。

本次营改增的单位，如证券公司、银行等，文件并没有规定直接适用汇总纳税，估计他们要进一步推动申请了，不然真要是每个营业税或分行、支行都是纳税人，管理成本高，而且采购进项的抵扣是不平衡的，无法得到充分的抵扣，如有的缴税，有的留抵，自然对于资金的占有是不利的。还是多借鉴电信企业省内汇总、分支机构预缴的方式处理。

但是这儿有一个很大的问题，总机构和分支机构如果跨地区，就有一个税源征管权的问题，比如某公司在北京是总机构，在上海设立了一个分公司，分公司负责找客户，总公司负责做服务、收款和开具发票，那此类情形之下，分公司所在地的税务机关是否可以从分公司的人所做的工作上界定服务发生在上海而要求在当地计算缴纳增值税呢？在原增值税的体系下，对于货物的销售是有过界定原则的，即分公司不开具发票、不收款就不界定为其计税的义务。

这不，就有这样的案例发生了，营业税下的征税权争议来了，而这个事，财政部、国家税务总局也因此发了个文件：

《国家税务总局关于融资融券业务营业税问题的公告》（国家税务总局公告 2016 年第 20 号）：

现将证券公司开展融资融券业务营业税问题明确如下：

证券公司开展的融资融券业务，是指由证券公司与客户签订融资融券合同，以证券公司名义开设专用资金账户和专用证券账户向客户融出资金和证券，并向客户收取融资融券业务收入。证券公司在异地设立的营业部负责接收客户申请、在系统内录入客户资料、协助开户等辅助工作。

按照《中华人民共和国营业税暂行条例》规定，证券公司应作为融资融券业务的营业税纳税人，就其取得的融资融券业务收入向其机构所在地主管税务机关申报缴纳营业税；证券公司在异地设立的营业部并非融资融券业务的营业税纳税人，不应就融资融券业务收入缴纳营业税。

本公告自公布之日起施行。此前已发生未处理的事项，按照本公告的规定执行。

特此公告。

国家税务总局

2016 年 3 月 31 日

《关于〈国家税务总局关于融资融券业务营业税问题的公告〉的解读》（2016 年 4 月 8 日）：

近日，国家税务总局发布了《国家税务总局关于融资融券业务营业税问题的公告》（以下简称《公告》），为便于纳税人和税务机关理解和执行，现对《公告》解读如下：

一、《公告》起草的背景是什么？

近一段时期，部分地区税务机关和纳税人反映，如何确认融资融券业务营业税纳税人问题存在税企争议，建议税务总局予以明确。为统一政策执行口径，税务总局拟对相关问题予以明确。

二、如何理解《公告》的内容

根据中国证监会发布的《证券公司融资融券业务管理办法》，融资融券业务是指向客户出借资金供其买入证券或者出借证券供其卖出，并收取担保物的经营活动。融资融券业务由证券公司统一集中管理，融资融券合同由证券公司与客户签订，证券公司以自己名义开设的专用资金账户和专用证券账户向客户融出资金和证券，并向客户直接收取融资利息或融券费用。证券公司在异地设立的营业部仅负责接收客户申请、在系统内录入客户资料、协助开户等辅助工作。

证券公司是实际开展融资融券业务并取得融资融券业务收入的单位，因此，按照现行营业税政策规定，证券公司应作为融资融券业务的营业税纳税人，就其取得的融资融券业务收入在其机构所在地申报缴纳营业税。证券公司在异地设立的营业部并非实际开展融资融券业务并取得融资融券业务收入的单位，不应作为融资融券业务的营业税纳税人，也不应就融资融券业务收入缴纳营业税。

（二）非固定业户应当向应税行为发生地主管税务机关申报纳税；未申报纳税的，由其机构所在地或者居住地主管税务机关补征税款。

第三只眼解读

此款为原则性规定，现实当中跨地区的征管确实会存在漏洞。但是，如果应税行为发生地又追征了税款，机构所在地的税务机关又补征了，如何是好？但现实当中，多是机构所在地的税务机关发现的概率比较大。

（三）其他个人提供建筑服务，销售或者租赁不动产，转让自然资源使用权，应向建筑服务发生地、不动产所在地、自然资源所在地主管税务机关申报纳税。

第三只眼解读

其他个人，即自然人，如果提供建筑服务，销售或者租赁不动产，转让自然资源使用权，应向建筑服务发生地、不动产所在地、自然资源所在地主管税务机关申报纳税，这儿不是预缴，是全额计缴，而不再要求这个自然人回到居住地进行纳税申报清算之类，这是唯一性的界定。

（四）扣缴义务人应当向其机构所在地或者居住地主管税务机关申报缴纳扣缴的税款。

第三只眼解读

扣缴义务人就直接向其所在地或居住地申报缴纳扣缴的税款，上面我们有提到，代理人代扣代缴已经没有这个适用条件了，所以这个扣缴义务人就是购买方。

第四十七条 增值税的纳税期限分别为1日、3日、5日、10日、15日、1个月或者1个季度。纳税人的具体纳税期限，由主管税务机关根据纳税人应纳税额的大小分别核定。以1个季度为纳税期限的规定适用于小规模纳税人、银行、财务公司、信托投资公司、信用社，以及财政部和国家税务总局规定的其他纳税人。不能按照固定期限纳税的，可以按次纳税。

纳税人以1个月或者1个季度为1个纳税期的，自期满之日起15日内申报纳税；以1日、3日、5日、10日或者15日为1个纳税期的，自期满之日起5日内预缴税款，于次月1日起15日内申报纳税并结清上月应纳税款。

扣缴义务人解缴税款的期限，按照前两款规定执行。

第三只眼解读

这儿比较有用的是以1个季度为纳税期限的规定适用于小规模纳税人、银行、财务公司、信托投资公司、信用社，以及财政部和国家税务总局规定的其他纳税人。

不含证券公司、保险公司等金融企业，其实季度纳税确实少了很多日常事务。当然其他的一般纳税人也多采用月为期限的纳税计算周期了。但是要注意，季度为纳税期限，并不是每个月都虚拟算出税来，没必要，只要季度的收入计税（小规模纳税人），或季度的销项税额－季度的进项税额＝季度的应纳税额或留抵税额。

第六章　税收减免的处理

第四十八条 纳税人发生应税行为适用免税、减税规定的，可以放弃免税、减税，依照本办法的规定缴纳增值税。放弃免税、减税后，36个月内不得再申请免税、减税。

纳税人发生应税行为同时适用免税和零税率规定的，纳税人可以选择适用免税或者零税率。

第三只眼解读

为何放弃，可能是基于经营上的考虑，比如这个行业利润比较大，可以享受免税，但是采购方人家要专用发票抵扣，不然不做生意，免税自然不能开具增值税专用发票，所以生意难做了，那就放弃吧，虽然缴税，但还是有钱挣的。还有一种是什么情形呢，比如一个单位有免税、有应税，一定期间内整体的进项比较大，做了免税，进项转出多了，还要缴税，因此这也有放弃的利益驱动。

至于出口服务等同时享受免税和零税率，这种企业一般由于进项税额少，难存在留抵税额的情形，没有留抵税额就没有必要选择零税率退税处理，没啥退的，还不如选择免税省事呢。

第四十九条 个人发生应税行为的销售额未达到增值税起征点的，免征增值税；达到起征点的，全额计算缴纳增值税。

增值税起征点不适用于登记为一般纳税人的个体工商户。

第三只眼解读

这儿的个人包括个体工商户和自然人，起征点就是下面第五十条规定的，达不到起征点，免征，达到了全额计算缴纳。但个体工商户如果已登记为一般纳税人了，那就不能适用起征点这个规定了，哪怕只有一块钱的收入。

第五十条 增值税起征点幅度如下：

（一）按期纳税的，为月销售额 5 000—20 000 元（含本数）。

（二）按次纳税的，为每次（日）销售额 300—500 元（含本数）。

起征点的调整由财政部和国家税务总局规定。省、自治区、直辖市财政厅（局）和国家税务局应当在规定的幅度内，根据实际情况确定本地区适用的起征点，并报财政部和国家税务总局备案。

对增值税小规模纳税人中月销售额未达到 2 万元的企业或非企业性单位，免征增值税。2017 年 12 月 31 日前，对月销售额 2 万元（含本数）至 3 万元的增值税小规模纳税人，免征增值税。

第三只眼解读

这个虽然分两部分，那简单理解，在当前的情形下，月销售额3万元（含）的增值税小规模纳税人，免征增值税，这儿注意，只对小规模纳税人。另外纳税期限上我们知道，小规模纳税人是按季纳税，这儿说的是月，依照之前国家税务总局的解读，季度就是9万元合计内就可以享受免税，是平均的意思。

同时这儿的销售额是指不含增值税的销售额，这个是增值税的基本用语意思。当然有的企业可能存在免税、差额计税之类，是不是含这部分免税额、是不是以差后的净额计算呢，不能扣差之后余额，扣免税额后来看是不是满足上面的条件。

但是小规模纳税人一旦销售额季度大于9万元了，则要全额计算缴纳增值税，并不能再扣掉9万元再算税，而对于一般纳税人，哪怕一个月只有一分钱的收入，也必须全额计税，享受不到这个待遇。

比如《国家税务总局关于全面推开营业税改征增值税试点有关税收征收管理事项的公告》（国家税务总局公告2016年第23号）规定：

（二）增值税小规模纳税人应分别核算销售货物，提供加工、修理修配劳务的销售额，和销售服务、无形资产的销售额。增值税小规模纳税人销售货物，提供加工、修理修配劳务月销售额不超过3万元（按季纳税9万元），销售服务、无形资产月销售额不超过3万元（按季纳税9万元）的，自2016年5月1日起至2017年12月31日，可分别享受小微企业暂免征收增值税优惠政策。

（三）按季纳税申报的增值税小规模纳税人，实际经营期不足一个季度的，以实际经营月份计算当期可享受小微企业免征增值税政策的销售额度。

按照本公告第一条第（三）项规定，按季纳税的试点增值税小规模纳税人，2016年7月纳税申报时，申报的2016年5月、6月增值税应税销售额中，销售货物，提供加工、修理修配劳务的销售额不超过6万元，销售服务、无形资产的销售额不超过6万元的，可分别享受小微企业暂免征收增值税优惠政策。

（四）其他个人采取预收款形式出租不动产，取得的预收租金收入，可在预收款对应的租赁期内平均分摊，分摊后的月租金收入不超过3万元的，可享受小微企业免征增值税优惠政策。

第七章 征收管理

第五十一条 营业税改征的增值税，由国家税务局负责征收。纳税人销售取得的不动产和其他个人出租不动产的增值税，国家税务局暂委托地方税务局代为征收。

第三只眼解读

这主要是看营改增后，地税还是要做一点国税的活儿，主要是二手房和自然人出租不动产的增值税的代征处理。

《国家税务总局关于营业税改征增值税委托地税机关代征税款和代开增值税发票的公告》(国家税务总局公告 2016 年第 19 号)：

根据《中华人民共和国税收征收管理法》、《财政部 国家税务总局关于全面推开营业税改征增值税试点的通知》（财税〔2016〕36 号）和《国家税务总局关于加强国家税务局、地方税务局互相委托代征税收的通知》（税总发〔2015〕155 号）等有关规定，税务总局决定，营业税改征增值税后由地税机关继续受理纳税人销售其取得的不动产和其他个人出租不动产的申报缴税和代开增值税发票业务，以方便纳税人办税。

本公告自 2016 年 5 月 1 日起施行。

特此公告。

第五十二条 纳税人发生适用零税率的应税行为，应当按期向主管税务机关申报办理退（免）税，具体办法由财政部和国家税务总局制定。

第三只眼解读

这个看后续章节的详细规定。

第五十三条 纳税人发生应税行为，应当向索取增值税专用发票的购买方开具增值税专用发票，并在增值税专用发票上分别注明销售额和销项税额。

属于下列情形之一的，不得开具增值税专用发票：

（一）向消费者个人销售服务、无形资产或者不动产。

（二）适用免征增值税规定的应税行为。

第三只眼解读

发生应税行为，人家要专用发票不能拒绝，但是对于个人，是不能给开具专用发票的，也没有抵扣的用处，个人也成不了一般纳税人。免税的不能开具，不然下一方拿着抵扣了，这儿又免税，监管也难啊。

现实当中，有的单位是这样要求的，索取专用发票的购买方，其是一般纳税人时才给开具专用发票，是小规模纳税人就不要开具了，折腾，但这个在税法上确实没有禁止。比如营改增前有的企业还未转变为一般纳税人，就想要专用发票备着2016年5月1日之后抵扣，这是误解了抵扣的政策，当下发生的业务是用于营业税的，不能拿这个专用发票去抵营改增之后的增值税业务的销项税额，这是不“合规”的，也是没有用的安排，抵了就麻烦了，补税后果更严重。

第五十四条　小规模纳税人发生应税行为，购买方索取增值税专用发票的，可以向主管税务机关申请代开。

第三只眼解读

小规模纳税人不能自己开具增值税专用发票，但是他们可以去税务机关代开，那代开的征收率自然是3%，不可能开具出来税率如17%、11%、6%等增值税专用发票来，因为本来也没有缴纳那么多税啊。是按征收率来代开具的。

第五十五条　纳税人增值税的征收管理，按照本办法和《中华人民共和国税收征收管理法》及现行增值税征收管理有关规定执行。

第三只眼解读

本次营改增的单位，仍是执行现行的增值税征管规则，大的方面就依照税收征管法的规定。

附：

销售服务、无形资产、不动产注释

一、销售服务

销售服务，是指提供交通运输服务、邮政服务、电信服务、建筑服务、金融服务、现代服务、生活服务。

（一）交通运输服务。

交通运输服务，是指利用运输工具将货物或者旅客送达目的地，使其空间位置得到转移的业务活动。包括陆路运输服务、水路运输服务、航空运输服务和管道运输服务。

1. 陆路运输服务。

陆路运输服务，是指通过陆路（地上或者地下）运送货物或者旅客的运输业务活动，包括铁路运输服务和其他陆路运输服务。

（1）铁路运输服务，是指通过铁路运送货物或者旅客的运输业务活动。

（2）其他陆路运输服务，是指铁路运输以外的陆路运输业务活动。包括公路运输、缆车运输、索道运输、地铁运输、城市轻轨运输等。

出租车公司向使用本公司自有出租车的出租车司机收取的管理费用，按照陆路运输服务缴纳增值税。

第三只眼解读

这个相当于是出租车公司的收入“穿透”到运输服务的行为，因此这条规定，也是给出租车公司一个说法，相当于这个“份钱”并不是租赁出租车给司机，不是17%的税率，而是选择简易3%或一般计税方法11%的问题。

2. 水路运输服务。

水路运输服务，是指通过江、河、湖、川等天然、人工水道或者海洋航道运送货物或者旅客的运输业务活动。

水路运输的程租、期租业务，属于水路运输服务。

程租业务，是指运输企业为租船人完成某一特定航次的运输任务并收取租赁费的业务。

期租业务，是指运输企业将配备有操作人员的船舶承租给他人使用一定期限，承租期内听候承租方调遣，不论是否经营，均按天向承租方收取租赁费，发生的固定费用均由船东负担的业务。

第三只眼解读

有人有船，那就是服务，而不是有形动产的租赁行为。所以这个原则对于什么是服务、什么是租赁提出了一个参照意见。

3. 航空运输服务。

航空运输服务，是指通过空中航线运送货物或者旅客的运输业务活动。

航空运输的湿租业务，属于航空运输服务。

湿租业务，是指航空运输企业将配备有机组人员的飞机承租给他人使用一定期限，承租期内听候承租方调遣，不论是否经营，均按一定标准向承租方收取租赁费，发生的固定费用均由承租方承担的业务。

航天运输服务，按照航空运输服务缴纳增值税。

航天运输服务，是指利用火箭等载体将卫星、空间探测器等空间飞行器发射到空间轨道的业务活动。

4. 管道运输服务。

管道运输服务，是指通过管道设施输送气体、液体、固体物质的运输业务活动。

无运输工具承运业务，按照交通运输服务缴纳增值税。

无运输工具承运业务，是指经营者以承运人身份与托运人签订运输服务合同，收取运费并承担承运人责任，然后委托实际承运人完成运输服务的经营活动。

第三只眼解读

这解决了之前无运输工具的代理人办理运输业务时，收入是按代理活动用 6%的税率，运输公司给的是 11%的增值税进项税额，产生“倒挂”税率，抵不完，国家也不给退，以致企业也不知如何办，这次说得清楚，其实代理人也是提供运输服务，多好，按 11%税率计销项，这不就顺了吗，试点政策还是在事实考验之后及时变的具有操作价值了。

之前有的税务机关已在实践当中让代理企业按 11%开具发票，有的同志质疑人家做得不对，这对，这次说明人家做得非常“英明”，还有的同志认为转成本，都是一家之言，但很容易让大家认为“高明”，只有健全的税法才有健全的经济环境，因此我们也希望进一步促进试点的不断完善。

（二）邮政服务。

邮政服务，是指中国邮政集团公司及其所属邮政企业提供邮件寄递、邮政汇兑和机要通信等邮政基本服务的业务活动。包括邮政普遍服务、邮政特殊服务和其他邮政服务。

1. 邮政普遍服务。

邮政普遍服务，是指函件、包裹等邮件寄递，以及邮票发行、报刊发行和邮政汇兑等业务活动。

函件，是指信函、印刷品、邮资封片卡、无名址函件和邮政小包等。

包裹，是指按照封装上的名址递送给特定个人或者单位的独立封装的物品，其重量不超过五十千克，任何一边的尺寸不超过一百五十厘米，长、宽、高合计不超过三百厘米。

第三只眼解读

邮件寄递，是税率 11%，并不是快递业务的 6%，这一点儿要关注适用的对象的不同。

2. 邮政特殊服务。

邮政特殊服务，是指义务兵平常信函、机要通信、盲人读物和革命烈士遗物的寄递等业务活动。

3. 其他邮政服务。

其他邮政服务，是指邮册等邮品销售、邮政代理等业务活动。

第三只眼解读

这儿邮册的销售，是邮政服务，适用税率11%，并不是货物的17%，这一点也需要注意，但这限于邮政单位，如果是其他单位的，则享受不到这样的待遇。

（三）电信服务。

电信服务，是指利用有线、无线的电磁系统或者光电系统等各种通信网络资源，提供语音通话服务，传送、发射、接收或者应用图像、短信等电子数据和信息的业务活动。包括基础电信服务和增值电信服务。

1. 基础电信服务。

基础电信服务，是指利用固网、移动网、卫星、互联网，提供语音通话服务的业务活动，以及出租或者出售带宽、波长等网络元素的业务活动。

2. 增值电信服务。

增值电信服务，是指利用固网、移动网、卫星、互联网、有线电视网络，提供短信和彩信服务、电子数据和信息的传输及应用服务、互联网接入服务等业务活动。

卫星电视信号落地转接服务，按照增值电信服务缴纳增值税。

第三只眼解读

基础电信服务适用11%的税率，增值电信服务适用6%的税率，但在实践当中涉及打包采购、区分难，这些问题的存在，必须存在大量的争议，所以一定程度上建议就合并才更有减少征管成本的考虑。

（四）建筑服务。

建筑服务，是指各类建筑物、构筑物及其附属设施的建造、修缮、装饰，线路、管道、设备、设施等的安装以及其他工程作业的业务活动。包括工程服务、安装服务、修缮服务、装饰服务和其他建筑服务。

1. 工程服务。

工程服务，是指新建、改建各种建筑物、构筑物的工程作业，包括与建筑物相连的各种设备或者支柱、操作平台的安装或者装设工程作业，以及各种窑炉和金属结构工程作业。

2. 安装服务。

安装服务，是指生产设备、动力设备、起重设备、运输设备、传动设备、医疗实验设备以及其他各种设备、设施的装配、安置工程作业，包括与被安装设备相连的工作台、梯子、栏杆的装设工程作业，以及被安装设备的绝缘、防腐、保温、油漆等工程作业。

固定电话、有线电视、宽带、水、电、燃气、暖气等经营者向用户收取的安装费、初装费、开户费、扩容费以及类似收费，按照安装服务缴纳增值税。

第三只眼解读

建筑服务，名字虽然这么说，但是却是包括“安装”服务的，不仅仅是不动产、构筑物的安装，还包括设备的安装，这就“不好”了，需要区分两种情形：

（1）只提供安装的，那就依照建筑服务，涉及甲供材的，那就可以选择简易征收，也可以选择一般计税方法。

（2）提供销售货物同时又提供安装的，则依照如下的规则处理，适用混合销售的方式确认如何计税处理：

一项销售行为如果既涉及货物又涉及服务，为混合销售。从事货物的生产、批发或者零售的单位和个体工商户的混合销售行为，按照销售货物缴纳增值税；其他单位和个体工商户的混合销售行为，按照销售服务缴纳增值税。

上述从事货物的生产、批发或者零售的单位和个体工商户，包括以从事货物的生产、批发或者零售为主，并兼营销售服务的单位和个体工商户在内。

同时这一次也进一步描述了：固定电话、有线电视、宽带、水、电、燃气、暖气等经营者向用户收取的安装费、初装费、开户费、扩容费以及类似收费，按照安装服务缴纳增值税。可能有的人士会说，这里面涉及货物的是不是混合销售，不要分安装服务，其实安装服务与后面提供的货物销售是分离的，不是绑定在一起的，故不是混合销售。同样，对于服务和服务的业务，是没有混合销售的概念的，因此这一次对于这种安装服务，相当于也是明确了一个对原增值税人和试点纳税人明确实施的规则。

3. 修缮服务。

修缮服务，是指对建筑物、构筑物进行修补、加固、养护、改善，使之恢复原来的使用价值或者延长其使用期限的工程作业。

第三只眼解读

以建筑物、构筑物为对象，就是修缮，而不是传统增值税下的修理修配，那是对动产所说的，税率是17%，这个税率是11%，是有差异的。因此在实践当中一定要看清楚什么是修缮的行为。

但还是有争议的事，比如对于建筑物当中的电梯、中央空调等的维护，那是按修缮还是按修理修配呢，其实这个问题早就存在，我们再一起看看：

《国家税务总局关于电梯保养、维修收入征税问题的批复》（国税函（1998）390号）是这样解释的：

电梯属于增值税应税货物的范围，但安装运行之后，则与建筑物一道形成不动产。因此，对企业销售电梯（自产或购进的）并负责安装及保养、维修取得的收入，一并征收增值税；对不从事电梯生产、销售，只从事电梯保养和维修的专业公司对安装运行后的电梯进行的保养、维修取得的收入，征收营业税。

深圳市粤日电梯工程有限公司系专门从事电梯保养、维修的专业公司。因此，对其所取得的电梯保养、维修收入应当征收营业税，不征收增值税。

从一定程度上看，前者是属于修理修配的业务，后者是属于修缮的事项，可以这样来理解，当然有的同志说，我们只维护没有维修，是技术服务，这就难分了，其实这也是解释不过去的。

4. 装饰服务。

装饰服务，是指对建筑物、构筑物进行修饰装修，使之美观或者具有特定用途的工程作业。

5. 其他建筑服务。

其他建筑服务，是指上列工程作业之外的各种工程作业服务，如钻井（打井）、拆除建筑物或者构筑物、平整土地、园林绿化、疏浚（不包括航道疏浚）、建筑物平移、搭脚手架、爆破、矿山穿孔、表面附着物（包括岩层、土层、沙层等）剥离和清理等工程作业。

第三只眼解读

航道疏浚服务属于“物流辅助服务——港口码头服务”。

（五）金融服务。

金融服务，是指经营金融保险的业务活动。包括贷款服务、直接收费金融服务、保险服务和金融商品转让。

第三只眼解读

其实这几个名词要关注一下，一是不再单独提保险了，归到金融大类了，好像有点“面子”小了。二是直接收费金融服务，本身就是服务费，这个说来说去就是这个内容。三是金融商品转让，也作为一类延续了。

1. 贷款服务。

贷款，是指将资金贷与他人使用而取得利息收入的业务活动。

各种占用、拆借资金取得的收入，包括金融商品持有期间（含到期）利息（保本收益、报酬、资金占用费、补偿金等）收入、信用卡透支利息收入、买入返售金融商品利息收入、融资融券收取的利息收入，以及融资性售后回租、押汇、罚息、票据贴现、转贷等业务取得的利息及利息性质的收入，按照贷款服务缴纳增值税。

融资性售后回租，是指承租方以融资为目的，将资产出售给从事融资性售后回租业务的企业后，从事融资性售后回租业务的企业将该资产出租给承租方的业务活动。

以货币资金投资收取的固定利润或者保底利润，按照贷款服务缴纳增值税。

第三只眼解读

这儿有几点要说明：

一是，贷款是一项服务，表现形式是利息收入，现实当中企业之间的拆借资金也是归于此类，虽然他们做的事不叫“贷款”，只能叫“借款”的名字。

二是金融商品持有期间的利息收入，算应税了，而不是营业税下，先不算应税收入，待金融商品转让时，再从成本中扣除持有期间取得的利息等收入，相当于是转让时一块算账了。

不过这儿可能会有争议的是，有的同志认为，利息收入是权责发生制计提的，有的认为是收到的时间，而这又需要结合企业的会计处理进行数据取得确定，我们可以看到，原来营业税下财税〔2003〕16号文件规定有在转让时减除持有期间取得的股票、债券股息红利作为扣除成本的，这儿用的是取得。从收入确认的角度看，利息收入是指收到，而非指计提的利息收入，不过这儿可能对于调整成本就够“忙活的了”，估计有的人仍认为属于计提制，而非收到，这块将来一定会“打架”的。

三是买入返售金融商品利息收入，原来还多有分交割不交割来考虑是不是靠金融商品买卖，当下这儿也算说明了，而且企业也多是做利息收入，调整成本也减少，直接就认利息收入吧，反正税率是一样的。

四是融资性售后回租，原来营改增的试点政策却是一直将其视为有形动产租赁处理的，只是收取的本金部分可以差额扣除，只算真正的利息部分的增值税，税率是17%，其实人家真正的是融资，这次直接调整了，认为是贷款服务了，税率是6%，不再是17%了，直接变了，原来17%缴纳了，回租方是可以抵扣的，现在好了，贷款服务，不得抵扣，所以这个6%相当于是真正要流出这个交易了，虽然税率降低了，但是对于双方的利益是绝对的减少的影响。

融资性售后回租，在当下仍是依照国家税务总局公告2010年第13号执行的：

《国家税务总局关于融资性售后回租业务中承租方出售资产行为有关税收问题的公告》（国家税务总局公告2010年第13号）：

现就融资性售后回租业务中承租方出售资产行为有关税收问题公告如下：

融资性售后回租业务是指承租方以融资为目的将资产出售给经批准从事融资租赁业务的企业后，又将该项资产从该融资租赁企业租回的行为。融资性售后回租业务中承租方出售资产时，资产所有权以及与资产所有权有关的全部报酬和风险并未完全转移。

一、增值税和营业税

根据现行增值税和营业税有关规定，融资性售后回租业务中承租方出售资产的行为，不属于增值税和营业税征收范围，不征收增值税和营业税。

二、企业所得税

根据现行企业所得税法及有关收入确定规定，融资性售后回租业务中，承租人出售资产的行为，不确认为销售收入，对融资性租赁的资产，仍按承租人出售前原账面价值作为计税基础计提折旧。租赁期间，承租人支付的属于融资利息的部分，作为企业财务费用在税前扣除。

五是票据贴现与转贷，这儿对于转贴现与转贷，并不认可其差额的处理，仍以毛收入来确定计税销售额。票据贴现本身营业税下存在的贴现时点全额将应收利息做应税处理，再转贴时，真正取得的收入可能还不够计税的税款，这个问题仍然无解。虽然这一次国家税务总局培训时举的案例说明认可贴现的权责发生制计息，但是在实践当中未见到普遍认可这种观点的，看来要继续好好地宣传好总局的理解，更希望落到文件中才是。

六是以货币资金投资收取的固定利润或者保底利润，按照贷款服务缴纳增值税，这就有点“穿透”了，跟企业所得税的“混合性投资”是有相近性的，只是这儿并没有列出来如混合性投资那么几种适用判断的条件，理解上更为宽广了。如果依照企业所得税做了利息收支处理，那也是属于增值税的征税范围了。

七是有的同志认为保本的东西说了，那不保本的呢，是不是认为属于投资收益，不属于此应税范围内，当下这似乎还是可以探讨一下的。

《国家税务总局关于企业混合性投资业务企业所得税处理问题的公告》（国家税务总局公告 2013 年第 41 号）：

根据《中华人民共和国企业所得税法》及其实施条例（以下简称税法）的规定，现就企业混合性投资业务企业所得税处理问题公告如下：

一、企业混合性投资业务，是指兼具权益和债权双重特性的投资业务。同时符合下列条件的混合性投资业务，按本公告进行企业所得税处理：

（一）被投资企业接受投资后，需要按投资合同或协议约定的利率定期支付利息（或定期支付保底利息、固定利润、固定股息，下同）；

（二）有明确的投资期限或特定的投资条件，并在投资期满或者满足特定投资条件后，被投资企业需要赎回投资或偿还本金；

（三）投资企业对被投资企业净资产不拥有所有权；

（四）投资企业不具有选举权和被选举权；

（五）投资企业不参与被投资企业日常生产经营活动。

二、符合本公告第一条规定的混合性投资业务，按下列规定进行企业所得税处理：

（一）对于被投资企业支付的利息，投资企业应于被投资企业应付利息的日期，确认收入的实现并计入当期应纳税所得额；被投资企业应于应付利息的日期，确认利息支出，并按税法和《国家税务总局关于企业所得税若干问题的公告》（2011年第34号）第一条的规定，进行税前扣除。

（二）对于被投资企业赎回的投资，投资双方应于赎回时将赎价与投资成本之间的差额确认为债务重组损益，分别计入当期应纳税所得额。

三、本公告自2013年9月1日起执行。此前发生的已进行税务处理的混合性投资业务，不再进行纳税调整。

八是贷款利息价税分离之后，面临着下面一个问题：

《国家税务总局关于金融企业贷款利息收入确认问题的公告》（国家税务总局公告2010年第23号）：

根据《中华人民共和国企业所得税法》及其实施条例的规定，现对金融企业贷款利息收入所得税处理问题公告如下：

一、金融企业按规定发放的贷款，属于未逾期贷款（含展期，下同），应根据先收利息后收本金的原则，按贷款合同确认的利率和结算利息的期限计算利息，并于债务人应付利息的日期确认收入的实现；属于逾期贷款，其逾期后发生的应收利息，应于实际收到的日期，或者虽未实际收到，但会计上确认为利息收入的日期，确认收入的实现。

二、金融企业已确认为利息收入的应收利息，逾期90天仍未收回，且会计上已冲减了当期利息收入的，准予抵扣当期应纳税所得额。

三、金融企业已冲减了利息收入的应收未收利息，以后年度收回时，应计入当期应纳税所得额计算纳税。

四、本公告自发布之日起30日后施行。

原来收入是直接冲减，不用走核销程序的，但是现在利息收入中的不含税部分留下是报表上的收入了，仍适用上面的规定，税呢，销项税额冲不掉啊，所以未来企业所得税上的应收销项税额是个难受的地方，如何扣，是不是也给个扩展的解释来靠 23 号公告呢？也有的企业本来表外利息就不转，通过提准备金的方式处理，那这是走的核销应收利息的坏账规则，只是有的地方税务机关认为不是申报核销的事，是企业的事，拖着不给认可，也难受呀。

2. 直接收费金融服务。

直接收费金融服务，是指为货币资金融通及其他金融业务提供相关服务并且收取费用的业务活动。包括提供货币兑换、账户管理、电子银行、信用卡、信用证、财务担保、资产管理、信托管理、基金管理、金融交易场所（平台）管理、资金结算、资金清算、金融支付等服务。

第三只眼解读

这儿原来大家一般是叫“中间业务收入”，现在叫直接收费金融服务，更易理解了，好名字。但是这儿是说了直接收费的金融服务，那不收费的呢，如企业为拉客户，说开户三年不收服务费，是不是要作为“视同销售收入”，这又不是为社会公众服务的，也不易靠这个。但难有几个人为这事会去找金融企业要这个税吧。

原来还有一些第三方支付公司，早早纳入了营改增的试点，这是因为原来的试点范围中有一个金融支付服务，是在“信息技术服务”中体现的，现在修订后没有了，跟这儿来了，所以好多第三方支付公司如果有这样的金融服务，也是适用 6% 税率的。

这儿要避免落入一个“误区”，比如在办理业务过程中发生的工本费，这是属于混合销售范围的，是依据金融服务而不是销售货物存在的，故是没有必要一定拆出来。但是如果是单独卖的支票等收入如何处理呢？借鉴营业税，同时考虑征管成本，建议仍作为金融服务吧，不要强制人家作为销售货物处理为好，因为将来这些东西还是作为服务过程中的物料来使用的。

3. 保险服务。

保险服务，是指投保人根据合同约定，向保险人支付保险费，保险人对于合同约定的可能发生的事故因其发生所造成的财产损失承担赔偿保险金责任，或者当被保险人死亡、伤残、疾病或者达到合同约定的年龄、期限等条件时承担给付保险金责任的商业保险行为。包括人身保险服务和财产保险服务。

人身保险服务，是指以人的寿命和身体为保险标的的保险业务活动。

财产保险服务，是指以财产及其有关利益为保险标的的保险业务活动。

第三只眼解读

原来保险服务中有一些是营业税免税的人身保险服务产品，营改增之后仍然进行了延续备案管理。

保险企业一个比较大的支出就是保险佣金支出，这个有保监会的指标，也有企业所得税的指标管理，营改增之后，这些佣金的进项成本如何处理，比如个人是不是可以去代开增值税专用发票用于抵扣，恐怕这个还是没有放开的，尽管我们对于个人出租不动产开始认可代开增值税专用发票的处理了。当然有一些公司还存在虚假列支的情形，比如通过报销费用的方式进行佣金的“变相”支付，这块敢要增值税专用发票不？估计这些行业原来的“潜规则”都可能受到专用发票法律责任的“高度关注”。

还有一些公司卖保险挣的手续费，那是手续费收入，这一块走一般的代理服务收入就可以，直接适用6%的税率或3%的征收率进行处理。

那保险营改增了，我们有的公司为员工购买的健康险、补充医疗保险、补充养老保险等商业险，是不是可以抵扣了，理论上不列入福利费等集体福利之类是可以抵扣的，但这会不会被人认为属于福利呢？同时我们要看是不是人家保险公司销售的是上面所说的免税产品，免税了再开具抵扣的票据估计难度大。有的同志解释说，企业所得税对于一些商业险要求不得扣除，那是企业所得税，增值税要看是不是不得抵扣，两者是“各走各的路”。

还有的情形下，企业员工出差购买的交通意外险，是单次购买的，那个人购买如何让保险公司开具呢，估计也是难操作，几块钱费半天劲就不折腾了。

对于年金，其实并不是补充养老保险，只是一个代管投资账户，所以不是保险的营改增产品。对于基本养老、基本医疗、失业保险等，那是政府统一办理的，不是商业保险公司办理的，所以不存在抵扣的前置条件。

对于财产保险，如果企业是一般纳税人，自然可以要求保险公司开具增值税专用发票用于抵扣，这个的成本相对就变小了。

4. 金融商品转让。

金融商品转让，是指转让外汇、有价证券、非货物期货和其他金融商品所有权的业务活动。

其他金融商品转让包括基金、信托、理财产品等各类资产管理产品和各种金融衍生品的转让。

第三只眼解读

此时可不用再讨论信托、理财产品转让缴不缴营业税了，增值税“一网打尽”，虽然这儿没有提到债权转让、资产证券化的东西，但是从主观性上考虑，被纳入的理解可能性是比较大的。但也可以认为没有规定是可以延续不纳的，如股权转让没提，对于债权转让，如何纳也是个问题，对于收益权转让也是个问题，难道要往金融商品上套吗？

这儿有的同志可能会迷惑，比如购买理财产品等，到期兑换或赎回的情形，这个收入是转让呢还是利息呢，个人认为应从投资的产品属性上进行分析，保底地说，两个的税率是一样的，放在哪儿也不影响税额，这才是关键的，不一定要为了试点的政策而争得“面红耳赤”并且伤了“和气”。

（六）现代服务。

现代服务，是指围绕制造业、文化产业、现代物流产业等提供技术性、知识性服务的业务活动。包括研发和技术服务、信息技术服务、文化创意服务、物流辅助服务、租赁服务、鉴证咨询服务、广播影视服务、商务辅助服务和其他现代服务。

1. 研发和技术服务。

研发和技术服务，包括研发服务、合同能源管理服务、工程勘察勘探服务、专业技术服务。

(1) 研发服务，也称技术开发服务，是指就新技术、新产品、新工艺或者新材料及其系统进行研究与试验开发的业务活动。

(2) 合同能源管理服务，是指节能服务公司与用能单位以契约形式约定节能目标，节能服务公司提供必要的服务，用能单位以节能效果支付节能服务公司投入及其合理报酬的业务活动。

(3) 工程勘察勘探服务，是指在采矿、工程施工前后，对地形、地质构造、地下资源蕴藏情况进行实地调查的业务活动。

(4) 专业技术服务，是指气象服务、地震服务、海洋服务、测绘服务、城市规划、环境与生态监测服务等专项技术服务。

第三只眼解读

专业技术服务是新增加的一个事项。

2. 信息技术服务。

信息技术服务，是指利用计算机、通信网络等技术对信息进行生产、收集、处理、加工、存储、运输、检索和利用，并提供信息服务的业务活动。包括软件服务、电路设计及测试服务、信息系统服务、业务流程管理服务和信息系统增值服务。

(1) 软件服务，是指提供软件开发服务、软件维护服务、软件测试服务的业务活动。

(2) 电路设计及测试服务，是指提供集成电路和电子电路产品设计、测试及相关技术支持服务的业务活动。

(3) 信息系统服务，是指提供信息系统集成、网络管理、网站内容维护、桌面管理与维护、信息系统应用、基础信息技术管理平台整合、信息技术基础设施管理、数据中心、托管中心、信息安全服务、在线杀毒、虚拟主机等业务活动。包括网站对非自有的网络游戏提供的网络运营服务。

(4) 业务流程管理服务，是指依托信息技术提供的人力资源管理、财务经济管理、审计管理、税务管理、物流信息管理、经营信息管理和呼叫中心等服务的活动。

第三只眼解读

这儿原来还有“金融支付服务”，现在没有了，直接并到金融服务中了，以致原来早转入营改增的第三方支付公司，也终于不再特殊了。

但是第三方支付公司更难受的事，是其发生的那种消费卡，如何开具发票，没有营业税的差额口子了，这才是他们业务上的难受之处，不能自由开具发票给企业报销了。

(5) 信息系统增值服务，是指利用信息系统资源为用户附加提供的信息技术服务。包括数据处理、分析和整合、数据库管理、数据备份、数据存储、容灾服务、电子商务平台等。

3. 文化创意服务。

文化创意服务，包括设计服务、知识产权服务、广告服务和会议展览服务。

(1) 设计服务，是指把计划、规划、设想通过文字、语言、图画、声音、视觉等形式传递出来的业务活动。包括工业设计、内部管理设计、业务运作设计、供应链设计、造型设计、服装设计、环境设计、平面设计、包装设计、动漫设计、网游设计、展示设计、网站设计、机械设计、工程设计、广告设计、创意策划、文印晒图等。

(2) 知识产权服务，是指处理知识产权事务的业务活动。包括对专利、商标、著作权、软件、集成电路布图设计的登记、鉴定、评估、认证、检索服务。

(3) 广告服务，是指利用图书、报纸、杂志、广播、电视、电影、幻灯、路牌、招贴、橱窗、霓虹灯、灯箱、互联网等各种形式为客户的商品、经营服务项目、文体节目或者通告、声明等委托事项进行宣传和提供相关服务的业务活动。包括广告代理和广告的发布、播映、宣传、展示等。

第三只眼解读

这儿最需要关注的是一些广告公司承印的宣传物，走的是广告服务的6%税率，其实是17%的货物，税务机关的同志可以好好关注一下广告公司及抵扣单位的事项约定，因为现在广告业务自己做的很多，根本不需要广告公司跑到马路上搞活动了。

(4) 会议展览服务，是指为商品流通、促销、展示、经贸洽谈、民间交流、企业沟通、国际往来等举办或者组织安排的各类展览和会议的业务活动。

第三只眼解读

会议服务，仅仅是组织者吗？比如酒店承办的会议服务，有的人认为是不动产租赁服务，适用11%的税率，有的人认为就是会务服务，适用税率6%，有争议是正常的，小编的理解是，酒店是有会务服务的，宜用6%，而不是光光地给个地皮让开会的人自己去做会议吧。

4. 物流辅助服务。

物流辅助服务，包括航空服务、港口码头服务、货运客运场站服务、打捞救助服务、装卸搬运服务、仓储服务和收派服务。

(1) 航空服务，包括航空地面服务和通用航空服务。

航空地面服务，是指航空公司、飞机场、民航管理局、航站等向在境内航行或者在境内机场停留的境内外飞机或者其他飞行器提供的导航等劳务性地面服务的业务活动。包括旅客安全检查服务、停机坪管理服务、机场候机厅管理服务、飞机清洗消毒服务、空中飞行管理服务、飞机起降服务、飞行通讯服务、地面信号服务、飞机安全服务、飞机跑道管理服务、空中交通管理服务等。

通用航空服务，是指为专业工作提供飞行服务的业务活动，包括航空摄影、航空培训、航空测量、航空勘探、航空护林、航空吊挂播洒、航空降雨、航空气象探测、航空海洋监测、航空科学实验等。

(2) 港口码头服务，是指港务船舶调度服务、船舶通讯服务、航道管理服务、航道疏浚服务、灯塔管理服务、航标管理服务、船舶引航服务、理货服务、系解缆服务、停泊和移泊服务、海上船舶溢油清除服务、水上交通管理服务、船只专业清洗消毒检测服务和防止船只漏油服务等为船只提供服务的业务活动。

港口设施经营人收取的港口设施保安费按照港口码头服务缴纳增值税。

(3) 货运客运场站服务，是指货运客运场站提供货物配载服务、运输组织服务、中转换乘服务、车辆调度服务、票务服务、货物打包整理、铁路线路使用服务、加挂铁路客车服务、铁路行包专列发送服务、铁路到达和中转服务、铁路车辆编解服务、车辆挂运服务、铁路接触网服务、铁路机车牵引服务等业务活动。

(4) 打捞救助服务，是指提供船舶人员救助、船舶财产救助、水上救助和沉船沉物打捞服务的业务活动。

(5) 装卸搬运服务，是指使用装卸搬运工具或者人力、畜力将货物在运输工具之间、装卸现场之间或者运输工具与装卸现场之间进行装卸和搬运的业务活动。

(6) 仓储服务，是指利用仓库、货场或者其他场所代客贮放、保管货物的业务活动。

（7）收派服务，是指接受寄件人委托，在承诺的时限内完成函件和包裹的收件、分拣、派送服务的业务活动。

收件服务，是指从寄件人收取函件和包裹，并运送到服务提供方同城的集散中心的业务活动。

分拣服务，是指服务提供方在其集散中心对函件和包裹进行归类、分发的业务活动。

派送服务，是指服务提供方从其集散中心将函件和包裹送达同城的收件人的业务活动。

第三只眼解读

这个也是比较"另类"的一个问题，比如我们知道的一些快递公司，往往先在一个城市中收件、分拣处理，这是6%的税率，随后如果在一个城市派送服务，那也是6%的税率，但是如果出了城市，就是交通运输了，适用11%，以致现在的快递公司都必须分两段计税处理，不过对于邮政的寄件服务，是纳入邮政服务的11%的，所以对于快递公司来讲，划分收入就是个大问题。有的快递公司听说直接将公司拆分为两个公司，做什么，就是为了严格区分一个快件的两类收入，不为税务机关增加"麻烦"，认为划分不公允，这才是大家都难受的呢。

5. 租赁服务。

租赁服务，包括融资租赁服务和经营租赁服务。

（1）融资租赁服务，是指具有融资性质和所有权转移特点的租赁活动。即出租人根据承租人所要求的规格、型号、性能等条件购入有形动产或者不动产租赁给承租人，合同期内租赁物所有权属于出租人，承租人只拥有使用权，合同期满付清租金后，承租人有权按照残值购入租赁物，以拥有其所有权。不论出租人是否将租赁物销售给承租人，均属于融资租赁。

按照标的物的不同，融资租赁服务可分为有形动产融资租赁服务和不动产融资租赁服务。

融资性售后回租不按照本税目缴纳增值税。

第三只眼解读

融资性售后回租服务终于换了“门面”，归到真正的“贷款服务”的项下了。这也是2016年5月1日起，融资租赁公司一个新的变化，而且贷款服务不得抵扣，这可能就让人感觉不大“高兴”了。

(2) 经营租赁服务，是指在约定时间内将有形动产或者不动产转让他人使用且租赁物所有权不变更的业务活动。

按照标的物的不同，经营租赁服务可分为有形动产经营租赁服务和不动产经营租赁服务。

将建筑物、构筑物等不动产或者飞机、车辆等有形动产的广告位出租给其他单位或者个人用于发布广告，按照经营租赁服务缴纳增值税。

第三只眼解读

不动产租赁税率是11%，有形动产租赁税率是17%。

车辆停放服务、道路通行服务（包括过路费、过桥费、过闸费等）等按照不动产经营租赁服务缴纳增值税。

第三只眼解读

道路通行服务是不动产经营租赁，听着比较奇怪，真不如给它起个单独的名字呢，经营租赁是不是那块路面有开车人的使用权呢？当然也可以认为是几个小时类似这样的使用权。但是过路、过桥费将来开具专用发票抵扣是麻烦事，原因在于，一是开具麻烦，二是有的单位是政府性收费，有的是企业收费，这些短期之内估计难以快速取得。还有一些单位是购买的ETC的卡，这可能还好一点儿。车辆停放也是个难事，为那点钱要专票也不值得，可能还是定额票的取得。也不是说营改增了就一定要专用发票，没看到之前的单位的支出，都是取得所有应取得的增值税专用发票等扣税凭证。

水路运输的光租业务、航空运输的干租业务，属于经营租赁。

光租业务，是指运输企业将船舶在约定的时间内出租给他人使用，不配备操作人员，不承担运输过程中发生的各项费用，只收取固定租赁费的业务活动。

干租业务，是指航空运输企业将飞机在约定的时间内出租给他人使用，不配备机组人员，不承担运输过程中发生的各项费用，只收取固定租赁费的业务活动。

6. 鉴证咨询服务。

鉴证咨询服务，包括认证服务、鉴证服务和咨询服务。

(1) 认证服务，是指具有专业资质的单位利用检测、检验、计量等技术，证明产品、服务、管理体系符合相关技术规范、相关技术规范的强制性要求或者标准的业务活动。

(2) 鉴证服务，是指具有专业资质的单位受托对相关事项进行鉴证，发表具有证明力的意见的业务活动。包括会计鉴证、税务鉴证、法律鉴证、职业技能鉴定、工程造价鉴证、工程监理、资产评估、环境评估、房地产土地评估、建筑图纸审核、医疗事故鉴定等。

(3) 咨询服务，是指提供信息、建议、策划、顾问等服务的活动。包括金融、软件、技术、财务、税收、法律、内部管理、业务运作、流程管理、健康等方面的咨询。

翻译服务和市场调查服务按照咨询服务缴纳增值税。

第三只眼解读

这儿是咨询公司比较关注的事，相比于之前，工程监理为了个营改增纳不纳入，争得挺热闹的，现在过来了，明确身份了。还有事务所、咨询公司做的一些培训，其实是在生活服务下的“教育医疗服务”小内容中，不过也不妨碍什么了，一样的税率，但从专业的角度理解，培训并不是咨询，那现场一个交流会到底是咨询还是培训，开具的发票是不是一定要写清楚是培训还是咨询，其实如何写都好，对方能抵扣才是根本的需求。

7. 广播影视服务。

广播影视服务，包括广播影视节目（作品）的制作服务、发行服务和播映（含放映，下同）服务。

(1) 广播影视节目（作品）制作服务，是指进行专题（特别节目）、专栏、综艺、体育、动画片、广播剧、电视剧、电影等广播影视节目和作品制作的服务。具体包括与广播影视节目和作品相关的策划、采编、拍摄、录音、音视频文字图片素材制作、场景布置、后期的剪辑、翻译（编译）、字幕制作、片头、片尾、片花制作、特效制作、影片修复、编目和确权等业务活动。

（2）广播影视节目（作品）发行服务，是指以分账、买断、委托等方式，向影院、电台、电视台、网站等单位和个人发行广播影视节目（作品）以及转让体育赛事等活动的报道及播映权的业务活动。

（3）广播影视节目（作品）播映服务，是指在影院、剧院、录像厅及其他场所播映广播影视节目（作品），以及通过电台、电视台、卫星通信、互联网、有线电视等无线或者有线装置播映广播影视节目（作品）的业务活动。

8. 商务辅助服务。

商务辅助服务，包括企业管理服务、经纪代理服务、人力资源服务、安全保护服务。

（1）企业管理服务，是指提供总部管理、投资与资产管理、市场管理、物业管理、日常综合管理等服务的业务活动。

（2）经纪代理服务，是指各类经纪、中介、代理服务。包括金融代理、知识产权代理、货物运输代理、代理报关、法律代理、房地产中介、职业中介、婚姻中介、代理记账、拍卖等。

货物运输代理服务，是指接受货物收货人、发货人、船舶所有人、船舶承租人或者船舶经营人的委托，以委托人的名义，为委托人办理货物运输、装卸、仓储和船舶进出港口、引航、靠泊等相关手续的业务活动。

代理报关服务，是指接受进出口货物的收、发货人委托，代为办理报关手续的业务活动。

（3）人力资源服务，是指提供公共就业、劳务派遣、人才委托招聘、劳动力外包等服务的业务活动。

（4）安全保护服务，是指提供保护人身安全和财产安全，维护社会治安等的业务活动。包括场所住宅保安、特种保安、安全系统监控以及其他安保服务。

第三只眼解读

这一块是新增加的内容，代理服务全进来了，也不争议了。要深入了解这一部分，必须理清楚如下几点：

（1）货物运输代理服务，这儿要与运输服务中的内容相区别。

运输服务：无运输工具承运业务，按照交通运输服务缴纳增值税。无运输工具承运业务，是指经营者以承运人身份与托运人签订运输服务合同，收取运费并承担承运人责任，然后委托实际承运人完成运输服务的经营活动。

商务辅助服务：货物运输代理服务，是指接受货物收货人、发货人、船舶所有人、船舶承租人或者船舶经营人的委托，以委托人的名义，为委托人办理货物运输、装卸、仓储和船舶进出港口、引航、靠泊等相关手续的业务活动。

上面的内容核心是要适用税率 11%，小规模不涉及抵扣没有问题，下面的是全说服务，只就服务的佣金收入，因为上面的那个可能还不想让委托人知道运输成本的价格，下面的这个是不怕人知道，就挣个手续费，这点差异得理清楚。

（2）劳务派遣和劳动力外包。

这明显属于营改增了，税率也是 6%，那我们如何来理解呢，比如很多央企的劳务派遣、建筑安装企业的劳动力外包业务？

先看看营业税下的规定：

第一是劳务派遣，财税〔2003〕16 号文件规定：

劳务公司接受用工单位的委托，为其安排劳动力，凡用工单位将其应支付给劳动力的工资和为劳动力上交的社会保险（包括养老保险金、医疗保险、失业保险、工伤保险等，下同）以及住房公积金统一交给劳务公司代为发放或办理的，以劳务公司从用工单位收取的全部价款减去代收转付给劳动力的工资和为劳动力办理社会保险及住房公积金后的余额为营业额。

原来劳务派遣走的是手续费收入的营业税，代收工资、保险之类差额了，至于人家挣的多还是少，这就不去管它了。比如：

佣金收了 10 000 元，派遣工劳资费用 8 000 元，则差额（2 000×5%=100 元）缴纳营业税，现在营改增，同志们考虑了，对方要给我开具全额专用发票了，我要抵扣了，这是多大的事呢，正想偷着乐呢!

进一步说，对方如果是一般纳税人，开具10 000元的增值税专用发票，销项税额为：10 000×6%＝600（元），进项呢？本来就一个“皮包”公司，哪有什么进项，租个地方注册个公司就行了，但有人说了，人呢？人的费用哪有进项呢，这不是自己给自己开心吗？以为将自己的人员费用通过一个劳务派遣的“包装”加工出来进项税额，是一个妙招，但对方干吗？税从100到600，多了500，劳务派遣的公司老板还要学雷锋再掏出来500块交税，挣的少了，甚至有可能赔本，这能干吗？至少有割肉了，如果人家再要求加价500，回来抵扣，这有什么意义呢？当然细算账，还是有点作用的，比如对于计算出来的附加税费是有一点降低作用的，这点是不是可以筹划呢，看看金额是多少了。

所以呢，规划归规划，这是技术上的，行不行得通，还要看现实的交易。至于这个政策未来就代收部分要不要允许或可能开具增值税专用发票，还是有差额的老传统继续承接，我们再继续关注并呼吁一下，进而关注财税部门的进一步解释。

第二是建筑安装企业的劳动力外包，国税函〔2006〕493号文件规定：

建筑安装企业将其承包的某一工程项目的纯劳务部分分包给若干个施工企业，由该建筑安装企业提供施工技术、施工材料并负责工程质量监督，施工劳务由施工企业的职工提供，施工企业按照其提供的工程量与该建筑安装企业统一结算价款。按照现行营业税的有关规定，施工企业提供的施工劳务属于提供建筑业应税劳务，因此，对其取得的收入应按照“建筑业”税目征收营业税。

那现在来看，人家这儿没有写得这么明白，所以就讲劳动力外包，就是这个了，如果说还提供原来这个文件中所说的建筑服务方面的东西，那可能按建筑服务走更好一些。因为分包本身就有专业分包，也有劳动力分包的事项。

分析到这儿，我们可能有一个想法了，但是我们不得不参照财税部门的补丁文件：

《财政部 国家税务总局关于进一步明确全面推开营改增试点有关劳务派遣服务、收费公路通行费抵扣等政策的通知》（财税〔2016〕47号）提出了一个选择性的规定，看起来还是你们自己发挥吧，只要不怕吃亏：

一般纳税人提供劳务派遣服务，可以按照《财政部 国家税务总局关于全面推开营业税改征增值税试点的通知》（财税〔2016〕36号）的有关规定，以取得的全部价款和价外费用为销售额，按照一般计税方法计算缴纳增值税；也可以选择差额纳税，以取得的全部价款和价外费用，扣除代用工单位支付给劳务派遣员工的工资、福利和为其办理社会保险及住房公积金后的余额为销售额，按照简易计税方法依5%的征收率计算缴纳增值税。

小规模纳税人提供劳务派遣服务，可以按照《财政部 国家税务总局关于全面推开营业税改征增值税试点的通知》（财税〔2016〕36号）的有关规定，以取得的全部价款和价外费用为销售额，按照简易计税方法依3%的征收率计算缴纳增值税；也可以选择差额纳税，以取得的全部价款和价外费用，扣除代用工单位支付给劳务派遣员工的工资、福利和为其办理社会保险及住房公积金后的余额为销售额，按照简易计税方法依5%的征收率计算缴纳增值税。

选择差额纳税的纳税人，向用工单位收取用于支付给劳务派遣员工工资、福利和为其办理社会保险及住房公积金的费用，不得开具增值税专用发票，可以开具普通发票。

劳务派遣服务，是指劳务派遣公司为了满足用工单位对于各类灵活用工的需求，将员工派遣至用工单位，接受用工单位管理并为其工作的服务。

9. 其他现代服务。

其他现代服务，是指除研发和技术服务、信息技术服务、文化创意服务、物流辅助服务、租赁服务、鉴证咨询服务、广播影视服务和商务辅助服务以外的现代服务。

（七）生活服务。

生活服务，是指为满足城乡居民日常生活需求提供的各类服务活动。包括文化体育服务、教育医疗服务、旅游娱乐服务、餐饮住宿服务、居民日常服务和其他生活服务。

1. 文化体育服务。

文化体育服务，包括文化服务和体育服务。

(1) 文化服务，是指为满足社会公众文化生活需求提供的各种服务。包括：文艺创作、文艺表演、文化比赛，图书馆的图书和资料借阅，档案馆的档案管理，文物及非物质遗产保护，组织举办宗教活动、科技活动、文化活动，提供游览场所。

(2) 体育服务，是指组织举办体育比赛、体育表演、体育活动，以及提供体育训练、体育指导、体育管理的业务活动。

2. 教育医疗服务。

教育医疗服务，包括教育服务和医疗服务。

(1) 教育服务，是指提供学历教育服务、非学历教育服务、教育辅助服务的业务活动。

学历教育服务，是指根据教育行政管理部门确定或者认可的招生和教学计划组织教学，并颁发相应学历证书的业务活动。包括初等教育、初级中等教育、高级中等教育、高等教育等。

非学历教育服务，包括学前教育、各类培训、演讲、讲座、报告会等。

教育辅助服务，包括教育测评、考试、招生等服务。

(2) 医疗服务，是指提供医学检查、诊断、治疗、康复、预防、保健、接生、计划生育、防疫服务等方面的服务，以及与这些服务有关的提供药品、医用材料器具、救护车、病房住宿和伙食的业务。

3. 旅游娱乐服务。

旅游娱乐服务，包括旅游服务和娱乐服务。

(1) 旅游服务，是指根据旅游者的要求，组织安排交通、游览、住宿、餐饮、购物、文娱、商务等服务的业务活动。

(2) 娱乐服务，是指为娱乐活动同时提供场所和服务的业务。

具体包括：歌厅、舞厅、夜总会、酒吧、台球、高尔夫球、保龄球、游艺（包括射击、狩猎、跑马、游戏机、蹦极、卡丁车、热气球、动力伞、射箭、飞镖）。

第三只眼解读

娱乐场所提供的货物方面的供应，也属于混合销售，还有的同志会想到独立设立小门店，按小规模纳税人吗？这要看规模了。不过好在这儿的娱乐服务是列举的方法，没有提会馆，是不是要补充一下呢？餐饮服务、居民日常服务和娱乐服务不得抵扣，这里我们需要好好看一下。

4．餐饮住宿服务。

餐饮住宿服务，包括餐饮服务和住宿服务。

（1）餐饮服务，是指通过同时提供饮食和饮食场所的方式为消费者提供饮食消费服务的业务活动。

（2）住宿服务，是指提供住宿场所及配套服务等的活动。包括宾馆、旅馆、旅社、度假村和其他经营性住宿场所提供的住宿服务。

第三只眼解读

住宿、用餐，本来是不分家的，这与原规则下，在餐馆吃饭，打包和现场吃适用增值税与营业税一样，难分清啊，但这个至少说会有明细账，如果基于抵扣的需要，一定让人家提供明细，好做进项税额转出，而酒店呢，如果愿意劳动，餐饮开具普通发票，住宿开具增值税专用发票，也挺好。如果开具在一张上作为增值税专用发票，最好分开开具，省得买单方自己分的乱了。

不过下一步，个人住宿要求开具增值税专用发票，我们的这些商务酒店们如何区分是不是真的，就只能靠自己猜了，假设是真的，但最好让对方公司出具个证明相关的保护措施。

5．居民日常服务。

居民日常服务，是指主要为满足居民个人及其家庭日常生活需求提供的服务，包括市容市政管理、家政、婚庆、养老、殡葬、照料和护理、救助救济、美容美发、按摩、桑拿、氧吧、足疗、沐浴、洗染、摄影扩印等服务。

6．其他生活服务。

其他生活服务，是指除文化体育服务、教育医疗服务、旅游娱乐服务、餐饮住宿服务和居民日常服务之外的生活服务。

二、销售无形资产

销售无形资产，是指转让无形资产所有权或者使用权的业务活动。无形资产，是指不具实物形态，但能带来经济利益的资产，包括技术、商标、著作权、商誉、自然资源使用权和其他权益性无形资产。

技术，包括专利技术和非专利技术。

自然资源使用权，包括土地使用权、海域使用权、探矿权、采矿权、取水权和其他自然资源使用权。

其他权益性无形资产，包括基础设施资产经营权、公共事业特许权、配额、经营权（包括特许经营权、连锁经营权、其他经营权）、经销权、分销权、代理权、会员权、席位权、网络游戏虚拟道具、域名、名称权、肖像权、冠名权、转会费等。

三、销售不动产

销售不动产，是指转让不动产所有权的业务活动。不动产，是指不能移动或者移动后会引起性质、形状改变的财产，包括建筑物、构筑物等。

建筑物，包括住宅、商业营业用房、办公楼等可供居住、工作或者进行其他活动的建造物。

构筑物，包括道路、桥梁、隧道、水坝等建造物。

转让建筑物有限产权或者永久使用权的，转让在建的建筑物或者构筑物所有权的，以及在转让建筑物或者构筑物时一并转让其所占土地的使用权的，按照销售不动产缴纳增值税。

第三只眼解读

有限产权或永久使用权，现在也明确了，按照销售不动产缴纳增值税。如果单独转让土地使用权，则是在无形资产的项下。这儿要关注一点：不动产投资与土地使用权投资问题。有一种观点认为，投资也是交易的一种，看来营业税下，无形资产、不动产出资不征收营业税的政策没有延续下来，因此我们要好好地思考过去的常用筹划手段，可能需要重新转变思路了。

附件2：

营业税改征增值税试点有关事项的规定

一、营改增试点期间，试点纳税人［指按照《营业税改征增值税试点实施办法》（以下称《试点实施办法》）缴纳增值税的纳税人］有关政策

（一）兼营。

试点纳税人销售货物、加工修理修配劳务、服务、无形资产或者不动产适用不同税率或者征收率的，应当分别核算适用不同税率或者征收率的销售额，未分别核算销售额的，按照以下方法适用税率或者征收率：

1. 兼有不同税率的销售货物、加工修理修配劳务、服务、无形资产或者不动产，从高适用税率。

2. 兼有不同征收率的销售货物、加工修理修配劳务、服务、无形资产或者不动产，从高适用征收率。

3. 兼有不同税率和征收率的销售货物、加工修理修配劳务、服务、无形资产或者不动产，从高适用税率。

第三只眼解读

一般纳税人或小规模纳税人，依照附件1《营业税改征增值税试点实施办法》的规定：

纳税人兼营销售货物、劳务、服务、无形资产或者不动产，适用不同税率或者征收率的，应当分别核算适用不同税率或者征收率的销售额；未分别核算的，从高适用税率。

我们再结合这儿的解释，第2项规定的是不同的征收率，那征收率当下有5%，还有3%，这是进一步细化了这种情形。附件1只是说了从高适用税率，因为税率通常是高于征收率的。

兼营一定要努力分清楚，不然无论是税率，还是征收率，有共同存在的时候，那就从高处理，找对保障国家财政收入有利的方式处理，这也直接要求纳税人在技术处理上要有保障且遵照规定，才能保障自己的利益。

因此对于纳税人来讲，兼营的时候，如果是不同的客户，自己的收入还是容易分得清的，但在对应一个客户的时候，有时也有兼营两个业务发生的，那此时如果价格都分不清，自然需要从高适用税率或征收率了，而此时如果从高了，那按从高开具的增值税专用发票或代开的增值税专用发票，亦应允许购买方抵扣，而不是简单地认为纳税人开具的发票不合规而否定人家。

（二）不征收增值税项目。

第三只眼解读

这儿解释的是不征收增值税的项目，不是免税的概念，根本就不在税的管理范围之内，不要考虑开具发票的事，也不是国家规定的应征而免的事，免税是可以开具普通发票的，而不征收增值税则根本无开具发票之需。同时，不征收增值税的项目，也不需要在申报表中进行填写，不需要申报，有收入那是企业的利得事项了。

1. 根据国家指令无偿提供的铁路运输服务、航空运输服务，属于《试点实施办法》第十四条规定的用于公益事业的服务。

第三只眼解读

这个对于铁路运输企业、航空运输企业是有明确的，毕竟是为国家服务，就不视为增值税的视同销售处理了，自己承担一下成本费用。

那此时企业所得税如何处理呢？自己承担的成本费用如何补偿，做捐赠的视同销售处理吗？估计这种情形下，难有做视同销售的，要是被税务机关认为不属于与生产经营相关的业务支出，是不是也是可以否定一下的呢？这只是一个附加说明，不代表人家一定这样去做，毕竟是为国做贡献啊。

2. 存款利息。

第三只眼解读

营业税下，存款利息是不征营业税的，增值税下也延续这个政策方向，存款不是借款，要征估计存款人会有意见，由此我们的银行在贷款时，发生了贷款利息，说我们能不能抵减给存款人的利息呢，这也是“增值”下的税啊，这就别想了，不让扣除，差额不可能。一下子在这儿明确了属于不征税，即使银行融资进来的资金，也是不得抵扣的，这才是金融业营改增的难受之处。

由于这儿卡住了，那贷款人不让扣除是有理由的，因为没有人缴过增值税，再让贷款利息扣除就不可能了。这是国家整体层面的税的失衡了。

但是贷款人缴纳了利息的增值税，下一环节还不让扣除，这个逻辑还是有点没有整体实现增值税的抵扣链条的，从这一点看，金融业的营改增还没有实施到位。同样，对于企业内部的资金池等业务，彼此之间的借款利息属于增值税的应税范围，但是支付方是不能抵扣的，相当于集团层面的融资成本仍然是需要承担利益流出的成本的，至于未来贷款服务（利息）的增值税是否可以抵扣，估计还是要看政策的进一步规划。

对于这一条，上海税务在解读的时候是这样说的：仅限于存储在国家规定的吸储机构所取得的存款利息。所以这个存款利息，并不是指那种高利贷拉私底下“存款”的行为，还有如果企业内部搞资金池，其中如果也计息，这能不能靠上“存款利息”，其实还是有难度的，因为普遍的认识可能还是认为要符合有牌照的存款机构才是为前提。

同时，我们对于银行存于同业的存款，有的税务机关也不予认可，认为只有企业和个人的储蓄存款利息才能属于存款利息，不征收增值税的，这有点误解，当然银行等金融机构也要考虑看看是不是真实的存款，而不是包装的产品，认为是存款，其实形式上是穿了“马甲”，这个税务机关可能就难认了，但是要是一下子否定银行的存款业务，这未免有点儿“个人理解”的味道，能来个法规不？

3. 被保险人获得的保险赔付。

第三只眼解读

这个比较清楚，本来不是交易，就没有增值税了。

4. 房地产主管部门或者其指定机构、公积金管理中心、开发企业以及物业管理单位代收的住宅专项维修资金。

第三只眼解读

这个也是一个保护性条款，因为房开企业、物业管理单位代收的专项维修资金还挺多的，首先不会再去界定它们有价外费用的征税的想法了。

但是物业公司代收的水电费，可能就麻烦了，好的方面是直接将票据给使用方，代转款项，这是好的，并不到价外费用中，这是两个事，但是水电公司很难对没有户口的企业开具发票。稍不好的是，物业公司是一般纳税人，取得专用发票抵扣，再通常销售处理给下一家。不好的是，物业公司是简易征收方法的选择，水电费得不到抵扣，再加到服务费的价中时，肯定是增加了“销售额”，尽管下一方能抵扣，自己就吃亏了，税负“调整”高了。如山东省国税关对此是这样认为的：

关于物业公司代收水电费、暖气费问题

物业公司代收水电费、暖气费，缴纳营业税时实行差额征税，开具代开普通发票，而营改增试点政策中并未延续差额征税政策。对此问题，国家税务总局正在研究解决。在新的政策出台之前，可暂按以下情况区分对待：

1. 如果物业公司以自己名义为客户开具发票，属于转售行为，应该按发票金额缴纳增值税；

2. 如果物业公司代收水电费、暖气费等，在总局明确之前，可暂按代购业务的原则掌握，同时具备以下条件的，暂不征收增值税：

(1) 物业公司不垫付资金；(2) 自来水公司、电力公司、供热公司等（简称销货方），将发票开具给客户，并由物业公司将该项发票转交给客户；(3) 物业公司按销货方实际收取的销售额和增值税额与客户结算货款，并另外收取手续费。

5. 在资产重组过程中，通过合并、分立、出售、置换等方式，将全部或者部分实物资产以及与其相关联的债权、负债和劳动力一并转让给其他单位和个人，其中涉及的不动产、土地使用权转让行为。

第三只眼解读

这个仍然是老政策原则的延续，如下是原来的旧增值税的政策：

《国家税务总局关于纳税人资产重组有关增值税问题的公告》(国家税务总局公告2011年第13号)：

根据《中华人民共和国增值税暂行条例》及其实施细则的有关规定，现将纳税人资产重组有关增值税问题公告如下：

纳税人在资产重组过程中，通过合并、分立、出售、置换等方式，将全部或者部分实物资产以及与其相关联的债权、负债和劳动力一并转让给其他单位和个人，不属于增值税的征税范围，其中涉及的货物转让，不征收增值税。

本公告自2011年3月1日起执行。此前未作处理的，按照本公告的规定执行。《国家税务总局关于转让企业全部产权不征收增值税问题的批复》(国税函〔2002〕

420 号)、《国家税务总局关于纳税人资产重组有关增值税政策问题的批复》(国税函〔2009〕585 号)、《国家税务总局关于中国直播卫星有限公司转让全部产权有关增值税问题的通知》(国税函〔2010〕350 号)同时废止。

国家税务总局公告 2011 年第 13 号是这样的原则，当时明确的是货物转让不征收增值税，现在不动产、土地使用权从营业税纳入营改增了，《国家税务总局关于纳税人资产重组有关营业税问题的公告》(国家税务总局公告 2011 年第 51 号》当时就是对于不动产、土地使用权下营业税不征，现在是增值税了，这个原则也是这样处理。

但是人家一并转让的除土地使用权之外的无形资产呢，这个原来就没有点出来，理论上要一视同仁，但是既然没有规定，那就在转让时要确认好地方的认可口径处理，因为可以很轻易地被否定一并转让的其他涉及无形资产的东西。毕竟文件没有规定，税务机关是可以大大方方地不认可除土地使用权之外无形资产“打包”转让不征收增值税的行为。

(三) 销售额。

如无特别说明，这儿的销售额都是不含税销售额，我们的增值税的原则要理解清晰。

1. 贷款服务，以提供贷款服务取得的全部利息及利息性质的收入为销售额。

第三只眼解读

约定的应收的利息是比较确定的、属于贷款服务，其实将利息说成服务，感觉上很奇怪，但是就这样称呼了，那就叫吧，反正不影响什么。利息性质的收入是什么，除了利息本身，一是可以认为属于价外费用的内容，二是在利息之外跟借款使用的人要的服务费之类，但是人家如果服务费先收了，并开具了服务费用的发票，此时税率也是 6%，不影响税款的差异，不一定非要将直接相关的咨询服务拉过来作为利息收入进行会计核算、计税调整的处理。

这儿说明一点，取得利息收入，并不一定限于金融企业，如小贷公司，人家理论上也属于金融范围，但是就还没有这个“认定身份”。还有关联方企业之间的借款，那也是要有利息的，有了利息也要按这个销售额计税的，有的企业解释说，我们之间是无偿借款，那没有办法，税务机关可以依照视同销售进行调整，原来营业税下就有不少这样“创新”的案例，尽管不普遍，但是很可怕。同样，由于贷款服务是不得抵扣的事项，这是全行业的一个规定，所以对于集团内部的融通资金仍是有成本的，因为彼此之间不能“一销一抵”平衡。

对于金融企业来讲，有的时候贷款服务的一些违约金性质的收入是放在营业外收入下的，这时就是利息性质的，别忘了并进来计税。不过我们要清楚，收回的本金不是任何的价外费用，坚决不能并在利息中计缴增值税，不然自己让自己没有生意做了。

2. 直接收费金融服务，以提供直接收费金融服务收取的手续费、佣金、酬金、管理费、服务费、经手费、开户费、过户费、结算费、转托管费等各类费用为销售额。

第三只眼解读

这主要是银行的中间业务收入，比如柜台办理汇款等手续费、保管箱业务等，这个比较易理解。

3. 金融商品转让，按照卖出价扣除买入价后的余额为销售额。

转让金融商品出现的正负差，按盈亏相抵后的余额为销售额。若相抵后出现负差，可结转下一纳税期与下期转让金融商品销售额相抵，但年末时仍出现负差的，不得转入下一个会计年度。

金融商品的买入价，可以选择按照加权平均法或者移动加权平均法进行核算，选择后36个月内不得变更。

金融商品转让，不得开具增值税专用发票。

第三只眼解读

金融商品转让，相当于就借用了营业税的计算方式，余额为销售额，注意，从理解上看，这儿是否有必要设置一个“营改增抵减的销项税额”来处理，满足纳税申报表中的扣除额的数据，则视情形处理。从操作上看，设置这样一个科目没有实质的意义，但是填表还是要填写金融商品转让的扣除额的，并不是直接取差进行申报处理，因为有的时候是有负差的，所以必须进行记录才能反映清楚。

由于企业可能有多种金融商品转让，有的是正差，有的是负差，一个期间内相抵后看余额是正或负，进而确定销售额。如果出现正差，计税，如果出现负差，结转下期转让金融商品继续抵，有点像弥补亏损一样。但是这个截止点就到年末，年末有负差，不得转入下一年度。但有点惨的情形是，如果一、二季度有计正差，三、四季度出现负差还不够抵缴过的税的计算，那理论上是要退税的，但在现实的操作中，存在比较麻烦的操作，财税〔2003〕16 号文件规定得挺明确：

金融企业买卖金融商品（包括股票、债券、外汇及其他金融商品，下同）可在同一会计年度末，将不同纳税期出现的正差和负差按同一会计年度汇总的方式计算并缴纳营业税，如果汇总计算应缴的营业税税额小于本年已缴纳的营业税税额，可以向税务机关申请办理退税，但不得将一个会计年度内汇总后仍为负差的部分结转下一会计年度。

财税〔2016〕36 号文件不提退税的事了，这如何是好，因为负差是不允许冲减其他应税事项的，只能用未来的金融商品转让来消化，所以这个问题还是比较严重的。其实这个也可以解释成留抵税额的情形，不过人家却没有年度截止的处理，留抵税额可是可以永续存在下去的，那才是一种权利，所以要充分地认识到未提退税及负差的处理，比如利用业务创新来处理负差的部分，也未尝不可。

金融商品的买入价，可以选择按照加权平均法或者移动加权平均法进行核算，选择后 36 个月内不得变更。但是人家企业说我们就按分批，能分清，不按加权平均，因为卖的时候多是对应操作的，能分清，这至少人家没有说分批的呢，因此为了没有争议，如果是分次购入下的转让，就坚持用一下加权平均吧。

不得开具专用发票，都差额了，还要专用发票做什么呢，而且交易市场上也不知道谁给谁开具增值税专用发票的目标，所以规定下来自是免得拿着专用发票再去抵别的，不是更乱了吗。而且在差额计算的凭据提供上，财税〔2016〕36 号文件也没有提出要求，所以普通发票也可以不用开具，别折腾了，原来是啥样现在就按啥样办理就好。依照财税〔2016〕36 号文件，其中一条规定："试点纳税人按照上述 4—10 款的规定从全部价款和价外费用中扣除的价款，应当取得符合法律、行政法规和国家税务总局规定的有效凭证。否则，不得扣除。"而金融商品转让是第 3 款，这说明并不需要差额的扣税凭证。

另外原来多说的是"买卖金融商品"，现在叫"金融商品转让"，当然，还是有"卖出价"减去"买入价"的，那是不是说限售股的增值税依然不明确，但是地税机关在好多地方却是征得紧，这如何是好，都增值税了，还不明确，国税机关估计也有可能要征了。

上面的纳税期是指征期的概念，如月度、季度等，视企业适用的情形而定。

4. 经纪代理服务，以取得的全部价款和价外费用，扣除向委托方收取并代为支付的政府性基金或者行政事业性收费后的余额为销售额。向委托方收取的政府性基金或者行政事业性收费，不得开具增值税专用发票。

第三只眼解读

从第4款至第10款的差额扣除的情形，一定是要取得相应的扣除凭证的，具体请查阅第11款的规定。

参照销售服务注释：

经纪代理服务，是指各类经纪、中介、代理服务。包括金融代理、知识产权代理、货物运输代理、代理报关、法律代理、房地产中介、职业中介、婚姻中介、代理记账、拍卖等。

货物运输代理服务，是指接受货物收货人、发货人、船舶所有人、船舶承租人或者船舶经营人的委托，以委托人的名义，为委托人办理货物运输、装卸、仓储和船舶进出港口、引航、靠泊等相关手续的业务活动。

代理报关服务，是指接受进出口货物的收、发货人委托，代为办理报关手续的业务活动。

上面提到的货物运输代理服务，在财税〔2013〕106号文件中是这样描述的：

货物运输代理服务，是指接受货物收货人、发货人、船舶所有人、船舶承租人或船舶经营人的委托，以委托人的名义或者以自己的名义，在不直接提供货物运输服务的情况下，为委托人办理货物运输、船舶进出港口、联系安排引航、靠泊、装卸等货物和船舶代理相关业务手续的业务活动。

财税〔2016〕36号文件进一步弱化了“不直接提供货物运输服务的情况下”，这儿更多是用挣的服务费的处理来表述的。对于收取并代为支付的政府性基金或者行政事业性收费，取得相应的符合法律、行政法规和国家税务总局规定的有效凭证，才允许进行差额扣除。

这个差额扣除部分，是明确不得开具增值税专用发票的。而财税〔2016〕47号文件规定：

纳税人提供人力资源外包服务，按照经纪代理服务缴纳增值税，其销售额不包括受客户单位委托代为向客户单位员工发放的工资和代理缴纳的社会保险 、住房公积金。向委托方收取并代为发放的工资和代理缴纳的社会保险、住房公积金，不得开具增值税专用发票，可以开具普通发票。

一般纳税人提供人力资源外包服务，可以选择适用简易计税方法，按照5%的征收率计算缴纳增值税。

5. 融资租赁和融资性售后回租业务。

(1) 经人民银行、银监会或者商务部批准从事融资租赁业务的试点纳税人，提供融资租赁服务，以取得的全部价款和价外费用，扣除支付的借款利息（包括外汇借款和人民币借款利息）、发行债券利息和车辆购置税后的余额为销售额。

第三只眼解读

既然是营改增了，同时也考虑到借款利息（贷款服务）并不能进行抵扣，经过人民银行、银监会或者商务部批准从事融资租赁的单位（含商务部授权地方批准的融资租赁公司），虽然不是抵扣，但人家经营也是要有本钱的，所以继续延续给予差额扣除处理，即借款利息、发行债券的利息和车辆购置税后的余额为销售额。

对于借款利息，原来有的银行只给利息单，没有发票，那基本上也是认可的多。发行债券，哪有发票凭据，所以后面第 11 款中要求提供的凭据，现实当中因为发行债券的案例较直接借款利息少，所以检查当中也未有以此禁止纳税人扣减的。

但是差额扣除的利息，如何确定金额是个问题，比如借款一亿元，用于融资租赁使用了 1 000 万元，那是要扣除 1 亿元的利息支出，还是扣除 1 000 万元的利息支出？现实当中，认为 1 000 万元更容易得到认可一些，不过钱是一堆，到底是哪些钱用于融资租赁目的，还真是难啊，看企业如何说与举证了。

另外这儿的借款利息，是不是限于金融机构借款，这可没有说，有的同志认为不认可非金融机构借款，这可没有限制，要不真要在条文中说明清楚才有依据。

不过有的同志在思考，贷款服务不是不能抵扣吗，但是融资租赁公司是可以差额扣息的，这不跟抵扣一个结果吗，能不能“筹划”一下，先让融资租赁公司从银行借款，再通过直租（注意售后回租也视为贷款服务了，下一方也是不得抵扣的）进行处理，似乎可以操作一下，但要看具体的实施成本与可行性了。

(2) 经人民银行、银监会或者商务部批准从事融资租赁业务的试点纳税人，提供融资性售后回租服务，以取得的全部价款和价外费用（不含本金），扣除对外支付的借款利息（包括外汇借款和人民币借款利息）、发行债券利息后的余额作为销售额。

第三只眼解读

提供融资性售后回租服务，现在与过去不一样了，相较于财税〔2013〕106号文件，原来规定的是适用于有形动产租赁，税率是17%，现在放弃了这个处理规则，只就收的利息部分来作为贷款服务（不考虑本金的因素了），税率为6%，回租方不得抵扣。即收入的界定性质变化了，那人家还是有融资成本的，所以就特例规定允许差额扣除利息成本了。从17%到6%，从事售后回租的企业可是直接地得利了，当然回租方的抵扣没有了，因此要看抵扣的利益及是否需要抵扣来确定双方的利息交易条款。

（3）试点纳税人根据2016年4月30日前签订的有形动产融资性售后回租合同，在合同到期前提供的有形动产融资性售后回租服务，可继续按照有形动产融资租赁服务缴纳增值税。

第三只眼解读

老合同，有形动产售后回租，还是可以选择基于财税〔2013〕106号文件的规定进行处理的，也可以选择财税〔2016〕36号文件的规定进行处理。对融资租赁企业来讲，从原来有形动产差额的17%到现在贷款服务的6%，自然可以考虑往后适用新规则更好，但是6%不得抵扣，17%是可以抵扣的，具体还需要融资租赁企业和承租方沟通确定。

继续按照有形动产融资租赁服务缴纳增值税的试点纳税人，经人民银行、银监会或者商务部批准从事融资租赁业务的，根据2016年4月30日前签订的有形动产融资性售后回租合同，在合同到期前提供的有形动产融资性售后回租服务，可以选择以下方法之一计算销售额：

第三只眼解读

选择按老合同进行业务处理的，可以继续进行如下两种方法的选择。

①以向承租方收取的全部价款和价外费用，扣除向承租方收取的价款本金，以及对外支付的借款利息（包括外汇借款和人民币借款利息）、发行债券利息后的余额为销售额。

纳税人提供有形动产融资性售后回租服务，计算当期销售额时可以扣除的价款本金，为书面合同约定的当期应当收取的本金。无书面合同或者书面合同没有约定的，为当期实际收取的本金。

试点纳税人提供有形动产融资性售后回租服务，向承租方收取的有形动产价款本金，不得开具增值税专用发票，可以开具普通发票。

第三只眼解读

这个规则相当于还是老办法，规则都没有变化，17%的有形动产的差额计算增值税，同样规定本金不得开具专用发票，当然承租方依照操作方式还是要“虚”开一张不计税的普通发票给出租方作扣除凭证（各地的开具方式需要沟通确认之类），但不是一次性扣除，是每期按收的本金分期扣除。

但是有的同志说，原来有的企业就是一次性将本金在本次营改增前扣除了，留下的是很多的差额负数，现在改为6%贷款服务，还能继续扣吧，小编认为从匹配的原则看应是不允许扣除的，本来操作得就有点“过”，这个“便宜”可是不好占的。

②以向承租方收取的全部价款和价外费用，扣除支付的借款利息（包括外汇借款和人民币借款利息）、发行债券利息后的余额为销售额。

第三只眼解读

这个规则有意思，不扣除收取回租方的本金了，有点相当于直接对卖处理了。那这个销售额，企业愿意吗？为何出这个规定呢，其实企业收的利息，其成本是对外融资的成本，扣除仍然是认可的，也是应当认可的，但是如果全额做成了销售额，那抵扣从哪儿来呢？只有回租方不遵照国家税务总局公告 2010 年第 13 号，作为销售处理，这样才理得顺。不然出租方可就亏大发了。

（4）经商务部授权的省级商务主管部门和国家经济技术开发区批准的从事融资租赁业务的试点纳税人，2016 年 5 月 1 日后实收资本达到 1.7 亿元的，从达到标准的当月起按照上述第（1）、（2）、（3）点规定执行；2016 年 5 月 1 日后实收资本未达到 1.7 亿元但注册资本达到 1.7 亿元的，在 2016 年 7 月 31 日前仍可按照上述第（1）、（2）、（3）点规定执行，2016 年 8 月 1 日后开展的融资租赁业务和融资性售后回租业务不得按照上述第（1）、（2）、（3）点规定执行。

第三只眼解读

这个就相当于是一个资质的问题，但限于特定的批准机构批准的融资租赁的试点纳税人。财税〔2013〕106 号文件当时用的表达是注册资本 1.7 亿元，现在是要求实收资本和注册资本两个标准来分析不同的情形，来真的了，不过这儿也是给了一个延缓的时间来办理，不然真享受不到差额的好处了。

这个1.7亿元原来也是有说道的，《商务部 国家税务总局关于从事融资租赁业务有关问题的通知》（商建发〔2004〕560号）当时是这样提及的：

四、从事融资租赁业务试点企业（以下简称融资租赁试点企业）应当同时具备下列条件：

（一）2001年8月31日（含）前设立的内资租赁企业最低注册资本金应达到4 000万元，2001年9月1日至2003年12月31日期间设立的内资租赁企业最低注册资本金应达到17 000万元；

……

6. 航空运输企业的销售额，不包括代收的机场建设费和代售其他航空运输企业客票而代收转付的价款。

第三只眼解读

这个相当于也是给了一个保护性的条款，不然很容易被套到价外费用当中。既然不是销售额，那再转交出去的时候，也不用考虑差额和抵扣取得票据，直接挂往来冲减付款就行了，增值税上没有追究这个销售额中的价外费用。

7. 试点纳税人中的一般纳税人（以下称一般纳税人）提供客运场站服务，以其取得的全部价款和价外费用，扣除支付给承运方运费后的余额为销售额。

第三只眼解读

这个是一种商业的处理规则，因为提供客运场站服务税率是6%，承运方的运费税率是11%，这不是倒挂吗，所以用差额就一下子解决了，尽管不大符合增值税的原则，因为承运方交的税，没有给这一方抵扣，除非这一方也将税率设置为11%，在未设置之前，还是差额比较理得顺，也能让客运场站缴上税。

8. 试点纳税人提供旅游服务，可以选择以取得的全部价款和价外费用，扣除向旅游服务购买方收取并支付给其他单位或者个人的住宿费、餐饮费、交通费、签证费、门票费和支付给其他接团旅游企业的旅游费用后的余额为销售额。

选择上述办法计算销售额的试点纳税人，向旅游服务购买方收取并支付的上述费用，不得开具增值税专用发票，可以开具普通发票。

第三只眼解读

旅游服务，给出了类似营业税的差额的“选择”权，当然企业也可以用销项税额减进项税额抵扣的方式，但我们可以想想，抵扣的最大限才是支付的金额，稍有不够抵的，可能就亏了，而且跟那些免税单位要专用发票，想得美！所以选择差额应是比较有利的方式，而且旅游服务多数也不能抵扣，故此，为了报销之用，那就开具普通发票吧，到时“差掉”就可以了。

此时差额的部分不能开具增值税专用发票，但有人为抵扣偏要专用发票呢，可能旅行社就要考虑不选择差额，看来这个灵活性还比较满足企业的诉求，至于开具普通发票，仅仅是对方入成本，但这不一下子露了成本价了吗？这是商业机密啊，普通发票就是支付的成本，这也不能轻易跟人说啊，所以这个也是限制使用差额的一种商业因素影响。

那上面说的是一般纳税人，对于小规模纳税人呢？人家也是可以选择的，当然对于代收代转的部分，那也只能开具普通发票，而不能向税务机关申请办理代开增值税专用发票。

9. 试点纳税人提供建筑服务适用简易计税方法的，以取得的全部价款和价外费用扣除支付的分包款后的余额为销售额。

第三只眼解读

适用简易计税方法，一是一般纳税人的选择，二是小规模纳税人的适用。

这个建筑服务一下子冒出来，好像让人一下子有点晕，这个要结合后面的情形分析建筑服务什么时候可以用简易计税方法，如分包，这儿主要是讲差额。那建筑服务如果是选择简易计税方法，有分包的，是可以扣除分包款后的余额来计算销售额的。

此处需要结合下面第（七）项的内容考虑。

10. 房地产开发企业中的一般纳税人销售其开发的房地产项目（选择简易计税方法的房地产老项目除外），以取得的全部价款和价外费用，扣除受让土地时向政府部门支付的土地价款后的余额为销售额。

房地产老项目，是指《建筑工程施工许可证》注明的合同开工日期在 2016 年 4 月 30 日前的房地产项目。

第三只眼解读

这儿是说明营改增之后，房地产开发企业中的一般纳税人（好像房地产开发企业成为小规模纳税人的也不多啊）销售房地产的收入中，之前为大家纠结的土地价款，原来有人认为不可扣税，没有专用发票，现在好了，明确了，“扣除向政府部门支付土地价款后的余额”。有的地方税务机关对此解释，这个土地价款仅指土地出让金，不包括其他拆迁补偿、配套费之类的，而如果政府可能返还的部分，也并没有说要冲回，但就怕我们的税务同志比较负责地“维护”国家税收利益而说不认可，其实当下这是没有依据的。

但是房地产老项目，即《建筑工程施工许可证》注明的合同开工日期在2016年4月30日前的房地产项目，注意，这儿可不是仅这一个条件，后面的补充文件进一步扩展了“房地产老项目”的范围，即《房地产开发企业销售自行开发的房地产项目增值税征收管理暂行办法》（国家税务总局公告2016年第18号）：

第八条　一般纳税人销售自行开发的房地产老项目，可以选择适用简易计税方法按照5%的征收率计税。一经选择简易计税方法计税的，36个月内不得变更为一般计税方法计税。

房地产老项目，是指：

（一）《建筑工程施工许可证》注明的合同开工日期在2016年4月30日前的房地产项目；

（二）《建筑工程施工许可证》未注明合同开工日期或者未取得《建筑工程施工许可证》但建筑工程承包合同注明的开工日期在2016年4月30日前的建筑工程项目。

第九条　一般纳税人销售自行开发的房地产老项目适用简易计税方法计税的，以取得的全部价款和价外费用为销售额，不得扣除对应的土地价款。

但是选择按简易计税方法的，那就不能再扣除土地价款了，因为已经考虑了征收率比税率低了（一般计税方法税率是11%，简易计税方法征收率是5%）。就算营业税下，也是不允许扣除土地成本的，这没有话说的。

这儿主要是解释可以差额扣除的政策适用，因此相关详细内容请继续查阅后面的文章。

11. 试点纳税人按照上述4—10款的规定从全部价款和价外费用中扣除的价款，应当取得符合法律、行政法规和国家税务总局规定的有效凭证。否则，不得扣除。

上述凭证是指：

（1）支付给境内单位或者个人的款项，以发票为合法有效凭证。

（2）支付给境外单位或者个人的款项，以该单位或者个人的签收单据为合法有效凭证，税务机关对签收单据有疑义的，可以要求其提供境外公证机构的确认证明。

（3）缴纳的税款，以完税凭证为合法有效凭证。

（4）扣除的政府性基金、行政事业性收费或者向政府支付的土地价款，以省级以上（含省级）财政部门监（印）制的财政票据为合法有效凭证。

（5）国家税务总局规定的其他凭证。

纳税人取得的上述凭证属于增值税扣税凭证的，其进项税额不得从销项税额中抵扣。

第三只眼解读

首先，对于上面所说的差额扣除的 4—10 款中的事项，那不是说权责发生制的匹配扣除，这才不管呢，看什么？看的是取得的凭证。对于不同交易中的凭证，有发票、有签收单据、有财政票据、有完税凭证等，比如融资租赁下的利息扣除，那大的银行就是不给发票如何办，结果最后大家还是基本上认可了利息结算单据的扣除凭证。

比如有的企业的付息是半年结算，那平时没有凭证，如何扣除，没有办法，如照此规定，只能到半年时再扣除，平时不得扣除计提的利息，就是这么酷。

这儿也进一步明确了“纳税人取得的上述凭证属于增值税扣税凭证的，其进项税额不得从销项税额中抵扣”，不然这便宜占大了。

（四）进项税额。

1. 适用一般计税方法的试点纳税人，2016 年 5 月 1 日后取得并在会计制度上按固定资产核算的不动产或者 2016 年 5 月 1 日后取得的不动产在建工程，其进项税额应自取得之日起分 2 年从销项税额中抵扣，第一年抵扣比例为 60%，第二年抵扣比例为 40%。

取得不动产，包括以直接购买、接受捐赠、接受投资入股、自建以及抵债等各种形式取得不动产，不包括房地产开发企业自行开发的房地产项目。

融资租入的不动产以及在施工现场修建的临时建筑物、构筑物，其进项税额不适用上述分2年抵扣的规定。

第三只眼解读

让不动产、不动产在建工程纳入抵扣，确实会带来固定资产投资的预期，而且是真正的需求，不仅仅是炒盘了。但是一下子抵扣，金额往往很大，国家财政也受不了，因此政策给出了按2年摊销抵扣的方式。

对于一般计税方法中的增值税抵扣来讲，可从来没有这样的折旧、摊销的抵扣规则，什么时候取得了专用发票等扣税凭证，直接抵扣当期，与形成资产、形成费用没有任何关系，但这一次，就有了这个特殊性的规则。

一是，这儿明确只能是2016年5月1日（含）取得，并且在会计上计为固定资产或在建工程的情形，在5月1日之前取得的是不予认可的，所以要买是要看时候的，等到5月1日。至于已经买了的，那也退不回去了，只好眼睁睁看着营改增了，即使款项没有付完，也没有办法。

二是，取得之日起分2年抵扣，这儿可不是24个月的规定，这个有一个解释了，即《不动产进项税额分期抵扣暂行办法》（国家税务总局公告2016年第15号）：

纳税人按照本办法规定从销项税额中抵扣进项税额，应取得2016年5月1日后开具的合法有效的增值税扣税凭证。上述进项税额中，60%的部分于取得扣税凭证的当期从销项税额中抵扣；40%的部分为待抵扣进项税额，于取得扣税凭证的当月起第13个月从销项税额中抵扣。

注意是取得扣税凭证的当期，不是说开具发票的日期，取得是有弹性的，如5月开具的专用发票，8月取得的，那取得的当期就是8月，8月所属的季度也是当期。

三是，取得不动产的形式多样，对于投资入股，这在原来不动产投资时是没有营业税的（风险共担形式的），但是现在说是有进项了，这不是否定了增值税接受营业税的老规则了吗？就是这个意思。对于自建，有的人士认为上面规定的是取得，自建的如何操作，周期是很长的，取得发票跨度也长，是不是要等到转回才能抵扣啊，从第三只眼的理解来看，无论是多长时间，只要取得相关的可抵扣票据，就从取得之日起 2 年分期认证，才不管几年后转固定资产呢。那对于企业来讲，如果自购物料的话，这种增值税专用发票可多了去了，管理很难，如果让建安企业去购置，发票量少，这可能好操作一些。

四是，如果是房地产开发企业，人家就是销售房屋的，取得的进项抵扣不需要遵照 2 年的期限抵扣规定，直接取得之日起抵扣，不要管别的。

五是，融资租入的不动产以及在施工现场修建的临时建筑物、构筑物，其进项税额不适用上述分 2 年抵扣的规定。融资租入本身多是分期结算抵扣的，再分 2 年摊销抵扣，这不是与事实不配比了吗？

所以 2 年，如何抵扣，对于纳税人是一个管理上的挑战与细化。但是对于房地产企业自行开发的房地产，如果转为自用，理解上并没有限制说仍按 2 年期限进行处理，这个可能需要进一步明确为好。同样对于不动产的抵扣，由于涉及土地使用权向政府支付的地价，此部分含在销售房价中，能否让买家允许抵扣的事项，因为差额部分理解上是没有人交过增值税，借鉴其他差额的规定，是不是允许开具增值税专用发票用于下一方的抵扣，还是只能开具此部分的普通发票，这都是一个商务和管理上的麻烦事，但是目前我们来讲，这是没有限制的：不得就土地部分开具增值税专用发票，不宜作扩大解释，除非是明确的文件说明。这一点如湖北国税有过明确，是可以全额开具增值税专用发票的，因为交政府的土地价款也是钱啊，与税一样对政府都是收入，不然这事就会整得复杂了，增值税就真不是“增值”税了。

2. 按照《试点实施办法》第二十七条第（一）项规定不得抵扣且未抵扣进项税额的固定资产、无形资产、不动产，发生用途改变，用于允许抵扣进项税额的应税项目，可在用途改变的次月按照下列公式计算可以抵扣的进项税额：

$$\text{可以抵扣的进项税额}=\frac{\text{固定资产、无形资产、不动产净值}}{1+\text{适用税率}}\times\text{适用税率}$$

上述可以抵扣的进项税额应取得合法有效的增值税扣税凭证。

第三只眼解读

对于固定资产，即有形动产，不含不动产的固定资产（看固定资产定义不含不动产），这个事项是原来所没有的规则，因为抵扣不抵扣是进来的时候就要决定的，后续只有转出的管理，却没有再让补抵扣的机会，这不能不说也是一种进步了。

第二十七条第（一）项规定：

下列项目的进项税额不得从销项税额中抵扣：

（一）用于简易计税方法计税项目、免征增值税项目、集体福利或者个人消费的购进货物、加工修理修配劳务、服务、无形资产和不动产。其中涉及的固定资产、无形资产、不动产，仅指专用于上述项目的固定资产、无形资产（不包括其他权益性无形资产）、不动产。

纳税人的交际应酬消费属于个人消费。

因为固定资产的用途是持续性的、长期的，在会计计量的折旧或摊销期间，如果从不能抵扣的用途，转变为能够抵扣的用途时，是可以按净值折为不含税价格重新来计算可以抵扣的税额的，因为这个净值是含税的，当初没有抵扣啊，所以必须换算一下不含税的价格。

注意，这个再次抵扣的前提是一定在取得时拿到合法有效的增值税扣税凭证，如果没有取得，那对不起。所以从这个角度说，如果是固定资产，虽然购买时不能抵扣，但也建议取得增值税的扣税凭证，并且一定要选择认证抵扣（如需要认证抵扣，至少当前的技术要求是这样的），至于系统当中如何认定，这又是一个纳税申报时要解决的问题。

另外这个规定是指试点后发生的事，并不是说试点前的采购，当时是营业税，能要到增值税，试点后马上按此方法得到抵扣，这个是增值税体系下的规则，不是从营业税转到增值税下可以使用的规则。

用于可以抵扣事项，相当于不是不得抵扣的限制范围了，如果是用途改变的次月，那相应地应用改变当月末的净值来计算，同时考虑固定资产的折旧规则来确定计算净值率。

3. 纳税人接受贷款服务向贷款方支付的与该笔贷款直接相关的投融资顾问费、手续费、咨询费等费用，其进项税额不得从销项税额中抵扣。

第三只眼解读

这个主要是为防范人为分解利息支出为咨询费等处理的，所以直接限制了直接相关的不得抵扣事项。注意是直接相关，并不是间接相关。因为咨询费可以抵扣，利息不得抵扣，怕出现操纵行为。

另外，有的银行可能无法有效划分到底哪些是“直接相关”，如果财务人员实在分不清，就“大胆”地开具了增值税的专用发票，这也没事，因为不得抵扣并不能推断出不得开具专用发票，这才是一个有趣的事，因为不得抵扣的规定是购买方的法律责任承担。

（五）一般纳税人资格登记。

《试点实施办法》第三条规定的年应税销售额标准为 500 万元（含本数）。财政部和国家税务总局可以对年应税销售额标准进行调整。

第三只眼解读

这个 500 万元达到标准了，基本上就要进行一般纳税人的认定，了解这个信息就可以了。至于不经常发生的单位，可以不适用于这个 500 万元的标准。

注意这儿的 500 万元应是指小规模纳税人的不含税销售额，即换算为含税销售额，就是：500×(1＋3%)＝515（万元），对于这个有的税务机关是按 2015 年度的营业税下的收入数据推算的，有的企业明确达不到，但是税务机关可能认为要转，这个还是可以沟通确认的，除了上面的 2015 年度，还有一个就是过去 12 个月，这也是年的概念，实务中的处理口径可能比较自由一点。

我们再具体看看相应的详细规定。《国家税务总局关于全面推开营业税改征增值税试点有关税收征收管理事项的公告》（国家税务总局公告 2016 年第 23 号）规定：

二、增值税一般纳税人资格登记

（一）试点纳税人应按照本公告规定办理增值税一般纳税人资格登记。

（二）除本公告第二条第（三）项规定的情形外，营改增试点实施前（以下简称试点实施前）销售服务、无形资产或者不动产（以下简称应税行为）的年应税销售额超过 500 万元的试点纳税人，应向主管国税机关办理增值税一般纳税人资格登记手续。

试点纳税人试点实施前的应税行为年应税销售额按以下公式换算：

应税行为年应税销售额＝连续不超过 12 个月应税行为营业额合计÷(1＋3%)

按照现行营业税规定差额征收营业税的试点纳税人，其应税行为营业额按未扣除之前的营业额计算。

试点实施前，试点纳税人偶然发生的转让不动产的营业额，不计入应税行为年应税销售额。

（三）试点实施前已取得增值税一般纳税人资格并兼有应税行为的试点纳税人，不需要重新办理增值税一般纳税人资格登记手续，由主管国税机关制作、送达《税务事项通知书》，告知纳税人。

（四）试点实施前应税行为年应税销售额未超过500万元的试点纳税人，会计核算健全，能够提供准确税务资料的，也可以向主管国税机关办理增值税一般纳税人资格登记。

（五）试点实施前，试点纳税人增值税一般纳税人资格登记可由省国税局按照本公告及相关规定采取预登记措施。

（六）试点实施后，符合条件的试点纳税人应当按照《增值税一般纳税人资格认定管理办法》（国家税务总局令第22号）、《国家税务总局关于调整增值税一般纳税人管理有关事项的公告》（国家税务总局公告2015年第18号）及相关规定，办理增值税一般纳税人资格登记。按照营改增有关规定，应税行为有扣除项目的试点纳税人，其应税行为年应税销售额按未扣除之前的销售额计算。

增值税小规模纳税人偶然发生的转让不动产的销售额，不计入应税行为年应税销售额。

（七）试点纳税人兼有销售货物、提供加工修理修配劳务和应税行为的，应税货物及劳务销售额与应税行为销售额分别计算，分别适用增值税一般纳税人资格登记标准。

兼有销售货物、提供加工修理修配劳务和应税行为，年应税销售额超过财政部、国家税务总局规定标准且不经常发生销售货物、提供加工修理修配劳务和应税行为的单位和个体工商户可选择按照小规模纳税人纳税。

（八）试点纳税人在办理增值税一般纳税人资格登记后，发生增值税偷税、骗取出口退税和虚开增值税扣税凭证等行为的，主管国税机关可以对其实行6个月的纳税辅导期管理。

（六）计税方法。

一般纳税人发生下列应税行为可以选择适用简易计税方法计税：

第三只眼解读

一般纳税人并不是必须无条件地完全按一般计税方法计算增值税，即应纳税额＝销项税额一进项税额这样计算处理，这一条下的规定就可以不按此办法，因为考虑到这些事项进项税额可能比较少，让按税率计算销项税额，受不了，所以就给了一个选择，可以选择简易计税方法，也可以用一般计税方法，哪个好你们看着办，但按照附件 1 第十八条的规定：一经选择，36 个月内不得变更。所以要谨慎选择。

简易计税方法下计算增值税是用征收率来算的，而征收率当下存在 3％，这也是小规模纳税人的征收率，还有特定不动产相关的 5％的征收率。第（六）项下的简易计税方法，没有特别说明都是用的 3％的征收率。

1. 公共交通运输服务。

公共交通运输服务，包括轮客渡、公交客运、地铁、城市轻轨、出租车、长途客运、班车。

班车，是指按固定路线、固定时间运营并在固定站点停靠的运送旅客的陆路运输服务。

第三只眼解读

这些情形下，是可以按照简易计税办法的，征收率为 3％。由于涉及 36 个月的选择期限，所以还是要好好测算一下 36 个月内哪个更合适，不一定总是一样地来考虑。

2. 经认定的动漫企业为开发动漫产品提供的动漫脚本编撰、形象设计、背景设计、动画设计、分镜、动画制作、摄制、描线、上色、画面合成、配音、配乐、音效合成、剪辑、字幕制作、压缩转码（面向网络动漫、手机动漫格式适配）服务，以及在境内转让动漫版权（包括动漫品牌、形象或者内容的授权及再授权）。

动漫企业和自主开发、生产动漫产品的认定标准和认定程序，按照《文化部 财政部 国家税务总局关于印发〈动漫企业认定管理办法（试行）〉的通知》（文市发〔2008〕51 号）的规定执行。

第三只眼解读

这也是特定条件认定的企业享受，不能做了这个事，都可以享受，认定很重要。

3. 电影放映服务、仓储服务、装卸搬运服务、收派服务和文化体育服务。

第三只眼解读

这个有延续政策，也有拓展了，如收派服务可以选择简易方法计税，那文化体育服务包括什么？我们日常举办的培训，由于属于生活服务中的“教育医疗服务”，所以未纳入简易方法计税的体系。

文化体育服务，包括文化服务和体育服务。

（1）文化服务，是指为满足社会公众文化生活需求提供的各种服务。包括：文艺创作、文艺表演、文化比赛，图书馆的图书和资料借阅，档案馆的档案管理，文物及非物质遗产保护，组织举办宗教活动、科技活动、文化活动，提供游览场所。

（2）体育服务，是指组织举办体育比赛、体育表演、体育活动，以及提供体育训练、体育指导、体育管理的业务活动。

4. 以纳入营改增试点之日前取得的有形动产为标的物提供的经营租赁服务。

第三只眼解读

这个在之前的营改增政策中已经明确了，那这个“营改增试点之日”到底是指旧的营改增试点日期还是2016年5月1日这一次“四大行业”的营改增试点日期呢？因为对于有形动产的经营租赁，在2012年就从上海试点，2013年8月1日全国统一试点了，试点了这个经营租赁就已经是增值税的体系了，给简易就是因为原来是营业税，没有抵扣可能，所以这个试点之日并不是指2016年5月1日的日期，这次试点的范围与有形动产租赁没有关系。因为如果这批营改增的单位，之前有有形动产的经营租赁，必须都是增值税的经营事项了。因此现在这四大行业的企业，用试点前的有形动产进行经营租赁服务，如何计算增值税呢？从第三只眼的角度理解，任何一个单位都可能有用旧的未抵扣过进项税额的设备进行经营租赁的业务，如果是一般纳税人，那就适用17%税率，如果是小规模纳税人，那就适用3%征收率。

5. 在纳入营改增试点之日前签订的尚未执行完毕的有形动产租赁合同。

第三只眼解读

这个的理解与上面第4款的规则一样考虑，原来财税〔2013〕106号文件规定老合同是可以继续缴纳营业税的，现在没有营业税了，那就简易计算增值税吧，优惠力度还大了呢，因为现在的征收率是3%，而且还要换算不含税基数确定。

但是如果认为仅仅是上述事项可以适用简易计税，那就“错”了，理解我们的税法，一定要理解“补丁”文件的作用，这是学习的关键。

注意，上面的几个简易列举事项可并不是财税〔2016〕36 号文件中的全部，后面的建筑服务、不动产租赁、房地产销售等，都可能使用上，因此要系统地关注。但还有补丁的文件，小编一并合并过来，供各位参照一下。

财税〔2016〕47 号文件规定：

（二）纳税人以经营租赁方式将土地出租给他人使用，按照不动产经营租赁服务缴纳增值税。

纳税人转让 2016 年 4 月 30 日前取得的土地使用权，可以选择适用简易计税方法，以取得的全部价款和价外费用减去取得该土地使用权的原价后的余额为销售额，按照 5%的征收率计算缴纳增值税。

（三）一般纳税人 2016 年 4 月 30 日前签订的不动产融资租赁合同，或以 2016 年 4 月 30 日前取得的不动产提供的融资租赁服务，可以选择适用简易计税方法，按照 5%的征收率计算缴纳增值税。

这还没有结束，财税〔2016〕46 号文件则规定了一些主体可以享受简易征收：

三、农村信用社、村镇银行、农村资金互助社、由银行业机构全资发起设立的贷款公司、法人机构在县（县级市、区、旗）及县以下地区的农村合作银行和农村商业银行提供金融服务收入，可以选择适用简易计税方法按照 3%的征收率计算缴纳增值税。

村镇银行，是指经中国银行业监督管理委员会依据有关法律、法规批准，由境内外金融机构、境内非金融机构企业法人、境内自然人出资，在农村地区设立的主要为当地农民、农业和农村经济发展提供金融服务的银行业金融机构。

农村资金互助社，是指经银行业监督管理机构批准，由乡（镇）、行政村农民和农村小企业自愿入股组成，为社员提供存款、贷款、结算等业务的社区互助性银行业金融机构。

由银行业机构全资发起设立的贷款公司，是指经中国银行业监督管理委员会依据有关法律、法规批准，由境内商业银行或农村合作银行在农村地区设立的专门为县域农民、农业和农村经济发展提供贷款服务的非银行业金融机构。

县（县级市、区、旗），不包括直辖市和地级市所辖城区。

四、对中国农业银行纳入“三农金融事业部”改革试点的各省、自治区 、直辖市、计划单列市分行下辖的县域支行和新疆生产建设兵团分行下辖的县域支行（也称县事业部），提供农户贷款、农村企业和农村各类组织贷款（具体贷款业务清单见附件）取得的利息收入，可以选择适用简易计税方法按照3%的征收率计算缴纳增值税。

农户贷款，是指金融机构发放给农户的贷款，但不包括按照《过渡政策的规定》第一条第（十九）项规定的免征增值税的农户小额贷款。

农户，是指《过渡政策的规定》第一条第（十九）项所称的农户。

农村企业和农村各类组织贷款，是指金融机构发放给注册在农村地区的企业及各类组织的贷款。

（七）建筑服务。

第三只眼解读

首先要明确一点，简易计税方法，可是要直接计算应纳增值税直接缴纳的，小规模纳税人就是这样，但是如果是一般纳税人，选择了简易计税方法，那可不能混进其他适用一般计税办法中的业务的“销项税额－进项税额”这个公式中来计算，而是单独算一份应税税款处理。

下面的“可以选择”，需要纳税人根据税负测算、经济交易情形评估之后进行确定。但有一点要明确，通常企业对于某一类业务，不能一个客户的业务按一般计税办法，另一个选择简易的方法，光找有利的，但是对于建筑服务中的不同的老项目，人家是按项目核算的方法，每个项目是独立的，则是可以以项目为单位选择不同的方法的，只要能够计算准确就行了，而不是全部项目要么全部选择一般计税办法，要么全部选择简易计税方法。

下表为一般纳税人提供建筑服务可以选择计税方法的总结：

纳税人	方式	机构所在地计税方式			跨县（市）提供建筑服务预缴税款的计算	
		计税方式	税率或征收率	计税方式	预缴计税基数	预征率
一般纳税人	清包工 甲供工程 老项目	可以选择一般计税方法	11%	价款＋价外费用（X，下同）来计算销项税额	X－分包	2%
		可以选择简易计税方法	3%	X－分包	X－分包	3%
	除上之外	一般计税方法	11%	X来计算销项税额	X－分包	2%
小规模纳税人	各种	简易计税方法	3%	X－分包	X－分包	3%

1. 一般纳税人以清包工方式提供的建筑服务，可以选择适用简易计税方法计税。

以清包工方式提供建筑服务，是指施工方不采购建筑工程所需的材料或只采购辅助材料，并收取人工费、管理费或者其他费用的建筑服务。

第三只眼解读

这个是对于建筑服务的一个比较有利的规定，为何？原来提供的清包的一些装修服务，营业税税率是3%，现在简易征收是3%，计税基数减少了，这是增值税的不含税价格的3%，相对来讲还有利了。

但是文件需要进一步规范什么是辅助材料，不然如何界定清包呢？现实当中纳税人还是要从重要性、工程主次材料方面考虑。清包工方式提供建筑服务，是指施工方仅收取人工费、管理费或者其他费用，不采购建筑工程所需的材料或只采购辅助材料，建筑工程所需的主要材料或全部材料由建设方或上一环节工程发包方采购。

2. 一般纳税人为甲供工程提供的建筑服务，可以选择适用简易计税方法计税。

甲供工程，是指全部或部分设备、材料、动力由工程发包方自行采购的建筑工程。

第三只眼解读

注意，这儿可没有说“甲供材”要纳入建筑服务的计税价格中算税，营业税可是要合并进来的，其实本来也是硬要求的，确实没有什么逻辑性在里面。这也算是给建筑服务商提供的一个利好的政策吧，增值税下没有甲供材增加计税销售额一说了，这个“奇怪”的税收规则方式也消失了。但是营改增过渡时点就有意思了，如果是有办法移到增值税下的，那就可以避一下甲供材的营业税的问题。

但是这样建筑公司不就流水少了吗？成了一个简单的劳务公司了，估计他们也不想这样，毕竟材料的采购等还是能挣点钱的，而且发包方也懒得去采购这么多东西，如果这样，那就不能按简易征收，因为考虑到简易，也是考虑到没有物料等17%等的抵扣，如果非要建筑商去采购，那只能是不适用简易计税方法了。

但是这个政策很明确地说明了，甲供工程，部分设备、材料、动力也是甲供，所以就算买一块砖也是甲供，理论上分析，建筑服务都是可以选择简易计税方法计税的，如此则可以选择简易，这对于建筑公司来讲也是一个有利的消息了，因为他们认为一般计税方法的11%税率是可能大幅增加税负的，那你们就选择简易计税方法行不行？给个路子选择了，因为建安企业本身人工费占比比较大，就算采购的物料本身有17%等抵扣率差，也不足以“吃掉”人工等无法取得的进项的补充。

如下的内容摘自第三只眼写的一个微信（公众号hlhtax）：

看到一个微信，说千万别误解了营改增中的“甲供材”，还是会有的!!引用了总局的培训案例进行了详细的分析，小编吓一跳，于是就找了找相关的内容以看究竟!

总局的培训内容摘录如下：

明确甲供材不作为建筑企业的税基。在建筑工程中，出于质量控制的考虑，甲方一般会自行采购主要建筑材料，也就是俗称的甲供材。目前，甲供材主要有两种模式：

第一，甲供材作为工程款的一部分，甲方采购后交给建筑企业使用，并抵减部分工程款（比如，工程款1 000万元，甲方实际支付600万元，剩余400万元用甲供材抵顶工程款）；第二，甲供材与工程款无关，甲方采购后交给建筑企业使用，并另行支付工程款（比如，工程款600万元，甲供材400万元）。按照营业税政策规定，不论哪一种模式，建筑企业都要按照1 000万元计算缴纳营业税。

从增值税的角度看，其实甲供材并没有特殊性。对第一种模式，甲方用甲供材抵顶工程款，属于有偿转让货物的所有权，应缴纳增值税；甲方征税后，建筑企业可以获得进项税额正常抵扣。对第二种模式，甲供材与建筑企业无关，建筑企业仅需就实际取得的工程款600万元计提销项税额即可。

但是，由于甲供材属于现行营业税的税基，前期行业普遍关注营改增后甲供材的处理。焦点主要在于第二种模式下，建筑企业无法取得甲供材的进项税，一旦按照工程款和甲供材的全额计提销项税，税负将大幅度提高。此前我们也就甲供材问题进行了解释和说明。但为了进一步化解业内担心，我们将在针对税务机关的营改增业务培训，以及针对纳税人的营改增纳税宣传和政策解释工作中明确，第二种模式下建筑企业的计税依据中不包括甲供材。

第三只眼的分析

吓人之处在于人家基本上明确甲供材不再是营业税的计税基础了，至于举例中的事项，那是抵债卖材料，不是说移交给建安企业去安装，此时的甲供材，是基于一个交易产生的，而不是“硬安装”上去的，这是关键之处，所以看来，也不是很吓人，只要明确甲供材不是结算的金额，谁没事这么折腾啊。

所以写文章，现在的微信时兴大字报式的说法，折腾人呢。

甲供材让地税部门不再纠结，但可能有心结。

比如有一个工程，是老项目，2016 年 4 月结算了 1 000 万元的营业税的收入，2016 年 6 月预计结算 5 000 万元，那问题来了，1 000 万元对应的甲供材，我们还要计入营业税的收入税基，我们还要征税的，过来聊一下哈！是将全部甲供材全部拿来还是按照比例计算（如果甲供材都基本上采购了），这会让我们的地税同志心有千千结：如何维护国家的税收利益呢？

如果从合理的角度，那就按比例来更合理，但是有的公司在筹划营改增前后的事了：

一是尽量早开具发票，这不是撞甲供材吗，如果有，不要筹划反了；二是尽量晚结算，全给对方开具增值税发票并计缴增值税，一分甲供材都不留，这个要看证据的；三是就应对地税的甲供材，探讨哪些是设备组成，哪些是材料，反正没有一个严格的标准，就扯一下吧。

所以过渡时点的甲供材是一个要么产生营业税，要么营业税消失的一个事。

跨县（市）施工地的地税机关“威力”不再大了。

原来营业税的规定是在施工地税务机关全纳营业税并开具营业税发票，现在呢，如果是机构纳税人，则基本上不用在施工地税务机关“费力气”代开发票了，相当于开具发票的事情变得轻松了，不然施工地税务机关很可能因甲供材制约开具发票的事，让双方都难受。

当然原来有的单位，没有处理甲供材，迷迷糊糊地开具完收钱的发票就“溜”了，甲供材也没有人去查清楚了，这也是过去征管中无法严格实施的一个问题所在。

增值税，终于让企业收不到钱还要计税的这个“规则”消失了，也不失为一种进步，也消除了很多的争议，很好地落实了李总理的减税“要求”，不然真可能仍从延续“堵”税收漏洞的规则中过渡下来。

3. 一般纳税人为建筑工程老项目提供的建筑服务，可以选择适用简易计税方法计税。

建筑工程老项目，是指：

(1)《建筑工程施工许可证》注明的合同开工日期在2016年4月30日前的建筑工程项目；

(2) 未取得《建筑工程施工许可证》的，建筑工程承包合同注明的开工日期在2016年4月30日前的建筑工程项目。

第三只眼解读

如果是建筑公司，一般纳税人，为建筑工程的老项目（这个只适用于老项目，条件看上面的两个，一个是施工许可证，一个是承包合同的日期，后面这个是可以好好在营改增之前选择一下的），那可以选择简易计税方法，因为可能人家存在营改增之前有物料采购了，但是营改增前抵扣不了，营改增了，存量下的存货也不让抵扣啊，所以就允许人家选择简易计税方法吧。

对于跨期的建安工程，问题就复杂了。

(1) 营改增之前开具发票假设是80%的结算，此时应按收款时确认营业税收入，余下20%按照简易方法计算增值税。但这时能否开具增值税专用发票呢？理解上并没有限制说简易计税在这儿是受限的，所以是可以取得简易计税下的专用发票的开具抵扣的延伸，这在一些地方税务机关的解答中也得到了支持与验证。

(2) 营改增之前约定收款，但是验收未完成，对方可能想一次性开具或延迟到之后开具，如果没有想明白，就想一次性在营改增之前开具3%的营业税发票，其实真的要选择简易计税方法，营改增之后还有利呢，还可能让下一方抵扣呢，但人家地税是可以根据合同约定来要税的，所以也不能想自由就自由地做。虽然当下没有让地税部门为营改增，而不让忙着检查“征税”，但后续可能就有风险了，有可能是算计缴增值税，最后可能还要补缴营业税，不是“丢了夫人又折兵”吗。

4. 一般纳税人跨县（市）提供建筑服务，适用一般计税方法计税的，应以取得的全部价款和价外费用为销售额计算应纳税额。纳税人应以取得的全部价款和价外费用扣除支付的分包款后的余额，按照2%的预征率在建筑服务发生地预缴税款后，向机构所在地主管税务机关进行纳税申报。

第三只眼解读

这个就有点奇怪了，必须认真理解好，跨县（市）提供建筑服务，比如一个城市，有几个区，跨区也有点要分出来，这确实也折腾纳税人了。但是有的地方是集中式的，有的地方人家就是这样一个区一个地，有征管权，那就麻烦些。

那这儿要分两步做这个事：

（1）当地预缴税款，用的什么方法，用的是销售额，按 2%预征率在服务发生地缴纳，但是呢，如果有分包的，那就扣除分包款（注意这儿可是说真给的意思，不是光说要分包款给对方）后再计算 2%预缴。

（2）回到机构所在地之后，按照正常的 11%的税率计算销项税额、进项税额，确定应纳税额，当然预征的也允许扣除，因为预缴的率低，还是会给机构所在地税务机关理论上留着财政收入的，不过如果真不够留的，如何办，后面还有一个“口子”，我们稍后再关注。

（3）那预缴税款的时候，服务发生地的税务机关要不要开具发票？现在营业税下可全在劳务发生地开具发票并缴纳营业税，增值税下这个规则变化了，相较于营业税，当地的收入是减少了。目前来看，如果机构所在地能够开具发票，则就不需要在县（市）的服务发生地代开发票了（专用发票或普通发票），省却了好些的麻烦，再说，在当地缴税当地还高兴呢，却不需要其开具发票，沟通成本也少了。

原来营业税还有一个“外出经营活动的证明”，现在增值税却没有提这个可以在外地不预缴的方法，目前看来，此项征管方式仍是未改变的。

注意上面画横线的部分的表述，是易被误解的，“应以取得的全部价款和价外费用为销售额计算应纳税额”，这是一般纳税人适用一般计税方法的计算，让人家按 11%计算直接算出应纳税额缴税？小编理解表述为计算销项税额更合适，因为人家还是有进项税额可以抵扣的。下面有相同表述内容的亦是同样情形，请谨慎关注，不要错误地理解偏了，多交税就惨了。

5. 一般纳税人跨县（市）提供建筑服务，选择适用简易计税方法计税的，应以取得的全部价款和价外费用扣除支付的分包款后的余额为销售额，按照 3%的征收率计算应纳税额。纳税人应按照上述计税方法在建筑服务发生地预缴税款后，向机构所在地主管税务机关进行纳税申报。

第三只眼解读

相较于第 4 项，那是适用一般计税方法的，这儿是规定适用简易计税方法的，按 3%的征收率在服务发生地预缴，如果有分包的，扣除分包款，而后向机构所在地纳税申报。

那这个方法预缴是不是缴得差不多了呢，机构所在地可能没有什么“油水”了，是这样的，服务发生地缴完了，回来只要申报可以了，因为“试点纳税人提供建筑服务适用简易计税方法的，以取得的全部价款和价外费用扣除支付的分包款后的余额为销售额”，这也是销售额下的规定，两者计算方式是一致的。

6. 试点纳税人中的小规模纳税人（以下称小规模纳税人）跨县（市）提供建筑服务，应以取得的全部价款和价外费用扣除支付的分包款后的余额为销售额，按照 3%的征收率计算应纳税额。纳税人应按照上述计税方法在建筑服务发生地预缴税款后，向机构所在地主管税务机关进行纳税申报。

第三只眼解读

小规模纳税人提供建筑服务，必须是用征收率 3%，同样也允许其扣除分包款后计算应税销售额，这个事项与第 5 项下的情形类同参照。

（八）销售不动产。

第三只眼解读

由于不动产涉及主体、跨时点多维因素，我们特做如下的总结表，利于快速地形成理解，表格较文字更有利于阅读。

同时请参照第（十）项的规定内容。

非房地产开发企业销售不动产的规定总结：

纳税人	不动产项目	机构所在地计税方式			不动产所在地预缴税款（如有）	
		计税方式	税率或征收率	计税销售额	计税依据	预征率
一般纳税人	非自建旧房产	简易计税方法	5%	（X—原价或作价）	（X—原价或作价）/1.05	5%
		一般计税方法	11%	X		

续表

纳税人	不动产项目	机构所在地计税方式			不动产所在地预缴税款（如有）	
		计税方式	税率或征收率	计税销售额	计税依据	预征率
一般纳税人	自建旧房产	简易计税方法	5%	X	X/1.05	5%
		一般计税方法	11%	X		
	非自建新房产	一般计税方法	11%	X	(X－原价或作价)/1.05	5%
	自建新房产	一般计税方法	11%	X	X/1.05	5%
小规模纳税人	非自建房产	简易计税方法	5%	(X—原价或作价)	(X－原价或作价)/1.05	5%
	自建房产	简易计税方法	5%	X	X/1.05	5%

有的同志在看到上表中不动产预缴的公式时，看到除的数据都是 1.05，即(1+5%)，说这不对啊，这只是征收率，是用于简易计税方法的，一般计税方法不是 11%吗，公式不对，其实人家是这样考虑的，依据《国家税务总局关于营业税改征增值税委托地税机关代征税款和代开增值税发票的公告》(国家税务总局公告2016 年第 19 号）的规定：税务总局决定，营业税改征增值税后由地税机关继续受理纳税人销售其取得的不动产和其他个人出租不动产的申报缴税和代开增值税发票业务，以方便纳税人办税。这是因为地税部门不知道转让人是一般纳税人还是小规模纳税人，因此就硬“定”了一个标准值 5%作为计算公式处理。没有严谨性就不考虑了，具有操作性才是关键。

房地产开发企业销售不动产的规定总结：

纳税人	不动产项目	机构所在地计税方式			收到预收款时预缴税款，不是跨县（市）的意思	
		计税方法	税率或征收率	计税方式	计税依据	预征率
一般纳税人	老项目	一般计税方法	11%	差额计税，抵预缴	预收款/1.11	3%
		简易计税方法	5%	全额计税，抵预缴	预收款/1.05	3%
	新项目	一般计税方法	11%	差额计税，抵预缴	预收款/1.11	3%
小规模纳税人	各种	简易计税方法	5%	全额计税，抵预缴	预收款/1.05	3%

1. 一般纳税人销售其2016年4月30日前取得（不含自建）的不动产，可以选择适用简易计税方法，以取得的全部价款和价外费用减去该项不动产购置原价或者取得不动产时的作价后的余额为销售额，按照5%的征收率计算应纳税额。纳税人应按照上述计税方法在不动产所在地预缴税款后，向机构所在地主管税务机关进行纳税申报。

第三只眼解读

这儿说的凡不是自建的，一般纳税人在2016年4月30日（含）前取得的不动产，在2016年5月1日后销售的，“可以”选择简易计税方法，沿用了营业税的差额计税规则，增值税仍然让用差额，扣除购置原价或作价后的余额为销售额，按5%征收率计算缴纳。

如果不选择简易计税方法，也可以按一般计税方法，按11%税率计算销项税额吧，但并没规定可以扣除原价或作价处理，如果只讲这一点儿，没有抵扣也是没有办法的，人家就是让做进项税额抵扣处理的。

选择简易方法的，那以差额计税时，按照5%征收率在不动产所在地计缴，回到机构所在地纳税申报，扣除预缴税款。

2. 一般纳税人销售其2016年4月30日前自建的不动产，可以选择适用简易计税方法，以取得的全部价款和价外费用为销售额，按照5%的征收率计算应纳税额。纳税人应按照上述计税方法在不动产所在地预缴税款后，向机构所在地主管税务机关进行纳税申报。

第三只眼解读

一般纳税人在2016年4月30日（含）前自建的不动产，可以选择简易计税方法，自建的可不让扣除建造成本，甚至土地成本，直接按5%征收率在不动产所在地预缴，再回来向机构所在地税务机关进行纳税申报处理。

3. 一般纳税人销售其2016年5月1日后取得（不含自建）的不动产，应适用一般计税方法，以取得的全部价款和价外费用为销售额计算应纳税额。纳税人应以取得的全部价款和价外费用减去该项不动产购置原价或者取得不动产时的作价后的余额，按照5%的预征率在不动产所在地预缴税款后，向机构所在地主管税务机关进行纳税申报。

第三只眼解读

这儿开始说一般纳税人在2016年5月1日（含）后取得的不动产的情形了，如果不是自建的不动产，则只能按一般计税方法计税，之前的可以选择一般计税方法，也可以选择简易计税方法。

但是在不动产所在地如何预缴呢？按5%的预征率在不动产所在地预缴，销售额呢，是先允许“减去该项不动产购置原价或者取得不动产时的作价”，这相当于说，因为这些是有抵扣存在的情形，所以先假设差额扣除，再回到总机构所在地计算销项税额和进项税额，可能也是有税的补缴等差额，但就以此进行纳税申报，后续财政差异大了，再想办法解决。

4. 一般纳税人销售其2016年5月1日后自建的不动产，应适用一般计税方法，以取得的全部价款和价外费用为销售额计算应纳税额。纳税人应以取得的全部价款和价外费用，按照5%的预征率在不动产所在地预缴税款后，向机构所在地主管税务机关进行纳税申报。

第三只眼解读

一般纳税人销售的2016年5月1日后自建的不动产，只能用一般计税方法，直接按取得的全部价款和价外费用为销售额计算应纳税额，税率是11%，但是以5%的预征率在不动产所在地预缴税款，再回来向机构所在地进行纳税申报。

5. 小规模纳税人销售其取得（不含自建）的不动产（不含个体工商户销售购买的住房和其他个人销售不动产），应以取得的全部价款和价外费用减去该项不动产购置原价或者取得不动产时的作价后的余额为销售额，按照5%的征收率计算应纳税额。纳税人应按照上述计税方法在不动产所在地预缴税款后，向机构所在地主管税务机关进行纳税申报。

第三只眼解读

这儿说到小规模纳税人在营改增后，销售其不是自建的不动产时，以差额确定销售额，按5%征收率计算应纳税额，同样也是在不动产所在地预缴，回机构所在地进行纳税申报。

如果是个体工商户销售住房或者是自然人销售不动产，不适用这一条。

6. 小规模纳税人销售其自建的不动产，应以取得的全部价款和价外费用为销售额，按照5%的征收率计算应纳税额。纳税人应按照上述计税方法在不动产所在地预缴税款后，向机构所在地主管税务机关进行纳税申报。

第三只眼解读

小规模纳税人销售自建的不动产，应以取得的全部价款和价外费用为销售额，按照5%的征收率计算应纳税额，分析方法同上。

7. 房地产开发企业中的一般纳税人，销售自行开发的房地产老项目，可以选择适用简易计税方法按照5%的征收率计税。

第三只眼解读

房地产企业，如果是一般纳税人，基本上也都是一般纳税人，销售房地产老项目，即房地产老项目，是指《建筑工程施工许可证》注明的合同开工日期在2016年4月30日前的房地产项目。那人家在营改增之后还是可以持续地进行销售的，可以选择适用简易计税方法以5%征收率计税。

依照国家税务总局公告2016年第18号的规定，房地产老项目是指：

（一）《建筑工程施工许可证》注明的合同开工日期在2016年4月30日前的房地产项目；

（二）《建筑工程施工许可证》未注明合同开工日期或者未取得《建筑工程施工许可证》但建筑工程承包合同注明的开工日期在2016年4月30日前的建筑工程项目。

8. 房地产开发企业中的小规模纳税人，销售自行开发的房地产项目，按照5%的征收率计税。

第三只眼解读

即使房地产开发企业是小规模纳税人，那销售自行开发的房地产项目，无论是老项目还是新项目，都不能按小规模纳税人的3%征收率计税，而是要按5%的征收率计税。这儿一是保持与营业税的税负平衡，不能按3%的征收率简易计税，也是不能降太多税啊，但是小规模纳税人说不定卖两套房子就成为一般纳税人了，但是对于老项目征收率是5%，对于新项目就要适用11%的税率了，由于小规模纳税人也不能抵扣，转到一般纳税人抵扣权利就过了，所以还不如一开始就转为一般纳税人呢，这需要企业自己做好交易额评估，提前进行安排。

9. 房地产开发企业采取预收款方式销售所开发的房地产项目，在收到预收款时按照 3%的预征率预缴增值税。

第三只眼解读

房地产开发企业原来营业税是预收款项时，就视为不动产的纳税义务发生时间，按 5%计算缴纳营业税，现在不完全这样规定了，预收款项时按 3%预征，是预缴增值税，不是纳税义务发生时间，这有点像土地增值税了。

注意，这儿可没有说是一般纳税人还是小规模纳税人，适用的规则都是一样的。

纳税义务发生时间的规定是这样的：纳税人发生应税行为并收讫销售款项或者取得索取销售款项凭据的当天；先开具发票的，为开具发票的当天。收讫销售款项，是指纳税人销售服务、无形资产、不动产过程中或者完成后收到款项。

预收款时可还没有卖房子呢，期房并不是不动产，因此这个规则发生了有趣的改变，对于房地产企业来讲，也不失为一个好的消息。至于房地产销售房屋的纳税义务发生时间，没有规定，各地税务机关就有不同的解释了，如交付，如合同约定之类，因为如果还在预缴款时计税，是怕房地产企业的进项税额开始取得不充分，后面销项交了，进项还留抵着，这不是不好吗，所以政府部门想得比较周全，先定个预缴吧。

10. 个体工商户销售购买的住房，应按照附件 3《营业税改征增值税试点过渡政策的规定》第五条的规定征免增值税。纳税人应按照上述计税方法在不动产所在地预缴税款后，向机构所在地主管税务机关进行纳税申报。

第三只眼解读

个体工商户的住房借鉴了自然人的业务处理：

五、个人将购买不足 2 年的住房对外销售的，按照 5%的征收率全额缴纳增值税；个人将购买 2 年以上（含 2 年）的住房对外销售的，免征增值税。上述政策适用于北京市、上海市、广州市和深圳市之外的地区。

个人将购买不足 2 年的住房对外销售的，按照 5%的征收率全额缴纳增值税；个人将购买 2 年以上（含 2 年）的非普通住房对外销售的，以销售收入减去购买住房价款后的差额按照 5%的征收率缴纳增值税；个人将购买 2 年以上（含 2 年）的普通住房对外销售的，免征增值税。上述政策仅适用于北京市、上海市、广州市和深圳市。

办理免税的具体程序、购买房屋的时间、开具发票、非购买形式取得住房行为及其他相关税收管理规定，按照《国务院办公厅转发建设部等部门关于做好稳定住房价格工作意见的通知》（国办发〔2005〕26 号）、《国家税务总局 财政部 建设部关于加强房地产税收管理的通知》（国税发〔2005〕89 号）和《国家税务总局关于房地产税收政策执行中几个具体问题的通知》（国税发〔2005〕172 号）的有关规定执行。

11. 其他个人销售其取得（不含自建）的不动产（不含其购买的住房），应以取得的全部价款和价外费用减去该项不动产购置原价或者取得不动产时的作价后的余额为销售额，按照 5%的征收率计算应纳税额。

第三只眼解读

自然人销售非住房，不含自建的，那允许以差额计算销售额，按 5%征收率计算应纳税额，当然也是在不动产所在地进行纳税申报。这儿没有必要规定预缴了，直接在不动产所在地计算缴纳就可以了。

（九）不动产经营租赁服务。

第三只眼解读

下表为不动产经营租赁服务的增值税处理汇总表：

纳税人	不动产项目	机构所在地计税方式			跨县（市）预缴税款	
		计税方法	税率或征收率	计税方式	计税依据	预征率
一般纳税人	旧房产	简易计税方法	5%	销售额	销售额/1.05	5%
		一般计税方法	11%	销售额	销售额/1.11	3%
	新房产	一般计税方法	11%	销售额	销售额/1.11	3%
小规模纳税人	房产（不含住房）	简易计税方法	5%	销售额	销售额/1.05	5%

1. 一般纳税人出租其 2016 年 4 月 30 日前取得的不动产，可以选择适用简易计税方法，按照 5%的征收率计算应纳税额。纳税人出租其 2016 年 4 月 30 日前取得的与机构所在地不在同一县（市）的不动产，应按照上述计税方法在不动产所在地预缴税款后，向机构所在地主管税务机关进行纳税申报。

第三只眼解读

这也是对于过渡期的不动产出租的规定，本来一般纳税人的税率是 11%，但是人家原来没有抵扣过，同时参照营业税的税率，那就对 2016 年 4 月 30 日前取得的不动产，按 5%简易征收计税吧。

2. 公路经营企业中的一般纳税人收取试点前开工的高速公路的车辆通行费，可以选择适用简易计税方法，减按 3%的征收率计算应纳税额。

试点前开工的高速公路，是指相关施工许可证明上注明的合同开工日期在 2016 年 4 月 30 日前的高速公路。

第三只眼解读

公路经营企业中的一般纳税人，对于试点前开工，（注意是开工，不是经营的）则可以按 3%征收率计算应纳税额。注意这儿是减按 3%，即 1/1.05×3%来适用选择简易的方法。但是如果是选择了一般计税方法的，那只能是用 11%的税率。

财税〔2016〕47 号文件进一步补充了如下的简易适用规则：

一般纳税人收取试点前开工的一级公路、二级公路、桥、闸通行费，可以选择适用简易计税方法，按照 5%的征收率计算缴纳增值税。试点前开工，是指相关施工许可证注明的合同开工日期在 2016 年 4 月 30 日前。

3. 一般纳税人出租其 2016 年 5 月 1 日后取得的、与机构所在地不在同一县（市）的不动产，应按照 3%的预征率在不动产所在地预缴税款后，向机构所在地主管税务机关进行纳税申报。

第三只眼解读

这儿仍是规定了预征的概念，由于正常的税率是 11%，所以预征 3%，别征过头了，机构所在地税务机关可能“不高兴”了，回来再做纳税申报处理。

4. 小规模纳税人出租其取得的不动产（不含个人出租住房），应按照 5%的征收率计算应纳税额。纳税人出租与机构所在地不在同一县（市）的不动产，应按照上述计税方法在不动产所在地预缴税款后，向机构所在地主管税务机关进行纳税申报。

第三只眼解读

小规模纳税人也是一样，对于出租的不动产，按5%征收率计算应纳税款，同样进行预缴并回来纳税申报。

5. 其他个人出租其取得的不动产（不含住房），应按照5%的征收率计算应纳税额。

第三只眼解读

自然人出租非住房的不动产，按5%征收率在不动产所在地计算缴纳税款，不需要考虑回来纳税申报之说，反正也没有机构所在地税务户口之类的管理。

6. 个人出租住房，应按照5%的征收率减按1.5%计算应纳税额。

第三只眼解读

个人出租住房，要优惠对待，按1.5%计算应纳税额。注意有的地方是综合征收，不仅有增值税，还有附加税费、个税，还有印花税等，同时也要考虑起征点的问题，所以这个规定仍要看各地的执行方式。

理解这个公式的表现形式是：$x/(1+5\%)\times1.5\%$，相当于折算的征收率仍然是5%，减按1.5%，是后面的5%变为1.5%来计算了。

（十）一般纳税人销售其2016年4月30日前取得的不动产（不含自建），适用一般计税方法计税的，以取得的全部价款和价外费用为销售额计算应纳税额。上述纳税人应以取得的全部价款和价外费用减去该项不动产购置原价或者取得不动产时的作价后的余额，按照5%的预征率在不动产所在地预缴税款后，向机构所在地主管税务机关进行纳税申报。

第三只眼解读

上面已说明了这种情形之下适用简单计税方法的计算，那如果选择了一般计税方法，则以取得的全部价款和价外费用为销售额计算应纳税额，但是在不动产所在地预征时，是允许扣除不动产的原价或作价的，好给机构所在地的财政留下些余额。回来统一计算纳税申报时，只能用抵扣处理，因为差额是不让扣除的，只是预缴让先模拟扣着而已。

房地产开发企业中的一般纳税人销售房地产老项目，以及一般纳税人出租其

2016 年 4 月 30 日前取得的不动产，适用一般计税方法计税的，应以取得的全部价款和价外费用，按照 3%的预征率在不动产所在地预缴税款后，向机构所在地主管税务机关进行纳税申报。

第三只眼解读

这儿主要是规定了一个不动产所在地的预征问题。但这儿并没有点明房地产开发企业销售不动产，如有跨地区的情形，是不是要预缴增值税，说得不是特别明白。有一些地方税务机关对此进行了说明，这个我们要继续关注一下。毕竟房地产开发企业多是以开发项目为公司注册的，因此多是机构与房产所在地处在一块儿。

一般纳税人销售其 2016 年 4 月 30 日前自建的不动产，适用一般计税方法计税的，应以取得的全部价款和价外费用为销售额计算应纳税额。纳税人应以取得的全部价款和价外费用，按照 5%的预征率在不动产所在地预缴税款后，向机构所在地主管税务机关进行纳税申报。

第三只眼解读

这儿主要是规定了一般纳税人销售其试点前自建不动产，选择用一般计税方法的，在所在地预征的问题。

（十一）一般纳税人跨省（自治区、直辖市或者计划单列市）提供建筑服务或者销售、出租取得的与机构所在地不在同一省（自治区、直辖市或者计划单列市）的不动产，在机构所在地申报纳税时，计算的应纳税额小于已预缴税额，且差额较大的，由国家税务总局通知建筑服务发生地或者不动产所在地省级税务机关，在一定时期内暂停预缴增值税。

第三只眼解读

这儿并不是解决跨县（市）的情形，而是解决跨省的财政问题，因为省内的转移多或少由省解决，而国家税务总局解决的是省之间的财政划分问题。这种情形估计还是存在的，但操作起来估计是麻烦的，如果纳税人之后在不动产所在地没有项目了呢，暂停也没有作用，同时也未规定说哪个地方税务机关可以退税处理，看来要谨慎处理这个地区间的财政影响的涉税处理问题。

（十二）纳税地点。

属于固定业户的试点纳税人，总分支机构不在同一县（市），但在同一省（自治区、直辖市、计划单列市）范围内的，经省（自治区、直辖市、计划单列市）财政厅（局）和国家税务局批准，可以由总机构汇总向总机构所在地的主管税务机关申报缴纳增值税。

第三只眼解读

省内汇总纳税，已经授权到省级财政和国家税务机关，当然争取到汇总纳税的利益更好。但是在汇总纳税的时候，有时涉及变卖废旧物品，这些能不能汇总纳税，还要结合申请或当地税务机关的要求进行。通常像金融企业，由于共享的采购非常多，建议申请汇总纳税。

对于这一点，考虑到金融企业的特点，因此国家税务总局公告 2016 年第 23 号对此进一步提出了支持与开具发票方式的提示：

原以地市一级机构汇总缴纳营业税的金融机构，营改增后继续以地市一级机构汇总缴纳增值税。同一省（自治区、直辖市、计划单列市）范围内的金融机构，经省（自治区、直辖市、计划单列市）国家税务局和财政厅（局）批准，可以由总机构汇总向总机构所在地的主管国税机关申报缴纳增值税。

采取汇总纳税的金融机构，省、自治区所辖地市以下分支机构可以使用地市级机构统一领取的增值税专用发票、增值税普通发票、增值税电子普通发票；直辖市、计划单列市所辖区县及以下分支机构可以使用直辖市、计划单列市机构统一领取的增值税专用发票、增值税普通发票、增值税电子普通发票。

（十三）试点前发生的业务。

1. 试点纳税人发生应税行为，按照国家有关营业税政策规定差额征收营业税的，因取得的全部价款和价外费用不足以抵减允许扣除项目金额，截至纳入营改增试点之日前尚未扣除的部分，不得在计算试点纳税人增值税应税销售额时抵减，应当向原主管地税机关申请退还营业税。

2. 试点纳税人发生应税行为，在纳入营改增试点之日前已缴纳营业税，营改增试点后因发生退款减除营业额的，应当向原主管地税机关申请退还已缴纳的营业税。

3. 试点纳税人纳入营改增试点之日前发生的应税行为，因税收检查等原因需要补缴税款的，应按照营业税政策规定补缴营业税。

第三只眼解读

这儿主要是说明了，旧事旧处理，原来是地税机关申报营业税的事，无论是补税，还是退税，都不要去国税机关去办理，而是继续按营业税的规定处理。（不过有些地方国地税是不分的，比如上海，就没有说国税机关、地税机关，就是上海税务局）。

这儿比较担心的就是我们的地税机关对于营业税的检查，估计会有一些动作，因为国税机关不管营业税，历史上的问题可不能一下子就没有人管了，所以适当地进行营业税的检查，也是营改增之后地税机关可以“大有作为”的一个事。

（十四）销售使用过的固定资产。

一般纳税人销售自己使用过的、纳入营改增试点之日前取得的固定资产，按照现行旧货相关增值税政策执行。

使用过的固定资产，是指纳税人符合《试点实施办法》第二十八条规定并根据财务会计制度已经计提折旧的固定资产。

第三只眼解读

《试点实施办法》第二十八条规定：固定资产，是指使用期限超过 12 个月的机器、机械、运输工具以及其他与生产经营有关的设备、工具、器具等有形动产。

现行旧货相关增值税的政策：国税函〔2009〕90 号文件规定纳税人销售旧货，应开具普通发票，不得自行开具或者由税务机关代开增值税专用发票。财税〔2009〕9 号文件规定纳税人销售旧货，按照简易办法依照 4%征收率减半征收增值税。

从 2014 年 7 月 1 日起，依据财税〔2014〕57 号文件：《财政部 国家税务总局关于部分货物适用增值税低税率和简易办法征收增值税政策的通知》（财税〔2009〕9 号）第二条第（一）项和第（二）项中“按照简易办法依照 4%征收率减半征收增值税”调整为“按照简易办法依照 3%征收率减按 2%征收增值税”。

注意，这儿并没有说是旧货，而是按照旧货的政策执行，其实应叫作已使用过的固定资产处理，这儿要注意以下几点：

（1）这些固定资产是有形动产的固定资产，不包括会计核算中的低值易耗品，后者再变卖，如果是一般纳税人，则直接按 17%的税率以货物计算增值税的销项税额。

（2）这儿说的试点前，可并不是指全部的固定资产，而是指那些没有得到抵扣权利的固定资产，即用于营业税等目的的。而如果试点时，这个企业因为其他经营事项，已认定为一般纳税人了，此时要看是不是可以在原来就允许抵扣的，如果原来允许抵扣，不管是不是真的抵扣了（如取得普通发票或取得专用发票未抵扣的），只能按17%税率，不能按旧货的增值税政策使用。

（3）小规模纳税人销售时如何处理呢，依照财税〔2009〕9号文件的规定，是按3%确定销售额，减按2%的征收率计算增值税缴纳。

（4）旧货的情形是不得开具增值税专用发票的（自开或代开），在要求时只能开具增值税的普通发票。注意上面的“依照3%征收率减按2%”，在开具发票时，只能按3%开具出来，因为不可能价税合计出现这样一个逻辑的，对于按3%计算出来的多的点儿，在纳税申报时，填在减免项下抵回来处理。

注意，这儿写的是“按照”，可并不是“选择”，有的企业说，我们就不按旧货来，我们按17%正常的税率计税开具发票，还能奈我何呢？这可马虎不得呢，如何呢，我们可以看看一个裁决案例，有时真不是我们想的那样“天真”。

上诉人华润水泥（长治）有限公司与被上诉人长治市国家税务局稽查局税务行政处罚一案二审行政判决书

山西省长治市中级人民法院

行政判决书

（2015）长行终字第31号

上诉人（原审原告）华润水泥（长治）有限公司，住所地长治市潞城市翟店镇崇道村西。

法定代表人周龙山，董事长。
委托代理人刘百顺，该公司财务经理。
委托代理人刘勤，该公司税务经理。
被上诉人（原审被告）长治市国家税务局稽查局，住所地长治市城西北路39号。
法定代表人宋满堂，局长。

委托代理人肖文奇，该局科长。

委托代理人崔化琴，山西化晴律师事务所律师。

上诉人华润水泥（长治）有限公司（以下简称华润公司）因税务行政处罚一案，不服长治市城区人民法院做出的（2014）城行初字第 63 号行政判决，向本院提起上诉。本院受理后，依法组成合议庭，于 2015 年 3 月 9 日公开开庭审理了本案。上诉人华润公司的委托代理人刘百顺、刘勤，被上诉人长治市国家税务局稽查局（以下简称长治国税稽查局）的委托代理人肖文奇、崔化琴到庭参加了诉讼。本案现已审理终结。

原判认定，2013 年 1 月 6 日，长治国税稽查局根据长治市国家税务局《关于开展 2012 年税收专项检查工作的通知》，对华润公司的税务情况进行立案审查，同日向其送达了税务检查通知书，于 1 月 9 日对其财务账簿进行了调查并取证，于 8 月 23 日送达《行政处罚事项告知书》，告知其听证的权利，并于 9 月 2 日作出长国税稽（2013）101 号税务行政处罚决定。华润公司不服，向长治市国家税务局提起行政复议。长治市国家税务局于 2014 年 1 月 23 日作出长国税复决字（2014）1 号行政复议决定，以企业所得税中调减应纳税所得额主要事实不清，调整金额错误，定性无法律依据为由，撤销了该处罚决定，并责令长治国税稽查局重新做出具体行政行为。

2014 年 4 月 25 日，长治国税稽查局作出长国税稽重罚（2014）1 号税务行政处罚决定。认定华润公司存在以下违法事实：（一）增值税方面的违法事实：1. 2011 年 4 月，华润公司从华宝集团潞州水泥制品有限公司取得增值税专用发票，其中申报抵扣增值税进项税 3 708 949.12 元不符合规定，根据《增值税暂行条例》第九条、财税〔2008〕170 号通知第四条第（二）项、财税〔2009〕9 号通知第二条第（一）项、国税〔2009〕90 号通知第一条第（一）项规定，应当转出此项增值税进项税；2. 2011 年 7 月、9 月、2012 年 9 月华润公司从长治市明鑫保温工程有限公司购进材料用于房屋、防水工程申报抵扣增值税进项税 10 193.04 元，不符合法律规定。根据《增值税暂行条例实施细则》第二十三条第三款规定，应当转出此项增值税进项税；3. 2011 年 7 月至 11 月、2012 年 1 月至 10 月华润公司向中国中材国际工程股份有限公司天津分公司转供水、电，未计销售收入，未计提增值税销项税共计 169 720.20 元，根据《增值税暂行条例》第一条、第二条第（一）项、第五条规定，应当补提此项增值税；4. 2011 年 10 月至 2012 年 10 月向华润混凝土（潞城）有限公司销售柴油未计销售收入、未计提增值税销项税共计 223 803.40 元，根据《增值税暂行条例》第一条、第二条第（一）项、第五条规定，应当补提此项增值税；5. 销售废旧材料，未计销售收入，未计提增值税销项税共计 9 962.90 元，根据

《增值税暂行条例》第一条、第二条第（一）项、第五条规定，应当补提此项增值税。（二）企业所得税方面的违法事实。1. 2011年，未取得发票税前列支费用共计14 300元，未做纳税调整。其中包括列支会议费2 000元、汽车保养费10 000元、密码费500元、清洁费1 500元、劳务费300元。根据《发票管理办法》第二十一条规定，应调增纳税所得额14 300元；2. 2011年列支与取得收入无关的职工结婚费用2 500元，未做纳税调整，根据《企业所得税法》第十条第（八）项规定，应调增纳税所得额2 500元；3. 2011年税前列支的取得销售方长北华艺汽车精品美容用品商行开具的非法发票1 070元、长治市郊区兴业百货经销部5 000元、长治市郊区长北商场爱香柜台460元、长治市城区宝越超市2 360元，以上共计8 890元，未做纳税调整。根据《发票管理办法》第二十一条规定，应调增企业所得税纳税所得额8 890元。根据《税收征收管理法》第六十四条第一款规定，对上述增值税方面的违法行为，除责令限期改正外，决定对其中第2至5项处以10 000元罚款；对企业所得税方面的违法行为，除责令限期改正外，决定处以5 000元罚款。同日，将处罚决定送达华润公司。

华润公司不服该处罚决定，向长治市国家税务局提起行政复议。长治市国家税务局于2014年8月11日做出的长国税复决字（2014）2号行政复议决定，维持了该处罚决定。2014年8月27日，华润公司以长治国税稽查局做出的行政处罚决定，认定事实不清，适用法律错误为由，向长治市城区人民法院提起行政诉讼，请求撤销处罚决定，并退还罚款15 000元。

原判认为，根据《税收征收管理法》第十四条、第五十四条、《税收征收管理法实施细则》第九条之规定，长治国税稽查局具有对本辖区内的企业涉税情况进行检查，并对违法行为予以处罚的法定职责。根据财税〔2008〕170号通知第四条第（二）项、财税〔2009〕9号通知第二条第（一）项、国税函〔2009〕90号通知第一条第（一）项之规定，2008年12月31日以前未纳入扩大增值税抵扣范围试点的纳税人，销售自己使用过的2008年12月31日以前购进或自制的固定资产，按照4%征收率减半征收增值税，应当开具普通发票，不得开具增值税专用发票，不得抵扣进项税。《增值税暂行条例》第九条规定，纳税人购进货物或应税劳务，取得的增值税扣税凭证不符合法律、行政法规或者国务院主管部门有关规定的，其进项税不得从销项税额中抵扣。本案中，在华润公司购进华宝集团潞州水泥制品有限公司的固定资产中，华润公司取得了华宝集团潞州水泥制品有限公司为其按照17%税率开具的总价税为5 850万元的增值税专用发票。其中有价税21 817 347.76元的固定资产系华宝集团潞州水泥制品有限公司于2008年12月31日前购进或自制的，依据上述规定应当按4%征收率减半征收增值税，开具普通发票。华润公司违规取得并申报抵扣的增值税进项税3 708 949.12元，应当予以转出。故长治国税稽查局关于此项事实的认定，事实清楚，证据确凿。

根据《增值税暂行条例》第十条、《增值税暂行条例实施细则》第二十三条第三款规定，纳税人新建、改建、扩建、修缮、装饰不动产，均属于不动产在建工程，不动产在建工程属非增值税应税项目，不得从销项税额中抵扣。本案中，华润公司从长治市明鑫保温工程有限公司购进防水材料用于不动产，并申报的抵扣增值税进项税 10 193.04 元，违反了上述规定，应当予以转出。故长治国税稽查局认定此项事实清楚，证据确凿。

根据《增值税暂行条例》第一条、第二条第（一）项、第五条规定，在境内销售货物或者提供加工、修理修配劳务以及进口货物的单位和个人，除法律、法规另有规定外，应当按 17%税率乘以销售额计算缴纳增值税。本案中，华润公司向中材国际天津分公司转供水、电，未计销项税 169 720.20 元，向华润混凝土（潞城）有限公司销售柴油，未计销项税 223 803.40 元，销售废旧材料未计销项税 9 962.90 元。依规定华润公司应当按 17%税率缴纳增值税。故长治国税稽查局要求华润公司补提上述未计销售收入的增值税销项税，事实清楚，证据确凿。

根据《发票管理办法》第三条、第二十一条、《企业所得税法》第五条、第八条、第十条、《税收征收管理法》第十九条之规定，发票是销售商品、提供或者接受服务以及从事其他经营活动的有效凭证；合法有效的发票是财务报销凭证，是认定企业在是实际经营中是否产生支出的依据；企业根据合法、有效凭证记账，进行核算。在本案中，华润公司未取得发票税前列支 14 300 元，税前列支与取得收入无关的职工结婚费用 2 500 元，取得销售方开具的非法发票税前列支 8 890 元，上述税前列支款项依法应当计入企业应纳税所得额进行纳税。故长治国税稽查局要求华润公司调增企业纳税所得额，认定事实清楚，证据确凿。

《税收征收管理法》第六十四条第一款规定，纳税人、扣缴义务人编造虚假计税依据的，由税务机关责令限期改正，并处五万元以下的罚款。本案中，长治国税稽查局针对华润公司上述违法行为，鉴于其尚未造成少缴税款的情节，作出责令限期改正，并处以 15 000 元的罚款的处罚决定，认定事实清楚，适用法律正确，处罚幅度适当。此外，长治国税稽查局作出被诉行政处罚的过程中，履行了立案、调查、审批、告知权利、决定及送达的程序，符合《行政处罚法》和相关税收法律、法规的规定，程序合法。华润公司起诉要求撤销行政处罚决定，退还罚款的诉讼请求，没有事实和法律依据，法院不予支持，判决驳回诉讼请求。

华润公司上诉称，对于被上诉人认定的增值税方面的第一点，“简易办法 4%减半征收”属税收优惠政策，《税收减免管理办法（试行）》（国税发〔2005〕129 号）第五条已有明确规定。享受“减免税”优惠政策有其法定程序，“申请”是享受“减免税”前置条件。但上游企业山西华宝潞州水泥制品有限公司未曾提出过申请，故不应适用“简易办法4%减半征收”优惠。对于被上诉人认定的企业所得税方面，第1点、第3点共计调增企业所得税应纳税所得额23 190元适用法律错误。《发票管理办法》明确了其适用范围是“在中华人民共和国境内印制、领购、开具、取得、保管、缴销发票的单位和个人必须遵守本办法”，与所得税纳税调整无任何关联。被上诉人仅依据《发票管理办法》认定上诉人应“调增企业所得税应纳税所得额23 190元”适用法律错误，应予撤销。同时，上诉人的纳税行为均为真实发生并有相关合同等予以证实，并无“编造”的行为存在，不应适用《税收征收管理法》的规定予以处罚15 000元。一审判决中对于事实认定的文字表述与处罚决定及答辩不一致，也未对上诉人提出的“适用法律错误”问题作出认定，一审中还存在违反法定程序的情形。故请求二审法院撤销一审判决，撤销被上诉人长国税稽重罚（2014）1号《税务行政处罚决定书》，由被上诉人退还上诉人所缴纳的罚款15 000元。

被上诉人长治国税稽查局答辩称，就增值税方面，认定事实清楚，适用法律正确。上诉人取得违规开具的增值税专用发票，不符合法律规定，取得的进项税额不得抵扣。上诉人认为上游企业是自行放弃减免税税收优惠，而选择按适用税率缴纳税款是对税法的误读。根据财政部国家税务总局《关于部分货物适用增值税低税率和简易办法征收增值税政策的通知》（财税〔2009〕9号）第二条第（一）项、第（三）项、国家税务总局《关于增值税简易征收办法征收政策有关管理问题的通知》（国税函〔2009〕90号）第一条第（一）项规定，纳税人销售已使用过的固定资产不属可选择按简易办法征收增值税项目，不能按17%税率缴纳增值税。其开具增值税专用发票的真实意图是少缴税款，而不是放弃所谓“税收优惠政策”。至于上诉人认为已经按17%的税率缴纳了增值税款，就应该予以抵扣，是对税收政策的又一误读。企业所得税方面，认定事实清楚，适用法律正确。合法有效的凭证是企业所得税税前扣除的依据。没有发票或没有符合规定的发票就无法认定企业是否实际产生过合理开支，法律法规对此有明确规定。上诉人主张的23 190元支出有14 300元没有取得任何发票凭证，8 890元凭证是4份虚假发票，主张的23 190元支出显然缺乏事实基础。被上诉人根据《中华人民共和国税收征收管理法》的规定，对上诉人在增值税方面的违法行为，转出增值税进项税，补提增值税合计4 122 628.66元，并处以罚款10 000元；对企业所得税方面的违法行为，调增2011年应纳税所得额25 690元，罚款5 000元。上诉人的行为影响了计税依据的正确计算，属于《中华人民共和国税收征收管理法》第六十四条第一款规定的“编造虚假计税依据”行为，做出的处罚事实清楚，适用法律正确。原审法院认定事实清楚，适用法律正确，审理程序并无不当。请二审法院查明事实，维持原判。

双方当事人在一审提供的证据，随案移送本院。

经庭审质证，双方当事人未提出新的质证意见，本院认可原审法院的认证意见，确认原判认定的事实。

本院认为，根据《中华人民共和国税收征收管理法》第十四条、第五十四条、《中华人民共和国税收征收管理法实施细则》第九条规定，按照国务院规定设立的并向社会公告的税务机构，是指省以下税务局的稽查局。稽查局专司偷税、逃避追缴欠税、骗税、抗税案件的查处。依据上述规定，长治国税稽查局作为市一级税务机构，有权对本行政区域内的税务违法行为进行查处。

依据《中华人民共和国增值税暂行条例》第九条，参照财政部国家税务总局《关于全国实施增值税转型改革若干问题的通知》（财税〔2008〕170 号）第四条第（二）项、财政部国家税务总局《关于部分货物适用增值税低税率和简易办法征收增值税政策通知》（财税〔2009〕9 号）第二条第（一）项，2008 年 12 月 31 日以前未纳入扩大增值税抵扣范围试点的一般纳税人，销售自己使用过的 2008 年 12 月 31 日以前购进或者自制的固定资产，按照 4%征收率减半征收增值税。应开具普通发票，不得开具增值税专用发票。可见此处关于“4%减半”的征收率是法定征收率。上诉人取得山西华宝潞州水泥制品有限公司销售其 2008 年 12 月 31 日以前购置的固定资产 21 817 347.76 元开具的增值税专用发票，申报抵扣增值税进项税 3 708 949.12 元，不符合法律规定，应当转出增值税进项税 3 708 949.12 元。上诉人认为应由开票企业提出申请或备案，得到税务机关批准后方可适用“4%减半”征收率的观点于法无据，本院不予认可。关于增值税方面做出的行政处罚决定，对此责令限期改正，对第 2 至 5 项并处罚款 10 000 元，并无不当，属认定事实清楚，证据确凿，适用法律法规正确，应予维持。

《中华人民共和国税收征收管理法》第二十一条规定，单位、个人在购销商品、提供或者接受经营服务以及从事其他经营活动中，应当按照规定开具、使用、取得发票。国家税务总局《关于印发〈进一步加强税收征管若干具体措施〉的通知》（国税发〔2009〕114 号）第六条、国家税务总局《关于进一步加强普通发票管理工作的通知》（国税发〔2008〕80 号）第八条第（二）项明确规定纳税人取得不符合规定的发票，不得用于税前扣除。上诉人在企业所得税方面未取得发票税前列支费用 14 300 元，取得销售方开具的非法发票税前列支费用 8 890 元，依法应予调增应纳税所得额共计 23 190 元。然而被上诉人长治国税稽查局在长国税稽重罚（2014）1 号税务行政处罚决定中，对于此两项应予调增应纳税所得额所适用的法律依据仅仅为《中华人民共和国发票管理办法》第二十一条，即“不符合规定的发票，不得作为财务报销凭证，任何单位和个人有权拒收。”属适用法律错误，应予撤销。

《中华人民共和国税收征收管理法》第六十四条第一款规定：纳税人、扣缴义务人编造虚假计税依据的，由税务机关责令限期改正，并处以五万元以下罚款。此处“编造”应做广义理解，提供不实纳税材料，未依法进行税项填报，影响税务机关依法进行税款征收工作的，都可理解为“编造虚假计税依据”的行为。上诉人认为其并无“编造”行为的理由不成立。另，一审判决中“违规取得”的表述，与处罚决定、答辩中“取得违规开具”的表述，乃是文字上的瑕疵，不影响语义和对事实的认定。由于本案案情复杂，一审法院已向山西省高级人民法院申请延长审理期限，并得到同意延长批复，判决、结案日期合法。

依据《中华人民共和国行政诉讼法》第五十四条第（一）项、第（二）项第2目、第六十一条第（二）项的规定，判决如下：

一、撤销长治市城区人民法院（2014）城行初字第63号行政判决；

二、维持长治市国家税务局稽查局长国税稽重罚（2014）1号税务行政处罚决定第（一）项，即对增值税方面的处罚决定；

三、撤销长治市国家税务局稽查局长国税稽重罚（2014）1号税务行政处罚决定第（二）项，即对企业所得税方面的处罚决定；

四、责令长治市国家税务局稽查局于本判决生效之日起三十日内，对华润水泥（长治）有限公司企业所得税方面违法行为重新做出具体行政行为；

五、驳回华润水泥（长治）有限公司的其他诉讼请求。

一审案件受理费50元，二审案件受理费50元，共计100元，由华润水泥（长治）有限公司、长治市国家税务局稽查局各承担50元。

本判决为终审判决。

审 判 长　　赵学成
代理审判员　　温福宝
代理审判员　　谭占云
二〇一五年三月十九日
书 记 员　　窦丽琴

（十五）扣缴增值税适用税率。

境内的购买方为境外单位和个人扣缴增值税的，按照适用税率扣缴增值税。

第三只眼解读

这个在代扣代缴的规定中已经说清楚了，以税率代扣代缴计算，而不是征收率，这一点儿要非常关注。不然代扣代缴少了，钱付出去了，跟谁要税是个大问题。不过有的同志说我们是“包税”的，能少交点就少交点，如果真要少交点，对于劳务的代扣代缴（增值税暂行条例下）真是没有明确过税率代扣代缴的表述，那是有的谈一下的。

（十六）其他规定。

1. 试点纳税人销售电信服务时，附带赠送用户识别卡、电信终端等货物或者电信服务的，应将其取得的全部价款和价外费用进行分别核算，按各自适用的税率计算缴纳增值税。

第三只眼解读

有的同志问，为何这儿的赠送允许采用“打包”的形式处理呢，是不是所有的销售赠送都可以这样处理呢，可能并不是这样简单。电信营改增时，已经明确了此规则，这也是电信企业特殊性要求进行明确的一个规则，对于我们金融企业促销赠的小礼物，则当下是没有这个待遇的，基本上难以认为赠送不用做视同销售处理。而电信可以就收到的款项拆分，而不是加上一块视同销售，这对于计税销售额和收款一致，如果收款少，计税销售额大，那纳税人自然易“吃亏”。

不过我们也要知道，对于购买的类同空调一样，商家同时提供安装，那这是“一条龙”服务，并不是什么赠送，还有我们住宾馆，人家早上送一个早餐，这其实不是送，也不是所得，人家就是这样在销售中包括的，真不好直接说人家是赠送。别营改增了，看什么眼都是“红”的。

2. 油气田企业发生应税行为，适用《试点实施办法》规定的增值税税率，不再适用《财政部 国家税务总局关于印发〈油气田企业增值税管理办法〉的通知》（财税〔2009〕8 号）规定的增值税税率。

第三只眼解读

依照财税〔2009〕8 号文件，油气田企业提供的生产性劳务，增值税税率为17%，这是不是可以说有税率下降了呢？

二、原增值税纳税人［指按照《中华人民共和国增值税暂行条例》（国务院令第538号）（以下称《增值税暂行条例》）缴纳增值税的纳税人］有关政策

第三只眼解读

虽然这个政策说的是营改增的试点政策，适用于服务、无形资产和不动产，但是对于货物、加工修理修配，理论上是不能管理的，人家要动必须单独修订。但为了两者一致性协调，不在重大的规则上产生根本性差异，同时做出相应的与营改增试点政策的对接，所以财税〔2016〕36号文件也是承财税〔2013〕106号文件对原增值税纳税人适用的规则做出内容修订。

（一）进项税额。

1. 原增值税一般纳税人购进服务、无形资产或者不动产，取得的增值税专用发票上注明的增值税额为进项税额，准予从销项税额中抵扣。

2016年5月1日后取得并在会计制度上按固定资产核算的不动产或者2016年5月1日后取得的不动产在建工程，其进项税额应自取得之日起分2年从销项税额中抵扣，第一年抵扣比例为60%，第二年抵扣比例为40%。

融资租入的不动产以及在施工现场修建的临时建筑物、构筑物，其进项税额不适用上述分2年抵扣的规定。

第三只眼解读

这儿重点了解一下，原增值税一般纳税人是什么定义？就是指不是按试点营改增认定的一般纳税人，而是依照增值税暂行条例认定的增值税范围的一般纳税人。

2. 原增值税一般纳税人自用的应征消费税的摩托车、汽车、游艇，其进项税额准予从销项税额中抵扣。

第三只眼解读

原来规定的是不能抵扣，现在营改增政策已不限制抵扣，所以直接修订为可以抵扣了。

3. 原增值税一般纳税人从境外单位或者个人购进服务、无形资产或者不动产，按照规定应当扣缴增值税的，准予从销项税额中抵扣的进项税额为自税务机关或者扣缴义务人取得的解缴税款的完税凭证上注明的增值税额。

纳税人凭完税凭证抵扣进项税额的，应当具备书面合同、付款证明和境外单位的对账单或者发票。资料不全的，其进项税额不得从销项税额中抵扣。

第三只眼解读

这也是承营改增的政策确定的抵扣的新凭据，但这儿并没有包括劳务，劳务是不认可的，即加工修理修配的代扣代缴的增值税，都不认可。

4. 原增值税一般纳税人购进货物或者接受加工修理修配劳务，用于《销售服务、无形资产或者不动产注释》所列项目的，不属于《增值税暂行条例》第十条所称的用于非增值税应税项目，其进项税额准予从销项税额中抵扣。

第三只眼解读

这也是基于新增的营改增而达到可以抵扣的应税目的了。

5. 原增值税一般纳税人购进服务、无形资产或者不动产，下列项目的进项税额不得从销项税额中抵扣：

(1) 用于简易计税方法计税项目、免征增值税项目、集体福利或者个人消费。其中涉及的无形资产、不动产，仅指专用于上述项目的无形资产（不包括其他权益性无形资产）、不动产。

纳税人的交际应酬消费属于个人消费。

(2) 非正常损失的购进货物，以及相关的加工修理修配劳务和交通运输服务。

(3) 非正常损失的在产品、产成品所耗用的购进货物（不包括固定资产）、加工修理修配劳务和交通运输服务。

(4) 非正常损失的不动产，以及该不动产所耗用的购进货物、设计服务和建筑服务。

(5) 非正常损失的不动产在建工程所耗用的购进货物、设计服务和建筑服务。

纳税人新建、改建、扩建、修缮、装饰不动产，均属于不动产在建工程。

(6) 购进的旅客运输服务、贷款服务、餐饮服务、居民日常服务和娱乐服务。

(7) 财政部和国家税务总局规定的其他情形。

上述第(4)点、第(5)点所称货物，是指构成不动产实体的材料和设备，包括建筑装饰材料和给排水、采暖、卫生、通风、照明、通讯、煤气、消防、中央空调、电梯、电气、智能化楼宇设备及配套设施。

纳税人接受贷款服务向贷款方支付的与该笔贷款直接相关的投融资顾问费、手续费、咨询费等费用，其进项税额不得从销项税额中抵扣。

第三只眼解读

与营改增的政策对接，直接套用过来的。

6. 已抵扣进项税额的购进服务，发生上述第5点规定情形（简易计税方法计税项目、免征增值税项目除外）的，应当将该进项税额从当期进项税额中扣减；无法确定该进项税额的，按照当期实际成本计算应扣减的进项税额。

7. 已抵扣进项税额的无形资产或者不动产，发生上述第5点规定情形的，按照下列公式计算不得抵扣的进项税额：

$$\text{不得抵扣的进项税额}=\text{无形资产或者不动产净值}\times\text{适用税率}$$

8. 按照《增值税暂行条例》第十条和上述第5点不得抵扣且未抵扣进项税额的固定资产、无形资产、不动产，发生用途改变，用于允许抵扣进项税额的应税项目，可在用途改变的次月按照下列公式，依据合法有效的增值税扣税凭证，计算可以抵扣的进项税额：

$$\text{可以抵扣的进项税额}=\frac{\text{固定资产、无形资产、不动产净值}}{1+\text{适用税率}}\times\text{适用税率}$$

上述可以抵扣的进项税额应取得合法有效的增值税扣税凭证。

第三只眼解读

第6、7、8点与财税〔2016〕36号文件规定的适用政策一致，待遇也一致了。承上例，这儿也没有提及有征收率代开的增值税专用发票行不行，因为适用税率是公式中列名的，并没有包括征收率，这一点需要进一步关注，理论上是一样的事，因为那也是一种抵扣的率呢。

（二）增值税期末留抵税额。

原增值税一般纳税人兼有销售服务、无形资产或者不动产的，截止到纳入营改增试点之日前的增值税期末留抵税额，不得从销售服务、无形资产或者不动产的销项税额中抵扣。

第三只眼解读

其实这个规定有了，还是没有将原来的增值税事项与营改增的事项整体考虑，本来纳税人只有一个身份，而不得让原来的留抵，不得用营改增的事项产生的销项抵扣，还不是一家人的概念。

参照《营业税改征增值税试点有关企业会计处理规定》（财会〔2012〕13 号）关于增值税期末留抵税额的会计处理的规定：

试点地区兼有应税服务的原增值税一般纳税人，截止到开始试点当月月初的增值税留抵税额按照营业税改征增值税有关规定不得从应税服务的销项税额中抵扣的，应在“应交税费”科目下增设“增值税留抵税额”明细科目。开始试点当月月初，企业应按不得从应税服务的销项税额中抵扣的增值税留抵税额，借记“应交税费——增值税留抵税额”科目，贷记“应交税费——应交增值税（进项税额转出）”科目。待以后期间允许抵扣时，按允许抵扣的金额，借记“应交税费——应交增值税（进项税额）”科目，贷记“应交税费——增值税留抵税额”科目。“应交税费——增值税留抵税额”科目期末余额应根据其流动性在资产负债表中的“其他流动资产”项目或“其他非流动资产”项目列示。

企业在计算当期应纳税额时，首先将当期实际发生的进项税额予以抵扣，虽然当期既销售货物，又有提供本次营改增的应税事项，但其当期实际发生的进项税额不需要单独核算，可以从当期应税销项税额中予以抵扣。但是对于留底形成的挂账的进项税额，由于原来都是有应税销售形成的，在营改增以后，也只能用于抵扣营改增以后形成的原来应税部分的税款。通常的方法是先计算出当月的应纳税额，然后按货物等销项税额的比例分出其对应的应纳税额，这个应纳税额去抵减原来的留抵税额。

我们来看一个国家税务总局培训时的例子就明白了：

某市 A 纳税人为增值税一般纳税人，在 2016 年 5 月 1 日前，仅按照《增值税暂行条例》缴纳增值税，截止2016年4月30日期末留抵税额10万元。2016年5月，发生17%货物及劳务销项税额20万元，发生11%服务、不动产和无形资产的销项税额30万元，本月发生的进项税额为30万元。

2016年5月（税款所属期）申报表主表填报方法如下：

项目		栏次	一般项目		即征即退项目	
			本月数	本年累计	本月数	本年累计
税款计算	销项税额	11	500 000			
	进项税额	12	300 000			
	上期留抵税额	13	0	100 000		—
	进项税额转出	14				
	免、抵、退应退税额	15			—	—
	按适用税率计算的纳税检查应补缴税额	16			—	—
	应抵扣税额会计	17＝12＋13－14－15＋16	300 000	—		—
	实际抵扣税额	18（如17＜11，则为17，否则为11）	300 000	80 000		
	应纳税额	19＝11－18	120 000			
	期末留抵税额	20＝17－18		20 000		—
	简易计税办法计算的应纳税额	21				
	按简易计税办法计算的纳税检查应补缴税额	22			—	—
	应纳税额减征额	23				
	应纳税额合计	24＝19＋21－23				

注：为方便举例说明，在填写案例中只截取了申报表的部分栏次（下同），填写的数据可能存在不完整的情况。

1. 本月主表第13栏“上期留抵税额”，本栏“一般项目”列“本月数”填写“0”；“本年累计”填写“100 000”，即将上期申报表第20栏“期末留抵税额”“本月数”，结转到本栏。

2. 主表第18栏“实际抵扣税额”“一般项目”列“本年累计”在填写时，需要进行计算，具体步骤如下：

第一步，计算出当期一般计税方法的应纳税额。用第11栏“销项税额”“一般项目”列“本月数”－第 18 栏“实际抵扣税额”“一般项目”列“本月数”。计算过程如下：

应纳税额＝销项税额－进项税额＝500 000－300 000＝200 000（元）

第二步：计算出当期一般货物及劳务销项税额比例。要用到如下《附列资料（一)》中数据。

项目及栏次		开具增值税专用发票		开具其他发票		未开具发票		纳税检查调整		合计		
		销售额	销项(应纳)税额	销售额	销项(应纳)税额	销售额	销项(应纳)税额	销售额	销项(应纳)税额	销售额	销项(应纳)税额	价税合计
		1	2	3	4	5	6	7	8	9＝1＋3＋5＋7	10＝2＋4＋6＋8	11＝9＋10
17%税率的货物及加工修理低配劳务	1										200 000	—
17%税率的服务，不动产和无形资产	2											
13%税率	3											—
11%税率	4										300 000	
6%税率	5											
即征即退货物及加工修理修配劳务	6	—	—	—	—	—	—	—	—			—
即征即退服务、不动产和无形资产	7	—	—	—	—	—	—	—	—			

计算过程：一般货物及劳务销项税额比例＝(《附列资料（一)》第 10 列第 1、3 行之和－第 10 列第 6 行)÷主表。

第 11 栏“销项税额”“一般项目”列“本月数”×100%＝200 000÷500 000×100%＝40%。

第三步：计算出当期一般计税方法的一般货物及劳务应纳税额。计算过程为：

一般计税方法的一般货物及劳务应纳税额＝一般计税方法的应纳税额×一般货物及劳务销项税额比例

＝200 000×40%＝80 000（元）

第四步：将“货物和劳务挂账留抵税额本期期初余额”与“一般计税方法的一般货物及劳务应纳税额”两个数据相比较，取二者中小的数据。80 000＜100 000。

经过上述计算，主表第 18 栏“实际抵扣税额”“一般项目”列“本年累计”应当填写 80 000。

3. 主表第 19 栏“应纳税额”“一般项目”列“本月数”＝第 11 栏“销项税额”“一般项目”列“本月数”－第 18 栏“实际抵扣税额”“一般项目”列“本月数”－第 18 栏“实际抵扣税额”“一般项目”列“本年累计”。

即：500 000－300 000－80 000＝120 000。

4. 第 20 栏“期末留抵税额”“一般项目”列“本年累计”本栏“一般项目”列“本年累计”＝第 13 栏“上期留抵税额”“一般项目”列“本年累计”－第 18 栏“实际抵扣税额”“一般项目”列“本年累计”。

即：100 000－80 000＝20 000。

这 20 000 元是期末尚未抵扣完的挂账留抵税额，可以结转至下期继续在货物及劳务的销项税额中抵扣。

注意，在上面的申报表主表中，第 18 行的本年累计是不给开放自由填写的，如果有期末留抵税额的问题，这个地方的调整是需要主管税务机关进行确认开放填写调整填写的行次。

（三）混合销售。

一项销售行为如果既涉及货物又涉及服务，为混合销售。从事货物的生产、批发或者零售的单位和个体工商户的混合销售行为，按照销售货物缴纳增值税；其他单位和个体工商户的混合销售行为，按照销售服务缴纳增值税。

上述从事货物的生产、批发或者零售的单位和个体工商户，包括以从事货物的生产、批发或者零售为主，并兼营销售服务的单位和个体工商户在内。

第三只眼解读

与营改增的政策相一致。

附件 3：

营业税改征增值税试点过渡政策的规定

一、下列项目免征增值税

第三只眼解读

免征增值税多是从营业税下的免税政策延续下来的，也有从之前营改增试点政策汇集而来的。

（一）托儿所、幼儿园提供的保育和教育服务。

托儿所、幼儿园，是指经县级以上教育部门审批成立、取得办园许可证的实施0～6 岁学前教育的机构，包括公办和民办的托儿所、幼儿园、学前班、幼儿班、保育院、幼儿院。

公办托儿所、幼儿园免征增值税的收入是指，在省级财政部门和价格主管部门审核报省级人民政府批准的收费标准以内收取的教育费、保育费。

民办托儿所、幼儿园免征增值税的收入是指，在报经当地有关部门备案并公示的收费标准范围内收取的教育费、保育费。

超过规定收费标准的收费，以开办实验班、特色班和兴趣班等为由另外收取的费用以及与幼儿入园挂钩的赞助费、支教费等超过规定范围的收入，不属于免征增值税的收入。

（二）养老机构提供的养老服务。

养老机构，是指依照民政部《养老机构设立许可办法》（民政部令第 48 号）设立并依法办理登记的为老年人提供集中居住和照料服务的各类养老机构；养老服务，是指上述养老机构按照民政部《养老机构管理办法》（民政部令第 49 号）的规定，为收住的老年人提供的生活照料、康复护理、精神慰藉、文化娱乐等服务。

（三）残疾人福利机构提供的育养服务。

（四）婚姻介绍服务。

（五）殡葬服务。

殡葬服务，是指收费标准由各地价格主管部门会同有关部门核定，或者实行政府指导价管理的遗体接运（含抬尸、消毒）、遗体整容、遗体防腐、存放（含冷藏）、火化、骨灰寄存、吊唁设施设备租赁、墓穴租赁及管理等服务。

（六）残疾人员本人为社会提供的服务。

（七）医疗机构提供的医疗服务。

医疗机构，是指依据国务院《医疗机构管理条例》（国务院令第 149 号）及卫生部《医疗机构管理条例实施细则》（卫生部令第 35 号）的规定，经登记取得《医疗机构执业许可证》的机构，以及军队、武警部队各级各类医疗机构。具体包括：各级各类医院、门诊部（所）、社区卫生服务中心（站）、急救中心（站）、城乡卫生院、护理院（所）、疗养院、临床检验中心，各级政府及有关部门举办的卫生防疫站（疾病控制中心）、各种专科疾病防治站（所），各级政府举办的妇幼保健所（站）、母婴保健机构、儿童保健机构，各级政府举办的血站（血液中心）等医疗机构。

本项所称的医疗服务，是指医疗机构按照不高于地（市）级以上价格主管部门会同同级卫生主管部门及其他相关部门制定的医疗服务指导价格（包括政府指导价和按照规定由供需双方协商确定的价格等）为就医者提供《全国医疗服务价格项目规范》所列的各项服务，以及医疗机构向社会提供卫生防疫、卫生检疫的服务。

（八）从事学历教育的学校提供的教育服务。

1. 学历教育，是指受教育者经过国家教育考试或者国家规定的其他入学方式，进入国家有关部门批准的学校或者其他教育机构学习，获得国家承认的学历证书的教育形式。具体包括：

（1）初等教育：普通小学、成人小学。

（2）初级中等教育：普通初中、职业初中、成人初中。

（3）高级中等教育：普通高中、成人高中和中等职业学校（包括普通中专、成人中专、职业高中、技工学校）。

（4）高等教育：普通本专科、成人本专科、网络本专科、研究生（博士、硕士）、高等教育自学考试、高等教育学历文凭考试。

2. 从事学历教育的学校，是指：

(1) 普通学校。

(2) 经地（市）级以上人民政府或者同级政府的教育行政部门批准成立、国家承认其学员学历的各类学校。

(3) 经省级及以上人力资源社会保障行政部门批准成立的技工学校、高级技工学校。

(4) 经省级人民政府批准成立的技师学院。

上述学校均包括符合规定的从事学历教育的民办学校，但不包括职业培训机构等国家不承认学历的教育机构。

3. 提供教育服务免征增值税的收入，是指对列入规定招生计划的在籍学生提供学历教育服务取得的收入，具体包括：经有关部门审核批准并按规定标准收取的学费、住宿费、课本费、作业本费、考试报名费收入，以及学校食堂提供餐饮服务取得的伙食费收入。除此之外的收入，包括学校以各种名义收取的赞助费、择校费等，不属于免征增值税的范围。

学校食堂是指依照《学校食堂与学生集体用餐卫生管理规定》（教育部令第14号）管理的学校食堂。

（九）学生勤工俭学提供的服务。

（十）农业机耕、排灌、病虫害防治、植物保护、农牧保险以及相关技术培训业务，家禽、牲畜、水生动物的配种和疾病防治。

农业机耕，是指在农业、林业、牧业中使用农业机械进行耕作（包括耕耘、种植、收割、脱粒、植物保护等）的业务；排灌，是指对农田进行灌溉或者排涝的业务；病虫害防治，是指从事农业、林业、牧业、渔业的病虫害测报和防治的业务；农牧保险，是指为种植业、养殖业、牧业种植和饲养的动植物提供保险的业务；相关技术培训，是指与农业机耕、排灌、病虫害防治、植物保护业务相关以及为使农民获得农牧保险知识的技术培训业务；家禽、牲畜、水生动物的配种和疾病防治业务的免税范围，包括与该项服务有关的提供药品和医疗用具的业务。

（十一）纪念馆、博物馆、文化馆、文物保护单位管理机构、美术馆、展览馆、书画院、图书馆在自己的场所提供文化体育服务取得的第一道门票收入。

（十二）寺院、宫观、清真寺和教堂举办文化、宗教活动的门票收入。

（十三）行政单位之外的其他单位收取的符合《试点实施办法》第十条规定条件的政府性基金和行政事业性收费。

（十四）个人转让著作权。

（十五）个人销售自建自用住房。

（十六）2018年12月31日前，公共租赁住房经营管理单位出租公共租赁住房。

公共租赁住房，是指纳入省、自治区、直辖市、计划单列市人民政府及新疆生产建设兵团批准的公共租赁住房发展规划和年度计划，并按照《关于加快发展公共租赁住房的指导意见》（建保〔2010〕87号）和市、县人民政府制定的具体管理办法进行管理的公共租赁住房。

（十七）台湾航运公司、航空公司从事海峡两岸海上直航、空中直航业务在大陆取得的运输收入。

台湾航运公司，是指取得交通运输部颁发的“台湾海峡两岸间水路运输许可证”且该许可证上注明的公司登记地址在台湾的航运公司。

台湾航空公司，是指取得中国民用航空局颁发的“经营许可”或者依据《海峡两岸空运协议》和《海峡两岸空运补充协议》规定，批准经营两岸旅客、货物和邮件不定期（包机）运输业务，且公司登记地址在台湾的航空公司。

（十八）纳税人提供的直接或者间接国际货物运输代理服务。

1. 纳税人提供直接或者间接国际货物运输代理服务，向委托方收取的全部国际货物运输代理服务收入，以及向国际运输承运人支付的国际运输费用，必须通过金融机构进行结算。

2. 纳税人为大陆与香港、澳门、台湾地区之间的货物运输提供的货物运输代理服务参照国际货物运输代理服务有关规定执行。

3. 委托方索取发票的，纳税人应当就国际货物运输代理服务收入向委托方全额开具增值税普通发票。

（十九）以下利息收入。

1. 2016年12月31日前，金融机构农户小额贷款。

小额贷款，是指单笔且该农户贷款余额总额在10万元（含本数）以下的贷款。

所称农户，是指长期（一年以上）居住在乡镇（不包括城关镇）行政管理区域内的住户，还包括长期居住在城关镇所辖行政村范围内的住户和户口不在本地而在本地居住一年以上的住户，国有农场的职工和农村个体工商户。位于乡镇（不包括城关镇）行政管理区域内和在城关镇所辖行政村范围内的国有经济的机关、团体、学校、企事业单位的集体户；有本地户口，但举家外出谋生一年以上的住户，无论是否保留承包耕地均不属于农户。农户以户为统计单位，既可以从事农业生产经营，也可以从事非农业生产经营。农户贷款的判定应以贷款发放时的承贷主体是否属于农户为准。

2. 国家助学贷款。

3. 国债、地方政府债。

第三只眼解读

国债、地方政府债券的利息收入，理解上不是纳税人自己计提的利息，也不是企业所得税中那种计提的利息转让时也算免税收入的概念，而是指真正的收到的利息收入。这一点在实践当中可能存在调整困难或者理解争议。比如有的企业认为反正是个时间性差异，我就不去考虑取得还是计提了，这确实是对于本轮营改增的一个原则性的挑战，但当下仍没有说明清楚。

4. 人民银行对金融机构的贷款。

第三只眼解读

这儿只是界定了对金融机构的贷款利息收入，并没有说明人民银行就不缴增值税。

5. 住房公积金管理中心用住房公积金在指定的委托银行发放的个人住房贷款。

6. 外汇管理部门在从事国家外汇储备经营过程中，委托金融机构发放的外汇贷款。

7. 统借统还业务中，企业集团或企业集团中的核心企业以及集团所属财务公司按不高于支付给金融机构的借款利率水平或者支付的债券票面利率水平，向企业集团或者集团内下属单位收取的利息。

统借方向资金使用单位收取的利息，高于支付给金融机构借款利率水平或者支付的债券票面利率水平的，应全额缴纳增值税。

统借统还业务，是指：

（1）企业集团或者企业集团中的核心企业向金融机构借款或对外发行债券取得资金后，将所借资金分拨给下属单位（包括独立核算单位和非独立核算单位，下同），并向下属单位收取用于归还金融机构或债券购买方本息的业务。

（2）企业集团向金融机构借款或对外发行债券取得资金后，由集团所属财务公司与企业集团或者集团内下属单位签订统借统还贷款合同并分拨资金，并向企业集团或者集团内下属单位收取本息，再转付企业集团，由企业集团统一归还金融机构或债券购买方的业务

第三只眼解读

统借统还的政策其实有几个因素还是存在争议的，比如何为集团，借款企业取得的统借统还的合同如何举证属此类型，同时如果其发生了费用，如何在企业所得税上处理，这些在不同的税种下有不同的思考方式。

增值税下，金融机构借款本身的发票如何开具呢？原来营业税下是利息单，借款企业进行分摊处理，现在利息费用不得用于抵扣，因此不同承担费用的机构要专用发票也没有用，就为一个税前扣除，所以仍会延续旧的处理方式。

（二十）被撤销金融机构以货物、不动产、无形资产、有价证券、票据等财产清偿债务。

被撤销金融机构，是指经人民银行、银监会依法决定撤销的金融机构及其分设于各地的分支机构，包括被依法撤销的商业银行、信托投资公司、财务公司、金融租赁公司、城市信用社和农村信用社。除另有规定外，被撤销金融机构所属、附属企业，不享受被撤销金融机构增值税免税政策。

（二十一）保险公司开办的一年期以上人身保险产品取得的保费收入。

一年期以上人身保险，是指保险期间为一年期及以上返还本利的人寿保险、养老年金保险，以及保险期间为一年期及以上的健康保险。

人寿保险，是指以人的寿命为保险标的的人身保险。

养老年金保险，是指以养老保障为目的，以被保险人生存为给付保险金条件，并按约定的时间间隔分期给付生存保险金的人身保险。养老年金保险应当同时符合下列条件：

1. 保险合同约定给付被保险人生存保险金的年龄不得小于国家规定的退休年龄。

2. 相邻两次给付的时间间隔不得超过一年。

健康保险，是指以因健康原因导致损失为给付保险金条件的人身保险。

上述免税政策实行备案管理，具体备案管理办法按照《国家税务总局关于一年期以上返还性人身保险产品免征营业税审批事项取消后有关管理问题的公告》（国家税务总局公告 2015 年第 65 号）规定执行。

第三只眼解读

依照财税〔2016〕46 号文件：享受免征增值税的一年期及以上返还本利的人身保险包括其他年金保险，其他年金保险是指养老年金以外的年金保险。

（二十二）下列金融商品转让收入。

1. 合格境外投资者（QFII）委托境内公司在我国从事证券买卖业务。

2. 香港市场投资者（包括单位和个人）通过沪港通买卖上海证券交易所上市A股。

3. 对香港市场投资者（包括单位和个人）通过基金互认买卖内地基金份额。

4. 证券投资基金（封闭式证券投资基金，开放式证券投资基金）管理人运用基金买卖股票、债券。

5. 个人从事金融商品转让业务。

（二十三）金融同业往来利息收入。

1. 金融机构与人民银行所发生的资金往来业务。包括人民银行对一般金融机构贷款，以及人民银行对商业银行的再贴现等。

第三只眼解读

人民银行的收入作为免税收入处理。

2. 银行联行往来业务。同一银行系统内部不同行、处之间所发生的资金账务往来业务。

第三只眼解读

同一银行可能存在内部结算的问题，但是内部之间的结算利息，不作为应税收入处理，这也是突破单个银行作为纳税人身份的一种例外规定。但是对于农信社，其本身存在这样的问题，各个联社之间是独立的法人，那法人之间就不属于这个内部的性质了，虽然管理上还是"人"与"形式"上的一家。

3. 金融机构间的资金往来业务。是指经人民银行批准，进入全国银行间同业拆借市场的金融机构之间通过全国统一的同业拆借网络进行的短期（一年以下含一年）无担保资金融通行为。

第三只眼解读

同业往来受到限制，只有满足同业拆借网络进行的才作为免税处理。如线上、无担保、短期的三个条件，这是较过去的理解更为严格了。

如果真是这样理解，就真的要"犯错"了，不是你的错，而是我们还有补丁文件的"出现"，即财税〔2016〕46号文件：

金融机构开展下列业务取得的利息收入，属于《营业税改征增值税试点过渡政策的规定》（财税〔2016〕36号，以下简称《过渡政策的规定》）第一条第（二十三）项所称的金融同业往来利息收入：

（一）质押式买入返售金融商品。

质押式买入返售金融商品，是指交易双方进行的以债券等金融商品为权利质押的一种短期资金融通业务。

（二）持有政策性金融债券。

政策性金融债券，是指开发性、政策性金融机构发行的债券。

4. 金融机构之间开展的转贴现业务。

第三只眼解读

这个也是同业往来的一种类同性质的处理。

金融机构是指：

(1) 银行：包括人民银行、商业银行、政策性银行。

(2) 信用合作社。

(3) 证券公司。

(4) 金融租赁公司、证券基金管理公司、财务公司、信托投资公司、证券投资基金。

(5) 保险公司。

(6) 其他经人民银行、银监会、证监会、保监会批准成立且经营金融保险业务的机构等。

第三只眼解读

这儿金融机构并没有小贷公司什么事，这就有点儿不"一视同仁"的感觉，其实涉及小贷公司的身份、企业所得税准备金的税前扣除标准以及这个增值税的身份，都还难以突破。

（二十四）同时符合下列条件的担保机构从事中小企业信用担保或者再担保业务取得的收入（不含信用评级、咨询、培训等收入）3 年内免征增值税：

1. 已取得监管部门颁发的融资性担保机构经营许可证，依法登记注册为企（事）业法人，实收资本超过 2 000 万元。

2. 平均年担保费率不超过银行同期贷款基准利率的 50%。平均年担保费率＝本期担保费收入/(期初担保余额＋本期增加担保金额)×100%。

3. 连续合规经营 2 年以上，资金主要用于担保业务，具备健全的内部管理制度和为中小企业提供担保的能力，经营业绩突出，对受保项目具有完善的事前评估、事中监控、事后追偿与处置机制。

4. 为中小企业提供的累计担保贷款额占其两年累计担保业务总额的80%以上，单笔800万元以下的累计担保贷款额占其累计担保业务总额的50%以上。

5. 对单个受保企业提供的担保余额不超过担保机构实收资本总额的10%，且平均单笔担保责任金额最多不超过3 000万元人民币。

6. 担保责任余额不低于其净资产的3倍，且代偿率不超过2%。

担保机构免征增值税政策采取备案管理方式。符合条件的担保机构应到所在地县（市）主管税务机关和同级中小企业管理部门履行规定的备案手续，自完成备案手续之日起，享受3年免征增值税政策。3年免税期满后，符合条件的担保机构可按规定程序办理备案手续后继续享受该项政策。

具体备案管理办法按照《国家税务总局关于中小企业信用担保机构免征营业税审批事项取消后有关管理问题的公告》（国家税务总局公告2015年第69号）规定执行，其中税务机关的备案管理部门统一调整为县（市）级国家税务局。

（二十五）国家商品储备管理单位及其直属企业承担商品储备任务，从中央或者地方财政取得的利息补贴收入和价差补贴收入。

国家商品储备管理单位及其直属企业，是指接受中央、省、市、县四级政府有关部门（或者政府指定管理单位）委托，承担粮（含大豆）、食用油、棉、糖、肉、盐（限于中央储备）等6种商品储备任务，并按有关政策收储、销售上述6种储备商品，取得财政储备经费或者补贴的商品储备企业。利息补贴收入，是指国家商品储备管理单位及其直属企业因承担上述商品储备任务从金融机构贷款，并从中央或者地方财政取得的用于偿还贷款利息的贴息收入。价差补贴收入包括销售价差补贴收入和轮换价差补贴收入。销售价差补贴收入，是指按照中央或者地方政府指令销售上述储备商品时，由于销售收入小于库存成本而从中央或者地方财政获得的全额价差补贴收入。轮换价差补贴收入，是指根据要求定期组织政策性储备商品轮换而从中央或者地方财政取得的商品新陈品质价差补贴收入。

（二十六）纳税人提供技术转让、技术开发和与之相关的技术咨询、技术服务。

1. 技术转让、技术开发，是指《销售服务、无形资产、不动产注释》中"转让技术"、"研发服务"范围内的业务活动。技术咨询，是指就特定技术项目提供可行性论证、技术预测、专题技术调查、分析评价报告等业务活动。

与技术转让、技术开发相关的技术咨询、技术服务，是指转让方（或者受托方）根据技术转让或者开发合同的规定，为帮助受让方（或者委托方）掌握所转让（或者委托开发）的技术，而提供的技术咨询、技术服务业务，且这部分技术咨询、技术服务的价款与技术转让或者技术开发的价款应当在同一张发票上开具。

2. 备案程序。试点纳税人申请免征增值税时，须持技术转让、开发的书面合同，到纳税人所在地省级科技主管部门进行认定，并持有关的书面合同和科技主管部门审核意见证明文件报主管税务机关备查。

第三只眼解读

当前有很多的所谓“技术开发、技术转让”享受免税的优惠，虽然本次的注释内容较原来分类有所变化，但是对于技术的定义本身就没有所谓的标准，所以对于一些从事软件开发等的单位，本来是属于“信息技术服务”的范围，往往更多走的是技术开发的免税处理。不过因为营改增，这些单位的“好日子”估计也难以实现了，当然出口方面的影响是较小的。

（二十七）同时符合下列条件的合同能源管理服务：

1. 节能服务公司实施合同能源管理项目相关技术，应当符合国家质量监督检验检疫总局和国家标准化管理委员会发布的《合同能源管理技术通则》(GB/T24915-2010) 规定的技术要求。

2. 节能服务公司与用能企业签订节能效益分享型合同，其合同格式和内容，符合《中华人民共和国合同法》和《合同能源管理技术通则》(GB/T24915-2010) 等规定。

（二十八）2017 年 12 月 31 日前，科普单位的门票收入，以及县级及以上党政部门和科协开展科普活动的门票收入。

科普单位，是指科技馆、自然博物馆，对公众开放的天文馆（站、台）、气象台（站）、地震台（站），以及高等院校、科研机构对公众开放的科普基地。

科普活动，是指利用各种传媒以浅显的、让公众易于理解、接受和参与的方式，向普通大众介绍自然科学和社会科学知识，推广科学技术的应用，倡导科学方法，传播科学思想，弘扬科学精神的活动。

（二十九）政府举办的从事学历教育的高等、中等和初等学校（不含下属单位），举办进修班、培训班取得的全部归该学校所有的收入。

全部归该学校所有，是指举办进修班、培训班取得的全部收入进入该学校统一账户，并纳入预算全额上缴财政专户管理，同时由该学校对有关票据进行统一管理和开具。

举办进修班、培训班取得的收入进入该学校下属部门自行开设账户的，不予免征增值税。

（三十）政府举办的职业学校设立的主要为在校学生提供实习场所、并由学校出资自办、由学校负责经营管理、经营收入归学校所有的企业，从事《销售服务、无形资产或者不动产注释》中“现代服务”（不含融资租赁服务、广告服务和其他现代服务）、“生活服务”（不含文化体育服务、其他生活服务和桑拿、氧吧）业务活动取得的收入。

（三十一）家政服务企业由员工制家政服务员提供家政服务取得的收入。

家政服务企业，是指在企业营业执照的规定经营范围中包括家政服务内容的企业。

员工制家政服务员，是指同时符合下列3个条件的家政服务员：

1. 依法与家政服务企业签订半年及半年以上的劳动合同或者服务协议，且在该企业实际上岗工作。

2. 家政服务企业为其按月足额缴纳了企业所在地人民政府根据国家政策规定的基本养老保险、基本医疗保险、工伤保险、失业保险等社会保险。对已享受新型农村养老保险和新型农村合作医疗等社会保险或者下岗职工原单位继续为其缴纳社会保险的家政服务员，如果本人书面提出不再缴纳企业所在地人民政府根据国家政策规定的相应的社会保险，并出具其所在乡镇或者原单位开具的已缴纳相关保险的证明，可视同家政服务企业已为其按月足额缴纳了相应的社会保险。

3. 家政服务企业通过金融机构向其实际支付不低于企业所在地适用的经省级人民政府批准的最低工资标准的工资。

（三十二）福利彩票、体育彩票的发行收入。

（三十三）军队空余房产租赁收入。

第三只眼解读

免税并不等于不能开具普通发票，但是军队当下多是开具军队的票据给纳税人入账，很多人存在困惑，但当前国家也在限制军队从事商业活动。

（三十四）为了配合国家住房制度改革，企业、行政事业单位按房改成本价、标准价出售住房取得的收入。

（三十五）将土地使用权转让给农业生产者用于农业生产。

（三十六）涉及家庭财产分割的个人无偿转让不动产、土地使用权。

家庭财产分割，包括下列情形：离婚财产分割；无偿赠与配偶、父母、子女、祖父母、外祖父母、孙子女、外孙子女、兄弟姐妹；无偿赠与对其承担直接抚养或者赡养义务的抚养人或者赡养人；房屋产权所有人死亡，法定继承人、遗嘱继承人或者受遗赠人依法取得房屋产权。

（三十七）土地所有者出让土地使用权和土地使用者将土地使用权归还给土地所有者。

（三十八）县级以上地方人民政府或自然资源行政主管部门出让、转让或收回自然资源使用权（不含土地使用权）。

（三十九）随军家属就业。

1. 为安置随军家属就业而新开办的企业，自领取税务登记证之日起，其提供的应税服务 3 年内免征增值税。

享受税收优惠政策的企业，随军家属必须占企业总人数的 60%（含）以上，并有军（含）以上政治和后勤机关出具的证明。

2. 从事个体经营的随军家属，自办理税务登记事项之日起，其提供的应税服务 3 年内免征增值税。

随军家属必须有师以上政治机关出具的可以表明其身份的证明。

按照上述规定，每一名随军家属可以享受一次免税政策。

（四十）军队转业干部就业。

1. 从事个体经营的军队转业干部，自领取税务登记证之日起，其提供的应税服务3年内免征增值税。

2. 为安置自主择业的军队转业干部就业而新开办的企业，凡安置自主择业的军队转业干部占企业总人数60%（含）以上的，自领取税务登记证之日起，其提供的应税服务3年内免征增值税。

享受上述优惠政策的自主择业的军队转业干部必须持有师以上部队颁发的转业证件。

二、增值税即征即退

（一）一般纳税人提供管道运输服务，对其增值税实际税负超过3%的部分实行增值税即征即退政策。

（二）经人民银行、银监会或者商务部批准从事融资租赁业务的试点纳税人中的一般纳税人，提供有形动产融资租赁服务和有形动产融资性售后回租服务，对其增值税实际税负超过3%的部分实行增值税即征即退政策。商务部授权的省级商务主管部门和国家经济技术开发区批准的从事融资租赁业务和融资性售后回租业务的试点纳税人中的一般纳税人，2016年5月1日后实收资本达到1.7亿元的，从达到标准的当月起按照上述规定执行；2016年5月1日后实收资本未达到1.7亿元但注册资本达到1.7亿元的，在2016年7月31日前仍可按照上述规定执行，2016年8月1日后开展的有形动产融资租赁业务和有形动产融资性售后回租业务不得按照上述规定执行。

（三）本规定所称增值税实际税负，是指纳税人当期提供应税服务实际缴纳的增值税额占纳税人当期提供应税服务取得的全部价款和价外费用的比例。

第三只眼解读

这个税负明确了包括全部价款和价外费用，对于本金部分，如直租，计算下来难以超过3%，但是这次售后回租纳入贷款服务，其本金不含在销售额中了，基数下降了很多，是不是会带来对这一优惠政策的热情呢？

当然这个税负是指当期，税务机关理论上应认可企业的当月或当季的税负，但是也有税务机关要求按全部来统算，这是一个很有意思的逻辑问题。

三、扣减增值税规定

（一）退役士兵创业就业。

1. 对自主就业退役士兵从事个体经营的，在 3 年内按每户每年 8 000 元为限额依次扣减其当年实际应缴纳的增值税、城市维护建设税、教育费附加、地方教育附加和个人所得税。限额标准最高可上浮 20%，各省、自治区、直辖市人民政府可根据本地区实际情况在此幅度内确定具体限额标准，并报财政部和国家税务总局备案。

纳税人年度应缴纳税款小于上述扣减限额的，以其实际缴纳的税款为限；大于上述扣减限额的，应以上述扣减限额为限。纳税人的实际经营期不足一年的，应当以实际月份换算其减免税限额。换算公式为：减免税限额＝年度减免税限额÷12×实际经营月数。

纳税人在享受税收优惠政策的当月，持《中国人民解放军义务兵退出现役证》或《中国人民解放军士官退出现役证》以及税务机关要求的相关材料向主管税务机关备案。

2. 对商贸企业、服务型企业、劳动就业服务企业中的加工型企业和街道社区具有加工性质的小型企业实体，在新增加的岗位中，当年新招用自主就业退役士兵，与其签订 1 年以上期限劳动合同并依法缴纳社会保险费的，在 3 年内按实际招用人数予以定额依次扣减增值税、城市维护建设税、教育费附加、地方教育附加和企业所得税优惠。定额标准为每人每年 4 000 元，最高可上浮 50%，各省、自治区、直辖市人民政府可根据本地区实际情况在此幅度内确定具体定额标准，并报财政部和国家税务总局备案。

本条所称服务型企业是指从事《销售服务、无形资产、不动产注释》中“不动产租赁服务”、“商务辅助服务”（不含货物运输代理和代理报关服务）、“生活服务”（不含文化体育服务）范围内业务活动的企业以及按照《民办非企业单位登记管理暂行条例》（国务院令第 251 号）登记成立的民办非企业单位。

纳税人按企业招用人数和签订的劳动合同时间核定企业减免税总额，在核定减免税总额内每月依次扣减增值税、城市维护建设税、教育费附加和地方教育附加。纳税人实际应缴纳的增值税、城市维护建设税、教育费附加和地方教育附加小于核定减免税总额的，以实际应缴纳的增值税、城市维护建设税、教育费附加和地方教育附加为限；实际应缴纳的增值税、城市维护建设税、教育费附加和地方教育附加大于核定减免税总额的，以核定减免税总额为限。

纳税年度终了，如果企业实际减免的增值税、城市维护建设税、教育费附加和地方教育附加小于核定的减免税总额，企业在企业所得税汇算清缴时扣减企业所得税。当年扣减不足的，不再结转以后年度扣减。

计算公式为：企业减免税总额＝∑每名自主就业退役士兵本年度在本企业工作月份÷12×定额标准。

企业自招用自主就业退役士兵的次月起享受税收优惠政策，并于享受税收优惠政策的当月，持下列材料向主管税务机关备案：

（1）新招用自主就业退役士兵的《中国人民解放军义务兵退出现役证》或《中国人民解放军士官退出现役证》。

（2）企业与新招用自主就业退役士兵签订的劳动合同（副本），企业为职工缴纳的社会保险费记录。

（3）自主就业退役士兵本年度在企业工作时间表。

（4）主管税务机关要求的其他相关材料。

3. 上述所称自主就业退役士兵是指依照《退役士兵安置条例》（国务院、中央军委令第 608 号）的规定退出现役并按自主就业方式安置的退役士兵。

4. 上述税收优惠政策的执行期限为 2016 年 5 月 1 日至 2016 年 12 月 31 日，纳税人在 2016 年 12 月 31 日未享受满 3 年的，可继续享受至 3 年期满为止。

按照《财政部 国家税务总局 民政部关于调整完善扶持自主就业退役士兵创业就业有关税收政策的通知》（财税〔2014〕42 号）规定享受营业税优惠政策的纳税人，自 2016 年 5 月 1 日起按照上述规定享受增值税优惠政策，在 2016 年 12 月 31 日未享受满 3 年的，可继续享受至 3 年期满为止。

《财政部 国家税务总局关于将铁路运输和邮政业纳入营业税改征增值税试点的通

知》（财税〔2013〕106 号）附件 3 第一条第（十二）项城镇退役士兵就业免征增值税政策，自 2014 年 7 月 1 日起停止执行。在 2014 年 6 月 30 日未享受满 3 年的，可继续享受至 3 年期满为止。

（二）重点群体创业就业。

1. 对持《就业创业证》（注明“自主创业税收政策”或“毕业年度内自主创业税收政策”）或 2015 年 1 月 27 日前取得的《就业失业登记证》（注明“自主创业税收政策”或附着《高校毕业生自主创业证》）的人员从事个体经营的，在 3 年内按每户每年 8 000 元为限额依次扣减其当年实际应缴纳的增值税、城市维护建设税、教育费附加、地方教育附加和个人所得税。限额标准最高可上浮 20%，各省、自治区、直辖市人民政府可根据本地区实际情况在此幅度内确定具体限额标准，并报财政部和国家税务总局备案。

纳税人年度应缴纳税款小于上述扣减限额的，以其实际缴纳的税款为限；大于上述扣减限额的，应以上述扣减限额为限。

上述人员是指：

(1) 在人力资源社会保障部门公共就业服务机构登记失业半年以上的人员。

(2) 零就业家庭、享受城市居民最低生活保障家庭劳动年龄内的登记失业人员。

(3) 毕业年度内高校毕业生。高校毕业生是指实施高等学历教育的普通高等学校、成人高等学校毕业的学生；毕业年度是指毕业所在自然年，即 1 月 1 日至 12 月 31 日。

2. 对商贸企业、服务型企业、劳动就业服务企业中的加工型企业和街道社区具有加工性质的小型企业实体，在新增加的岗位中，当年新招用在人力资源社会保障部门公共就业服务机构登记失业半年以上且持《就业创业证》或 2015 年 1 月 27 日前取得的《就业失业登记证》（注明“企业吸纳税收政策”）人员，与其签订 1 年以上期限劳动合同并依法缴纳社会保险费的，在 3 年内按实际招用人数予以定额依次扣减增值税、城市维护建设税、教育费附加、地方教育附加和企业所得税优惠。定额标准为每人每年 4 000 元，最高可上浮 30%，各省、自治区、直辖市人民政府可根据本地区实际情况在此幅度内确定具体定额标准，并报财政部和国家税务总局备案。

按上述标准计算的税收扣减额应在企业当年实际应缴纳的增值税、城市维护建设税、教育费附加、地方教育附加和企业所得税税额中扣减，当年扣减不足的，不得结转下年使用。

本条所称服务型企业是指从事《销售服务、无形资产、不动产注释》中“不动产租赁服务”、“商务辅助服务”（不含货物运输代理和代理报关服务）、“生活服务”（不含文化体育服务）范围内业务活动的企业以及按照《民办非企业单位登记管理暂行条例》（国务院令第251号）登记成立的民办非企业单位。

3. 享受上述优惠政策的人员按以下规定申领《就业创业证》：

（1）按照《就业服务与就业管理规定》（劳动和社会保障部令第28号）第六十三条的规定，在法定劳动年龄内，有劳动能力，有就业要求，处于无业状态的城镇常住人员，在公共就业服务机构进行失业登记，申领《就业创业证》。其中，农村进城务工人员和其他非本地户籍人员在常住地稳定就业满6个月的，失业后可以在常住地登记。

（2）零就业家庭凭社区出具的证明，城镇低保家庭凭低保证明，在公共就业服务机构登记失业，申领《就业创业证》。

（3）毕业年度内高校毕业生在校期间凭学生证向公共就业服务机构按规定申领《就业创业证》，或委托所在高校就业指导中心向公共就业服务机构按规定代为其申领《就业创业证》；毕业年度内高校毕业生离校后直接向公共就业服务机构按规定申领《就业创业证》。

（4）上述人员申领相关凭证后，由就业和创业地人力资源社会保障部门对人员范围、就业失业状态、已享受政策情况进行核实，在《就业创业证》上注明“自主创业税收政策”、“毕业年度内自主创业税收政策”或“企业吸纳税收政策”字样，同时符合自主创业和企业吸纳税收政策条件的，可同时加注；主管税务机关在《就业创业证》上加盖戳记，注明减免税所属时间。

4. 上述税收优惠政策的执行期限为2016年5月1日至2016年12月31日，纳税人在2016年12月31日未享受满3年的，可继续享受至3年期满为止。

按照《财政部 国家税务总局 人力资源社会保障部关于继续实施支持和促进重点群体创业就业有关税收政策的通知》（财税〔2014〕39号）规定享受营业税优惠政策的纳税人，自2016年5月1日起按照上述规定享受增值税优惠政策，在2016年12月31日未享受满3年的，可继续享受至3年期满为止。

《财政部 国家税务总局关于将铁路运输和邮政业纳入营业税改征增值税试点的通知》（财税〔2013〕106 号）附件 3 第一条第（十三）项失业人员就业增值税优惠政策，自 2014 年 1 月 1 日起停止执行。在 2013 年 12 月 31 日未享受满 3 年的，可继续享受至 3 年期满为止。

四、金融企业发放贷款后，自结息日起 90 天内发生的应收未收利息按现行规定缴纳增值税，自结息日起 90 天后发生的应收未收利息暂不缴纳增值税，待实际收到利息时按规定缴纳增值税。

上述所称金融企业，是指银行（包括国有、集体、股份制、合资、外资银行以及其他所有制形式的银行）、城市信用社、农村信用社、信托投资公司、财务公司。

第三只眼解读

关于这第一条，争议与观望仍在。

金融企业，是指银行（包括国有、集体、股份制、合资、外资银行以及其他所有制形式的银行）、城市信用社、农村信用社、信托投资公司、财务公司。这儿是不包括小贷公司的，为何还差这么大呢？

（1）为何给金融企业，别的企业有没有这样的好事？

这是金融企业独一份，因为别的企业即使过了“一百年”，收不到钱也还是要计税的，没有这个待遇，国家不会承担企业坏账产生的税款的减少。

（2）现在的政策如何？

自打 2009 年 1 月 1 日财税〔2002〕182 号文件被废止以来，金融企业是没有这个待遇的，即不要考虑什么 90 天，也不管是不是表内外，计税收入，必须计算缴纳营业税，但，同志们还是有想法啊，如何好日子一下子就没有了呢，坚持，再坚持，但我们的财税〔2016〕36 号文件却并不追溯，即 2009 年 1 月 1 日—2016 年 4 月 30 日，有表外利息的金融机构，合规的情形就是计缴营业税。

注：财税〔2002〕182 号文件规定，金融企业应收未收利息核算期限按财政部或国家税务总局制定的财务会计制度的有关规定执行。根据《财政部关于缩短金融企业应收利息核算期限的通知》（财金〔2002〕5 号）的规定，从 2002 年 1 月 1 日起，

金融企业应收未收利息核算期限由原来的180天调整为90天。因此，对金融企业贷款利息征收营业税作以下调整：金融企业发放贷款（包括自营贷款和委托贷款，下同）后，凡在规定的应收未收利息核算期内发生的应收利息，均应按规定申报缴纳营业税；贷款应收利息自结息之日起，超过应收未收利息核算期限或贷款本金到期（含展期）后尚未收回的，按照实际收到利息申报缴纳营业税。

（3）财税〔2016〕36号文件如何理解？费解的一句话。

金融企业发放贷款后，自结息日起90天内发生的应收未收利息按现行规定缴纳增值税，自结息日起90天后发生的应收未收利息暂不缴纳增值税，待实际收到利息时按规定缴纳增值税。

梳理了一下，可以这样理解：

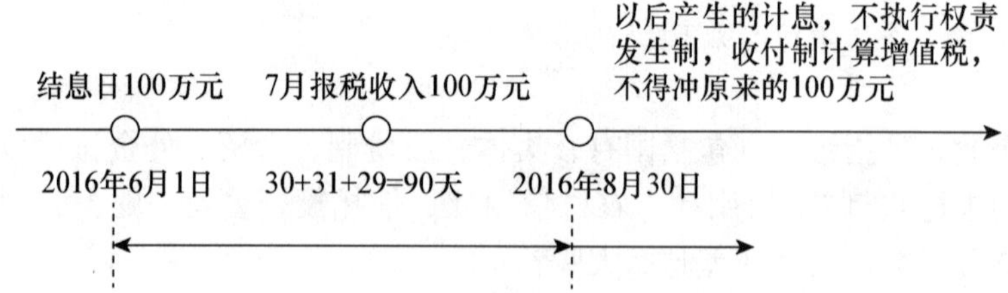

因为90天内的不冲减收入，这个收入该交税交税，90天后冲减了，税法上不得冲原来交税的部分。但是新产生的，则依实际收入时确认应税收入。那90天内产生的息转息呢，是核算在表外的，这部分没有说要不要拉进来，依照文字的理解，这部分就不拉进来计90天内的应税了。

这政策为何说变就变呢？这也是落实总理的政策，以金融企业不增税为目标。

（4）执行起来还有淡淡的忧伤。

如果是执行新会计准则的同志，当下基本不是依照90天作为是否转表外的判断时点了，会计上人家是根据评估，即1天、100天都有可能。

财税〔2016〕36号文件用的是90天为绝对标准，人家会计上用的是“自由裁量权”，这个差异，估计真要难为我们的金融企业去调整了。

（5）未来还有变化空间吗？到底如何执行呢？

首先不是不执行，而是金融企业的会计核算与 90 天有脱节，不好管呢。至于对表外利息冲减的部分要不要坚持回到 2002 年那个“美丽的童年”，估计还需要时日，至少这次营改增，可能有胆大的就依照会计上的来，也有人这么讲课吧，但是小编认为站着说话的总是不腰疼的，比如小编，企业还是要充分地评估风险的，建议还是执行财税〔2016〕36 号文件为好。

五、个人将购买不足 2 年的住房对外销售的，按照 5%的征收率全额缴纳增值税；个人将购买 2 年以上（含 2 年）的住房对外销售的，免征增值税。上述政策适用于北京市、上海市、广州市和深圳市之外的地区。

个人将购买不足 2 年的住房对外销售的，按照 5%的征收率全额缴纳增值税；个人将购买 2 年以上（含 2 年）的非普通住房对外销售的，以销售收入减去购买住房价款后的差额按照 5%的征收率缴纳增值税；个人将购买 2 年以上（含 2 年）的普通住房对外销售的，免征增值税。上述政策仅适用于北京市、上海市、广州市和深圳市。

办理免税的具体程序、购买房屋的时间、开具发票、非购买形式取得住房行为及其他相关税收管理规定，按照《国务院办公厅转发建设部等部门关于做好稳定住房价格工作意见的通知》（国办发〔2005〕26 号）、《国家税务总局 财政部 建设部关于加强房地产税收管理的通知》（国税发〔2005〕89 号）和《国家税务总局关于房地产税收政策执行中几个具体问题的通知》（国税发〔2005〕172 号）的有关规定执行。

六、上述增值税优惠政策除已规定期限的项目和第五条政策外，其他均在营改增试点期间执行。如果试点纳税人在纳入营改增试点之日前已经按照有关政策规定享受了营业税税收优惠，在剩余税收优惠政策期限内，按照本规定享受有关增值税优惠。

附件 4：

跨境应税行为适用增值税零税率和免税政策的规定

一、中华人民共和国境内（以下称境内）的单位和个人销售的下列服务和无形资产，适用增值税零税率：

（一）国际运输服务。

国际运输服务，是指：

1. 在境内载运旅客或者货物出境。

2. 在境外载运旅客或者货物入境。

3. 在境外载运旅客或者货物。

（二）航天运输服务。

（三）向境外单位提供的完全在境外消费的下列服务：

1. 研发服务。

2. 合同能源管理服务。

3. 设计服务。

4. 广播影视节目（作品）的制作和发行服务。

5. 软件服务。

6. 电路设计及测试服务。

7. 信息系统服务。

8. 业务流程管理服务。

9. 离岸服务外包业务。

离岸服务外包业务，包括信息技术外包服务（ITO）、技术性业务流程外包服务（BPO）、技术性知识流程外包服务（KPO），其所涉及的具体业务活动，按照《销售服务、无形资产、不动产注释》相对应的业务活动执行。

10. 转让技术。

（四）财政部和国家税务总局规定的其他服务。

二、境内的单位和个人销售的下列服务和无形资产免征增值税，但财政部和国家税务总局规定适用增值税零税率的除外：

（一）下列服务：

1. 工程项目在境外的建筑服务。

2. 工程项目在境外的工程监理服务。

3. 工程、矿产资源在境外的工程勘察勘探服务。

4. 会议展览地点在境外的会议展览服务。

5. 存储地点在境外的仓储服务。

6. 标的物在境外使用的有形动产租赁服务。

7. 在境外提供的广播影视节目（作品）的播映服务。

8. 在境外提供的文化体育服务、教育医疗服务、旅游服务。

（二）为出口货物提供的邮政服务、收派服务、保险服务。

为出口货物提供的保险服务，包括出口货物保险和出口信用保险。

（三）向境外单位提供的完全在境外消费的下列服务和无形资产：

1. 电信服务。

2. 知识产权服务。

3. 物流辅助服务（仓储服务、收派服务除外）。

4. 鉴证咨询服务。

5. 专业技术服务。

6. 商务辅助服务。

7. 广告投放地在境外的广告服务。

8. 无形资产。

（四）以无运输工具承运方式提供的国际运输服务。

（五）为境外单位之间的货币资金融通及其他金融业务提供的直接收费金融服务，且该服务与境内的货物、无形资产和不动产无关。

第三只眼解读

这个主要涉及服务出口的事项，但是要明确不得是与境内的货物、无形资产和不动产相关的金融服务，如国家税务总局的解释中提到的例子。举例说明一下，境内某一银行为境内某一集团公司在法国和德国的两家子公司之间相互提供往返法国和德国的旅客提供资金结算服务，对新纳入增值税征收范围的金融服务，按跨境服务的原则给予了免税政策。

（六）财政部和国家税务总局规定的其他服务。

三、按照国家有关规定应取得相关资质的国际运输服务项目，纳税人取得相关资质的，适用增值税零税率政策，未取得的，适用增值税免税政策。

境内的单位或个人提供程租服务，如果租赁的交通工具用于国际运输服务和港澳台运输服务，由出租方按规定申请适用增值税零税率。

境内的单位和个人向境内单位或个人提供期租、湿租服务，如果承租方利用租赁的交通工具向其他单位或个人提供国际运输服务和港澳台运输服务，由承租方适用增值税零税率。境内的单位或个人向境外单位或个人提供期租、湿租服务，由出租方适用增值税零税率。

境内单位和个人以无运输工具承运方式提供的国际运输服务，由境内实际承运人适用增值税零税率；无运输工具承运业务的经营者适用增值税免税政策。

四、境内的单位和个人提供适用增值税零税率的服务或者无形资产，如果属于适用简易计税方法的，实行免征增值税办法。如果属于适用增值税一般计税方法的，生产企业实行免抵退税办法，外贸企业外购服务或者无形资产出口实行免退税办法，外贸企业直接将服务或自行研发的无形资产出口，视同生产企业连同其出口货物统一实行免抵退税办法。

服务和无形资产的退税率为其按照《试点实施办法》第十五条第（一）至（三）项规定适用的增值税税率。实行退（免）税办法的服务和无形资产，如果主管税务机关认定出口价格偏高的，有权按照核定的出口价格计算退（免）税，核定的出口价格低于外贸企业购进价格的，低于部分对应的进项税额不予退税，转入成本。

五、境内的单位和个人销售适用增值税零税率的服务或无形资产的，可以放弃适用增值税零税率，选择免税或按规定缴纳增值税。放弃适用增值税零税率后，36 个月内不得再申请适用增值税零税率。

六、境内的单位和个人销售适用增值税零税率的服务或无形资产，按月向主管退税的税务机关申报办理增值税退（免）税手续。具体管理办法由国家税务总局商财政部另行制定。

七、本规定所称完全在境外消费，是指：

（一）服务的实际接受方在境外，且与境内的货物和不动产无关。

（二）无形资产完全在境外使用，且与境内的货物和不动产无关。

（三）财政部和国家税务总局规定的其他情形。

八、境内单位和个人发生的与香港、澳门、台湾有关的应税行为，除本文另有规定外，参照上述规定执行。

九、2016 年 4 月 30 日前签订的合同，符合《财政部 国家税务总局关于将铁路运输和邮政业纳入营业税改征增值税试点的通知》（财税〔2013〕106 号）附件 4 和《财政部 国家税务总局关于影视等出口服务适用增值税零税率政策的通知》（财税〔2015〕118 号）规定的零税率或者免税政策条件的，在合同到期前可以继续享受零税率或者免税政策。

国家税务总局关于发布《纳税人转让不动产增值税征收管理暂行办法》的公告

（国家税务总局公告 2016 年第 14 号）

国家税务总局制定了《纳税人转让不动产增值税征收管理暂行办法》，现予以公布，自2016年5月1日起施行。

特此公告。

纳税人转让不动产增值税征收管理暂行办法

第一条　根据《财政部、国家税务总局关于全面推开营业税改征增值税试点的通知》（财税〔2016〕36号）及现行增值税有关规定，制定本办法。

第二条　纳税人转让其取得的不动产，适用本办法。

本办法所称取得的不动产，包括以直接购买、接受捐赠、接受投资入股、自建以及抵债等各种形式取得的不动产。

房地产开发企业销售自行开发的房地产项目不适用本办法。

第三只眼解读

如果是房地产企业自行开发的房地产，列为企业自用，并有产权登记了，再转让时就应适用本办法。

第三条　一般纳税人转让其取得的不动产，按照以下规定缴纳增值税：

（一）一般纳税人转让其2016年4月30日前取得（不含自建）的不动产，可以选择适用简易计税方法计税，以取得的全部价款和价外费用扣除不动产购置原价或者取得不动产时的作价后的余额为销售额，按照5%的征收率计算应纳税额。纳税人应按照上述计税方法向不动产所在地主管地税机关预缴税款，向机构所在地主管国税机关申报纳税。

（二）一般纳税人转让其2016年4月30日前自建的不动产，可以选择适用简易计税方法计税，以取得的全部价款和价外费用为销售额，按照5%的征收率计算应纳税额。纳税人应按照上述计税方法向不动产所在地主管地税机关预缴税款，向机构所在地主管国税机关申报纳税。

（三）一般纳税人转让其2016年4月30日前取得（不含自建）的不动产，选择适用一般计税方法计税的，以取得的全部价款和价外费用为销售额计算应纳税额。纳税人应以取得的全部价款和价外费用扣除不动产购置原价或者取得不动产时的作价后的余额，按照5%的预征率向不动产所在地主管地税机关预缴税款，向机构所在地主管国税机关申报纳税。

（四）一般纳税人转让其2016年4月30日前自建的不动产，选择适用一般计税方法计税的，以取得的全部价款和价外费用为销售额计算应纳税额。纳税人应以取得的全部价款和价外费用，按照5%的预征率向不动产所在地主管地税机关预缴税款，向机构所在地主管国税机关申报纳税。

（五）一般纳税人转让其2016年5月1日后取得（不含自建）的不动产，适用一般计税方法，以取得的全部价款和价外费用为销售额计算应纳税额。纳税人应以取得的全部价款和价外费用扣除不动产购置原价或者取得不动产时的作价后的余额，按照5%的预征率向不动产所在地主管地税机关预缴税款，向机构所在地主管国税机关申报纳税。

（六）一般纳税人转让其2016年5月1日后自建的不动产，适用一般计税方法，以取得的全部价款和价外费用为销售额计算应纳税额。纳税人应以取得的全部价款和价外费用，按照5%的预征率向不动产所在地主管地税机关预缴税款，向机构所在地主管国税机关申报纳税。

第四条　小规模纳税人转让其取得的不动产，除个人转让其购买的住房外，按照以下规定缴纳增值税：

（一）小规模纳税人转让其取得（不含自建）的不动产，以取得的全部价款和价外费用扣除不动产购置原价或者取得不动产时的作价后的余额为销售额，按照5%的征收率计算应纳税额。

（二）小规模纳税人转让其自建的不动产，以取得的全部价款和价外费用为销售额，按照5%的征收率计算应纳税额。

除其他个人之外的小规模纳税人，应按照本条规定的计税方法向不动产所在地主管地税机关预缴税款，向机构所在地主管国税机关申报纳税；其他个人按照本条规定的计税方法向不动产所在地主管地税机关申报纳税。

第五条　个人转让其购买的住房，按照以下规定缴纳增值税：

（一）个人转让其购买的住房，按照有关规定全额缴纳增值税的，以取得的全部价款和价外费用为销售额，按照5%的征收率计算应纳税额。

（二）个人转让其购买的住房，按照有关规定差额缴纳增值税的，以取得的全部价款和价外费用扣除购买住房价款后的余额为销售额，按照5%的征收率计算应纳税额。

个体工商户应按照本条规定的计税方法向住房所在地主管地税机关预缴税款，向机构所在地主管国税机关申报纳税；其他个人应按照本条规定的计税方法向住房所在地主管地税机关申报纳税。

第六条　其他个人以外的纳税人转让其取得的不动产，区分以下情形计算应向不动产所在地主管地税机关预缴的税款：

（一）以转让不动产取得的全部价款和价外费用作为预缴税款计算依据的，计算公式为：

应预缴税款＝全部价款和价外费用÷(1＋5%)×5%

（二）以转让不动产取得的全部价款和价外费用扣除不动产购置原价或者取得不动产时的作价后的余额作为预缴税款计算依据的，计算公式为：

$$应预缴税款=\left(\begin{matrix}全部价款和\\价外费用\end{matrix}-\begin{matrix}不动产购置原价或者\\取得不动产时的作价\end{matrix}\right)\div(1+5\%)\times 5\%$$

第七条　其他个人转让其取得的不动产，按照本办法第六条规定的计算方法计算应纳税额并向不动产所在地主管地税机关申报纳税。

第八条　纳税人按规定从取得的全部价款和价外费用中扣除不动产购置原价或者取得不动产时的作价的，应当取得符合法律、行政法规和国家税务总局规定的合法有效凭证。否则，不得扣除。

上述凭证是指：

（一）税务部门监制的发票。

（二）法院判决书、裁定书、调解书，以及仲裁裁决书、公证债权文书。

（三）国家税务总局规定的其他凭证。

第三只眼解读

作价，这儿的理解是不包括营业税下不动产投资时不征税但是会计上有投资评估价的价值作扣减，这个事项涉及跨期时点。因为营改增后，不动产出资也视为转让的一种形式，要计算缴纳增值税了。

第九条　纳税人转让其取得的不动产，向不动产所在地主管地税机关预缴的增值税税款，可以在当期增值税应纳税额中抵减，抵减不完的，结转下期继续抵减。

纳税人以预缴税款抵减应纳税额，应以完税凭证作为合法有效凭证。

第十条　小规模纳税人转让其取得的不动产，不能自行开具增值税发票的，可向不动产所在地主管地税机关申请代开。

第十一条　纳税人向其他个人转让其取得的不动产，不得开具或申请代开增值税专用发票。

第十二条　纳税人转让不动产，按照本办法规定应向不动产所在地主管地税机关预缴税款而自应当预缴之月起超过 6 个月没有预缴税款的，由机构所在地主管国税机关按照《中华人民共和国税收征收管理法》及相关规定进行处理。

纳税人转让不动产，未按照本办法规定缴纳税款的，由主管税务机关按照《中华人民共和国税收征收管理法》及相关规定进行处理。

关于《国家税务总局关于发布〈纳税人转让不动产增值税征收管理暂行办法〉的公告》的解读

一、背景和目的

经国务院批准，自 2016 年 5 月 1 日起，在全国范围内全面推开营业税改征增值税（以下称营改增）试点，金融、建筑、房地产和生活服务业等全部营业税纳税人纳入营改增试点。为便于征纳双方执行，根据《财政部 国家税务总局关于全面推开营业税改征增值税试点的通知》（财税〔2016〕36 号）及现行增值税有关规定，国家税务总局制定出台了《纳税人转让不动产增值税征收管理暂行办法》（以下简称《暂行办法》），对纳税人转让其取得的不动产的税收征管问题进行了明确。

二、适用范围

本办法适用于纳税人转让自己以直接购买、接受捐赠、接受投资入股、自建以及抵债等各种形式取得的不动产，不包括房地产开发企业销售自行开发的房地产项目。

三、主要内容

（一）政策要求：按照不动产的取得时间、纳税人类别、不动产类型，分别对纳税人转让其取得的不动产如何在不动产所在地预缴、如何在机构所在地申报纳税，作了进一步细化和明确。

（二）扣减税款的凭证要求：纳税人按规定以全部价款和价外费用扣除不动产价款后的余额为销售额或计算预缴税款的依据的，其允许扣除的价款应当取得符合法律、行政法规和国家税务总局规定的合法有效凭证。上述凭证包括税务部门监制的发票，法院判决书、裁定书、调解书，以及仲裁裁决书、公证债权文书等。

（三）发票问题：小规模纳税人转让其取得的不动产，不能自行开具增值税发票的，可向不动产所在地主管地税机关申请代开。纳税人向其他个人转让其取得的不动产，不得开具或申请代开增值税专用发票。

（四）其他问题：《暂行办法》还明确了纳税人销售不动产的税款计算、增值税发票开具以及纳税申报等具体税收征管问题。

国家税务总局关于发布《不动产进项税额分期抵扣暂行办法》的公告

（国家税务总局公告2016年第15号）

国家税务总局制定了《不动产进项税额分期抵扣暂行办法》，现予以公布，自2016年5月1日起施行。

特此公告。

不动产进项税额分期抵扣暂行办法

第一条　根据《财政部、国家税务总局关于全面推开营业税改征增值税试点的通知》（财税〔2016〕36号）及现行增值税有关规定，制定本办法。

第二条　增值税一般纳税人（以下称纳税人）2016年5月1日后取得并在会计制度上按固定资产核算的不动产，以及2016年5月1日后发生的不动产在建工程，其进项税额应按照本办法有关规定分2年从销项税额中抵扣，第一年抵扣比例为60%，第二年抵扣比例为40%。

取得的不动产，包括以直接购买、接受捐赠、接受投资入股以及抵债等各种形式取得的不动产。

纳税人新建、改建、扩建、修缮、装饰不动产，属于不动产在建工程。

房地产开发企业自行开发的房地产项目，融资租入的不动产，以及在施工现场修建的临时建筑物、构筑物，其进项税额不适用上述分2年抵扣的规定。

第三条　纳税人2016年5月1日后购进货物和设计服务、建筑服务，用于新建不动产，或者用于改建、扩建、修缮、装饰不动产并增加不动产原值超过50%的，其进项税额依照本办法有关规定分2年从销项税额中抵扣。

不动产原值，是指取得不动产时的购置原价或作价。

上述分2年从销项税额中抵扣的购进货物，是指构成不动产实体的材料和设备，包括建筑装饰材料和给排水、采暖、卫生、通风、照明、通讯、煤气、消防、中央空调、电梯、电气、智能化楼宇设备及配套设施。

第三只眼解读

从上面的描述可以看出，如果购入的不动产的进项税额是100万元，则60万元在取得专用发票时进行当期抵扣，40万元在第13个月抵扣。但是还没有完，这个公司又买了很多名贵挂件，如仿真“蒙娜丽莎”画，进行了软包，这时，我们首先要看人家列名的这些东西，是不是属于此分期抵扣事项，比如买的假画，就不在列举范围之内，任何情形之下都不需要分期。那满足列名条件的呢？小编认为这不是新建，这是装饰、改建、扩建，新建是人家销售方做的工作，不是后来的自己的美装活，因此不需要进行分期抵扣。

进一步延伸点有趣的事，这儿允许抵扣的不动产是：

2016 年 5 月 1 日后取得并在会计制度上按固定资产核算的不动产，以及 2016 年 5 月 1 日后发生的不动产在建工程。

如果这个单位 5 月 1 日前已经付了 80%的预付款，依照《营业税暂行条例实施细则》的规定，其营业税应税义务已经发生了，只有余下的 20%才能够开具增值税的专用发票，过渡时点就是这么奇葩，如果非“逼”人家将原来 80%开具增值税专用发票（简易 5%或 11%），估计对方就疯了，那要缴二次税了。如果对方原来 80%没有来得及开具地税发票，是可以根据过渡期开具增值税普通发票的（顶替营业税发票），注意不要缴纳增值税。相当于增值税普通发票做了一个好事。

第四条　纳税人按照本办法规定从销项税额中抵扣进项税额，应取得 2016 年 5 月 1 日后开具的合法有效的增值税扣税凭证。

上述进项税额中，60%的部分于取得扣税凭证的当期从销项税额中抵扣；40%的部分为待抵扣进项税额，于取得扣税凭证的当月起第 13 个月从销项税额中抵扣。

第五条　购进时已全额抵扣进项税额的货物和服务，转用于不动产在建工程的，其已抵扣进项税额的 40%部分，应于转用的当期从进项税额中扣减，计入待抵扣进项税额，并于转用的当月起第 13 个月从销项税额中抵扣。

第三只眼解读

这里的意思是采购时不知道是用于不动产在建工程，那先一次性抵扣了，但是如果领用后用于不动产在建工程了（注意只是不动产在建工程，不包括一些安装设备类的在建工程），当期即做转出，前提是之前有抵扣对应部分的转出，当月起第 13 个月再抵扣，这也符合正常的抵扣逻辑。

第六条　纳税人销售其取得的不动产或者不动产在建工程时，尚未抵扣完毕的待抵扣进项税额，允许于销售的当期从销项税额中抵扣。

第七条　已抵扣进项税额的不动产，发生非正常损失，或者改变用途，专用于简易计税方法计税项目、免征增值税项目、集体福利或者个人消费的，按照下列公式计算不得抵扣的进项税额：

不得抵扣的进项税额＝(已抵扣进项税额＋待抵扣进项税额)×不动产净值率

不动产净值率＝(不动产净值÷不动产原值)×100％

不得抵扣的进项税额小于或等于该不动产已抵扣进项税额的，应于该不动产改变用途的当期，将不得抵扣的进项税额从进项税额中扣减。

不得抵扣的进项税额大于该不动产已抵扣进项税额的，应于该不动产改变用途的当期，将已抵扣进项税额从进项税额中扣减，并从该不动产待抵扣进项税额中扣减不得抵扣进项税额与已抵扣进项税额的差额。

第三只眼解读

实施办法规定，已抵扣进项税额的固定资产、无形资产或者不动产，发生本办法第二十七条规定情形的，按照下列公式计算不得抵扣的进项税额：

不得抵扣的进项税额＝固定资产、无形资产或者不动产净值×适用税率

固定资产、无形资产或者不动产净值，是指纳税人根据财务会计制度计提折旧或摊销后的余额。

因为涉及分期抵扣，所以问题就复杂了，这也是本公告进行的进一步的解读。举例来看，1 月 1 日购入不动产不含税价格是 1 000 万元，用于共用项目，允许抵扣，进项税额是 110 万元，抵扣了 60％是 66 万元，还余 44 万元待抵扣。折旧是 10 年。在当年 12 月 31 日专用于福利部门了，因此要依照此规定进行处理。

摊销了一年折旧 100 万元，净值是 900 万元，不动产净值率＝900/1 000＝90％，不得抵扣的进项税额＝110×90％＝99（万元），相当于只让抵一年的进项税额。

由于 99＞66，所以将 66 万元进项税额转出，差额 33 万元，从待抵扣 44 万元中转出，余下为待抵扣的税额 11 万元，这个 11 万元将来在第 13 个月时一并抵扣处理。

第八条　不动产在建工程发生非正常损失的，其所耗用的购进货物、设计服务和建筑服务已抵扣的进项税额应于当期全部转出；其待抵扣进项税额不得抵扣。

第三只眼解读

注意这儿只是说了不动产在建工程，因为在建工程是要建造的。所以要考虑全额转出，因为还没有发挥出工作的功能。

第九条　按照规定不得抵扣进项税额的不动产，发生用途改变，用于允许抵扣进项税额项目的，按照下列公式在改变用途的次月计算可抵扣进项税额。

$$可抵扣进项税额=\frac{增值税扣税凭证注明}{或计算的进项税额}\times\frac{不动产}{净值率}$$

依照本条规定计算的可抵扣进项税额，应取得 2016 年 5 月 1 日后开具的合法有效的增值税扣税凭证。

按照本条规定计算的可抵扣进项税额，60%的部分于改变用途的次月从销项税额中抵扣，40%的部分为待抵扣进项税额，于改变用途的次月起第 13 个月从销项税额中抵扣。

第十条　纳税人注销税务登记时，其尚未抵扣完毕的待抵扣进项税额于注销清算的当期从销项税额中抵扣。

第十一条　待抵扣进项税额记入“应交税金—待抵扣进项税额”科目核算，并于可抵扣当期转入“应交税金—应交增值税（进项税额）”科目。

对不同的不动产和不动产在建工程，纳税人应分别核算其待抵扣进项税额。

第十二条　纳税人分期抵扣不动产的进项税额，应据实填报增值税纳税申报表附列资料。

第十三条　纳税人应建立不动产和不动产在建工程台账，分别记录并归集不动产和不动产在建工程的成本、费用、扣税凭证及进项税额抵扣情况，留存备查。

用于简易计税方法计税项目、免征增值税项目、集体福利或者个人消费的不动产和不动产在建工程，也应在纳税人建立的台账中记录。

第十四条　纳税人未按照本办法有关规定抵扣不动产和不动产在建工程进项税额的，主管税务机关应按照《中华人民共和国税收征收管理法》及有关规定进行处理。

关于《国家税务总局关于发布〈不动产进项税额分期抵扣暂行办法〉的公告》的解读

一、背景和目的

经国务院批准，自2016年5月1日起，增值税一般纳税人取得的不动产和不动产在建工程，其进项税额分2年从销项税额中抵扣。为便于征纳双方执行，国家税务总局发布了《不动产进项税额分期抵扣管理暂行办法》，对不动产和不动产在建工程的进项税额分期抵扣问题进行了明确。

二、适用范围

本公告明确的不动产分年抵扣办法，适用于增值税一般纳税人2016年5月1日后取得并在会计制度上按固定资产核算的不动产，以及2016年5月1日后发生的不动产在建工程。房地产开发企业自行开发的房地产项目，融资租入的不动产，在施工现场修建的临时建筑物、构筑物，其进项税额抵扣不适用本公告的规定。

三、主要内容

（一）纳税人取得不动产和不动产在建工程的进项税额，需分2年从销项税额中抵扣，第一年抵扣进项税额的60%，第2年抵扣进项税额的40%。

（二）纳税人新建不动产，或者改建、扩建、修缮、装饰不动产并增加不动产原值超过50%的，其进项税额依照本办法有关规定分2年从销项税额中抵扣。

（三）已抵扣进项税额的不动产，发生非正常损失，或者改变用途，专用于简易计税方法计税项目、免征增值税项目、集体福利或者个人消费的，公告明确了如何计算不得抵扣的进项税额。

（四）按规定不得抵扣进项税额的不动产，发生用途改变，用于允许抵扣进项税额项目的，公告明确了其进项税额抵扣的具体方法。

国家税务总局关于发布《纳税人提供不动产经营租赁服务增值税征收管理暂行办法》的公告

（国家税务总局公告2016年第16号）

国家税务总局制定了《纳税人提供不动产经营租赁服务增值税征收管理暂行办法》，现予以公布，自2016年5月1日起施行。

特此公告。

纳税人提供不动产经营租赁服务增值税征收管理暂行办法

第一条 根据《财政部、国家税务总局关于全面推开营业税改征增值税试点的通知》（财税〔2016〕36 号）及现行增值税有关规定，制定本办法。

第二条 纳税人以经营租赁方式出租其取得的不动产（以下简称出租不动产），适用本办法。

取得的不动产，包括以直接购买、接受捐赠、接受投资入股、自建以及抵债等各种形式取得的不动产。

纳税人提供道路通行服务不适用本办法。

第三条 一般纳税人出租不动产，按照以下规定缴纳增值税：

（一）一般纳税人出租其 2016 年 4 月 30 日前取得的不动产，可以选择适用简易计税方法，按照 5%的征收率计算应纳税额。

不动产所在地与机构所在地不在同一县（市、区）的，纳税人应按照上述计税方法向不动产所在地主管国税机关预缴税款，向机构所在地主管国税机关申报纳税。

不动产所在地与机构所在地在同一县（市、区）的，纳税人向机构所在地主管国税机关申报纳税。

（二）一般纳税人出租其 2016 年 5 月 1 日后取得的不动产，适用一般计税方法计税。

不动产所在地与机构所在地不在同一县（市、区）的，纳税人应按照 3%的预征率向不动产所在地主管国税机关预缴税款，向机构所在地主管国税机关申报纳税。

不动产所在地与机构所在地在同一县（市、区）的，纳税人应向机构所在地主管国税机关申报纳税。

一般纳税人出租其 2016 年 4 月 30 日前取得的不动产适用一般计税方法计税的，按照上述规定执行。

第四条 小规模纳税人出租不动产，按照以下规定缴纳增值税：

（一）单位和个体工商户出租不动产（不含个体工商户出租住房），按照 5%的征收率计算应纳税额。个体工商户出租住房，按照 5%的征收率减按 1.5%计算应纳税额。

不动产所在地与机构所在地不在同一县（市、区）的，纳税人应按照上述计税方法向不动产所在地主管国税机关预缴税款，向机构所在地主管国税机关申报纳税。

不动产所在地与机构所在地在同一县（市、区）的，纳税人应向机构所在地主管国税机关申报纳税。

（二）其他个人出租不动产（不含住房），按照 5%的征收率计算应纳税额，向不动产所在地主管地税机关申报纳税。其他个人出租住房，按照5%的征收率减按1.5%计算应纳税额，向不动产所在地主管地税机关申报纳税。

第五条　纳税人出租的不动产所在地与其机构所在地在同一直辖市或计划单列市但不在同一县（市、区）的，由直辖市或计划单列市国家税务局决定是否在不动产所在地预缴税款。

第六条　纳税人出租不动产，按照本办法规定需要预缴税款的，应在取得租金的次月纳税申报期或不动产所在地主管国税机关核定的纳税期限预缴税款。

第七条　预缴税款的计算

（一）纳税人出租不动产适用一般计税方法计税的，按照以下公式计算应预缴税款：

应预缴税款＝含税销售额÷(1＋11%)×3%

（二）纳税人出租不动产适用简易计税方法计税的，除个人出租住房外，按照以下公式计算应预缴税款：

应预缴税款＝含税销售额÷(1＋5%)×5%

（三）个体工商户出租住房，按照以下公式计算应预缴税款：

应预缴税款＝含税销售额÷(1＋5%)×1.5%

第八条　其他个人出租不动产，按照以下公式计算应纳税款：

（一）出租住房：

应纳税款＝含税销售额÷(1＋5%)×1.5%

（二）出租非住房：

应纳税款＝含税销售额÷(1＋5%)×5%

第九条　单位和个体工商户出租不动产，按照本办法规定向不动产所在地主管国税机关预缴税款时，应填写《增值税预缴税款表》。

第十条　单位和个体工商户出租不动产，向不动产所在地主管国税机关预缴的增值税款，可以在当期增值税应纳税额中抵减，抵减不完的，结转下期继续抵减。

纳税人以预缴税款抵减应纳税额，应以完税凭证作为合法有效凭证。

第十一条　小规模纳税人中的单位和个体工商户出租不动产，不能自行开具增值税发票的，可向不动产所在地主管国税机关申请代开增值税发票。

其他个人出租不动产，可向不动产所在地主管地税机关申请代开增值税发票。

第十二条　纳税人向其他个人出租不动产，不得开具或申请代开增值税专用发票。

第十三条　纳税人出租不动产，按照本办法规定应向不动产所在地主管国税机关预缴税款而自应当预缴之月起超过 6 个月没有预缴税款的，由机构所在地主管国税机关按照《中华人民共和国税收征收管理法》及相关规定进行处理。

纳税人出租不动产，未按照本办法规定缴纳税款的，由主管税务机关按照《中华人民共和国税收征收管理法》及相关规定进行处理。

关于《国家税务总局关于发布〈纳税人提供不动产经营租赁服务增值税征收管理暂行办法〉的公告》的解读

一、背景和目的

经国务院批准，自 2016 年 5 月 1 日起，在全国范围内全面推开营业税改征增值税试点，建筑业、房地产业、金融业、生活服务业等全部营业税纳税人，由缴纳营业税改为缴纳增值税。根据《财政部 国家税务总局关于全面推开营业税改征增值税试点的通知》(财税〔2016〕36 号）和现行增值税有关规定，国家税务总局发布了《纳税人提供不动产经营租赁服务增值税征收管理暂行办法》，明确纳税人提供不动产经营租赁服务增值税征收管理问题。

二、适用范围

纳税人以经营租赁方式出租其取得的不动产，适用本办法。纳税人提供道路通行服务不适用本办法。

三、主要内容

（一）细化政策要求：按照不动产的取得时间、纳税人类别、不动产地点等，分别对纳税人以经营租赁方式出租不动产如何预缴税款、如何申报纳税，作了进一步细化明确。

（二）明确了纳税人应预缴税款的计算公式：按照纳税人适用的计税方法、不动产类型等，明确了如何计算应预缴税款。

（三）明确已预缴税款抵减及凭证要求：单位和个体工商户出租不动产，在不动产所在地主管国税机关预缴的增值税款，允许在当期增值税应纳税额中抵减，抵减不完的，结转下期继续抵减。纳税人以预缴税款抵减应纳税额，应以完税凭证作为依据。

（四）明确了其他个人出租不动产应纳税额的计算及申报缴纳问题：区分住房和非住房，明确了其他个人出租不动产应纳税款的计算公式，并明确其他个人出租不动产，应向不动产所在地地税机关申报缴纳增值税。

（五）明确了发票问题：小规模纳税人中的单位和个体工商户出租不动产，不能自行开具增值税发票的，可向不动产所在地主管国税机关申请代开增值税发票。其他个人出租不动产，可向不动产所在地主管地税机关申请代开增值税发票。

国家税务总局关于发布《纳税人跨县（市、区）提供建筑服务增值税征收管理暂行办法》的公告

（国家税务总局公告 2016 年第 17 号）

国家税务总局制定了《跨县（市、区）提供建筑服务增值税征收管理暂行办法》，现予以公布，自 2016 年 5 月 1 日起施行。

特此公告。

纳税人跨县（市、区）提供建筑服务增值税征收管理暂行办法

第一条　根据《财政部、国家税务总局关于全面推开营业税改征增值税试点的通知》（财税〔2016〕36 号）及现行增值税有关规定，制定本办法。

第二条　本办法所称跨县（市、区）提供建筑服务，是指单位和个体工商户（以下简称纳税人）在其机构所在地以外的县（市、区）提供建筑服务。

纳税人在同一直辖市、计划单列市范围内跨县（市、区）提供建筑服务的，由直辖市、计划单列市国家税务局决定是否适用本办法。

其他个人跨县（市、区）提供建筑服务，不适用本办法。

第三条　纳税人跨县（市、区）提供建筑服务，应按照财税〔2016〕36 号文件

规定的纳税义务发生时间和计税方法，向建筑服务发生地主管国税机关预缴税款，向机构所在地主管国税机关申报纳税。

《建筑工程施工许可证》未注明合同开工日期，但建筑工程承包合同注明的开工日期在 2016 年 4 月 30 日前的建筑工程项目，属于财税〔2016〕36 号文件规定的可以选择简易计税方法计税的建筑工程老项目。

第四条　纳税人跨县（市、区）提供建筑服务，按照以下规定预缴税款：

（一）一般纳税人跨县（市、区）提供建筑服务，适用一般计税方法计税的，以取得的全部价款和价外费用扣除支付的分包款后的余额，按照 2%的预征率计算应预缴税款。

（二）一般纳税人跨县（市、区）提供建筑服务，选择适用简易计税方法计税的，以取得的全部价款和价外费用扣除支付的分包款后的余额，按照 3%的征收率计算应预缴税款。

（三）小规模纳税人跨县（市、区）提供建筑服务，以取得的全部价款和价外费用扣除支付的分包款后的余额，按照 3%的征收率计算应预缴税款。

第五条　纳税人跨县（市、区）提供建筑服务，按照以下公式计算应预缴税款：

（一）适用一般计税方法计税的，应预缴税款=(全部价款和价外费用－支付的分包款)÷(1+11%)×2%

（二）适用简易计税方法计税的，应预缴税款=(全部价款和价外费用－支付的分包款) ÷(1+3%)×3%

纳税人取得的全部价款和价外费用扣除支付的分包款后的余额为负数的，可结转下次预缴税款时继续扣除。

纳税人应按照工程项目分别计算应预缴税款，分别预缴。

第六条　纳税人按照上述规定从取得的全部价款和价外费用中扣除支付的分包款，应当取得符合法律、行政法规和国家税务总局规定的合法有效凭证，否则不得扣除。

上述凭证是指：

（一）从分包方取得的 2016 年 4 月 30 日前开具的建筑业营业税发票。

上述建筑业营业税发票在 2016 年 6 月 30 日前可作为预缴税款的扣除凭证。

（二）从分包方取得的 2016 年 5 月 1 日后开具的，备注栏注明建筑服务发生地所在县（市、区）、项目名称的增值税发票。

（三）国家税务总局规定的其他凭证。

第七条　纳税人跨县（市、区）提供建筑服务，在向建筑服务发生地主管国税机关预缴税款时，需提交以下资料：

（一）《增值税预缴税款表》；

（二）与发包方签订的建筑合同原件及复印件；

（三）与分包方签订的分包合同原件及复印件；

（四）从分包方取得的发票原件及复印件。

第八条　纳税人跨县（市、区）提供建筑服务，向建筑服务发生地主管国税机关预缴的增值税税款，可以在当期增值税应纳税额中抵减，抵减不完的，结转下期继续抵减。

纳税人以预缴税款抵减应纳税额，应以完税凭证作为合法有效凭证。

第九条　小规模纳税人跨县（市、区）提供建筑服务，不能自行开具增值税发票的，可向建筑服务发生地主管国税机关按照其取得的全部价款和价外费用申请代开增值税发票。

第三只眼解读

注意这儿小规模纳税人，由于其计的税与回机构所在地缴纳一致，因此为了不麻烦，所以文件也规定直接在服务发生地主管国税机关开具。如果有差额分包的，可以全额给对方开具增值税发票。对于一般纳税人而言，理解上是在机构所在地税务机关自行开具发票。不过这个主管税务机关是不是也很忙呢？

第十条　对跨县（市、区）提供的建筑服务，纳税人应自行建立预缴税款台账，区分不同县（市、区）和项目逐笔登记全部收入、支付的分包款、已扣除的分包款、扣除分包款的发票号码、已预缴税款以及预缴税款的完税凭证号码等相关内容，留存备查。

第十一条　纳税人跨县（市、区）提供建筑服务预缴税款时间，按照财税〔2016〕36号文件规定的纳税义务发生时间和纳税期限执行。

第十二条　纳税人跨县（市、区）提供建筑服务，按照本办法应向建筑服务发生地主管国税机关预缴税款而自应当预缴之月起超过6个月没有预缴税款的，由机构所在地主管国税机关按照《中华人民共和国税收征收管理法》及相关规定进行处理。

纳税人跨县（市、区）提供建筑服务，未按照本办法缴纳税款的，由机构所在地主管国税机关按照《中华人民共和国税收征收管理法》及相关规定进行处理。

关于《国家税务总局关于发布〈纳税人跨县（市、区）提供建筑服务增值税征收管理暂行办法〉的公告》的解读

一、背景和目的

经国务院批准，自2016年5月1日起，在全国范围内全面推开营业税改征增值税试点，建筑业、房地产业、金融业、生活服务业等全部营业税纳税人，由缴纳营业税改为缴纳增值税。为统一营改增后纳税人跨县（市、区）提供建筑服务的征收管理，根据《财政部 国家税务总局关于全面推开营业税改征增值税试点的通知》（财税〔2016〕36号）及现行增值税有关规定，国家税务总局制定了《纳税人跨县（市、区）提供建筑服务增值税征收管理暂行办法》。

二、适用范围

单位和个体工商户在其机构所在地以外的县（市、区）提供建筑服务，适用本办法。在同一直辖市、计划单列市范围内跨县（市、区）提供建筑服务的，由直辖市、计划单列市国家税务局决定是否适用本办法。

其他个人提供建筑服务在建筑服务发生地申报纳税，不适用本办法。

三、主要内容

（一）纳税人跨县（市、区）提供建筑服务，应按规定向建筑服务发生地主管国税机关预缴税款，向机构所在地主管国税机关申报纳税。

（二）区分增值税一般纳税人跨县（市、区）提供建筑服务，适用一般计税方法和选择适用简易计税方法，以及小规模纳税人跨县（市、区）提供建筑服务三种情况，明确了预缴税款的相关规定。

（三）明确了纳税人跨县（市、区）提供建筑服务，预缴税款的计算公式、扣除支付的分包款的合法有效凭证、预缴税款时应提交的资料、自行建立预缴税款台账等问题。

（四）明确小规模纳税人跨县（市、区）提供建筑服务，不能自行开具增值税发票的，可向建筑服务发生地主管国税机关按照其取得的全部价款和价外费用申请代开增值税发票。

（五）明确纳税人跨县（市、区）提供建筑服务预缴税款时间按照《通知》规定的纳税义务发生时间和纳税期限执行。

国家税务总局关于发布《房地产开发企业销售自行开发的房地产项目增值税征收管理暂行办法》的公告

（国家税务总局公告2016年第18号）

国家税务总局制定了《房地产开发企业销售自行开发的房地产项目增值税征收管理暂行办法》，现予以公布，自2016年5月1日起施行。

特此公告。

国家税务总局

2016年3月31日

房地产开发企业销售自行开发的房地产项目增值税征收管理暂行办法

第一章　适用范围

第一条　根据《财政部 国家税务总局关于全面推开营业税改征增值税试点的通知》（财税〔2016〕36号）及现行增值税有关规定，制定本办法。

第二条　房地产开发企业销售自行开发的房地产项目，适用本办法。

自行开发，是指在依法取得土地使用权的土地上进行基础设施和房屋建设。

第三条　房地产开发企业以接盘等形式购入未完工的房地产项目继续开发后，以自己的名义立项销售的，属于本办法规定的销售自行开发的房地产项目。

第二章　一般纳税人征收管理

第一节　销售额

第四条　房地产开发企业中的一般纳税人（以下简称一般纳税人）销售自行开发的房地产项目，适用一般计税方法计税，按照取得的全部价款和价外费用，扣除当期销售房地产项目对应的土地价款后的余额计算销售额。销售额的计算公式如下：

$$\text{销售额}=(\text{全部价款和价外费用}-\text{当期允许扣除的土地价款})\div(1+11\%)$$

第五条　当期允许扣除的土地价款按照以下公式计算：

$$\begin{matrix}\text{当期允许扣除}\\\text{的土地价款}\end{matrix}=\left(\begin{matrix}\text{当期销售房地产}\\\text{项目建筑面积}\end{matrix}\div\begin{matrix}\text{房地产项目可供}\\\text{销售建筑面积}\end{matrix}\right)\times\text{支付的土地价款}$$

当期销售房地产项目建筑面积，是指当期进行纳税申报的增值税销售额对应的建筑面积。

房地产项目可供销售建筑面积，是指房地产项目可以出售的总建筑面积，不包括销售房地产项目时未单独作价结算的配套公共设施的建筑面积。

支付的土地价款，是指向政府、土地管理部门或受政府委托收取土地价款的单位直接支付的土地价款。

第六条　在计算销售额时从全部价款和价外费用中扣除土地价款，应当取得省级以上（含省级）财政部门监（印）制的财政票据。

第七条　一般纳税人应建立台账登记土地价款的扣除情况，扣除的土地价款不得超过纳税人实际支付的土地价款。

第八条　一般纳税人销售自行开发的房地产老项目，可以选择适用简易计税方法按照 5%的征收率计税。一经选择简易计税方法计税的，36 个月内不得变更为一般计税方法计税。

房地产老项目，是指：

(一)《建筑工程施工许可证》注明的合同开工日期在 2016 年 4 月 30 日前的房地产项目；

(二)《建筑工程施工许可证》未注明合同开工日期或者未取得《建筑工程施工许可证》但建筑工程承包合同注明的开工日期在 2016 年 4 月 30 日前的建筑工程项目。

第九条　一般纳税人销售自行开发的房地产老项目适用简易计税方法计税的，以取得的全部价款和价外费用为销售额，不得扣除对应的土地价款。

第二节　预缴税款

第十条　一般纳税人采取预收款方式销售自行开发的房地产项目，应在收到预收款时按照 3%的预征率预缴增值税。

第十一条　应预缴税款按照以下公式计算：

应预缴税款＝预收款÷(1＋适用税率或征收率)×3%

适用一般计税方法计税的，按照 11%的适用税率计算；适用简易计税方法计税的，按照 5%的征收率计算。

第十二条　一般纳税人应在取得预收款的次月纳税申报期向主管国税机关预缴税款。

第三节　进项税额

第十三条　一般纳税人销售自行开发的房地产项目，兼有一般计税方法计税、简易计税方法计税、免征增值税的房地产项目而无法划分不得抵扣的进项税额的，应以《建筑工程施工许可证》注明的“建设规模”为依据进行划分。

$$\text{不得抵扣的进项税额}=\text{当期无法划分的全部进项税额}\times\left(\text{简易计税、免税房地产项目建设规模}\div\text{房地产项目总建设规模}\right)$$

第四节　纳税申报

第十四条　一般纳税人销售自行开发的房地产项目适用一般计税方法计税的，应按照《营业税改征增值税试点实施办法》（财税〔2016〕36 号文件印发，以下简称《试点实施办法》）第四十五条规定的纳税义务发生时间，以当期销售额和 11%的适用税率计算当期应纳税额，抵减已预缴税款后，向主管国税机关申报纳税。未抵减完的预缴税款可以结转下期继续抵减。

第十五条　一般纳税人销售自行开发的房地产项目适用简易计税方法计税的，应按照《试点实施办法》第四十五条规定的纳税义务发生时间，以当期销售额和 5%的征收率计算当期应纳税额，抵减已预缴税款后，向主管国税机关申报纳税。未抵减完的预缴税款可以结转下期继续抵减。

第五节　发票开具

第十六条　一般纳税人销售自行开发的房地产项目，自行开具增值税发票。

第十七条　一般纳税人销售自行开发的房地产项目，其 2016 年 4 月 30 日前收取并已向主管地税机关申报缴纳营业税的预收款，未开具营业税发票的，可以开具增值税普通发票，不得开具增值税专用发票。

第十八条　一般纳税人向其他个人销售自行开发的房地产项目，不得开具增值税专用发票。

第三章　小规模纳税人征收管理

第一节　预缴税款

第十九条　房地产开发企业中的小规模纳税人（以下简称小规模纳税人）采取预收款方式销售自行开发的房地产项目，应在收到预收款时按照 3% 的预征率预缴增值税。

第二十条　应预缴税款按照以下公式计算：

应预缴税款＝预收款÷（1＋5%）×3%

第二十一条　小规模纳税人应在取得预收款的次月纳税申报期或主管国税机关核定的纳税期限向主管国税机关预缴税款。

第二节　纳税申报

第二十二条　小规模纳税人销售自行开发的房地产项目，应按照《试点实施办法》第四十五条规定的纳税义务发生时间，以当期销售额和 5% 的征收率计算当期应纳税额，抵减已预缴税款后，向主管国税机关申报纳税。未抵减完的预缴税款可以结转下期继续抵减。

第三节　发票开具

第二十三条　小规模纳税人销售自行开发的房地产项目，自行开具增值税普通发票。购买方需要增值税专用发票的，小规模纳税人向主管国税机关申请代开。

第二十四条　小规模纳税人销售自行开发的房地产项目，其 2016 年 4 月 30 日前收取并已向主管地税机关申报缴纳营业税的预收款，未开具营业税发票的，可以开具增值税普通发票，不得申请代开增值税专用发票。

第三只眼解读

这个比较有特殊性，其实建筑业也有这样的情形，而房地产企业人家有了这个授权，未来开具普通发票，是不会重复被要求计算缴纳增值税的。这中间估计非常复杂，涉及地税交了税的，但未开具发票的，涉及补交税的要开具发票的，都是个麻烦事。国税的同志将来比对数据也有事做了。

第二十五条　小规模纳税人向其他个人销售自行开发的房地产项目，不得申请代开增值税专用发票。

第四章　其他事项

第二十六条　房地产开发企业销售自行开发的房地产项目，按照本办法规定预缴税款时，应填报《增值税预缴税款表》。

第二十七条　房地产开发企业以预缴税款抵减应纳税额，应以完税凭证作为合法有效凭证。

第二十八条　房地产开发企业销售自行开发的房地产项目，未按本办法规定预缴或缴纳税款的，由主管国税机关按照《中华人民共和国税收征收管理法》及相关规定进行处理。

关于《国家税务总局关于发布〈房地产开发企业销售自行开发的房地产项目增值税征收管理暂行办法〉的公告》的解读

一、背景和目的

经国务院批准，自2016年5月1日起，在全国范围内全面推开营业税改征增值税（以下称营改增）试点，金融、建筑、房地产和生活服务业等全部营业税纳税人纳入营改增试点。为便于征纳双方执行，根据《财政部 国家税务总局关于全面推开营业税改征增值税试点的通知》（财税〔2016〕36号）及现行增值税有关规定，国家税务总局发布了《房地产开发企业销售自行开发的房地产项目增值税征收管理暂行办法》，以明确房地产开发企业销售自行开发的房地产项目如何征收管理的相关问题。

二、适用范围

房地产开发企业销售自行开发的房地产项目，以及房地产开发企业以接盘等形式购入未完工的房地产项目继续开发后、以自己的名义立项销售的，适用本办法。

三、主要内容

（一）一般纳税人

1. 一般纳税人销售自行开发的房地产项目，适用一般计税方法计税，按照取得的全部价款和价外费用，扣除当期销售房地产项目对应的土地价款后的余额计算销售额。办法明确了如何计算当期允许扣除的土地价款及相关管理要求。

2. 一般纳税人销售自行开发的房地产老项目适用简易计税方法计税的，以取得的全部价款和价外费用为销售额，不得扣除对应的土地价款。

3. 一般纳税人采取预收款方式销售自行开发的房地产项目，应在收到预收款时按照3%的预征率预缴增值税。办法明确了如何计算应预缴税款。

4. 一般纳税人销售自行开发的房地产项目，应按照规定的纳税义务发生时间，以当期销售额和适用税率或征收率计算当期应纳税额，抵减已预缴税款后，向主管国税机关申报纳税。未抵减完的预缴税款可以结转下期继续抵减。

5. 办法还明确了一般纳税人如何开具发票等具体征管问题。

（二）小规模纳税人

1. 小规模纳税人采取预收款方式销售自行开发的房地产项目，应在收到预收款时按照3%的预征率预缴增值税。办法进一步明确了如何计算应预缴税款。

2. 小规模纳税人销售自行开发的房地产项目，应按规定的纳税义务发生时间，以当期销售额和5%的征收率计算当期应纳税额，抵减已预缴税款后，向主管国税机关申报纳税。未抵减完的预缴税款可以结转下期继续抵减。

3. 办法还明确了小规模纳税人如何开具发票等具体税收征管问题。

财政部 国家税务总局关于进一步明确全面推开营改增试点有关劳务派遣服务、收费公路通行费抵扣等政策的通知

（财税〔2016〕47号）

各省、自治区、直辖市、计划单列市财政厅（局）、国家税务局、地方税务局，新疆生产建设兵团财务局：

经研究，现将营改增试点期间劳务派遣服务等政策补充通知如下：

一、劳务派遣服务政策

一般纳税人提供劳务派遣服务，可以按照《财政部 国家税务总局关于全面推开营业税改征增值税试点的通知》（财税〔2016〕36号）的有关规定，以取得的全部价款和价外费用为销售额，按照一般计税方法计算缴纳增值税；也可以选择差额纳税，以取得的全部价款和价外费用，扣除代用工单位支付给劳务派遣员工的工资、福利和为其办理社会保险及住房公积金后的余额为销售额，按照简易计税方法依5%的征收率计算缴纳增值税。

第三只眼解读

按照认定一般纳税人和小规模纳税人的标准，有差额的，也不能扣除差额部分再确认收入标准是不是达到年 500 万元，这一点要关注。

上面提到，劳务派遣公司是一般纳税人的，可以选择一般计税方法，也可以选择差额纳税。一个税率是 6%，一个征收率是 5%，先来看两个例子：

（1）一般计税方法。

如某劳务派遣公司，每个月收 1 000 万元的员工工资等支出转付，同时收 60 万元的手续费，共计 1 060 万元，此时选择一般计税方法：

增值税销项税额＝1 060/(1＋6%)×6%＝60（万元），给接受劳务派遣方开具增值税专用发票，这没有“毛病”。接受方取得抵扣 60 万元。那劳务派遣公司用什么抵扣销项呢？对不起，人工成本是没有抵扣的，自己找“票”吗？

（2）简易计税方法。

1 060－1 000＝60（万元），60/(1＋5%)×5%＝2.86（万元），此时仍可以开具征收率 5%的增值税专用发票，供接受劳务派遣方抵扣。

那原来企业计算营业税是如何的呢？(1 060－1 000)×5%＝3（万元），那来看，适用简易计税方法的，税还比营业税少呢，美了吧！但是选择一般计税方法的，那不是“穷折腾”吗！一分钱没有挣到，还赔本呢。所以这个说法只能说，理论上通得过，OK！

小规模纳税人提供劳务派遣服务，可以按照《财政部 国家税务总局关于全面推开营业税改征增值税试点的通知》（财税〔2016〕36 号）的有关规定，以取得的全部价款和价外费用为销售额，按照简易计税方法依 3%的征收率计算缴纳增值税；也可以选择差额纳税，以取得的全部价款和价外费用，扣除代用工单位支付给劳务派遣员工的工资、福利和为其办理社会保险及住房公积金后的余额为销售额，按照简易计税方法依 5%的征收率计算缴纳增值税。

第三只眼解读

小规模纳税人也是一样，选择总销售额的用 3%，估计没有差额的 5%好吧，这要看看扣除的金额的比例有多大呢。

选择差额纳税的纳税人，向用工单位收取用于支付给劳务派遣员工工资、福利和为其办理社会保险及住房公积金的费用，不得开具增值税专用发票，可以开具普通发票。

第三只眼解读

老生常谈的事，差额的部分，只能开具普通发票，不要再抵扣了，因为在专用发票上开具代收，也是混到价外费用上了，不好处理，就让处理普通发票了。

劳务派遣服务，是指劳务派遣公司为了满足用工单位对于各类灵活用工的需求，将员工派遣至用工单位，接受用工单位管理并为其工作的服务。

二、收费公路通行费抵扣及征收政策

（一）2016 年 5 月 1 日至 7 月 31 日，一般纳税人支付的道路、桥、闸通行费，暂凭取得的通行费发票（不含财政票据，下同）上注明的收费金额按照下列公式计算可抵扣的进项税额：

$$\text{高速公路通行费可抵扣进项税额}=\text{高速公路通行费发票上注明的金额}\div(1+3\%)\times 3\%$$

$$\text{一级公路、二级公路、桥、闸通行费可抵扣进项税额}=\text{一级公路、二级公路、桥、闸通行费发票上注明的金额}\div(1+5\%)\times 5\%$$

通行费，是指有关单位依法或者依规设立并收取的过路、过桥和过闸费用。

第三只眼解读

这个就是规定出来的，相当于啥？抵扣票据又多了一种，当然这是过渡性的，只有 3 个月时间，不然想不出招来处理专用发票抵扣的事呀。

（二）一般纳税人收取试点前开工的一级公路、二级公路、桥、闸通行费，可以选择适用简易计税方法，按照 5%的征收率计算缴纳增值税。

试点前开工，是指相关施工许可证注明的合同开工日期在 2016 年 4 月 30 日前。

第三只眼解读

财税〔2016〕36 号文件规定：公路经营企业中的一般纳税人收取试点前开工的高速公路的车辆通行费，可以选择适用简易计税方法，减按 3%的征收率计算应纳税额。试点前开工的高速公路，是指相关施工许可证明上注明的合同开工日期在2016年4月30日前的高速公路。

这儿又规定了一种5%，是不是有一点儿酸呢！

三、其他政策

（一）纳税人提供人力资源外包服务，按照经纪代理服务缴纳增值税，其销售额不包括受客户单位委托代为向客户单位员工发放的工资和代理缴纳的社会保险、住房公积金。向委托方收取并代为发放的工资和代理缴纳的社会保险、住房公积金，不得开具增值税专用发票，可以开具普通发票。

一般纳税人提供人力资源外包服务，可以选择适用简易计税方法，按照5%的征收率计算缴纳增值税。

第三只眼解读

人力资源外包服务，跟劳务派遣服务是不同的，因为人力资源外包服务是自己的人，让别人代发工资、交保险，因此这儿写的代发部分可以开具普通发票，开啥呢，就是往来，这也是外包服务的公司自己没事“麻烦”财政部门，就是怕以后双方有争议，政策决定业务，这是“聪明”的应对方式。

（二）纳税人以经营租赁方式将土地出租给他人使用，按照不动产经营租赁服务缴纳增值税。

纳税人转让2016年4月30日前取得的土地使用权，可以选择适用简易计税方法，以取得的全部价款和价外费用减去取得该土地使用权的原价后的余额为销售额，按照5%的征收率计算缴纳增值税。

第三只眼解读

财税〔2016〕36号文件规定的是不动产的经营租赁内容，那土地使用权是在无形资产中的，没有提这块，这不，实际上土地使用权跟不动产是一个性质归类才是，整在无形资产中，这不是漏了，现在又打补丁了。

至于转让，可以选择简易计税方法，而且认可差额，也是向不动产看齐了，但是如果一般纳税人选择一般计税方法，就有问题了，不能用差额，只能用抵扣，这就看如何选择了。

（三）一般纳税人 2016 年 4 月 30 日前签订的不动产融资租赁合同，或以 2016 年 4 月 30 日前取得的不动产提供的融资租赁服务，可以选择适用简易计税方法，按照 5%的征收率计算缴纳增值税。

第三只眼解读

这儿规定的是直租的方式，不是售后回租的方式，由于也是老资产或老合同，原来没有进项，让按 11%计税，肯定是不爽啊，给个过渡政策吧，可以选择简易 5%。

（四）一般纳税人提供管道运输服务和有形动产融资租赁服务，按照《营业税改征增值税试点过渡政策的规定》（财税〔2013〕106 号）第二条有关规定适用的增值税实际税负超过 3%部分即征即退政策，在 2016 年 1 月 1 日至 4 月 30 日期间继续执行。

第三只眼解读

这个相当于是强调，因为财税〔2016〕36 号文件规定了 5 月 1 日之后的政策，对于之前的呢，那也是认可的。因为当时财税〔2013〕106 号文件仅仅规定到 2015 年 12 月 31 日，基于不提高税负，顺利过渡营改增，放一放吧。

四、本通知规定的内容，除另有规定执行时间外，自 2016 年 5 月 1 日起执行。

财政部 国家税务总局

2016 年 4 月 30 日

国家税务总局关于红字增值税发票开具有关问题的公告

（国家税务总局公告 2016 年第 47 号）

为进一步规范纳税人开具增值税发票管理，现将红字发票开具有关问题公告如下：

一、增值税一般纳税人开具增值税专用发票（以下简称“专用发票”）后，发生销货退回、开票有误、应税服务中止等情形但不符合发票作废条件，或者因销货部分退回及发生销售折让，需要开具红字专用发票的，按以下方法处理：

（一）购买方取得专用发票已用于申报抵扣的，购买方可在增值税发票管理新系统（以下简称“新系统”）中填开并上传《开具红字增值税专用发票信息表》（以下简称《信息表》，详见附件），在填开《信息表》时不填写相对应的蓝字专用发票信息，应暂依《信息表》所列增值税税额从当期进项税额中转出，待取得销售方开具的红字专用发票后，与《信息表》一并作为记账凭证。

购买方取得专用发票未用于申报抵扣、但发票联或抵扣联无法退回的，购买方填开《信息表》时应填写相对应的蓝字专用发票信息。

销售方开具专用发票尚未交付购买方，以及购买方未用于申报抵扣并将发票联及抵扣联退回的，销售方可在新系统中填开并上传《信息表》。销售方填开《信息表》时应填写相对应的蓝字专用发票信息。

（二）主管税务机关通过网络接收纳税人上传的《信息表》，系统自动校验通过后，生成带有“红字发票信息表编号”的《信息表》，并将信息同步至纳税人端系统中。

（三）销售方凭税务机关系统校验通过的《信息表》开具红字专用发票，在新系统中以销项负数开具。红字专用发票应与《信息表》一一对应。

（四）纳税人也可凭《信息表》电子信息或纸质资料到税务机关对《信息表》内容进行系统校验。

二、税务机关为小规模纳税人代开专用发票，需要开具红字专用发票的，按照一般纳税人开具红字专用发票的方法处理。

三、纳税人需要开具红字增值税普通发票的，可以在所对应的蓝字发票金额范围内开具多份红字发票。红字机动车销售统一发票需与原蓝字机动车销售统一发票一一对应。

四、按照《国家税务总局关于纳税人认定或登记为一般纳税人前进项税额抵扣问题的公告》（国家税务总局公告2015年第59号）的规定，需要开具红字专用发票的，按照本公告规定执行。

五、本公告自2016年8月1日起施行，《国家税务总局关于推行增值税发票系统升级版有关问题的公告》（国家税务总局公告2014年第73号）第四条、附件1、附件2和《国家税务总局关于全面推行增值税发票系统升级版有关问题的公告》（国家税务总局公告2015年第19号）第五条、附件1、附件2同时废止。此前未处理的事项，按照本公告规定执行。

特此公告。

附件：

开具红字增值税专用发票信息表

填开日期： 年 月 日

<table>
<tr><td rowspan="2">销售方</td><td>名称</td><td></td><td rowspan="2">购买方</td><td>名称</td><td colspan="2"></td></tr>
<tr><td>纳税人识别号</td><td></td><td>纳税人识别号</td><td colspan="2"></td></tr>
<tr><td rowspan="9">开具红字专用发票内容</td><td>货物（劳务服务）名称</td><td>数量</td><td>单价</td><td>金额</td><td>税率</td><td>税额</td></tr>
<tr><td></td><td></td><td></td><td></td><td></td><td></td></tr>
<tr><td></td><td></td><td></td><td></td><td></td><td></td></tr>
<tr><td></td><td></td><td></td><td></td><td></td><td></td></tr>
<tr><td></td><td></td><td></td><td></td><td></td><td></td></tr>
<tr><td></td><td></td><td></td><td></td><td></td><td></td></tr>
<tr><td></td><td></td><td></td><td></td><td></td><td></td></tr>
<tr><td></td><td></td><td></td><td></td><td></td><td></td></tr>
<tr><td>合计</td><td>——</td><td>——</td><td></td><td>——</td><td></td></tr>
<tr><td>说明</td><td colspan="6">一、购买方□
对应蓝字专用发票抵扣增值税销项税额情况：
1. 已抵扣□
2. 未抵扣□
对应蓝字专用发票的代码：________号码：________
二、销售方□
对应蓝字专用发票的代码：________号码：________</td></tr>
<tr><td>红字专用发票信息表编号</td><td colspan="6"></td></tr>
</table>

关于《国家税务总局关于红字增值税发票开具有关问题的公告》的解读

一、发布本公告的背景是什么？随着增值税发票管理新系统的全面推行，具备了取消增值税发票认证的基础条件。2016 年 3 月起，税务总局决定取消纳税信用 A 级纳税人发票认证，5 月起扩大了取消发票认证的纳税人范围。相应地需要对红字专用发票开具规定中与发票认证相关的内容进行修订。自 2016 年 7 月 1 日起货物运输业增值税专用发票停止使用，需要废止原开具红字货运专用发票的相关规定。为进一步规范增值税管理，方便纳税人发票使用，税务总局发布本公告以完善红字发票规定、优化红字发票开具流程。

二、开具红字专用发票的规定是什么？增值税一般纳税人开具增值税专用发票（以下简称专用发票）后，发生销货退回、开票有误、应税服务中止等情形但不符合发票作废条件，或者因销货部分退回及发生销售折让，需要开具红字专用发票的，按以下方法处理：

（一）购买方取得专用发票已用于申报抵扣的，购买方可在增值税发票管理新系统（以下简称新系统）中填开并上传《开具红字增值税专用发票信息表》（以下简称《信息表》），在填开《信息表》时不填写相对应的蓝字专用发票信息，应暂依《信息表》所列增值税税额从当期进项税额中转出，待取得销售方开具的红字专用发票后，与《信息表》一并作为记账凭证。专用发票未用于申报抵扣、发票联或抵扣联无法退回的，购买方填开《信息表》时应填写相对应的蓝字专用发票信息。销售方开具专用发票尚未交付购买方，以及购买方未用于申报抵扣并将发票联及抵扣联退回的，销售方可在新系统中填开并上传《信息表》。销售方填开《信息表》时应填写相对应的蓝字专用发票信息。

（二）主管税务机关通过网络接收纳税人上传的《信息表》，系统自动校验通过后，生成带有“红字发票信息表编号”的《信息表》，并将信息同步至纳税人端系统中。

（三）销售方凭税务机关系统校验通过的《信息表》开具红字专用发票，在新系统中以销项负数开具。红字专用发票应与《信息表》一一对应。

（四）纳税人也可凭《信息表》电子信息或纸质资料到税务机关对《信息表》内容进行系统校验。

三、税务机关为小规模纳税人代开红字专用发票如何处理？

税务机关为小规模纳税人代开专用发票，需要开具红字专用发票的，按照一般纳税人开具红字专用发票的方法处理。

四、开具红字增值税普通发票以及红字机动车销售统一发票有何规定？

纳税人需要开具红字增值税普通发票的，可以在所对应的蓝字发票金额范围内开具多份红字发票。红字机动车销售统一发票需与原蓝字机动车销售统一发票一一对应。

五、按照《国家税务总局关于纳税人认定或登记为一般纳税人前进项税额抵扣问题的公告》的规定，需要开具红字专用发票的，如何处理？

按照《国家税务总局关于纳税人认定或登记为一般纳税人前进项税额抵扣问题的公告》（国家税务总局公告 2015 年第 59 号）的规定，需要开具红字专用发票的，按照本公告规定执行。

第三只眼解读

开具红字增值税发票，历来受到重视，好在不断简化程序，本规定是在现行操作基础之上，对应 2016 年 5 月 1 日营改增行业试点，以及因专用发票抵扣电子操作方式改变的情形之下，及时地修订过去规定的表达方式。对于程序的规定，是常规的，但是对于背后的事项，是严酷的，需要谨慎的面对。

（1）为何要变。

2016 年 3 月起，扫描认证方式部分取消，同时 2016 年 7 月 1 日起，货物运输业增值税专用发票废止。老政策无法满足新形势，所以要重新明确一下。

（2）何种情形之下有红字增值税发票。

前提：必须开具过增值税发票的情形之下，因为销货退回、开票有误、应税服务中止等情形但不符合发票作废条件，或者因销货部分退回及发生销售折让，需要开具红字专用发票的。

情形	解释	备注
没有开具发票的销售（如收据）	不存在红字发票开具，直接冲减发生当期的收入即可	没有开具过发票作收入也不违法啊
开具过增值税普通发票	存在开具红字普通发票的前提	当月的取回全部联次可以作废处理
开具过增值税专用发票	存在开具红字专用发票的前提	同上
交付过定额发票的	不存在红字，一般就直接收回更换处理	

注：1. 符合作废的当然优先使用，但对于种种原因而不能作废操作的，通常是跨月之下的处理，只有开具红字发票，根据需要不开或重新再开具正确的处理。

2. “服务中止”如何解释？为什么不是终止：因为只有中止才有开具红字的可能，终止是结束了，那业务结束了，哪有红字可以开具？

3. 红字普通发票和专用发票不能串，各用各的规则去开具红字。

（3）自开专用发票后开具红字专用发票。

情形	解释	处理
购买方	取得专用发票已用于申报抵扣	购买方可在增值税发票管理新系统（以下简称新系统）中填开并上传《开具红字增值税专用发票信息表》（以下简称《信息表》），在填开《信息表》时不填写相对应的蓝字专用发票信息，应暂依《信息表》所列增值税税额从当期进项税额中转出，待取得销售方开具的红字专用发票后，与《信息表》一并作为记账凭证
	取得专用发票未用于申报抵扣、但发票联或抵扣联无法退回的	同上，但购买方填开《信息表》时应填写相对应的蓝字专用发票信息
销售方	销售方开具专用发票尚未交付购买方，以及购买方未用于申报抵扣并将发票联及抵扣联退回的	销售方可在新系统中填开并上传《信息表》。销售方填开《信息表》时应填写相对应的蓝字专用发票信息

待销售方取得带有“红字发票信息表编号”的《信息表》，在新系统中以销项负数开具。红字专用发票应与《信息表》一一对应。

（4）小规模纳税人代开专用发票后开具红字专用发票。

处理情形同（3），由税务机关进行处理。

（5）红字普通发票。

纳税人需要开具红字增值税普通发票的，可以在所对应的蓝字发票金额范围内开具多份红字发票。红字机动车销售统一发票需与原蓝字机动车销售统一发票一一对应。

（6）扩展性核心理解：时限要求。

文件说得挺轻松，但是对于具体问题的掌握还需要深入一步：

对于开具红字增值税专用发票，如果对方已抵扣的，那任何时候都可以办理红字。但是对于对方未抵扣的情形，无论这个专用发票在销售方还是购买方手中，只要开具日期超过180天的，就无法操作红字了，此时只能是由销售方或购买方买单了。

开具红字增值税普通发票，则不受上述时限限制，也不需要信息表，纳税人可以自由地根据实际情形开具。

（7）卖回与红字的变通，是否一定是不合规并有违法责任的。

通常服务是无法反向销售的，有的同志说我们不爱填信息表，可以卖回去行不行，原来走的是红字冲减，现在走的是销售行不行？之前小编看到有大侠在微信中发表文章说不行！小编想问的是，哪有不行的规定，市场经济什么时候限制反卖了？只是感觉上操作不顺而已，但也不是造假啊，最多说是定价不合理，加点成本价，这个有理论上的风险而已。之前小编曾作为某跨国公司代表去找人家一家德国流通企业“谈判”，人家就反卖，不接受红字操作，唉，最好也是弱势退回啊，人家说税务是开绿灯支持的，多年来也操作得挺爽的。

（8）红字增值税专用发票是冲减销项税额的通行证。

财税〔2016〕36号文件规定：

第三十二条　纳税人适用一般计税方法计税的，因销售折让、中止或者退回而退还给购买方的增值税额，应当从当期的销项税额中扣减；因销售折让、中止或者退回而收回的增值税额，应当从当期的进项税额中扣减。

第三十六条　纳税人适用简易计税方法计税的，因销售折让、中止或者退回而退还给购买方的销售额，应当从当期销售额中扣减。扣减当期销售额后仍有余额造成多缴的税款，可以从以后的应纳税额中扣减。

第四十二条　纳税人发生应税行为，开具增值税专用发票后，发生开票有误或者销售折让、中止、退回等情形的，应当按照国家税务总局的规定开具红字增值税专用发票；未按照规定开具红字增值税专用发票的，不得按照本办法第三十二条和第三十六条的规定扣减销项税额或者销售额。

上面的意思很明确，原来开具过增值税专用发票的，如果不能开具红字增值税专用发票，那对不起，不得冲减发生当期的税额！逼着要开才是，如果不开呢：

如某公司为一般纳税人，发生业务，不含税收入1 000元，税率6%，销项税额是60元，则分录如下：

借：银行存款　　1 060
　贷：主营业务收入　　1 000
　　应交税费——应交增值税（销项税额）　　60

上面开具了增值税专用发票，但过了几个月因质量问题，最后发生退款，对方开具不了信息表，那如何办呢，有如下两种方式：

方式一：只给对方退 1 000 元。

　贷：银行存款　　1 000
　　主营业务收入　　−1 000

方式二：给对方退 1 060 元，此时 60 元销项是无法冲减的。

借：营业外支出　　60
　贷：银行存款　　1 060
　　主营业务收入　　−1 000

这个 60 元却很难认可是资产损失了，当然也可以认为属于交易过程中发生的成本费用，看以什么说法找个理由啦。

GREAT ERA OF TAX REFORM FOR REPLACING BUSINESS TAX WITH VALUE-ADDED TAX

附　录

增值税抵扣项目明细表

(1) 人力成本支出。

依据规定，自有人力成本支出是没有办法取得扣税凭证的，自然也是无法抵扣的。我们来具体分析如下：

事项	是否可抵扣	一般纳税人供应商	小规模纳税人供应商
工资薪金	不适用	无发票	无发票
职工福利费	否	不需要（但如果还用于其他应税项目，则取得专用发票利于能够抵扣部分，下同）	同左
职工教育经费	是	不同采购事项，存在17%、13%、11%、6%不同情形	3%
工会经费	不适用	不需要专用发票	不需要专用发票
社保支出	不适用	同上	同上
员工商业保险（福利类）	否	不需要	不需要
员工商业保险（工作类）	是	6%	3%
劳务派遣员工[a]	是	（1）全额开具专用发票6%； （2）差额开具专用发票5%	（1）全额开具专用发票3%； （2）差额开具专用发票5%
人力资源外包服务	是	（1）差额一般开具6%； （2）差额简易开具5%	差额3%
劳动保护费（生产过程中使用的）	是	通常是17%	3%
劳动保护费（福利性质）	否	不需要	不需要
防暑降温费（通常福利性质）	否	不需要	不需要
非货币性福利	否	不需要	不需要
外购实物发放奖金	否	不需要	不需要

注：a. 根据财税〔2016〕47号文件的规定，一般纳税人提供劳务派遣服务，可以按照《财政部 国家税务总局关于全面推开营业税改征增值税试点的通知》（财税〔2016〕36号）的有关规定，以取得的全部价款和价外费用为销售额，按照一般计税方法计算缴纳增值税；也可以选择差额纳税，以取得的全部价款和价外费用，扣除代用工单位支付给劳务派遣员工的工资、福利和为其办理社会保险及住房公积金后的余额为销售额，按照简易计税方法依5%的征收率计算缴纳增值税。

小规模纳税人提供劳务派遣服务，可以按照《财政部 国家税务总局关于全面推开营业税改征增值税试点的通知》（财税〔2016〕36号）的有关规定，以取得的全部价款和价外费用为销售额，按照简易计税方法依3%的征收率计算缴纳增值税；也可以选择差额纳税，以取得的全部价款和价外费用，扣除代用工单位支付给劳务派遣员工的工资、福利和为其办理社会保险及住房公积金后的余额为销售额，按照简易计税方法依5%的征收率计算缴纳增值税。

选择差额纳税的纳税人，向用工单位收取用于支付给劳务派遣员工工资、福利和为其办理社会保险及住房公积金的费用，不得开具增值税专用发票，可以开具普通发票。

劳务派遣服务，是指劳务派遣公司为了满足用工单位对于各类灵活用工的需求，将员工派遣至用工单位，接受用工单位管理并为其工作的服务。

在理解人员成本的抵扣上，要考虑三个因素：

一是涉及选择简易计税方法的部分不得抵扣，因此需要考虑是单独使用的人员，还是共用的，如果是共用的，那就需要按照收入额等方式进行确定，先全额抵扣着再做转出处理。如劳动保护费支出100万元，税额17万元，但是有一半是用于简易计税项目的，则当月8.5万元是不得抵扣的，要做转出处理，需要按财税〔2016〕36号文件规定的计算公式计算。

二是如果无法保障或不知道是不是限于抵扣，则先取得专用发票抵扣，再视情形做转出处理。

三是如劳务派遣公司涉及可以选择的开具专用发票的方式，但其面临税负的问题，因此通常情形之下，可能会选择差额开具专用发票的方式。

(2) 办公性支出。

事项	是否可抵扣	一般纳税人供应商	小规模纳税人供应商
办公低值易耗品	是	17%	3%
绿植租摆	是	17%（动产租赁）	3%
绿植采购	是	17%	3%
财产保险	是	6%	3%
水费	是	3%（可选择简易）或13%	3%
电费	是	17%	3%
暖气、冷气、热水、煤气、石油液化气、天然气	是	13%	3%
租房	是	11%或5%	5%
装饰装修、修缮	是	11%或3%	3%
动产修理	是	17%	3%
软件购买	是	17%	3%

续表

事项	是否可抵扣	一般纳税人供应商	小规模纳税人供应商
软件开发	是	6%	3%
技术服务	是	6%	3%
办公设备租赁	是	17%	3%
物业费	是	6%	3%
咨询服务	是	6%	3%
审计服务、法律服务	是	6%	3%
运输费用	是	11%	3%
印刷费	是	17%	3%
资料费	是	17%	3%
电信	是	11%和6%（基础电信和增值电信）	3%
邮政	是	11%	3%
保安服务	是	6%	3%
收派服务	是	6%或3%（可选择简易）	3%
广告费	是	6%	3%
业务宣传费	是	17%、13%、11%、6%等	3%
展览活动	是	6%	3%
油费（用于班车等福利类的不得抵扣）	是	17%	3%
书报费	是	13%（部分存在免税优惠政策）	3%
银行手续费、担保费等	是	6%	3%

办公性支出同样需要根据实际情形确认抵扣与否，无法分清的，则需要按收入比例进行计算、确认转出。

(3) 吃住行支出。

事项	是否可抵扣	一般纳税人供应商	小规模纳税人供应商
餐厅支出（物料、设备及用品）	否	不需要	不需要
餐饮服务（含打包）	否	不要专用发票	不要专用发票
旅客运输服务	否	同上	同上
居民日常服务	否	同上	同上
娱乐服务	否	同上	同上

续表

事项	是否可抵扣	一般纳税人供应商	小规模纳税人供应商
业务招待费（费用）	否	同上	同上
业务招待费（礼品赠送）	是	抵扣同时做视同销售 17%	3%不能抵扣视同销售
住宿费用	是	6%	3%
会议费	是	11%（单独租场地）和 6%（同时提供服务）	3%
高速公路通行费通行费发票（不含财政票据，下同）	是	高速公路通行费发票上注明的金额÷(1+3%)×3%	同左
一级公路、二级公路、桥、闸通行费	是	一级公路、二级公路、桥、闸通行费发票上注明的金额÷(1+5%)×5%	同左
小汽车	是	17%	3%
货车	是	17%	3%
员工上下班车	否	不需要	不需要
工作租车	是	11%或 17%（有人与无人提供驾驶）	3%
集体旅游	否	不需要	不需要
旅游服务（公务）	是	可以抵扣 6%（对于包括的旅客运输部分如何处理，没有明确的限制，建议不抵扣）	3%
出差中购买的单程商业保险	是	6%	3%

(4) 资本性支出。

事项	是否可抵扣	一般纳税人供应商	小规模纳税人供应商
贷款利息（含关联方借款）	否	不需要	不需要
不动产和不动产在建工程（共用、专用于应税项目）	是	11%或 5%	5%
不动产和不动产在建工程（专用于简易等项目）	否	但未来可能会用于应税项目，此时建议取得	同左
不动产投资	是	11%或 5%	5%
股权投资	否	不需要	不需要
股息红利	否	不需要	不需要
固定资产（共用、专用于应税项目）	是	17%	3%
固定资产（专用于简易等项目）	否	但未来可能会用于应税项目，此时建议取得	同左

续表

事项	是否可抵扣	一般纳税人供应商	小规模纳税人供应商
无形资产（共用、专用于应税项目）	是	6%	3%
无形资产（专用于简易等项目）	否	但未来可能会用于应税项目，此时建议取得	同左
权益性无形资产	是	6%	3%

(5) 工程类支出。

事项	是否可抵扣	一般纳税人供应商	小规模纳税人供应商
周转材料、临时设施（非简易项目）	是	17%	3%
周转材料、临时设施（简易项目）	是	但未来可能会用于应税项目，此时建议取得	同左
机械租赁（不带人，是否简易项目使用同上）	是	17%	3%
机械租赁（带人，是否简易项目使用同上）	是	视经营项目确认归属的服务类型，如装卸服务是6%	3%
项目设备支出（用于简易项目）	否	不需要	不需要
项目设备支出（用于一般项目）	是	17%	3%
监理、设计服务	是	6%	3%
建筑分包	是	11%或3%	3%

营改增试点应税项目明细表

序号	代码	应税项目名称	填报说明
交通运输服务			无运输工具承运业务按照运输业务的实际承运人使用的运输工具划分到对应税目
1	010100	铁路运输服务	通过铁路运送货物或者旅客的运输业务活动
2	010201	陆路旅客运输服务	铁路运输以外的陆路旅客运输业务活动。包括公路运输、缆车运输、索道运输、地铁运输、城市轻轨运输等。出租车公司向使用本公司自有出租车的出租车司机收取的管理费用，按照陆路运输服务缴纳增值税
3	010202	陆路货物运输服务	铁路运输以外的陆路货物运输业务活动。包括公路运输、缆车运输、索道运输、地铁运输、城市轻轨运输等
4	010300	水路运输服务	通过江、河、湖、川等天然、人工水道或者海洋航道运送货物或者旅客的运输业务活动。水路运输的程租、期租业务，属于水路运输服务
5	010400	航空运输服务	通过空中航线运送货物或者旅客的运输业务活动。航空运输的湿租业务，属于航空运输服务。航天运输服务，按照航空运输服务缴纳增值税
6	010500	管道运输服务	通过管道设施输送气体、液体、固体物质的运输业务活动
邮政服务			
7	020000	邮政服务	中国邮政集团公司及其所属邮政企业提供邮件寄递、邮政汇兑和机要通信等邮政基本服务的业务活动。包括邮政普遍服务、邮政特殊服务和其他邮政服务
电信服务			
8	030100	基础电信服务	利用固网、移动网、卫星、互联网，提供语音通话服务的业务活动，以及出租或者出售带宽、波长等网络元素的业务活动
9	030200	增值电信服务	利用固网、移动网、卫星、互联网、有线电视网络，提供短信和彩信服务、电子数据和信息的传输及应用服务、互联网接入服务等业务活动。卫星电视信号落地转接服务，按照增值电信服务缴纳增值税
建筑服务			
10	040100	工程服务	新建、改建各种建筑物、构筑物的工程作业，包括与建筑物相连的各种设备或者支柱、操作平台的安装或者装设工程作业，以及各种窑炉和金属结构工程作业

续表

序号	代码	应税项目名称	填报说明
11	040200	安装服务	生产设备、动力设备、起重设备、运输设备、传动设备、医疗实验设备以及其他各种设备、设施的装配、安置工程作业，包括与被安装设备相连的工作台、梯子、栏杆的装设工程作业，以及被安装设备的绝缘、防腐、保温、油漆等工程作业。固定电话、有线电视、宽带、水、电、燃气、暖气等经营者向用户收取的安装费、初装费、开户费、扩容费以及类似收费，按照安装服务缴纳增值税
12	040300	修缮服务	对建筑物、构筑物进行修补、加固、养护、改善，使之恢复原来的使用价值或者延长其使用期限的工程作业
13	040400	装饰服务	对建筑物、构筑物进行修饰装修，使之美观或者具有特定用途的工程作业
14	040500	其他建筑服务	其他建筑服务，上列工程作业之外的各种工程作业服务，如钻井（打井）、拆除建筑物或者构筑物、平整土地、园林绿化、疏浚（不包括航道疏浚）、建筑物平移、搭脚手架、爆破、矿山穿孔、表面附着物（包括岩层、土层、沙层等）剥离和清理等工程作业
		金融服务	
15	050100	贷款服务	将资金贷与他人使用而取得利息收入的业务活动。各种占用、拆借资金取得的收入，包括金融商品持有期间（含到期）利息（保本收益、报酬、资金占用费、补偿金等）收入、信用卡透支利息收入、买入返售金融商品利息收入、融资融券收取的利息收入，以及融资性售后回租、押汇、罚息、票据贴现、转贷等业务取得的利息及利息性质的收入，按照贷款服务缴纳增值税；以货币资金投资收取的固定利润或者保底利润，按照贷款服务缴纳增值税
16	050200	直接收费金融服务	为货币资金融通及其他金融业务提供相关服务并且收取费用的业务活动。包括提供货币兑换、账户管理、电子银行、信用卡、信用证、财务担保、资产管理、信托管理、基金管理、金融交易场所（平台）管理、资金结算、资金清算、金融支付等服务
17	050300	人身保险服务	以人的寿命和身体为保险标的的保险业务活动
18	050400	财产保险服务	以财产及其有关利益为保险标的的保险业务活动
19	050500	金融商品转让	转让外汇、有价证券、非货物期货和其他金融商品所有权的业务活动。其他金融商品转让包括基金、信托、理财产品等各类资产管理产品和各种金融衍生品的转让

续表

序号	代码	应税项目名称	填报说明
		现代服务	
		研发和技术服务	
20	060101	研发服务	就新技术、新产品、新工艺或者新材料及其系统进行研究与试验开发的业务活动
21	060102	合同能源管理服务	节能服务公司与用能单位以契约形式约定节能目标，节能服务公司提供必要的服务，用能单位以节能效果支付节能服务公司投入及其合理报酬的业务活动
22	060103	工程勘察勘探服务	在采矿、工程施工前后，对地形、地质构造、地下资源蕴藏情况进行实地调查的业务活动
23	060104	专业技术服务	气象服务、地震服务、海洋服务、测绘服务、城市规划、环境与生态监测服务等专项技术服务
		信息技术服务	
24	060201	软件服务	提供软件开发服务、软件维护服务、软件测试服务的业务活动
25	060202	电路设计及测试服务	提供集成电路和电子电路产品设计、测试及相关技术支持服务的业务活动
26	060203	信息系统服务	提供信息系统集成、网络管理、网站内容维护、桌面管理与维护、信息系统应用、基础信息技术管理平台整合、信息技术基础设施管理、数据中心、托管中心、信息安全服务、在线杀毒、虚拟主机等业务活动。包括网站对非自有的网络游戏提供的网络运营服务
27	060204	业务流程管理服务	依托信息技术提供的人力资源管理、财务经济管理、审计管理、税务管理、物流信息管理、经营信息管理和呼叫中心等服务的活动
28	060205	信息系统增值服务	利用信息系统资源为用户附加提供的信息技术服务。包括数据处理、分析和整合、数据库管理、数据备份、数据存储、容灾服务、电子商务平台等
		文化创意服务	
29	060301	设计服务	把计划、规划、设想通过文字、语言、图画、声音、视觉等形式传递出来的业务活动。包括工业设计、内部管理设计、业务运作设计、供应链设计、造型设计、服装设计、环境设计、平面设计、包装设计、动漫设计、网游设计、展示设计、网站设计、机械设计、工程设计、广告设计、创意策划、文印晒图等
30	060302	知识产权服务	处理知识产权事务的业务活动。包括对专利、商标、著作权、软件、集成电路布图设计的登记、鉴定、评估、认证、检索服务

续表

序号	代码	应税项目名称	填报说明
31	060303	广告服务	利用图书、报纸、杂志、广播、电视、电影、幻灯、路牌、招贴、橱窗、霓虹灯、灯箱、互联网等各种形式为客户的商品、经营服务项目、文体节目或者通告、声明等委托事项进行宣传和提供相关服务的业务活动。包括广告代理和广告的发布、播映、宣传、展示等
32	060304	会议展览服务	为商品流通、促销、展示、经贸洽谈、民间交流、企业沟通、国际往来等举办或者组织安排的各类展览和会议的业务活动
物流辅助服务			
33	060401	航空服务	包括航空地面服务和通用航空服务。航空地面服务，是指航空公司、飞机场、民航管理局、航站等向在境内航行或者在境内机场停留的境内外飞机或者其他飞行器提供的导航等劳务性地面服务的业务活动，包括旅客安全检查服务、停机坪管理服务、机场候机厅管理服务、飞机清洗消毒服务、空中飞行管理服务、飞机起降服务、飞行通讯服务、地面信号服务、飞机安全服务、飞机跑道管理服务、空中交通管理服务等。通用航空服务，是指为专业工作提供飞行服务的业务活动，包括航空摄影、航空培训、航空测量、航空勘探、航空护林、航空吊挂播洒、航空降雨、航空气象探测、航空海洋监测、航空科学实验等
34	060402	港口码头服务	港务船舶调度服务、船舶通讯服务、航道管理服务、航道疏浚服务、灯塔管理服务、航标管理服务、船舶引航服务、理货服务、系解缆服务、停泊和移泊服务、海上船舶溢油清除服务、水上交通管理服务、船只专业清洗消毒检测服务和防止船只漏油服务等为船只提供服务的业务活动。港口设施经营人收取的港口设施保安费按照港口码头服务缴纳增值税
35	060403	货运客运场站服务	货运客运场站提供货物配载服务、运输组织服务、中转换乘服务、车辆调度服务、票务服务、货物打包整理、铁路线路使用服务、加挂铁路客车服务、铁路行包专列发送服务、铁路到达和中转服务、铁路车辆编解服务、车辆挂运服务、铁路接触网服务、铁路机车牵引服务等业务活动
36	060404	打捞救助服务	提供船舶人员救助、船舶财产救助、水上救助和沉船沉物打捞服务的业务活动
37	060405	装卸搬运服务	使用装卸搬运工具或者人力、畜力将货物在运输工具之间、装卸现场之间或者运输工具与装卸现场之间进行装卸和搬运的业务活动
38	060406	仓储服务	利用仓库、货场或者其他场所代客贮放、保管货物的业务活动

续表

序号	代码	应税项目名称	填报说明
39	060407	收派服务	接受寄件人委托，在承诺的时限内完成函件和包裹的收件、分拣、派送服务的业务活动。收件服务，是指从寄件人收取函件和包裹，并运送到服务提供方同城的集散中心的业务活动。分拣服务，是指服务提供方在其集散中心对函件和包裹进行归类、分发的业务活动。派送服务，是指服务提供方从其集散中心将函件和包裹送达同城的收件人的业务活动
		租赁服务	
40	060501	不动产融资租赁	标的物为不动产的具有融资性质和所有权转移特点的租赁活动。即出租人根据承租人所要求的规格、型号、性能等条件购入不动产租赁给承租人，合同期内租赁物所有权属于出租人，承租人只拥有使用权，合同期满付清租金后，承租人有权按照残值购入租赁物，以拥有其所有权。不论出租人是否将租赁物销售给承租人，均属于融资租赁。融资性售后回租不按照本税目缴纳增值税
41	060502	不动产经营租赁	在约定时间内将不动产转让他人使用且租赁物所有权不变更的业务活动。将建筑物、构筑物等不动产的广告位出租给其他单位或者个人用于发布广告，按照经营租赁服务缴纳增值税。车辆停放服务、道路通行服务（包括过路费、过桥费、过闸费等）等按照不动产经营租赁服务缴纳增值税
42	060503	有形动产融资租赁	标的物为有形动产的具有融资性质和所有权转移特点的租赁活动。即出租人根据承租人所要求的规格、型号、性能等条件购入有形动产租赁给承租人，合同期内租赁物所有权属于出租人，承租人只拥有使用权，合同期满付清租金后，承租人有权按照残值购入租赁物，以拥有其所有权。不论出租人是否将租赁物销售给承租人，均属于融资租赁。融资性售后回租不按照本税目缴纳增值税
43	060504	有形动产经营租赁	在约定时间内将有形动产转让他人使用且租赁物所有权不变更的业务活动。将飞机、车辆等有形动产的广告位出租给其他单位或者个人用于发布广告，按照经营租赁服务缴纳增值税。水路运输的光租业务、航空运输的干租业务，属于经营租赁
		鉴证咨询服务	
44	060601	认证服务	具有专业资质的单位利用检测、检验、计量等技术，证明产品、服务、管理体系符合相关技术规范、相关技术规范的强制性要求或者标准的业务活动

续表

序号	代码	应税项目名称	填报说明
45	060602	鉴证服务	具有专业资质的单位受托对相关事项进行鉴证，发表具有证明力的意见的业务活动。包括会计鉴证、税务鉴证、法律鉴证、职业技能鉴定、工程造价鉴证、工程监理、资产评估、环境评估、房地产土地评估、建筑图纸审核、医疗事故鉴定等
46	060603	咨询服务	提供信息、建议、策划、顾问等服务的活动，包括金融、软件、技术、财务、税收、法律、内部管理、业务运作、流程管理、健康等方面的咨询。翻译服务和市场调查服务按照咨询服务缴纳增值税
广播影视服务			
47	060701	广播影视节目（作品）制作服务	进行专题（特别节目）、专栏、综艺、体育、动画片、广播剧、电视剧、电影等广播影视节目和作品制作的服务。具体包括与广播影视节目和作品相关的策划、采编、拍摄、录音、音视频文字图片素材制作、场景布置、后期的剪辑、翻译（编译）、字幕制作、片头、片尾、片花制作、特效制作、影片修复、编目和确权等业务活动
48	060702	广播影视节目（作品）发行服务	以分账、买断、委托等方式，向影院、电台、电视台、网站等单位和个人发行广播影视节目（作品）以及转让体育赛事等活动的报道及播映权的业务活动
49	060703	广播影视节目（作品）播映服务	在影院、剧院、录像厅及其他场所播映广播影视节目（作品），以及通过电台、电视台、卫星通信、互联网、有线电视等无线或者有线装置播映广播影视节目（作品）的业务活动
商务辅助服务			
50	060801	企业管理服务	提供总部管理、投资与资产管理、市场管理、物业管理、日常综合管理等服务的业务活动
51	060802	经纪代理服务	各类经纪、中介、代理服务。包括金融代理、知识产权代理、货物运输代理、代理报关、法律代理、房地产中介、职业中介、婚姻中介、代理记账、拍卖等
52	060803	人力资源服务	提供公共就业、劳务派遣、人才委托招聘、劳动力外包等服务的业务活动
53	060804	安全保护服务	提供保护人身安全和财产安全，维护社会治安等的业务活动。包括场所住宅保安、特种保安、安全系统监控以及其他安保服务
其他现代服务			
54	069900	其他现代服务	除研发和技术服务、信息技术服务、文化创意服务、物流辅助服务、租赁服务、鉴证咨询服务、广播影视服务和商务辅助服务以外的现代服务

续表

序号	代码	应税项目名称	填报说明
		生活服务	
		文化体育服务	
55	070101	文化服务	为满足社会公众文化生活需求提供的各种服务。包括文艺创作、文艺表演、文化比赛，图书馆的图书和资料借阅，档案馆的档案管理，文物及非物质遗产保护，组织举办宗教活动、科技活动、文化活动，提供游览场所
56	070102	体育服务	组织举办体育比赛、体育表演、体育活动，以及提供体育训练、体育指导、体育管理的业务活动
		教育医疗服务	
57	070201	教育服务	提供学历教育服务、非学历教育服务、教育辅助服务的业务活动。学历教育服务，是指根据教育行政管理部门确定或者认可的招生和教学计划组织教学，并颁发相应学历证书的业务活动，包括初等教育、初级中等教育、高级中等教育、高等教育等。非学历教育服务，包括学前教育、各类培训、演讲、讲座、报告会等。教育辅助服务，包括教育测评、考试、招生等服务
58	070202	医疗服务	提供医学检查、诊断、治疗、康复、预防、保健、接生、计划生育、防疫服务等方面的服务，以及与这些服务有关的提供药品、医用材料器具、救护车、病房住宿和伙食的业务
		旅游娱乐服务	
59	070301	旅游服务	根据旅游者的要求，组织安排交通、游览、住宿、餐饮、购物、文娱、商务等服务的业务活动
60	070302	娱乐服务	为娱乐活动同时提供场所和服务的业务。具体包括：歌厅、舞厅、夜总会、酒吧、台球、高尔夫球、保龄球、游艺（包括射击、狩猎、跑马、游戏机、蹦极、卡丁车、热气球、动力伞、射箭、飞镖）
		餐饮住宿服务	
61	070401	餐饮服务	通过同时提供饮食和饮食场所的方式为消费者提供饮食消费服务的业务活动
62	070402	住宿服务	提供住宿场所及配套服务等的活动。包括宾馆、旅馆、旅社、度假村和其他经营性住宿场所提供的住宿服务
		居民日常服务	
63	070500	居民日常服务	主要为满足居民个人及其家庭日常生活需求提供的服务，包括市容市政管理、家政、婚庆、养老、殡葬、照料和护理、救助救济、美容美发、按摩、桑拿、氧吧、足疗、沐浴、洗染、摄影扩印等服务

续表

序号	代码	应税项目名称	填报说明
		其他生活服务	
64	079900	其他生活服务	除文化体育服务、教育医疗服务、旅游娱乐服务、餐饮住宿服务和居民日常服务之外的生活服务
		销售无形资产	
65	080100	专利或非专利技术	转让专利技术和非专利技术的所有权或者使用权的业务活动
66	080200	商标和著作权	转让商标和著作权的所有权或者使用权的业务活动
67	080300	土地使用权	转让土地使用权的业务活动
68	080400	其他自然资源使用权	转让除土地使用权以外的自然资源使用权的业务活动，包括海域使用权、探矿权、采矿权、取水权和其他自然资源使用权
69	089900	其他权益性无形资产	转让除上述内容以外的其他权益性无形资产的所有权或者使用权的业务活动。包括基础设施资产经营权、公共事业特许权、配额、经营权（包括特许经营权、连锁经营权、其他经营权）、经销权、分销权、代理权、会员权、席位权、网络游戏虚拟道具、域名、名称权、肖像权、冠名权、转会费等
		销售不动产	
70	090100	销售不动产建筑物	转让不动产所有权的业务活动。不动产，是指不能移动或者移动后会引起性质、形状改变的财产。建筑物，包括住宅、商业营业用房、办公楼等可供居住、工作或者进行其他活动的建造物。转让建筑物有限产权或者永久使用权，转让在建的建筑物所有权，以及在转让建筑物时一并转让其所占土地的使用权的，按照销售不动产缴纳增值税
71	090200	销售不动产构筑物	转让不动产所有权的业务活动。不动产，是指不能移动或者移动后会引起性质、形状改变的财产。构筑物，包括道路、桥梁、隧道、水坝等建造物。转让在建的构筑物所有权，以及在转让构筑物时一并转让其所占土地的使用权的，按照销售不动产缴纳增值税